HISTOIRE
DE FRANCE

X

Cet ouvrage
a obtenu de l'Académie des Inscriptions
et Belles-Lettres
en 1844
et de l'Académie Française
en 1856
LE GRAND PRIX GOBERT

PARIS, — IMPRIMERIE DE J. CLAYE, RUE SAINT-BENOIT, 7

HISTOIRE DE FRANCE

DEPUIS LES TEMPS LES PLUS RECULÉS JUSQU'EN 1789

PAR

HENRI MARTIN

Pulvis veterum renovabitur

TOME X

—

QUATRIÈME ÉDITION

PARIS

FURNE, LIBRAIRE-ÉDITEUR

se réserve le droit de traduction et de reproduction
à l'Étranger.

M DCCC LVII

HISTOIRE DE FRANCE

CINQUIÈME PARTIE

LIVRE LVII

GUERRES DE RELIGION, *SUITE*.

Dernières années des Valois. Henri III et la Ligue, Suite. — Chute de la Belgique. — Henri de Navarre et Sixte-Quint. — Réaction du parlement de Paris contre le fanatisme. — Du Plessis-Mornai. — Guerre dans l'Ouest et le Midi. Henri de Navarre et Henri de Condé. Les Guises et les Mignons. Henri III entrave la Ligue. — Préparatifs de Philippe II contre l'Angleterre. Supplice de Marie Stuart. Déchaînement catholique. Complots ligueurs contre Henri III. Conseil des Seize. La démocratie de la Ligue. — Bataille de Coutras. — Invasion allemande et suisse. Succès de Henri de Guise contre elle. Elle échoue. — Épernon, Catherine et la Ligue. — Guise à Paris. Journée des Barricades. Henri III s'enfuit de Paris.

1585 — 1588.

Lorsque le roi de Navarre reçut la fatale nouvelle du traité de Henri III avec la Ligue, « pensant à cela fort profondément et « tenant la tête appuyée sur sa main, l'appréhension des maux « qu'il prévoyoit sur son parti fut telle, qu'elle lui blanchit la « moitié de la moustache [1] ».

Ce n'était pas seulement un parti, mais la France entière que les maux prévus par le Béarnais allaient accabler durant dix ef-

---

1. Mathieu, *Hist. de France*, t. I, p. 501. Il tenait l'anecdote de Henri IV lui-même.

froyables années; la foudre lancée par les persécuteurs devait se retourner contre eux; mais, en ce moment, la confiance était, la force semblait être de leur côté.

Les réformés s'étaient habitués à considérer comme définitivement acquises la liberté de conscience partout et la liberté de culte dans de certaines limites; le principe n'en paraissait plus contesté depuis huit ans par l'autorité royale; et voici que tout à coup renaissaient les jours de persécution, que les portes de l'exil se rouvraient, que les bûchers allaient se rallumer. Les désastres de la Réforme dans les Pays-Bas semblaient présager sa ruine en France : Bruxelles, Malines, le Brabant après la Flandre, avait courbé la tête; Anvers, à son tour, la citadelle et le port de la Belgique, succombait, à la suite d'un siége où l'art de la guerre avait fait de part et d'autre des efforts dont la grandeur étonne encore l'imagination, même après les guerres gigantesques de notre siècle [1]. Les huguenots de France seraient-ils plus heureux que leurs frères du Nord? Leurs forces ne s'épuiseraient-elles pas dans cette lutte nouvelle et plus terrible qui s'apprêtait? Les campagnes de 1577 et de 1580 n'étaient pas d'un heureux augure. Non-seulement l'infériorité numérique des réformés était effrayante, mais ils ne suppléaient point au nombre par l'union : l'autorité du roi de Navarre était presque nulle hors de la Guyenne; il avait dans son cousin, Henri de Condé, un rival plus qu'un

---

1. La capitulation d'Anvers est du 17 août 1585. Elle donnait deux ans aux réformés pour vendre leurs biens et s'expatrier. — Le prince de Parme avait fait construire deux grands forts, ceux de Sainte-Marie et de Saint-Philippe, avec une multitude de fortins et de redoutes, creuser un canal de dérivation de plus de six lieues et construire un pont de deux mille quatre cents pieds pour barrer l'Escaut au-dessous d'Anvers, entre Ordam et Calloo. Les assiégés, de leur côté, recoururent à toutes les puissances de destruction que les éléments peuvent fournir à l'homme. Un Italien inventa pour eux les « machines infernales » : ils lancèrent contre le pont édifié par les Espagnols d'énormes brûlots, dont un seul tua cinq cents hommes et en blessa deux ou trois fois autant. Le pont toutefois résista; les attaques vigoureuses, mais beaucoup trop tardives des escadres de Hollande et de Zélande contre les assiégeants furent repoussées, et Anvers fut enfin réduit à se rendre. Les travaux d'attaque et de défense avaient été exécutés par des ingénieurs italiens. L'Italie conservait encore sa supériorité dans cette partie de l'art de la guerre. Anvers eût été sauvé si les autorités municipales et les corps de métiers eussent suivi à temps les avis de leur bourgmestre Marnix, toujours égal à lui-même dans tous les emplois. V. E. Quinet, *Marnix*, p. 161-185. — De Thou, t. IV, l. LXXX-LXXXIII. — Bentivoglio, l. XIII. — Strada.

lieutenant : le prince de Condé, le vicomte de Turenne et d'autres chefs encore vivaient, comme plusieurs des généraux de la Ligue, dans l'attente du démembrement de la France, attente qui eût fait horreur aux premiers protestants ; on leur a imputé, non sans apparence, l'arrière-pensée de se cantonner dans leurs provinces en princes indépendants, avec l'aide des Allemands et des Anglais [1] ; provisoirement, ils relâchaient autant que possible le lien de cette espèce de république fédérative que formait le parti protestant, au risque de se perdre en perdant la cause de la Réforme.

L'angoisse qui écrase les faibles exalte les forts. Henri de Navarre avait une de ces rares et admirables organisations, fortes et flexibles comme l'acier, que rien n'abat, que rien n'étonne, et qui, toujours au niveau de l'événement, déploient, à mesure que la nécessité les presse, des ressources croissantes et inépuisables. Le protestantisme n'avait pas non plus perdu cette vitalité opiniâtre qui lui faisait trouver son salut dans le désespoir même. L'imminence du péril décida les chefs, sinon à accepter franchement l'unité de direction qui eût été si désirable, du moins à agir partout avec énergie. La nécessité rendit au parti quelque chose de son ancienne vertu.

Le roi de Navarre s'occupa, avec une égale activité, de préparer la défense intérieure et les secours étrangers. Dès la prise d'armes de la Ligue, Henri de Navarre et son grand négociateur, du Plessis-Mornai, avaient écrit à Élisabeth et aux principaux lords anglais d'éloquentes lettres pour leur rappeler la solidarité de tous les réformés et invoquer l'assistance des trésors et des flottes de l'Angleterre. D'autres dépêches furent envoyées en Allemagne, en Suisse, en Écosse, en Danemark, en Suède. Une transaction importante fut menée à bien en France. Le puissant maréchal duc de Montmorenci, le « roi de Languedoc », repoussa les avances des Guises et s'unit de nouveau à ces réformés qu'il avait abandonnés en 1577. Henri de Montmorenci, homme de mauvaises mœurs et d'humeur égoïste, mais adroit politique, n'avait point

---

1. La vicomté de Turenne formait une espèce de franc-aleu sur les confins du Limousin, du Périgord et du Querci : Turenne avait une grande influence dans toutes ces contrées et dans l'Auvergne, d'où sa famille, la maison de La Tour-d'Auvergne, était originaire.

jugé à propos de servir d'instrument aux Lorrains, ces vieux ennemis de sa maison[1]. Le 10 août 1585, une déclaration, rédigée par du Plessis-Mornai, fut publiée au nom du roi de Navarre, du prince de Condé, du duc de Montmorenci « et des seigneurs, chevaliers, gentilshommes, provinces, villes et communautés, tant d'une que d'autre religion, associés pour la conservation de l'État ». Les signataires, après une longue et virulente diatribe contre les Lorrains, « auteurs de tous les maux de la France[2] », protestaient de ne combattre que pour le service et la « liberté » du roi, contraint par la violence des ligueurs à révoquer une paix qu'il avait accordée librement, et déclaraient guerre à outrance aux chefs de la Ligue et à leurs fauteurs.

Le 25 août, on vit arriver à Nérac trois députés envoyés par Henri III au roi de Navarre : ils avaient pour assistants ou pour surveillants deux théologiens choisis parmi les chefs populaires de la Ligue parisienne, Prévost, curé de Saint-Séverin, et Cucuilli, curé de Saint-Germain-l'Auxerrois. Ils venaient requérir le Béarnais de rendre les places de sûreté et de suspendre partout l'exercice de la religion prétendue réformée, durant les six mois de délai que le dernier édit accordait aux protestants pour se convertir; ils promettaient qu'on chercherait les moyens de le « contenter » et parlaient vaguement de concile, sans faire aucune ouverture formelle à ce sujet. Ils proposaient une conférence entre la reine mère et le roi de Navarre, et offraient de rappeler au nord de la Loire les troupes catholiques déjà en mouvement

---

1. Il resta toutefois en négociations secrètes avec les cours d'Espagne et de Savoie, qui n'avaient pas perdu l'espoir de se servir de lui. — *Mémoires* de Nevers, t. I, p. 750.

2. Ils renouvelaient une accusation déjà portée plusieurs fois contre les Guises, celle d'avoir proposé aux huguenots, en 1578-1579, de s'associer à eux contre le roi. Il y avait eu au moins des insinuations à ce sujet : la Ligue n'ayant pas produit, en 1576-1577, tout l'effet attendu, les Guises avaient eu la pensée de chercher leur mobile ailleurs que dans la religion; les impôts et les mignons eussent été le mot d'ordre. Mais ce ne fut qu'une velléité passagère : les huguenots restèrent sur la réserve et les Guises rentrèrent dans la politique habituelle de leur maison. — *V.* la déclaration du roi de Navarre et de ses associés dans les *Mémoires de la Ligue*, t. I, p. 182. Le rédacteur de la déclaration ménage beaucoup la reine mère et s'efforce de la détacher des Guises; il va jusqu'à dire qu'elle s'était acquis le nom de « mère du royaume », avant ce malheureux traité de Nemours! Étranges vicissitudes du langage des partis! La politique, toute au présent, ne se pique pas de mémoire!

au midi de ce fleuve, pourvu que le roi de Navarre arrêtât les auxiliaires étrangers, que la cour croyait sur le point de se mettre en marche.

Le roi de Navarre se déclara prêt à reconnaître un concile légitime et à conférer avec la reine mère, mais refusa tout le reste, et fit suivre son refus de lettres au roi, au parlement et à la Sorbonne; il y soutenait avec autant de force que de modération la justice de sa cause [1]. La lettre à la Sorbonne, écrite, comme les autres, par Mornai, est un chef-d'œuvre d'habileté.

A peine le roi de Navarre avait-il congédié les envoyés de Henri III que les foudres de Rome, devançant les coups de la Ligue, éclatèrent sur sa tête. La mort de Grégoire XIII avait retardé de plusieurs mois la publication de la sentence d'excommunication préparée par ce pontife contre les Bourbons hérétiques. Grégoire XIII, vieillard de mœurs douces et d'un caractère faible, avait excité ou approuvé tous les excès des catholiques français, depuis la Saint-Barthélemi jusqu'à la Ligue; son successeur, le fougueux et impitoyable Sixte-Quint (Sixte V), se montra au contraire peu favorable aux Guises et à la Sainte-Union. Cet homme extraordinaire, qui s'était élevé des derniers rangs de la société [2] au souverain pontificat, avait en lui tout à la fois du Grégoire VII et du Jules II: comme pape, il souhaitait ardemment la destruction de l'hérésie et des hérétiques; mais, comme souverain, la Ligue choquait ses principes d'ordre et de gouvernement; il n'était pas dupe des motifs allégués par les « princes catholiques » et, lorsque le duc de Nevers, arrivé à Rome dans le courant de juillet, voulut entreprendre auprès de lui l'apologie de la Ligue, Sixte commença par demander au duc « en quelle école il avoit appris qu'il fallût former des partis contre la volonté de son prince légitime? » Il reprochait tout haut à son prédécesseur, Grégoire XIII, d'avoir « mis le feu et le sang dans toute la chrétienté » par les encouragements donnés à la Ligue. Ses courtisans croyaient se faire bien venir de lui en traitant ouvertement les ligueurs de « séditieux et d'Espagnols ». Sixte avait déjà laissé

---

1. *Mém. de la Ligue*, t. I, p. 211. — *Mém.* de du Plessis-Mornai, t. I, p. 561-577.
2. Tout le monde sait que Félix Peretti avait gardé les troupeaux dans son enfance, puis avait été instruit par charité dans un couvent de franciscains.

percer des sentiments peu bienveillants pour l'Espagne et l'on comprenait que le Roi Catholique, le superbe protecteur de la foi, lui inspirait beaucoup moins de sympathie que de jalousie [1].

Quelles que fussent les dispositions du pape envers la Ligue et l'Espagne, il n'en était pas moins inébranlablement attaché aux prétentions les plus exorbitantes de l'ultramontanisme, et il ne crut pas pouvoir se dispenser de fulminer l'arrêt préparé par son prédécesseur « à l'encontre de Henri de Bourbon, prétendu roi de Navarre, et de Henri de Bourbon, prétendu prince de Condé ». Le 9 septembre, Sixte, « évêque, serviteur des serviteurs de Dieu », en vertu de « l'autorité baillée à saint Pierre et à ses successeurs, laquelle surpasse toutes les puissances des rois et princes terriens et, quand elle en trouve aucuns contrevenant à l'ordonnance de Dieu, les châtie et prive de leurs sièges, quelque grands soient-ils », dégaîna « le glaive de vengeance contre deux enfants de colère, génération bâtarde et détestable de l'illustre famille des Bourbons », déclara les deux Henris de Bourbon hérétiques, relaps, coupables de lèse-majesté divine et déchus, eux et leurs héritiers, de toutes principautés, domaines, seigneuries, dignités, honneurs et offices, et incapables de succéder à aucuns duché,

---

1. *V.* les lettres écrites d'Italie par le duc de Nevers au cardinal de Bourbon et aux Guises. *Mémoires* de Nevers, p. 666-680. Nevers y raconte ses conversations avec le pape et montre Sixte V jugeant la situation de la France en politique, en partisan de l'équilibre de l'Europe, et non en chef de la faction ultra-catholique. Sixte V voit qu'on pousse la France à sa ruine et se défend avec douleur et colère d'y prêter la main. Il exprime, touchant les malheurs de la France, des sentiments qui étonnent et émeuvent, chez un homme habituellement si inflexible et si dur; il qualifie la Ligue de conspiration également pernicieuse à la religion et à l'État et prédit qu'on réduira le roi, tout catholique qu'il est, à appeler les hérétiques à son secours pour se délivrer de la tyrannie des catholiques. Le huguenot, ajoute-t-il, ne sera jamais défait que le ligueur ne le soit. Il parlait plus nettement encore à l'ambassadeur de France, Jean de Vivonne de Saint-Goar, marquis de Pisani, homme de cœur et de tête, qui eût été digne de servir un autre maître que Henri III. Il lui disait que le roi devrait faire châtier exemplairement les ligueurs et les mettre entre les mains de ses parlements; que, pour lui, il avait envoyé aux galères des moines qui osaient parler insolemment et se mêler de ses affaires. Le duc de Nevers se procura une copie de la lettre où Pisani transmettait au roi ces conseils du pape et l'envoya au cardinal de Bourbon. *Mém.* de Nevers, t. I, p. 675. Le duc de Nevers, dégoûté de la Ligue par tout ce qu'il avait vu et entendu à Rome, se rapprocha du roi et conseilla à ses anciens associés d'en faire autant. « Si vous êtes une fois opposés irréconciliablement, le roi et vous, écrivait-il au duc de Guise, vous courez fortune de vous perdre tous deux. » Il était trop tard pour que ces avis pussent être écoutés.

principauté, seigneurie et royaume, et spécialement au royaume de France, « auquel ils ont commis de si énormes forfaits et crimes ». Tous les officiers, vassaux et sujets des deux princes excommuniés étaient déliés du serment de fidélité à eux prêté, et sommés de ne leur plus rendre aucune obéissance, à peine d'être enveloppés dans l'anathème. Sixte-Quint finissait par une exhortation à son très-cher fils en Jésus-Christ, Henri, roi de France très-chrétien, de se souvenir du serment prêté à son sacre d'exterminer les hérétiques, afin que « de son autorité, puissance et vertu, il travaille à l'exécution de cette si juste sentence [1] ».

Vingt-deux ans auparavant, une bulle semblable, fulminée contre la mère du roi de Navarre, avoit été repoussée si vigoureusement par la cour de France que le pape Pie IV s'était vu obligé de la retirer et de la supprimer; mais les temps étaient changés : Henri III n'osa protester contre un arrêt qui prosternait toutes les couronnes dans la poussière devant la tiare; il envoya la bulle au parlement et requit une vérification qu'il espérait se voir refuser. Son espoir ne fut pas trompé : l'arrogance de ce langage, renouvelé de Boniface VIII, réveilla dans toute leur énergie les passions gallicanes. Le parlement adressa au roi des remontrances d'une violence extrême ; il nia, non-seulement que les princes de France fussent justiciables du pape, mais que leurs sujets eussent jamais « pris connoissance de la religion de leurs princes », et déclara que la bulle ne méritait autre récompense que d'être jetée au feu en présence de toute l'église gallicane. — « Tous ces artifices », disait le parlement au roi, « sont apostés par les ennemis de l'État, lesquels, sous le nom de vos hoirs, s'adressent à votre propre personne ». Le parlement offrit sa démission en masse plutôt que d'enregistrer la bulle [2]. Le parlement sauva ainsi l'honneur de la couronne que le roi n'osait défendre et empêcha, sinon la publicité, au moins la publication officielle de la bulle en France. Le parlement faisait un grand pas : nier que les sujets eussent droit de prendre connaissance de la religion du prince menait à nier que le prince eût droit de prendre con-

---

1. V. la bulle en latin dans les *Scripta utriusque partis*, Francfort, 1586 ; et la traduction française contemporaine dans les *Mémoires de la Ligue*, t. I, p. 214.
2. *Mém. de la Ligue*, t. I, p. 222-227.

naissance de la religion des sujets, c'est-à-dire à nier le principe des religions d'État. D'autres que le parlement devaient tirer un jour cette conséquence.

La sentence de Sixte-Quint ne demeura pas sans réponse de la part de ceux qu'elle frappait. Le 6 novembre au matin, on trouva sur les deux fameuses statues de Pasquin et de Marforio, sur les murs des principales églises et jusque sur la porte du Vatican, des placards affichés par une main inconnue.

« Henri, par la grâce de Dieu, roi de Navarre, prince souverain de Béarn, premier pair et prince de France, s'oppose à la déclaration et excommunication de Sixte V, soi-disant pape de Rome, la maintient fausse et en appelle comme d'abus en la cour des pairs de France.... Et, en ce qui touche le crime d'hérésie..., dit et soutient que Monsieur Sixte, soi-disant pape (sauve sa sainteté), en a faussement et malicieusement menti et que lui-même est hérétique, ce qu'il fera prouver en plein concile libre et légitimement assemblé.... proteste cependant de nullité et de recourir contre ce prétendu pape Sixte et ses successeurs, pour réparation d'honneur de l'injure qui lui est faite et à toute la maison de France... espère que Dieu lui fera la grâce de venger l'injure faite à son roi, à sa maison et à son sang et à toutes les cours de parlement de France, sur lui (Sixte) et ses successeurs; implorant à cet effet l'aide et secours de tous les princes, rois, villes et communautés auxquels ce fait touche ; aussi prie tous alliés et confédérés de cette couronne de France de s'opposer avec lui contre la tyrannie et usurpation du pape et des ligués conjurateurs en France, ennemis de Dieu, de l'État et de leur roi et du repos général de toute la chrétienté.

« Autant en proteste Henri de Bourbon, prince de Condé[1] ».

La stupéfaction fut générale à Rome. Sixte-Quint, sa première colère passée, garda au roi de Navarre moins de rancune que d'estime: il commença dès lors à bien augurer de la fortune d'un prince qui rendait si vaillamment coup pour coup et qui trouvait des serviteurs si dévoués et si hardis. Sixte, qui avait de la grandeur d'âme et qui appréciait chez les autres ses propres qualités,

---

1. *Mém. de la Ligue*, t. I, p. 244.

laissa percer plus d'une fois l'espèce de sympathie que lui inspiraient l'énergique persévérance et le génie politique des deux principaux adversaires du catholicisme, Élisabeth et Henri de Navarre.

La pièce audacieuse qui venait de mettre Rome en émoi avait été rédigée, non point à Nérac, mais à Paris, non par un huguenot, mais par un gallican, sous l'impression du courroux excité par la bulle parmi les gens de robe. Elle était l'œuvre de Pierre de L'Estoile, conseiller du roi et grand audiencier en la chancellerie de France, l'auteur de ces précieux journaux, si dignes de foi par leurs contradictions mêmes, où l'écrivain royaliste révèle les turpitudes d'une dynastie expirante, tout en attaquant les ennemis du dernier des Valois [1].

La bulle fit ainsi plus de bien que de mal à ceux qu'elle frappait. Sixte-Quint, d'ailleurs, ne fit pas comme Pie V; il ne donna que des paroles et refusa le secours d'argent et de soldats que les Guises sollicitaient de lui, et qu'il n'eût accordé qu'à la demande formelle de Henri III. Les événements qui suivirent le traité de Henri III avec la Ligue prouvèrent que les huguenots avaient eu raison de ne pas désespérer. La Ligue n'avait point été en mesure de soutenir sur-le-champ l'édit arraché au roi. La masse énorme, mais pesante, du parti ligueur, composée principalement du peuple des villes [2], était plus propre à la défense qu'à l'attaque : la majorité de la noblesse, si zélée en 1577, se montrait assez froide, soit que le caractère semi-monastique, semi-populaire du parti, lui déplût, soit qu'elle eût désapprouvé la prise d'armes contre le roi. Les subsides d'Espagne n'arrivaient pas régulière-

---

1. L'Estoile, *Journal de Henri III*, p. 190, édit. Champollion. La protestation des deux Bourbons fut suivie de plusieurs ouvrages de polémique contre la bulle; on en écrivit en français, en latin et même en italien; les deux qui firent le plus de bruit furent le *Brutum Fulmen* de François Hotman, satire amère de la papauté et des superstitions romaines, et l'*Apologie catholique contre les libelles des ligués*, par Pierre de Belloi, grave et docte livre qui, ayant été publié à Paris, valut à son auteur de longues persécutions de la part des ligueurs. Les faveurs de Henri IV l'en dédommagèrent plus tard. L'*Apologie catholique* fut réfutée à Rome, du point de vue de l'ultramontanisme, par le jésuite Bellarmin, le plus grand controversiste qu'ait produit la société de Jésus et le plus habile champion des doctrines ultramontaines dans les temps modernes. Son fameux traité *De Summo Pontifice* parut en 1586.

2. D'une partie du peuple des villes, pour parler plus exactement; car il faudrait se garder de croire que les villes fussent unanimes.

ment, Philippe II commençant à absorber dans la construction et l'équipement d'une flotte formidable l'accroissement de ressources qu'il devait à la conquête du Portugal et aux produits toujours plus abondants des mines américaines[1]. Enfin, Henri III mettait le moins qu'il pouvait les forces de l'État à la disposition des ligueurs. Il exécutait de très-mauvaise grâce ses engagements et laissait trop voir qu'il n'avait cédé qu'à la violence, pour qu'on ne le soupçonnât pas de songer à se venger par la trahison. Plusieurs de ses principaux conseillers, Joyeuse, Villeroi, Villequier, Bellièvre l'avaient pressé de se rallier franchement à la Ligue et de rivaliser de zèle avec Guise, afin de lui enlever la direction du parti catholique. Il était trop tard pour que ce rôle pût être accepté de la masse ligueuse; Henri s'en tint au projet d'user les deux factions l'une par l'autre et de traîner la guerre en longueur, afin de la rendre insupportable au peuple[2].

Le parlement de Paris n'avait enregistré l'édit de juillet qu'après de vives remontrances sur plusieurs des articles. Cette cour suprême avait marché en sens inverse du mouvement de la Ligue, à mesure qu'elle voyait grandir l'esprit ultramontain et s'affaiblir la monarchie. La révolte de la faction lorraine avait imprimé une telle force à cette réaction, que la majorité du parlement répondit à la présentation de l'édit de juillet en revenant à ces maximes de tolérance et d'humanité qu'elle avait un moment opposées aux cruautés de Henri II, mais qu'elle avait abandonnées lorsque L'Hospital en avait tiré des conséquences qui dépassaient l'opinion parlementaire. « Les consciences sont exemptes de la puissance du fer et du feu[3] ». Le parlement approuvait bien qu'on révoquât

---

1. Philippe II avait d'ailleurs été mécontent que, dans le traité de Nemours avec le roi, les chefs de la Ligue eussent renoncé à toutes alliances étrangères : Guise se hâta de désavouer cette clause auprès du Roi Catholique et s'engagea en secret à se séparer de son roi, si Henri III attaquait l'Espagne. *V*. Ranke, *Hist. de France*, l. v; *Nouvelle guerre contre les calvinistes*.

2. Désireux sur toute chose d'éloigner Guise, il avait autorisé celui-ci, immédiatement après le traité de Nemours, à proposer à l'ambassadeur d'Espagne un plan d'après lequel Guise serait descendu en Écosse avec douze ou quinze mille hommes, pour passer de là en Angleterre et renverser Élisabeth. Philippe II, qui voulait bien délivrer Marie Stuart, mais non pas la laisser délivrer par Guise et au profit de Guise, ne permit pas qu'on donnât suite au projet. *V*. Papiers de Simancas, B 56, pièce 135; ap. R. de Bouillé, *Hist. des ducs de Guise*, t. III, p. 163.

3. *Mém. de la Ligue*, t. I, p. 225.

les édits qui accordaient le culte public aux réformés, mais non pas que l'on forçât les dissidents à se faire catholiques sous peine d'exil ou de mort.

La Ligue elle-même, en 1576, n'en demandait pas davantage, puisqu'elle offrait alors protection aux réformés paisibles; mais la pensée intime du parti, la pensée de Philippe II et de l'inquisition, n'avait pu se contenir longtemps.

L'enregistrement de l'édit fut suivi d'une scène étrange. Le 11 août, le roi manda au Louvre le premier président Achille de Harlai, zélé catholique, bien qu'anti-ligueur, le prévôt des marchands et le doyen de la cathédrale, et leur déclara, en présence du cardinal de Guise, que, puisqu'on l'obligeait de rompre la paix signée avec les protestants, il était juste qu'on l'aidât à supporter les frais de la guerre. — Vous, monsieur le premier président, dit-il, je loue votre zèle et celui de vos collègues, qui ont si fort approuvé la révocation de l'édit ; mais je veux bien qu'ils sachent que la guerre ne se fait pas sans argent et que, tant qu'elle durera, c'est en vain qu'ils me rompront la tête de leurs remontrances au sujet de la suppression de leurs gages. Pour vous, monsieur le prévôt des marchands, soyez persuadé que je n'en ferai pas moins au sujet des rentes de l'hôtel de ville. J'espère que les bourgeois de ma bonne ville de Paris, si contents de la révocation de l'édit, me fourniront sans difficulté deux cent mille écus d'or. — Puis, se tournant d'un air irrité vers le cardinal de Guise : — C'est à vous, monsieur, d'avoir soin que le clergé fasse le reste ; ne vous imaginez pas que j'attende le consentement du pape ! c'est une guerre sainte ; il faut que le clergé en fasse les frais : la guerre coûtera quatre cent mille écus par mois. » Le premier président et le cardinal ayant essayé de répliquer, le roi leur imposa silence et s'écria qu'ils devaient subir les conséquences de la guerre qu'ils avaient souhaitée : — Je crains bien, ajouta-t-il, qu'en voulant détruire le prêche, on ne remette la messe en grand danger [1].

[1]. De Thou, t. IV, l. LXXXI, p. 284. — Henri ne fit pas tout à fait ce qu'il annonçait : il ne toucha point aux biens de l'Église sans consulter le clergé et le pape : il assembla le clergé de France à Paris, au mois d'octobre, et se fit octroyer 1,200,000 écus. Le clergé consentit à cet effet qu'on aliénât de ses biens 50,000 écus de rente, et l'évêque de Paris, Gondi, fut chargé d'en aller demander l'autorisation au pape. Ce prélat courtisan demanda permission pour 100,000 écus, et non pour

De telles boutades ne servaient qu'à rendre la position du roi plus fausse et plus dangereuse, en trahissant maladroitement sa secrète pensée. Il n'en fut pas moins contraint de s'entendre avec le duc de Guise sur le plan de la campagne qui allait s'ouvrir : le duc exigea pour lui-même le commandement des troupes destinées à couvrir les provinces de l'Est contre l'invasion prévue des protestants allemands et, pour son frère Mayenne, la conduite du corps d'armée qui attaquerait le roi de Navarre en Guyenne. Le roi devait garder une armée de réserve dans le centre du royaume. Henri consentit, sauf à empêcher par tous les moyens que les Lorrains obtinssent des succès décisifs.

Grâce aux lenteurs affectées du roi, les réformés eurent le temps, non-seulement de préparer leur défense, mais de porter les premiers coups. Ce furent, pour ainsi dire, les deux ailes de l'armée huguenote qui prirent l'offensive en Poitou et en Dauphiné, tandis que le centre était encore immobile en Guyenne et en Languedoc. Lesdiguières avait entamé les hostilités en Dauphiné dès la fin du printemps; Die, Montélimart, Embrun, tombèrent en son pouvoir. Le prince de Condé ne fut pas d'abord moins heureux dans l'Ouest : il chassa du Poitou le duc de Mercœur, qui s'était jeté sur cette province avec un corps de ligueurs bretons; puis il mit le siége devant Brouage, cette forte place maritime que Mayenne avait enlevée aux huguenots en 1577 (août-septembre). Les affaires de la Réforme allaient au mieux dans ces contrées : le chef de la puissante maison de La Trémoille, le jeune duc de Thouars, dont le père avait été, en 1576, chef de la Ligue en Poitou, venait d'embrasser le protestantisme, comme pour braver l'édit qui proscrivait l'hérésie. Le succès du siége de Brouage était à peu près certain, lorsque la nouvelle de la surprise du château d'Angers par une poignée d'aventuriers huguenots fit abandonner à Condé un avantage assuré et solide pour une téméraire entreprise. Jaloux de s'élever au-dessus du roi de Navarre par quelque éclatant exploit, il résolut d'aller au secours du château d'Angers, d'attaquer la ville par le château,

---

50,000, au grand courroux de ses confrères. *Hist. ecclésiast.*, t. XXXVI, p. 58. — L'Estoile, p. 201. — Le roi rétablit, d'un autre côté, tous les offices vénaux supprimés (1er octobre).

d'en faire sa place d'armes et de transporter le théâtre de la guerre au nord de la Loire. La première condition de ces grands desseins, c'était que le château fût secouru à temps ; néanmoins le prince, au lieu d'expédier en toute hâte un fort détachement à Angers, voulut avoir la gloire de tout faire par lui-même et consuma onze jours en préparatifs : il partit enfin de Brouage le 8 octobre, à la tête de deux mille hommes d'armes et arquebusiers à cheval, que renforcèrent beaucoup de gentilshommes poitevins et saintongeois, et laissa le reste de ses troupes devant Brouage. Il passa la Loire sans obstacle le 18 octobre, opéra sa jonction avec un millier de cavaliers protestants levés dans les provinces du nord-ouest et se présenta, le 21, devant Angers.

Il était trop tard : le capitaine qui tenait le château ayant été tué d'une arquebusade, ses soldats, qui n'étaient pas plus de quinze, avaient rendu ou plutôt vendu la place au duc de Joyeuse. Condé attaqua les faubourgs d'Angers. Après deux assauts inutiles, il fut obligé d'ordonner la retraite. Au lieu de se hâter de repasser la Loire, il perdit deux jours : son avant-garde franchit le fleuve ; mais des bateaux armés qu'avait envoyés Joyeuse l'empêchèrent de la suivre. Il remonta la Loire, espérant trouver un gué plus loin, vers le Blaisois ou l'Orléanais ; mais les bords du fleuve étaient trop bien gardés. La petite armée huguenote avait en queue le duc de Joyeuse ; en tête, Mayenne et les forces destinées à la guerre de Guyenne ; sur son flanc, Épernon, Biron et la noblesse de cour. L'impossibilité apparente du salut fut ce qui sauva cette troupe fugitive : ne pouvant combattre avec la moindre chance de succès, elle se dispersa et se fondit de telle sorte que les corps ennemis, en se resserrant pour l'écraser, n'embrassèrent que le vide. La dispersion avait commencé malgré Condé : il la régularisa et se dirigea vers la Basse-Normandie avec quelques cavaliers, pendant qu'un détachement plus nombreux attirait l'attention de l'ennemi du côté du Blaisois. Ce détachement s'évanouit, pour ainsi dire, à son tour, dans la forêt de Marchenoir, et il ne resta pas vingt hommes ensemble de toute cette brillante cavalerie. Le prince gagna les côtes et s'embarqua pour l'île anglaise de Guernesey ; les autres chefs repassèrent isolément la Loire, à travers mille périls ; pas un homme de marque, chose vraiment miraculeuse, ne fut tué ou pris. Beaucoup de gentilshommes protestants, à la vérité, durent leur salut aux amis qu'ils avaient dans la noblesse catholique [1].

Si peu meurtrière qu'eût été la déroute des réformés, elle eut pour leur parti des suites très-fâcheuses. La renommée aggrava le mal : les lieutenants de Condé levèrent le siége de Brouage ; Condé n'avait pas voulu, par jalousie, qu'ils appelassent à leur aide le vicomte de Turenne, maître d'une partie du Limousin. Les catholiques reprirent le dessus dans les provinces poitevines. La peur et le découragement amenèrent une foule de conversions, ou de « révoltes », comme disaient les ministres protestants, dans toutes les régions au nord de la Loire : ceux des huguenots qui tenaient plus à leur foi qu'à leur sûreté et à leurs biens fuyaient de toutes parts vers les contrées occupées par leurs frères, ou passaient à l'étranger [2]. Rien n'était plus triste que de voir ces pauvres gens partir pour l'exil, en traînant après eux des vieillards, des femmes, des enfants en bas âge : heureux encore quand ils échappaient aux outrages des populations fanatisées ! Un nouvel édit, imposé au roi par la Ligue, venait de réduire de six mois à quinze jours le délai accordé aux prétendus réformés pour abjurer ou quitter la France : le délai de six mois n'était maintenu que pour les femmes. Les huguenots qui avaient pris les armes, et les catholiques qui les assistaient, étaient déclarés criminels de lèse-majesté. Passé le terme assigné, tous les biens des réfractaires, de même que ceux des rebelles à main armée et de quiconque les assistait directement ou indirectement, devaient être confisqués et appliqués aux frais de la guerre (17 octobre).

Le parlement de Paris n'avait désapprouvé qu'une partie des dispositions de l'édit de juillet : il condamna intégralement l'édit d'octobre, dans des termes qui attestaient la révolution opérée dans l'esprit de sa majorité. Il parla de « proscription sanglante

---

1. Relation dans le t. II des *Mémoires de la Ligue*, p. 1-47. — C'est dans cette relation que nous avons trouvé pour la première fois le nom de dragons appliqué aux arquebusiers à cheval. — D'Aubigné, col. 1104-1135. — Sulli, *OEconomies royales*, t. I, p. 47-48.

2. Parmi les réformés fidèles à leur croyance, on cite l'architecte Androuet du Cerceau, qui abandonna généreusement la position brillante qu'il occupait auprès du roi. V. L'Estoile, *Journal de Henri III*, p. 193.

sans forme de justice... — Qui osera exposer à la mort tant de *millions* d'hommes, femmes et enfants, sans cause ni raison apparente, vu qu'on ne leur impute aucun crime que d'hérésie, hérésie encore inconnue ou pour le moins indécise... laquelle ils remettent au jugement d'un concile général ou national [1]?... Que dira la postérité si elle entend jamais que votre cour de parlement ait mis en délibération d'honorer du nom paternel de vos édits les articles d'une Ligue assemblée contre l'État, armée contre la personne du roi, et qui s'élève contre Dieu même et dépite la nature, commandant aux pères de n'être plus pères à leurs enfants, invitant l'ami à trahir son ami et appelant l'assassin à la succession de celui qu'il aura assassiné... Nous ne particulariserons point davantage sur les iniquités assemblées en nombre infini sous cette forme d'édit, par lequel ceux qui en sont auteurs espèrent pouvoir gagner le royaume après qu'ils vous l'auront fait perdre [2] ».

L'esprit monarchique et l'esprit national l'emportaient décidément dans le parlement sur l'esprit catholique, et ce langage nouveau envers les huguenots [3] avait pour principale cause l'avénement du *Béarnois* au rang d'héritier de la couronne.

L'édit fut cependant enregistré par ordre du roi. Le roi de Navarre y répondit par une déclaration dans laquelle, en qualité de premier prince du sang et de gouverneur pour le roi en Guyenne, il ordonnait la saisie de tous les biens des habitants des villes où les édits imposés par les « ennemis de l'État » auraient été reçus et mis à exécution, ainsi que des biens appartenant aux gentilshommes ou autres portant les armes « avec lesdits ennemis », aux ecclésiastiques qui leur adhéreraient, et aux habitants des villes, bourgs et villages qui refuseraient de payer les contributions de guerre, « voulant qu'il leur soit fait pareil traitement que celui qui sera fait par les ennemis à ceux qui font profession de la religion ou aux catholiques qui se sont joints à

---

1. Ainsi le parlement repousse nettement le concile de Trente comme n'étant point universel, et parle le langage des États Généraux de 1560 et 1561.
2. *Remonstrances du parlement,* ap. *Mém. de la Ligue,* t. I, p. 222. Ces remontrances sont réunies à celles présentées contre la fameuse bulle d'excommunication.
3. *Renouvelé* plus que *nouveau :* c'est le langage de 1559.

nous (30 novembre 1585) ¹ ». Cet acte de vigueur fut suivi de lettres du roi de Navarre aux Trois États de France et à la ville de Paris : ce prince y rendait les persécuteurs responsables de toutes les calamités qui allaient fondre sur le royaume, adressait à chacun des Trois Ordres les arguments les plus propres à l'émouvoir, rappelait particulièrement au clergé, en termes très-dignes et très-mesurés, les devoirs de la charité chrétienne et lui reprochait de préférer les batailles aux paisibles discussions d'un concile (1er janvier 1586) ².

Ces pièces, aussi bien écrites que bien raisonnées, étaient de nature à faire impression sur les esprits : la Ligue leur opposa le pamphlet le plus éloquent et le plus incendiaire qui fût encore sorti des presses catholiques, l'*Advertissement d'un catholique anglois aux catholiques françois* (Paris, 1586). L'avocat Louis d'Orléans s'y déguisait sous le masque d'un catholique anglais, qui avertissait les catholiques français du danger qu'ils couraient de perdre leur religion et « d'expérimenter, comme en Angleterre, la cruauté des ministres », s'ils recevaient à la couronne un roi hérétique. L'écrivain ligueur répond par des cris de mort aux paroles conciliantes du Béarnais : il loue la « saignée très-salutaire » de la Saint-Barthélemi et regrette seulement qu'elle n'ait pas été suffisante. « L'hérésie », s'écrie-t-il, « c'est un mal auquel il faut mettre le fer et le feu bien avant et sans dissimulation ». Il glorifie l'inquisition d'Espagne et Philippe II « se privant d'enfant mâle et violant les droits de nature pour sauver la religion ³ ». La violence toutefois n'ôte rien chez lui à l'habileté. Afin de rendre toute réconciliation impossible, il annonce que le roi de Navarre, s'il n'est pas le plus fort, feindra de se refaire catholique et ira à la messe, jusqu'à ce qu'il puisse lever le masque; que les ministres lui en ont donné dispense. Il rétorque les maximes des écrivains protestants contre leur parti. « Les hérétiques préfèrent l'état d'une république à la royale façon de gouverner... En leur *Françoise Gaule*, ils chantent qu'il est loisible de choisir un roi à son appétit; dites-leur donc que le roi de Navarre

---

1. *Mém. de la Ligue*, t. I, p. 271.
2. *Mém. de la Ligue*, t. I, p. 300-310.
3. Ainsi le fait de la mort violente de don Carlos était admis par les catholiques.

n'est à votre appétit... Si le bon roi saint Loys étoit juge en ce différend et qu'il eût à prononcer si le roi de Navarre doit succéder à la couronne, il n'y a doute qu'il ne le déclarât non-seulement indigne de cette succession, mais indigne de la vie! » Il exploite adroitement les crimes des huguenots et les crimes mêmes des catholiques : la crainte des vengeances de la Saint-Barthélemi est un de ses principaux arguments pour exciter les villes qui ont participé au massacre. Ses protestations de respect envers le roi déguisent mal les menaces de sa conclusion : il établit qu'on ne peut croire que le roi favorise Henri de Navarre, « parce que le peuple alors bondiroit de furie et, comme une mer écumante, pourroit bien engloutir le patron et les matelots et le navire tout ensemble... » On nous accuse d'être Espagnols, s'écrie-t-il enfin ; oui, plutôt que d'avoir un prince huguenot, « nous irions chercher non-seulement un Espagnol, mais un Tartare, un *Moscove*, un Scythe qui soit catholique ! »

L'esprit de la faction ultrà-catholique est tout entier dans cette œuvre d'un des Seize : son importance est attestée par la multitude de répliques et de contre-répliques qu'elle suscita durant plusieurs années [1].

La guerre, cependant, de la Loire et de la Charente, avait reculé jusqu'à la Dordogne et à la Garonne. Mayenne, vers la fin de décembre, avait opéré sa jonction sur la Charente avec Matignon, lieutenant-général du gouvernement de Guyenne. Il n'attaqua point les places huguenotes de la Saintonge et de l'Aunis, laissa seulement un corps d'observation dans cette contrée et entra en Guyenne à la tête d'une quinzaine de mille hommes, sans compter la noblesse catholique du pays. Le roi de Navarre et le vicomte de Turenne n'avaient pas, leurs places garnies, quatre mille hommes à mettre en campagne. Point de secours à attendre des autres provinces : chacun avait son terrain à défendre. Il y eut un moment d'angoisse et d'effroi autour du roi de Navarre : bien des gens lui conseillaient de se retirer en Lan-

---

[1]. Le *Catholique anglois* a été réimprimé dans le t. XI des *Archives curieuses*. V. la liste des pièces publiées pour et contre, dans la *Bibliothèque de la France*, t. II, p. 290. La réponse publiée par du Plessis-Mornai, sous le nom d'un *Gentilhomme catholique françois*, est dans les *Mém. de la Ligue*, t. I, p. 415.

guedoc, ou même de passer en Angleterre et de là en Allemagne, afin de presser les secours étrangers et de rentrer en France à la tête des reitres. Le Béarnais refusa de quitter la place à ses ennemis et prit le parti à la fois plus courageux et plus sage de leur disputer la Gascogne pied à pied [1]. La saison combattit pour les huguenots : la fin de l'hiver, qui fut d'une rudesse inaccoutumée en ce climat, l'épidémie, qui désola cette année tout le midi de la France, décimèrent l'armée catholique. Mayenne, général assez habile, mais sans élan et sans audace, n'était pas l'homme qu'il fallait pour soutenir le moral du soldat et vaincre à tout prix. Il était plutôt entravé que secondé par le maréchal de Matignon, qui, mal avec la Ligue, croyait faire sa cour au roi en poussant mollement la guerre. Une maladie qui survint au prince lorrain ralentit encore les opérations. Bref, la campagne s'engagea de telle façon que le roi de Navarre, vers la fin de mai 1586, crut pouvoir sans inconvénient abandonner la défense de la Guyenne protestante au vicomte de Turenne, pour passer à La Rochelle et aller tenter une diversion sur les rives de la Charente.

Le prince de Condé était revenu à La Rochelle dès le mois de janvier, escorté par une escadre anglaise et gratifié de quelque argent par Élisabeth, qui s'était décidée, l'année précédente, à intervenir enfin avec éclat dans la grande lutte religieuse, en acceptant, non point la souveraineté, mais le protectorat des Provinces-Unies (10 août 1585) [2]. Les affaires des huguenots se relevaient dans l'Ouest; la surprise de Royan les rendait maîtres de l'embouchure de la Gironde et interrompait le commerce de Bordeaux. Navarre et Condé attaquèrent de nouveau le port de Brouage, qui tendait à rivaliser avec La Rochelle, et parvinrent à l'obstruer en y coulant des bâtiments chargés de pierres; puis ils

1. Les secrétaires de Sulli, rédacteurs de ses *OEconomies royales*, et le biographe de du Plessis-Mornai attribuent, de part et d'autre, à leur héros le mérite de la résolution du Béarnais. Il est probable que Henri sut fort bien se décider lui-même. *OEconomies royales*, p. 49. — *Vie de du Plessis-Mornai*, p. 93.

2. Elle eût accepté la souveraineté, si Anvers n'eût point succombé; cependant on peut dire qu'en général la politique d'Élisabeth, conforme aux vrais intérêts de l'Angleterre, n'était pas favorable aux conquêtes continentales. — Le comte de Leicester fut nommé gouverneur des Provinces-Unies, et Flessingue et Briel furent remis aux Anglais. De Thou, l. LXXXIII.

sauvèrent Marans, qu'assiégeait le maréchal de Biron arrivé de la cour avec quelques troupes fraîches. Biron, qui n'était pas plus ligueur que Matignon, pas plus que lui ne mena vivement la guerre; il ne fit rien de considérable dans la Saintonge et l'Aunis, et n'alla pas renforcer Mayenne en Gascogne. Le prince lorrain eut beau se plaindre; il ne reçut que fort peu d'argent et point du tout de renforts, et vit son armée se fondre lentement autour de lui; tous ses exploits, en huit ou neuf mois, se bornèrent à la conquête de cinq ou six bicoques. Dans le courant de l'automne, Mayenne repartit pour le nord de la France, malade, aigri, accusant hautement la cour; il imputait à Épernon de lui avoir débauché ses meilleurs soldats.

Le roi, en effet, avait prodigué à d'autres généraux les moyens d'action promis à Mayenne. Au lieu d'entretenir et de renforcer l'armée de Guyenne, Henri III avait organisé trois autres petits corps d'armée : le premier opérait sous Biron, en Saintonge; le second, sous le duc de Joyeuse, devait marcher en Auvergne et en Languedoc; le troisième, sous Épernon, en Dauphiné et en Provence. Henri III se rendit de sa personne à Lyon, comme pour se rapprocher du théâtre des futurs exploits de ses favoris. Le plan du roi se développait assez clairement : c'était de diviser le plus possible les forces catholiques, d'en mettre la meilleure partie en mains non ligueuses et d'empêcher qu'il se frappât aucun coup décisif. Si Henri III obtint ce résultat négatif, au moins pour la campagne de 1586, ce ne fut pas la faute du duc de Joyeuse, qui se ralliait de plus en plus à la Ligue et qui ne songeait qu'à faire preuve de zèle contre l'hérésie. Joyeuse laissa commettre des atrocités abominables à ses troupes dans la ville de Marvéges ou Marvejols, en Gévaudan, qui fut saccagée, brûlée et entièrement ruinée (août 1586). Il descendit de là dans le Rouergue et dans le Toulousain, pour se joindre à son père, le maréchal de Joyeuse, qui guerroyait, depuis le commencement de l'année, avec peu de succès, contre Montmorenci et Châtillon. L'épidémie et la disette rendirent difficile aux catholiques de profiter de la supériorité que leur donnait cette jonction, et le duc de Joyeuse, après avoir pris deux ou trois petites places, s'en retourna dès l'automne.

Épernon ne se mit aux champs que plusieurs semaines après Joyeuse : le roi l'avait nommé gouverneur de Provence, à la place du grand prieur, mort récemment d'une manière tragique[1]. Épernon vint prendre possession de son gouvernement en septembre, à la tête d'un corps d'armée. Il y trouva la Ligue en mauvais état : les catholiques « politiques » de Provence, à l'exemple de leurs confrères de Languedoc, s'étaient joints aux huguenots contre les ligueurs que commandait de Vins, et Lesdiguières, arrivé de Dauphiné au secours des confédérés protestants et politiques, venait de battre complétement de Vins (septembre). Épernon, très-supérieur en forces, obligea Lesdiguières à se retirer dans les montagnes, tandis que le parlement d'Aix condamnait à d'affreux supplices tous les réformés qu'on lui livrait. Le parlement de Bordeaux n'avait pas été moins barbare envers les habitants huguenots de Castillon sur Dordogne.

Tout ce grand fracas, ces nombreuses levées d'hommes, ces énormes dépenses[2], n'eurent donc, cette année-là, presque aucun autre effet que de ravager quelques provinces et d'épuiser les autres. L'orage était à peu près passé et les huguenots restaient debout et menaçants.

La conduite du roi, durant toute l'année, n'avait été qu'un tissu de contradictions. Il avait terminé l'an 1585 par des capucinades[3];

---

1. Le grand prieur, ayant appris qu'un officier italien, nommé Altoviti, le desservait auprès du roi, alla trouver cet homme chez lui et lui passa son épée au travers du corps; l'autre, se sentant frappé à mort, tira un poignard de ses chausses et le plongea dans le ventre du grand prieur. Ce bâtard de Henri II, bel esprit sanguinaire et dépravé, entouré tout à la fois de gens de lettres et de spadassins, était un des types les plus caractéristiques de la cour des derniers Valois.

2. On y avait pourvu en partie par des édits bursaux; le roi en fit enregistrer dix-sept en lit de justice le 16 juin : un de ces édits autorisait, à prix d'argent, l'hérédité des offices non judiciaires. Un autre vendait le titre de conseiller du roi à tous les lieutenants-généraux des bailliages. Un troisième doublait tous les aides et péages. Les chambres des comptes et des aides se firent interdire plutôt que de vérifier les édits qui les concernaient. Les procureurs au parlement et au Châtelet s'abstinrent de tout exercice de leur état plutôt que de payer une taxe qui leur était arbitrairement imposée par le roi. Le cours de la justice civile fut partout suspendu. Le roi céda et annula la taxe. L'Estoile, p. 204-207.

3. Il prêcha lui-même ses « confrères » les hiéronymites du bois de Vincennes, le jour de la fête de leur patron, après avoir fait prêcher avant lui son poëte favori Desportes, abbé de Tiron, le chantre des galanteries de la cour (L'Estoile, *Journal de Henri III*, p. 191).

il commença 1586 par refuser au nonce et à l'assemblée du clergé la réception du concile de Trente, ce que le parlement de Paris considéra comme une grande victoire et ce qui vexa fort la Ligue. Au mois d'avril, il reçut assez mal une ambassade du roi de Danemark, qui venait lui faire des remontrances en faveur des huguenots, et donna une nouvelle déclaration pour l'exécution des édits contre les réformés; mais, vers le même temps, il accueillait favorablement les envoyés des cantons protestants de la Suisse, chargés d'une mission analogue à celle des Danois, et rentrait en négociations avec le roi de Navarre, qui lui envoya son secrétaire et le jeune Rosni. Les rédacteurs des mémoires de Sulli [1] prétendent, avec fort peu de vraisemblance, que Henri III alla jusqu'à autoriser secrètement les protestants suisses à dépêcher vingt mille hommes au secours du roi de Navarre. Quoi qu'il en soit, au mois de juillet, pendant qu'on se battait partout ailleurs, une trêve fut signée dans la Saintonge et l'Aunis par le roi de Navarre et le maréchal de Biron, et l'on parla derechef d'une entrevue entre le Navarrois et la reine mère.

Avant qu'on eût pu s'entendre à cet égard, on vit arriver en France une grande ambassade des princes et des villes protestantes d'Allemagne, au lieu de l'armée dont les uns avaient redouté, les autres espéré l'invasion. L'Allemagne protestante avait décidé de faire une dernière tentative auprès du roi, avant de tirer l'épée. Henri III, fort embarrassé, tâcha de gagner quelques semaines, tandis que sa mère négociait avec le roi de Navarre. Quand il apprit que les ambassadeurs avaient passé la frontière, il partit pour Lyon et leur manda d'attendre son retour à Paris (10 juillet). Le prétexte de ce voyage fut de se rapprocher des armées de Joyeuse et d'Épernon; mais, une fois à Lyon, Henri

---

1. *OEconomies royales*, p. 52. On sait que les Mémoires de Sulli furent rédigés par ses quatre secrétaires, dans les dernières années de sa vie, sous le titre bizarre de *Mémoires des sages et royales OEconomies d'Estat de Henri le Grand, et des servitudes* (services) *utiles et administrations loyales de Maximilien de Béthune*. Si le fond de ces Mémoires est d'une haute importance, la forme en est singulièrement choquante : les secrétaires de Sulli n'étaient point au niveau de leur tâche, et l'on ne peut pas toujours compter sur l'entière exactitude de leurs récits. Il ne faut cependant consulter qu'avec beaucoup de défiance les *Remarques* satiriques de Marbault sur ces Mémoires, espèce de réfutation contemporaine publiée à la suite des *OEconomies royales* dans la collection Michaud et Poujoulat.

n'employa son temps qu'aux amusements les plus puérils. Sa passion pour les petits chiens l'avait repris ; il en rassembla une multitude qu'il traînait partout après lui, avec les gens destinés à les servir, et qui lui coûtaient plus de cent mille écus par an ; les singes et les perroquets n'avaient guère moins de faveur. Ce goût effréné pour les animaux n'était guère balancé que par l'amour du bilboquet et des miniatures. Un des grands plaisirs du monarque était de découper les belles peintures des manuscrits du moyen âge, pour les coller sur les murs de ses chapelles [1].

Il fallut enfin quitter ces graves occupations et venir retrouver à Paris les embarras qu'on y avait laissés. Henri III donna audience aux ambassadeurs allemands, à Saint-Germain, le 11 octobre. Ils complimentèrent le roi au nom de l'électeur Palatin, des électeurs de Saxe et de Brandebourg, de l'administrateur de Magdebourg, du duc de Brunswick-Lunebourg, des trois frères landgraves de Hesse et des quatre villes impériales de Strasbourg, Ulm, Nuremberg et Francfort, puis lurent tout haut leurs lettres de créance. Les termes en étaient si peu ménagés, que Henri pâlit et rougit plusieurs fois durant la lecture. Les princes et les villes d'Allemagne exprimaient avec vivacité l'étonnement que leur avait causé la révocation de l'édit de paix. « Changement étrange », disaient-ils, « où votre royale personne, vos états, votre conscience, votre honneur et bonne renommée se trouvent beaucoup intéressés ». Ils suppliaient et requéraient le roi de revenir sur une résolution suggérée « par le pape et autres perturbateurs » qui visaient à la subversion de sa couronne et le voulaient « mettre en mépris au jugement d'un chacun » par la violation de sa parole et de sa foi.

Le roi répondit sèchement qu'il tenait son pouvoir de Dieu et qu'il avait droit de constituer en son royaume tels édits, lois et ordonnances que bon lui semblait et de les changer selon que le bien de ses sujets le requérait, « ainsi que font tous les bons princes de la chrétienté, auxquels il laisse le soin de gouverner leurs sujets selon qu'ils jugeront être raisonnable [2] ».

Cette fière repartie ne suffit point à son orgueil blessé. L'au-

---

1. De Thou, t. IV, l. LXXXV, p. 413.
2. *Mém. de la Ligue*, t. I, p. 319-325.

dience finie, lorsque Henri repassa dans son esprit les reproches des Allemands, sa colère redoubla; il écrivit de sa main un billet où il déclarait que quiconque l'accusait d'avoir violé sa foi ou entaché son honneur par la révocation de ses édits en avait menti. Il chargea un des gentilshommes de sa chambre d'aller lire cette espèce de cartel aux ambassadeurs; mais, conservant quelque chose de sa couardise jusque dans ses emportements, il défendit au chambellan de donner copie du billet [1].

Les ambassadeurs repartirent dès le lendemain. A leur retour, un long cri de guerre éclata dans toute l'Allemagne protestante, dont les princes avaient tenu à Lunebourg, en juillet, une assemblée où était venu siéger le roi de Danemark. La lenteur inhérente à ce corps aux mille têtes, les querelles des luthériens et des calvinistes, l'hésitation des princes et des capitaines à s'engager, sans être garantis, les uns de leurs avances, les autres de leur solde, avaient fait gagner un an à la Ligue, temps précieux dont elle avait mal profité. L'Allemagne paraissait disposée à réparer le temps perdu. Le vieux Théodore de Bèze avait parcouru les états germaniques, prêchant de cour en cour une croisade protestante, et la reine d'Angleterre avançait d'assez fortes sommes.

La rupture éclatante du roi avec l'Allemagne réformée ne promettait pas grand succès aux négociations qui continuaient avec le roi de Navarre. Celui-ci témoignait une extrême défiance et, sachant sa belle-mère capable de tout, il ne voulait exposer ni sa personne ni son parti. Catherine, pour le décider à une conférence, fut obligée de se remettre pour ainsi dire, entre ses mains et d'aller le trouver au château de Saint-Bris, près de Cognac, au milieu des troupes protestantes. Le roi de Navarre eut une entrevue préalable avec le duc de Nevers, qui s'était rallié à Henri III, depuis son voyage à Rome, et qui avait reçu du roi le gouvernement de Picardie en gage de réconciliation. Nevers trouva le Béarnais, comme il le dit dans une lettre à Henri III, « toujours agréable, toujours enjoué », nullement changé par les soucis ni par les années, tel enfin qu'on l'avait vu à la cour dans la première fleur de sa jeunesse. Le Béarnais écoutait tout, répon-

---

1. De Thou, t. IV, l. LXXXVI, p. 419-420.

dait à tout, ne se fâchait de rien et ne cédait rien. Lorsque Nevers, après l'avoir pressé de revenir à la foi de saint Louis, lui déclara nettement qu'il ne servirait jamais qu'un roi catholique, le roi de Navarre répondit qu'on n'en était point à de telles questions et que, pour lui, il ne s'ingérait pas, comme les ligueurs, de revendiquer l'héritage d'un roi jeune et plein de vie. Du reste, il ne répondait jamais par un refus péremptoire aux invitations de se faire catholique : il ne demandait qu'à s'éclairer, qu'à se rendre aux décisions d'un légitime concile [1] (10 décembre).

Le roi de Navarre ne se montra pourtant pas d'humeur si accorte dans les conférences qu'il eut avec sa belle-mère quelques jours après (14 décembre). Il ne put contenir son ressentiment à l'aspect de cette femme qui avait fait tant de mal à lui et aux siens. Après une altercation assez vive sur la Ligue et sur la rupture de l'édit de paix, comme Catherine le requérait de nouveau de se séparer des hérétiques et d'obéir au roi : — Madame, s'écria-t-il, il y a tantôt dix-huit mois que je n'obéis plus au roi. Le roi m'a fait la guerre en loup; vous me l'avez faite en lionne ! — Le roi et moi ne demandons que votre bien ! — Madame, excusez-moi, je reconnois tout le contraire. — Mon fils, voulez-vous que la peine que j'ai prise depuis six mois demeure infructueuse? — Madame, ce n'est pas moi qui empêche que vous reposiez en votre lit, mais vous qui, depuis dix-huit mois, m'empêchez de coucher dans le mien. — Eh quoi ! serai-je toujours en cette peine, moi qui ne demande que repos? — Madame, cette peine vous plaît et vous nourrit; si vous étiez en repos, vous ne sauriez vivre longuement [2] ».

Cet amer dialogue ne fut pas suivi d'une rupture immédiate; mais Catherine ne fit aucune proposition sérieuse. Elle ne visait qu'à obtenir une trêve assez longue pour arrêter l'effet du grand secours qui s'apprêtait en Allemagne. Le roi de Navarre n'eut garde de donner dans le piège et sut se défendre, cette fois, des dangereux appâts de « l'escadron volant [3] ». On se sépara,

1. *Mém.* de Nevers, t. I, p. 767.
2. Mathieu, t. I, p. 519.
3. Davila (t. I, p. 336) prétend que Catherine offrit au roi de Navarre, s'il voulait se faire catholique, de faire casser son mariage avec Marguerite, qui, chassée par les habitants d'Agen, qu'elle tyrannisait, et repoussée par son mari et par son frère,

le Béarnais, pour se préparer à reprendre les hostilités en Poitou, la reine mère pour retourner à Paris, où la Ligue était plus menaçante que jamais.

Catherine avait eu beau faire entendre aux Guises qu'elle ne voulait que tromper et endormir le roi de Navarre; les Guises, malgré ses bons offices de l'année précédente, ne se fiaient guère plus à elle qu'au roi et s'attendaient à voir d'un instant à l'autre Henri III pactiser avec les hérétiques contre la Ligue. Aussi se tenaient-ils sur leurs gardes et restaient-ils toujours armés. Pendant que Mayenne guerroyait dans le Midi, les autres membres de la famille se fortifiaient dans le Nord et dans l'Est. D'Aumale, irrité que le gouvernement de Picardie, auquel il prétendait, eût été donné à Nevers, surprit Doullens sur les gens du roi. Guise reprit Auxonne sur les habitants, qui, dans un mouvement de réaction, avaient arrêté leur commandant ligueur Jean de Tavannes. Guise bâtit, de son autorité privée, une citadelle à Vitri. Le roi n'osa éclater. Vers l'automne, les chefs de la Ligue, à l'exception de Mayenne, qui était encore en Guyenne, se réunirent à l'abbaye d'Ourscamp, près de Noyon, afin de protester contre les pourparlers avec les huguenots et de débattre leurs plans pour la campagne prochaine. A la suite de cette conférence, le duc de Guise, avec les ligueurs champenois et les troupes du duc de Lorraine, envahit le territoire du duc de Bouillon, qui avait donné asile à un grand nombre de protestants français dans ses seigneuries de Bouillon, de Sedan et de Jametz, et qui se départait d'une longue neutralité en faveur de la Réforme, comme le duc de Lorraine avait fait en faveur de la Ligue. Guise entreprit le blocus de Sedan et de Jametz durant l'hiver de 1586 à 1587. Ces places furent très-bien défendues : Guise faillit être pris dans une escarmouche et laissa son manteau aux mains des huguenots. Le duc d'Aumale, sur ces entrefaites, continuait d'agir en Picardie et tentait sur Boulogne un coup de main préparé par le conseil de la Ligue parisienne, dans

était allée cacher ses débordements au fond d'un vieux château d'Auvergne. Le roi de Navarre aurait épousé la princesse Christine, fille du duc de Lorraine et petite-fille de Catherine. Aucun autre historien ne parle de cette proposition peu vraisemblable.

une séance tenue chez les jésuites de la rue Saint-Antoine. Le conseil de la Ligue avait gagné le prévôt des maréchaux, Vétus, qui avait promis qu'en faisant son inspection trimestrielle à Boulogne, il s'emparerait d'une des portes et la livrerait à Aumale; mais le secret fut trahi par un des membres du conseil, Nicolas Poulain, lieutenant-général de la prévôté de Paris, qui avertit le roi. Vétus fut arrêté en entrant à Boulogne et l'officier qui commandait dans la place pour le duc d'Épernon fit tirer le canon sur Aumale et sur ses gens.

L'idée première de cette entreprise avait été sans doute suggérée aux Seize par l'ambassade d'Espagne. Philippe II souhaitait vivement avoir un port à sa disposition sur les côtes de Picardie. Tandis que l'Allemagne et la Suisse assemblaient une armée contre la France catholique, Philippe II équipait une flotte bien plus redoutable contre l'Angleterre protestante. Après s'être longtemps fait une guerre indirecte sans franchise et sans grandeur, l'Espagne et l'Angleterre allaient enfin se saisir corps à corps. Philippe, de concert avec le pape, reprenait le projet d'invasion de l'Angleterre, qu'il avait plusieurs fois laissé tomber comme chimérique, et concentrait dans ce but toutes les forces de ses vingt royaumes. Les succès continus des armes espagnoles dans les Pays-Bas et la victoire de la Ligue en France sur la monarchie des Valois faisaient croire à Philippe le temps venu de frapper la Réforme au cœur, dans l'île qui était la citadelle de l'hérésie. Élisabeth se préparait à rendre la défense aussi terrible que l'attaque. Les dissidences entre le puritanisme démocratique et l'anglicanisme monarchique s'effaçaient devant le péril commun, et le cri de *no popery!* (pas de papisme!) ralliait toute la masse protestante autour du trône de la fille de Henri VIII. Élisabeth avait pris les devants sur Philippe ; elle avait, d'une part, entraîné le fils de Marie Stuart, le jeune roi d'Écosse, dans une alliance offensive et défensive avec l'Angleterre (1er avril 1586) ; de l'autre part, elle avait envoyé un petit corps d'armée dans les Pays-Bas sous les ordres de Leicester. Le choix de Leicester eut les plus fâcheux résultats : ce favori, arrogant et corrompu, s'aliéna les États Généraux par ses prétentions despotiques, renouvela, ou peu s'en faut, les criminelles folies du duc d'Anjou, montra aussi peu de talent pour la guerre que pour le gouvernement, et son administration des Provinces-Unies ne fut marquée que par des revers. Les États Généraux perdirent Venloo, Grave, Deventer, L'Écluse. Mais les échecs de Leicester furent en partie compensés par les incursions dévastatrices des corsaires anglais dans les Indes Occidentales. Saint-Domingue et Carthagène furent pillés de fond en comble par le fameux Francis Drake, qui avait déjà, quelques années auparavant, appris aux Espagnols que leur empire du Nouveau Monde n'était rien moins qu'invulnérable[1].

Philippe ne respirait que vengeance, et des préparatifs gigantesques se poursuivaient dans tous les ports d'Espagne, de Portugal, d'Italie et des Indes. Philippe comptait au moins autant sur des armes d'une autre nature. Il espérait que le canon n'aurait qu'à achever l'œuvre du poignard. Le séminaire anglais de Reims ourdissait conjuration sur conjuration ; l'officier Savage, le prêtre Ballard, le jeune *gentleman* Babington, épris d'une passion romanesque pour la royale captive Marie Stuart, confondaient leurs trames pour la mort d'Élisabeth et la délivrance de Marie, et le prince de Parme n'attendait que la nouvelle du meurtre de la fille de Henri VIII afin d'opérer de Flandre en Angleterre une descente que seconderait l'insurrection des catholiques. Marie Stuart, plus sévèrement resserrée depuis la découverte du complot de Parry, ne pouvait plus correspondre avec ses partisans : tout à coup, un jeune prêtre élevé à Reims, Gifford, rouvrit secrètement les communications entre la reine prisonnière et les conjurés ; Marie apprit tout, approuva tout et prévint Philippe II qu'elle lui léguait ses droits sur l'Angleterre pour le cas où son fils s'obstinerait dans l'hérésie : elle s'engageait même à tâcher de remettre son fils entre les mains du Roi Catholique. Les conjurés avaient, dit-on, projeté de tuer Élisabeth le 24 août 1586, mettant leur entreprise sous l'invocation des furies de la Saint-Barthélemi. Marie attendait impatiemment l'heure de la délivrance.

Ce fut l'heure de la mort qui sonna. Le complot était connu,

1. Drake et les autres aventuriers anglais avaient commencé par faire la traite de noirs, dans laquelle la reine était intéressée. — La première expédition un peu éclatante de Drake datait de 1572. En 1577, il passa le détroit de Magellan pour aller ravager les côtes du Chili et du Pérou. Il revint par les Indes Orientales et le cap de Bonne-Espérance, en faisant le tour du monde.

suivi jour par jour; Gifford était l'agent de Walsingham, l'ancien ami de Coligni, le dévoué et implacable défenseur d'Élisabeth et de la Réforme. Walsingham, Burghley, les principaux ministres de la reine d'Angleterre, convaincus que l'existence même de leur nationalité était menacée et que la vie de Marie était une menace permanente pour la vie d'Élisabeth, avaient résolu de perdre à tout prix la prisonnière. Ils avaient employé, d'abord dans des conditions excusables, des moyens extraordinaires, exceptionnels, pour se défendre contre la politique de l'assassinat; mais la fatalité de ces moyens est qu'après avoir servi à empêcher des crimes, ils excitent trop souvent à en commettre d'autres. Walsingham, par une manœuvre qu'aucune raison d'État, qu'aucun péril public ne saurait justifier devant la morale éternelle, poussa la malheureuse reine d'Écosse à l'échafaud en lui facilitant une complicité qui eût été impossible sans l'intervention de l'agent provocateur introduit auprès d'elle.

Après l'exécution des conjurés et les aveux des secrétaires de Marie, Élisabeth se décida à traduire sa rivale devant une haute cour composée des plus grands personnages de l'Angleterre; on appliqua à Marie un bill de l'année précédente, qui décrétait la mort contre quiconque aurait attaqué, par rébellion ou conjuration, la vie ou la couronne de la reine. Marie invoqua en vain sa dignité royale, l'incompétence des sujets anglais à juger une reine étrangère, le droit d'un captif injustement enchaîné à briser sa chaîne par tous les moyens[1]; elle prétendit en vain, avec peu de vraisemblance, avoir ignoré qu'on en voulût à la vie d'Élisabeth; elle fut condamnée à mort le 26 octobre.

A cette terrible nouvelle, Henri III, effrayé, se hâta d'envoyer à Élisabeth un ambassadeur extraordinaire, Pomponne de Bellièvre, pour la conjurer de ne pas faire tomber sur un échafaud la tête d'une reine douairière de France. Élisabeth éluda les prières et brava les menaces. Elle ne se hâta point cependant de frapper : elle laissa la hache suspendue près de quatre mois sur la tête de la victime; elle demanda conseil aux princes protestants, ses alliés[2]; elle se fit prier, presser par les deux chambres

---

1. C'était là, devant l'équité, son meilleur argument.
2. D'Aubigné, *Hist. univers.*, t. III, p. 89, assure que le roi de Navarre, le prince

du parlement d'exécuter une sentence « nécessaire au salut de l'Angleterre ». Elle affectait une douleur, une hésitation mensongères : elle eût voulu avoir à la fois l'honneur de la clémence et le profit de la rigueur ; elle eût voulu que le gardien de Marie la mît à mort sans ordre. C'était un honnête homme, et d'ailleurs il était certain d'être sacrifié après ; il refusa. Élisabeth se décida enfin à signer le *warrant* d'exécution. Marie Stuart fut décapitée à Fotheringay le 18 février 1587. Elle mourut avec un grand courage et une grande résignation : elle déclara qu'elle mourait vraie catholique, vraie Écossaise, vraie Française, et qu'elle était heureuse de subir le martyre pour sa foi [1].

L'effet de cette catastrophe fut terrible en France : Marie Stuart, autrefois l'idole des jeunes courtisans français, était devenue l'objet de la vénération du peuple; vingt ans de malheurs en avaient fait, aux yeux du parti catholique, une sainte et une martyre. La haine populaire éclata en cris furieux contre la « louve d'Angleterre » et les huguenots ses alliés. Tout servait la Ligue contre Henri III : on persuada au peuple que Henri, tout en demandant publiquement la vie de sa belle-sœur, avait conseillé en secret la mort de Marie Stuart. La correspondance

---

de Condé et leurs conseillers furent d'avis de la mort. Catholiques et protestants étaient convaincus qu'il fallait que Marie ou Élisabeth pérît. Ainsi Henri IV aurait « voté la mort » de Marie Stuart! Qu'un homme si humain, si étranger à tout fanatisme, ait adhéré à un acte si terrible, cela dit beaucoup sur les entraînements des révolutions. « Je suis certain de ces choses », dit d'Aubigné, « pour ce que le roi de Navarre, ayant pesé l'affaire entre ses privés conseillers, dépêcha un de mes amis pour porter la sentence de lui, du prince de Condé et du parti; mais *celui* là, ne voulant point être messager de mort, envoya un gentilhomme d'auprès d'Orléans. »

1. Sur les derniers jours de Marie Stuart, *V.* Mignet, t. II, c. IX-XI. Là relation publiée en France en 1589, et citée par M. Mignet d'après le recueil de Jebb, renferme beaucoup de détails touchants et qui paraissent authentiques. Il y aurait peut-être cependant quelques réserves à faire sur l'assertion réitérée qu'on y attribue à Marie Stuart d'être restée étrangère à tout complot contre la personne d'Élisabeth. Marie avait nié pendant le procès, cela est certain; mais a-t-elle nié jusqu'au bout, devant la mort, devant Dieu, une complicité dont il est à peu près impossible de douter? Voilà ce qui ne nous paraît pas démontré; on avait trop d'intérêt à le dire! — La conduite d'Élisabeth fut un chef-d'œuvre d'hypocrisie : quand on lui apprit la mort de la reine d'Écosse, elle éclata en gémissements et en reproches; elle prétendit n'avoir signé le *warrant* que pour le tenir en réserve; elle s'écria que ses ministres l'avaient mis à exécution contre sa volonté; elle les disgracia pendant plusieurs mois, et le secrétaire d'État qui avait fait sceller la lettre fut emprisonné et ruiné.

des deux cours de France et d'Angleterre prouve l'injustice de cette accusation [1] ; mais on pouvait tout imputer au roi : on était sûr de trouver créance. On assurait que les levées des reîtres, des lansquenets, des Suisses hérétiques, sujet de toutes les conversations, s'opéraient avec la connivence de Henri III, que sa querelle avec les ambassadeurs allemands n'avait été qu'une comédie. Il n'était pas d'incident qui ne contribuât à redoubler l'irritation de la multitude. Ceux qui criaient le plus violemment contre toute idée de paix criaient avec le même emportement contre les exactions auxquelles le roi recourait pour soutenir la guerre. On consentait bien à se cotiser pour la Ligue, qui conservait sa caisse et ses troupes à part, mais on ne voulait pas donner d'argent au roi, qui l'emploierait peut-être contre la bonne cause [2]. Les menées de la Ligue redoublaient d'activité : ce n'étaient plus les chefs qui poussaient la foule, mais la foule qui poussait les chefs et s'irritait de leur lenteur. Non-seulement les princes lorrains, mais les Seize eux-mêmes étaient débordés par l'impatience de leurs affiliés. S'il en faut croire le journal de Poulain, dans les conciliabules des quartiers, on parlait d'enlever

---

1. F. Mignet, *Marie Stuart*, t. II, c. XI.
2. Paris n'accorda que 200,000 livres sur 150,000 écus demandés par le roi. Henri saisit un quartier de rentes et les gages des officiers royaux. Le parlement fit les remontrances les plus virulentes et refusa d'enregistrer plusieurs édits. L'Estoile, p. 126-128. — Le supplice d'un avocat nommé Le Breton, ami du fameux prédicateur Poncet, avait excité récemment une grande fermentation dans Paris. Ce Le Breton, fort honnête homme, plein de dévouement et de charité, mais d'un cerveau ardent et faible, avait été exalté jusqu'au délire par quelques iniquités judiciaires dont ses clients avaient été victimes : il s'introduisit au Louvre et somma le roi de prendre la défense des pauvres et des faibles et de soulager les maux du peuple. Chassé comme un fou, il se mit à courir la France, « excitant les peuples à recouvrer leur liberté », et publia un pamphlet où il en appelait aux États Généraux contre un roi hypocrite et débauché; il invitait provisoirement les corps municipaux à se saisir de l'autorité. Le parlement de Paris le condamna à mort pour crime de lèse-majesté, mais en le recommandant à la clémence du roi comme n'ayant pas la tête bien saine. La « clémence du roi » fut sourde : Le Breton fut pendu dans la cour du Palais, de peur que le peuple ne le délivrât si l'on le menait en Grève. Le peuple baisa les mains et les pieds de son cadavre, quand on le porta à Montfaucon. Son ami Poncet mourut le lendemain, disant que Le Breton et lui « au ciel auroient leur raison pour le pauvre orphelin et affligé, oppressé par le riche, devant le Dieu auquel ils alloient, puisqu'ils ne l'avoient pu avoir ici-bas en terre devant les hommes ». L'Estoile, p. 209-210. — Ch. Labitte, *Prédicateurs de la Ligue*, p. 311. — *Archives curieuses*, t. XI. — *Revue rétrospective*, VII, 99.

et même de tuer le roi. Le roi revenait quelquefois peu accompagné de Vincennes au Louvre : un complot fut ourdi pour le prendre dans la rue Saint-Antoine. Rien n'était prêt pour soutenir un coup aussi téméraire; les chefs obtinrent qu'on y renonçât, mais, en même temps, ils pressèrent instamment les princes lorrains de se décider à saisir l'offensive dans Paris. Le duc de Guise, qui était venu s'entendre avec eux l'été dernier, ne reparaissait pas dans la capitale et ses temporisations les mécontentaient au dernier point; ils le trouvaient « pesant, grossier et sentant son Allemand [1] ».

Le duc de Mayenne étant arrivé à Paris au commencement de l'année, ils le circonvinrent, s'emparèrent de lui, et ce prince prudent et circonspect se trouva engagé presque de force dans des entreprises devant lesquelles reculait son audacieux frère.

Une vaste conspiration fut organisée, non plus par quelques agitateurs subalternes, mais par les principaux de la Ligue. Poulain assure, dans son journal, qu'on projeta de surprendre la Bastille, l'Arsenal, les deux Châtelets, le Palais, le Temple et l'Hôtel de Ville, de bloquer le Louvre, de réduire les gardes du roi par force ou par famine, afin de se saisir du roi et de « tout ce qui seroit dedans le Louvre ». On devait couper la gorge au chancelier, au premier président, au procureur général, à la noblesse qui essaierait de secourir le roi, et généralement à tous les « politiques » et faire main-basse sur leurs biens. Des barricades élevées de rue en rue devaient fermer toute issue aux défenseurs du Louvre et empêcher en même temps que les voleurs et les gens sans aveu, qui « passoient le nombre de 6,000, voire de 7,000 », ne pillassent la ville à la faveur du tumulte [2]. Le roi pris, on tuerait ses conseillers, on lui en donnerait d'autres et l'on sauverait sa personne, à condition qu'il ne se « mêleroit d'aucunes affaires ». Tel est le résumé de la dénonciation que Poulain vint faire au chancelier. On ne saurait accepter sans réserve le témoignage de ce personnage perdu de mœurs et de

---

1. Delezeau, *De la Religion catholique en France*.
2. Le *Dialogue du Maheustre et du Manant* reconnaît que « l'invention des barricades » était résolue plus d'un an avant la journée du 12 mai 1588, mais comme moyen de défense et non d'attaque. *Dialogue*, etc., ap. Preuves de la *Satire Ménippée*, t. III, p. 442.

dettes, quoiqu'il proteste que l'horreur des projets de la Ligue et les scrupules de sa conscience le décidèrent seuls à vendre ses complices et à se faire l'espion du roi dans leurs conciliabules; cependant une lettre de Guise à Mayenne semble confirmer le dire de Poulain [1]. Le roi profita de l'avis : il munit tous les points menacés, manda des troupes à la hâte et prit quelques mesures de police qui révélèrent aux ligueurs la découverte de leur dessein. Henri se borna à ces précautions et resta sur la défensive : Épernon, qui l'eût excité à sévir, n'était pas encore revenu de Provence; les conseils timides n'eurent point de contre-poids. Mayenne, voyant le coup manqué, quitta Paris, en réitérant aux Seize l'assurance que son frère de Guise et lui ne les abandonneraient pas (20 mars). Il alla prendre congé du roi, après avoir obtenu un sauf-conduit par l'intermédiaire de la reine mère. Henri se contenta de lui dire : « Comment, cousin, quittez-vous le parti de la Ligue? » Mayenne répondit « qu'il ne savoit ce que c'étoit [2] ».

Le duc de Guise témoigna un grand courroux, lorsqu'il sut ce que les Parisiens avaient entrepris sans son aveu et en son absence : il leur en fit faire de vifs reproches par son agent Maineville. Les Seize promirent de ne plus rien tenter à son insu; mais, s'ils renoncèrent momentanément aux coups de main, ils n'en travaillèrent que plus ardemment à la propagation de la Ligue. Les confesseurs, surtout les jésuites, leur servaient de recruteurs. Un très-grand nombre de prêtres refusaient l'absolution à quiconque ne s'enrôlait pas dans la Sainte-Union [3]. La pensée qui préoccupait surtout le conseil de la Ligue parisienne, c'était de resserrer étroitement les liens qui unissaient Paris aux autres villes ligueuses. Tout ce qu'on a dit de l'esprit démocratique de la Ligue, prématuré si on l'applique à la première période de la

---

1. Guise y parle de la découverte des « desseins ourdis pour attenter sur la vie des favoris du roi et la mutation et ruine de son conseil », et du ressentiment que doit inspirer aux « catholiques du conseil du roi » le danger qu'ils ont couru. Ap. Mathieu, *Hist. de France*, t. I, p. 525-526.

2. Procès-verbal de Poulain, à la suite du *Journal de Henri III*, édit. de MM. Champollion, p. 323-326. — L'Estoile, *Journal de Henri III*, p. 215-223. — De Thou, t. IV, l. LXXXVI, p. 415-447.

3. De Thou, t. IV, l. LXXXVI, p. 442.

Sainte-Union, est vrai à partir de 1585. Le conseil des Seize tendait à une fédération républicaine, telle qu'on pouvait la concevoir chez les catholiques romains du xvie siècle. Rien ne ressemble moins aux formules ligueuses de 1576, essentiellement princières et nobiliaires, que les circulaires secrètes de 1587. L'initiative avait passé de l'élément féodal à l'élément municipal, qui, foulé, étouffé par la royauté, réagissait avec passion sous la forme ligueuse comme il avait réagi sous la forme huguenote après la Saint-Barthélemi. C'est là le secret de la popularité de la Ligue [1]. L'historien contemporain Palma Cayet nous a conservé les instructions rédigées par le conseil parisien, d'accord avec un certain nombre de délégués secrets des provinces, et envoyées à tous les comités des bonnes villes. Le conseil de Paris annonçait avoir reçu l'avis assuré que le roi, « porté par l'induction de gens malins qui le possèdent », faisait venir en France une grande armée d'hérétiques, « avec lesquels il traite jusques à leur abandonner nos vies et nos biens, sous la conduite du roi de Navarre, qu'il a appelé pour son successeur à la couronne ». Le conseil était résolu à se mettre en défense, « sans toutefois rien attenter ni entreprendre du vivant du roi : » il expédiait donc à ses « confrères et compatriotes » des provinces trois mémoires, le premier contenant ses projets et intentions, le second, « la forme de s'y gouverner », le troisième, la forme du serment à prêter, afin d'avoir leur avis et résolution à ce sujet.

1° Les « projets » consistaient à offrir au roi, pour repousser les reitres ou les Suisses hérétiques, 24,000 combattants soldés par les bonnes villes et commandés par des capitaines qu'elles éliraient. Si cette offre est rejetée « par la malice des conseillers du roi », il n'en faudra pas moins faire cette levée, afin que le roi soit contraint d'avouer l'armée catholique ou de s'en déclarer ouvertement l'ennemi. — Advenant la mort du roi sans enfants, « que Dieu ne veuille ! » les catholiques assembleront aussitôt

---

1. « Les villes de liberté municipale, qui se sentaient tomber, non sans regrets, sous le niveau de l'administration, saisirent avidement l'espérance de regagner leurs franchises perdues et de rétablir leurs constitutions mutilées. Elles s'enrôlèrent à l'envi dans la Ligue, dont leurs milices composèrent la principale force, et Paris fut à la tête de ce mouvement. » Aug. Thierry, *Essai sur l'histoire du Tiers État*, p. 110.

une armée entre Paris et Orléans, et convoqueront les États Généraux, afin d'élire un roi catholique. On priera les États de choisir M. le cardinal de Bourbon, « prince très-catholique et prince françois, de la race ancienne des rois de France, qui le rend très-recommandable, non comme héritier et successeur, étant trop remot (éloigné) en degré, mais capable d'élection et d'honnête préférence pour sa religion et ses vertus ».

Il n'est pas besoin d'insister sur la valeur de cette distinction, qui faisait du cardinal de Bourbon non plus l'héritier de droit, mais un simple candidat offert aux suffrages de la nation.

« Il sera très-nécessaire d'avertir notre saint Père le pape et le Roi Catholique de toutes nos intentions, afin qu'au besoin Sa Sainteté nous assiste de sa sainte bénédiction et le Roi Catholique de ses forces et moyens ».

2° Le comité de Paris exposait ensuite les moyens d'action. Il faut rétablir les « anciennes fondamentales lois », sans se départir de l'obéissance due au roi, tant qu'il sera catholique ou ne se déclarera fauteur d'hérétiques; — pratiquer, dans chaque ville, le plus de gens de bien, notables et influents, que l'on pourra; — les gens de bien des villes voisines se devront mettre en rapport les uns avec les autres, et les « villes particulières » communiqueront le plus souvent possible avec le conseil de Paris. — On établira dans chaque ville un conseil secret de six personnes. « Les princes catholiques étant parus devant nous et ayant déclaré leurs intentions, lesquelles ne tendent à autre but que celui que nous tenons, il nous faut prudemment chercher les moyens de nous joindre avec eux... Faudra qu'en nous joignant avec les princes catholiques, l'honneur du commandement leur demeure, et que la force et disposition des affaires demeurent aux États et conseil des catholiques, vu que les villes fourniront et soudoieront les hommes et feront élection des chefs particuliers à leur volonté... On établira cependant un conseil de gens de bien et qualité des Trois États, par l'avis desquels les affaires se manieront en la justice et finances dont ils connoîtront souverainement, et les princes et la noblesse conduiront les affaires de la guerre. On pourvoira promptement à l'amas des deniers et au choix des capitaines. »

3° Suit la formule du serment. Les affiliés s'engagent à employer leurs vies et leurs biens pour préserver la monarchie de la domination de Henri de Bourbon, « prince de Béarn [1], résolus de mourir plus tôt que l'hérétique y commande, ni que l'État soit démembré ». Il ne faut pas se méprendre sur cette protestation en faveur de l'unité de l'État : le démembrement dont il s'agit, c'est le maintien du culte réformé dans une partie de la France. Les affiliés promettent de se joindre à la défense mutuelle de la moindre des villes associées « aussitôt que de la plus grande », et de défendre tous les catholiques, « associés ou non associés », qui n'adhéreront point aux ennemis de la Sainte-Union. Ainsi l'on avait renoncé aux moyens de contrainte annoncés en 1576 pour forcer tous les catholiques à entrer dans l'Union. L'on invite les ecclésiastiques et les nobles à se joindre aux associés et l'on s'engage à ne pas poser les armes, avant que, par le moyen des États Généraux, le concile de Trente n'ait été « homologué », l'Église, la noblesse et les corps et communautés des bonnes villes rétablis en leur ancienne liberté et privilèges, les parlements purgés des corruptions, hérésies et tyrannies dont ils sont remplis, et le pauvre peuple affranchi de ses intolérables misères, le tout sans se départir de l'obéissance due au roi [2].

La pensée qui transpire dans cet important document, c'est la suprématie de la démocratie municipale fédéralisée sous la direction de Paris. Pour parvenir à ses fins, la démocratie municipale propose un pacte aux deux ordres privilégiés aux dépens du pouvoir royal et, il faut bien l'avouer, aux dépens des progrès de la France vers l'unité sociale; car ces libertés qu'on promet de revendiquer, ce sont des privilèges, les privilèges du moyen âge; c'est la liberté, pour le clergé et la noblesse, non-seulement de ne point contribuer aux charges de l'État, mais de reprendre le plein exercice de leurs anciennes juridictions; c'est la liberté, pour les villes, de se gouverner en petites républiques, sans contrôle du gouvernement national. Quant aux campagnes, on ne leur donne que de vagues paroles, autre signe du retour à ce passé où les paysans n'étaient rien. La démocratie des Seize

---

1. On lui refuse le titre de roi de Navarre pour plaire à Philippe II.
2. Palma Cayet, *Chronologie Novennaire*, introduction, p. 34 à 38.

est loin de celle d'Étienne Marcel! Dans ce plan politique, l'unité nationale croule, remplacée par l'unité étrangère, par l'unité romaine avec son concile de Trente; le plan de la Ligue, c'est une anarchie vassale de deux tyrannies, la tyrannie du pape sur le spirituel et celle du roi d'Espagne sur le temporel.

Le vrai coupable était bien moins la démocratie municipale que la royauté, auteur réel du déplorable état de la société française : la royauté avait tout compromis en abusant de tout; après avoir fait la France, elle l'avait défaite.

Le parti catholique se conforma autant que possible aux instructions des Seize dans beaucoup de cités. Mais il fallait du temps pour s'organiser et l'on ne put lever l'armée de vingt-quatre mille hommes au nom des villes. Seulement le duc de Guise arma le plus qu'il put de volontaires avec l'argent des cotisations ligueuses et avec les subsides assez faibles de Philippe II, qui ne remplissait que très-imparfaitement les promesses du traité de Joinville.

Guise était en proie à une vive anxiété : il voyait les levées germaniques et helvétiques s'amasser aux bords du Rhin, tandis que le roi ne mettait le royaume en défense qu'avec une extrême lenteur, et il craignait d'être exposé à soutenir le choc avec des forces très-inférieures, ou même d'être enfermé entre l'ennemi du dehors et l'ennemi du dedans. Il ne fut pas rassuré par une nouvelle déclaration du roi, du 23 avril, sur la confiscation et la vente des biens des huguenots. Le duc d'Épernon était de retour à Paris et Guise ne doutait pas que ce favori, qui avait manqué d'être victime, à Lyon, d'un complot tramé par Mayenne, ne donnât au roi les conseils les plus hostiles à la Ligue. Cependant le roi se décida enfin à de grandes mesures militaires. La campagne avait commencé, dans le sud-ouest, à l'avantage des huguenots : le roi de Navarre, le prince de Condé, le vicomte de Turenne avaient rapidement enlevé six ou sept places du Poitou et de la Guyenne. Le 3 juin, le duc de Joyeuse partit de Paris, pour aller passer la Loire à la tête de huit mille soldats, et se porta dans le Poitou. Le 23 juin, un édit du roi convoqua tout le reste des compagnies d'ordonnance, sous un mois environ, partie à Chaumont en Bassigni, partie à Saint-Florentin, entre

Troies et Auxerre, partie à Gien-sur-Loire. Le premier corps appelé devait être commandé par le duc de Guise, le second et le troisième par le duc de Montpensier et par le roi lui-même. L'infanterie devait être répartie entre ces trois divisions. Le roi, outre quatre mille Suisses qui restaient disponibles de la levée de 1585, en avait mandé huit mille autres et quatre mille reîtres; mais ces auxiliaires ne pouvaient être prêts qu'en septembre.

Henri III, avant que les destinées du royaume fussent livrées à la fortune des armes, fit une dernière tentative de transaction, non plus auprès du roi de Navarre, mais auprès de Guise lui-même. Le roi et le chef de la Ligue s'abouchèrent à Meaux dans les premiers jours de juillet. Henri III pressa Guise de consentir à ce qu'on détournât l'orage prêt à fondre sur la France, en accordant quelques conditions de paix ou de trêve aux huguenots : il lui offrit de grands avantages pour lui, pour sa famille, pour ses amis. Mais Guise savait que la paix serait sa perte; lui et les siens, comme il le dit énergiquement dans une lettre à Mayenne, déjà citée [1], avaient « pour jamais épousé la cuirasse ». Il fut inflexible. Le roi céda, ordonna à Guise et à Épernon de s'embrasser, et promit de défendre en personne les bords de la Loire et d'empêcher la jonction du roi de Navarre avec ses auxiliaires étrangers.

Henri était sincère sur ce point : il était bien résolu de s'opposer à cette jonction, qui eût pu procurer aux huguenots des succès décisifs. Son désir, son espoir, c'était que le duché de Lorraine deviendrait le principal théâtre de la guerre : Guise ne manquerait pas de courir au secours du patrimoine de sa maison, avec l'avant-garde qu'il commandait; il essuierait le premier feu de l'ennemi avec des forces très-inégales : il y succomberait peut-être, mais après avoir fait éprouver de grandes pertes aux envahisseurs. Pendant ce temps, Joyeuse retiendrait le roi de Navarre dans l'Ouest, lui barrerait le passage, et le roi, établi sur la Loire avec une puissante armée de réserve, resterait maître de la situation. On l'entendait souvent répéter, en se

---

1. Mathieu, p. 526.

promenant à grands pas dans son Louvre : « *De inimicis meis vindicabo inimicos meos* (je détruirai mes ennemis par mes ennemis) [1] ».

Tandis que le nord et l'est de la France attendaient toujours l'armée d'invasion, qui s'assemblait lentement dans les plaines de l'Alsace, la guerre continuait en Poitou et en Saintonge. Les princes protestants, à l'approche de Joyeuse, s'étaient repliés sur La Rochelle et sur Saint-Jean-d'Angéli : Joyeuse enleva quelques détachements de leurs troupes et reprit quelques petites villes. Il souilla ces faibles avantages en faisant massacrer tous ses prisonniers, y compris un ministre fort révéré dans ce pays. Il voulait, disait-il, mériter les louanges des prêcheurs de Paris. Cependant les maladies qui avaient sévi si cruellement sur l'Ouest et le Midi l'année précédente commençaient à reparaître : la désertion se mettait dans les troupes catholiques; les huguenots se renforçaient et s'apprêtaient à rentrer en campagne. Joyeuse, moins inquiet encore de ces circonstances que des nouvelles qu'il recevait de la cour, repartit en poste pour Paris le 15 août et y fut mieux reçu de la Ligue que du roi; Henri montra de l'aigreur au favori ingrat qui s'unissait aux ennemis de son maître. D'Épernon avait seul désormais l'oreille et le cœur de Henri III [2]. Joyeuse sentit que le moment était décisif pour lui. Résolu de périr ou de s'élever au niveau du duc de Guise en remportant une grande victoire sur les huguenots, il demanda au roi la permission de livrer bataille à la première occasion et l'obtint. Toute la jeune noblesse de cour, qu'il s'était attachée par son humeur facile et prodigue, le suivit au midi de la Loire. Il partit en annonçant qu'il rapporterait les têtes du roi de Navarre et du prince de Condé.

Le Navarrois n'avait pas perdu son temps en l'absence de Joyeuse : renforcé par Condé, par Turenne et par tout ce que les huguenots avaient de gens de guerre disponibles dans la Guyenne

---

1. Davila, t. I, p. 344.
2. Henri maria d'Épernon, sur ces entrefaites, non point à une princesse de Vaudemont (il était dégoûté des alliances lorraines), mais à une Foix-Candale. Malgré la détresse des finances, il trouva moyen de lui donner une dot énorme. Il dansa toute la nuit au bal de noces, portant son chapelet de têtes de mort pendu à la ceinture. L'Estoile, *Journal de Henri III*, p. 230.

et les provinces poitevines, il avait refoulé jusqu'à la Loire le lieutenant de Joyeuse et ses troupes à demi débandées; puis il avait expédié Turenne, avec l'avant-garde, au nord du fleuve, pour recevoir le comte de Soissons, frère du prince de Condé, qui venait joindre son frère et son cousin avec trois cents gentilshommes et un millier d'arquebusiers levés parmi les huguenots et les politiques de la Normandie, de la Beauce, du Maine et de l'Anjou. Les Bourbons catholiques, voyant bien que le cardinal, leur chef, prêtait les mains à la ruine de leur maison, avaient délibéré sur le parti qu'ils devaient prendre dans de si graves conjonctures : Montpensier ne se décida point à se séparer du roi; Conti et Soissons se résolurent à tirer l'épée contre la Ligue et convinrent que celui-ci se réunirait aux Bourbons protestants, que celui-là irait se mettre à la tête des Allemands. Soissons, jeune prince plein de feu et d'ambition, las de végéter à la cour, était avide de jouer un rôle à tout prix et visait à épouser la sœur du roi de Navarre, dans des intentions peu loyales envers le chef de sa maison.

La réunion de Soissons avec ses parents s'opéra sans obstacles, bien que Joyeuse fût de retour aux bords de la Loire avec des troupes fraîches (fin septembre). Les généraux huguenots étaient sans nouvelles de l'armée auxiliaire depuis le milieu de juillet et ignoraient encore si, conformément aux instructions du roi de Navarre, elle marchait vers la Bourgogne et le Nivernais. Il eût été plus que téméraire de vouloir percer, avec quelques milliers d'hommes, à travers les masses de troupes rassemblées par le roi et par la Ligue. Les chefs protestants n'essayèrent pas de se frayer un passage par les provinces du Nord : ils tournèrent tête vers la Haute Guyenne, afin de remonter la vallée de la Dordogne jusqu'en Auvergne, de rallier, chemin faisant, Montmorenci et les forces du Languedoc et de pousser avec ce maréchal vers l'Allier et la moyenne Loire [1].

Joyeuse entreprit d'arrêter les huguenots et de les enfermer entre lui et le maréchal de Matignon, qui avait quatre mille soldats d'élite dans le Bordelais. Les deux armées marchèrent paral-

---

1. *Mém.* de du Plessis-Mornai, t. I, p. 738, 754, etc.

lèlement durant cinquante lieues, les huguenots, par Montsoreau, Moncontour, le Poitou central, Taillebourg, Pons, Archiac, Montlieu ; les « royaux », par Saumur, Loudun, le Poitou oriental, Châteauneuf, Barbezieux, Chalais. La forte position de Coutras fut disputée à la course : l'armée protestante eût été forcée de renoncer à gagner les bords de la Dordogne et fort compromise, si les catholiques eussent atteint les premiers le château de Coutras, bâti par le fameux Lautrec au confluent de la Dronne et de l'Isle, qui se jettent, six lieues plus loin, dans la Dordogne, auprès de Libourne. Matignon avait promis à Joyeuse de se trouver, le 22 octobre, à Libourne, et toutes les routes eussent été ainsi fermées. Le roi de Navarre prévint Joyeuse d'une heure : le 19 octobre, au soir, les éclaireurs albanais du duc furent chassés du bourg de Coutras par l'avant-garde huguenote. Joyeuse résolut d'attaquer le lendemain, de peur que le roi de Navarre n'opérât sa retraite avant l'arrivée de Matignon.

Les catholiques partirent de La Roche-Chalais au milieu de la nuit, tant Joyeuse craignait que l'ennemi ne lui échappât : les jeunes courtisans avaient juré de n'accorder de quartier à personne. Le roi de Navarre n'eut que le temps de sortir de Coutras et de se mettre en bataille, un peu avant le jour, dans l'angle de terre que forment les deux rivières de Dronne et d'Isle. Suivant d'Aubigné, qui nous a laissé la relation la plus circonstanciée de cette journée, les catholiques avaient environ cinq mille fantassins et deux mille cinq cents cavaliers ; les protestants, à peu près autant d'infanterie, mais presque moitié moins de cavalerie. L'affaire s'engagea par quelques volées de canon : les catholiques, maltraités par l'artillerie huguenote, mieux pointée que la leur, demandèrent à grands cris la charge ; à l'instant où les catholiques s'ébranlèrent, les ministres Chandieu et d'Amours entonnèrent devant le front de l'armée protestante le verset 12 du psaume 118[1].

---

1. Péréfixe (*Vie de Henri le Grand*, p. 81) rapporte qu'au moment où le roi de Navarre allait faire sonner la charge, un des ministres l'arrêta, en lui déclarant que Dieu ne bénirait pas ses armes, s'il ne réparait le scandale qu'il avait récemment donné, en séduisant une jeune fille qui appartenait à une famille honorable de La Rochelle. Henri confessa ses fautes devant toute l'armée et promit d'en donner toutes les satisfactions qui seraient en son pouvoir. Nous n'avons pas trouvé cette anecdote dans les contemporains.

> La voici l'heureuse journée
> Qui répond à notre désir.

A la vue des réformés agenouillés, la folle jeunesse qui entourait Joyeuse poussa des clameurs insultantes. « Par la mort! ils tremblent, les poltrons, ils se confessent! — Vous vous trompez, » répondit un capitaine plus expérimenté : « quand les huguenots font cette mine, ils sont résolus de vaincre ou de mourir! »

En un clin d'œil, la gendarmerie huguenote fut remontée à cheval : — « Cousins, » cria le roi de Navarre à Condé et à Soissons, « je ne vous dis autre chose sinon que vous êtes du sang de Bourbon et, vive Dieu, je vous montrerai que je suis votre aîné! — Et nous, répliqua Condé, nous montrerons que vous avez de bons cadets[1]! »

La ligne huguenote était formée en croissant dans une petite plaine : les chevau-légers poitevins, qui faisaient une des pointes du croissant sur la droite, furent culbutés par un gros de cavalerie catholique et entraînèrent dans leur déroute l'escadron gascon du vicomte de Turenne. L'aile gauche des catholiques cria victoire et poussa droit au bagage pour piller, sans s'inquiéter de ce qui se passait sur le reste du champ de bataille. Trois cents arquebusiers protestants, croyant la bataille perdue et transportés d'un désespoir héroïque, allèrent se jeter sur un gros bataillon de près de trois mille fantassins ennemis, avec une telle impétuosité qu'ils en ouvrirent les premiers rangs. Le reste des fantassins huguenots suivit ce mouvement et les deux infanteries s'assaillirent avec rage; mais, pendant ce temps, le sort de la journée se décidait ailleurs. Joyeuse était parti au galop avec sa gendarmerie étendue en une seule haie de lances : les trois Bourbons l'attendaient de pied ferme à la tête de trois escadrons formés sur six files de profondeur; la plupart des cavaliers huguenots étaient équipés à « la reître », avec l'épée et le pistolet; quand l'ennemi fut à quinze pas, ils s'élancèrent de toute la vigueur de leurs chevaux et firent feu à bout portant, pendant que des pelotons d'arquebusiers, postés dans les intervalles des escadrons,

---

1. Mathieu, p. 533.

fusillaient d'une main plus sûre les catholiques. Ceux-ci ne purent pas même faire usage de leurs lances. Leur longue haie fut enfoncée et rompue. Il s'ensuivit une courte et terrible mêlée, où le roi de Navarre et ses deux cousins se tinrent mutuellement parole et combattirent en vrais paladins. La noblesse de cour, dorée, empanachée, couverte de velours et de broderies, fut broyée comme verre par la pauvre et rude gentilhommerie du Midi. Ces jeunes efféminés ne surent que mourir. Les premiers escadrons en étaient venus aux mains à neuf heures ; à dix, « il ne se trouvoit plus un homme de l'armée de M. de Joyeuse qui ne fût par terre ou en fuite ». L'infanterie s'était débandée aussitôt après la défaite de la cavalerie. Le roi de Navarre eut grand'peine à arrêter le carnage : les protestants vengèrent cruellement les barbaries commises par Joyeuse envers leurs compagnons d'armes ; plus de quatre cents gentilshommes et de deux mille soldats furent passés au fil de l'épée. Joyeuse se rendait à deux huguenots, quand un troisième lui cassa la tête d'un coup de pistolet : presque tous les seigneurs et les gentilshommes qui l'avaient suivi furent tués ou pris ; le butin, y compris les rançons, dépassa six cent mille écus. Les vainqueurs n'avaient pas perdu quarante hommes.

Le roi de Navarre se montra digne de cet éclatant triomphe par sa modération et son humanité : il ne témoigna pas plus d'orgueil après la victoire que de crainte avant le combat ; il accueillit tous les prisonniers avec affabilité, rendit leurs armes à quelques-uns, en renvoya d'autres sans rançon et déclara qu'après comme avant, il ne demandait que l'édit de 1577 [1].

Ce qui suivit fut moins digne d'éloges. La joie était exaltée jusqu'à l'ivresse parmi les populations protestantes ; c'était la première bataille rangée qu'eussent gagnée les réformés en France et une victoire aussi complète semblait promettre de grands résultats. La journée de Coutras n'en eut aucun. Le prince de Condé, qui songeait toujours à se fortifier dans l'Ouest, ayant proposé d'aller prendre Saumur et d'appeler les auxiliaires étrangers sur la basse Loire, cet avis fut rejeté et l'on résolut de s'en

---

1. D'Aubigné, 2ᵉ part., col. 75-90. — Relation de du Plessis-Mornai ; dans ses *Mém.*, t. I, p. 754-767. — Autres relations ap. *Mém. de la Ligue*, t. II, p. 239-245. — De Thou, t. IV, l. LXXXVII, p. 455-458. — Mathieu, t. I, p. 533-534.

tenir à l'itinéraire convenu avant la bataille; mais, au lieu de le suivre sur-le-champ, on donna congé à la meilleure partie des troupes jusqu'à la fin de novembre. Condé retourna en Saintonge; Turenne, à qui on laissa le noyau de l'armée dans le Périgord, assiégea Sarlat, qu'il ne prit point. Navarre et Soissons poussèrent jusqu'en Béarn, celui-ci, afin de présenter ses hommages à la princesse Catherine de Navarre, celui-là, pour aller déposer les étendards conquis aux pieds de sa maîtresse, la belle Corisande, comtesse de Grammont, et donner, comme dit d'Aubigné, « sa victoire à l'amour ». On a cherché à excuser Henri en expliquant d'une façon assez plausible le licenciement momentané de la petite armée huguenote : cette armée se composait de volontaires; la plupart, levés à la hâte en Guyenne et en Poitou, avaient annoncé d'avance l'intention de retourner chez eux, afin de s'équiper plus à loisir avant de marcher à la rencontre des Allemands; ils n'étaient même restés au camp que dans l'espoir d'une bataille. On n'eût pu venir à bout de les retenir, maintenant qu'ils avaient à mettre en sûreté les riches dépouilles de la cour de Henri III [1].

Il est certain toutefois que le roi de Navarre fut fort accusé dans son parti d'avoir compromis les plus graves intérêts pour une folie chevaleresque. S'il ne pouvait marcher immédiatement vers le Nord, il eût pu tout au moins employer utilement dans le Midi ce qui lui restait de gens de guerre.

L'armée auxiliaire, de son côté, n'avait rien fait pour faciliter la

---

1. *V.* les *Mém.* de Mornai, t. I, p. 801, 809, 821, 826, 834. — L'allocution caractéristique « aux capitaines et soldats » que Legrain prête au roi de Navarre rentre bien dans ce thème :

« Mes amis, voici une curée qui se présente bien autre que vos butins passés : c'est un nouveau marié qui a encore l'argent de son mariage en ses coffres; toute l'élite des courtisans est avec lui. Courage! Il n'y aura si petit entre vous qui ne soit désormais monté sur de grands chevaux et servi en vaisselle d'argent. Qui n'espéreroit la victoire, vous voyant si bien encouragés? Ils sont à nous : je le juge par l'envie que vous avez de combattre; mais pourtant nous devons tous croire que l'événement en est en la main de Dieu, lequel, sachant et favorisant la justice de nos armes, nous fera voir à nos pieds ceux qui devroient plutôt nous honorer que combattre. Prions-le donc qu'il nous assiste! »

Décade contenant la vie et gestes de Henri le Grand; Paris; 1614; in-f°, p. 150.
Ce mélange de dévotion et de pillage est trop original pour que l'historien Legrain l'ait inventé.

jonction ni pour encourager les huguenots à accourir au-devant d'elle du fond de l'Aquitaine. Son sort se décida durant le mois qui suivit la bataille de Coutras.

Cette armée, tant espérée, tant redoutée, n'avait pas été prête avant le milieu d'août. On avait pensé que le prince Jean-Casimir prendrait en personne le commandement des troupes allemandes; il ne le fit point, par des ménagements assez bizarres pour son voisin le duc de Lorraine; il se fit remplacer par un simple gentilhomme de sa maison, le burgrave de Dohna, brave soldat, mais qui n'était, ni par son rang, ni par sa réputation militaire, au niveau d'un pareil emploi. Les levées se firent mal : l'empereur Rodolphe, à la sollicitation du roi d'Espagne et du duc de Lorraine, expédia à Dohna l'ordre de licencier ses troupes; Dohna et les autres capitaines résistèrent au nom des libertés germaniques, mais les princes luthériens, toujours mal disposés pour le *sacramentaire* Jean-Casimir, ne secondèrent pas énergiquement l'armement auquel ils avaient promis de coopérer. On comptait sur neuf mille reîtres : on n'en eut que la moitié, avec quatre ou cinq mille lansquenets. Ce furent les Suisses qui formèrent le corps le plus considérable de l'armée : on en avait demandé vingt mille; il en vint dix à douze mille en Alsace, pendant que trois ou quatre mille autres passaient en Dauphiné pour renforcer Lesdiguières et se laissaient surprendre et tailler en pièces, au bord de l'Isère, par les lieutenants du roi La Valette et Alphonse Ornano, qui n'avaient qu'une poignée de soldats [1]. Le duc de Bouillon, après avoir mis ses places fortes en état de défense, rejoignit les Suisses et les Allemands avec deux ou trois mille Français. Le roi de Navarre l'avait nommé son lieutenant-général; mais ce titre ne donnait que bien peu d'autorité réelle à ce jeune duc sur une armée composée d'éléments si divers. Le burgrave de Dohna se guidait par les conseils d'un Français nommé La Huguerie, qui avait gagné la confiance de Jean-Casimir, mais qui, dit-on, était vendu à la maison de Lorraine [2].

1. Cet événement se passa le 19 août : le même jour, les protestants dauphinois, par compensation, reprirent d'assaut la ville de Montélimart, surprise le 16 par les catholiques, et y exterminèrent un gros corps de troupes commandé par le comte de Suze, qui fut tué.

2. Ce La Huguerie a laissé un journal manuscrit de l'expédition des Allemands en

L'armée combinée se trouva au complet le 27 août à Sarrebourg. Dès les premiers jours, l'anarchie régna dans ses conseils. Il y avait trois partis à prendre : marcher droit en Bourgogne pour franchir la Loire dans le Nivernais, comme le désirait le roi de Navarre; fixer le théâtre de la guerre dans la Lorraine, pour forcer les princes lorrains à réclamer la paix (l'Estoile assure que Henri III en donna secrètement l'avis au duc de Bouillon); enfin, attaquer la Champagne et la Picardie, en s'appuyant sur Sedan et Jametz; c'était l'avis du duc de Bouillon et le moins bon des trois. Quoi qu'on résolût, il importait d'agir avec vigueur et promptitude. On parut d'abord vouloir rester en Lorraine : on saccagea cruellement le pays entre la Sarre et la Moselle, mais on n'attaqua aucune place importante et l'on ne sut pas contraindre au combat les ducs de Lorraine et de Guise. Guise, voyant que les principales forces françaises n'étaient pas prêtes et comprenant que le roi ne voulait pas qu'elles le fussent, était accouru à Nanci avec le corps qu'il commandait et y avait reçu quelques auxiliaires wallons, comtois et italiens envoyés par le duc de Parme [1]. Le duc de Lorraine avait renforcé les milices de son duché par des mercenaires allemands. Néanmoins, les princes lorrains, obligés de munir de garnisons Nanci et plusieurs autres places, n'avaient pu mettre en campagne que des forces bien inférieures à celles des assaillants. Les intrigues de La Huguerie leur vinrent en aide, et l'armée coalisée sortit de Lorraine et entra en Champagne le 18 septembre. Le 22, elle fut ralliée par quinze cents huguenots languedociens et dauphinois, que conduisait le fils aîné du grand Coligni, François de Châtillon; cette poignée de braves s'était frayé hardiment un chemin à travers la

France. Le marquis d'Aubais en avait annoncé la publication dans la suite de son Recueil; mais cette suite n'a jamais paru. Le marquis d'Aubais avait extrait du journal de La Huguerie l'itinéraire de l'armée allemande, qu'il a donné dans son Ier vol., 2e part.

1. Alexandre Farnèse était devenu duc de Parme par la mort de son père. Guise avait demandé un grand secours à Philippe II; celui-ci ne l'accorda pas : depuis qu'il voyait que la France ne se ferait pas protestante, il ne souhaitait nullement une victoire décisive aux catholiques français. « Les Italiens et les Espagnols », écrivait en 1585 le duc de Nevers au duc de Guise, « ne veulent point que les choses changent tellement de face en France que le parti catholique soit le supérieur de l'autre. » *Mém.* de Nevers, t. I, p. 677.

Savoie et la Franche-Comté. L'arrivée de Châtillon décida l'armée à se diriger vers la Loire. Les confédérés traversèrent la Bourgogne, côtoyés et harcelés, d'un côté par Guise, de l'autre par Mayenne. Parvenus au bord de la Loire, sur les confins du Nivernais et du Gâtinais, ils virent en face d'eux l'armée du roi occupant la rive opposée (mi-octobre).

Le roi s'était vu forcé de venir guerroyer sur la Loire pour n'avoir pas la guerre dans Paris. La nouvelle de l'entrée des Allemands en Lorraine avait redoublé la fermentation de la capitale. Les prédicateurs traitaient hautement le roi de tyran et ses favoris de fauteurs d'hérétiques. Le 2 septembre, les gens du roi ayant tenté d'arrêter un des chefs de quartiers, une violente émeute éclata au son du tocsin de Saint-Benoît, mis en branle par le curé Boucher. Le roi recula, comme à l'ordinaire. Il ne sévit contre personne et, le 12 septembre, il partit pour se mettre à la tête de ses troupes, réunies à Gien. Il espérait encore alors que l'armée d'invasion resterait en Lorraine et qu'elle y accablerait Guise; mais, lorsqu'il vit les étrangers pousser au cœur de la France, il se résolut à leur barrer le passage.

L'armée auxiliaire, trouvant la Loire ainsi gardée, montra autant d'inquiétude que de mécontentement : les Suisses protestants criaient qu'on les avait trompés en leur disant que le roi approuvait secrètement leur entreprise; les Allemands se plaignaient du mauvais temps, de la rareté des vivres. Un agent que leur envoya le roi de Navarre ne put les décider, soit à remonter la Loire du côté du Forez, soit à essayer de la passer à gué en présence de l'ennemi. Les étrangers refusèrent de s'enfoncer dans les contrées montueuses du centre de la France. Un coup de main tenté par les protestants français sur La Charité échoua. Les protestants français, craignant qu'on n'en vînt à parler de retraite, proposèrent alors aux Allemands et aux Suisses de descendre la Loire et d'aller attendre dans la riche Beauce des nouvelles ultérieures du roi de Navarre.

Les confédérés se dirigèrent par le Gâtinais vers la Beauce. Le roi et le duc d'Épernon les y devancèrent, tandis que les Guises continuaient à inquiéter leur marche. Les princes lorrains assaillirent de nuit sans grand résultat les quartiers des réformés à

Vimori, près Montargis (26 octobre). Deux jours après, les confédérés reçurent la nouvelle de la victoire de Coutras. Cette victoire, malheureusement, ne pouvait avoir d'influence immédiate sur leur expédition. Ils continuèrent d'avancer. Guise ne s'engagea point à leur suite dans la plaine de Beauce et les laissa quelque temps respirer; mais l'armée du roi était déjà établie à l'entrée du pays Chartrain et leur fermait la basse Loire. Les Suisses étaient de plus en plus découragés. On ne put les détourner d'envoyer une députation au roi pour lui exposer les motifs de leur « voyage » et s'informer de ses vraies intentions. Le roi, surveillé en quelque sorte par le duc de Nevers, fit « très-mauvais visage » aux députés et les menaça de les faire punir par leurs gouvernements, pour avoir transgressé l'alliance des cantons avec la couronne de France. Nevers, au nom du roi, leur offrit toute sûreté et 400,000 ducats s'ils voulaient retourner chez eux. Les généraux français et allemands eurent grand'peine à empêcher les Suisses d'accepter immédiatement. On fit encore quelques lieues du côté de Chartres, pour recevoir le prince de Conti, qui rejoignit l'armée le 20 novembre avec un petit corps de noblesse des provinces de l'Ouest. Le duc de Bouillon lui remit le commandement général en grande solennité. La présence de ce jeune prince sans expérience et sans renom ne releva pas le moral de l'armée. Les Guises se rapprochaient à la tête de leurs troupes rafraîchies et reposées[1]. Les confédérés allaient être enfermés entre les Guises et le roi. Les Suisses annoncèrent hautement l'intention de se retirer. Les Français et les Allemands convinrent de retourner à grandes journées « vers le haut de Loire » et arrêtèrent leur départ pour le 24 novembre.

Le matin du jour fixé, les Allemands eurent un terrible réveil. Leur général Dohna et une partie de ses reîtres étaient logés dans le bourg d'Auneau, entre Chartres et Dourdan. Le gouverneur du château qui commandait ce bourg avait fait avec les Allemands, pour n'être point attaqué, une convention de neutralité. Il viola

---

1. Tandis que Guise était à Étampes, les Seize lui dépêchèrent le commissaire Louchart et quelques autres pour lui proposer de se saisir de Paris en l'absence du roi; mais Guise ne trouva pas l'entreprise opportune. *Journal* de Poulain, à la suite de l'Estoile, p. 326.

sa parole en faveur du duc de Guise : il reçut dans son château, durant la nuit, les troupes du duc, accouru de Dourdan avec quatre ou cinq mille hommes. Guise cerna toutes les issues d'Auneau, puis lança ses arquebusiers du château dans le bourg. Tout ce qui s'y trouvait fut tué ou pris, sauf le général allemand et quelques-uns de ses cavaliers, qui s'ouvrirent un passage l'épée à la main. Il y eut au moins deux mille morts ou prisonniers, y compris les valets.

Le même jour, les Suisses abandonnèrent l'armée.

Les troupes allemandes et françaises, réduites à dix ou douze mille combattants, précipitèrent leur marche afin d'échapper aux forces bien supérieures qui manœuvraient autour d'elles. Dès le 28 novembre, elles étaient sur la Loire, aux portes de Briare. Une poignée d'éclaireurs de l'avant-garde du roi mit en déroute les lansquenets ; l'artillerie et une partie du bagage furent perdus. Les chemins étaient jonchés d'hommes et de chevaux épuisés et mourants, d'armes abandonnées, de chariots rompus. Les paysans massacraient impitoyablement les traînards[1]. Ce reste d'armée, diminué de jour en jour par les maladies et par la désertion, s'enfonça dans les bois du Morvan et gagna péniblement le Mâconnais. L'avant-garde royale, aux ordres d'Épernon, suivait de près les fugitifs. Devant eux, Mandelot, gouverneur de Lyon, occupait la route qui conduit en Languedoc par le Forez. Le chemin de la Suisse était barré par Guise et Mayenne, renforcés par le marquis de Pont-à-Mousson, fils aîné du duc de Lorraine, qui venait de leur amener quatre mille reîtres et douze cents lanciers italiens. Ce jeune marquis de Pont était le candidat auquel son aïeule Catherine de Médicis destinait la couronne de France.

Dans cette situation critique, Épernon renouvela aux confédérés des propositions qui leur avaient déjà été adressées de la part du roi aussitôt après l'affaire d'Auneau. Henri III offrait aux Allemands sûreté pour retourner dans leur pays, aux protestants français liberté de sortir du royaume. Henri III ne voulait pas que la victoire de la Ligue fût trop complète. Châtillon, qui,

---

1. Davila (t. I, p. 575) raconte que dix-huit de ces malheureux, épuisés par la dyssenterie, furent égorgés dans une grange, par une seule femme, avec le même couteau.

durant toute la campagne, s'était montré le digne fils d'un héros, s'efforça de faire rejeter les offres du roi. On avait gagné par des marches forcées quelque avance sur Épernon ; Guise était à trois journées de distance ; Châtillon se faisait fort de passer sur le corps à Mandelot et de conduire les restes de l'armée en quatre jours dans le Vivarais, où la jonction tant désirée pourrait enfin s'opérer avec le roi de Navarre. Mais le courage des Allemands était à bout : les montagnes neigeuses du Velai et du Vivarais les épouvantèrent ; ils acceptèrent les conditions du roi et jurèrent de ne jamais porter les armes en France sans sa permission (8 décembre). Le prince de Conti et Châtillon refusèrent d'imiter cet exemple. Conti s'échappa déguisé : la plupart des protestants français s'étaient dispersés chemin faisant ; Châtillon partit avec ce qui restait de ses Languedociens, évita ou repoussa les attaques de Mandelot et, comme il l'avait annoncé, atteignit le Vivarais le cinquième jour. Le duc de Bouillon et le reste des huguenots, avec une partie des Allemands, gagnèrent Genève par la Bresse et par les terres de l'abbaye de Saint-Claude. Le duc de Bouillon et plusieurs autres chefs huguenots moururent de chagrin et de fatigue à Genève. Le reste des reîtres traversèrent la Franche-Comté pour atteindre l'Alsace. Ils n'y arrivèrent pas tous : poursuivis par le duc de Guise et par le marquis de Pont, qui, une fois hors des terres de France, ne reconnurent plus la capitulation accordée par le roi, ils semèrent la Comté de leurs débris. Les princes lorrains ne bornèrent pas là leur vengeance. Ils envahirent le comté de Montbelliard, seigneurie indépendante, située entre l'Alsace, la Lorraine, la Franche-Comté et la Suisse, et mirent à feu et à sang ce comté, pour punir son seigneur, Frédéric de Wurtemberg, d'avoir été le chef de l'ambassade envoyée par les protestants d'Allemagne au roi. On ne saurait lire sans horreur le récit des atrocités et des infamies de tout genre que commirent dans ce malheureux pays les troupes lorraines et surtout les mercenaires italiens. Les Lorrains prétendaient exercer ainsi de justes représailles des violences commises par les Allemands en Lorraine [1].

---

1. De Thou, t. IV, l. LXXXVII, p. 458-479. — D'Aubigné, part. II, col. 75-90. — Mém. de la Ligue, t. II, p. 210-239 ; t. III, p. 667. — Davila, t. I, p. 549-575. — Mém.

Paris et les bonnes villes de France ne virent que la gloire d'Auneau. La popularité du duc de Guise fut raffermie, agrandie, portée aux nues, tandis qu'on accusait le roi de ne s'être mis à la tête de l'armée que pour transiger avec les hérétiques et empêcher leur anéantissement. A la nouvelle de la capitulation accordée aux reîtres, la Sorbonne courroucée décida secrètement qu'on pouvait ôter le gouvernement aux princes « qu'on ne trouvoit pas tels qu'il falloit, comme l'administration au tuteur qu'on avoit pour suspect [1] » (16 décembre). Le 23 décembre, Henri III fit à Paris une espèce d'entrée triomphale et alla descendre *tout armé* à Notre-Dame pour remercier Dieu de « sa victoire. Quelque nombre de populace ramassée », dit l'Estoile, « et, entre icelle, une bonne partie de faquins auxquels on avoit donné de l'argent crièrent fort haut : Vive le roi » ! Mais la masse parisienne regardait avec dédain ces pompes royales et cherchait des yeux son héros absent : le roi avait défendu à Guise de venir à Paris au retour de la guerre.

Quelques jours après (30 décembre), Henri III, averti de la décision de la Sorbonne, manda au Louvre la faculté de théologie, adressa une âpre réprimande aux sorbonnistes et leur déclara qu'ils avaient tous mérité les galères ou pis encore, mais qu'il voulait bien leur pardonner, à condition qu'ils n'y retourneraient plus, et « n'avoir égard à leur belle résolution du 16 de ce mois, pour ce que c'étoit après déjeuner. » Le roi irrita les sorbonnistes plus qu'il ne les effraya. Sa clémence fut, avec raison, attribuée à la peur [2].

Les honneurs dont le roi accablait Épernon, pendant qu'il éloignait de Paris et tenait comme en disgrâce le vainqueur d'Auneau, ne contribuèrent point à améliorer les dispositions du peuple et mécontentèrent même la cour, qui avait aimé l'affable et prodigue Joyeuse, mais qui haïssait l'arrogant et avide Éper-

---

de Saint-Auban, ap. anc. collect., t. LXI, p. 41-100. — Saint-Auban était le lieutenant de Châtillon. — *Itinéraire des Allemands*, extrait du *Journal* de La Huguerie, ap. *Recueil* du marquis d'Aubais, t. I, 2ᵉ part. — *Corresp.* de du Plessis-Mornai, dans ses *Mém.*, t. I, p. 738-754, 801-810. —.L'Estoile, *Journal de Henri III*, p. 230-234. — *Mém.* de Nevers, t. I, p. 772-773. — Autre relation, ap. *Recueil* G: 1786; Paris.

1. L'Estoile, *Journal de Henri III*, p. 234.
2. *Ibid.*, p. 235.

non. Ce favori avait hérité de la dépouille de son malheureux rival. Déjà colonel-général de l'infanterie, gouverneur de Provence, de Boulogne et de Metz, il venait d'obtenir l'amirauté et les gouvernements de Normandie, d'Angoumois et de Saintonge ! La Normandie était réputée le premier des gouvernements de France. Le 11 janvier 1588, le duc d'Épernon fut reçu amiral de France en la cour de parlement et installé par le premier président au siège de la table de marbre (juridiction de l'amirauté). L'avocat général Despeisses fit à cette occasion un discours où il ne parlait que des vertus et de la piété du roi et l'appelait « le saint des saints, disant qu'il méritoit d'être canonisé autant ou plus qu'aucun autre de ses prédécesseurs rois de France [1] ». Épernon ne fut guère moins magnifié. Les ligueurs ne laissèrent pas sans réponse ces louanges extravagantes. Les colporteurs crièrent dans les rues de Paris une brochure intitulée : *Grands faits d'armes du duc d'Espernon contre les hérétiques*. Sur chaque page était écrit en lettres majuscules ce seul mot : *Rien* [2].

Le roi était toujours aussi inconséquent et aussi incertain qu'à l'ordinaire : il faisait en faveur d'Épernon tout ce qui pouvait irriter la Ligue, mais ne se décidait pas à laisser agir ce favori, ni à tenter avec lui les chances de la force et de l'audace. Il était sans cesse tiraillé entre son favori et sa mère, qu'Épernon s'était mortellement aliénée par son insolence et qui se livrait presque sans réserve aux Guises. La plupart des conseillers d'État et des courtisans suivaient l'impulsion de la reine mère et ne voulaient point ouvrir les yeux sur la situation de Paris et de la France. Leurs avis pusillanimes étaient trop bien d'accord avec les penchants du roi, pour qu'il ne les écoutât pas de préférence. La duchesse douairière de Montpensier, la sœur de Guise et de Mayenne, manifestait pour Henri III une haine qui a été attribuée à des avances méprisées [3] : cette femme turbulente et intrigante faisait dans Paris « la reine de la Ligue », caressait, pensionnait les curés et les prédicateurs, se vantait de plus faire avec ses prêcheurs que ses frères avec leurs armées et fomentait l'agitation

---

1. L'Estoile, p. 243.
2. De Thou, t. IV, l. LXXXVII, p. 476.
3. *V.* Mss. de Dupuy, vol. 661.

du peuple. Henri lui ordonna de sortir de Paris. Elle travailla si bien auprès de la reine mère, qu'elle trouva moyen de rester, et continua de braver le roi : elle se vantait de porter à sa ceinture les ciseaux qui donneraient « une troisième couronne » au roi de France et de Pologne [1]. On disait autour d'elle qu'il fallait tondre Henri de Valois et l'enfermer dans un cloître comme Chilpéric, le dernier des Mérovingiens.

Henri, sur ces entrefaites, parlait de marcher au printemps contre La Rochelle et, en attendant, renouvelait ses orgies annuelles du carnaval, puis variait ses plaisirs en faisant de pompeuses funérailles à ce Joyeuse dont il s'était vu débarrassé sans beaucoup de regret. Il fit exposer l'effigie de Joyeuse sur un lit de parade, comme si c'eût été un prince du sang, et dépensa des sommes énormes pour les obsèques, sans se soucier de la détresse publique et de la ruine du trésor.

La Ligue employait mieux le temps. Dans le courant de janvier, les princes lorrains et le cardinal de Bourbon se réunirent à Nanci, pendant que les troupes lorraines, de retour du comté de Montbelliard, rentraient sur les terres de Bouillon et reprenaient le siége de Jametz et le blocus de Sedan. La nouvelle de la mort du duc de Bouillon ne fit que rendre les hostilités plus actives : ce duc n'avait d'héritier qu'une sœur, Charlotte de La Mark, et les princes ligués voulaient contraindre Charlotte à épouser un des fils du duc de Lorraine. Les chefs de la Ligue arrêtèrent à Nanci les termes d'une requête par laquelle ils priaient le roi « de se joindre plus ouvertement et à bon escient à la Ligue et d'ôter d'entour de soi et des places, états et offices importants ceux qui lui seroient nommés ; de faire publier le concile de Trente ; d'établir la Sainte Inquisition, au moins ès bonnes villes ; d'accorder aux ecclésiastiques de pouvoir à perpétuité racheter les biens de leurs églises aliénés ou à aliéner ; de mettre ès mains d'aucuns chefs aucunes places d'importance, qui lui seront nommées, ès quelles ils pourront faire

---

1. (L'Estoile, p. 244.) Les Ligueurs avaient fait sur les deux couronnes de Henri III ce distique :

Qui dedit antè duas, unam abstulit ; altera nutat ;
Tertia tonsoris est facienda manu.

forteresses et mettre gens de guerre, aux dépens des villes et du plat pays, comme aussi en celles qu'ils tiennent à présent; de fournir la solde des gens de guerre qu'il est nécessaire d'entretenir en la Lorraine et ès environs pour obvier à une invasion des voisins et, à cette fin, faire vendre au plus tôt tous les biens des hérétiques et de leurs associés; de taxer au tiers ou au quart de leurs revenus, tant que la guerre durera, ceux qui autrefois ont été hérétiques ou tenus pour tels, depuis l'an 1560, et les autres catholiques au dixième de leur revenu ». Ils requéraient enfin « que la vie ne fût donnée à aucun prisonnier ennemi, sinon en baillant assurance de vivre catholiquement, en payant comptant la valeur de ses biens et s'obligeant de servir trois ans sans solde [1] ».

Il fallait bien compter sur la lâcheté du roi et sur le vertige des passions populaires pour ne pas craindre d'exposer de pareilles demandes : Guise avait levé son masque de générosité et d'humanité ; pour la première fois, on présentait le monstre de l'inquisition sans voile à la France, et l'on ne prenait plus la peine de lui déguiser les sacrifices de sang, d'argent et de liberté qu'on exigeait d'elle.

Henri III n'osa refuser ouvertement! Il louvoya, il ajourna sa réponse ; il eût voulu que le temps cessât de marcher. Les événements, au contraire, se précipitèrent durant cette année 1588, que d'antiques prédictions annonçaient comme devant amener de grandes révolutions sur la terre. Le 9 mars, on reçut à la cour l'avis de la mort du prince de Condé, enlevé, le 5, par une maladie subite et violente. L'autopsie du cadavre prouva que cette mort avait été l'effet d'un crime ; mais il ne paraît pas que les passions politiques et religieuses eussent versé le poison au malheureux Condé [2]. Cette catastrophe jeta la consternation parmi les zélés

---

1. *Mém. de la Ligue*, t. II, p. 269 et suiv.
2. Un page de la princesse de Condé et un autre « domestique » furent accusés d'avoir fait le coup et s'évadèrent. Un intendant du prince fut condamné et exécuté comme complice, et l'accusation remonta jusqu'à la princesse elle-même (Charlotte de La Trémoille). Elle passait pour galante et son mari était très-jaloux. Elle était enceinte au moment de la catastrophe et l'on chercha dans sa grossesse un motif de plus de la soupçonner. Les parents de son mari croyaient que le page fugitif, Belcastel, avait été son amant. La princesse appela des magistrats inférieurs qui la

huguenots, dont le prince avait partagé les convictions ardentes, et qui sympathisaient davantage avec le caractère passionné de Condé qu'avec le génie calculateur et la foi chancelante du roi de Navarre [1]. La Ligue vit dans cette triste fin de Condé un signe du courroux du ciel contre les hérétiques.

Les nouvelles du dehors redoublaient l'effervescence de la faction catholique. L'invasion de l'Angleterre s'apprêtait. Les Anglais avaient prévenu leurs ennemis, non-seulement en leur jetant comme un mortel défi, la tête sanglante de Marie Stuart, mais en attaquant Philippe II au cœur même de l'Espagne. Le corsaire Francis Drake, chargé, à la tête d'une escadre équipée par les armateurs de Londres, de surveiller les côtes d'Espagne, avait dépassé sa mission, surpris, au printemps de 1587, le port de Cadix et détruit la plupart des armements qui se trouvaient dans ce port, dans l'embouchure du Guadalquivir et dans la rade de Lisbonne. L'heureuse agression des Anglais ne fit que retarder l'exécution des plans de Philippe II et, après une année employée à réparer les pertes de l'Espagne, la puissante *Armada* [2] fut prête pour la vengeance.

L'Europe était dans l'attente et doutait si l'orage fondrait directement sur l'Angleterre ou commencerait par écraser la Hollande : une farouche émulation transportait les ligueurs français, qui ne doutaient pas du prochain triomphe de leurs alliés. La crainte redoublait l'ardeur fébrile des Seize [3] ; ils croyaient toujours entrevoir sous la torpeur de Henri III quelque combinai-

---

poursuivaient, au parlement de Paris. Les événements politiques firent suspendre la procédure et la princesse demeura sept ans prisonnière. Le parlement de Paris ne reprit le procès qu'en 1595 : le prince de Conti et le comte de Soissons s'étaient portés parties civiles. L'année suivante, le parlement déclara la princesse innocente. L'enfant dont elle était accouchée dans la prison, six mois après la mort de son mari, fut le continuateur de la race des Condés. V. les pièces dans le t. III de l'Estoile, édit. de 1744, et dans le t. II des *Mémoires de la Ligue*, p. 304, et les lettres importantes publiées dans le *Bulletin de la Société de l'Histoire de France*, t. I, n° 4, octobre 1834.

1. Il est juste de dire que, si Condé était plus protestant que Henri de Navarre, il paraît avoir été moins patriote.

2. L'armée : la grande armée.

3. Nous comprenons, sous cette dénomination, à l'exemple des historiens contemporains, les chefs des seize quartiers et le conseil ou comité directeur de Paris, dont ces seize chefs faisaient partie.

son machiavélique et s'attendaient à quelque explosion vengeresse s'ils ne se hâtaient de prévenir le roi. Le duc d'Aumale étant venu à Paris au mois de février, ils s'emparèrent de lui, comme ils s'étaient emparés, l'année précédente, de Mayenne et complotèrent avec Aumale d'enlever ou de tuer Épernon et de prendre le roi tandis qu'il courrait les masques le jour du mardi gras. Tel fut du moins l'avis donné par Poulain. Rien n'est plus singulier que le rôle de cet homme, qui déjoue incessamment par ses révélations, sans jamais exciter de soupçon dans son parti, tous les complots ourdis contre la personne du roi ; rien n'est plus étrange, si ce n'est le roi lui-même, qui, satisfait d'échapper au péril de la journée, ne songe pas à prévenir le péril du lendemain et semble se complaire à voir ses ennemis tisser sans relâche la trame toujours rompue et toujours renouée qui doit l'envelopper. Henri, selon toute apparence, usait des avis de Poulain sans trop y croire. Le gouverneur de Paris, Villequier, et tous les affidés de la reine mère représentaient Poulain comme un imposteur qui ne visait qu'à payer ses dettes et à rétablir ses affaires aux dépens du roi ; cependant Poulain ne fut jamais dénoncé aux Seize, ce qui prouve que ces courtisans s'aveuglaient eux-mêmes plutôt qu'ils ne trahissaient volontairement le roi.

Henri III ne sortit pas le mardi gras et le duc d'Aumale partit pour la Picardie, où il se fortifia et brava ouvertement le roi. Dans le courant de février, les autres chefs de la Ligue s'étaient transportés de Nanci à Soissons, pour se rapprocher de Paris, dont le roi leur interdisait l'entrée, et pour attendre la réponse de Henri III à leur impérieuse requête. Les Seize, quand ils sentirent Guise si près d'eux, le harcelèrent incessamment afin de l'obliger à venir se mettre à leur tête. Les Seize firent ensuite « la revue secrète de leurs forces » et trouvèrent, au rapport de Poulain, qu'ils pouvaient compter sur trente mille hommes. De Thou et Davila parlent de vingt mille, ce qui est plus vraisemblable. Une nouvelle crue de la gabelle avait servi la Ligue en aigrissant le peuple au dernier point. Guise fut poussé, emporté par une double pression, celle de la démagogie parisienne et celle du despote étranger : au commencement d'avril, le commandeur Moreo, un des signataires du pacte de la Ligue avec l'Espagne, vint à Soissons, de la part de Philippe II, sommer Guise d'agir et lui offrir contre Henri III ce que Philippe n'avait point accordé, l'année précédente, contre les protestants, un secours de 6,000 lansquenets et 1,200 lances, avec 300,000 écus. Philippe s'engageait à retirer son ambassadeur de la cour de France et à en accréditer un auprès de la Ligue : il savait que Henri III, tout en lui faisant des offres d'étroite alliance, promettait à la reine d'Angleterre de grands secours en cas d'invasion, et il voulait tout au moins réduire Henri à une complète impuissance au moment du départ de l'*armada*[1].

Guise céda : il commença par faire réformer aux Seize leur organisation militaire : les seize quartiers furent concentrés en cinq arrondissements et leurs seize colonels bourgeois furent subordonnés à cinq autres que Guise choisit parmi les meilleurs officiers du parti. Nombre de gentilshommes et de gens de guerre entraient à la file dans Paris « et se fondoient dans cette grande ville comme en une mer spacieuse, sans y être de prime-abord aperçus ni reconnus que par leurs partisans[2]. » On convint que le duc d'Aumale reviendrait de Picardie à Saint-Denis avec cinq cents chevaux ; que le duc de Guise arriverait de Soissons pour les joindre et entrerait avec eux à Paris par la porte Saint-Denis, dont les Seize avaient les clefs, dans la nuit de la Quasimodo (24 au 25 avril). Le duc d'Épernon faisait sa ronde toutes les nuits ; il ne manquerait pas d'accourir au bruit ; on le tuerait, puis on marcherait au Louvre pour obliger le roi à se remettre à la discrétion de la Ligue[3].

Poulain avertit Henri III le 22 avril : le lendemain, le roi fit apporter ostensiblement des armes au Louvre et manda quatre mille Suisses qui étaient en garnison à Lagni ; le 24, les Suisses vinrent loger dans les faubourgs Saint-Denis et Saint-Martin. Les

---

1. Papiers de Simancas, sér. B, liasse 60, 61, nos 117, 184, 279 ; ap. Mignet, *Marie Stuart*, t. II, p. 399. — Henri III, qui se sentait perdu si l'Angleterre succombait, avait de plus tenté de décider le sultan à recommencer la guerre et à faire une grande diversion contre l'Espagne. *Ibid.*, p. 397.

2. *Mém. de la Ligue*, t. II, p. 309.

3. *Procès-verbal de Poulain*, à la suite de L'Estoile, p. 327-328. Poulain ajoute qu'on lui promit 20,000 écus pour sa part du butin qu'on devait faire sur les politiques ; ce qui a l'air, d'une façon indirecte, de rappeler au roi qu'il lui a promis 20,000 écus.

Ligueurs reconnurent que leur projet était découvert ; le duc de Guise, qui s'était avancé secrètement jusqu'à Gonesse, retourna à Soissons ; mais il protesta de ne point abandonner les « bons catholiques » et leur envoya ses meilleurs capitaines pour les rassurer.

Ce n'était point assez : il fallait que le duc se décidât à venir en personne, à la face du soleil, puisque la ruse et les complots nocturnes échouaient [1]. La connivence de la reine mère, la couardise du roi encourageaient Guise ; le seul homme capable de lui tenir tête et d'imposer quelque résolution énergique à Henri III, le duc d'Épernon, sembla quitter volontairement la partie et sortit de Paris, le 26 avril, pour aller prendre possession de son gouvernement de Normandie. Ce départ, dans la pensée du roi et surtout d'Épernon, n'était cependant rien moins qu'une retraite. C'était au contraire le commencement de l'exécution d'un plan arrêté entre eux. Épernon allait tâcher de s'établir fortement en Normandie comme base d'opérations : le roi, pendant ce temps, concentrerait des troupes autour de Paris et s'assurerait des villes voisines. Henri travaillait à regagner une partie des fauteurs de la Ligue : il négociait avec d'Entragues, gouverneur d'Orléans ; François d'O, qui avait livré Caen à la Ligue en 1585, s'était rallié au roi et avait repris la surintendance des finances. Le gouverneur de Lyon Mandelot et d'autres revenaient à Henri III.

Si Henri III avait accepté un plan de défense, s'il nourrissait une arrière-pensée de réaction, il n'en laissait rien transpirer. Il

---

1. M. Capefigue a donné, d'après les manuscrits de Mesmes (*Mémoires sur la Ligue*, t. III, in-f°, n° 8931 | 74), des lettres curieuses du duc de Guise au duc de Nevers, qui jouait un jeu double et qui, tout en manifestant devant le roi une vive opposition à la Ligue, conservait une correspondance secrète avec les chefs des ligueurs. Guise lui dit nettement, dans une lettre du 24 avril au soir, que, bien « qu'il se soit perdu beaucoup de bonnes occasions, on a envoyé de nouveau à Paris pour tâcher de renouer l'entreprise ». Il paraît que Nevers répondit par des conseils pacifiques; car Guise réfute ces conseils dans une seconde lettre du 26 avril et ne veut point entendre à une transaction avec Épernon. Il récrit encore le 27 : « Vous aurez su la présence des forces du roi, qui rend notre dessein plus difficile à exécuter..... Quelques-uns de nos amis nous ont fait dire que, puisque les choses sont en cet état, il faudroit se déclarer ouvertement contre d'Épernon et en demander publiquement justice au roi... et ne nous désister de cette poursuite que raison n'en fût faite..... Nous vous supplions nous faire ce bien de nous mander votre avis, que nous aurons en très-grande estime. » Capefigue, *la Réforme et la Ligue*, t. IV, p. 364-367.

écrivit, le 24 avril, la lettre la plus molle, la plus humble, à M. de Bellièvre, qu'il avait chargé de négocier à Soissons avec les princes ligués. Il s'excusait, en quelque sorte, d'avoir appelé dans les faubourgs de Paris les Suisses et le régiment des gardes, à cause des « bruits fort étranges » qui courent par la ville. « Priez mon cousin de Guise qu'il s'emploie, avec mes oncle et cousin les cardinaux de Bourbon et de Guise, pendant qu'ils sont ensemble, à faire avec vous une si bonne résolution que nous puissions... au contraire de ces bruits, employer à poursuivre et à parachever, à l'encontre de ceux de la nouvelle opinion (les huguenots), le grand et bon succès qu'il a jà plu à Dieu nous donner. » Guise répondit par des remontrances hautaines sur les troupes que le roi avait mandées « pour courir sus à ses amis ». Il dit à Bellièvre qu'il était contraint d'écrire à tous ses amis pour sa conservation et la leur, et qu'il espérait n'avoir pas faute d'appui[1]. Il parla des garanties à obtenir pour les « bons catholiques » que l'on menaçait et de la nécessité où il était de venir se justifier en personne. Le roi le fit prier de suspendre son voyage. Guise répliqua d'une façon ambiguë, suivant les uns, hardiment négative, suivant les autres. Bellièvre retourna, le 5 mai, auprès du roi, et en reçut l'ordre de reporter sur-le-champ au duc une défense formelle de venir à Paris. Ce même jour, 5 mai, si l'on en doit croire Poulain, la duchesse de Montpensier dressa une embuscade au roi dans le faubourg Saint-Antoine, pour arrêter son carrosse au retour de Vincennes et le conduire de force à Soissons. Le roi, prévenu, se fit escorter par un escadron de cavalerie et rien ne remua.

Le malheureux Henri III était trahi par sa propre mère. Le coup d'œil si pénétrant de Catherine était apparemment affaibli par l'âge; car la reine mère était complètement la dupe de Guise : tout entière à sa mauvaise humeur contre Épernon et à ses vains projets en faveur de la branche aînée de Lorraine, elle souhaitait l'arrivée de Guise et parla dans ce sens à Bellièvre, qui, flottant entre les instructions contraires de Henri et de Catherine, s'acquitta fort mollement de sa mission[2]. Les Seize, de leur côté,

---

1. *Manuscrits de Béthune*, vol. 8897-8905; cités par Capefigue, t. IV, p. 367-372.
2. *Mémoires* de Nevers, t. I, p. 164. — *Relation de la mort de messieurs les duc et car-*

avaient expédié un messager au duc, et l'agent de la Ligue, l'avocat Brigard, colonel du quartier Saint-Denis, déploya autant d'énergie pour décider Guise à venir, que l'envoyé du roi montra d'hésitation dans ses efforts pour l'en dissuader. Guise se décida ; il répondit évasivement à Bellièvre et monta à cheval, le 8 mai au soir, suivi seulement d'une quinzaine de cavaliers, tandis que le roi dépêchait successivement le grand-maître de l'artillerie, La Guiche, et un secrétaire, afin de lui réitérer sa défense. Guise prit des chemins de traverse, évita les envoyés du roi et entra dans Paris par la porte Saint-Martin, le lundi 9 mai, vers midi [1].

Le duc chevaucha quelques instants le visage caché dans son manteau ; au coin de la rue Saint-Denis, un jeune gentilhomme de sa suite « lui vint, comme par jeu, lever le chapeau de dessus la tête et tirer le manteau d'alentour le visage, disant qu'il étoit temps de se faire connoître [2] ». La nouvelle de l'arrivée de Guise se répandit avec une rapidité inouïe : la population presque entière se rua hors des maisons. Le cri de « vive Guise ! » roulait de rue en rue comme un tonnerre. Ceux qui pouvaient approcher du duc baisaient le bord de son manteau ; il y en avait qui « l'adoroient comme un saint » et le touchaient de leurs chapelets qu'ils portaient après à leurs lèvres ou à leur front ! Les dames jetaient sur lui, du haut des fenêtres, une pluie de fleurs et de rameaux verts. A travers cette foule idolâtre, Guise s'avançait lentement, épanoui, radieux, enivré de l'ivresse qu'il inspirait, « caressant et réjouissant chacun de l'œil, du geste et de la voix », avec cette grâce entraînante qui faisait dire à un courtisan que « les huguenots étoient de la Ligue quand ils regardoient M. de Guise [3] ».

---

dinal de Guise, par le sieur Miron, médecin du roi Henri III ; à la suite du *Journal de Henri III*, p. 333 ; édition Champollion.

1. De Thou, t. IV, l. xc, p. 567-568. — Davila, t. I, p. 590-590. — L'Estoile, p. 248. — *Mémoires de la Ligue*, t. II, p. 315-316. — *Procès-verbal de Poulain*, p. 330-331.

2. *Histoire de la Journée des barricades, par un bourgeois de Paris*; ap. *Archives curieuses*, t. XI.

3. « La France », a dit un écrivain du siècle suivant (Balzac), « étoit folle de cet homme-là, car c'est trop peu dire amoureuse. » V. les remarquables portraits du duc de Guise donnés par Davila, t. I, p. 650, et par l'ambassadeur vénitien Lippomano; ap. *Relations des ambassadeurs vénitiens*, t. II, p. 688. Tous les contemporains sont d'accord sur la séduction inouïe qu'il exerçait.

Le duc alla descendre chez la reine mère, qui logeait alors dans son nouvel hôtel, bâti sur l'emplacement de la maison des Filles-Repenties [1]. Catherine, bien qu'elle eût tout fait pour encourager Guise à venir, pâlit et trembla en le voyant arrivé. L'imminence de la crise l'épouvanta. « Encore que je sois aise de vous voir », dit-elle au duc, « je vous eusse vu néanmoins plus volontiers en un autre temps ». Catherine fit prier le roi de se rendre chez elle. Le roi refusa avec colère. Catherine se décida, quoique malade, à mener Guise au Louvre, où elle n'avait pas mis le pied depuis deux ans et plus. La reine mère et le duc se dirigèrent ensemble vers le palais du roi, l'une en litière, l'autre à pied, toujours suivi de son immense cortége [2].

Le secrétaire d'état Villeroi avait porté au roi le premier avis de l'arrivée de Guise. Henri III entra d'abord en fureur : « Il est venu! » s'écria-t-il, « par la mort-Dieu, il en mourra! » Et il fit appeler le colonel Alphonse Corse, officier italien d'une bravoure et d'un dévouement à l'épreuve [3]. En ce moment se présenta Davila, un des gentilshommes de la reine mère (frère de l'historien), que Catherine avait chargé de demander au roi la permission de lui amener Guise. « Qu'elle l'amène! » répondit le roi. Et, tandis que la reine mère et le duc faisaient le trajet de l'hôtel de Catherine au Louvre, la vie et la mort du chef de la Ligue furent débattues dans le cabinet de Henri III. Alphonse Corse offrait d'apporter au roi la tête du rebelle : un autre Italien, l'abbé del Benè, fils de la nourrice du roi et fort accrédité auprès de lui [4], appuyait vigoureusement le Corse; Villequier, Bellièvre et le chancelier de Cheverni supplièrent le roi de ne pas se hasarder à des extrémités si terribles; ils lui dépeignirent les flots d'un peuple furieux battant les murs du Louvre à peine gardés par une poignée de courtisans et de soldats. Henri hésitait, lorsque

---

1. On l'appela depuis l'hôtel de Soissons. Il a été remplacé par la Halle au blé.
2. Davila, p. 590, *Archives curieuses*, t. XI, p. 353. — *Relation* du médecin Miron, p. 323.
3. Alphonse Ornano. On le surnommait Alphonse *Corse*, à cause de sa patrie. C'était le fils du Corse San-Pietro et de la Génoise Vanina Ornano, dont la fin tragique fut si célèbre.
4. Il était attaché aux intérêts du duc d'Épernon et correspondait secrètement avec le roi de Navarre et du Plessis-Mornai. *V. Mém.* de Mornai, t. I, p. 404-527.

Guise entra. Le roi blêmit et se mordit les lèvres. « Je vous avois fait avertir que vous ne vinssiez pas, dit-il. — Sire », répondit le duc avec une profonde révérence, « je me suis venu remettre aux mains de Votre Majesté, pour lui demander justice des calomnies de mes ennemis; toutefois je n'aurois eu garde de venir, si j'en eusse reçu défense expresse ». Le roi se tourna vivement vers Bellièvre et lui demanda, d'une voix altérée, s'il ne lui avait pas donné commission de dire au duc de ne pas venir, qu'autrement il serait tenu pour auteur de tous les mouvements séditieux de Paris. Bellièvre, troublé, essaya de se justifier : le roi l'interrompit en s'écriant : « Je vous en ai dit davantage! » La reine mère, alarmée de la colère qui paraissait sur le visage de son fils, le prit à part et lui peignit l'exaltation populaire dont elle avait été témoin sur son passage. Guise saisit le moment, prit congé et se retira. Henri le laissa partir en lui disant qu'il ne savait pas si quelqu'un l'avait calomnié, mais que son innocence paraîtrait, si sa présence ne causait point de nouveautés ni de désordres dans l'état, comme on le prévoyait [1].

Guise retourna à son hôtel, pâle encore du danger auquel il venait d'échapper et se promettant bien de ne plus se remettre à la discrétion du roi. Il appela autour de lui tous les gentilshommes et les capitaines de son parti, ainsi que les Seize et leurs principaux affidés : il fit de l'hôtel de Guise (aujourd'hui l'hôtel des Archives) un arsenal et une place de guerre. Le roi, de son côté, se gardait dans le Louvre comme dans une ville assiégée et des messages continuels s'échangeaient entre le cabinet du roi et le bureau de la ville; car il y avait dans Paris comme deux municipalités rivales, le corps de ville officiel, dévoué au roi en majorité, et le corps de ville occulte des Seize. La nuit fut pleine de trouble et de terreur. Henri III, indigné contre lui-même d'avoir laissé échapper son ennemi, discuta de nouveau, avec ses confidents, s'il ne ferait pas tuer Guise par les Quarante-cinq le lendemain, quand le duc se présenterait à son lever, suivant l'u-

---

1. Davila, t. I, p. 591-592. — *Relation* de Mirou, p. 333. — L'Estoile, p. 249. — *Amplification des particularités qui se passèrent à Paris*, etc., ap. *Mémoires de la Ligue*, t. II, p. 316. Ces divers récits se confirment et se complètent mutuellement.

sage[1]. Villequier et La Guiche parvinrent à l'en dissuader, et avec raison; car le duc se présenta, le 10 au matin, non plus avec huit ou dix gentilshommes, mais avec quatre cents, tous plastronnés et armés de pistolets sous leurs manteaux. Le roi le reçut assez bien. Le 11 au matin, Henri III fit, au contraire, un accueil très-froid à Guise; l'après-midi, le roi et le duc eurent dans le jardin de la reine mère un long entretien plein de récriminations et de justifications réciproques sans résultat.

L'agitation ne fit que s'accroître à Paris durant ces deux journées. Le roi ordonna, par un édit, à toutes les personnes non domiciliées, qui n'étaient pas retenues par des affaires indispensables, de vider Paris sur-le-champ. Le prévôt des marchands et les échevins enjoignirent en conséquence aux quarteniers de faire, de concert avec les gens du roi, des recherches dans les hôtelleries, les chambres garnies et même les maisons particulières, pour découvrir les étrangers suspects. Le mauvais vouloir de la population rendit les recherches inutiles. Chacun s'empressait de cacher les soldats « guisards, » les ligueurs des provinces, les aventuriers que la « Sainte-Union » avait appelés à Paris. Des rassemblements menaçants se formaient autour des agents du roi et de l'Hôtel de Ville. Le roi, poussé à bout et encouragé par les nouvelles de la Normandie, où Épernon avait été reçu sans opposition à Rouen et à Caen, résolut enfin de prévenir ses adversaires. On ne sait point avec certitude jusqu'où allaient ses projets. Les ministres Cheverni et Villeroi, dans leurs mémoires, prétendent qu'il ne visait qu'à se rendre le plus fort dans Paris, afin de chasser tous ces gens « de main et d'effet, » étrangers à la capitale, qui excitaient le peuple à la sédition. Le roi put bien ne communiquer qu'une partie de son dessein à ces deux ministres, dont le premier était un homme faible et timide, le second, un zélé catholique, sympathisant avec Guise et ennemi personnel d'Épernon. L'Estoile, qui était lié avec tous les politiques du conseil et du parlement, affirme que le roi voulait faire arrêter et mettre à mort les principaux des bourgeois ligueurs.

Quoi qu'il en soit, le 11 mai, vers cinq heures du soir, le prévôt

---

1. *Relation* de Miron, p. 333-334.

des marchands réunit le conseil de ville et ceux des colonels quarteniers sur lesquels il comptait le plus, pour recevoir les ordres que le surintendant François d'O apporta de la part du roi. Il fut prescrit de faire occuper le cimetière des Innocents, la place de Grève, le pont Saint-Michel et les environs du Petit-Châtelet par les compagnies bourgeoises des quartiers les plus aisés, qu'on supposait les moins favorables à la Ligue. Les compagnies se rassemblèrent lentement et incomplétement. Quand un des échevins voulut enfermer le principal corps dans le cimetière des Innocents, en lui annonçant qu'un seigneur de la cour viendrait prendre le commandement au nom du roi, quatre compagnies sur onze refusèrent de se laisser enfermer et allèrent se mettre en bataille dans la rue Saint-Honoré et dans les Halles. D'O arriva sur les deux heures du matin et demanda impérieusement aux capitaines pourquoi ils avaient quitté leur poste : ils répondirent, sur le même ton, qu'ils entendaient rester libres de porter secours à leurs maisons et à leurs familles. D'O n'osa insister : les quatre compagnies reprirent le chemin de leurs quartiers. Les compagnies postées à la Grève, au Petit-Châtelet et au pont Saint-Michel, mal accueillies par les quartiers où on les avait envoyées, se retirèrent pareillement vers trois heures.

D'O, sur ces entrefaites, était allé chercher les clefs de la porte Saint-Honoré chez le quartenier qui les avait en garde : à quatre heures du matin, d'O, accompagné de deux échevins, alla ouvrir cette porte au régiment des gardes françaises et aux quatre mille Suisses logés depuis une quinzaine de jours dans les faubourgs et les villages voisins [1]. Le roi était monté à cheval pour recevoir en personne les troupes à la porte Saint-Honoré : il leur recommanda de ne commettre aucune violence par la ville, sous peine de la vie. Six mille fantassins d'élite défilèrent en silence de la porte

---

[1]. Le roi, suivant une relation ligueuse (*Histoire très-véritable de ce qui est advenu en cette ville de Paris, du vij mai au xxx juin* 1588), avait mandé le régiment de Picardie, mais ce régiment fut arrêté à Pontoise par les habitants. Le roi avait appelé en outre six compagnies d'ordonnance, qui n'arrivèrent pas à temps. L'*Histoire très-véritable*, etc., est imprimée dans les Preuves de la *Satire Ménippée*, t. III, p. 39 et suiv.; édit. de Ratisbonne, 1726. Cette relation, la plus détaillée qu'on possède sur la journée du 12 mai 1588, paraît être l'ouvrage de l'échevin Saint-Yon, descendant d'une de ces familles de riches bouchers qui avaient joué un si grand rôle au temps des Armagnacs et des Bourguignons.

Saint-Honoré au cimetière des Innocents : là, les troupes se séparèrent à grand bruit de tambours et de fifres. Une réserve fut placée à la porte Saint-Honoré et au Louvre, où le roi avait déjà six enseignes françaises et suisses ; le maréchal de Biron, accompagné de Crillon, mestre de camp (colonel) du régiment des gardes, un des meilleurs officiers qu'il y eût en France, alla occuper, avec trois enseignes suisses et deux françaises, le Marché-Neuf de la Cité et les deux ponts voisins (le Petit-Pont et le pont Saint-Michel) ; un autre détachement, à peu près de même force, commandé par d'O, s'établit devant l'Hôtel de Ville ; le reste demeura au cimetière des Innocents. Les « mortes-paies » (espèce de vétérans, de soldats sédentaires), qui gardaient la Bastille, avaient été renforcées par des gardes françaises, et les plates-formes de la Bastille étaient couvertes de pièces d'artillerie qui plongeaient dans la rue Saint-Antoine.

L'aspect de la grande ville, durant ces préparatifs, était morne et sinistre. Les marches et les contremarches de la garde bourgeoise avaient tenu le peuple en éveil toute la nuit et, cependant, les maisons restaient closes comme des tombeaux et les boutiques ne s'étaient point ouvertes avant le jour, suivant l'usage des laborieux artisans de Paris. On voyait seulement apparaître çà et là, aux fenêtres, des figures effarées, et des hommes affairés et inquiets courir de rue en rue ; les soldats postés sur le Petit-Pont entendaient de lointaines rumeurs du côté de la rue Saint-Jacques et de la Montagne-Sainte-Geneviève. Le parlement et les autres cours s'étaient assemblés de grand matin et le roi leur avait mandé de siéger comme à l'ordinaire ; la majorité montrait « un visage riant et faisoit bonne contenance. » Cependant la physionomie de la Cité commença d'inquiéter les magistrats et ils députèrent les présidents Brisson et Séguier au roi, pour le prier d'ordonner au gouverneur de Paris, Villequier, d'aller par la ville rassurer les habitants et faire ouvrir les boutiques. Le roi dépêcha Villequier, le maréchal d'Aumont et quelques chevaliers de l'Ordre, et écrivit au bureau de la ville que plusieurs seigneurs et gentilshommes avaient été « par lui départis dans les quartiers de Paris, pour commander aux bourgeois de se contenir et, si aucun se veut remuer, le faire arrêter, et les assurer que l'intention de Sa Majesté n'est que de les contenir en repos. » Le roi ordonnait aux prévôt et échevins « de faire joindre auxdits gentilshommes les quarteniers et colonels à même fin [1]. »

Villequier se mit à chevaucher par les rues; il ne rencontra pas de résistance; les maisons et les boutiques s'ouvraient sur son passage, mais se refermaient dès que le cortége était éloigné.

Une égale agitation, une égale anxiété, régnaient au Louvre et à l'hôtel de Guise. La reine mère et la reine Louise, qui n'avaient été prévenues ni l'une ni l'autre du desscin de Henri III, suppliaient le roi de ne point livrer de bataille dans Paris. Chez le duc de Guise, on s'attendait à être attaqué d'un instant à l'autre. L'archevêque de Lyon, d'Espinac, arrivé de Soissons depuis deux jours, était accouru déclarer au duc qu'il venait vaincre ou mourir avec lui [2]. De l'hôtel de Guise, d'Espinac alla bravement au Louvre demander au roi si ces apprêts de guerre étaient contre le duc; on lui répondit que non. La reine mère, de l'aveu du roi, envoya à son tour Bellièvre à l'hôtel de Guise, avec charge d'offrir au duc le pardon de tous ses amis, s'il consentait à sortir de Paris. Quelques-uns des gens du duc lui conseillaient d'accepter. « Que celui qui a peur s'en aille! » s'écria-t-il. Cependant il ne refusa pas formellement : il gagna du temps, afin de s'assurer des dispositions du peuple. Il fit circuler dans les groupes une liste de proscription couverte de cent vingt noms dévoués, disait-on, à la vengeance du roi : c'étaient toutes les notabilités de la Ligue, à commencer par le duc lui-même; les émissaires du duc racontaient que les gibets et les bourreaux étaient déjà prêts dans l'Hôtel de Ville. Lorsqu'on vit que les troupes ne marchaient pas contre l'hôtel de Guise, les cinq colonels nommés récemment par

---

1. *Regist. de l'Hôtel de Ville*; Mss. de Colbert, vol. 252, p. 353.
2. Cet archevêque, homme de mœurs déréglées, mais de beaucoup d'énergie et d'intelligence, avait longtemps gardé quelque mesure vis-à-vis du roi, tout en prenant à tâche de faire oublier, par son ardeur ligueuse, qu'il avait incliné à la Réforme dans sa jeunesse. Mais un jour qu'il disait que le roi de Navarre était indigne de succéder à la couronne à cause de son hérésie, d'Épernon lui demanda, devant toute la cour, si un ecclésiastique, coupable de simonie et d'inceste, était digne d'occuper un des premiers siéges de l'Église. D'Espinac avait été soupçonné d'inceste avec sa sœur. D'Espinac demanda inutilement satisfaction au roi. Dès lors, il ne rêva plus que vengeance et ne cessa d'animer Guise aux entreprises les plus hardies. V. de Thou, t. IV, l. xc.

le duc allèrent prendre poste dans leurs arrondissements avec la plupart des gentilshommes et des soldats ligueurs.

Vers huit heures, « l'effroi couroit de tous côtés; » les rassemblements étaient devenus formidables dans la Cité et l'Université; les écoliers descendaient avec des clameurs farouches, auxquelles répondaient les bateliers des ports et la plèbe turbulente de la place Maubert. Le procureur Crucé, un des Seize, avait fait crier dans toute l'Université que Châtillon et les huguenots étaient au faubourg Saint-Germain, qu'ils venaient faire la vengeance de l'amiral. Un propos imprudent du président Séguier, sur « la justice que le roi alloit faire des mutins, » courut toute la Cité : l'attitude du peuple devint si menaçante, que le parlement effrayé se dispersa. L'aristocratie bourgeoise du parlement et du corps de ville, en promettant son secours au roi, l'avait trompé et s'était trompée elle-même sur la force respective des partis : l'introduction d'une « garnison étrangère » dans Paris exaspéra le peuple et le jeta tout entier dans les bras de la Ligue. Les royalistes ne purent porter le moindre secours aux troupes du roi.

Henri III était retombé dans ses incertitudes et les troupes restaient l'arme au pied, depuis plusieurs heures, sans recevoir d'ordres. De moment en moment, la foule regardait avec moins de crainte ces soldats immobiles comme des « statues de fer. » Les soldats aux gardes françaises, impatients et ennuyés, jetaient des bravades à la multitude : on prétend que leur commandant, Crillon, homme intrépide et loyal, mais emporté et sans frein dans ses propos, s'imagina effrayer les bourgeois en criant que le premier qui sortirait en armes serait pendu, sa maison brûlée, sa femme et ses filles livrées aux soldats[1]. Des cris de fureur lui répondirent. Il voulut faire un coup d'audace en marchant avec une compagnie droit à la place Maubert, centre de l'émeute sur la rive gauche. Au carrefour Saint-Séverin, il fut arrêté court par une barricade. Il allait attaquer, lorsqu'il reçut un contre-ordre. En un instant, des barricades surgirent dans toutes les rues de

---

1. L'Estoile, p. 250, confirme à cet égard le récit de l'écrivain ligueur de l'*Histoire très-véritable*, etc. Pasquier (t. II, col. 333) ne parle pas de Crillon et raconte qu'un « rodomont de cour » dit, sur le pont Saint-Michel, qu'il n'y aurait « femme de bien qui ne passât par la discrétion d'un Suisse ».

l'Université et de la Cité. Ce moyen de défense avait été combiné longtemps d'avance par les Seize et le roi en avait été prévenu par Poulain. A la première nouvelle de la construction des barricades, le roi devait enjoindre à ses troupes d'attaquer ou de se retirer à l'instant. Il ne fit ni l'un ni l'autre. Partout les barricades s'élevèrent sans obstacles, de cinquante pas en cinquante pas; partout on tendit les chaînes scellées au coin des rues; on roula, derrière les chaînes, des muids remplis de pavés et de sable; chaque barricade fut gardée par un peloton d'arquebusiers ou de mousquetaires et protégée par d'autres tirailleurs postés aux croisées des maisons voisines. Chaque maison se changeait en une forteresse; les auvents étaient abattus, les fenêtres garnies de pavés et de projectiles de toute sorte; les femmes même se montraient aux croisées, armées comme les hommes et résolues à se défendre jusqu'à la mort. La prise d'armes fut tellement générale dans ces quartiers, que les hommes de la haute bourgeoisie les plus opposés à la Ligue n'osèrent se dispenser de paraître aux barricades : on y vit un grand nombre de membres du parlement, la hallebarde en main.

On avait commencé à parlementer au Marché-Neuf : les Suisses, cernés par des barricades plantées à dix pas de leurs sentinelles, s'effrayaient d'un genre de guerre si éloigné de leurs habitudes. Leurs capitaines criaient au peuple qu'ils étaient bons chrétiens, amis des Parisiens, qu'on les avait postés là malgré eux. Un peu avant midi, les habitants du pont Saint-Michel [1] et des alentours ouvrirent le feu contre une compagnie des gardes françaises postée sur le pont; le capitaine capitula et s'estima heureux de pouvoir regagner le Marché-Neuf. Pendant ce temps, le maréchal d'Aumont essayait en vain de se saisir du Grand Châtelet (aujourd'hui place du Châtelet), pour faciliter les communications entre les divers corps de la petite armée royale. Le maréchal fut arrêté par les barricades élevées autour de cette vieille forteresse. Le mouvement avait été plus tardif dans la partie septentrionale de Paris, appelée la Ville [2], que dans la Cité et l'Université.

1 On sait que les ponts étaient bordés d'un double rang de maisons.
2. Quartiers plus marchands, plus bourgeois, moins ecclésiastiques et moins monastiques.

mais finit par y devenir tout aussi énergique. Les marchands de la rue Saint-Denis étaient allés en masse se confesser et communier ; puis ils prirent leurs cuirasses et leurs piques et, réunis aux gens des Halles, ils bloquèrent le cimetière des Innocents. Les sept compagnies bourgeoises qui avaient passé la nuit dans le cimetière s'étaient sans doute dispersées dès le matin, car il n'est plus question d'elles dans aucune relation. Le détachement que d'O avait placé à la Grève fut également cerné. Les habitants des quartiers Saint-Eustache et Montmartre vinrent fièrement planter leur dernière barricade vis-à-vis du corps de garde du Louvre.

Les maréchaux d'Aumont et de Biron firent une vaine tentative de conciliation dans la Cité. Les bourgeois ne voulurent entendre à rien, si l'on ne faisait sortir sur-le-champ les « garnisons. » L'issue de la journée n'était plus douteuse. La terreur était au Louvre, la joie à l'hôtel de Guise. Des messages s'échangeaient encore ; mais on ne sommait plus Guise de quitter Paris ; on le priait d'apaiser la sédition et il répondait froidement qu'il ne pouvait retenir ces « taureaux échappés ».

Sur les trois heures, les colonels et les capitaines quarteniers de l'Université, voyant que le peuple perdait patience, députèrent à l'Hôtel de Ville et de là au Louvre ; mais à peine la députation était-elle partie, qu'un coup de feu tiré vers l'entrée de la rue Saint-Jacques devint le signal du combat. « Allons, cria l'avocat La Rivière, allons prendre ce b... de roi dans son Louvre ! » Le comte de Brissac, un des cinq colonels de Guise, qui avait donné le signal des barricades, se mit à la tête du peuple, la hallebarde au poing[1]. La compagnie des gardes françaises qui s'était avancée, avec Crillon, jusqu'au carrefour Saint-Séverin fut ramenée à coups d'arquebuse de ce carrefour au Petit-Pont, occupé par une compagnie suisse ; puis les deux compagnies ensemble furent refoulées en désordre du Petit-Pont sur le Mar-

---

[1]. Brissac, second fils du célèbre maréchal, avait commandé en second la flotte française, lors de la malheureuse expédition des Açores, en 1582, et Henri III avait dit, à ce propos, que Brissac « n'étoit bon ni sur mer ni sur terre. — Je lui ferai voir », dit Brissac, « que j'ai trouvé mon élément et que je suis bon sur le pavé ! » D'Aubigné, part. II, col. 114.

ché-Neuf, où leurs camarades étaient déjà aux prises avec les masses qui débouchaient de l'intérieur de la Cité et du pont Saint-Michel. Les malheureux soldats, accablés d'une grêle de balles, de tuiles, de pavés, cessèrent toute résistance : les Suisses joignaient les mains et criaient : « bonne France! » les gardes françaises criaient « miséricorde! » Au milieu de cet effroyable tumulte, arriva enfin du Louvre un ordre de retraite : d'Aumont et d'O parvinrent à faire connaître cet ordre au peuple, tandis que Biron se rendait à l'hôtel de Guise à travers mille dangers. Le peuple consentit à ouvrir quelques barricades et à permettre aux soldats de sortir de la Cité par le pont Notre-Dame; mais, durant le trajet, les Suisses ayant refusé d'éteindre les mèches de leurs arquebuses et quelques coups ayant été échangés, le peuple chargea de tous côtés les soldats avec furie et en jeta une soixantaine sur le carreau; les autres mirent bas les armes en demandant quartier à genoux et en criant : « Vive Guise! » Brissac les reconduisit au Marché-Neuf et les enferma dans les boucheries de ce marché.

Le bruit de ce qui se passait dans la Cité arriva jusqu'aux troupes bloquées dans le cimetière des Innocents et dans la place de Grève, et les glaça d'épouvante; là, toutefois il n'y eut point d'effusion de sang. Le duc de Guise, assuré de la victoire, voulut se montrer généreux. Il accueillit bien Biron et consentit enfin à s'interposer pour sauver les soldats du roi. Il sortit de son hôtel, en pourpoint blanc, une baguette à la main, et se dirigea vers la Grève, salué de rue en rue par les acclamations d'une multitude enivrée de son triomphe. Des voix criaient : « A Reims! il faut mener Monsieur à Reims »! Le duc affectait « d'avoir déplaisir » de ces mille cris de « vive Guise! — Mes amis! c'est assez! c'est trop! disait-il, criez : vive le roi! » Arrivé devant l'Hôtel de Ville, il pria le peuple de lui accorder merci pour les pauvres soldats, qui le comblaient de bénédictions. Le peuple s'apaisa « au simple son de sa voix »; Guise rendit aux soldats leurs armes, qu'ils avaient déposées à ses pieds, et les fit conduire jusqu'au Louvre, enseignes roulées, tambours sur le dos et mèches éteintes. Un des capitaines du duc alla, en son nom, tirer également de péril la « garnison » du cimetière des Innocents, tandis que Guise se rendait en personne au Marché-Neuf, afin de délivrer les soldats prisonniers dans les boucheries. D'O et Alphonse Corse ne durent qu'à lui de rentrer vivants au Louvre. Les blessés furent recueillis et traités humainement par les bourgeois [1].

Si Guise eût retenu les troupes captives au lieu de leur rendre leurs armes et de les renvoyer au roi, s'il eût entraîné le peuple à l'attaque du Louvre, ou même s'il se fût contenté de cerner ce palais, Henri III eût été absolument à la discrétion de la Ligue; mais Guise prétendait avoir les honneurs de la modération avec les bénéfices de la force : il jugeait Henri III abattu par sa défaite au point de n'oser rien refuser et croyait pouvoir se faire à l'amiable le maire du palais d'un nouveau roi fainéant. Ses vues n'allaient pas plus loin pour le moment.

A peine de retour à son hôtel, il vit arriver la reine mère de la part de Henri III. Catherine avait eu grand'peine à pénétrer jusqu'à lui; le peuple avait refusé rudement de défaire ses retranchements pour laisser passer le carrosse de la reine mère, et Catherine avait été obligée de se faire porter en chaise à travers les rues dépavées, barricadées, encombrées d'une foule menaçante. Les propositions du duc furent celles d'un vainqueur dictant une capitulation au vaincu. Il demanda la lieutenance générale du royaume, qui lui serait confirmée par les États Généraux convoqués sous bref délai à Paris. Le roi de Navarre et les princes de la maison de Bourbon qui lui adhèrent seront déclarés incapables de succéder au trône. Les tailles et autres impôts seront renfermés dorénavant dans des limites qu'on ne pourra franchir, et l'on établira des règlements d'administration publique auxquels le roi ne pourra déroger. Le duc d'Épernon et son frère La Valette, les maréchaux de Retz et de Biron, les sieurs d'O, de Crillon et Alphonse Corse seront privés de leurs charges et offices

---

1. Nous avons résumé les nombreuses relations de la journée du 12 mai 1588. — *Histoire très-véritable de ce qui est advenu à Paris* (par Saint-Yon). — *Histoire de la journée des barricades, par un bourgeois de Paris.* — *Amplification de ce qui se passa dans Paris,* etc. — L'Estoile, p. 249-250. — Davila, t. I, p. 596-600. — De Thou, t. IV, l. xc, p. 569-572. — Pasquier, t. II, l. xii, let. 4. — Palma-Cayet, *Introduction,* p. 44-45. — D'Aubigné, part. ii, col. 113-114. — *Mémoires* de Cheverni, anc. collect., t. L, p. 167-171. — *Audacieuse entreprise de M. de Guise pour se saisir de la ville de Paris et y prendre le roi;* ap. *Mémoires de la Ligue,* t. II, p. 308 et suiv.

et bannis à perpétuité de la cour. Le duc de Guise aura la direction de la guerre contre les huguenots. Le roi licenciera sa garde particulière, dite des Quarante-Cinq. Les gouvernements de Picardie, de Normandie et de Lyonnais seront donnés aux ducs d'Aumale, d'Elbeuf et de Nemours [1] ; le comte de Brissac aura le gouvernement de Paris et de l'Ile-de-France, avec la charge de colonel-général de l'infanterie française. Mayenne aura l'amirauté; La Châtre, gouverneur de Berri, sera nommé maréchal à la place de Biron. Le roi livrera six nouvelles places de sûreté aux chefs de la Ligue. On assurera aux Parisiens le paiement des rentes de l'Hôtel de Ville [2].

Guise ne fit pas la moindre concession : Catherine dut reporter ses dures conditions au roi. On passa une triste nuit au Louvre. Des conseillers du roi, les uns s'indignaient, les autres tremblaient ou songeaient à se ménager les bonnes grâces du parti le plus fort. La reine mère, effrayée de voir encore une fois ses calculs subtils bouleversés par la puissance irrésistible des passions populaires, s'agitait, pleurait, promettait de retourner le lendemain chez Guise, énonçait l'espoir que le duc se relâcherait de ses prétentions quand la première ivresse du succès serait passée et que le peuple serait calmé [3].

Mais le peuple ne se calmait pas; il travaillait, non point à défaire, mais à renforcer ses barricades. Toutes les fenêtres étaient éclairées, toutes les rues gardées militairement; les postes de la bourgeoisie avaient refusé de recevoir le mot d'ordre du prévôt des marchands au nom du roi et l'avaient envoyé demander au duc de Guise. Le duc entretenait par ses affidés la fermentation populaire et appelait de nouvelles forces du de-

---

1. Fils aîné de ce duc de Nemours qui avait joué un rôle dans la première période des Guerres de Religion et qui était mort au commencement de 1585. Le feu duc de Nemours avait épousé en secondes noces la mère des Guises et le nouveau duc était leur frère utérin.
2. Davila, t. I, p. 601-663.
3. M. Capefigue a donné, d'après les manuscrits de Mesmes, n° 8931 | 4, une étrange lettre de Henri III au duc de Nevers. Le soir des barricades, Henri écrit à ce duc qu'il a fait entrer ce matin les Suisses et quelques enseignes des gardes, « sur plusieurs bruits qui couroient qu'il se devoit faire quelque émotion en la ville; mais, voyant que, grâce à Dieu, les choses sont autrement disposées, il fait retirer lesdits Suisses, espérant que toutes choses demeureront à repos ».

hors [1]. Le lendemain matin, Henri III fit publier que les troupes appelées à Paris avaient reçu contre-ordre et que les gardes françaises et les Suisses, qui avaient passé la nuit aux environs du Louvre, allaient s'éloigner de Paris. La plupart des Suisses partirent en effet vers onze heures. Le roi renvoya sa mère à l'hôtel de Guise [2].

Le tumulte recommença dans l'après-midi. On entendait, du Louvre, le tocsin sonner du côté de l'Université. Des avis effrayants arrivaient au roi de quart d'heure en quart d'heure. Des docteurs en théologie prêchaient, cuirassés, au milieu des écoles; les écoliers et jusqu'aux moines prenaient les armes; on distribuait les piques à brassées dans le cloître Saint-Séverin et le cri général dans ces quartiers était : « au Louvre! au Louvre! » L'attitude des Halles et du quartier Saint-Eustache n'était guère moins menaçante. On vint dire au roi qu'avant la nuit le Louvre serait infailliblement investi du côté de la campagne par les masses armées qui sortiraient de la ville. Henri, après de longues hésitations, quitta le Louvre à pied, une baguette à la main, comme pour se promener aux Tuileries suivant sa coutume, et sortit de l'enceinte de Paris par la Porte-Neuve, la seule porte dont il eût les clefs [3]. Arrivé aux Tuileries, il attendit quelque temps les nouvelles de la conférence reprise entre la reine mère et le duc de Guise.

Catherine avait trouvé le duc aussi inflexible que la veille. Quand elle vit qu'elle ne pouvait rien gagner sur lui, elle ne chercha plus qu'à traîner le débat en longueur. Elle céda peu à peu sur tous les points et la capitulation paraissait à peu près

---

1. Le 13 au matin, il écrivait à d'Entragues, gouverneur d'Orléans : « Avertissez nos amis de nous venir trouver en la plus grande diligence qu'ils pourront, avec chevaux et armes et sans bagage..... J'ai défait les Suisses, taillé en pièces une partie des gardes du roi et tiens le Louvre investi de si près, que je rendrai bon compte de ce qui est dedans. » *Mémoires de la Ligue*, t. II, p. 313. Guise disait là ce qu'il eût dû faire, mais non pas ce qu'il fit.

2. Suivant l'*Histoire de la journée des barricades, par un bourgeois de Paris*, le roi avait fait annoncer qu'il allait se rendre à la Sainte-Chapelle, mais le peuple se mit à crier qu'on n'ôterait point pour cela les barricades.

3. La Porte-Neuve, située au bord de la Seine, à peu près au milieu de la galerie actuelle du Louvre, communiquait du Louvre aux Tuileries, qui étaient alors dans le faubourg.

conclue, lorsque le *factotum* de Guise, Maineville, accourut, tout effaré, parler à l'oreille du duc. Davila prétend que Guise s'écria : « Me voilà mort, madame ! tandis que Votre Majesté m'amuse ici, le roi s'en va pour me perdre ! »

Le roi, en effet, soit d'après les avis envoyés par la reine mère de l'hôtel même de Guise, soit d'après ce qui lui revenait sur l'invasion imminente du Louvre et des Tuileries, s'était décidé à la fuite, seule chance qui lui restât de sauver sa couronne. On le vit, dit-on, appuyé sur une pierre aux Tuileries, « pleurer fort chaudement : O ville ingrate, s'écriait-il, je t'ai plus aimée que ma propre femme[1] ! » Il monta précipitamment à cheval aux écuries des Tuileries et partit, accompagné de tous ceux des princes, des grands dignitaires et des conseillers d'État qui se trouvaient auprès de sa personne[2]. Les uns étaient sans bottes et sans manteau ; d'autres, en robe longue ; plusieurs suivaient à pied ; le roi avait un éperon à l'envers. C'eût été un spectacle grotesque, s'il n'eût été terrible. Les courtisans croyaient entendre derrière eux retentir les cris et siffler les balles des ligueurs. Palma-Cayet assure que le corps de garde de la porte de Nesle envoya de loin au roi fugitif une salve d'arquebusades et que le peuple « lui cria mille injures » de l'autre bord de l'eau. Ces coups de feu étaient la revanche providentielle des royales arquebusades du 24 août 1572 !

Parvenu sur la hauteur de Chaillot, Henri III « se retourna devers la ville et jeta sur elle sa malédiction, lui reprocha sa perfidie, son ingratitude et déloyauté contre tant de biens qu'elle avoit reçus de sa main, et jura qu'il n'y rentreroit que par la brèche[3]. »

Il n'y devait jamais rentrer !

---

1. *Histoire de la journée des barricades, par un bourgeois de Paris*. Henri III, faisant de Paris sa résidence habituelle, y avait beaucoup bâti, beaucoup fondé d'établissements de tout genre.

2. *V* le récit de cette fuite par Cheverni, témoin et acteur, dans ses *Mémoires*, p. 172-174. — L'Estoile, p. 251-252.

3. Mathieu, p. 548. — L'Estoile, p. 251.

LIVRE LVIII

GUERRES DE RELIGION, SUITE.

DERNIÈRES ANNÉES DES VALOIS. HENRI III ET LA LIGUE. GUISE maître de Paris. Démocratie municipale de la Ligue à Paris et dans les provinces. Négociations entre Guise et le roi. Henri III capitule, sanctionne de nouveau la Sainte Union et convoque les États Généraux. — Disgrâce d'Épernon. — L'ARMADA. Désastre de la grande flotte espagnole : échec irréparable de Philippe II contre l'Angleterre et la Hollande. — ÉTATS DE BLOIS. La Ligue y domine. Esprit anti-monarchique des États. — Assemblée des réformés à La Rochelle. — Le duc de Savoie enlève à la France le marquisat de Saluces. — Les États continuent d'humilier le roi. — Henri III fait assassiner le duc et le cardinal de Guise. — Mort de Catherine de Médicis. — Fin des États de Blois. — Terribles mouvements de Paris. La Sorbonne délie le peuple du serment de fidélité au roi. Coup d'état des SEIZE contre le parlement. — Vaste soulèvement dans les provinces. CONSEIL GÉNÉRAL DE LA LIGUE. MAYENNE lieutenant général du royaume. — Fureurs de la Ligue à Rouen et à Toulouse. Événements d'Orléans, d'Angers, de Bretagne. — Henri III traite avec les huguenots. Réunion de Henri III et du roi de Navarre. — Combats de Tours, de Falaise, de Senlis. — Réaction nobiliaire en faveur de la royauté. — Henri III cité à Rome. — Les Suisses secourent Henri III. — Prise de Pontoise. Les deux rois devant Paris. — Jacques Clément. Assassinat de Henri III. — FIN DE LA RACE DES VALOIS.

1588-1589

Le roi, laissant dans Paris sa mère et sa femme, s'était retiré à Chartres, suivi des Suisses et du régiment des gardes.

Quelle fut la véritable impression de Guise en apprenant la fuite du roi ? Fut-il réellement surpris et effrayé ? eut-il repentir de ses ménagements ? Comprit-il que, comme le dit le duc de Parme à la nouvelle des événements de Paris, « qui met la main à l'épée contre son prince, en doit à l'instant jeter le fourreau [1] ? »

---

1. Quand Sixte V apprit que le duc de Guise était arrivé à Paris, il s'écria : « O le téméraire, ô l'imprudent, d'aller ainsi se mettre entre les mains d'un prince qu'il a si vivement offensé ! » Mais, lorsqu'il sut que Henri n'en avait point profité, il s'écria

Ou bien, ne voulant pas prendre et déposer le roi, lui laissa-t-il volontairement la porte ouverte pour fuir, comptant que le roi traiterait et que les États Généraux sanctionneraient l'abaissement de Henri III et la victoire des barricades? Si, contre l'opinion des contemporains, ce fut là son arrière-pensée [1], la demi-audace fut ici plus téméraire que l'audace entière.

Quoi qu'il en soit, Guise travailla, avec beaucoup de vigueur et d'intelligence, à consolider les résultats de la journée qui lui avait donné Paris. Le soir de l'évasion du roi, il parcourut la ville à pied, se mêlant à la foule, causant avec les orateurs de carrefour, se familiarisant avec tous, sans rien perdre de cette majesté qui lui était naturelle. Il se dirigea vers le Palais, faisant abattre les barricades, et alla visiter le premier président et les autres présidents de la grand'chambre, pour les engager à ne pas interrompre le cours de la justice et à « s'accommoder au temps. » Le premier président, Achille de Harlai, très-opposé à la Ligue, bien que chaud catholique, parla au duc, sur ses « dangereuses actions » et la responsabilité qu'il encourait, avec une franchise et une fermeté magistrale qui décontenancèrent le vainqueur des barricades, si l'on en croit le récit de du Vair. « En sortant de là, ledit sieur de Guise dit tout haut : — Je me suis trouvé à des batailles, à des assauts et à des rencontres les plus dangereuses du monde ; mais jamais je n'ai été étonné comme à l'abord de ce personnage [2]. »

Le lendemain, toutefois, sur l'expresse invitation de la reine mère, les magistrats se rendirent au Palais et continuèrent l'exercice de leurs charges. La présence de Catherine à Paris était singulièrement favorable aux desseins de Guise et servait à atté-

---

encore plus haut : « O le lâche prince, ô le pauvre prince, d'avoir laissé ainsi échapper l'occasion de se défaire d'un homme qui semble né pour le perdre ! » (De Thou, t. IV, l. xc, p. 574). — « Sixte », ajoute Anquetil, « continua sans doute ses exclamations, en apprenant que le duc à son tour avait laissé échapper le roi » (*Esprit de la Ligue*, t. III, p. 20).

1. C'est l'opinion de M. Michelet; *la Ligue et Henri IV*, p. 208. Il paraît bien établi que Brissac avait donné le signal des barricades sans l'aveu de Guise, qui voulait qu'on se tînt sur la défensive.

2. *Mémoires fort singuliers servant à l'Histoire de France*, etc.; Mss. de Dupuy, vol. 661 (les pages ne sont point numérotées). — Le récit de J. A. de Thou, beau-frère d'Achille de Harlai (l. xc, p. 575), concorde avec celui du président du Vair.

nuer la gravité de la situation. Tant que la mère des Valois, la grande négociatrice, ne quittait pas la capitale, personne ne croyait définitive la rupture du roi et de la Ligue. Le samedi 14 mai, il ne restait pas trace d'émotion dans Paris : l'ordre matériel s'était rétabli avec une promptitude qui attestait la forte organisation du parti victorieux ; la journée du dimanche, que les politiques et les suspects d'hérésie attendaient avec terreur, se passa sans troubles, et les prédicateurs, pour la première fois depuis bien des années, recommandèrent au peuple le bon ordre et la modération. L'événement parut démentir les imputations de Poulain quant aux projets de massacre qu'il attribuait à la Ligue [1].

Mais, pendant ce temps, Guise agissait : il levait deux régi-

1. Un meurtre atroce prouva toutefois, peu de jours après, que les passions catholiques n'étaient pas calmées par la victoire. Le tailleur La Rue, qui avait commandé dans l'escarmouche du Pont Saint-Michel, et le potier d'étain Poccart, deux des principaux affidés des Seize, allèrent, un soir, arracher de sa maison un maître d'école nommé Mercier, soupçonné de calvinisme, le poignardèrent et le jetèrent à la rivière. La veuve du mort ne put obtenir aucune justice des meurtriers. L'Estoile, p. 255. — Les persécutions légales se ranimaient pendant ce temps. Bernard Palissi, qu'on avait laissé paisible, durant les plus mauvais jours, dans l'asile que la reine mère lui avait donné aux Tuileries, avait été emprisonné dès le commencement de cette année, ainsi que deux jeunes femmes protestantes, filles du procureur Foucaud. Les *Foucaudes* rivalisèrent de courage avec l'illustre vieillard. Le roi lui-même, dans une visite qu'il avait faite aux prisons, le 31 janvier, avait essayé de les décider à se convertir, ainsi que Palissi. Elles furent inébranlables (L'Estoile, p. 245). — D'Aubigné, dans la *Confession de Sanci*, prête à l'intérêt que leur témoigna le roi un motif honteux. « Mon bonhomme », dit le roi à Palissi, « il y a quarante-cinq ans que vous êtes au service de la reine ma mère et de moi ; nous avons enduré que vous ayez vécu en votre religion parmi les feux et les massacres ; maintenant, je suis tellement pressé par ceux de Guise et mon peuple, qu'il m'a fallu malgré moi mettre en prison ces deux pauvres femmes et vous ; elles seront demain brûlées, et vous aussi, si vous ne vous convertissez. — Sire, le comte de Maulevrier vint hier de votre part pour promettre la vie à ces deux sœurs, si elles vouloient vous donner chacune une nuit ; elles ont répondu qu'encore elles seroient martyres de leur honneur comme de celui de Dieu. Vous m'avez dit plusieurs fois que vous aviez pitié de moi ; mais, *moi*, j'ai pitié de vous, qui avez prononcé ces mots : *J'y suis contraint !* Ce n'est pas parler en roi. Ces filles et moi, qui avons part au royaume des cieux, nous vous apprendrons ce langage royal, que les Guisards, tout votre peuple ni vous, ne sauriez contraindre un potier à fléchir les genoux devant des statues. » Les sœurs Foucaud furent condamnées à mort par une sentence du Châtelet, que le parlement n'osa refuser de confirmer ; elles furent pendues en Grève le 28 juin. Quant à Palissi, les Guises hésitèrent à sacrifier ce grand artiste ; on le laissa en prison sans achever son procès, malgré les instances du fanatique Launoi, un des chefs de la Ligue à Paris. Palissi mourut dans les fers, en 1589. D'Aubigné, *Histoire universelle*, part. II, col. 293. — *Confession de Sanci*, à la suite de l'Estoile, édit. de 1744, t. V, p. 430.

ments dans Paris; il faisait venir des renforts de Picardie. Le 14 au soir, le chevalier du guet, gouverneur de la Bastille, rendit, sans coup férir, cette forteresse. Guise en donna le commandement au belliqueux procureur Bussi-Leclerc, un des Seize [1]. Le 17, Vincennes capitula; puis le duc envoya occuper Saint-Cloud, Charenton, Lagni, Corbeil, Melun, pour assurer la subsistance de Paris en cas de guerre. Le duc et les Seize ne montrèrent pas moins de décision et d'activité dans les affaires intérieures de la ville. Le prévôt des marchands, Hector de Perreuse, avait été mis à la Bastille, le 15, moins pour le punir de son royalisme que pour le sauver de la fureur du peuple. Deux des échevins, Lecomte et Lugoli, avaient suivi le roi dans sa fuite; les deux autres, Saint-Yon et Bonnard, étaient des hommes d'opinion incertaine [2]. Le duc et les Seize proclamèrent le rétablissement de l'antique liberté des élections municipales, abolie depuis deux siècles [3], et convoquèrent à l'Hôtel de Ville une assemblée générale du peuple, pour renouveler le bureau de la ville par voie d'élection. Le duc essaya d'amener le parlement à ratifier ce grand changement. Il mena au Palais le cardinal de Bourbon, arrivé, le 16, de Soissons à Paris. Guise, si brillant, si sûr de lui-même au milieu d'un peuple soulevé, n'avait pas l'éloquence méthodique et discrète qui eût convenu devant le parlement : il se troubla en présence de tous ces hommes de robe, pâlit et parla si bas qu'on l'entendit à peine. Le premier président répondit comme il avait fait chez lui quelques jours auparavant, et conjura le duc de ne pas écouter ceux qui lui offraient de vaines grandeurs, dont la poursuite ne pouvait le mener qu'à sa ruine. « Pour cette compagnie », ajouta-t-il, « elle est assise sur les fleurs de lis, et, étant établie par le roi, elle ne peut respirer que pour son service : nous perdrons trestous plutôt la vie que de fléchir à rien de contraire [4] ».

1. C'était un ancien maître d'armes nommé Leclerc : il se faisait appeler *Bussi-Leclerc*, en mémoire du fameux duelliste Bussi d'Amboise, favori du feu duc d'Anjou.
2. Ce fut sans doute pour se réhabiliter que Saint-Yon écrivit la relation ligueuse où nous avons puisé.
3. Depuis 1380.
4. Cette scène est racontée par le président du Vair dans le manuscrit de Dupuy, n° 661.

Le duc et le cardinal sortirent sans répliquer, mais on n'en procéda pas moins aux opérations électorales. Le parlement, la chambre des comptes et la cour des aides n'y envoyèrent point de délégués. Les 17 et 20 mai, l'assemblée de ville, composée, dit le procès-verbal, « d'un grand nombre de notables bourgeois », se tint sous la présidence du duc de Guise, « en place de M. le cardinal de Bourbon, premier prince du sang, indisposé [1] ». On élut prévôt le maître des comptes La Chapelle-Marteau, gendre du président de Neuilli, « homme accort, avisé et archi-ligueur », dit l'Estoile. Roland, général des monnaies, Compans et Costeblanche, marchands drapiers, et Desprez, teinturier, furent nommés échevins; les trois premiers étaient du conseil des Seize; l'avocat Brigard, qui était allé chercher le duc de Guise à Soissons, fut élu procureur de la ville. Les nouveaux élus, suivant le procès-verbal, acceptèrent « jusqu'à ce qu'autrement en eût été ordonné par Sa Majesté ». L'insurrection du 12 mai se trouva ainsi régularisée, et le pouvoir occulte des Seize se confondit avec l'autorité officielle du corps de ville. Les Seize s'emparèrent également de l'autorité judiciaire du Châtelet, qui était à Paris ce qu'étaient ailleurs les bailliages et les présidiaux, et nommèrent lieutenant-civil La Bruyère fils, un des premiers organisateurs de la Ligue en 1576. Le lieutenant-général Poulain, l'espion du roi, s'était enfui, et le prévôt royal, chef de la justice du Châtelet, était un vieillard sans énergie à qui on laissa un vain titre.

Le nouveau bureau de la ville, sans attendre même son installation, écrivit, le 18 mai, « aux bonnes villes catholiques », pour leur exposer comment le roi, sur les « fausses impressions » à lui données par le duc d'Épernon « et autres partisans du roi de Navarre », avait introduit par surprise des forces ennemies « dans la première ville du royaume, siége de la religion catholique »; comment le peuple de Paris, par son courage, avait sauvé sa liberté et sa religion; comment enfin les *espernonistes* avaient conseillé au roi de « s'enfuir honteusement de sa maison ». Les représentants de Paris priaient les autres villes de s'unir à la capi-

---

1. *Extraits des registres et chroniques de l'Hôtel de Ville*; *Archives curieuses*, t. XI.

tale, comme les membres au chef, de ne pas discontinuer leur trafic ordinaire avec Paris et d'envoyer des députés fidèles et bien instruits, qui se pussent conjoindre avec les chefs parisiens.

La circulaire du bureau de Paris était accompagnée de lettres du duc de Guise, « lettres de soldat, braves, audacieuses, où il s'élève galantement de ce qu'il a fait, » comme dit un pamphlétaire du temps, et invite de son côté les bonnes villes à ne pas laisser perdre « cette occasion inopinément venue du ciel, » tout en « gardant inviolable la fidélité due au roi. » Il qualifie le 12 mai « de journée toute reluisante de l'infaillible protection de Dieu » : il dit qu'il eût pu mille fois arrêter le roi, s'il eût voulu; « mais à Dieu ne plaise[1] ! J'ai reçu l'Arsenal, la Bastille et les lieux forts entre mes mains; j'ai fait sceller les coffres des finances, pour consigner le tout entre les mains de Sa Majesté pacifique, telle que nous l'espérons rendre par nos prières envers Dieu, par l'intercession de Sa Sainteté et de tous les princes chrétiens... ou, si le mal continue, j'espère, par les mêmes moyens, conserver ensemble et la religion et les catholiques, et les dégager de la persécution que leur préparoient les confédérés des hérétiques auprès du roi[2]. »

Guise écrivit à l'ambassadeur d'Espagne Mendoça, que, si « les mauvais conseils » continuaient à prévaloir auprès du roi, il comptait sur le roi son maître[3].

La conduite du roi offrait un pitoyable contraste avec cette fière attitude du chef de la Ligue. Henri III était arrivé, le 14, à Chartres, où le chancelier de Cheverni, gouverneur de l'Orléanais et de la Beauce, et l'évêque Nicolas de Thou, un des oncles

---

1. Suivant Palma-Cayet, *Introduction*, p. 48, Guise se repentit d'avoir lâché cette bravade un peu trop provocante et voulut, mais trop tard, arrêter l'impression de sa lettre.
2. *Mémoires de la Ligue*, t. II, p. 334-340.
3. Guise voulut, en même temps qu'il invoquait derechef le secours de l'Espagne, se donner auprès de l'Angleterre le mérite d'un service rendu. Le soir même des barricades, il envoya Brissac offrir une sauvegarde à l'ambassadeur d'Angleterre, le comte de Stafford. Celui-ci refusa courageusement toute autre sauvegarde que celle du roi près duquel sa reine l'avait accrédité, et ne voulut point transmettre à Élisabeth le récit des événements de la journée tel que le lui présentait Brissac. Les chefs de la Ligue n'en garantirent pas moins son hôtel de toutes violences. *Mémoires de la Ligue*, t. II, p. 321-323.

de l'historien et dévoué à la monarchie comme toute sa famille, parvinrent à ménager au roi un assez bon accueil, bien que le parti ligueur fût nombreux dans la ville. Le 17, Henri expédia aux gouverneurs des provinces et des villes et aux corps municipaux des explications molles et embarrassées sur les événements de Paris : il semblait se justifier de ne s'être pas laissé prendre dans son Louvre par le duc de Guise ; il se plaignait du duc dans le style « d'un homme qui a peur que son ennemi soit encore en colère et ne se veuille contenter du mal qu'il lui a fait[1]. » Il n'était parti de Paris que pour éviter d'employer ses forces contre cette ville, qu'il « aimoit tant (comme il désire faire encore) ». Il avait supplié la reine, sa mère, d'y demeurer, afin qu'elle essayât, en son absence, « d'assoupir ledit tumulte ». Son plus grand chagrin était que les habitants de Paris eussent pu croire qu'il eût la volonté de leur donner des garnisons étrangères et qu'il doutât de leur fidélité[2].

Henri écrivit en même temps aux principaux souverains catholiques : il chargea son ambassadeur à Rome, M. de Pisani, d'expliquer au saint-père « l'occasion » qu'il avait de « se plaindre et sentir offensé de ceux qui étoient cause des choses advenues à Paris, et particulièrement de son cousin de Guise[3] ». Il se déclare décidé, néanmoins, à poursuivre la guerre contre les hérétiques, pourvu que M. de Guise sorte de la ville de Paris et se retire en son gouvernement. Il dépêcha un envoyé extraordinaire à Philippe II pour réclamer contre la connivence de l'ambassadeur Mendoça et du gouvernement des Pays-Bas avec les ligueurs. Philippe répondit évasivement. Sixte V, qui avait déjà récemment exhorté, par un bref, le duc de Guise et ses amis à être fidèles au roi, fit une réponse favorable. Sixte V, à la vérité, jouait un jeu

---

1. *Excellent et libre discours sur l'estat présent de la France*, ap. *Preuves de la Satire Ménippée*, t. III, p. 84-159. Ce pamphlet, un des meilleurs de l'époque, est de Michel Hurault du Fay, petit-fils du chancelier de l'Hospital. Hurault, qui était protestant et chancelier du roi de Navarre, s'efforce de faire rougir Henri III de sa faiblesse et de le pousser dans l'alliance des huguenots. Son discours, où l'on remarque les portraits finement touchés des principaux chefs des divers partis, se termine par une apostrophe au duc de Guise, qui peut passer pour un morceau de la plus haute éloquence.

2. *Mém. de la Ligue*, t. II, p. 324-331.

3. Lettre du 18 mai, ap. *Revue rétrospective*, t. VI, p. 52.

double, car il ne répondit pas moins favorablement au cardinal de Bourbon et à Guise, qu'il traita de Machabée.

La peur que ne savait point cacher le roi, inspirait une confiance toujours croissante à Guise. Aussi s'empressa-t-il d'ouvrir les négociations. Dès le 15 mai, le parlement, à l'instigation de la reine mère, avait envoyé à Chartres des députés chargés de demander rémission à Henri III pour la ville de Paris. Le roi reçut bien les magistrats et leur déclara que, lorsque les Parisiens « useroient de soumissions et se reconnoîtroient », il était prêt à les recevoir et embrasser, « comme un bon roi ses sujets et un bon père ses enfants ». Les députations se succédèrent à la file : la chambre des comptes, la cour des aides, le clergé séculier, le clergé régulier, envoyèrent vers le roi, qui ne put s'empêcher de témoigner quelque aigreur au président de Neuilli, député de la cour des aides, quoique ce zélé ligueur, qui avait les larmes faciles, pleurât en prononçant sa harangue. Neuilli se vengea en propageant la Ligue à Chartres, sous les yeux du roi, qui n'eut pas le courage d'éclater. Beaucoup de ligueurs parisiens secondaient Neuilli et s'étaient introduits dans Chartres à la suite d'une étrange procession partie de Paris le 17 mai. C'étaient les capucins, les feuillants et les pénitents blancs, les « confrères » de Henri III, qui venaient prier le roi de se réconcilier avec sa bonne ville, en mémoire des mérites de la Passion de Jésus-Christ. A la tête de la procession marchait Henri de Joyeuse, comte du Bouchage, frère du feu duc de Joyeuse, qui avait pris l'habit de capucin sous le nom de frère Ange. Frère Ange, déguisé en Christ montant au Calvaire, semblait succomber sous le poids d'une croix de carton peint et, le visage barbouillé de rouge pour figurer le sang découlant de son front couronné de fausses épines, il se traînait sous les fouets des bourreaux qui feignaient de le frapper de toutes leurs forces. Deux jeunes capucins figuraient la Vierge et la Madeleine. Cette mascarade, renouvelée des Mystères, parut à bien des gens plus scandaleuse qu'édifiante et ne toucha pas beaucoup le roi, malgré son goût pour les spectacles de ce genre [1].

---

1. De Thou, t. VI, l. xc, p. 581. — L'Estoile, p. 255.

Les chefs de la Ligue étaient entrés en communication directe avec le roi. Le duc de Guise envoya, le 17 mai, à Henri III une lettre où il prenait le ton d'un fidèle sujet injustement soupçonné et prétendait avoir prouvé sa fidélité par la journée même des barricades. Le 24, arrivèrent à Chartres des députés du corps de ville de Paris, ayant à leur tête Maineville, le *factotum* de la Ligue, porteur d'une requête « adressée au roi par messieurs les cardinaux[1], princes, seigneurs et les députés de la ville de Paris et autres villes catholiques, associés et unis pour la défense de la religion[2] ». Les « associés » suppliaient le roi : 1° d'éloigner de sa personne et de priver de leur charge le duc d'Épernon et son frère, lieutenant-général du gouvernement de Provence, comme fauteurs d'hérétiques, perturbateurs « de tous les bons règlements et police de France » et dilapidateurs des finances[3]; 2° de marcher en personne contre les hérétiques de Guyenne et d'envoyer le duc de Mayenne contre ceux de Dauphiné, tandis que la reine mère maintiendrait Paris en repos durant l'absence du roi; 3° de laisser le droit de remontrances sur les édits aux cours souveraines; d'abolir les « partis » (la mise des impôts à ferme) et les acquits au comptant; 4° d'assurer les catholiques contre le danger de tomber sous la domination des hérétiques; 5° d'ôter au sieur d'O tout commandement dans la ville de Paris; d'approuver l'élection des nouveaux prévôt et échevins et de réformer les abus qui s'étaient introduits dans l'élection des conseillers de ville et des quarteniers[4]; 6° de re-

---

1. Le jeune cardinal de Vendôme, après quelques hésitations, avait suivi son oncle à Paris ; cependant sa signature ne se trouve pas sur la requête dans les registres de l'Hôtel de Ville; *Archives curieuses*, XI, 433.

2. Le *Bourgeois de Paris* (*Histoire de la Journée*, etc.) cite, à propos de cette députation, un fait curieux : c'est qu'un des Parisiens envoyés à Chartres aurait vu une lettre de Rome du 29 avril, annonçant à Villeroi que Paris serait pris par la Ligue et le roi arrêté avant le 16 mai.

3. Un des grands griefs du peuple contre d'Épernon, c'est qu'il s'était fait donner les profits de la gabelle du sel, devenue plus tyrannique qu'elle ne l'avait jamais été. *Mémoires* de Villeroi, anc. collect., t. LXI, p. 205.

4. On voit, par les termes de la requête, que la vénalité des charges s'était introduite jusque dans les fonctions municipales; le roi, contrairement aux droits électoraux de la bourgeoisie, en accordait la survivance. En 1585, il avait renouvelé arbitrairement tous les officiers des quartiers. On demande que ces fonctions redeviennent électives et temporaires et non plus viagères. *Mémoires de la Ligue*, t. II, p. 342-350.

venir à Paris, en éloignant de la capitale toutes les compagnies de gens de guerre d'au moins douze lieues.

Au moment où cette requête fut présentée, l'homme qu'on rendait responsable de tous les maux du pays, le duc d'Épernon, était auprès du roi : il était accouru de Normandie pour tâcher de décider Henri III à la résistance. Mais il dut bientôt reconnaître que son énergie hautaine fatiguait le faible monarque, et que Henri était peu disposé à s'associer plus longtemps à son impopularité. Le roi prit, comme de coutume, un moyen terme : il demanda au favori sa démission du gouvernement de Normandie, qui fut conféré au duc de Montpensier, ainsi que sa démission de l'amirauté, qui fut transmise à son frère Bernard de La Valette, et le laissa provisoirement en possession de ses autres offices. D'Épernon se retira au midi de la Loire, où il possédait les gouvernements d'Angoumois et de Saintonge. Ses troupes commirent, chemin faisant, des excès qui redoublèrent l'irritation publique contre lui.

Pendant ce temps, un maître des requêtes de l'hôtel allait porter au parlement la révocation de trente-six édits bursaux et la promesse royale de convoquer prochainement les États Généraux, « afin de réformer les abus et assurer l'héritage de la couronne à un prince catholique » (27 mai). Deux jours après, le roi fit une réponse directe à la requête de la Ligue : il y renvoie toutes choses aux États Généraux, dont il annonce la réunion pour le 15 septembre à Blois, et se déclare résolu d'observer inviolablement ce qui sera décidé « en iceux États Généraux ». L'ordonnance de convocation fut publiée le 31 mai [1].

Henri III avait donné, par ces mesures générales, une première satisfaction aux passions et aux intérêts populaires; mais il n'avait encore rien concédé en particulier au duc de Guise ni au corps de ville de Paris. Tout en se refusant à la lutte ouverte où le poussait d'Épernon, il ne semblait pas encore bien décidé à

---

[1]. Isambert, t. XIV, p. 613. Le principal motif allégué dans l'ordonnance est d'abolir les divisions entre les sujets et extirper si bien toutes hérésies, que les sujets du roi n'aient plus occasion de craindre changement, tant de son vivant qu'après sa mort. De Thou, t. IV, l. xci, p. 534-552. — L'Estoile, p. 255. — *Mém. de la Ligue*, t. II, p. 350-355.

subir les exigences des sujets audacieux qui l'avaient forcé de fuir de son Louvre. Il mandait la noblesse autour de lui ; il envoyait, dans les provinces, des commissaires chargés de disputer le terrain aux agents de Guise et des Seize, qui déployaient une activité incroyable pour entraîner toutes les villes dans l'alliance de Paris [1]. L'aspect des provinces était peu satisfaisant pour le roi : presque partout où se présentaient les chefs de la Ligue, le peuple des villes se soulevait en leur faveur. Le duc de Guise avait mis Paris à peu près à l'abri de tout danger de blocus, en se saisissant de la plupart des places de la Seine et de la Marne ; il venait encore de s'assurer de Meaux et de Château-Thierri ; il avait chassé les troupes royales de la ville de Melun ; à la vérité, le château tenait encore pour le roi. Le cardinal de Guise, homme d'action et de résolution, s'introduisit dans Troyes par surprise, malgré les magistrats municipaux, insurgea le menu peuple (10 juin) et fit élire un nouveau corps de ville à sa dévotion. Plusieurs autres villes de Champagne inclinaient au même parti. En Picardie, le duc de Nevers, qui, malgré ses correspondances suspectes avec les princes ligués, ne se sépara point du parti royal, maintenait à grand'peine Amiens, Abbeville, Péronne et les places voisines dans une apparente obéissance ; mais ces villes, qui avaient assuré les Parisiens de leur concours, étaient prêtes à éclater si les négociations se rompaient entre le roi et la Sainte-Union. Il n'y avait guère que Saint-Quentin, Boulogne et Calais qui fussent contraires à la Ligue. Le duc d'Aumale essaya de se venger, par la force ouverte, de la déconvenue qu'il avait essuyée l'année précédente à Boulogne ; il assiégea cette place ; mais la garnison de Calais secourut Boulogne et repoussa les ligueurs.

Le roi trouva quelque compensation à tant de défections dans les offres bienveillantes de Lyon et de Tours, qui l'invitèrent à venir s'établir dans leurs murs, moins par attachement à sa personne qu'à cause des avantages matériels que procurait le séjour

1. M. Capefigue (t. V, p. 20-26) cite les lettres du bureau de Paris aux villes de Montereau, Lagni, Corbeil, Lyon, Orléans, le Havre, Rouen, Troyes, Sens, Châlons, Reims, Amiens, Montdidier, Bourges, et les réponses favorables d'Amiens et d'Abbeville, extraites des registres de l'Hôtel de Ville de Paris, XII, p. 141-174, et des manuscrits de Béthune, vol. 8928, p. 70, et 8912, p. 71. Beaucoup d'autres villes répondirent avec le même empressement.

de la cour. Le roi ne pouvait rester à Chartres; ce n'était pas une position militaire ni politique d'une importance suffisante et d'ailleurs les habitants manifestaient des opinions ligueuses qui blessaient singulièrement le roi. Lyon était trop loin de Paris; Tours se rapprochait trop du Poitou et des huguenots; Henri eût préféré Orléans et avait repris sa négociation secrète avec le gouverneur d'Entragues. La négociation traîna. Henri résolut de passer en Normandie, après avoir fait pressentir, par l'historien de Thou, alors conseiller au parlement de Paris, et par un autre agent, le gouverneur, le parlement et le corps de ville de Rouen. Le roi entra dans Rouen le 11 juin. Il n'y fut pas mal reçu; mais on ne lui cacha pas que la majorité des habitants penchait vers la Ligue. La Normandie était fort divisée; Caen était *politique;* le Havre tenait pour la Ligue et Dieppe pour le roi. Le gouverneur du Havre, André de Brancas, seigneur de Villars, avait reçu récemment 30,000 écus des Parisiens pour fermer ses portes à d'Épernon [1].

Henri III ne chercha point à faire de Rouen un centre de résistance. Il passa son temps à voir des joutes sur l'eau et à faire des visites aux églises, « comme si le royaume eût joui de la paix la plus profonde [2] ». Avant d'entrer à Rouen, il s'était résigné à une concession décisive. Reconnaissant que tous les essais de transaction échoueraient tant qu'on ne satisferait pas Guise, il avait dépêché Villeroi à Paris, avec l'autorisation écrite d'accorder au duc la lieutenance-générale du royaume. Villeroi n'usa point de ce pouvoir en toute latitude et offrit seulement à Guise le commandement général des armées, qui serait annexé à sa charge de grand-maître. Guise n'insista pas, pour le moment, sur la lieutenance-générale : on lui accordait la chose sans le titre; mais il ne renonça pas au reste des prétentions de la Ligue. Villeroi reporta au roi l'ultimatum des princes ligués (15 juin). Les Parisiens, de leur côté, envoyèrent à Henri III une nouvelle députation, qui ajouta divers articles à la première requête de Paris : — que le bureau de la ville fût remis en possession de la police,

---

1. C'étaient les chartreux de Paris qui avaient prêté la somme. De Thou, t. IV, l. xci, p. 594.
2. De Thou, t. IV, l. xci, p. 601.

attribuée depuis longtemps aux officiers du Châtelet; que la Bastille fût laissée à la garde des bourgeois ou rasée; que tous les arrérages des rentes fussent payés; que le roi consentît à la déposition des quarteniers imposés à la ville en 1585. Le roi consentit quant à la police et aux rentes; il promit que la Bastille serait tenue « en conciergerie » et sans garnison; il céda encore quant au changement du prévôt et des échevins, mais il voulait que les quarteniers qu'il avait nommés fussent maintenus deux ou trois ans (5 juillet)[1].

On se passa de son consentement pour les déposer. Pendant que le roi discutait avec les députés de Paris, le bureau de la ville convoquait les quartiers et faisait élire tumultuairement de nouveaux colonels, capitaines et lieutenants. Les magistrats, les officiers royaux, qui occupaient les grades de la milice bourgeoise, furent presque universellement remplacés par des hommes de la petite bourgeoisie, des marchands, des taverniers, des artisans[2] (1er-4 juillet). La haute bourgeoisie s'irrita : il y eut des compagnies qui refusèrent le service aux nouveaux capitaines; le premier président, l'énergique Harlai, voulut mettre le parlement à la tête de la réaction et faire casser les élus de la Ligue. Le parlement n'osa soutenir son chef.

Comme le parlement, le roi plia. Le traité du roi et de la Ligue fut publié, sous forme d'édit, à Rouen le 19 juillet, à Paris le 21. Le roi, renouvelant le serment de son sacre, jurait d'employer toutes ses forces et sa vie même à la destruction des hérésies condamnées par les saints conciles, et principalement par celui de Trente, sans faire jamais paix ni trêve avec les hérétiques; il enjoignait à tous ses sujets de prêter le même serment et de jurer qu'après lui, ils n'obéiraient à aucun prince hérétique ou fauteur d'hérésie. Il unissait à lui les sujets ci-devant associés ensemble contre les hérétiques, prescrivait à tous de se départir de toutes unions et intelligences dedans et dehors le royaume et déclarait

---

1. *Mém.* de Nevers, t. I, p. 733-734.
2. L'Estoile, p. 258. — Pasquier (l. XII, let. 10) se plaint de ce qu'on avait fait voter ensemble toutes les dizaines ou compagnies de chaque quartier sur toutes les nominations du quartier, au lieu de faire voter chaque dizaine à part. Les Seize écartèrent ainsi les influences locales et s'emparèrent des élections.

rebelles et criminels de lèse-majesté les particuliers, les corporations, les villes, qui refuseraient de signer la « présente Union » ou s'en sépareraient après l'avoir signée ; il déclarait enfin éteints, assoupis et comme non avenus les troubles et divisions passés entre ses sujets catholiques et défendait de rechercher personne à cette occasion. Nul ne devait obtenir désormais un emploi quelconque sans un certificat de catholicité de son évêque ou de son curé [1].

Par des articles secrets qui complétaient l'édit d'Union, Henri s'engageait à envoyer deux armées contre les huguenots, l'une en Dauphiné sous Mayenne, l'autre en Poitou sous un chef à son choix. Il promettait de recevoir le concile de Trente, sans préjudice des droits de la couronne et des libertés gallicanes, qui seraient spécifiés et éclaircis sous trois mois par une assemblée de prélats et d'officiers du parlement. La restitution des places de sûreté accordées par le traité de Nemours était prorogée de quatre ans. Guise avait demandé impérieusement qu'on donnât aussi à la Ligue Orléans, Bourges et Montreuil-sur-Mer ; l'article qui concernait Orléans fut rédigé d'une façon équivoque. Valence et le Crotoi furent rendus à leurs gouverneurs ligueurs, que le roi avait dépossédés ; le lieutenant d'Épernon, à Boulogne, fut révoqué, pour s'être trop bien défendu contre le duc d'Aumale ; le roi, au contraire, promit de ne destituer aucun officier ligueur. Le roi promit de faire procéder sans exception à la vente des biens des huguenots et de leurs fauteurs (jusqu'alors on avait respecté les propriétés des Bourbons et des Montmorencis). Le roi ratifia les changements opérés dans les corps municipaux à Paris et ailleurs. La Ligue s'engagea à rendre la Bastille, promesse qu'elle ne tint pas [2].

Relativement à la destitution d'Épernon et de son frère, Guise voulut bien se contenter de promesses verbales. L'habile chef de la Ligue se garda bien de faire insérer dans le traité, ou même dans les articles secrets, le pouvoir général que le roi consentait à lui donner sur les armées. Il alla plus loin : lorsqu'on lui lut la minute de ce pouvoir, il fit grande difficulté de le recevoir ; il pria

1. *Mém. de la Ligue*, t. II, p. 367-373.
2. *Mém.* de Nevers, t. I, p. 725-729.

le roi de se contenter de ses services de grand-maître : Henri III fut obligé de le prier d'accepter. Les lettres qui donnaient à Guise l'autorité, sinon le titre de connétable de France, furent expédiées le 4 août[1].

Il ne restait plus à Henri III qu'un dernier pas à faire, c'était de rentrer au Louvre et de se remettre à la discrétion des *barricadeurs*. La reine mère, que la terrible expérience du 12 mai n'avait pas corrigée de ses penchants lorrains, seconda vivement les instances du parlement et des nouveaux chefs du corps de ville ; Henri ne céda pas sur ce point et retourna de Rouen à Chartres, sous prétexte de se préparer pour l'ouverture des États Généraux. Il adoucit son refus en faisant le meilleur accueil au cardinal de Bourbon, au duc de Guise, aux prévôt et échevins de Paris, qui le vinrent trouver à Chartres. L'archevêque de Lyon, d'Espinac, qu'on appelait *l'intellect* et l'âme de la Ligue, et qui avait tout récemment lancé un libelle terrible à la fois contre Épernon et contre le roi[2], entra au conseil privé, et le roi lui laissa entrevoir les sceaux en perspective[3] : Maineville fut admis

---

1. *Mémoires* de Villeroi, anc. collect., t. LXI, p. 240. — *Mémoires* de Nevers, t. I, p. 729.

2. Le *Gaverston*. Du moins on le lui attribua (juillet). C'était une allusion aux tragiques aventures d'Édouard II, roi d'Angleterre, et de son favori *Gaverston* (Gaveston). Épernon répondit par un autre pamphlet, l'*Anti-Gaverston*, contre l'archevêque de Lyon et le duc de Guise.

3. On a conservé un bien curieux mémoire adressé par d'Espinac au duc de Guise, avant que tous deux fussent revenus à la cour. Le prélat trace au duc un plan de conduite pour disposer les affaires au « bien de l'État et à son propre avancement ». L'engage à faire en sorte que tous les courtisans et ministres dépendent de lui seul, et en même temps à ménager le roi, à le tenir entre l'amour et la crainte : « Persuadez-lui que vous avez tant de puissance, qu'il ne vous peut détruire, et, en même temps, que vous ne voulez abuser de votre pouvoir. Il faut empêcher les petites entreprises qui irritent plus qu'elles ne servent ; profiter du bon vouloir de Villeroi ; caresser les deux nouveaux favoris, Bellegarde et Loignac ; se maintenir politiquement entre le roi et la reine mère ; ne pas s'en tenir à la lettre du pouvoir que le roi donnera au duc. » Ici d'Espinac rappelle comment, Charles Martel étant parvenu à la dignité de maire du palais, cette dignité lui servit d'échelle et de degré pour se faire, de simple particulier, prince et duc de France, lequel depuis laissa des enfants rois. « Tâchez que le roi vous donne maintenant le pouvoir de connétable sans le nom, puis on tâchera que les États requièrent que le nom vous soit donné ; ce qui vous sera beaucoup plus honorable et plus utile que si le roi vous donnait à présent la charge avec le nom. » Cette pièce donne une haute idée de l'habileté politique de d'Espinac. On a jeté quelques doutes sur son authenticité, parce qu'elle fut publiée par les royalistes après la mort de Guise et l'arrestation de d'Espinac ; cependant elle a un

au conseil d'état; La Châtre devint maréchal de camp des armées françaises en titre d'office; le roi promit au cardinal de Guise de lui procurer la légation d'Avignon, et au duc de Nemours, frère utérin de Guise, de lui donner le gouvernement du Lyonnais. Des lettres patentes du 17 août accordèrent au cardinal de Bourbon, en qualité de plus proche parent du roi, le droit de créer un maître de chaque métier dans chaque ville du royaume, et aux officiers et domestiques du cardinal tous les priviléges dont jouissaient les officiers et domestiques du roi. Henri, sauf quelques boutades qui lui échappaient de temps à autre contre les *barricadeurs*, semblait résigné à sa sujétion. Un incident étrange accrut la confiance des ligueurs. La reine mère et Villeroi, fidèles à leur haine contre Épernon [1], firent craindre au roi que ce favori disgracié ne cherchât à se venger en jouant dans les provinces poitevines le même rôle que Henri de Montmorenci en Languedoc. Le roi expédia aux autorités d'Angoulême défense de recevoir Épernon dans cette ville, où il paraissait avoir l'intention de se cantonner. Il était trop tard : Épernon était dans Angoulême. Le maire de la ville, zélé catholique, sollicita secrètement un ordre d'expulser le duc; le roi autorisa non-seulement l'expulsion, mais l'arrestation d'Épernon. Henri voulait contraindre Épernon, par ce moyen un peu acerbe, à renoncer à tout autre gouvernement que celui de Provence. Le maire Normand, fort de la complicité du roi, s'introduisit, le 10 août, dans le château d'Angoulême, à la tête d'une bande de ligueurs, et massacra plusieurs des serviteurs du duc dans son antichambre. Épernon et le reste de ses gens sautèrent sur leurs armes, tuèrent le maire et s'emparèrent de ses compagnons; mais, pendant ce temps, le peuple de la ville se soulevait et assaillait le château avec furie. Épernon et ses gens se battirent trente heures sans boire ni manger. Le lieutenant d'Épernon accourut de Saintes à son secours; la noblesse ligueuse d'Angoumois arrivait de son côté; enfin un gros corps de protestants s'avançait du Poitou, sur l'ordre du roi de

grand caractère de vraisemblance et l'on peut croire qu'elle fut, ainsi que le dirent les royalistes, trouvée dans les papiers de Guise. Elle est insérée dans le t. II des *Mémoires* de Villeroi, 1re édit.

1. Épernon, en plein conseil, devant le roi, avait traité Villeroi de « petit coquin » et l'avait menacé de cent coups d'éperon.

Navarre, qui venait de reprendre Marans. Les bourgeois d'Angoulême, craignant de voir leur ville mise au pillage, traitèrent avec Épernon et reconnurent son autorité, à condition qu'il n'introduirait pas de garnison dans la place. Épernon, qui était en correspondance secrète avec le roi de Navarre depuis le mois de mai, différa toutefois encore de se déclarer l'allié des huguenots et son frère La Valette leva le masque avant lui. La Valette, sur la nouvelle de l'arrivée prochaine de Mayenne en Dauphiné, s'unit à Lesdiguières, lieutenant-général du roi de Navarre (13 août). Avant ce traité, le parlement d'Aix s'était déjà uni contre La Valette aux ligueurs provençaux et à leur chef de Vins. Peu de jours après le traité, un des consuls de Marseille se fit massacrer en essayant de défendre la cause de La Valette. Le roi se laissa extorquer la destitution de ce lieutenant-général [1].

Des événements d'une bien autre importance se passaient en ce moment à quelques lieues de nos frontières. La France et la chrétienté tout entière attendaient avec anxiété l'issue de la lutte engagée entre l'Angleterre et l'Espagne. La terreur des immenses armements de Philippe II n'avait pas peu contribué à arracher à Henri III l'édit d'Union : Henri avait craint que les Espagnols ne tournassent contre lui les armes préparées contre Élisabeth. Les préparatifs de Philippe II avaient été enfin terminés, tant en Espagne qu'en Flandre, dans le cours du printemps : le duc de Parme avait rassemblé dans les ports et les canaux de la Flandre plus de trente mille combattants et une multitude de bateaux plats destinés à transporter cette armée en Angleterre : vingt mille autres soldats furent embarqués sur la grande flotte qui s'était réunie dans l'embouchure du Tage et qui devait opérer sa jonction avec le duc de Parme. Cette armée de mer (*Armada*), qu'on nommait d'avance *l'invincible* et qui avait coûté trois à quatre années et 36 millions à Philippe II [2], sortit du port de Lisbonne

---

1. De Thou, t. IV, l. xci-xcii, p. 610-623. — *Mém.* de Villeroi, p. 244. — Bouche, *Histoire de Provence*, t. II, p. 706.

2. De Thou, t. IV, l. lxxxix, p. 538, d'après le témoignage de Bernardino de Mendoça. Cela dépassait presque de moitié un budget de la France d'alors. Ces 36 millions valaient 108 millions de notre monnaie, représentant une valeur relative plus que triple, au moins 350 millions! Philippe avait épuisé par cet effort immense les ressources de la monarchie portugaise, sa nouvelle conquête.

le 29 mai : c'était la plus puissante qu'on eût jamais vue dans le monde et l'on avait dévoré, pour la former, le présent et l'avenir ; elle comptait près de cent cinquante voiles, tant galions que galéasses, galères, ourques, caravelles[1], et portait huit mille matelots, sans les rameurs, avec deux mille six cents canons et des munitions innombrables. La plupart des galions et des galéasses étaient d'une dimension énorme pour l'époque. La noblesse espagnole s'était embarquée en foule, et l'Église, pour qui l'on allait combattre, était représentée à bord par un vicaire-général de l'inquisition, escorté de cent soixante-dix jésuites, dominicains et autres moines mendiants. Le proscrit William Allen, fondateur du fameux séminaire anglais de Reims et récemment élevé au cardinalat par Sixte V, se tenait prêt à passer en Flandre et de là en Angleterre comme légat du pape, à la première nouvelle de la descente des Espagnols ; Sixte V, un peu à contre-cœur, avait promis un million de ducats pour sa part des frais de l'expédition et Philippe II devait tenir le royaume d'Angleterre à foi et hommage du saint-siége.

Jamais l'Angleterre ne courut un si grand péril. La prudence d'Élisabeth avait été déçue, pendant les premiers mois de 1588, par de vains semblants de négociation : à force d'avoir attendu l'ennemi, on ne l'attendait plus. Rien n'était prêt : « pas un seul homme n'était levé sur le sol de l'Angleterre[2]. » Si le débarquement s'opérait, elle était perdue ; les flottes, qui seules pouvaient faire obstacle au débarquement, n'étaient pas encore formées.

Les vents et les flots vinrent au secours des fils de l'Océan. Dès les premiers jours de juin, un ouragan maltraita, dispersa *l'armada* le long des côtes septentrionales de l'Espagne et la força de se rallier péniblement dans le port de la Corogne. Trois galères portugaises ayant été poussées jusqu'à la Teste de Buch, les forçats, bizarre mélange de captifs anglais, français et turcs, se révoltèrent,

---

1. Les galéasses étaient de grandes galères armées de canons des deux côtés, entre les bancs des rameurs, tandis que les autres galères n'avaient d'artillerie qu'à la poupe et à la proue. Les galions ne différaient des vaisseaux à voiles ordinaires que par leurs vastes proportions. Les principaux étaient de 1,100 à 1,300 tonneaux ; il y en avait plus de soixante. *V.* la liste dans les *Mémoires de la Ligue*, t. III, p. 60.
2. Mignet, *Marie Stuart*, t. II, p. 399.

jetèrent les équipages à la mer et vinrent chercher sur la terre de France un asile et la liberté.

L'armada ne remit à la voile que le 21 juillet ; *l'armada* n'était plus commandée par le chef qui l'avait organisée, le vainqueur de Terceire, l'habile et cruel Santa-Cruz, que l'ingratitude de Philippe II avait poussé au tombeau [1] : Philippe avait remplacé Santa-Cruz par un grand seigneur sans expérience de la mer, le duc de Medina-Sidonia. Il lui avait ordonné d'éviter tout engagement durant la traversée de la Manche, de longer les côtes de France et d'aller droit en Flandre chercher l'armée du duc de Parme pour la porter dans la Tamise. L'Angleterre avait bien employé le délai que lui valait la tempête ; sur terre et sur mer, elle se levait en masse ; Élisabeth avait ordonné l'enrôlement de tous les hommes de 18 à 60 ans et la formation de deux armées de terre formant ensemble près de 70,000 combattants ; elle avait appelé toute la marine marchande autour de la faible marine royale et porté ainsi la flotte de trente à cent quatre-vingt-dix voiles, mais pour la plupart d'un bien faible tonnage [2]. Le point décisif était la jonction des deux armées de débarquement ; car, si les 50,000 soldats de Philippe II étaient une fois réunis et débarqués sous le duc de Parme, les nouvelles levées d'Élisabeth pouvaient être considérées d'avance comme anéanties. L'amiral anglais, Howard d'Effingham, attendit *l'armada* à Plymouth, à l'entrée de la Manche, avec le gros de ses forces, et détacha une escadre pour joindre les flottes de Hollande et de Zélande sur la côte de Flandre et y bloquer l'armement du duc de Parme. Les Neerlandais, plus clairvoyants qu'Élisabeth, avaient été prêts bien avant les Anglais.

Medina s'écarta de sa route, sur l'espoir de surprendre la flotte anglaise dans le port de Plymouth. Quand il vit les Anglais en rade et sur leurs gardes, malgré les supplications de ses

---

1. Philippe II lui avait reproché si durement la lenteur de l'armement de sa flotte, que Santa-Cruz, épuisé par les fatigues de ces immenses préparatifs, en était mort de chagrin. Strada, t. II, l. ix, p. 653.

2. Suivant Hume, c. xliv, il n'y avait pas quatre des vaisseaux fournis par le commerce qui dépassassent 400 tonneaux. Il prétend que toute la marine anglaise consistait alors en quatorze mille deux cent quatre-vingt-treize matelots. C'est difficile à croire.

lieutenants, malgré l'avantage du vent combiné avec la grande supériorité des forces, il n'osa livrer contre ses instructions une bataille rangée et reprit la direction du Pas de Calais. Cette fausse manœuvre eut des suites incalculables. L'amiral anglais prit le dessus du vent et poursuivit hardiment les Espagnols : il avait pour lieutenants les premiers marins du monde, les Drake, les Hawkins, les Forbisher. Durant toute une semaine, les légers navires des Anglais, profitant avec habileté de tous les accidents des vents et de la mer, harcelèrent sans relâche les pesants galions, citadelles flottantes aussi magnifiques à voir qu'incapables de manœuvrer. Deux de ces lourds colosses, les galions amiraux d'Andalousie et de Guipuscoa, coupés d'avec leurs escadres, furent pris ou brûlés : un galion de Biscaye, le *Calvados*, vint se briser sur des rochers de la côte de Normandie, qui ont gardé son nom. L'amiral espagnol, surpris par un calme, jeta l'ancre le 6 août à la hauteur de Calais, espérant que le duc de Parme allait le joindre avec ses bateaux plats réunis à Dunkerque et à Nieuport ; déjà les 30,000 soldats du duc étaient sur les bateaux. Dans la nuit du 8 au 9 août, les Anglais lancèrent sur *l'armada* huit navires convertis en brûlots. A cet aspect, les Espagnols, croyant revoir les machines infernales du siége d'Anvers, lèvent l'ancre, s'entre-heurtent dans les ténèbres et gagnent la haute mer dans un désordre que vient combler une nouvelle tempête. La galéasse capitane de Naples s'échoue sur la côte près de Calais[1] ; plusieurs autres bâtiments sont coulés par les Anglais ou par les Hollandais.

La descente était manquée : le retour en Espagne, par la Manche, en présence des flottes ennemies animées par le succès, parut trop dangereux à l'amiral espagnol et à ses lieutenants. Ils s'abandonnèrent au vent qui les poussait vers le nord et résolurent de tourner les Iles Britanniques. Les Anglais, habiles ou heureux

---

1. Le gouverneur de Calais envoya au roi, à Chartres, deux ou trois cents forçats turcs et barbaresques échappés des bancs de ce navire. L'ambassadeur d'Espagne, appuyé par le duc de Guise, demandait qu'on lui rendît les captifs de son maître ; mais le duc de Nevers et le maréchal de Biron prirent parti pour ces pauvres gens, qui s'étaient agenouillés sur les degrés de la cathédrale de Chartres et qui crièrent : *Misericordia!* au roi, quand il passa pour aller à la messe. Le conseil du roi décida qu'ils avaient acquis la liberté en touchant la terre de France et qu'on les renverrait à Constantinople. P. Cayet, *Introduction*, p. 162.

jusqu'à la fin, ne s'opiniâtrèrent point à poursuivre l'ennemi dans les mers du nord et évitèrent l'effroyable tourmente qui acheva le désastre des Espagnols entre les Orcades et les îles Feroë. Les rochers des Hébrides et les plages d'Irlande furent couverts des débris de *l'armada :* la fleur de la jeunesse espagnole demeura ensevelie sous les flots ou captive des *hérétiques ;* plus de la moitié de la flotte (80 vaisseaux et 16,000 hommes) avait péri ; le reste regagna, dans un état déplorable, les ports de Galice ou de Biscaye. Le protestantisme jeta par toute l'Europe un long cri d'allégresse : « Dieu lui-même, » s'écriaient les réformés, « a combattu pour son Évangile[1] ! » Philippe II eut la force de refouler dans son âme l'impression que lui causèrent ces terribles nouvelles : sa face de bronze ne s'émut point et il dit seulement qu'il remerciait Dieu de l'avoir fait assez puissant pour pouvoir réparer cette perte[2].

L'Europe ne crut pas une telle perte réparable et la question de la monarchie européenne parut décidée contre Philippe II, comme elle l'avait été contre son père Charles-Quint[3].

Les ligueurs fanatiques partagèrent la consternation de l'Espagne : le sentiment des hommes d'État du parti fut plus complexe : Guise avait trop compris que le succès de Philippe II ferait de lui un esclave : déjà Philippe, ainsi qu'en 1585, avait traité comme une trahison l'accommodement de la Ligue avec le roi et, dans sa colère de la renonciation nominale des ligueurs aux alliances étrangères, il avait été jusqu'à offrir du secours à

---

1. Les marins anglais assurèrent avoir trouvé, dans les vaisseaux capturés ou échoués, de nombreux instruments de torture, ce qui n'a rien d'invraisemblable ; ils portèrent au comble l'exaltation du peuple en prétendant avoir tiré de leurs prisonniers l'aveu que les Espagnols avaient ordre de tuer tous les habitants de l'Angleterre, hommes et femmes, au-dessus de l'âge de sept ans, et de marquer les enfants au visage pour les faire esclaves. Dans la fièvre de la victoire qui succédait à la fièvre de la terreur, l'Angleterre crut tout, le réel et l'impossible. V. *Mém. de la Ligue,* t. II, p. 441.

2. Sur ces événements, V. *Mémoires de la Ligue,* t. II, p. 402-456 ; III, p. 60-96. — De Thou, t. IV, l. XCIX, p. 532-539. — Hume, c. XLIV. — Lingard, t. VIII, p. 360-379. — Southey, *Lives of the British Admirals,* t. II, p. 350-368. — Bentivoglio, l. XIV.

3. « Philippe II ne put pas reprendre le dessein auquel il avait travaillé cinq ans, réfléchi dix-huit, et qui avait échoué en quelques jours. » Mignet, *Marie Stuart,* t. II, p. 410.

Henri III (26 juillet)[1]. Dès qu'il sut la catastrophe de sa flotte, il se hâta de se rapprocher de Guise. Celui-ci ranima le cœur de son parti et ne vit dans la défaite de son trop puissant protecteur qu'un motif de poursuivre avec plus d'âpreté les conséquences de sa victoire, qui lui seraient sans doute maintenant un peu plus disputées.

Henri III cacha la joie que lui causa le désastre des Espagnols et continua d'employer envers les chefs de la Ligue les manières les plus amicales. Philippe II avertit Guise avec instance de se tenir sur ses gardes.

Le 1er septembre, le roi, la cour et le duc de Guise s'installèrent au château de Blois. Quelques jours après, le roi, sans consulter personne, renvoya brusquement ses ministres, Cheverni et Bellièvre, Villeroi et les trois autres secrétaires d'État, et les remplaça par des personnages jusqu'alors entièrement étrangers aux affaires publiques. Le nouveau garde des sceaux, Montholon, simple avocat au parlement de Paris[2], ne connaissait point Henri III et, la première fois qu'il se présenta pour exercer sa charge, voyant Henri entre deux courtisans, il demanda lequel des trois était le roi. Henri avait choisi des hommes sans antécédents politiques et sans relations à la cour, afin de rompre la chaîne dans laquelle sa mère l'avait enlacé. Ce changement soudain donna beaucoup à penser; mais le but n'en fut pas généralement compris : plusieurs historiens (Mathieu, Cayet, d'Aubigné) imputent à la Ligue ce qui fut fait en haine de la Ligue[3]. De Thou attribue le choix de Montholon aux conseils du duc de Nevers, qui, jaloux de la haute fortune de Guise, excitait secrètement Henri III contre l'ambitieux chef de la Ligue. Henri venait d'appeler Nevers à la tête de l'armée de Poitou, que Guise, désireux d'assister aux États Généraux, ne s'était pas soucié de com-

---

1. Michelet, p. 266.
2. Son père avait été garde des sceaux sous François Ier et lui avait légué un renom de vertu qu'il portait dignement. Quand Montholon plaidait, jamais la cour ne recourait aux pièces pour vérifier son dire. Isambert, t. XIII, p. 625.
3. Villeroi, quelques semaines avant sa disgrâce, avait adressé au roi de Navarre un mémoire dans lequel il le pressait de revenir au catholicisme : cette pièce prouve que ni Villeroi ni ses collègues ne conspiraient en faveur de la maison de Lorraine, quelles qu'eussent été leurs faiblesses et leurs concessions. V. les pièces à la suite de L'Estoile, édit. de 1744, t. III, p. 349.

mander. Les Lorrains avaient intérêt à tirer Nevers de son gouvernement de Picardie, afin de travailler plus librement à s'acquérir cette grande province : Nevers n'accepta qu'à regret la conduite d'une guerre dont le fardeau serait pour lui et le profit pour Guise. Il n'entra en campagne qu'au mois de novembre. Mayenne, chargé de la guerre de Dauphiné, n'arma de son côté que fort lentement dans l'Est et les protestants eurent à peu près tout le reste de l'année pour se reconnaître.

Les États Généraux étaient en ce moment, bien plus que la guerre, la grande affaire de la Ligue. Les Seize attendaient de cette assemblée la réalisation de leurs plans démocratiques et avaient envoyé à toutes les villes ligueuses des articles « à proposer aux États et faire passer en loi fondamentale du royaume ». Ils voulaient que les rois n'usassent de l'autorité royale qu'après leur sacre; que l'autorité des rois fût contenue dans de justes bornes par la surveillance des États Généraux, « desquels procède le pouvoir royal »; que la guerre, ni la paix, ni aucune levée de deniers, ne se pût faire sans l'aveu des États; que tous les dons et pensions accordés par le roi fussent validés ou invalidés par les États; qu'il y eût en chaque cour souveraine une chambre élue par les États, qui recevrait les plaintes du peuple et jugerait les contraventions aux ordonnances des États[1]. Le parti du roi était découragé et désorganisé par l'édit d'Union. La Ligue remporta dans les élections une victoire presque complète. Les noms des élus de Paris n'avaient pas besoin de commentaire : c'étaient les curés Cueuilli et Julien Pelletier, le prévôt La Chapelle-Marteau et son beau-père le président de Neuilli, l'échevin Compans, Anroux, du conseil des Seize, et le pamphlétaire Louis d'Orléans. Les principaux ligueurs des provinces[2] figuraient à côté des Seize de Paris. Parmi les députés de la noblesse, on remarque les noms de Brissac et de Bois-Dauphin, deux colonels des Barricades; parmi le clergé, les noms

---

1. P. Cayet, *Introd.*, p. 63.
2. Le journal d'un d'eux, l'avocat Bernard, de Dijon, est le monument le plus intéressant que nous ayons sur les États de 1588. V. les deux recueils des *États Généraux*, t. IV-V, et t. XIV-XV. — On remarque, dans la liste générale des députés du Tiers, que les avocats comptent presque pour moitié; le reste se compose d'officiers royaux ou municipaux.

de Claude de Saintes, évêque d'Évreux, et d'Aimar Hennequin, évêque de Rennes, membre de la riche et fanatique famille des Hennequins de Paris. Les noms *politiques* sont rares; on n'en peut guère citer de notables que le sieur de Beauvais-Nangis, le sieur de Maintenon, de la maison d'Angennes, et le jurisconsulte Gui Coquille.

Les députés des trois ordres, réunis à Blois, commencèrent leurs opérations préparatoires le 16 septembre. Les passions qui fermentaient dans l'assemblée se trahirent dès les premiers jours. Les trois ordres s'émurent à la nouvelle de l'arrivée prochaine du comte de Soissons, qui, dans l'intervalle des barricades à l'édit d'Union, avait quitté le roi de Navarre pour venir offrir ses services à Henri III[1] et avait obtenu du roi des lettres d'abolition pour sa révolte. Quoique Soissons se fût soumis à demander au pape l'absolution du péché qu'il avait commis en s'alliant aux hérétiques, les Seize avaient empêché, par une émeute, le parlement d'enregistrer les lettres d'abolition. L'assemblée de Blois ne paraissait guère mieux disposée. Le clergé dépêcha au Tiers État l'évêque de Rennes, qui, dans une fougueuse harangue, s'efforça de prouver qu'on ne devait pas souffrir la présence du comte ni de son frère Conti aux États. Cette résolution extrême ne fut point cependant adoptée par le Tiers : après quelque hésitation, cinq bureaux sur neuf la repoussèrent[2] et ne voulurent pas se montrer plus catholiques que le pape, qui avait accordé l'absolution à Soissons. La noblesse agit de même (24 septembre). C'était un léger échec pour le duc de Guise, qui avait espéré se débarrasser définitivement de la branche de Condé. La conduite des trois ordres prouva bientôt qu'ils n'en étaient pas plus disposés à fléchir devant le roi. Ils adressèrent à Henri III d'énergiques remon-

---

1. Il s'était séparé, en fort mauvaise intelligence, du roi de Navarre, qui lui avait refusé sa sœur; le Béarnais avait soupçonné son cousin, probablement avec raison, d'un plan machiavélique. Soissons, en épousant la princesse de Navarre, comptait ramener sa femme au catholicisme et lui faire adjuger les domaines qui seraient confisqués sur son beau-frère hérétique. *OEconomies royales*, t. I, p. 66.

2. On se rappelle que chaque ordre avait coutume de se diviser en douze bureaux correspondants aux douze grands gouvernements de France. Les députés des trois gouvernements de Languedoc, Provence et Dauphiné n'étaient point encore arrivés. La représentation de ces trois provinces, ainsi que de la Guyenne et des pays poitevins, fut fort incomplète.

trances contre sa prétention de s'immiscer dans la vérification des pouvoirs et revendiquèrent le droit exclusif de décider sur les élections contestées (30 septembre — 1ᵉʳ octobre).

Le 2 octobre, le roi et les trois ordres assistèrent à une solennelle procession du saint sacrement. Le lendemain, les trois ordres nommèrent leurs présidents; les cardinaux de Bourbon et de Guise, qui avaient été élus députés, l'un à Rouen, l'autre à Reims, furent choisis pour présidents du clergé. La noblesse élut le comte de Brissac, le héros des barricades, et le baron de Magnac; le prévôt des marchands, La Chapelle-Marteau, fut choisi par le Tiers État.

Les trois ordres, à peine constitués, furent ramenés, par la question des élections contestées, à la question plus générale de l'autorité des États, et les opinions les plus hardies se produisirent en toute liberté dans les discussions des bureaux. Les théories républicaines de la *Gaule françoise*, que Louis d'Orléans condamnait encore deux ans auparavant, dans son *Catholique anglois*, avaient gagné du terrain sur les théories monarchiques du livre de la *République*. On disait hautement, surtout parmi les députés de la bourgeoisie, que la souveraineté appartenait aux États, non au roi; qu'il fallait procéder par résolutions, non par supplications; que le roi n'était « que comme président des États, lesquels ont tout pouvoir [1] ». La majorité n'alla pas si loin; mais elle décida qu'après la séance d'ouverture et préalablement à la rédaction des cahiers généraux, « le roi seroit supplié d'homologuer ce qui seroit fait, conclu et arrêté par les États comme loi fondamentale de son royaume [2] » (6 octobre).

C'était le renouvellement de la requête qu'avaient présentée, mais que n'avaient osé soutenir les États de 1576. La solution théorique de la question de l'autorité des États fut tenue comme en suspens jusqu'à la réponse du roi.

En attendant, les trois ordres se mirent à juger les élections contestées, que le conseil du roi jugeait de son côté, et requirent

---

1. Pasquier, t. II, col. 361. — *Mém.* de Cheverni, p. 190. — P. Cayet, *Introd.*, p. 76.

2. *Procès-verbal du Tiers État*, p. 108; ap. *Recueil des pièces originales concernant la tenue des États Généraux*, etc., t. IV; Paris; Barrois aîné, 1788.

le roi de révoquer préalablement les plus récentes crues d'impôts et créations d'offices, ainsi que de suspendre le renouvellement du bail de la gabelle, dans lequel on avait découvert des abus énormes [1] ; puis le clergé proposa aux autres ordres d'inviter le roi à réitérer le serment de l'édit d'Union dans la séance royale d'ouverture, afin que ce serment, répété par les trois ordres réunis, érigeât l'édit d'Union en loi fondamentale. Le Tiers État s'empressa d'adhérer à cette requête; la noblesse hésita. La prépondérance qu'acquerrait l'élément municipal dans la Ligue commençait à inquiéter les gentilshommes; plusieurs députés nobles manifestaient la crainte de voir « leurs biens et leurs vies réduits à la puissance et disposition des villes, sous le prétexte d'union [2]. Le Tiers État envoya des députés déclarer à la noblesse qu'il ne désirait « en rien diminuer ses droits et immunités », et la majorité de l'ordre nobiliaire consentit à se joindre aux deux autres ordres, sauf à se contenter de faire prêter serment aux députés, s'il ne plaisait au roi de jurer derechef avec eux. Quel chemin en arrière avait fait le Tiers État depuis les patriotiques et libérales assemblées de 1560 et 1561! En 1576, il résistait encore à l'esprit de persécution dont la noblesse subissait la loi; maintenant c'est lui qui pèse sur la noblesse du poids d'une démagogie fanatique!

Le roi, qui avait cédé sur les crues d'impôts et sur la ferme de la gabelle, se refusa d'abord avec vivacité au nouveau serment qu'on exigeait de lui, et prétendit que c'était « révoquer en doute sa prudhommie. » Le clergé et le Tiers État insistèrent opiniâtrément et résolurent « de demander congé si Sa Majesté ne les vouloit recevoir au serment requis.[3] » Henri III plia : il promit de jurer et faire jurer solennellement l'édit d'Union, non point le jour

---

1. *V.* la *Descouverture des deniers salés, dédiée au roi et à messieurs des Estats*; Paris, 1588 (réimprimé ap. *Archives curieuses*, XI, 49). Les auteurs de cette brochure, dont l'un est un président, avancent, d'après des chiffres établis sur des comptes officiels, que le fermier du sel lève annuellement, depuis 1585, 1,636,000 écus, dont 800,000 seulement entrent dans les coffres de l'État. Ceci explique comment se formaient les monstrueuses fortunes de ces *partisans* italiens tant maudits du peuple, les Adiaceti, les Ruccellaï, les Zamet, les Scipion Sardini. Le peuple appelait ce dernier *Scorpion Serre-Deniers*.

2. *Journal* de M. de Guyencourt, député de la noblesse de Paris; ap. *Recueil des États Généraux*, t. IV, p. 124.

3. *Journal* de Bernard, p. 520.

de l'ouverture des États, mais dans une seconde séance royale qui suivrait immédiatement la première.

La séance d'ouverture eut lieu le 16 octobre. Le dimanche précédent (9 octobre), tous les députés avaient fait acte de catholicisme en recevant la communion des mains du cardinal de Bourbon, dans l'église des Jacobins de Blois. La séance royale se tint, comme en 1576, dans la grande salle du château. Trois Bourbons, le cardinal de Vendôme, le comte de Soissons et le duc de Montpensier, siégeaient à côté du roi ; le vieux cardinal de Bourbon était malade et le prince de Conti, qui n'avait pas voulu, comme son frère Soissons, implorer le pardon du Saint-Père, protestait par son absence. Les Bourbons semblaient n'assister à cette cérémonie que pour orner le triomphe de la Ligue et du duc de Guise, qui, assis devant le roi en sa qualité de grand-maître, « perçoit de ses yeux toute l'épaisseur de l'assemblée pour reconnoître et distinguer ses serviteurs et leur dire, sans parler : « Je vous vois [1] ! » L'assemblée, plus nombreuse qu'en 1576, comptait cent trente-quatre députés du clergé, cent quatre de la noblesse et cent quatre-vingt-onze du Tiers État ; plusieurs arrivèrent encore après la séance.

Henri III s'était préparé à un dernier effort pour se faire accepter comme chef par la Sainte-Union et pour disputer à Guise les débris du pouvoir royal. Il ouvrit la session des États par une harangue rédigée avec beaucoup d'art [2] et prononcée avec cette élégance et cette dignité innées qu'il retrouvait dans les occasions d'éclat. Il déclara qu'il avait entrepris la réforme et la restauration générale de son État, et invita l'assemblée à seconder cette œuvre sainte et à l'aider à relever son autorité « injustement abaissée. » Il avoua ses fautes passées, promit plus d'ordre et de vigilance pour l'avenir, s'engagea d'observer inviolablement les ordonnances qu'il aurait arrêtées de concert avec les États, renouvela les protestations accoutumées de haine contre l'hérésie et annonça la cérémonie de la prestation du serment pour le sur-

---

1. *Cérémonial français*, t. II, p. 322 et suiv., d'après Mathieu. C'est par erreur que de Thou fait assister le prince de Conti à la séance.

2. Elle était, dit-on, l'ouvrage de Jacques Davi Duperron, depuis cardinal, un des hommes les plus spirituels de ce temps. D'Aubigné, part. II, col. 175.

lendemain. En se justifiant, il attaqua : il se félicita de n'avoir point à rougir de brigues et menées contraires à la vraie liberté des élections ; il rejeta le retard qu'éprouvait la réformation du royaume sur les troubles commencés en l'an 1585 et annonça que la religion nouvelle eût été déjà, par ses soins, « tout à fait exterminée de la France, » s'il n'eût été « prévenu et empêché par l'ambition démesurée de quelques-uns de ses sujets [1] ». Ses paroles, fortement accentuées, tombaient d'aplomb sur la tête de Guise, assis presque à ses pieds. Il ajouta qu'il voulait bien mettre tout le passé en oubli, mais que dorenavant toutes lignes particulières, associations, intelligences, levées d'hommes et d'argent et « réception d'icelui » (d'argent), tant dehors du royaume que dedans, faites en dehors de l'Union générale des catholiques sanctionnée par son édit, seraient traitées en crimes de lèse-majesté. Il termina par une apostrophe éloquente aux trois ordres, les rendant responsables du salut de l'État devant Dieu et devant les hommes, s'ils ne secondaient loyalement, sans arrière-pensée, ses bonnes intentions.

Les orateurs des trois ordres adressèrent au roi les remerciements officiels préparés à l'avance ; mais la Ligue ne resta pas sous le coup des reproches du roi. Le lendemain, Guise et ses amis dépêchèrent à Henri III l'archevêque de Lyon pour le prier ou plutôt le sommer de retrancher de sa harangue les passages « propres à réveiller les discordes passées. » Henri se récria contre la violence qu'on prétendait lui faire. D'Espinac insista et déclara que, si sa demande était repoussée, la majorité des députés se retirerait et que l'assemblée serait dissoute de fait. Henri céda en frémissant de colère. La phrase contre « les sujets ambitieux » disparut du discours imprimé [2].

Le roi marchait d'échec en échec. Il essaya de tirer parti du serment même qu'on lui imposait et fit prévenir les trois ordres qu'ils auraient à jurer, avec l'édit d'Union, l'observation de

1. Pasquier, t. II, col. 360.
2. *V.* le discours du roi et les autres harangues, dans le *Recueil des Etats Généraux*, t. IV, p. 43-89, et dans les *Mémoires de la Ligue*, t. II, p. 481. — De Thou, t. IV, l. XCII, p. 625-634. — L'Estoile, p. 264-265. — Davila, t. I, p. 627, prétend que « tout ce qui fut dit par le roi fut imprimé » ; mais tous les autres historiens sont d'accord contre lui, et Pasquier (l. XIII, let. 1) cite la phrase retranchée.

« toutes les autres lois fondamentales du royaume, concernant l'autorité, fidélité, obéissance dues à Sa Majesté. » Le clergé observa que les seules lois fondamentales bien reconnues, en dehors de ce qui concernait la religion, étaient la Loi Salique et la protection du peuple jurées par le roi à son sacre ; que, s'il en existait d'autres, elles devaient être plus particulièrement spécifiées par le roi et reconnues par les États. Le Tiers État et la noblesse approuvèrent l'objection du clergé, et le roi, dans la formule du serment qui fut prêté solennellement le 18 octobre, dut s'abstenir de qualifier de fondamentales les lois relatives à son autorité. L'édit d'Union fut juré, « sans déroger aux droits, franchises, libertés et immunités de la noblesse » qui avait obtenu l'insertion de cette clause, non sans de vives contestations. La noblesse se tenait à son tour sur la défensive, comme avait fait le Tiers État en 1576[1].

Le roi, en prêtant le serment, déclara « qu'il ne bougeroit » et défendit aux députés de « bouger » de Blois « que les cahiers ne fussent résolus et un édit saint et inviolable fait sur eux ».

Les trois ordres entamèrent la rédaction de leurs cahiers généraux. Le Tiers État posa de nouveau la grande question : — Procédera-t-on par *supplication* ou par *résolution* ? Les deux autres ordres, moins hardis, furent d'avis d'écarter la question théorique jusqu'à ce qu'on eût vu l'effet des promesses royales. Le Tiers consentit. Le 3 novembre, le Tiers délibéra sur une requête du cahier particulier de Paris, qui demandait que le comte de Soissons fût exclu de tous droits éventuels au trône ; on ne parlait même pas du prince de Conti, qui, ne s'étant pas soumis, était réputé exclu *ipso facto*. La requête ne fut point admise par la majorité. Le lendemain, par compensation, le clergé fit adopter aux ordres laïques la résolution d'inviter Henri III à déclarer le roi de Navarre criminel de lèse-majesté, à confisquer ses domaines et à envoyer contre lui une armée en Guyenne sous le commandement d'un « prince catholique ». Henri III louvoya : il confessa que le roi de Navarre avait perdu tous ses droits par son hérésie, mais prétendit qu'on devait le sommer une dernière fois de se sou-

---

1. *Procès-verbal du Tiers État*, p. 131-139. — *Journal* de Guyencourt, p. 127.

mettre à l'Église ; que d'ailleurs les États devaient, non point présenter ainsi des requêtes séparées, mais reporter toutes leurs demandes aux cahiers généraux. Après bien des débats, les trois ordres consentirent à renvoyer « l'article du roi de Navarre » aux cahiers. Le noblesse s'était montrée moins acharnée que les autres ordres contre le Béarnais et avait intercédé auprès du roi pour le maréchal de Montmorenci, qui négociait, intriguait et laissait espérer qu'il se séparerait des hérétiques.

Le roi reçut, sur ces entrefaites, une requête du roi de Navarre, qui présidait à La Rochelle une assemblée générale des réformés[1]. Le Navarrois réclamait, au nom de ses coreligionnaires, la liberté de conscience, un concile national et la restitution des biens confisqués, arguant de nullité tout ce qui serait fait en sens contraire par l'assemblée de Blois. Les réclamations des huguenots ne servirent qu'à irriter les passions catholiques.

Un événement grave avait cependant fait diversion aux débats des trois ordres. Le duc de Savoie, Charles-Emmanuel, attendait

1. Cette assemblée, politique et non religieuse, dura du 16 novembre au 18 décembre. Le roi de Navarre, qui n'y présida que « par élections et suffrages pris des provinces », y éprouva de grands embarras. Les États Généraux des huguenots furent encore moins monarchiques que les États Généraux des ligueurs. L'esprit fédéraliste, favorisé par la défiance qu'inspiraient aux zélés huguenots la tolérance du Béarnais et ses concessions aux papistes, leva la tête à La Rochelle : beaucoup de députés réclamèrent instamment de nouvelles garanties contre ce qu'ils nommaient la « tyrannie protectorale », c'est-à-dire contre l'autorité du chef suprême. Quelques-uns des ministres, à l'instigation de certains grands seigneurs, disaient ouvertement qu'il fallait nommer un « protecteur » particulier dans chaque province. Le roi de Navarre para le coup en demandant lui-même l'établissement de chambres de justice provinciales chargées de réprimer l'arbitraire de ses officiers et de faire observer les règlements généraux, et l'assistance d'un conseil sans lequel il ne pourrait rien décider. Ce conseil fut composé de douze membres, six élus annuellement par les provinces (Haut Languedoc, Bas Languedoc, Dauphiné, Guyenne, Poitou et Saintonge, La Rochelle), cinq par l'assemblée générale bisannuelle ; le douzième était le chancelier du roi de Navarre. Les princes du sang, les pairs attachés à la cause et les principaux chefs militaires étaient de droit associés au conseil. Le duc de Montmorenci, chef des catholiques associés, fut invité à établir auprès de sa personne un semblable conseil, mais mi-partie des deux religions. Chaque gouverneur de province, chaque gouverneur de ville, dut être assisté pareillement d'un conseil électif. La prudence du Béarnais et « sa merveilleuse patience » calmèrent les ombrages et continrent les ambitions ; l'assemblée vota toutes les mesures d'ordre et de défense que commandait la situation, et qui furent exécutées avec vigueur et célérité. V. d'Aubigné, part. II, col. 189-191. — P. Cayet, introd., p. 78, et surtout l'art. HENRI IV, dans le t. V de la France protestante de MM. Haag, où se trouvent des détails très-intéressants empruntés au Mss. 2379 de la Bibliothèque Mazarine.

depuis longtemps l'occasion de s'agrandir aux dépens de la France et ne mettait plus de bornes à son ambition, depuis qu'il était devenu le gendre de Philippe II. Après la journée des barricades, croyant que Guise avait tiré l'épée pour ne plus la remettre au fourreau, il lui offrit secrètement son assistance, moyennant la cession du Dauphiné, de la Provence et du marquisat de Saluces. Guise trouva ce prix un peu cher et fit une réponse évasive. Le Savoyard se retourna du côté de Henri III, lui proposa sous main de l'aider contre Guise et lui demanda le gouvernement du marquisat de Saluces, afin, disait-il, de mettre ce pays à couvert des entreprises de Lesdiguières et de ses huguenots dauphinois. Henri refusa. Le duc leva le masque et, dans les derniers jours d'octobre, il lança brusquement tout ce qu'il avait de troupes sur Carmagnola, principale place du marquisat. La ville et le château n'étaient point approvisionnés; l'officier qui y commandait, plutôt que d'appeler Lesdiguières à son secours, se rendit ou se vendit au duc de Savoie. Toute l'artillerie que les Français avaient retirée de leurs anciennes possessions de Piémont, de Toscane et de Corse était entassée dans Carmagnola; quatre cents pièces de canon tombèrent au pouvoir de Charles-Emmanuel. Les autres forteresses du marquisat succombèrent en peu de jours, et il ne resta plus aux Français un pouce de terre au delà des Alpes.

Cette nouvelle excita une vive agitation à Blois. Le roi crut, bien qu'à tort, reconnaître encore dans cet outrage la main de Guise. La noblesse, habituée à regarder les souvenirs glorieux des guerres d'Italie comme son patrimoine, s'émut d'une généreuse colère, et, lorsque le seigneur de Maintenon (Louis d'Angennes) s'écria qu'il fallait quitter toute autre guerre jusqu'à ce qu'on eût puni l'insolente agression du Savoyard, tout suspect qu'il fût en tant que *politique*, il entraîna son ordre entier; le président de la noblesse, le grand ligueur Brissac, dut se faire l'organe des sentiments de ses collègues et alla en personne requérir les autres ordres de se joindre à la noblesse pour presser le roi de venger l'honneur de la France. Guise, qui avait vu avec chagrin l'entreprise du duc de Savoie[1], fort inopportune pour la

---

1. *V.* ses lettres à Mendoça; ap. R. de Bouillé, *Hist. des Guises*, t. III, p. 297; seulement il y a erreur de dates; les lettres sont de novembre et non d'octobre.

cause ligueuse, vit avec effroi un élan qui menaçait de renverser l'édifice de la Ligue, en détournant les passions nationales de la lutte contre l'hérésie. Il n'épargna rien pour en amortir l'effet et ne réussit que trop. Non-seulement le clergé, mais le Tiers État montra que l'esprit de faction l'emportait chez lui sur l'esprit public. Les deux ordres ne consentirent à appuyer la requête de la noblesse qu'à condition que les hostilités contre les hérétiques ne seraient pas interrompues un instant. C'était renoncer en fait à recouvrer le marquisat de Saluces. Le duc de Savoie avait coloré de spécieux prétextes l'invasion du marquisat : il prétendait n'avoir voulu que protéger ses propres états contre le voisinage des hérétiques et des *politiques* français. On ne put pas longtemps s'abuser sur ses intentions. Tandis qu'il amusait, par des réponses équivoques, l'envoyé de Henri III, chargé de réclamer l'évacuation du pays usurpé, il répandait partout des mémoires où il revendiquait le marquisat comme un fief de la principauté de Piémont. Il eut l'audace de faire frapper des médailles représentant, d'un côté, son buste, de l'autre, un centaure tendant un arc et foulant aux pieds une couronne, avec cette légende : *Opportunè* (A propos!) [1].

L'incident de Saluces avait remué un moment les États de Blois, mais ne changea pas l'impulsion donnée à l'assemblée, comme le roi l'avait espéré. Henri III demandait aux États Généraux les moyens de pousser la double guerre extérieure et intérieure qu'on lui imposait ; les États, de leur côté, étaient chargés de réclamer la diminution des impôts, ce qui semblait contradictoire avec la guerre. Cependant les dilapidations avaient été si effroyables, que beaucoup de députés, peu au courant des finances, pouvaient croire la guerre et la réduction des charges compatibles moyennant une meilleure administration. D'O et les autres directeurs des finances royales vinrent déclarer aux trois ordres que le gouvernement ne pouvait marcher à moins de 27 millions par an [2]. Le roi fit

---

1. De Thou, t. IV, l. xcii, p. 636-641.
2. Le double du budget des premiers temps de Charles IX. Il est vrai que, depuis vingt-sept ans, les valeurs métalliques avaient fort baissé. — *V.* l'état des finances relaté dans le *Journal* de Guyencourt, ap. *Recueil des États Généraux*, t. IV, p. 137-150. — On y entrevoit les monstrueux abus de la perception et de l'affermage. M. de

dire par sa mère aux principaux meneurs du Tiers État qu'il
« s'indigneroit grandement si l'on persistoit à lui demander le
rabais des tailles. »

On persista. Le Tiers arrêta : « que ladite requête seroit poursuivie, et qu'à défaut de l'obtenir, on demanderoit à se retirer. » Le clergé adhéra. La noblesse consentit, à condition qu'on avisât aux fonds nécessaires pour la guerre. Le 25 novembre, les trois ordres en corps allèrent donc requérir du roi la réduction des tailles au taux de 1576 (elles avaient plus que doublé en douze ans!), la suppression de tous les subsides établis et de tous les offices créés depuis cette époque, « le tout par provision, » et l'élection d'une chambre de justice, composée de dix-huit membres des États élus par les trois ordres et de six magistrats au choix du roi, pour la punition des malversations financières et le recouvrement des « dons immenses » faits par Sa Majesté. Le président du Tiers État termina par la menace de la retraite immédiate des députés en cas de refus. — « Vous êtes trop bons François pour le faire ! » répliqua le roi. Henri s'efforça de gagner isolément les députés les plus influents du Tiers, en les apitoyant sur sa situation et sur celle des armées[1], et, cette fois, il fut secondé franchement par le duc de Guise et par ses amis. La séparation de l'assemblée sans résultat eût dérangé tous les plans du chef de la Ligue. Mais les députés, qui avaient encore dans les oreilles le cri impérieux de la misère publique, résistèrent à Guise lui-même. — Qu'on lève des emprunts forcés sur les partisans! disaient les uns ; — Qu'on vende le domaine! disaient les autres ; n'aura-t-on pas d'ailleurs la confiscation des biens des hérétiques ? et tous répétaient : Il nous faut le rabais des tailles et l'abolition des subsides ! — Le roi céda, comme toujours, à condition qu'on

---

Sismondi a commis une grave erreur en confondant, à propos de cet état des finances, les écus d'or avec les livres. *Hist. des Français*, t. XX, p. 429. On voit, par cet état, que « les cinq grosses fermes », si fameuses dans nos annales financières, étaient la douane de Lyon, la traite et imposition foraine de Champagne et de Picardie, l'entrée des épiceries, drogueries et grosses denrées dans le royaume, et la traite domaniale de Champagne, Normandie, Bourgogne et Picardie.

1. « Le roi nous dit qu'il n'avoit pas un sol..... Son pourvoyeur lui avoit déclaré qu'il quitteroit l'entretien de sa table, et ses chantres lui avoient déclaré qu'ils ne chanteroient plus qu'ils n'eussent leurs gages. » *Journal* de Bernard, ap. *États Généraux*, t. XV, p. 67-80.

trouverait des fonds pour la guerre et pour l'entretien de sa maison. Il accorda 8 millions de remise sur les impôts, dont 3 millions environ « sur le principal de la taille » (3 décembre)[1]. Le lendemain, on chanta le *Te Deum* en l'honneur de cette victoire. Le théologal de Senlis fit, après la messe, un sermon rempli d'équivoques bouffonnes sur les noms de quelques-uns des conseillers du roi, qu'il livrait à la risée et à l'animadversion publiques. D'O, le plus impopulaire, fut aussi le plus maltraité. Le roi, se résignant à un sacrifice de plus, congédia d'O et deux ou trois autres. D'O rentra en grâce par quelques soumissions à Guise et resta. Le roi faisait serment sur serment aux députés qu'il ne mettrait plus jamais d'impôts sur son peuple sans l'aveu des États, que les deniers seraient dorénavant distribués par leurs mains, qu'il n'enrichirait plus de favoris. Le Tiers État, « sur l'extrême nécessité du roi mis à la besace, » lui octroya provisoirement un don, une aumône « de six vingt mille écus. » Encore fut-il stipulé que la plus grande partie de ce don serait appliquée à l'armée de M. de Mayenne.

Vainqueurs sur la question des subsides, les trois ordres poussèrent, avec un redoublement de violence, le projet de la chambre de justice : faire rendre gorge aux partisans, aux trésoriers, aux sangsues de cour, c'était là le seul expédient que trouvât l'assemblée pour remplir les caisses de l'État. Le roi essaya d'obtenir que les membres de la chambre de justice fussent pris dans les cours souveraines, et non dans les trois ordres. Le Tiers refusa. La noblesse, qui avait pris l'initiative contre les financiers, ne se montra pas plus traitable sur ce point. Les trois ordres demandaient de plus la liste des conseillers d'État pour exclure ceux qui leur étaient suspects. Concessions, prières, humiliations, tout avait été vain. Le malheureux Henri III avait le sourire sur les lèvres et la rage dans le cœur. C'était sur Guise seul qu'il rejetait la responsabilité de tant d'outrages. Les manières hautaines du duc envenimaient encore les blessures de l'orgueil royal.

1. *États Généraux*, t. XV, p. 204. La « subvention des villes closes », destinée premièrement à la solde de l'infanterie française, et l'impôt des clochers ou des paroisses furent entièrement supprimés. Ils produisaient, le premier, un peu plus, le second, un peu moins d'un million.

Guise, soupçonnant les intrigues du gouverneur d'Orléans, Balzac d'Entragues, avec le roi, réclama impérieusement la remise de cette ville, comme place de sûreté, entre les mains de la Ligue : le roi tenta de résister, au moyen d'une équivoque qu'il avait fait glisser dans les articles secrets du traité de juillet. Guise déclara qu'Orléans lui avait été accordé par ces articles et qu'il le saurait bien garder. « Pour conclusion, la ville lui demeure [1] ».

Aux griefs de chaque jour s'ajoutaient les terreurs du lendemain : Guise était allé trop loin pour pouvoir s'arrêter, et Henri III ne doutait pas que le duc n'essayât d'achever aux États de Blois l'œuvre des barricades de Paris. Des révélations arrivaient de tous côtés au roi sur les projets du duc : Guise prétendait, disait-on, se faire décerner par les États l'épée de connétable, avec la sanction forcée du roi, ce qui eût rendu irrévocable le pouvoir que Henri III lui avait récemment donné sur les armées et eût fait de lui un véritable Maire du Palais. Il devait ensuite obliger Henri III à revenir avec lui à Paris, aussitôt après la clôture des États, apparemment pour ne plus l'en laisser sortir [2]. Les écrivains royalistes et les huguenots assurent presque tous que Guise fut dénoncé au roi par ses proches eux-mêmes. Le puissant essor que prenait la fortune du duc Henri avait excité la jalousie de son frère Mayenne et de ses cousins, et le roi était parvenu à jeter la division dans la maison de Lorraine. Mayenne fit, dit-on, avertir le roi de se défier de Guise, et la duchesse d'Aumale, que Henri III avait autrefois courtisée, lui adressa, de la part de son mari, des avis plus circonstanciés. Peut-être, comme le pense d'Aubigné (part. II, col. 208) et comme le déclarèrent plus tard Mayenne et d'Aumale, ces prétendus avis des princes lorrains furent-ils forgés dans le cabinet du roi.

Après bien des angoisses et des combats intérieurs, Henri III se résolut à prévenir son ennemi et à exécuter à Blois ce qu'il n'avait osé faire à Paris avant les barricades. Depuis plusieurs

---

1. Pasquier, t. II, col. 366.
2. De Thou, t. IV, l. xciii, p. 660. — Davila, p. 641. — Pasquier, t. II, col. 371. — *Relation du médecin Miron*, à la suite de L'Estoile, *Journal de Henri III*, p. 337. — Il n'y a point de trace, dans les *Journaux* de Bernard et de Guyencourt, du projet de faire le duc de Guise connétable.

mois, une pensée de meurtre l'obsédait. On lui avait trop souvent répété que Guise était toute la Ligue : il le crut, comme sa mère avait cru, en 1572, que Coligni était toute la Réforme; cette erreur coûta la vie à Guise et à Henri III lui-même.

Le 18 décembre, pendant une fête donnée par la reine mère pour célébrer le mariage de la princesse Christine de Lorraine, sa petite-fille, avec le grand-duc de Toscane, Henri III appela dans son cabinet le maréchal d'Aumont et deux autres conseillers d'État, Nicolas d'Angennes, seigneur de Rambouillet, et le sieur de Beauvais-Nangis; il leur exposa ses griefs, ses périls, et les pria de l'aider à se sauver « par un prompt remède ». Ils demandèrent vingt-quatre heures de réflexion et revinrent, le lendemain, avec le sieur de Maintenon, frère de Rambouillet et député de la noblesse du pays Chartrain, et Alphonse Corse d'Ornano. Un des assistants, le maréchal, suivant de Thou, Rambouillet, suivant Davila, conseilla l'arrestation et le procès du duc de Guise; les autres se récrièrent sur l'impossibilité de ce procès et opinèrent pour un coup de main, c'est-à-dire pour un assassinat. Ces hommes étaient cependant les moins corrompus de ceux qui entouraient Henri III; mais trente ans de complots et de massacres avaient familiarisé la plupart des esprits avec le meurtre, et des doctrines spécieuses, en cette occasion, étouffaient le cri de la conscience. Le roi, disait-on, est le juge par excellence : le roi a droit de supprimer, en cas d'urgence et de crime notoire, les formes habituelles de la justice. On faisait valoir tour à tour, au profit de la royauté en détresse, les opinions des casuistes catholiques [1] et la vieille maxime républicaine : « le salut du peuple est la suprême loi! » Guise, disait-on, ne peut revendiquer le

---

1. *V.* ces opinions résumées par l'évêque Liguori; *Instruzione e pratica per li confessori*, t. I, p. 330; Lucca, 1764, in-12. « D'après mon opinion sur les lois, le prince séculier, qui a puissance sur la vie de ses subordonnés et sujets, de même qu'il peut la leur ôter pour juste cause et par jugement en forme, peut aussi le faire sans tout cela, puisque le surplus des formes et toute la suite d'un procès ne sont rien comme lois pour lui qui peut en dispenser. Il n'y a dès lors pas faute de la part d'un sujet qui, par ordre souverain, donne la mort à un autre sujet : on doit croire que le prince a donné cet ordre pour une juste cause, ainsi que le droit présume toujours qu'il y en a une dans toutes les actions du souverain. » Lettre du confesseur de Philippe II sur l'assassinat d'Escovedo, ordonné par Philippe, ap. Mignet, *Antonio Perez et Philippe II*, p. 60; 3e édit.

bénéfice des serments du roi, car il a transgressé les siens en continuant ses trames en France et à l'étranger [1]. L'argument le plus fort était celui qu'on ne prononçait pas devant Henri III : la Némésis antique assistait invisible à cette scène; ce qui était juste, ce n'était pas que le roi assassinât le rebelle; c'était que les assassins de la Saint-Barthélemi s'égorgeassent entre eux!

La conscience de Henri III n'avait pas besoin d'être rassurée par tant d'arguments : Henri demandait conseil bien moins sur la résolution à prendre que sur la manière de l'exécuter. L'entreprise n'était pas facile : le duc était toujours accompagné d'une nombreuse suite; il avait les clefs du château, en sa qualité de grand-maître, et l'on ne pouvait renforcer la garde à son insu. On chercha, dans la disposition des lieux, le moyen de le surprendre. Lorsque les princes allaient chez le roi, qui habitait le premier étage, leur suite s'arrêtait dans un salon d'entrée, si ce n'est lorsque le conseil était assemblé dans ce même salon; la suite, dans ce dernier cas, restait sur le grand escalier et sur la terrasse voisine, appelée « la Perche aux Bretons ». Ceci servit de point de départ. De nouveaux confidents, Larchant, capitaine des gardes du corps, le gouverneur d'Orléans, d'Entragues, et quelques autres, furent initiés au mystère de sang. Il ne s'agissait plus que d'en choisir les acteurs. Le roi s'adressa d'abord à Crillon : « Sire, répondit Crillon avec sa liberté ordinaire, je fais profession de soldat et non point de bourreau; s'il plaît à Votre Majesté que je fasse un appel au duc de Guise et que je me coupe la gorge avec lui, me voici tout prêt [2] ». Henri n'insista pas, et se contenta de lui demander le secret. Loignac, premier gentilhomme de la chambre, qui passait pour un des mignons, fut moins scrupuleux que Crillon et se chargea de faire le coup avec les Quarante-Cinq [3] (21 décembre).

Le roi avait annoncé l'intention de passer les fêtes de Noël en retraite à Notre-Dame de Cléri. Au conseil du 22 décembre, il

---

1. De Thou, t. IV, l. xciii, p. 661-665.
2. Davila, t. I, p. 642.
3. Pendant les États Généraux de 1577, ce même Loignac avait proposé au roi de faire assassiner le roi de Navarre. V. notre t. IX, p. 551. Il faut dire toutefois que Crillon ne se refusa pas à prendre une certaine part aux mesures accessoires.

prévint le duc et le cardinal de Guise et les autres membres du conseil privé qu'on tiendrait séance le lendemain de grand matin, afin d'expédier les affaires pendantes avant son départ. Il avait calculé qu'à cette heure inaccoutumée, la suite du duc serait beaucoup moindre que de coutume. Au sortir du conseil, le capitaine Larchant annonça au duc que les gardes du corps se rassembleraient le lendemain matin au château pour lui présenter requête sur le paiement de leur solde arriérée. Guise vit si peu dans cette annonce un motif de défiance, qu'il laissa les clefs du château à Larchant.

Le duc, cependant, n'avait pas reçu moins d'avis sur le péril qui menaçait ses jours que le roi sur les dangers de sa couronne. Tout le monde pressentait quelque grande catastrophe ; mais Guise semblait jouer avec le danger. Ce qui le rassurait, ce n'était pas le serment de « réconciliation et parfaite amitié » que le roi lui avait renouvelé « sur le saint sacrement de l'autel », il n'y avait pas quinze jours [1] ; c'étaient les protestations de la reine mère, que Henri III tenait dans une complète ignorance de ses projets [2] ; c'était la bigoterie dans laquelle Henri affectait de s'absorber de plus en plus ; c'était surtout l'éternelle irrésolution du roi, son impuissance à vouloir et à agir. Guise eût dû savoir que la faiblesse, poussée à bout, a parfois des retours de violence aveugle. Ses amis étaient moins confiants que lui : une altercation que Guise avait eue avec le roi la veille les préoccupait [3] ; ce jour-là même, dans un conseil des chefs de la Ligue, le président de Neuilli conjura le duc, en pleurant, de quitter Blois ; le cardinal de Guise était ébranlé ; l'archevêque de Lyon s'écria : « Qui quitte la partie la perd ? » Guise était bien résolu à ne pas *quitter la partie :* « Quand je verrois la mort entrer par une fenêtre, dit-il, je ne sortirois point par la porte pour la fuir [4] ».

1. L'Estoile, p. 166.
2. Le médecin Miron fait entendre le contraire ; mais il paraît n'avoir eu d'autre but que de dégager Henri III d'une partie de la responsabilité. Relat. à la suite de L'Estoile, collect. Michaud, 2e sér., t. I, p. 335.
3. Nous croyons que les relations royalistes de Miron et de P. Cayet exagèrent l'importance de cette altercation pour démontrer plus péremptoirement la « nécessité » de la résolution du roi.
4. Déposition de P. d'Espinac, dans l'information faite par P. Michon et J. Cour-

Il ne pouvait plus reculer, en effet, sans défaire son ouvrage de ses propres mains; mais il pouvait se garder, étudier les lieux et les heures, et déjouer par sa prudence les tentatives de ses ennemis. Il ne le fit pas : il courut, avec une sorte d'infatuation, au-devant de sa destinée. Ce même jour, 22 décembre, il trouva sous sa serviette, en se mettant à table, un billet où on l'avertissait que le roi machinait sa mort. Il écrivit au bas ces deux mots : « Il n'oseroit! » et rejeta le billet sous la table. Le soir, son cousin d'Elbeuf vint lui dire qu'il était assuré qu'on voulait attenter aux personnes des princes catholiques. Guise, en riant, le renvoya se coucher et alla passer une partie de la nuit avec la marquise de Noirmoustier (madame de Sauve), beauté fameuse qui avait reçu les hommages de tous les princes de ce temps. La marquise était, dit-on, accourue à Blois pour conjurer Guise de se tenir sur ses gardes. Le duc rentra dans son appartement vers trois heures du matin : on vint l'éveiller à sept, en lui annonçant que le roi s'apprêtait à partir et que le conseil était assemblé. Il s'habilla et descendit à la hâte [1].

Le roi, levé dès quatre heures du matin, avait fait monter dans sa chambre, par un escalier dérobé, Loignac et les Quarante-Cinq.

Ces gentilshommes haïssaient mortellement le duc de Guise, qui poussait les États Généraux à exiger leur licenciement; aux premiers mots, ils faillirent tout compromettre par l'explosion bruyante de leur joie. Henri III posta dans sa chambre huit d'entre eux qui avaient l'épée et le poignard; les autres, armés seulement de leurs épées, furent placés, douze, dans un cabinet qui avait vue sur la cour, le reste, sur l'escalier dérobé. Le roi se retira dans un cabinet donnant sur le jardin, avec Alphonse Corse et deux ou trois officiers. Pendant ce temps, d'Entragues allait requérir un des chapelains du roi de « dire messe, pour que Dieu fasse la grâce au roi de pouvoir exécuter une entreprise dont il

---

tin, conseillers en la cour de parlement, pour raison des massacres commis à Blois. — *Archives curieuses*, t. XII, p. 189. Cette information fut faite par ordre des chefs de la Ligue.

1. Le *Martyre des deux Frères*, ap. *Archives curieuses*, t. XII, p. 77. — L'Estoile, p. 267. — De Thou, t. IV, l. xciii, p. 665-666.

espère venir à bout dedans une heure, et de laquelle dépend le salut de la France[1]. »

Le duc, cependant, avait rencontré les gardes du corps au bas du grand escalier et reçu leur requête. Un d'eux lui marcha sur le pied : il ne comprit pas ou dédaigna ce dernier avertissement, monta l'escalier et entra au conseil, où le cardinal son frère et l'archevêque de Lyon l'avaient précédé. Les gardes du corps obstruaient la porte de la salle du conseil et le grand escalier ; la suite du duc fut obligée de rester sur la Perche-aux-Bretons. Crillon, sur ces entrefaites, fit fermer les portes du château. Quelques moments après, le secrétaire d'État Revol vint appeler Guise de la part du roi. Le duc se lève, passe de la chambre du conseil dans la chambre du roi et s'avance vers celui des deux cabinets qui donnait sur la cour et dans lequel il comptait trouver Henri III. Henri s'était retiré dans l'autre cabinet et en avait fait changer la porte, tant il craignait que Guise ne pénétrât jusqu'à lui à travers les glaives de vingt assassins. A l'instant où le duc allait soulever la portière de tapisserie du cabinet, un des Quarante-Cinq, Montseri, lui saisit le bras droit et lui porta un coup de poignard dans la poitrine ; un second, Sainte-Maline, le frappa par derrière, et trois ou quatre autres lui sautèrent au corps et aux jambes et l'empêchèrent de tirer son épée. Il était si puissant, disent les relations, que, tout criblé de coups, étouffé par le sang de ses blessures, il entraîna ceux qui le tenaient d'un bout de la chambre à l'autre et, se débarrassant de leurs mains par un suprême effort, il s'avança, les bras tendus et les poings fermés, vers Loignac, le chef des meurtriers. Loignac le repoussa du fourreau de son épée ; il alla tomber, expirant, au pied du lit du roi....

On dit que Henri III, quand il fut bien assuré que Guise ne se relèverait pas, sortit de son cabinet, l'épée au poing, en s'écriant : « Nous ne sommes plus deux ! je suis roi maintenant ! » et lança un coup de pied à ce corps pantelant[2].

---

1. Déposition de Dourguin, chapelain du roi ; ap. *Information*, etc.; *Archives curieuses*, t. XII, p. 189 et suiv.
2. Relat. de Miron, à la suite de L'Estoile, p. 340-341. — De Thou, t. IV, l. XCIII, p. 669-670. — Davila, t. I, p. 642. — Relat. de Durand, ap. *Mémoires de la Ligue*,

Il y avait seize ans, à l'aube d'un jour fatal, Guise avait frappé du pied un autre cadavre!

Au bruit qui s'entendait dans la chambre du roi, tout le conseil s'était levé en sursaut : le premier mouvement du cardinal de Guise fut de courir au grand escalier pour appeler du secours ; le premier mouvement de l'archevêque de Lyon fut de voler au secours du duc ; mais le maréchal d'Aumont, mettant l'épée au poing, arrêta le cardinal, et l'archevêque fut saisi par les gardes à la porte de la chambre du roi[1].

Après le cardinal de Guise et l'archevêque de Lyon, furent arrêtés au château le cardinal de Bourbon, la duchesse douairière de Nemours, mère des Guises, le duc de Nemours, leur frère utérin, le jeune prince de Joinville, fils aîné du duc de Guise, le duc d'Elbeuf, son cousin, et Péricard, son secrétaire. On prétendit avoir trouvé, dans les papiers dont Péricard était dépositaire, la preuve que Guise avait reçu d'Espagne, pour les affaires de la Ligue, 1,500,000 écus depuis dix ans[2]. Le grand prévôt de l'hôtel, du Plessis de Richelieu, fut ensuite dépêché, avec ses archers et un fort détachement de gardes françaises, à l'hôtel de ville de Blois, où le Tiers État tenait ses assemblées ; le grand prévôt arrêta La Chapelle-Marteau, président de cet ordre, le président de Neuilli, Compans, député de Paris, et Leroi, député d'Amiens. Louis d'Orléans et trois autres qu'on voulait prendre étaient

---

t. III, p. 147-148. — D'Aubigné, 2e part., col. 210-212. — Relation de Jehan Patte, bourgeois d'Amiens, ap. *Bulletin de la Société de l'Histoire de France*, t. I, n° 4, octobre 1834. — L'Estoile, p. 268. — Mathieu, t. I, p. 667. — *Le Martyre des deux Frères, histoire au vrai du meurtre et assassinat*, etc. — « Le roi, l'ayant un peu contemplé, dit tout haut : — Mon Dieu! qu'il est grand! il paroît encore plus grand mort que vivant. » Passage ajouté au récit de l'Estoile par ses premiers éditeurs.

1. La déposition de l'archevêque de Lyon est très-intéressante. « Sitôt que le duc fut entré en la chambre du roi, la porte fut fermée, et, incontinent après, on fit un grand bruit, comme un trépignement de pieds, qui donna soupçon à toute la compagnie de ce que c'étoit, laquelle se leva, et, étant tous debout, le sieur maréchal de Retz dit tout haut : *La France est perdue!* Le déposant (d'Espinac) cria aussi : *Tout est perdu!* et alla droit à la porte de la chambre où étoit le bruit, essaya plusieurs fois de l'ouvrir, ouït ledit là, ouït ledit sieur de Guise disant par plusieurs fois ces mots : *Oh! messieurs!* Et depuis : *Quelle trahison!* et entendit ledit déposant les coups. Finalement, il ouït qu'il disoit ces paroles : *Mon Dieu! miséricorde!* et, au même instant, entendit sa chute » (*Archives curieuses*, XII, 217-218).

2. De Thou, l. XCIII, p. 674. Ce n'est que depuis 1585 que Guise reçut d'Espagne un subside régulier.

absents ou s'échappèrent. Le président de la noblesse, Brissac, fut mis aux arrêts chez lui, de même que Bois-Dauphin, son compagnon des barricades. Les évêques de Comminges, de Boulogne et de Rhodez se dérobèrent aux recherches du grand prévôt, et beaucoup de ligueurs parvinrent à quitter Blois avant que les portes de la ville fussent fermées.

Le roi s'épanouissait dans sa victoire. Voyant la terreur se peindre autour de lui sur tous les visages et les plus factieux devenir les plus serviles, il croyait tout fini et répétait le proverbe : « Morte la bête ! mort le venin ! » Il descendit chez sa mère, qui était au lit, malade de la goutte, dans une chambre située précisément au-dessous de la pièce où s'était accompli le grand homicide. Catherine avait demandé avec effroi ce que signifiait tout ce bruit ; mais personne n'avait osé lui répondre. — Madame, dit Henri en entrant, ce matin je me suis rendu roi de France ; j'ai fait mourir le roi de Paris ! — Vous avez fait mourir le duc de Guise ! s'écria Catherine frappée de stupeur ; Dieu veuille que cette mort ne soit point cause que vous soyez roi de rien ! c'est bien coupé, mais saurez-vous recoudre [1] ?

Henri la quitta, en se vantant d'avoir pourvu à tout. Il avait envoyé Ornano à Lyon pour arrêter Mayenne et un frère de d'Entragues à Orléans pour prendre le commandement de la citadelle et contenir les bourgeois. Il dépêcha à Paris Marcel, ancien prévôt des marchands, jadis un des principaux acteurs de la Saint-Barthélemi, devenu intendant des finances, avec la mission de disposer le corps de ville à l'obéissance. Il manda au duc de Nevers, qui guerroyait en Poitou contre les huguenots, la mort « nécessaire et méritée » de Henri de Guise [2]. Il débattit ensuite avec ses confidents le sort de ses prisonniers. Le cardinal de Guise s'était associé avec emportement aux entreprises de son frère : captif et le couteau sur la gorge, il menaçait déjà ses geôliers ; libre, on ne pouvait douter qu'il ne se consacrât tout entier à venger le duc Henri. Après deux jours d'hésitations, sa mort fut décidée. Il ne fut pas facile de trouver des exécuteurs ; les

---

1. Davila, t. I, p. 647.
2. *Revue rétrospective*, t. III, p. 440.

Quarante-Cinq, tout souillés du sang de Henri de Guise, Larchant et ses gardes du corps, le grand prévôt et ses archers, reculèrent devant ce qu'ils nommaient un sacrilége. Un capitaine aux gardes françaises, nommé du Guast, accepta, et, le lendemain matin, fit massacrer le cardinal à coups de hallebarde par quatre soldats de sa compagnie. La mère des Guises réclama en vain du roi les cadavres de ses fils : les corps des deux frères furent consumés dans la chaux vive, de peur que les ligueurs n'en fissent des reliques.

Henri III borna sa vengeance à ces deux grandes victimes. Il épargna la vie de l'archevêque de Lyon, bien que cet homme intrépide ne lui eût fait aucunes soumissions, et résolut de garder comme otages les députés parisiens, qu'il avait eu d'abord quelque intention de faire pendre. Il enjoignit aux États Généraux de continuer à rédiger leurs cahiers, expédia, le 24 décembre, des circulaires aux gouverneurs, aux parlements, aux corps municipaux, écrivit au marquis de Pisani, son ambassadeur à Rome, d'expliquer au pape la nécessité où il s'était trouvé de défendre sa couronne et sa vie [1], et publia, le 31 décembre, une déclaration par laquelle il confirmait l'édit d'Union, affirmait que les Guises n'avaient été châtiés que pour avoir transgressé cet édit et amnistiait tous leurs adhérents qui viendraient à résipiscence [2].

Un autre trépas fameux suivit de près la mort des Guises. La reine mère avait été violemment émue de la catastrophe du 23 décembre. Quelques jours après, elle alla visiter le cardinal de Bourbon dans l'appartement où il était gardé à vue. Le cardinal éclata en reproches et accusa Catherine d'avoir amené les Guises à la boucherie. Cette scène fit une telle impression sur la vieille reine, que sa goutte remonta, qu'elle se remit au lit et ne s'en

---

1. « Vous direz à Sa Sainteté », mande-t-il à Pisani, « que ses saintes et personnelles admonitions et l'exemple de sa justice m'ont ôté tout scrupule qui me pouvoit retenir d'user de ce moyen. » Il ne parle, dans tout le cours de la lettre, que du meurtre du duc de Guise; seulement, par post-scriptum, il ajoute qu'il « oublioit à dire » qu'il s'était aussi « déchargé » du cardinal de Guise. « Ledit cardinal avoit été si impudent que de dire qu'il ne mourroit point qu'il ne m'eût tenu la tête pour me raser et faire moine. » Henri dit savoir très-assurément que Mayenne ne participait aucunement aux pernicieux desseins de ses frères. *Revue rétrospective*, t. III, p. 446.

2. *Mém. de la Ligue*, t. III, p. 170.

releva plus. Le 5 janvier 1589, âgée de près de soixante-dix ans, elle alla rejoindre son complice de la Saint-Barthélemi. L'autre complice, deux fois assassin, ne devait pas tarder à suivre sa mère !

La mort de cette femme, qui depuis trente ans avait fait une si grande figure dans la chrétienté, n'eut qu'un faible retentissement parmi les tempêtes sorties des cendres des Guises. L'importance de Catherine avait beaucoup diminué dans les derniers temps : justement châtiée dans le seul endroit sensible de son cœur, son affection pour Henri III, elle avait vu son rôle s'abaisser précisément alors qu'elle comptait le rendre tout à fait souverain : négligée par son fils préféré, à demi sacrifiée aux favoris, brouillée à mort avec son gendre le Béarnais, elle avait fini par perdre toute boussole : la race des Valois, pour laquelle elle avait rêvé tous les trônes, étant près de tarir, les Bourbons étant ses ennemis, avec cet instinct de famille dont il reste toujours quelque chose chez la femme la plus corrompue, elle s'était rejetée sur les enfants de sa fille aînée, sur la chimère d'une dynastie lorraine, et n'avait plus été que l'instrument et le jouet de la Ligue. Ce n'est pas sur ses dernières années qu'il faut juger sa capacité politique : bien que la morale et le vrai patriotisme condamnent également la réhabilitation paradoxale de cette femme funeste, la justice due même aux grands coupables oblige l'historien de reconnaître que, dans les moments de sa vie où sa politique de famille put se combiner avec une politique d'État, elle poursuivit deux idées qui étaient dans la vraie direction des destinées de la France, l'abaissement des grands et la résistance à la maison d'Autriche. Le but qu'elle manqua en le subordonnant à ses passions et en le poursuivant par la ruse et la trahison, un génie plus magnanime devait l'atteindre par la force et l'audace : Richelieu fut à cet égard l'heureux héritier de la pensée de Catherine.

Au moment où Catherine expira, les espérances de Henri III étaient déjà en partie dissipées. Ses agents avaient été devancés à Orléans et à Lyon. Le duc de Mayenne, prévenu à temps par un courrier de l'ambassadeur d'Espagne, avait quitté Lyon, dont les dispositions paraissaient incertaines, et regagné son gouvernement de Bourgogne. Roissieux, écuyer du duc de Guise et maire d'Orléans, s'était échappé de Blois et avait soulevé Orléans dès le 23 décembre au soir, avec l'aide de la confrérie *du nom de Jésus*. Henri III envoya sans délai à Orléans le maréchal d'Aumont à la tête des gardes suisses et d'une partie des gardes françaises ; mais le maréchal ne se jugea point en état de rentrer de vive force dans la ville ; il essaya de la bloquer, tandis qu'elle bloquait elle-même la citadelle. Les événements de Paris redoublèrent l'exaltation des Orléanais.

La fatale nouvelle avait été apportée à Paris, le 24 décembre au soir, par des fugitifs de Blois. Une rumeur sinistre remplit rapidement la ville : les boutiques se ferment ; le peuple se répand dans les rues ; on s'interroge avec angoisse ; les uns courent aux portes afin de questionner les gardes et les voyageurs ; les autres, à l'hôtel de Guise, où la duchesse de Guise, accompagnée de sa belle-sœur, madame de Montpensier, était récemment revenue de Blois pour faire ses couches. Le peuple voulait douter encore : les Seize et leurs amis ne doutaient point et leur conduite attesta qu'un homme ou quelques hommes n'étaient pas, comme on l'avait dit, toute la Ligue. Le conseil de l'Union parisienne se rassembla sur-le-champ et envoya chercher le duc d'Aumale, qui était resté à Paris pendant les États et qui était en retraite aux Chartreux à cause des fêtes de Noël ; le bureau de la ville, qui, en l'absence du prévôt et de deux échevins, ne se composait plus que des échevins Roland et Desprez et du procureur Brigard, convoqua la milice bourgeoise, fit poser de nombreux corps de garde aux portes, dans les carrefours, sur les principaux points de Paris, et passa la nuit à écrire, de concert avec Aumale, aux bonnes villes et aux grands du parti [1].

1. « Messieurs, nous venons présentement de recevoir des plus misérables nouvelles que nous eussions pu penser. Deux courriers venant de Blois nous ont assuré que traîtreusement on a tué monseigneur de Guise, et pris plusieurs autres prisonniers ; pensez là-dessus à la conséquence, et quel dessein l'on peut avoir sur notre religion et sur tous les catholiques. Nous travaillons ici tant que nous pouvons, nous assurant que vous ne ferez pas moins de votre côté. C'est cette fois ou jamais qu'il se faut aider..... Si notre conservation ne vous est assez chère, affectionnez ce qui est au service de Dieu ; autrement nos ennemis sont au-dessus de leurs affaires Ce 24 décembre, à minuit. » *Registres de l'Hôtel de Ville*, t. XII, p. 212. — M. Capefigue cite une autre lettre au duc de Lorraine ; *Histoire de la Réforme et de la Ligue*, t. V,

Pendant ce temps, les prédicateurs annonçaient d'une voix lamentable le grand homicide de Blois au peuple assemblé dans les églises pour l'office nocturne de Noël. La nuit de Noël, consacrée à d'innocentes joies par les traditions du christianisme, cette nuit pleine de parfums, de lumières et de chants d'allégresse, se changea en une nuit de désolation. On n'entendit retentir sous les voûtes saintes ni la voix majestueuse des orgues ni les cantiques de la naissance du Sauveur : la messe de minuit, la messe de l'aurore et celle du jour furent récitées au milieu d'un morne silence, entrecoupé seulement par les sanglots et les imprécations étouffées qui s'élevaient du sein de la foule. De longs gémissements éclatèrent quand les prédicateurs recommandèrent au prône l'âme de « feu monsieur de Guise » et invitèrent les fidèles à prier pour les pauvres prisonniers détenus contre la foi jurée [1].

Le peuple ne quitta les églises que pour se précipiter en tumulte vers l'Hôtel de Ville, où les échevins avaient convoqué les notables de Paris. L'échevin Roland proposa de nommer le duc d'Aumale gouverneur de Paris en attendant l'arrivée du duc de Mayenne. Ce choix fut adopté aux acclamations furieuses du peuple, qui avait forcé la garde et qui encombrait l'Hôtel de Ville. Les royalistes terrifiés n'osèrent tenter aucune résistance. On donna au nouveau gouverneur un conseil choisi dans le corps de ville. Dans une seconde assemblée, on nomma des substituts provisoires au prévôt et aux échevins détenus à Blois : ce furent l'avocat Drouart, le marchand de Bordeaux et le procureur Crucé. Tous les arrêts, ordonnances et statuts furent publiés désormais au nom du duc d'Aumale, gouverneur, du prévôt et des échevins, et non plus au nom du roi.

Dès le matin du jour de Noël, le jeune frère du duc, Claude

---

p. 185. — De Thou, *Hist. univers.*, t. IV, l. xcIII, p. 677. — *Id.*, *Mémoires*, p. 333. — L'Estoile, p. 269. — Davila, t. I, p. 657-658.— *Journal des choses advenues à Paris, du 23 décembre 1588 au 30 avril 1539*; à la suite de L'Estoile, édition de 1744, t. II, p. 459.

1. On cite un exemple bien frappant de l'attachement passionné que Guise avait inspiré à ses partisans. L'avocat Versoris, qui avait été l'orateur du Tiers État en 1576, fut si saisi à la nouvelle de la catastrophe de Blois, qu'il en mourut le lendemain de Noël. Après avoir mis en pièces le portrait du roi, il expira en embrassant le portrait de Guise. L'Estoile, édit. Champollion, p. 270, note.

d'Aumale, chevalier de Malte, partit pour aller se mettre à la tête des Orléanais et leur annoncer les secours de Paris. Les mesures de défense et de sûreté se succédèrent sans interruption : ce n'étaient chaque jour qu'ordonnances municipales pour l'approvisionnement, la garde et la police de Paris, pour l'armement des citoyens et les travaux de fortification et réparation. On leva des soldats dans Paris au son du tambour : on enrôla des pionniers et d'autres ouvriers militaires; on fit faire par les curés des quêtes à domicile dans toutes les paroisses; puis on organisa des levées d'argent plus régulières; on saisit les deniers publics; on ne laissa pas aux royalistes, aux *politiques*, le loisir de se remettre de leur premier étonnement; les uns furent arrêtés et entassés dans la Bastille, dans l'Hôtel de Ville, dans les prisons de Paris, les autres furent effrayés et contenus par des visites domiciliaires et par une surveillance menaçante [1].

Le corps de ville, cependant, préoccupé du sort de ses membres retenus à Blois, ne voulut pas rompre définitivement avec le roi avant d'avoir essayé de retirer de ses mains les captifs. Le corps de ville, le 28 décembre, députa au roi le conseiller Le Maistre [2], avec des remontrances rédigées en termes assez modestes sur les « inconvénients » de l'emprisonnement des députés de Paris. La lettre était écrite au nom des habitants de Paris, « humbles sujets » du roi : elle ne contenait aucunes réflexions sur « l'accident survenu à Blois [3] ». Le Maistre fit son testament avant de partir, « afin d'être en bon état, si le tyran le vouloit faire mourir ».

Henri III était fort éloigné de méditer de nouvelles violences : la démarche pacifique du corps de ville de Paris le rejeta dans ses illusions. Il se montrait tout à fait au-dessous de son crime et, sa haine contre Guise une fois satisfaite, il était retombé dans sa mollesse accoutumée. Il s'opiniâtrait à continuer la tenue des

---

1. *Journal des choses advenues à Paris*, etc., p. 460 et suiv. — *Ordonnances de la ville*, dans Capefigue, t. V, p. 207-212. — Mathieu, tout en injuriant les Seize, trace un énergique tableau de l'enthousiasme populaire. « Il n'y avoit si pauvre artisan qui donnât moins d'une demi-douzaine d'écus; tel n'avoit argent, qui vendoit, engageoit pour contribuer : l'or couloit comme un ruisseau parmi les rues. » Mathieu, t. I, p. 676.

2. C'est par erreur que nous l'avons qualifié de président en 1584.

3. *Registres de l'Hôtel de Ville*, t. XII, f° 216. — *Journal des choses advenues à Paris*, p. 463.

États, au lieu de monter à cheval ; il se flattait de calmer les esprits en maintenant l'édit d'Union et la réduction des tailles, et en publiant des ordonnances de réformes d'accord avec les États. L'attitude des trois ordres eût dû cependant suffire à le désabuser. L'assemblée de Blois, toute mutilée et terrifiée qu'elle fût, opposait une résistance d'inertie à toutes ses propositions ; les trois ordres refusèrent de nommer des délégués pour conférer avec le conseil du roi sur le jugement des cahiers ; ils refusèrent d'insérer dans les cahiers des articles que le roi leur avait adressés sur le crime de lèse-majesté ; ils réclamèrent du roi à plusieurs reprises l'élargissement des députés prisonniers. Henri reprit son système de concessions et d'atermoiements ; il relâcha d'abord Brissac et Bois-Dauphin, les deux généraux des barricades, après avoir reçu leur serment de demeurer étrangers dorénavant à toute rébellion ; puis il accorda au Tiers État et aux envoyés de la ville de Paris la liberté des échevins Compans et Costeblanche et leur permit de retourner à Paris avec Le Maistre, à condition qu'ils travailleraient à rétablir l'ordre dans la capitale et qu'ils reviendraient à Blois sous quinze jours ; il chargea Le Maistre de faire enregistrer au parlement son édit du 31 décembre. Les échevins ne revinrent pas plus que l'édit ne fut enregistré.

Le roi ne s'était pas laissé fléchir relativement au prévôt La Chapelle-Marteau, ni au président de Neuilli ; mais il ne gagna rien à leur captivité. L'avocat Bernard, de Dijon, dirigea le Tiers État au moins aussi habilement qu'eût pu le faire La Chapelle-Marteau, et le roi n'obtint de soumission qu'en paroles.

Les cahiers furent présentés le 4 janvier [1]. Le roi, dans sa ré-

---

1. Voici les articles les plus saillants du cahier du Tiers État. — Les ordonnances faites par suite des requêtes des États doivent être immuables, et n'ont pas besoin d'être vérifiées en parlement. — Plus de lits de justice ; les parlements doivent avoir toute liberté de remontrances et ne doivent point être forcés à enregistrer les édits (c'était demander pour les parlements le veto en l'absence des États Généraux). — Le roi est requis de déclarer le roi de Navarre incapable de succéder au trône ; ses biens doivent être confisqués, etc. — Les hérétiques doivent être punis selon les ordonnances de François Ier et de Henri II ; que des mesures rigoureuses soient prises contre les suspects et les fauteurs d'hérésie. Les confréries seront généralement rétablies. — Que les élections ecclésiastiques soient rétablies nonobstant le concordat. Le concile de Trente doit être reçu, sauf les droits de la couronne et les libertés gallicanes. — On empêchera les mineurs de se faire jésuites ou moines malgré leurs

plique aux orateurs des trois ordres, dit que « quelques choses parents*. — Les curés et vicaires porteront chaque année au greffe des bailliages et sénéchaussées les registres des baptêmes et sépultures. — Qu'il soit interdit aux seigneurs de se faire cautionner par les paysans de leurs terres et des terres voisines. — Que les gens du roi poursuivent d'office les seigneurs qui commettent des exactions sur leurs sujets. — Que l'adultère soit puni de mort (les bourgeois catholiques voulaient se mettre au niveau de la sévérité calviniste). — Plus de vénalité des gouvernements. — Abolition des anoblissements à prix d'argent. — Que les seigneurs et gentilshommes ne puissent avoir de canons chez eux. — Que le roi révoque les gardes octroyées aux gouverneurs et à tous autres (instruments de tyrannie locale), et réduise ses propres gardes comme au temps de Henri II. — Plus de levées d'argent sans le consentement des États. — Que le maniement des finances soit interdit aux étrangers. — Que la gabelle soit abolie dans les provinces où elle n'existait pas d'ancienneté. — Que l'unité soit établie dans les poids et mesures.

Les articles concernant l'autorité des États, le roi de Navarre, les élections, le concile, les finances, sont communs aux trois ordres. Le clergé demande qu'on poursuive rigoureusement et qu'on mette à mort les sorciers; qu'on rétablisse la célébration des journées de Moncontour, de *la Saint-Barthélemi*, etc. (il ne dit plus, comme en 1576, que l'Église ne demande pas l'effusion du sang); que toute aliénation des biens de l'Église soit désormais interdite (le clergé dit avoir donné à la couronne près de 95 millions depuis 1561). — Le clergé demande pour les officialités le droit d'arrestation préalable en matière de correction des mœurs. — Abolition des régales et réduction des annates. — Que le duel soit puni comme crime de lèse-majesté; la noblesse ne s'y oppose pas, chose remarquable. — La noblesse et le clergé demandent le maintien des juges-consuls (tribunaux de commerce).

La noblesse veut que le chancelier, les secrétaires d'État, le tiers des parlementaires, soient pris dans son sein : elle réclame contre l'anoblissement par offices et charges; elle demande la peine de mort contre le braconnage; elle requiert la suppression des duchés, pairies, marquisats, comtés et baronnies érigés depuis la mort de Henri II et proteste contre la prééminence que les nouveaux titrés s'arrogeaient, en vertu de leurs titres, sur des maisons plus anciennes et plus renommées que les leurs. — Que des États triennaux soient réunis dans chaque province, à l'exemple des pays d'États** (le clergé s'associe à ce vœu). — La noblesse émet un autre vœu qui lui fait honneur : elle demande l'organisation d'une marine royale permanente sur l'Océan et la Méditerranée. La couronne ne possédait en ce moment que deux vaisseaux en Normandie; quant aux galères de Provence, on les avait fait venir dans les ports de l'Océan, où elles pourrissaient sans qu'on les remplaçât. — La noblesse énonce le principe que toutes paroisses et communautés doivent nourrir leurs pauvres invalides et forcer les pauvres valides à travailler. Une ordonnance royale de mai 1586 avait décrété que chaque ville du royaume devait nourrir ses pauvres par aumônes envers les invalides et par ateliers et œuvres publiques pour les valides.

* Cette requête, remarquable de la part d'une assemblée ligueuse, paraît avoir été motivée par une affaire qui eut un grand retentissement. Les jésuites avaient détourné de la maison paternelle un jeune homme de seize ans, fils du lieutenant-criminel au présidial d'Angers, Pierre Airaut. Le père demanda justice, et à l'opinion publique et aux tribunaux, par un livre qui est un des plus beaux monuments de l'éloquence du xvie siècle, le *Traité de la puissance paternelle*. V. à ce sujet, une lettre de Pasquier, l. xi, let. 9.

** Un des articles du cahier de la noblesse se plaint des abus qui se commettaient dans les États de Languedoc. La perception des impôts, opérée par les délégués de ces États, n'était pas moins onéreuse que si elle eût été faite par les élus royaux : le principal de l'impôt était doublé.

étoient avenues ces jours passés, à son regret; mais qu'il avoit été forcé de ce faire¹. »

Le roi retint encore les députés une douzaine de jours à Blois et tenta en vain d'obtenir leur consentement à l'aliénation du domaine, qu'on eût remplacé, selon le projet de Henri III, par les biens confisqués sur les hérétiques. Henri, voyant qu'il ne pouvait rien tirer de l'assemblée, qui refusait obstinément de coopérer par délégués à la discussion des ordonnances à rendre sur les cahiers, se décida enfin à congédier les trois ordres. Les harangues de clôture furent prononcées les 15 et 16 janvier. L'archevêque de Bourges, suppléant des deux cardinaux, l'un mort, l'autre captif, et le comte de Brissac semèrent à l'envi les fleurs de rhétorique : on n'eût pas soupçonné, à les entendre, qu'ils parlaient entre des murs fumants du sang des Guises et au bruit des tempêtes qui bouleversaient la France. Le discours de l'orateur du Tiers État, Bernard, de Dijon, fut plus significatif, quoique très-mesuré dans la forme. Bernard réhabilita le souvenir des États Généraux de 1356, ce que personne n'avait encore osé faire². La dernière séance fut terminée par une nouvelle lecture de l'édit d'Union. Le roi assura qu'il ne changerait jamais de volonté à cet égard et pria en particulier les principaux députés de s'employer à calmer leurs provinces. La plupart, une fois rentrés chez eux, firent tout le contraire et se mirent à la tête de la rébellion.

Les populations n'avaient point attendu, pour se soulever, le retour de leurs représentants. Pendant que Henri III s'amusait à écouter et à prononcer des harangues à Blois, chaque jour lui enlevait un des fleurons de sa couronne. Le divorce de Paris et du dernier Valois était consommé !

L'exaltation du peuple de Paris, loin de s'affaisser après la première explosion, s'était nourrie de sa propre violence et accrue

---

(Isambert, t. XIV, p. 600). Il existait déjà maints édits antérieurs sur ce sujet. Le principe était fort incomplétement et fort mal réalisé; mais il n'était contesté dans aucun pays chrétien. C'est à cette même époque qu'appartient la grande organisation de la Taxe des pauvres en Angleterre.

V. les cahiers de 1589 dans le *Recueil des cahiers généraux des trois ordres*, t. III, Paris, 1589.

1. *Journal* de Bernard, *États Généraux*, t. XV, p. 122.
2. *Journal* de Bernard, p. 137.

de jour en jour. Cent tribuns en soutane et en froc, transportés d'une fureur qui ne connaissait plus de bornes depuis la nouvelle de l'assassinat du cardinal de Guise, soufflaient incessamment le feu dans le cœur de la démocratie catholique. Le 29 décembre, le fameux prédicateur Lincestre ou Guincestre, que le peuple avait installé tumultuairement dans la cure de Saint-Gervais devenue vacante, déclara, dans un sermon prêché à Saint-Barthélemi en la Cité, que le *vilain Hérodes* (anagramme de Henri de Valois) n'était plus roi de France et qu'on ne devait plus lui obéir. Au sortir de l'église, le peuple arracha du portail les armoiries du roi et les traîna dans le ruisseau. Les 1er et 2 janvier, des services funèbres eurent lieu à Notre-Dame et dans toutes les paroisses, pour les âmes des « deux frères martyrs de Jésus-Christ et du public ». On exposa sur les autels des tableaux représentant « la « cruauté de ce tyran de roi, comme il avoit fait massacrer ce « grand duc de Guise et le cardinal, son frère [1] ». Le 1er janvier, Lincestre, à la suite d'un nouveau sermon à Saint-Barthélemi, exigea de ses ouailles le serment d'employer jusqu'au dernier denier de leur bourse, jusqu'à la dernière goutte de leur sang, pour venger la mort des Guises. Il interpella par deux fois le premier président de Harlai, assis devant lui au banc d'œuvre : « Levez la main, monsieur le président ; levez-la bien haut, afin que le peuple la voie ! » Refuser, c'était la mort ! Malgré son ferme courage, le magistrat se troubla ; Achille de Harlai jura [2].

Le lendemain, le peuple alla démolir, dans l'église Saint-Paul, les magnifiques tombeaux de marbre que Henri III avait érigés à ses mignons Saint-Mesgrin, Caylus et Maugiron.

Les chefs de la Ligue se préparaient à porter au roi un coup plus décisif. Le 7 janvier au matin, une requête fut présentée au gouverneur et au bureau de la ville, de la part des bons bourgeois, manants et habitants de Paris. Les requérants exposaient leurs scrupules de conscience et demandaient que « messieurs de la faculté de théologie » fussent convoqués pour délibérer, à l'occasion « des desseins cruellement exécutés à Blois et violation

---

1. *Journal des choses advenues à Paris*, etc., p. 465.
2. L'Estoile, p. 278.

de la foi publique, s'il est permis de s'assembler, s'unir et contribuer contre le roi, et si les sujets sont encore liés du serment qu'ils lui ont juré ».Tout était convenu d'avance avec les meneurs de la Sorbonne : la requête fut envoyée sur-le-champ à la Faculté ; une messe du Saint-Esprit inaugura la délibération et, après une faible résistance de la part du doyen Jean Lefebvre et de quelques anciens docteurs, la Faculté, au nombre de soixante-dix docteurs et maîtres, déclara : 1° que le peuple du royaume était délié du serment prêté au roi Henri ; 2° que le peuple pouvait, en sûreté de conscience, s'armer pour la défense de la religion contre les conseils néfastes et les entreprises dudit roi et de ses adhérents, puisque Henri III avait violé la foi publique au préjudice de la religion, de l'édit de la Sainte-Union et « de la naturelle liberté des États [1] ».

La Faculté décida que cette conclusion serait transmise au saint Père, afin qu'il la confirmât par l'autorité du saint-siége apostolique. Le nom du roi fut retranché de l'offertoire et de toutes les prières publiques. Au lieu de prier pour le roi, on pria désormais « pour les princes chrétiens armés pour la défense du nom du Seigneur et le salut public ».

La décision de la Sorbonne eut un grand effet ; elle entraîna une foule de consciences incertaines que retenaient les habitudes monarchiques et le principe de soumission aux puissances. Au dehors du royaume, elle fit croire à bien des gens que la cause du roi était désespérée.

L'agitation de Paris était devenue de la frénésie. Un peuple entier semblait pris de vertige. Le 10 janvier, on rassembla tous les petits enfants de Paris dans le cimetière des Innocents et aux alentours, et on les conduisit en procession à l'abbaye Sainte-Geneviève. Quand la tête de cette immense colonne entra sous le porche de l'église abbatiale, tous éteignirent leurs cierges contre terre, en criant : « Dieu éteigne la race des Valois [2] ! » Nul pinceau ne saurait rendre l'aspect que présenta Paris durant

---

1. *V.* les pièces en note à L'Estoile, édit. de 1744, t. II, p. 168 et suiv. — Petitot, introduction aux *OEconomies royales* (collect. Petitot, série II, t. I, p. 109).

2. *Journal de ce qui est advenu à Paris*, etc., à la suite de L'Estoile, édit. de 1744, t. II, p. 471. — *Abrégé de l'Histoire de Henri III*, par Machon, *ibid.*, 567.

six semaines. Plus de banquets, de noces, de divertissements profanes. Le peuple ne quittait plus les églises, si ce n'est pour aller aux portes chercher les nouvelles des villes alliées ou voir partir les soldats aux armures et aux enseignes noires semées de larmes blanches, qu'on envoyait incessamment au secours d'Orléans. Les journées se passaient en *requiems*, en services solennels dans les églises tendues de noir, en processions interminables ; la nuit même, des paroisses entières se levaient et obligeaient leurs curés à les mener processionnellement à travers la ville ; on voyait se déployer dans les rues, à la pâle lueur des cierges, au chant lugubre du *Miserere*, de longues files d'hommes, de femmes, d'enfants, pieds nus, en chemise, par les froides soirées d'hiver. Les plus bizarres contrastes signalaient ces nuits de délire, où tous les désordres des sens se mêlaient aux hallucinations du fanatisme. Le libertinage de la jeune noblesse ligueuse y trouvait son compte. Par une contradiction plus bizarre encore, tandis que Lincestre et ses émules traitaient Henri III et d'Épernon de sorciers et d'adorateurs du diable [1], un grand nombre de prêtres plaçaient, dit-on, sur les autels, pendant la messe, des images de cire qu'ils piquaient au cœur, en prononçant des paroles magiques, afin de donner la mort au roi [2]. C'était un étrange christianisme que celui de Philippe II et de la Ligue, et ses ministres semblaient des prêtres de Siva plutôt que des prêtres de Jésus-Christ.

Le gouvernement municipal des Seize se servait de cette prodi-

1. On alla plus loin : on prétendit qu'Épernon était un diable incarné et que son vrai nom, « en Enfer », était Terragon. — Un jour, Lincestre montra à ses ouailles deux petits satyres de vermeil, qu'on avait trouvés chez les Minimes du bois de Vincennes, couvent où Henri III faisait de fréquentes retraites. Lincestre prétendit que c'étaient les images des diables qu'adorait Henri de Valois : il paraît que c'étaient tout simplement des porte-cassolettes ; néanmoins, l'indécence et l'étrangeté de ces figurines, entre lesquelles une croix d'or, enchâssant un morceau de la vraie croix, s'était trouvée placée d'une façon fort inconvenante, prêtaient à des suppositions peu favorables. On savait combien les sciences occultes avaient été en faveur auprès de Catherine. — L'Estoile, p. 285. — De Thou, t. IV, l. xciv, p. 697. — *Les Sorcelleries de Henri de Valois*, ap. L'Estoile, édit. de 1744, t. III, p. 369. — On a retrouvé d'autres figurines, montées en pommeaux de dagues, qui attestent non pas les sortiléges, mais l'immoralité de la cour de Henri III; ce sont des espèces d'hermaphrodites. Une lettre de Henri III, sans adresse et sans date, qui fait partie de la collection d'autographes de M. le docteur Payen, est aussi assez significative à cet égard, par le fond, quoique la forme n'ait rien d'indécent.

2. L'Estoile, p. 282-283.

gieuse effervescence pour renverser tous les obstacles et régularisait, pour ainsi dire, le désordre même. C'étaient en général des hommes appartenant aux rangs inférieurs de l'ordre judiciaire qui avaient remplacé, dans la direction des affaires de la ville, les hommes de la haute magistrature. Paris était gouverné par le clerc du greffe Senault, le commissaire Louchart, les procureurs Bussi-Leclerc, Aimonnot, etc. Cette démocratie de Palais déploya une vigueur et une audace extrêmes; elle fit suivre la décision de la Sorbonne d'un coup d'état contre le parlement. La cour suprême n'avait pas protesté ouvertement contre les actes de la Ligue : elle avait reçu le serment du duc d'Aumale, comme gouverneur de Paris, et fait d'autres concessions encore; mais elle ne voulait pas rompre avec le roi, ni renvoyer ses lettres sans les ouvrir, comme le corps de ville l'avait déjà fait à trois reprises, et elle délibérait d'envoyer au roi de nouveaux députés. Les Seize résolurent d'empêcher cette députation et d'arracher par la force le concours que le parlement ne leur accordait pas de bon gré. Le 14 janvier, une proclamation publiée à son de trompe avait annoncé que le prévôt, les échevins et le peuple de Paris protestaient de nullité contre tout ce qui s'était fait à Blois depuis le 23 décembre dernier. Le 16, au matin, le Palais fut investi par un corps nombreux de ligueurs armés, et l'ex-procureur Bussi-Leclerc, gouverneur de la Bastille, entra, cuirassé et le pistolet au poing, dans la grande chambre dorée du parlement, où toutes les chambres étaient assemblées pour débattre l'envoi des députés au roi. Leclerc déclara qu'à son grand regret, il avait reçu le commandement de s'assurer de quelques présidents et conseillers, accusés d'être partisans de « Henri de Valois », et il commença à lire une liste en tête de laquelle étaient inscrits le premier président de Harlai et le président Augustin de Thou (oncle de l'historien). Les membres présents ne le laissèrent point achever et s'écrièrent que tous suivraient leurs chefs. Les timides, prévoyant l'orage, n'étaient pas venus. Tous les assistants, au nombre de cinquante à soixante, se levèrent et marchèrent après Achille de Harlai [1]. Bussi-Leclerc les emmena en masse à la Bas-

---

1. Du Vair raconte qu'il avait fait prévenir Harlai de ne point aller au parlement. « Je n'en ferai rien », répondit Harlai; « s'ils me veulent chercher, ils me trouve-

tille, tout revêtus de leurs robes magistrales. La bourgeoisie, habituée à respecter le parlement comme la loi incarnée, regarda passer avec stupeur ce triste cortége que le menu peuple poursuivait de ses huées [1].

On arrêta encore à domicile quelques membres du parlement, ainsi que des conseillers de la chambre des comptes, de la cour des aides, du Châtelet, etc.; néanmoins, dès l'après-midi, on commença de relâcher, l'un après l'autre, ceux des magistrats qui n'étaient pas sur la liste de Bussi-Leclerc et qui passaient pour zélés catholiques. Plusieurs n'avaient agi que par l'entraînement du point d'honneur et de l'esprit de corps, et ne soutinrent pas jusqu'au bout leur courageuse démonstration. Les nombreux conseillers et maîtres des requêtes que la peur avait retenus chez eux le 16 janvier furent ramenés le lendemain au Palais par la peur, et l'audience de la grand' chambre fut ouverte par le président Brisson, personnage de haute science, mais de faible caractère, qui évita la prison en promettant aux Seize d'être « homme de bien » et en acceptant les fonctions de premier président par intérim. Épouvanté des actes qu'exigeait de lui la Ligue, il protesta secrètement, par-devant notaires, qu'il n'agissait que par contrainte et détestait toute rébellion « contre son roi et souverain seigneur [2] ». Cette conduite double devait lui coûter cher !

Le 19 janvier, le parlement ainsi épuré rendit un arrêt d'union avec le corps de ville de Paris, « pour lui adhérer et l'assister en toutes choses, et même contribuer aux frais de la guerre résolue pour le bien public [3] ». Le procureur-général et les deux avocats-généraux étaient prisonniers ou en fuite. La cour chargea des fonctions de procureur-général le conseiller Molé, à sa sortie de

roient bien où que je fusse, et ils ne me sauroient prendre en plus digne lieu qu'en mon siége ». Harlai racheta ainsi noblement la faiblesse qu'il avait un instant montrée devant Lincestre. Il voulait, suivant ce que rapporte du Vair, se faire tuer sur son siége plutôt que de s'en laisser arracher. Il ne céda qu'aux prières de ses collègues. Manuscrits de Dupuy, vol. 661.

1. De Thou, t. IV, l. xciv, p. 691. — L'Estoile, p. 279-280. — P. Cayet, *Chronologie novennaire*, p. 89. — *Dialogue du Maheustre et du Manant*, ap. Preuves de la Satyre Ménippée, t. III, p. 411. — *Journal de ce qui est advenu à Paris*, etc., à la suite de L'Estoile, édit. de 1744, t. II, p. 478-479.

2. L'Estoile, p. 281.
3. L'Estoile, p. 281.

la Bastille, où il avait suivi ses collègues; Jean Le Maistre et Louis d'Orléans, échappé de Blois, furent élus avocats-généraux.

La Ligue parisienne, maîtresse du parlement et encouragée par l'adhésion formelle de presque toutes les villes de l'Ile-de-France, ainsi que d'Amiens [1] et d'Abbeville, ne se borna plus à des actes d'autorité municipale et commença de parler au nom de la France. Le 21 janvier, une déclaration, publiée « de par les princes catholiques, villes et communautés unis avec les trois États du royaume », remit au peuple des campagnes le quart des tailles de l'année, en sus de la réduction convenue aux États de Blois. Les receveurs furent sommés de verser les tailles entre les mains des commis des « princes catholiques » et non d'autres. Le 24, le parlement, « en présence des princes, pairs de France, prélats, maîtres des requêtes, etc., » jura solennellement d'entretenir l'Union et de résister de toute sa puissance « à l'effort et intention de ceux qui ont violé la foi publique par le massacre et emprisonnement commis à Blois, en poursuivre la justice par toutes voies et n'entendre à aucun traité, sinon d'un commun consentement de tous les princes, prélats, villes et communautés unis ». Tous les assistants signèrent, et plusieurs de leur sang! Les notaires, les avocats, les procureurs jurèrent après les membres du parlement. Quant aux princes, pairs et prélats, on ne les avait désignés dans la formule du serment que pour l'effet, il n'y avait encore d'autre prince à Paris que le duc d'Aumale, et les pairs et les prélats s'y trouvaient en fort petit nombre [2].

Deux ou trois jours après, se présenta, de la part du roi, un héraut chargé d'interdire le parlement et toutes les autres cours et tribunaux. Il fut renvoyé ignominieusement sans réponse.

Le 31, la duchesse de Guise, accouchée le 20 d'un garçon qui eut pour marraine la ville de Paris [3], vint en grand deuil présenter requête au parlement, afin qu'il fût informé contre les meurtriers de son époux et de son beau-frère. Le parlement fit

---

1. A Amiens, les ligueurs avaient arrêté la duchesse de Longueville, fille du duc de Nevers, et le comte de Saint-Pol, beau-frère de cette princesse. *Mémoires de la Ligue*, t. III, p. 176.
2. P. Cayet, p. 100-101. — *Archives curieuses*, t. XII, p. 227.
3. On le nomma François-Pâris de Lorraine.

droit à la requête et chargea deux commissaires de l'information. Le roi, de son côté, avait entrepris d'intenter aux Guises un procès posthume et nommé des commissaires à cet effet. Le parlement interdit aux commissaires du roi de passer outre [1].

Le duc de Nemours, parvenu à s'évader du château de Blois, arriva, sur ces entrefaites, à Paris, où il fut reçu avec allégresse. On attendait, d'un moment à l'autre, un personnage plus important encore, le duc de Mayenne, chef désigné de la Sainte-Union. Les nouvelles des provinces étaient excellentes pour la Ligue. Mayenne avait employé le mois de janvier à s'assurer, par lui-même ou par ses lieutenants, de la Bourgogne presque entière et de la plus grande partie de la Champagne. Mâcon, Chalon, Beaune, Dijon, Autun, Châtillon, Auxonne s'étaient déclarés en sa faveur, ou spontanément ou par l'influence des gouverneurs et des garnisons ligueuses [2]; il avait reçu à Dijon, tout à la fois, les dépêches des Seize et les lettres du roi, qui, n'ayant pu s'emparer de sa personne, l'assurait de sa bienveillance et lui offrait de le maintenir dans ses charges et dignités. Les hautes chances de fortune que la Ligue offrait à Mayenne, le point d'honneur qui le poussait à venger ses frères, les exhortations de sa sœur, l'impétueuse duchesse de Montpensier, accourue de Paris à sa rencontre, le déterminèrent à repousser les avances du roi. Ceux des membres du parlement de Dijon qui ne voulurent point prendre parti contre Henri III se réfugièrent à Flavigni, puis à Semur, sous la protection de Guillaume de Tavannes, qui retint quelques petites places dans l'obéissance royale. Le reste du parlement suivit l'impulsion du président Jeannin, conseiller intime de Mayenne et l'un des hommes les plus distingués que renfermât le parti ligueur : Jeannin prouva plus tard que l'esprit de parti n'avait pas étouffé chez lui tout esprit national.

Mayenne quitta la Bourgogne à la mi-janvier, afin de marcher

---

1. *Arrests de la cour souveraine des pairs de France contre les meurtriers et assassinateurs de messieurs les cardinal et duc de Guise*; Paris, Nivelle, 1589. — L'information a été publiée dans le t. XII des *Archives curieuses*, et dans le t. III de la *Revue rétrospective*.

2. Auxerre, soulevée par le provincial des cordeliers, chassa son évêque, le célèbre Amiot. — V. Lebeuf; *Mémoire concernant l'Histoire d'Auxerre*, t. I, p. 633; t. II, p. 402.

au secours d'Orléans. Il se rendit de Dijon à Troies, où il fut reçu presque royalement; Reims, Sens, Mézières, Vitri, Chaumont avaient aussi arboré l'étendard à la double croix [1]. Châlons, Langres [2], Sainte-Menehould se prononcèrent au contraire pour le roi. La bourgeoisie de Châlons, à la nouvelle du meurtre de Guise, s'était soulevée, non pas contre le roi, mais contre le gouverneur ligueur de Rosne, qu'elle chassa de ses murs. Mayenne n'essaya point d'attaquer Châlons et se dirigea sans délai vers Orléans. Pendant tout le mois de janvier, les Orléanais n'avaient cessé de foudroyer leur citadelle et de harceler, par des sorties, les troupes du maréchal d'Aumont, qui occupait la citadelle et les faubourgs et qui tâchait, sans grand succès, d'intercepter les secours du dehors. Orléans était continuellement ravitaillé. d'Aumont réclamait à grands cris des renforts et pressait le roi de rappeler l'armée qui guerroyait en Poitou, sous les ordres du duc de Nevers, contre le roi de Navarre. Le maréchal de Retz s'opposait à ce rappel, pressait le roi de rester fidèle à l'édit d'Union et lui représentait que l'armée levée contre les huguenots ne voudrait pas faire la guerre aux catholiques; qu'elle ne manquerait pas de se débander. Henri, après trois ou quatre semaines d'hésitation, écrivit à Nevers de ramener ses troupes en Touraine. La plupart n'y arrivèrent pas : l'armée se disloqua, ainsi que Retz l'avait prédit, et des corps entiers passèrent au service de la Ligue.

Avant que Nevers eût rejoint le roi, le sort d'Orléans fut décidé. Le maréchal d'Aumont, qui avait déjà grand' peine à maintenir sa position contre les Orléanais et leurs auxiliaires parisiens, ne crut pas devoir se laisser enfermer entre la ville et Mayenne. Il évacua la citadelle, qui ne consistait guère qu'en un portail flanqué de tours, bâti sur l'ancienne porte Bannier, et qui était toute ruinée par le canon de la ville. Il se retira sur Beaugenci (31 janvier).

---

1. Les ligueurs arborèrent la double croix de Lorraine sur leurs enseignes pour les distinguer des bannières royales, qui portaient une croix blanche.
2. A Langres, la municipalité royaliste l'emporta sur l'évêque ligueur. Le maire Roussat, homme énergique, actif et dévoué, fit de Langres le point d'appui du parti royal dans toute cette région. Sa correspondance avec Henri III et Henri IV a été publiée en 1816 à Paris; elle est pleine de renseignements précieux.

Au moment où cette nouvelle fut apportée à Blois, Henri III, inquiet et irrité de l'évasion du duc de Nemours, venait de s'embarquer avec ses autres prisonniers sur la Loire pour les conduire au fort château d'Amboise, sans se soucier si ses partisans ou plutôt les partisans de la couronne rougissaient pour lui de voir le roi de France faire le métier d'archer et de geôlier. La prise de la citadelle d'Orléans par les ligueurs et l'approche de Mayenne causèrent une telle terreur à Blois, que Mayenne eût pu y entrer presque sans résistance. La prise de Blois eût entraîné toutes les villes de la Loire; « le roi », dit Étienne Pasquier, « eût été merveilleusement empêché de trouver lieu pour sa retraite » (liv. xiii, let. 10).

Le prince ligueur ne se dirigea point sur Blois et le roi y rentra sans obstacle. Mayenne, après avoir visité Orléans, avait pris la route de Paris; à Auneau, lieu illustré par ses exploits et par ceux de son malheureux frère, il reçut une députation de la ville de Chartres, qui avait commencé de remuer aussitôt après le meurtre des Guises, et qui venait de chasser le procureur-général La Guesle, envoyé par le roi pour exhorter les Chartrains à la fidélité. Mayenne se rendit en toute hâte à Chartres et fit jurer aux habitants de « se maintenir en la Sainte-Union et de poursuivre la vengeance des massacres faits à Blois ». Il avait demandé ce serment à toutes les villes qu'il avait traversées depuis Lyon (7 février). Les petites villes de la Beauce et du Perche suivirent l'impulsion de Chartres, et le mouvement se propagea, d'une part dans le Maine, de l'autre, dans la Normandie. Le 12 février, Bois-Dauphin, faussant la promesse qu'il avait faite au roi, souleva le Mans. Le gouverneur, qui était, comme l'évêque, de la famille royaliste des d'Angennes, fut blessé et fait prisonnier par les insurgés, à la tête desquels était la corporation des bouchers. Brissac se conduisit à Angers de même que Bois-Dauphin au Mans; il fit révolter la ville d'Angers (20 février), mais manqua le château. Henri III y avait placé un capitaine qui ne se laissa ni intimider ni corrompre.

Pendant ce temps, l'orage éclatait à Rouen et dans les trois quarts de la Normandie. Dès le 4 février, le premier président du parlement de Normandie, Claude Groulart, homme d'un grand caractère et dévoué à la couronne, avait quitté Rouen, en voyant l'impossibilité de résister à la Ligue. Le lendemain, les ligueurs obligèrent le gouverneur Carouges à leur remettre les deux châteaux de Rouen, puis à jurer fidélité à la Sainte-Union ; ils souillèrent leur facile victoire en égorgeant un assez grand nombre d'hérétiques ou de suspects ; massacre qui fut suivi d'exécutions juridiques. Toutes les places riveraines de la Seine, depuis Paris jusqu'au Havre, se déclarèrent pour la Sainte-Union, à l'exception de Pont-de-l'Arche. Caen et Dieppe, villes où subsistaient beaucoup d'éléments huguenots, restèrent royalistes, tandis que Rouen et le Havre se faisaient ligueurs. Évreux, Lisieux, Bayeux, Falaise, Argentan, Valognes imitèrent Rouen ; Coutances, Saint-Lô, Alençon suivirent Caen.

Le duc de Mayenne s'était rendu, le 12 février, de Chartres à Paris, où l'ambassadeur d'Espagne, Bernardino de Mendoça, l'avait précédé. Le représentant de Philippe II, après avoir tenté inutilement de soulever Blois par ses intrigues, s'était dérobé de la cour et avait été s'installer au quartier-général de la Ligue. Le corps de ville de Paris fit une réception solennelle à Mayenne, qui alla descendre à Notre-Dame, aux cris mille fois répétés de : « Vivent les princes catholiques ! vive la maison de Lorraine ! » Le gouvernement de la Sainte-Union se constitua aussitôt après l'arrivée de Mayenne. Le 16 février, les ducs de Mayenne, d'Aumale, de Nemours, le comte de Chaligni, frère de la reine et du duc de Mercœur, les échevins et les conseillers de ville, les députés des cours souveraines et des divers corps, colléges, chapitres et communautés, les seize quarteniers et quatre délégués de chacun des conseils de quartier [1], se réunirent en assemblée générale à l'Hôtel de Ville. Mayenne exposa la nécessité d'établir un conseil général composé de tous les ordres et états de la ville, afin de pourvoir à toutes les occurrences de la guerre, des finances et de la police du royaume, en attendant une nouvelle réunion d'États Généraux. La question avait déjà été traitée en assemblée

1. On avait récemment régularisé l'organisation politique des quartiers. Chaque quartier avait, outre son quartenier, un conseil ou comité de neuf membres : la réunion des seize comités formait le conseil des Seize. — *Dialogue du Maheustre et du Manant*, loc. cit., p. 451.

de ville avant l'arrivée du duc, et l'on avait dressé une liste des personnes les plus propres à figurer dans le conseil général. La liste fut renvoyée par l'assemblée aux seize conseils de quartiers, pour qu'ils eussent à donner leurs avis, d'après lesquels les choix seraient définitivement arrêtés par un bureau « assemblé près les seigneurs princes [1] ». Le conseil général fut composé de quarante membres : le duc de Mayenne, président; trois prélats, Guillaume Rose, évêque de Senlis, de Brézé, évêque de Meaux, de Villars, évêque d'Agen; cinq curés de Paris, Prévost, de Saint-Séverin, Boucher, de Saint-Benoît, Aubri, de Saint-André-des-Arts, Pelletier, de Saint-Jacques-de-la-Boucherie, Pigenat, de Saint-Nicolas-des-Champs [2]; le chanoine de Launoi; sept gentilshommes, parmi lesquels Maineville; vingt-deux bourgeois de Paris, entre autres le président de Neuilli, élu malgré son absence forcée, Michel de Marillac, alors jeune conseiller au parlement, depuis garde des sceaux sous Louis XIII, le jurisconsulte Fontanon, le lieutenant-civil La Bruyère, le procureur Crucé et le greffier Pierre Senault, homme éloquent, adroit et hardi, très-accrédité parmi le peuple, qui fut nommé secrétaire du conseil et qui, pendant quelque temps, exerça une sorte de dictature [3].

Les délégués des villes unies devaient en outre avoir séance de droit au conseil toutes les fois qu'ils se trouveraient à Paris. Le conseil des Quarante était l'expression la plus nette de la démocratie parisienne; les Seize semblaient toucher ainsi au but qu'ils avaient proposé aux bonnes villes de France dans leurs circulaires de 1587 : un gouvernement de municipalités confédérées sous la direction de Paris.

Mayenne, lui, avait un tout autre but et ne se souciait aucunement de servir d'instrument à une fédération démocratique. Il ne heurta point de front les Seize : il reçut de leurs mains le con-

---

1. *Registres de l'Hôtel de Ville*, t. XII, f°s 284-285.

2. Pigenat, comme Lincestre, avait été installé dans sa cure par l'élection populaire.

3. « Quand audit conseil il se proposoit quelque affaire qui ne lui plaisoit pas, alors M. le greffier, se levant, disoit tout haut : — Messieurs, je l'empêche et m'y oppose pour quarante mille hommes. — A laquelle voix ils baissoient tous la tête et ne disoient plus mot. » L'Estoile, p. 286.

seil des Quarante tout formé ; mais il représenta la nécessité d'y adjoindre quelques hommes versés dans le maniement des affaires publiques, et y fit entrer successivement quatorze personnages notables, afin de balancer l'élément populaire : c'étaient, entre autres, Hennequin, évêque de Rennes, l'avocat-général Le Maistre, du parlement de Paris, les présidents Jeannin, du parlement de Dijon, et Vétus, du parlement de Rennes, l'ex-secrétaire d'état Villeroi et son père, qui, après une assez longue hésitation, se voyant repoussés par le roi, s'étaient décidés à embrasser la cause de la Ligue. Mayenne fit de plus accorder le droit de séance aux présidents, procureurs et avocats-généraux des cours souveraines, aux prévôt et échevins, et aux évêques présents à Paris. Le plan primitif des Seize se trouva ainsi considérablement modifié [1].

Le 21 février, les ducs de Mayenne et de Nemours, suivis du fameux prédicateur Pigenat, partirent pour Rouen, où le parlement, quoique privé de son chef, opposait une résistance passive aux ligueurs et refusait de prêter le serment de l'Union. Le serment fut arraché par la peur et le parlement de Rouen s'unit, bon gré mal gré, au parlement de Paris. Le 4 mars, tandis que Mayenne s'occupait à organiser la Normandie, le conseil de l'Union lui déféra le titre et les fonctions de « lieutenant-général de l'état royal et couronne de France », en attendant la prochaine réunion des États Généraux. Le *pouvoir* de Mayenne est rédigé de par « les gens tenant le conseil général de l'Union des princes, prélats et officiers catholiques du royaume, joints et unis avec la plupart des bonnes villes de France ». Dans le préambule était exposée, sur le droit de résistance à la tyrannie et sur l'amissibilité du pouvoir royal en cas d'indignité, une théorie tout à fait conforme aux principes de la *Franco-Gallia;* mais, en même temps, on y reconnaissait que « l'état de France » avait « toujours été royal, comme domination la plus sûre, plus stable et de plus longue durée que nulle autre ». L'idée de la royauté était encore identifiée avec l'idée de l'unité et de l'État lui-même, et les Seize,

---

1. *V.* les listes dans le *Dialogue du Maheustre et du Manant*, p. 472, les Remarques sur la *Satire Ménippée*, t. II, p. 336, et les *Mémoires* de Villeroi, anc. collect., t. LXI, p. 297 et suiv.

malgré leurs tendances antimonarchiques, n'osaient refuser de lui rendre hommage ; Paris se fût abjuré lui-même en abjurant l'unité nationale.

Le conseil général ordonna qu'on fît deux nouveaux *scels* aux armes de France, le grand pour le conseil, le petit pour les parlements et chancelleries, avec cette inscription : « Le scel du royaume de France ». Louis de Brézé, évêque de Meaux et trésorier de la Sainte-Chapelle, fut nommé garde des sceaux. Le pouvoir du nouveau lieutenant-général fut enregistré, le 7 mars, au parlement de Paris, qui effaça de l'intitulé des actes judiciaires le nom du roi. Mayenne prêta serment, le 13 mars, entre les mains du premier président Brisson, qui avait, ainsi qu'il s'en vantait lui-même, proposé la lieutenance-générale, afin que la royauté, menacée par le parti populaire, ne cessât pas d'être représentée en France. Le parlement de Rouen tenta derechef une impuissante opposition : une insurrection populaire força l'enregistrement et disloqua cette cour souveraine ; plusieurs conseillers furent emprisonnés ; d'autres, en plus grand nombre, s'enfuirent, et le reste ne fut plus qu'un instrument passif aux mains des ligueurs [1].

Aussitôt après l'élection de Mayenne, le lieutenant-général et le conseil de l'Union arrêtèrent et firent enregistrer par les cours souveraines de Paris un règlement qui fut publié dans toutes les villes et pays de la Ligue. Ce règlement prescrivait la saisie des biens de quiconque refuserait de jurer l'Union, mais défendait aux particuliers de se mêler dorenavant d'arrêter les suspects et de saisir leurs biens sans l'autorité des magistrats ; d'autres mesures encore étaient prescrites afin d'empêcher les déprédations qui se commettaient sous couleur de zèle religieux. Le conseil de l'Union revendiquait, pour lui et pour le lieutenant-général, toutes les attributions de la couronne, les grâces et rémissions, provisions d'offices, nominations aux bénéfices ecclésiastiques de présentation royale, promettait la réduction du nombre des offi-

---

1. V. le *Pouvoir et Puissance de Monseigneur le duc de Mayenne*, etc.; Paris, Nivelle, 1589 ; l'*Advis de Messieurs du Conseil général de l'Union* ; Paris, Fréd. Morel, 1589, et, sur les affaires de Rouen, le IIIe vol. de l'*Histoire du Parlement de Normandie*, par M. Floquet, p. 277-335.

ciers conformément aux ordonnances et rétablissait l'entière liberté et la gratuité des offices judiciaires. Les États Généraux étaient convoqués pour le 15 juillet à Paris.

La formation du conseil des Quarante, l'élection du lieutenant-général avaient doublé la force d'impulsion de la Ligue. C'était comme une marée montante qui menaçait de tout engloutir. Le gouvernement ligueur n'avait point à « conquêter, mais seulement recevoir et donner ordre à tant de peuples et de villes, qui, comme à l'envi les uns des autres, se mettoient du parti de l'Union, aucuns sous les bonnes espérances qu'ils s'étoient imaginées de vivre à l'avenir à la manière des Suisses, et d'être exempts de tailles et de payer les cens et devoirs à leurs seigneurs[1]... » Le mouvement était aussi violent dans les campagnes que dans les villes. Le républicanisme, produit par l'étude et la réflexion dans les esprits cultivés, surgissait spontanément dans les derniers rangs du peuple, qui avait cessé de trouver protection dans la royauté en échange des énormes sacrifices qu'elle exigeait de lui. Ce républicanisme apparaissait sous une forme très-alarmante pour les destinées de la France. La république, dans l'esprit du peuple des provinces, c'était le fédéralisme, c'était le « cantonnement à la Suisse », c'était tout au moins l'extrême relâchement de cette unité française, que, d'une autre part, les grands ligueurs et huguenots aspiraient à dissoudre. Les fautes et les crimes de la royauté avaient compromis l'existence même de la France [2].

Toutes les villes picardes, moins Boulogne, Calais, Saint-Quentin et deux ou trois petites places de l'Oise, avaient embrassé la Sainte-Union : il ne restait plus aux royalistes dans l'Ile-de-France que Compiègne. Laon était demeuré longtemps en suspens : ce fut Jean Bodin lui-même, Jean Bodin, si favorable à la royauté, si opposé au fanatisme religieux, qui conseilla aux Laonnois de se soustraire, après tant d'autres cités, à la domination « d'un monarque hypocrite et perfide ». Bodin, on doit l'avouer, ne suivit point, en cette occasion, les principes qu'il

---

1. P. Cayet, *Chronologie novennaire*, p. 102.
2. *V.* sur les idées et les projets de république qui circulaient alors, un passage extrêmement remarquable des *Mémoires* de Nevers, t. I, p. 919-922; — et P. Cayet, *Chronologie novennaire*, p. 130.

avait posés dans son livre de la *République* et dans ses lettres à Pibrac. Il se crut en présence d'une de ces irrésistibles catastrophes qui renversent les principes constitutifs des empires et qu'il rattache, dans son livre, aux révolutions des astres et aux mystères des nombres.

Les nouvelles du Midi n'étaient pas moins satisfaisantes pour la Sainte-Union. La violente Toulouse se signala, comme à son ordinaire, par des scènes tragiques. Au bruit de l'assassinat des Guises et du soulèvement de Paris, Toulouse avait renforcé son gouvernement municipal en donnant deux coadjuteurs à chacun de ses huit capitouls et en leur adjoignant un bureau extraordinaire composé de six ecclésiastiques, de six membres du parlement et de six bourgeois. Le clergé cessa sur-le-champ de prier pour le roi. Le premier président Duranti essaya d'arrêter le mouvement : c'était un homme intègre, mais passionné ; il s'était rendu très-populaire par son zèle catholique, dont il avait donné des gages sanglants durant les persécutions contre les huguenots : c'était lui qui avait introduit dans Toulouse les capucins, les pénitents, les jésuites. Dès qu'on le vit soutenir la cause du roi, sa popularité s'évanouit en un moment. Il tenta de lutter ; il appela dans la ville beaucoup de gentilshommes du voisinage ; les autorités municipales forcèrent ces étrangers de déguerpir. Sur ces entrefaites, Urbain de Saint-Gelais, évêque de Comminges, et l'avocat Tournier, député du Tiers État, revinrent de Blois souffler le feu dans Toulouse. Le 25 janvier, après la réception des lettres des Seize et du décret de la Sorbonne, les « bons catholiques » proposèrent, dans le conseil de ville, de renoncer solennellement à l'obéissance du roi et d'enlever son portrait du Capitole. L'avocat-général Daffis, beau-frère de Duranti, voulut requérir contre les auteurs de cette proposition *séditieuse* : il manqua d'être assommé sur la place. Duranti parvint à faire renvoyer la question au parlement. Le surlendemain, avant que le parlement, qui était très-divisé, eût rendu aucune décision, le clergé présenta requête pour l'emprisonnement général des suspects et le peuple s'insurgea sans attendre l'issue de la requête : prêtres, moines, écoliers, gens de robe, tous prirent la cuirasse et la pique. Le premier président se réfugia dans la maison de ville, d'où il fut transféré, comme prisonnier, au couvent des Jacobins : les autres suspects du parlement furent mis aux arrêts chez eux, et les ligueurs, victorieux sans combat, proclamèrent l'évêque de Comminges gouverneur de Toulouse. L'avocat-général Daffis, qui s'était retiré à la campagne, écrivit au maréchal de Matignon d'accourir à l'aide des royalistes toulousains : la lettre fut interceptée : Daffis fut arrêté et ramené à la Conciergerie de Toulouse. Le 10 février, une foule furieuse se porta aux Jacobins et à la Conciergerie, força les portes, massacra les deux magistrats et attacha le cadavre de Duranti au pilori avec le portrait du roi. Les protestants publièrent que la justice du ciel avait frappé leur persécuteur, en l'immolant par les mains de ce même peuple qu'il avait « saoulé du sang des martyrs [1] ».

Le parlement de Toulouse, ainsi mutilé, s'unit aux autres parlements ligueurs, et la Faculté de théologie de cette ville rendit un arrêt semblable à celui de la Sorbonne. Narbonne, Albi, Lavaur, Castelnaudari, Gaillac, s'associèrent avec Toulouse; le mouvement se propagea dans le Querci, le Limousin et l'Auvergne. Le comte de Randan, gouverneur d'Auvergne, et la plupart des villes de ce pays se déclarèrent pour la Ligue et décrétèrent l'union avec les députés de Toulouse, dans une assemblée d'États Provinciaux tenue à Riom en avril; Clermont, capitale de la province, et trois ou quatre autres places restèrent au roi. Les ligueurs de Bordeaux, animés par le succès des Toulousains, se révoltèrent, s'emparèrent de la porte Saint-Julien, repoussèrent les consuls à coups d'arquebuse et commençaient d'élever des barricades, lorsque le maréchal de Matignon vint les charger avec quelques troupes renforcées par la noblesse huguenote du voisinage et soutenues par le canon du château Trompette. Les ligueurs furent mis en déroute sans beaucoup de résistance. Le maréchal expulsa de Bordeaux les jésuites, principaux instigateurs de l'émeute, et conserva la plus grande partie de la Guyenne à l'obéissance du roi (6 mars). Agen, Périgueux, Blaye et Cahors

---

1. *Advertissement particulier et véritable de ce qui s'est passé à Toulouse*, etc.; Paris, Robert le Fuzelier, 1589. — Cette relation est attribuée à l'évêque de Comminges, chef du parti ultra-catholique à Toulouse. De Thou, t. IV, l. xcv, p. 714-718. — D'Aubigné, part. II, col. 231. — *Hist. de Languedoc*, l. XLI, p. 428-433.

prirent toutefois le parti de la Ligue, et le triomphe presque complet de la Sainte-Union en Provence compensa son échec de Bordeaux. La guerre civile n'avait pas cessé en Provence, depuis l'été précédent, entre les ligueurs et les *bigarrats* (bigarrés), ainsi que les ligueurs provençaux nommaient les politiques. Marseille, Aix, Arles, Toulon rejetèrent l'obéissance de Henri III dans les premières semaines de 1589. Le parlement d'Aix fut le seul dont la majorité rompit volontairement avec le roi. La minorité se retira auprès de La Valette, que le roi avait rappelé au commandement de la Provence.

La plus grande partie du Dauphiné fut contenue par l'union de La Valette et de Lesdiguières et par la présence du brave et actif Ornano, lieutenant-général de la province; mais la grande cité de Lyon échappa au roi. Le gouverneur Mandelot était mort : le sénéchal et les riches bourgeois retinrent le peuple et les prédicateurs pendant quelques semaines; mais l'explosion eut enfin lieu le 24 février et les chefs du parti royal furent chassés de la ville [1].

Le roi, cependant, était encore à Blois, comme assourdi par tous ces coups de foudre qui se succédaient sans relâche : il regrettait d'avoir provoqué la tempête et fit si mauvaise mine à Loignac, coupable de l'avoir trop bien servi, que ce chef des assassins de Guise quitta la cour et se retira dans son pays, en Gascogne, où il périt bientôt misérablement. La disgrâce de Loignac faillit avoir de graves conséquences : Henri III avait confié ses prisonniers et le château d'Amboise à ce capitaine du Guast qui lui avait fourni des exécuteurs pour tuer le cardinal de Guise : du Guast craignit d'être sacrifié à son tour; il entra en négociations avec ses captifs et avec les ligueurs de Paris, et déjà il commençait à traiter en roi le cardinal de Bourbon, lorsque Henri III fut averti de ce qui se passait à Amboise. La mise en liberté du cardinal eût donné un roi à la Ligue. Henri III ne prévint ce péril qu'en rachetant à du Guast, moyennant 30,000 écus, le car-

---

1. *Déclaration des consuls, échevins, manants et habitants de Lyon*, etc. — *Articles de l'Union jurée par les consuls, échevins, etc., de Lyon*; ap. *Mém. de la Ligue*, t. III, p. 271-286. — De Thou, t. IV, l. xciv, p. 709. — *Notes et Documents pour servir à l'hist. de Lyon sous Henri III et la Ligue*, publiés par A. Péricaud; Lyon, 1843-1844.

dinal de Bourbon, le jeune héritier de Guise et le duc d'Elbeuf, et en l'autorisant à mettre à rançon l'archevêque de Lyon, le prévôt des marchands et le président de Neuilli.

Le roi travaillait enfin à se mettre en défense : il ne pouvait encore se décider à pactiser avec les huguenots français, contre lesquels il venait de renouveler ses déclarations en fermant les États Généraux; mais la nécessité l'avait contraint d'appeler à son aide les protestants suisses et allemands : au commencement de février, il avait dépêché en Suisse Harlai de Sanci, avec des pouvoirs illimités, beaucoup de promesses et point d'argent. Il lança deux déclarations de lèse-majesté, l'une contre le duc de Mayenne et les duc et chevalier d'Aumale, l'autre contre les villes de Paris, Orléans, Amiens, Abbeville et toutes autres qui les assisteraient; il convoqua au 12 mars toutes les compagnies d'ordonnance, avec le ban et arrière-ban de la noblesse, et déclara le parlement, la chambre des comptes et la cour des aides transférés de Paris à Tours.

Le prince de Conti était venu joindre le roi : la noblesse royaliste arrivait peu à peu; d'Épernon, jugeant le moment favorable pour rentrer en faveur, envoya plus de deux mille soldats à Henri III. Henri essaya de prendre l'offensive : il dépêcha le maréchal d'Aumont dans l'ouest : le château d'Angers, qui est vaste et fort, tenait pour le roi; d'Aumont entra par le château dans la ville, força les habitants de capituler, chassa Brissac et rançonna la ville de 100,000 écus (commencement d'avril) [1].

La reprise d'Angers fut bien plus que compensée par la révolte de la Bretagne. Le gouverneur de Bretagne, Mercœur, frère de la

---

1. *V.* les détails remarquables que donne sur les événements d'Angers M. E. Mourin; *la Réforme et la Ligue en Anjou*, ch. VIII. Le parti de la petite bourgeoisie avait abattu, par un grand procès gagné devant le parlement, en 1584, l'échevinage aristocratique et viager qui s'était substitué à l'ancienne constitution municipale. Le maréchal d'Aumont abattit à son tour l'échevinage démocratique et biennal qui avait pris parti pour la Ligue et réinstalla au pouvoir la haute bourgeoisie. — Nous avons omis de citer, lors de la Saint-Barthélemi, des documents insérés dans le livre de M. Mourin, p. 106-109, et dont il résulte que le duc d'Anjou (Henri III), le 26 août 1572, fit expédier par son agent Puygaillard ordre exprès de massacrer les principaux huguenots d'Angers et de Saumur. Les lettres de Puygaillard, exprimant l'ordre en termes formels, et la lettre de créance du duc d'Anjou, avouant en termes généraux ce que Puygaillard est chargé d'écrire, sont données textuellement par M. Mourin, d'après les registres municipaux.

reine et comblé des bienfaits du roi, avait différé quelque temps de se déclarer ; mais l'occasion était trop belle pour qu'il n'essayât pas de préparer la réalisation de ses rêves ambitieux. La duchesse de Mercœur, la belle et altière Marie de Luxembourg-Martigues, issue par les Penthièvres des anciens ducs de Bretagne, soufflait le feu dans le cœur un peu timide de son mari. L'arrivée de l'évêque de Rennes, Hennequin, envoyé de Paris par Mayenne et par le conseil de l'Union, décida Mercœur. Il se fit proclamer à Rennes, par un synode provincial, protecteur de l'Église en Bretagne. Les évêques de Rennes et de Dol soulevèrent le menu peuple : le gouverneur royal de Rennes se réfugia dans la tour de la porte Mordelèse, où Mercœur l'obligea de capituler (15 mars). Dinan, Dol, Fougères, Josselin furent occupés par la Ligue, et les biens des seigneurs campagnards qui ne voulurent pas jurer l'Union furent livrés en proie aux soldats de Mercœur. Quelques gentilshommes huguenots et politiques se jetèrent dans Vitré et firent déclarer pour le roi cette petite, mais forte ville, que vinrent assiéger les troupes de Mercœur, renforcées par quatre ou cinq mille paysans armés. Le siège traîna en longueur : les paysans se rebutèrent et la noblesse royaliste réussit à ravitailler Vitré. Pendant ce temps, une contre-révolution éclatait à Rennes : la majorité du parlement, sur la réception de lettres-patentes du roi contre Mercœur, parvint à entraîner la bourgeoisie, qui, avec l'aide de quelque noblesse, arrêta le gouverneur préposé par Mercœur et rappela le gouverneur royal (5 avril). Les membres ligueurs du parlement se retirèrent à Nantes, que la duchesse de Mercœur souleva sur ces entrefaites malgré les officiers municipaux et où les principaux partisans du roi furent emprisonnés ou chassés (7 avril). Rennes fut en opposition avec Nantes, comme Caen avec Rouen : il y eut en Bretagne deux parlements rivaux ; on se battit à coups d'arrêts aussi bien qu'à coups d'arquebuse : on se pendit réciproquement en effigie. La même chose se passa en Normandie, le roi ayant déclaré le parlement de Rouen transféré à Caen.

Il se fit aussi « de terribles remuements » dans toute la Basse-Bretagne ; mais Brest, « l'arsenal de la Bretagne », fut conservé au roi par son gouverneur. Le mouvement, en Bretagne, n'était pas seulement religieux et municipal; il était aussi national : les abus croissants de la monarchie, les violations fréquentes des droits de la province avaient réveillé les traditions de l'indépendance bretonne et compromis dans les sentiments des populations le lien qui, depuis un siècle, unissait la Bretagne à la France. Pour bien des esprits, dont le jurisconsulte-historien d'Argentré peut être considéré comme le type énergique, la révolte ligueuse ne tendait pas à moins qu'à séparer le duché du royaume. Nantes devint le centre du mouvement séparatiste, tandis que Rennes, la rivale de Nantes, représentait l'esprit français, l'esprit de la grande unité [1].

Un mois avant la reprise d'Angers et la révolte de Nantes, le roi avait quitté Blois, trop exposé aux attaques de Mayenne, pour s'établir à Tours et s'assurer par sa présence la conservation de cette ville, pour lui si importante (commencement de mars). Il s'y trouva serré entre les ligueurs, qui assemblaient leurs forces dans la Beauce, et les huguenots, qui, n'ayant plus d'armée en tête depuis le rappel du duc de Nevers, s'étendaient sans obstacle dans le Poitou et jusque dans la Touraine et le Berri. Les huguenots avaient vu la main du ciel dans la catastrophe du 23 décembre, et le roi de Navarre se sentait, avec une égale joie, délivré du formidable rival qui lui barrait le chemin du trône et innocent de la trahison qui avait frappé ce rival. Aussitôt après avoir appris la mort de Guise, le roi de Navarre avait surpris Niort : il occupa successivement Saint-Maixent, Maillezais, Thouars, Loudun, Argenton, Châtelleraut. Le 4 mars, il publia dans cette dernière ville un manifeste, vrai chef-d'œuvre de bon sens, de bon cœur et de loyale habileté, où il conjurait les trois États de rentrer en eux-mêmes et de sauver la France par la tolérance et la paix.

Les lettres du Béarnais et les pièces rédigées en son nom par du Plessis-Mornai remettent vraiment le cœur soulevé par la platitude des pièces émanées de Henri III et par les manifestes hypocritement sanguinaires des princes lorrains ou grossièrement fanatiques des Seize. On comprend sans peine que tout ce qu'il

---

1. L. Grégoire, *la Ligue en Bretagne*, ch. II; Paris-Nantes; 1856; livre intéressant et plein de faits.

y avait de gens d'élite, et par l'intelligence et par l'âme, aient dû tourner peu à peu de ce côté [1].

Henri III essaya de pousser une double négociation, avec la Ligue, par l'intermédiaire du duc de Lorraine, qui ne s'était pas déclaré ouvertement contre lui, et du légat Morosini, et avec le roi de Navarre, par l'entremise de la duchesse douairière de Montmorenci, fille naturelle de Henri II. La Ligue reçut fort mal les avances du roi. Rosni d'abord, puis du Plessis-Mornai, vinrent au contraire à Tours continuer secrètement les pourparlers au nom du Béarnais. Chaque défection, chaque révolte éclatante dont le bruit arrivait à Tours rapprochait Henri III, malgré lui, d'une transaction contraire à tous ses préjugés, à toutes ses sympathies. Déjà, dans plusieurs cantons, les huguenots s'étaient spontanément associés aux royalistes, et, le 28 mars, Ornano et Lesdiguières avaient arrêté, pour le Dauphiné, une trêve conseillée par les États Provinciaux et ratifiée par le parlement de Grenoble [2]. Le 3 avril, Henri III, malgré les remontrances du duc de Nevers, son ancien complice de la Saint-Barthélemi, signa un traité d'alliance avec l'envoyé du Béarnais, sous la forme assez singulière d'une trêve d'un an, durant laquelle le roi de Navarre s'engageait à n'employer ses forces et celles de son parti que par « commandement ou consentement de

---

1. C'est dans le manifeste du 4 mars que se trouve ce passage si remarquable et qui répondait d'avance à toute éventualité :

« Si vous ne souhaitez ma conversion que par la crainte que vous avez qu'un jour je vous contraigne, vous avez tort. Mes actions répondent à cela..... Les villes où je suis, et qui depuis peu se sont rendues à moi, en feront foi. Il n'est pas vraisemblable qu'une poignée de gens de ma religion puisse contraindre un nombre infini de catholiques à une chose à laquelle ce nombre infini n'a pu réduire cette poignée. Et, si j'ai, avec si peu de forces, débattu et soutenu si longtemps cette querelle, que pourroient donc faire ceux qui, avec tant et tant de moyens, s'opposeroient, puissants, contre une contrainte pleine de foiblesse? Il n'y auroit point de prudence à cette procédure. »

V. *Lettres missives de Henri IV*, publiées par M. Berger de Xivrey, t. II, p. 449.

Dans les villes que prenait le roi de Navarre, il ne laissait « innover en aucunes choses, ni en la police ni en l'Église, sinon en ce qui concerne la liberté d'un chacun ». *Ibid.*, p. 458.

2. *Mém. de la Ligue*, t. III, p. 287. Le pauvre peuple fut la victime de cette transaction. Les deux généraux coalisés imposèrent, pour l'entretien de leurs troupes, une taille de 36,000 écus par mois, qui, jointe aux autres impôts, écrasa et ruina les campagnes du Dauphiné. La plupart des taillables furent réduits à engager leurs biens à la noblesse. — De Thou, t. IV, l. xcv, p. 725.

Sa Majesté. » Henri III lui accordait une tête de pont sur la Loire; le roi de Navarre s'engageait à marcher droit au duc de Mayenne, en respectant, partout où il passerait, les personnes et le culte des catholiques : les places qu'il prendrait seraient remises au roi, sauf une ville par bailliage ou sénéchaussée. Toutes poursuites cesseraient contre les réformés et le culte protestant pourrait s'exercer où passerait le roi de Navarre, ainsi que dans les places qu'il serait autorisé à garder [1].

Henri III demanda un délai de quinze jours avant d'effectuer le pacte convenu : il eût mieux aimé cent fois tendre la main à Mayenne qu'au Béarnais et voulait tenter un dernier effort auprès de la Ligue. Le légat Morosini, esprit conciliant et modéré, qui fut, à son retour à Rome, fort maltraité à cause de ses complaisances pour le roi, alla au-devant de Mayenne, qui, parti de Paris le 8 avril, marchait par Chartres et Châteaudun sur Tours. Le légat offrit au lieutenant-général de l'Union la délivrance des princes prisonniers, le maintien des princes et seigneurs du parti dans leurs charges et gouvernements, avec de nouveaux avantages pécuniaires et la conservation des villes de sûreté. Henri proposait de prendre pour arbitre et pour garant le Saint-Père, assisté du grand-duc de Toscane, du duc de Lorraine, de la seigneurie de Venise et du duc de Ferrare. Mayenne déclara qu'il était tout disposé à obéir au Saint-Père, mais qu'on ne pouvait trouver aucune sûreté à traiter avec Henri III. Il refusa toute suspension d'armes. Pendant ce temps, son avant-garde entrait à Vendôme, par la trahison du gouverneur, qui livra aux ligueurs tout le grand conseil du roi établi dans cette ville.

Le refus de Mayenne et les mauvaises nouvelles arrivées de Rome, où le pape refusait d'absoudre le roi du meurtre du cardinal de Guise, contraignirent Henri III à tenir parole aux huguenots; il livra Saumur au roi de Navarre, comme place de passage et de sûreté sur la Loire. Le Béarnais entra dans Saumur le 21 avril, tandis que l'autre épouvantail de la Ligue, Épernon, de retour auprès du roi, occupait Blois et le mettait en défense [2].

---

1. *Mém.* de Mornai, t. I, p. 896-900.
2. Le duc de Nevers quitta l'armée pour ne pas servir dans les mêmes rangs que

Les forces royales et huguenotes étaient répandues le long de la Loire depuis Beaugenci jusqu'à Saumur. Mayenne profita de leur dispersion et fondit à l'improviste, avec l'élite de son armée, sur le comte de Brienne, beau-frère d'Épernon, qui était logé avec un corps de troupes à Saint-Ouen, à une lieue d'Amboise. Une partie de ce corps fut prise ou détruite : Brienne, avec le reste, se jeta dans le château de Saint-Ouen et essaya de s'y défendre. Henri III, au bruit du canon, dépêcha courrier sur courrier au roi de Navarre pour le presser d'accourir à son aide. Le Béarnais, ignorant le mouvement de Mayenne, venait de passer la Loire à la tête de mille ou quinze cents chevaux, afin de pousser une reconnaissance du côté du Vendômois (28 avril) : il se rabattit vers la Loire et, averti en chemin que Brienne s'était rendu, il prit position à Maillé, à deux lieues ouest de Tours. Il était resté vingt-quatre heures à cheval. Mayenne, qui menaçait Tours, se replia sur Vendôme.

Le roi, deux ou trois jours auparavant, avait enfin fait publier à Tours la trêve, enregistrée par une ombre de parlement (quelques conseillers et maîtres des requêtes), puis une nouvelle déclaration contre Mayenne, les d'Aumale et les villes de Paris, Rouen, Toulouse, Orléans, Chartres, Amiens, Abbeville, Lyon, Le Mans et leurs adhérents (26, 27 avril). « La glace étoit rompue. » Henri III proposa au roi de Navarre une entrevue. Le Béarnais offrit de présenter ses hommages au roi dans le faubourg Saint-Symphorien de Tours, au nord de la Loire. Henri III le fit prier, par le maréchal d'Aumont, de repasser la rivière en bateaux avec ses gens et de se rendre au château du Plessis-lez-Tours. A cette proposition, des murmures s'élevèrent parmi les protestants : bien des voix crièrent à Henri de Bourbon que, s'il y allait, il était mort, que sa tête servirait de gage à la réconciliation du roi avec le pape et la Ligue. On lui rappelait ses propres paroles : il avait dit maintes fois qu'il n'entrerait jamais au cabinet du roi qu'entre deux armées rangées en haie. Le Béarnais réfléchit quelque temps et passa outre. Personne n'avait plus contribué à l'y décider que François de Châtillon, le fils du grand martyr de

les huguenots; le maréchal de Retz avait déjà quitté le roi, sous prétexte de santé : il se retira en Italie pour attendre de quel côté pencherait la fortune.

la Saint-Barthélemi.: Châtillon sacrifia généreusement à sa patrie la vengeance de son père [1].

Au moment où le Béarnais arriva au Plessis, le roi se promenait dans le parc : le Béarnais, pour satisfaire ses gens, fit occuper une des portes du château par ses gardes ; puis il alla trouver Henri III. Le parc était encombré par la cour, par les soldats, par le peuple de Tours : les arbres mêmes étaient chargés de spectateurs ; les deux princes restèrent quelques minutes à quatre pas l'un de l'autre, se tendant les bras sans pouvoir se joindre. Enfin, le maréchal d'Aumont écarta la foule, et Henri de Bourbon fléchit le genou devant Henri de Valois, qui le releva et l'embrassa à plusieurs reprises. Le cri de : Vive le roi ! que Henri III n'avait pas entendu depuis bien longtemps, éclata parmi la multitude ; on y joignit le cri de : Vive le roi de Navarre ! La physionomie ouverte et la mine guerrière du Béarnais [2] avaient gagné les cœurs des assistants. Cette première journée fut pour lui de bon augure (30 avril).

Les deux rois tinrent conseil au château, puis le Béarnais retourna loger dans le faubourg Saint-Symphorien. Le lendemain, à six heures du matin, il entra seul à pied dans Tours et alla surprendre le roi au lit. Désormais tout reste de défiance disparut entre les royalistes et les huguenots. Le roi de Navarre fit repasser la Loire à sa cavalerie et se reporta vers Chinon et Saumur pour rassembler et faire avancer le reste de ses troupes. Mayenne, averti que le Béarnais n'était plus à Tours, voulut tirer parti de son absence. Le 8 mai au matin, Henri III, comme il examinait les dehors du faubourg Saint-Symphorien, faillit être surpris et enlevé par les coureurs de la Ligue : il n'eut que le temps de rentrer dans le faubourg et d'ordonner qu'on se mît en défense. L'armée ligueuse, forte d'une dizaine de mille hommes, assaillit

---

1. De Thou, t. IV, l. xcv. — P. Cayet, p. 127. — *Mém. de la Ligue*, t. III, p. 297. — Lettre du roi de Navarre à du Plessis-Mornai ; ap. *Mém.* de Mornai, t. I, p. 901. — *V.* une belle page de M. Michelet sur Châtillon : *la Ligue et Henri IV*, p. 337.

2. « De toute sa troupe, nul n'avoit de manteau et de panache que lui ; tous avoient l'écharpe blanche, et lui, vêtu en soldat, le pourpoint tout usé sur les épaules et aux côtés de porter la cuirasse, le haut-de-chausses de velours feuillemorte, le manteau d'écarlate, le chapeau gris avec un grand panache blanc, où il y avoit une très-belle médaille. » P. Cayet, p. 127. — *Mém. de la Ligue*, t. III, p. 298.

avec fureur le faubourg, occupé par moins de quinze cents soldats et faiblement retranché. Le roi avait dans la ville beaucoup de noblesse et plus de deux mille Suisses, mais il n'osa les envoyer au secours du faubourg, de peur que le parti ligueur, très-nombreux à Tours, ne se soulevât dès que les Suisses seraient au delà du pont de la Loire. Malgré la vaillante défense de Crillon, qui fut grièvement blessé et qui vit périr autour de lui ses plus braves compagnons, malgré les exploits de Châtillon, qui était à Tours avec quelques huguenots, le faubourg fut emporté d'assaut; les royalistes furent rejetés, avec une grande perte, sur le pont et les îles de la Loire, et l'on ne sait ce qui aurait pu arriver, si les ligueurs eussent poussé vigoureusement leur pointe. Mais ils ne s'opiniâtrèrent point à l'attaque du pont et s'occupèrent à saccager le faubourg conquis, avec une cruauté et une licence effroyables. Le chevalier d'Aumale, jeune homme sanguinaire et débauché, donna, dit-on, l'exemple des excès les plus infâmes. Les soldats ligueurs prétendaient que tout était permis aux champions de la bonne cause et qu'ils étaient sûrs d'avance du pardon de leurs péchés [1].

Henri III cependant avait dépêché des courriers en toute hâte au roi de Navarre et au duc d'Épernon. L'avant-garde huguenote arriva sur le soir et releva aussitôt les troupes harassées qui défendaient le pont et les îles [2]. Le lendemain matin, parut un second corps de réformés : le roi de Navarre en personne arriva vers midi. Mais les ligueurs n'étaient déjà plus devant Tours. Mayenne, voyant que la ville ne remuait pas, avait craint de compromettre l'avantage qu'il avait obtenu et s'était retiré dès le point du jour. Il envoya à Paris les enseignes conquises sur les royalistes et la tête de Sainte-Maline, un des meurtriers du duc de Guise, tué à la prise du faubourg de Tours. Cette tête fut portée à Montfaucon, « en attendant celle de Henri de Valois », dit la relation ligueuse citée par L'Estoile (p. 294).

---

1. De Thou, l. xcv, p. 741. — L'Estoile, p. 293-294. — P. Cayet, p. 128-129.
2. D'Aubigné rapporte que les ligueurs, reconnaissant les écharpes blanches, criaient aux huguenots de se retirer : « Ce n'est pas à vous que nous en voulons, c'est à ce perfide, à ce c... qui vous a trahis et vous trahira encore. »—Col. 235.—Cayet, p. 129.

Après la retraite des ligueurs, les deux rois se séparèrent, Henri de Bourbon, pour remonter la Loire vers Blois et Beaugenci, Henri de Valois pour se porter sur Poitiers. Bourges avait été soulevé, au commencement d'avril, par le gouverneur du Berri, La Châtre, et Henri III craignait que Poitiers ne suivît cet exemple. Peut-être les royalistes, dirigés par Scévole de Sainte-Marthe, chef de cette famille des Sainte-Marthe qui a rempli un rôle si honorable dans les fastes de l'érudition française, eussent-ils réussi à faire ouvrir les portes de la ville au roi; mais les Poitevins furent avertis que Henri III avait manqué à la promesse de pardon accordée aux ligueurs tourangeaux, lors de son entrée à Tours, et qu'il les avait rudement rançonnés. Les opinions flottantes revinrent à la Ligue et, lorsque l'escorte du roi se présenta en vue de Poitiers, le peuple l'accueillit à coups de canon (17 mai). Henri III retourna tristement à Tours.

Les nouvelles du nord de la France consolèrent le roi de cette mésaventure. Le duc de Montpensier avait obtenu en avril un important succès dans la Basse-Normandie, où le mouvement de la Ligue avait pris un caractère très-remarquable. Dès 1586, les paysans bas-normands avaient commencé de s'armer pour se défendre contre l'insolence des gens de guerre qui promenaient dans les campagnes le viol et le pillage. Les *gautiers*[1], ainsi que les nommèrent leurs adversaires, se laissèrent facilement entraîner par leurs curés dans le parti de la Ligue; mais ils s'en prirent aux nobles en même temps qu'au roi et se montrèrent aussi désireux d'abolir les droits féodaux que la taille. La noblesse, effrayée, se rallia en foule au gouverneur royal de Normandie et Montpensier fut bientôt à la tête de quatre mille bons soldats, qu'il conduisit à l'attaque de Falaise. Brissac, qui, chassé d'Angers, était venu prendre le commandement des ligueurs de Normandie, marcha au secours de Falaise avec cinq ou six mille *gautiers* et quelque noblesse fidèle à la Ligue. Montpensier prévint l'ennemi et assaillit les *gautiers* dans trois villages où ils s'étaient logés, entre Falaise et Argentan. Les paysans se

---

1. *Gautiers*, gens des bois, brigands qui se cachent dans les forêts; du vieux mot *gault*, bois, dérivé du celtique *coillt*, *coët*, *goëd*.

défendirent avec courage, mais le canon renversa leurs faibles retranchements, et les deux premiers villages furent emportés avec un carnage effroyable ; la noblesse ne fit pas de quartier ; trois mille morts restèrent sur la place. Le troisième village se rendit : de ses défenseurs, les uns furent envoyés aux galères, les autres furent remis en liberté sous serment de ne plus porter les armes. Brissac et deux ou trois cents chevaux qu'il avait avec lui s'enfuirent à Argentan (22 avril). Les *gautiers* ne se relevèrent pas de ce sanglant échec et retournèrent partout à la charrue et à la corvée [1].

Une affaire beaucoup plus considérable encore eut lieu le 17 mai auprès de Senlis. Cette ville, un moment gagnée par son évêque Guillaume Rose, un des plus fougueux apôtres de la Ligue, avait été ramenée à la cause royale par Montmorenci de Thoré vers la fin d'avril. Le duc d'Aumale et Maineville accoururent aussitôt mettre le siège devant Senlis avec six mille hommes, pour la plupart levés parmi le peuple de Paris. Ils furent renforcés par un personnage qui jouait alors un singulier rôle. C'était Montluc de Balagni, fils naturel du célèbre évêque de Valence. Établi gouverneur de Cambrai par Catherine de Médicis, il s'était entouré d'une petite armée d'aventuriers et visait à se faire du Cambresis une espèce de principauté ; il soutenait la Ligue afin d'en être soutenu et d'obtenir que le roi d'Espagne ne cherchât point à reprendre Cambrai. Il amena quatre mille soldats picards et wallons au camp du duc d'Aumale. Le 17 mai, la brèche fut ouverte ; les assiégés repoussèrent un premier assaut, mais ils manquaient de munitions ; ils promirent de se rendre s'ils n'étaient ravitaillés dans la journée. Ils savaient que le duc de Longueville, qui commandait en Picardie pour le roi, était parti de Compiègne, afin de les secourir, avec la noblesse royaliste des provinces voisines, renforcée par l'élite des aventuriers huguenots qui venaient de défendre Sédan et Jametz contre les Lorrains. Longueville, par une honorable modestie, remit le commandement entre les mains de l'illustre François de La Noue, qui était à la tête des auxiliaires protestants et qui

---

1. De Thou, l. xcv, p. 720. — Davila, t. II, p. 687-688 ; — Relation ap. *Mém. de la Ligue*, t. III, p. 544. — D'Aubigné, IIe part., col. 236

n'hésita point à charger dix mille hommes avec quatre mille.

Les généraux ligueurs, comptant sur leur supériorité numérique, allèrent au-devant de l'ennemi avec leur cavalerie, sans prendre la peine de changer la direction des batteries de siége : ils croyaient que les *royaux* n'avaient pas de canon. L'infanterie royaliste s'ouvrit tout à coup, et quelques pièces de campagne foudroyèrent les escadrons ligueurs. Ceux-ci voulurent aller droit au canon ; mais le feu des arquebusiers royaux, habilement disposés, acheva de jeter le désordre dans leurs rangs, et ils furent renversés au premier choc par la cavalerie royaliste et huguenote. Au même instant, la garnison de Senlis fit une sortie. L'infanterie parisienne et picarde se débanda sans combattre. Maineville ne voulut pas fuir et alla mourir sur ses batteries de siége; Balagni s'enfuit jusqu'à Paris; le duc d'Aumale, jusqu'à Saint-Denis; il n'osa rentrer dans Paris après cette journée de honte. Dix pièces de canon et tout le bagage furent la proie des vainqueurs; le butin fut très-riche, car « les marchands de Paris », dit de Thou, « s'étoient rendus au camp de Senlis comme à une foire, et les rues de ce camp étoient aussi garnies de boutiques que les galeries du Palais [1] ».

Les ligueurs essuyèrent le lendemain un nouveau revers. Trois cents gentilshommes picards, qui s'en allaient à l'armée de Mayenne, rencontrèrent, auprès de Bonneval en Beauce, sept cents cavaliers protestants, qui, sous les ordres de Châtillon et de Rosni, avaient surpris Châteaudun. Là, il n'y eut point de déroute comme à Senlis. La plupart des ligueurs, fidèles aux emblèmes de désespoir et de vengeance qu'ils avaient adoptés, se firent tuer sur la place plutôt que de se rendre ; ils étaient tous couverts d'écharpes noires, semées de larmes blanches et de croix de Lorraine. Leur chef Saveuse, ramassé tout sanglant sur le champ de bataille, refusa de se laisser panser et de survivre à ses compagnons d'armes.

Pendant ce temps, les vainqueurs de Senlis s'avançaient jusqu'à Vincennes, que les Parisiens bloquaient depuis le mois de

---

1. De Thou, l. xcv, p. 745-747. — P. Cayet, p. 142-143. — *Mém. de la Ligue*, t. III, p. 551-553. — *V.* les quatrains satiriques de Passerat, sur la déroute du duc d'Aumale, dans la *Satire Ménippée*, p. 20; édit. de 1727 : Ratisbonne.

janvier : ce château fut ravitaillé ; les royalistes se mirent en bataille devant les faubourgs et saluèrent Paris de quelques volées de canon ; les boulets portèrent jusque dans les halles. L'alarme fut chaude dans la capitale, où l'on ignorait le petit nombre des ennemis, et les Parisiens rappelèrent à grands cris Mayenne [1]. Le lieutenant-général de l'Union assiégeait en ce moment Alençon, ville moitié politique, moitié huguenote. Alençon se rendit le 22 mai et Mayenne ramena son armée dans l'Ile-de-France, où il reprit Montereau, qu'avait emporté d'Épernon. Sur ces entrefaites, le comte de Soissons, que Henri III avait envoyé prendre le commandement des royalistes en Bretagne, fut surpris et fait prisonnier par le duc de Mercœur.

Ces avantages de la Ligue ne balançaient pas les succès obtenus par les royalistes, ni surtout la puissante réaction antiligueuse qui se manifestait dans la noblesse, dans la caste guerrière. L'ordre nobiliaire se sentait menacé d'être étouffé entre la fédération des villes et la révolte des campagnes, et, craignant d'avoir le sort qu'avait eu la noblesse féodale en Suisse, il se ralliait en grande majorité à la royauté dans la plupart des provinces. Ses meilleurs sentiments le poussaient dans le même sens que ses intérêts : ainsi, les traditions de fidélité au suzerain et l'honneur national et militaire révolté contre la subordination de la France à l'Espagne [2]. Si la Ligue avait l'avantage du nombre, les royalistes avaient donc pour eux l'esprit militaire et l'expérience des armes.

L'intervention étrangère, également invoquée des deux côtés, pouvait modifier la force respective des partis ; aussi le roi et la Ligue négociaient-ils à l'envi. Henri III avait envoyé un ambassadeur extraordinaire à Philippe II pour le prier de désavouer pu-

---

1. La duchesse de Montpensier écrivit à Mayenne pour le presser de venir réparer les suites « de la maladresse et de la lâcheté » du duc d'Aumale. La lettre fut interceptée par les huguenots, et le roi de Navarre, qui ne perdait jamais l'occasion d'un bon mot ou d'une *gausserie*, envoya cette épître peu flatteuse à d'Aumale, en lui offrant d'être son second s'il voulait tirer raison d'une telle insulte. De Thou, t. IV, l. xcv, p. 749-750.

2. Ce même sentiment de dignité nationale, sous des formes un peu différentes, n'agissait pas moins énergiquement sur la bourgeoisie éclairée ; les classes ignorantes haïssaient l'Angleterre par tradition ; la bourgeoisie instruite, comme les gens de guerre, haïssait surtout l'Espagne.

bliquement la Ligue, d'intervenir officieusement auprès du pape, de rappeler Mendoça et même d'aider de son argent la cause royale. Henri offrait à ce prix de restituer Cambrai, qui n'était point entre ses mains, et de renoncer aux droits de sa mère sur le Portugal. Mayenne, de l'autre part, implorait l'assistance espagnole dans les termes les plus pressants et les plus obséquieux [1]. Philippe, un peu étourdi à la nouvelle du meurtre des Guises, avait gardé d'abord une grande réserve : il se prononça peu à peu, à mesure que grandissait la rébellion ligueuse, reçut assez mal l'ambassadeur de Henri III et lui refusa tout, si ce n'est le rappel de Mendoça, qui s'était, pour ainsi dire, révoqué lui-même en quittant la cour et qui resta à Paris, avec l'approbation de son maître. Mais Philippe II ne pouvait, de quelques mois, secourir bien efficacement la Ligue; l'*armada*, si fatalement détruite, avait épuisé ses finances, et il avait à défendre son propre territoire contre les Anglais, qui, animés par leur victoire, tentèrent au printemps de 1589 une grande expédition contre l'Espagne et le Portugal [2]. Philippe promit 600,000 écus à Mayenne par une lettre du 1er mai, pour lever des troupes en Allemagne; trois mois après, Mayenne n'avait encore rien reçu [3].

Les Anglais avaient servi puissamment, quoique indirectement, la cause de Henri III. Henri obtint ailleurs une assistance plus directe : Venise ne lui offrait que des vœux et des conseils; mais le grand-duc de Toscane, Fernand de Médicis, fatigué de la suprématie espagnole, prêta secrètement au roi de France 200,000 écus d'or [4].

1. Quelques jours après son élection à la dignité de lieutenant-général de l'État, il écrivit à Philippe que, si le temps l'eût permis, il eût attendu et suivi le commandement de Sa Majesté Catholique, avant d'accepter cette charge. — Lettre du 22 mars, citée par Capefigue, t. V, p. 309, d'après les archives de Simancas.
2. La flotte anglaise, armée spontanément par la nation et non par le gouvernement, était forte de deux cents voiles et portait vingt mille combattants, conduits par Essex, Drake et Norris; elle assaillit d'abord la Corogne, prit ou brûla tout ce qui se trouvait dans ce port, emporta la basse ville, mais ne put s'emparer de la haute. Elle remit alors à la voile, pénétra dans l'embouchure du Tage et se présenta devant Lisbonne pour tâcher de déterminer un soulèvement en faveur du prétendant don Antonio, qui était à bord d'un vaisseau anglais; Lisbonne, contenue par les Espagnols, ne remua pas, et les Anglais, manquant de munitions et décimés par la dyssenterie, furent obligés de se rembarquer.
3. R. de Bouillé, *Hist. des Guises*, t. III, p. 362-366.
4. Il offrit une beaucoup plus grande somme en demandant Marseille pour gage.

Le grand-duc, Venise et Mantoue plaidèrent en vain pour Henri III auprès du pape. La négociation, qui se prolongeait depuis le mois de janvier à Rome, aboutit à une rupture. Si Henri III se fût borné à frapper le duc de Guise, Sixte V fût resté neutre; mais le meurtre « sacrilége » du cardinal ne lui permettait pas de garder le silence. Il n'éclata pas sur-le-champ; au fond de son âme, il approuvait comme souverain ce qu'il blâmait comme pontife. Henri avait mandé au cardinal de Joyeuse, chargé des intérêts de la France dans le sacré collége, de dire au pape que, quant au duc de Guise, le roi de France n'avait à rendre compte de sa mort qu'à Dieu; qu'il demandait à Sa Sainteté absolution pour la mort du cardinal, « encore que des premiers docteurs lui eussent dit n'en être besoin. » Sixte V déclara que cette demande verbale ne suffisait pas et que le roi devait adresser sa requête par une lettre de sa main. Le pape devint plus difficile à mesure que la Ligue gagna du terrain [1]. Le roi et la Ligue dépêchèrent, chacun de leur côté, agents sur agents à Rome. Les gens du roi requéraient le pape d'absoudre Henri et de casser le fameux décret de la Sorbonne. Sixte exigeait que Henri, avant tout, remît en liberté ou envoyât à Rome le cardinal de Bourbon et l'archevêque de Lyon, « justiciables seulement du saint-siége. » Henri III céda quant à l'absolution et la demanda par une lettre officielle, mais refusa de se dessaisir du cardinal de Bourbon. Sixte voulait tout ou rien. Sur ces entrefaites, Mayenne écrivit au pape pour l'assurer que le conseil-général et les armées de l'Union n'agiraient que d'après les ordres de Sa Sainteté; puis il fit suivre cette lettre si soumise d'une protestation rédigée d'avance, au nom des princes lorrains, contre l'absolution qui pourrait être accordée au meurtrier de leurs parents (avril). Sixte V, croyant le roi perdu, d'après le tableau

---

Il osait bien porter secrètement ses vœux jusqu'à la possession de Marseille, tant le démembrement de la France semblait imminent aux princes étrangers!

1. « Votre Majesté », écrivait le cardinal de Joyeuse au roi, « n'a à espérer ni craindre rien ici, sinon autant qu'elle aura de bien ou de mal chez soi, en son propre royaume, et, pour savoir en quel prédicament Votre Majesté sera à Rome, elle n'aura besoin d'attendre à l'apprendre par la dépêche de son ambassadeur ou la mienne. Elle le trouvera et lira chez soi de jour en jour, à mesure qu'elle avancera ou fera progrès en sesdites affaires. » *Archives curieuses*, XII, 159. Cette lettre avait été rédigée par le célèbre diplomate Arnaud d'Ossat, depuis cardinal.

qu'on lui présentait des forces de la Ligue, se décida. Il n'ouvrit pas ses trésors à la Ligue, comme le demandait Mayenne ; mais il formula, le 5 mai, dans le consistoire, et publia, le 24, un monitoire par lequel Henri III était sommé de rendre la liberté au cardinal de Bourbon sous dix jours et de comparaître, en personne ou par procureur, devant le saint-siége, sous soixante jours, à peine d'excommunication. Le cardinal de Joyeuse, le marquis de Pisani et les autres agents de la France avaient quitté Rome avant la publication du monitoire [1].

La bulle papale, ardemment commentée par les mille voix de la chaire, produisit une impression profonde sur les imaginations fanatisées et contribua beaucoup à préparer de nouvelles catastrophes, mais ne donna point d'armée auxiliaire à la Ligue, tandis que les protestants suisses et allemands en fournissaient une à Henri III, grâce à l'adresse de Sanci. Ce rusé diplomate était arrivé en Suisse dans un moment peu favorable ; les cantons protestants semblaient avoir besoin de réserver leurs ressources pour défendre Genève, menacée par le duc de Savoie. Sanci trouva pourtant moyen de tirer des réformés suisses, non-seulement des soldats, mais de l'argent, chose inouïe ! Il obtint des Bernois 100,000 écus, à condition que le roi emploierait cet argent à faire la guerre au duc de Savoie. En effet, douze mille Suisses levés avec les écus de Berne envahirent, au mois d'avril, la Savoie et le pays de Gex ; mais le manque absolu de cavalerie leur rendit bientôt difficile de poursuivre cette agression contre les forces assez considérables du duc Charles-Emmanuel. Sanci alors leur proposa de passer en France et leur promit que le roi, ainsi renforcé d'infanterie, expédierait en échange de la cavalerie au secours de Genève. L'armée souscrivit à cet arrangement bizarre ; les cantons ne s'y opposèrent pas et l'armée marcha par la Franche-Comté vers la Champagne, pendant que le poids de la guerre retombait sur les Genevois et les Bernois, qui le suppor-

---

1. *Bulle de N. S. P. le pape Sixte V contre Henri de Valois*; Paris, Nivelle, 1589. — De Thou, t. IV, l. xciv, p. 689-707 ; — l. xcv, p. 731-736. — Les écrivains royalistes attribuent la conduite de Sixte V à un intérêt de népotisme. Le feu duc de Guise, suivant eux, avait gagné le pape en négociant le mariage de son fils aîné, le prince de Joinville, avec une petite-nièce de Sixte V. — V. le *Traité de la Prise des Armes en janvier* 1589, par le duc de Nevers ; *Mém.* de Nevers, t. II, p. 67.

tèrent sans désavantage et remportèrent même une victoire sur le duc de Savoie.

Sanci, renforcé par un corps de reîtres rassemblé à Strasbourg, entra en Champagne au commencement de juin et fit halte auprès de la cité royaliste de Langres, pour nettoyer ce canton des troupes lorraines et attendre quelques nouvelles levées allemandes. Henri III, informé de l'arrivée de Sanci, dépêcha au-devant de lui les vainqueurs de Senlis, Longueville et La Noue. Le Béarnais avait arraché le Valois à son inertie et lui avait imposé un plan de campagne hardi et décisif : c'était de réunir toutes les forces royalistes et huguenotes devant Paris et de finir la guerre d'un seul coup.

L'armée royale n'avait cessé de s'accroître depuis le combat de Tours : les deux rois la mirent en mouvement vers le milieu de juin. Le Béarnais avait écrit en vain une fort belle lettre aux Orléanais [1] ; Orléans repoussa toute transaction ; les deux rois passèrent outre et attaquèrent Gergeau. Les Orléanais essayèrent inutilement de secourir cette place, qui se rendit à discrétion. Henri III fit pendre le gouverneur. La prise de Gergeau entraîna la soumission de Gien et de La Charité, et les deux rois eurent ainsi en leur pouvoir tous les ponts de la Loire, excepté ceux d'Orléans et de Nantes. L'armée se porta au nord de la Loire, prit d'assaut et pilla Pithiviers et Étampes. Les chefs de la Ligue furent pendus dans ces deux villes. De là, le roi de Navarre « fit une partie pour aller voir Paris », dit d'Aubigné. La cavalerie huguenote pilla les villages de la banlieue et poussa jusqu'au faubourg Saint-Jacques. L'armée alla ensuite emporter Poissi, qui fut traité comme Étampes et Pithiviers, puis elle mit le siége devant Pontoise. Mayenne avait jeté dans cette place une forte garnison, qui se défendit avec courage [2] ; néanmoins, les royalistes ayant enlevé d'assaut l'église fortifiée d'un faubourg qui commande la ville, la garnison fut réduite à capituler : le roi de Navarre s'entremit en faveur des habitants et de la garnison, et leur fit obtenir une capitulation honorable (25 juillet). Les ligueurs

---

1. *Mém. de la Ligue*, t. III, p. 554.
2. Un colonel huguenot fut tué d'une arquebusade au moment où le roi de Navarre s'appuyait sur son épaule. D'Aubigné, part. II, col. 249.

se montrèrent reconnaissants de sa générosité, et le fougueux curé de Saint-Benoît, Boucher, déclara en chaire que le *Biarnois*, tout hérétique qu'il fût, valait mieux que le tyran Henri de Valois [1].

La veille de la reddition de Pontoise, l'armée auxiliaire était arrivée à Poissi : Longueville et La Noue, à la tête de trois mille hommes d'élite, avaient été chercher à Châtillon-sur-Seine Sanci, qui amenait dix mille Suisses, deux mille lansquenets et quinze cents reîtres. Mayenne, n'osant s'écarter de la capitale menacée par les deux rois, n'avait apporté aucun obstacle à la marche de ces troupes. L'armée royale, rejointe un peu auparavant par les royalistes de Normandie, se trouva alors au grand complet; elle comptait trente-cinq à quarante mille combattants. Les deux rois, maîtres du cours de l'Oise, se rabattirent vers la Seine : le 30 juillet au soir, ils s'emparèrent du pont de Saint-Cloud et distribuèrent leurs quartiers depuis Argenteuil jusqu'à Saint-Cloud et depuis Saint-Cloud jusqu'à Vaugirard. Henri III s'établit à Saint-Cloud ; le roi de Navarre à Meudon.

L'attaque de Paris était imminente : toutes les chances paraissaient en faveur des assaillants. Mayenne n'avait à opposer aux royalistes que huit ou neuf mille hommes de troupes régulières, mal payés et réduits d'heure en heure par la désertion. Leur fidélité était si douteuse, qu'on craignait d'en voir une grande partie, les auxiliaires allemands et wallons, tourner au milieu de l'assaut et se joindre aux ennemis pour piller la ville. Mayenne avait réclamé l'assistance des troupes lorraines, qui venaient de prendre Jametz après un très-long siége : le duc de Nemours assemblait un corps d'armée dans le Lyonnais; mais ces secours étaient bien loin, et l'ennemi était aux portes, assez puissant pour tout oser. Si le peuple parisien avait encore eu l'enthousiasme des Barricades, s'il avait eu son grand Guise à sa tête, il eût pu suffire à sa propre défense et étouffer les assaillants, si nombreux qu'ils fussent, dans les sombres labyrinthes de ses rues et de ses carrefours; mais une sorte d'épuisement et de prostration avait succédé à l'exaltation frénétique des premiers mois de 1589. La

---

1. L'Estoile, p. 300.

malheureuse journée de Senlis avait jeté le découragement dans Paris, et Mayenne était dépourvu de cette puissance sympathique, de cette action magnétique sur les masses, par laquelle son frère eût relevé le moral du peuple. Madame de Montpensier, les prêcheurs, les Seize voyaient avec terreur le peuple s'affaisser sur lui-même en présence du danger. Les bourgeois refusaient de sortir pour monter la garde aux tranchées : on n'y voyait plus guère que des moines. Les exhortations passionnées des chefs de la Ligue étaient accueillies par un silence de stupeur : leurs violences n'effrayaient plus les royalistes. C'était en vain qu'on avait entassé dans les prisons, depuis l'approche de l'ennemi, près de trois cents notables *politiques;* ceux qu'on n'avait point arrêtés conspiraient presque à découvert ; des signaux s'échangeaient, dit-on, le soir, entre le camp de Saint-Cloud et l'abbaye de Saint-Germain-des-Prés, dont l'abbé était royaliste. Les *politiques* disaient tout haut qu'avant trois jours « il y en auroit tant de pendus, qu'il ne se trouveroit point assez de bois dans Paris pour les gibets [1] ».

L'assaut était annoncé pour le 2 août. L'assaut n'eut pas lieu et Henri III ne vit pas se lever le soleil du 2 août.

Comme il arrive en de telles circonstances, la violence de quelques-uns s'exaltait en raison inverse de la consternation du grand nombre. De terribles passions fermentaient au fond des cloîtres : l'idée de l'entrée des huguenots dans Paris y soulevait des paroxysmes de rage. Il était impossible que ces passions n'armassent pas quelque bras fanatique, et que la Ligue n'eût aussi son Poltrot. La tradition classique et la tradition juive, la mémoire de Brutus et celle de Judith, étaient aussi populaires chez les catholiques que chez les réformés, et l'application de la doctrine du tyrannicide à Henri III était plus spécieuse qu'à Guillaume de Nassau.

Il y avait alors au couvent des Dominicains de la rue Saint-Jacques un jeune religieux nommé Jacques Clément, ignorant et

---

1. *Le martyre de frère Jacques Clément;* Paris, 1589. — Lettre de Mendoça à Philippe II. Archives de Simancas, cot. B, 62-68 ; ap. Capefigue, t. V, p. 322. — Mendoça pensait que Paris ne tiendrait pas plus de quinze jours. — L'Estoile, p. 300. — Palma-Cayet, p. 239.

simple d'esprit, mais passionné, hardi, et qui, dit-on, avait été soldat avant de se faire moine. Depuis le meurtre des Guises, il ne parlait que d'aller en guerre contre Henri de Valois, ce qui lui avait valu le sobriquet de « capitaine Clément. » Une nuit, s'il faut en croire les récits ligueurs, frère Jacques crut voir apparaître, au milieu d'une grande lumière, un ange armé d'un glaive nu : « Frère Jacques, » dit l'ange, « je suis messager du Dieu « tout-puissant, qui te viens acertener que par toi le tyran de « France doit être mis à mort ; pense donc à toi et te prépare, « comme la couronne de martyre t'est aussi préparée ! » Le lendemain, frère Jacques raconta sa vision à « quelqu'un de ses confrères, homme bien versé en la sainte Écriture » : on croit que ce fut au père Bourgoing, prieur du monastère. Le seul scrupule qui arrêtât Jacques tenait à son caractère de prêtre. Il demanda à ses supérieurs si c'était un péché mortel pour un prêtre de tuer un tyran. On lui répondit que c'était seulement un acte *irrégulier* [1], et on l'encouragea en lui citant Judith et Jéhu, attendu que le roi « étoit séparé de l'Église (par le monitoire du pape) et bouffoit de tyrannies exécrables. » Jacques se prépara par le jeûne et par les sacrements. Suivant les écrivains royalistes, Jacques aurait été mis en rapport direct avec La Chapelle-Marteau, madame de Montpensier et Mayenne lui-même [2] : Mayenne lui aurait promis que la vie de tous les *politiques* prisonniers répondrait de la sienne [3] ; quelques-uns prétendent qu'on excita en lui d'autres passions pour venir en aide au fanatisme, et que madame de Montpensier, en même temps qu'elle lui garantissait le chapeau de cardinal s'il échappait, lui accorda « ce qu'il y avait de plus capable de tenter un moine débauché. » L'imputation est peu vraisemblable ; mais on ne saurait douter que les chefs de la Ligue n'aient été informés directement ou indirectement du projet de

---

1. *Relacion de la muerte del rey Enrique III, etc.*; envoyée par Mendoça à Philippe II, ap. Ranke, *Hist. de France*, l. v.

2. La haine mutuelle de Henri III et de la duchesse de Montpensier était portée à un degré de fureur inouï. Henri avait mandé tout récemment à la duchesse que, s'il entrait dans Paris, il la ferait brûler vive. La duchesse répondit que « le feu étoit pour les sod...... comme lui, et non pour elle ; qu'au surplus, elle feroit du pis qu'elle pourroit pour le garder d'y entrer ». L'Estoile, p. 300.

3. On rapporte cependant que Jacques souhaitait mourir dans son entreprise, de peur que la gloire humaine ne perdit son âme s'il survivait à une si belle action.

Clément. Les moyens de pénétrer jusqu'au roi furent calculés avec une habileté perfide. Clément s'introduisit auprès du comte de Brienne, beau-frère d'Épernon, qui était prisonnier au Louvre, joua devant lui le royaliste et obtint de lui un passe-port. On procura à Clément une fausse lettre de créance où l'on avait imité l'écriture du premier président de Harlai.

Jacques Clément sortit de Paris le 31 juillet et se dirigea vers Saint-Cloud. Aux avant-postes des assiégeants, il rencontra le procureur-général La Guesle, qui avait suivi l'armée, et lui dit qu'il apportait au roi « lettres et nouvelles des serviteurs qu'il avoit dans Paris. » La Guesle l'emmena dans son logis, l'interrogea et fut si satisfait de ses réponses, qu'il alla sur-le-champ prévenir le roi. Jacques annonçait que les royalistes parisiens étaient en mesure de s'emparer d'une des portes de la ville. Il soupa gaiement avec les gens du procureur-général et dormit si paisiblement qu'on fut obligé de le réveiller le lendemain matin pour le mener chez le roi. Henri, après avoir lu le passe-port et la prétendue lettre de créance, fit approcher le moine. Frère Jacques déclara qu'il avait à dire au roi en secret des choses d'importance. Le capitaine des gardes Larchant et La Guesle lui-même, l'introducteur du jacobin, essayèrent de s'opposer à ce que Clément parlât au roi seul à seul. Mais Henri III, bien qu'il eût reçu plusieurs avis qu'on en voulait à ses jours, fit retirer à quelques pas La Guesle et le grand-écuyer Bellegarde, qui était à ses côtés, et « tendit l'oreille » au jacobin. Un instant après, le roi poussa un grand cri : « Ah ! le méchant moine, il m'a tué ! » Frère Jacques avait tiré un couteau de sa manche et l'avait plongé dans le bas-ventre du roi.

Henri se leva en sursaut, arracha le fer de la plaie, d'où les boyaux sortirent aussitôt, et frappa l'assassin au visage. La Guesle se jeta sur le moine, le renversa d'un coup d'épée, et les *ordinaires*, les Quarante-Cinq, accourus au cri du roi, massacrèrent l'assassin sur la place. Ils ne laissèrent aux bourreaux qu'un cadavre à supplicier[1].

---

1. Lettre du procureur-général La Guesle à un de ses amis sur le sujet de la mort du roi ; à la suite de L'Estoile, édit. de 1744, t. II, p. 220-227. — Déposition de Bellegarde, ap. Daniel, *Hist. de France*, t. XI, p. 505, notes. — *Le Martyre de frère Jacques*

On crut d'abord que les intestins n'étaient point percés et que la blessure ne serait pas mortelle. Des lettres furent expédiées, au nom de Henri III, à la reine, aux gouverneurs des provinces et aux princes alliés de la couronne, pour les prévenir de *l'accident* survenu au roi, « lequel, grâce à Dieu, ne sera rien ». Lorsque Henri de Bourbon accourut de son quartier au logis de Henri III, le roi reçut affectueusement son beau-frère, lui parla comme au légitime héritier de la couronne et l'exhorta de changer de religion, tant pour son salut dans l'autre monde que pour sa fortune dans celui-ci ; puis, s'adressant aux seigneurs et gens de qualité qui remplissaient sa chambre : « Je vous prie, leur
« dit-il, comme mes amis, et vous ordonne, comme votre roi, de
« reconnoître après ma mort mon frère que voilà ; je vous prie
« que, pour ma satisfaction et votre propre devoir, vous lui en
« prêtiez le serment en ma présence ». Les assistants jurèrent. La voix du roi et tout son extérieur n'annonçaient pourtant point une fin prochaine, et le Béarnais, sur l'invitation de Henri III lui-même, quitta la chambre du blessé pour aller inspecter tous les postes et rassurer l'armée. Henri de Bourbon retourna ensuite à son quartier de Meudon, conférer avec ses affidés : dans le courant de la nuit, un exprès accourut lui dire de se hâter s'il voulait revoir le roi en vie. Quelque diligence que fît le roi de Navarre, il arriva trop tard pour recevoir le dernier soupir de Henri III. Sur le soir, de grandes douleurs avaient pris le roi et la fièvre s'était déclarée avec violence : Henri III alors avait demandé le viatique, déclaré qu'il pardonnait aux complices de son meurtrier et promis à son confesseur que, s'il survivait, il « contenteroit Sa Sainteté en ce qu'elle désiroit de lui ». Le confesseur, sur cette promesse, lui donna l'absolution et l'eucharistie, et Henri expira, le 2 août 1589, entre deux et trois heures du matin, à l'âge de trente-huit ans [1].

ques *Clément* (pièce attribuée au chevecier de Saint-Germain-l'Auxerrois). — *Discours de l'étrange et subite mort de Henri de Valois, advenue par permission divine*, etc.; Paris, 1589 (attribué au père Bourgoing, prieur des Jacobins). — De Thou, t. IV, l. xcvi, p. 762-764. — L'Estoile, p. 300-301. — Davila, t. II, p. 702-704. — Mathieu, t. I, p. 772 et suiv.

1. Certificat de plusieurs seigneurs de la cour qui assistèrent le roi Henri III depuis l'instant de sa blessure jusqu'à son décès ; à la suite de L'Estoile ; éd. Champollion,

Ainsi furent vengés à la fois Coligni et Guise : ainsi furent accomplis les vœux de la haine populaire; « Dieu avait éteint la race des Valois! »

Les Valois avaient donné treize rois à la France, dans l'espace de deux cent soixante et un ans. Ils avaient assisté et contribué au déclin de l'ancienne France féodale : ils avaient paru, ensuite, durant plusieurs règnes, préparer un ordre nouveau; puis, insuffisants ou indignes, ils avaient laissé échapper de leurs mains ce grand œuvre et disparaissaient après avoir plongé la France dans le chaos.

p. 318. — *Mém.* du duc d'Angoulême ; ap. Collect. Michaud et Poujoulat, 1re série, t. XI, p. 64-67. Le duc d'Angoulême, qu'on appelait en 1589 le grand prieur de France, était le fils naturel de Charles IX et de Marie Touchet. — D'Aubigné, *Hist. univ.*, t. III, p. 182.—Sulli, *Œconomies royales*, t. I, p. 71 ; ap. coll. Michaud, 2e série, t. II. Nous préférons le témoignage de Sulli et de d'Aubigné, qui rapportent qu'ils accoururent sur-le-champ avec le roi de Navarre, au témoignage du duc d'Angoulême, qui le fait venir seulement le lendemain à dix heures du matin. Il y eut, si l'on en doit croire d'Aubigné, d'étranges révélations arrachées par la peur et les remords au mignon Bellegarde, auprès du lit de mort du roi.

LIVRE LIX

GUERRES DE RELIGION, *suite.*

Avénement des Bourbons. Henri IV et la Ligue. — État des partis à la mort du dernier Valois. Pourquoi la cause de Henri IV est nationale. — Les *catholiques royaux* reconnaissent conditionnellement Henri IV. — La Ligue proclame Charles X (le cardinal de Bourbon). — Défections dans l'armée. Henri IV se retire en Normandie. Mayenne marche contre lui. Combats devant Arques et Dieppe. Henri IV revient sur Paris et s'empare des faubourgs. Il retourne dans l'Ouest. Ses succès dans le Maine et la Normandie. — Intrigues de Philippe II avec les Seize. Mayenne les déjoue en supprimant le Conseil général de l'Union. — Sixte V et le légat Gaëtano. — Mayenne rentre en campagne. Bataille d'Ivri. Henri IV ne profite pas sur-le-champ de la victoire. — Siége de Paris. Énergique résistance. *Procession de la Ligue.* — Mort de Charles X. — Famine dans Paris. Affreuses extrémités. Prise des faubourgs. Négociations inutiles. Le duc de Parme marche au secours de Paris. Levée du siége. Affaire de Lagni. Henri IV sépare son armée. Le duc de Parme retourne aux Pays-Bas. — Obscurité de l'avenir. Déplorable état de la France.

1589 — 1590.

Funeste par sa mort comme par sa vie, le dernier des Valois, après avoir flétri la royauté de ses crimes, puis de ses vices, disparaissait au moment où l'alliance des réformés français et étrangers semblait le mettre en mesure de servir l'État en arrachant Paris aux alliés de Philippe II. C'était léguer une dernière honte à la France que de la réduire à voir un malheur dans la fin d'un tel homme et d'une telle race! Et pourtant cette fin allait peut-être achever de briser l'unité nationale en mettant aux prises tous les principes et en déchaînant toutes les passions et tous les intérêts. Les étrangers annoncèrent la dissolution de la France. La monarchie française, disait un Espagnol, ressemble maintenant à une grenade dont l'écorce brisée ne laisse plus voir que les grains avec les compartiments qui les divisent. Les hommes influents des villes, reprenait un Vénitien, visent à remplacer la monarchie par des républiques municipales; les grands visent à ériger leurs gouvernements en principautés indépendantes [1]. L'Espagne, faut-il ajouter, vise à réparer avec nos débris les ruines de l'*Armada* et à tout engloutir, sous prétexte de tout protéger.

Ceux que divisent les passions et les intérêts, ce ne sont pas les principes qui les réuniront; car trois principes se disputent les esprits avec violence. Ce sont 1° le principe monarchique, formulé par les légistes, qui nie et à l'Église et au peuple tout droit d'intervenir dans la transmission du sceptre réglée par une loi immuable et purement civile : le mort saisit le vif : le roi est mort : vive le roi! 2° le principe catholique, suivant lequel, l'Église et l'État étant indissolublement unis, nul ne peut être appelé à régir l'État sans professer la religion de l'État; le sacre seul saisit le roi; 3° le principe républicain, ou de la souveraineté nationale, qui, plaçant dans le corps de la nation un droit toujours vivant et supérieur à tout autre droit, exige tout au moins le consentement du peuple pour la transmission du sceptre, consentement dont les formules du sacre gardent la tradition [2]. Roi par l'hérédité et par le sacre, Henri III se couvrait de deux de ces trois principes contre la révolte des zélés, et le troisième ne pouvait lui être opposé que d'une façon tumultuaire et contestable, aucune assemblée nationale ne l'ayant déclaré déchu du rang suprême. Par la mort de Henri III, tout est changé; un seul des trois principes, le monarchique, combat pour le prince qui va s'appeler Henri IV : les deux autres sont alliés contre lui, les États Généraux s'étant prononcés à deux reprises pour la succession catholique exclusive. Faut-il donc ne voir dans le roi de Navarre qu'un prétendant repoussé par la majorité de la nation et ne représente-t-il que l'hérédité monarchique? Ceci est l'apparence, cette apparence qui a jeté dans de singulières illusions sur la Ligue maints écrivains de notre temps : pour connaître la réalité, il faut examiner les principes dont nous venons de parler,

---

1. Ranke, *Hist. de France*, l. VI, ch. 2.
2. Dans les formules du sacre, le principe catholique et le principe de souveraineté nationale se trouvaient donc ainsi, en quelque sorte, juxtaposés.

non dans leur valeur abstraite, mais dans leur application. Que vaut le principe républicain dans la Ligue? Ce principe, par sa nature, est absolument indépendant de tout autre; si on le subordonne, il disparaît; or, ici, sans parler du caractère dissolvant et négatif de l'unité française qu'il affecte dans les provinces, il n'est pas seulement allié, il est pleinement subordonné au principe catholique, non plus sous cette forme gallicane qui était celle d'une religion d'État compatible avec la nationalité, mais sous la forme ultramontaine, hispano-romaine, cosmopolite, qui subordonne la France à une autorité étrangère; par conséquent, le républicanisme de la Ligue est une chimère. La Ligue, les faits l'ont assez montré et le montreront encore, est le parti antinational; les foules aveugles qu'elle entraîne se dénationalisent de fait sans le savoir.

Le parti monarchique, au contraire, vaut bien mieux que son principe. Le principe de la monarchie pure, dans l'avenir, en constituant au roi un droit inamissible et indépendant de la volonté nationale, conduira au despotisme, personnifiera la France dans la volonté arbitraire d'un seul homme, ramènera, par la passion d'une fausse unité, les persécutions religieuses et sera le grand adversaire que devra briser la Révolution; mais, dans le présent, le parti qui s'appuie sur ce principe représente le progrès et la nationalité : il affranchit l'État de l'Église, en fondant la succession au trône sur un droit purement civil et laïque; il représente momentanément, contre la tradition du moyen âge, le génie moderne, contre le fanatisme, la tolérance et l'humanité, la liberté de l'esprit et de la conscience. Telles sont les variations perpétuelles que présente la figure de ce monde. L'histoire ne se fonde point sur des notions purement abstraites; il faut que l'historien entre successivement dans la vie des âges, qui tirent souvent d'un même principe des conséquences si contraires.

La cause nationale, en 1589, est donc, répétons-le, la cause de Henri IV : Henri IV n'a contre lui qu'une majorité divisée et négative, et, d'ailleurs, il y a quelque chose au-dessus des majorités d'un jour, c'est l'unité permanente d'un peuple; la majorité, le voulût-elle, et elle n'en a jamais la volonté réfléchie, n'aurait pas le droit de sacrifier l'indépendance de la patrie.

Cette cause, cependant, eût été perdue si elle n'eût reposé dans de fortes mains : on peut presque dire en de telles crises, tant vaut l'homme, tant vaut la cause; la personne humaine y reprend un rôle immense et précipite ou arrête glorieusement ces grands courants de faits, prétendus irrésistibles, qu'on est convenu d'appeler la force des choses. Que Philippe II eût été un grand homme ou Henri IV un homme médiocre, la France était abattue peut-être pour des siècles.

Ce que fut Henri IV, le mouvement, la vie, l'activité incarnée, les événements le montreront mieux que tous les portraits ne pourraient le faire. Quel portrait fixerait jamais sous ses mille aspects cet homme indéfinissable, l'idéal « ondoyant et divers » de Montaigne! cet homme dont le panégyrique et la satire ont dit vrai dans leurs allégations les plus contradictoires et qui n'est guère demeuré moins populaire par ses défauts que par ses merveilleuses qualités! nature d'une étonnante richesse, douée de tout ce qui rend apte aux grands rôles d'action, et à laquelle il n'a manqué qu'une certaine élévation idéale et une certaine délicatesse de l'âme qui sont, celle-ci la fleur, celle-là l'austère cime de la vertu.

On a comparé Henri IV à François Ier : en effet, voilà bien ces grandes lignes de visage, cette bouche sensuelle, cet œil brillant, ce sourire plein d'un attrait parfois décevant, cette physionomie dont l'ouverture n'est pas toujours de la sincérité; mais, qu'on y prenne garde! cet œil ardent et mobile regarde parfois à l'intérieur dans des profondeurs inaccessibles à François Ier; mais, au-dessus de ces saillantes arcades sourcilières, indice, comme chez le Valois, de la vivacité des perceptions, s'élève, au lieu du front bas de François Ier, le vaste cerveau du génie. Si Henri, lui aussi, pousse la volupté jusqu'à la licence, il connaît pourtant la tendresse, si ce n'est la constance du cœur; si sa parole a trop l'inconsistante légèreté reprochée à sa race gasconne, si sa jeunesse emprisonnée dans la plus dépravée des cours et plus tard les difficultés infinies de sa position altèrent la spontanéité cordiale de sa nature, il garde pourtant une réserve de sentiments vrais et forts que n'a jamais connus François Ier : il prend quelque chose au sérieux en ce monde; personnel à la surface, il sait au fond associer son intérêt et sa gloire à l'idée du salut de la France et à l'intérêt de l'humanité. Infiniment supérieur, dans les choses essentielles, aux Valois et aux Guises, il leur est inférieur en élégance, en dignité extérieure : devant les deux autres Henris, il avait l'air d'un soldat de fortune devant des princes ; mais il rachète cette infériorité de distinction par un charme singulier : il entraîne les imaginations et les cœurs par un irrésistible mélange de finesse et de bonhomie, de sensibilité et de piquante raillerie, d'élan et de calcul, de gaîté et d'héroïsme, d'autorité et de camaraderie guerrière. Irrésistible, il l'est encore après deux siècles et demi, quand on le voit agir, quand on l'entend parler dans l'histoire, quand on le suit quasi jour par jour dans le monument vraiment unique de sa prodigieuse correspondance[1] : les plus sévères, historiens ou moralistes, après maints reproches trop souvent mérités, finissent presque toujours, s'ils sont Français, par tendre la main au plus français des rois de France[2].

Nous allons assister à la lutte opiniâtre par laquelle il disputa son trône ; après la lutte, nous verrons ce que fut son œuvre comme réorganisateur de l'ordre intérieur et comme fondateur de la politique extérieure.

Les effets immédiats de la mort du dernier Valois dans la capi-

---

1. La première pensée de cette belle publication appartint à M. Villemain durant son ministère : M. Berger de Xivrey achève de la réaliser avec un zèle persévérant. Nous insistons peu, au point de vue littéraire, sur *Henri IV écrivain* : le travail a été fait, et très-bien fait, par M. Eugène Jung. « Henri est à peu près en France le premier qui ait senti et trouvé le vrai style épistolaire : — c'est un homme d'action qui est vivant et agissant dans ses lettres. — Henri IV écrivain est l'idéal de Montaigne. — L'écrivain qui nous offre la meilleure étude du progrès de la langue à son époque décisive est l'homme même qui, en maintenant l'unité de la nation, a préparé l'unité de la langue. » E. Jung, *Henri IV écrivain*, p. 271, 278, 281, 290.

2. Citons une seule de ses lettres pour expliquer cet irrésistible attrait : il écrit à un gentilhomme pour lui demander son argent et son sang :

« Monsieur de Launai d'Entragues,... sans doute vous n'aurez manqué... de vendre vos bois de Mezilac et Caze, et ils auront produit quelques mille pistoles. Si ce est, ne faites faute de m'en apporter tout ce que vous pourrez ; car de ma vie je ne fus en pareille disconvenue, et je ne sais quand, ni d'où, si jamais, je pourrai vous les rendre ; mais je vous promets force honneur et gloire ; et argent n'est pas pâture pour des gentilshommes comme vous et moi.

« La Rochelle, 25 octobre 1588. »

Lettres de Henri IV, t. II, p. 398 (lettre transcrite par M. Villemain).

Cela n'a pas besoin de commentaire!

tale rebelle et dans l'armée assiégeante n'annoncèrent que trop au premier des Bourbons les immenses efforts et les immenses périls qui lui seraient imposés.

Le bruit de la mort de Henri III s'était répandu dans Paris dès le matin du 2 août : tous les doutes furent dissipés quand on vit les duchesses de Nemours[1] et de Montpensier parcourir la ville dans leurs carrosses, en criant dans tous les carrefours : « Bonnes nouvelles, mes amis! Bonnes nouvelles! le tyran est mort! Il n'y a plus de Henri de Valois en France! » La mère des Guises, ivre de joie et de vengeance, monta sur les degrés du maître-autel de l'église des Cordeliers pour haranguer la foule; sa fille distribuait partout des écharpes vertes, couleur d'espoir et d'allégresse, à la place des écharpes noires. En peu d'instants, la multitude passa de la consternation au délire; ce ne furent plus « que risées et chansons », que tables dressées par les rues et festins en plein air; le soir, des feux de joie brillèrent sur toutes les places. Partout retentissaient les louanges du « nouveau martyr » qui s'était dévoué pour le salut du peuple; on célébra le bienheureux Jacques Clément dans les chaires; on le chanta dans les rues; on l'invoqua comme un saint[2]; ses images peintes et sculptées furent placées en lieu honorable dans les maisons privées, dans les lieux publics, dans les églises, jusque sur les autels! On fit venir à Paris sa vieille mère; on la combla de présents; on montra au peuple, « comme une merveille », celle qui avait porté dans ses flancs le libérateur de l'Église[3].

---

1. Henri III avait remis en liberté la mère des Guises au commencement de février.

2. *V.* la curieuse anecdote racontée par le cardinal de Retz sur un hausse-col où était gravée l'image de Clément, avec cette légende : *Saint Jacques Clément, priez pour nous.* — *Mém.* de Retz, ap. Collection Michaud, 3ᵉ série, t. I, p. 67.

3. L'Estoile, *Journal de Henri IV*, p. 3; édit. Champollion; ap. Collect. Michaud et Poujoulat, 2ᵉ série, t. I, 11ᵉ partie. — Palma Cayet, p. 172. — *Sommaire récit des choses mémorables advenues en France sous Henri IV*; Paris, 1598, p. 9-10. — Sixte V, dont Henri III avait blessé l'orgueil en repoussant ses exigences, dérogea étrangement à ses habitudes monarchiques en sanctionnant, en plein consistoire, le régicide que célébrait Paris. Il éleva la mémoire de Jacques Clément au-dessus de celle de Judith et d'Éléazar Machabée, et compara ce miraculeux événement à l'Incarnation et à la Résurrection du Seigneur (2 septembre)! De Thou, t. IV, l. xcvi, p. 767.—Les royalistes répondirent à Sixte V par deux pamphlets très-violents, l'*Anti-Sixtus*, en latin, et la *Fulminante*, en français. — Le tyrannicide, pratiqué à Paris, approuvé à Rome, fut enseigné dogmatiquement, *à posteriori*, dans deux ouvrages qui parurent, l'un à

Tandis que le peuple se réjouissait, les chefs délibéraient. Mayenne regardait d'un œil d'envie la couronne qui venait de tomber du front de Henri III et que sa sœur, l'impétueuse Mont-

la fin de 1589, l'autre au commencement de 1590, et qui furent, pour la démocratie ligueuse, ce qu'avaient été les livres de Hotman et de Languet pour le républicanisme protestant. Ce sont le *De Justâ Henrici III Abdicatione,* par le curé Boucher, et le *De Justâ Reipublicæ christianæ in reges impios Auctoritate*, attribué, mais sans preuve, à Guillaume Rose, évêque de Senlis. Boucher avait composé son traité *De la Juste Déposition de Henri III* pour justifier les Seize et la Sorbonne ; le livre était sous presse au moment du meurtre du roi. Ce traité a une grande importance comme résumant les théories politiques de la Ligue, théories qui associaient deux principes dont l'alliance ne pouvait être que temporaire, la souveraineté de l'Église résumée dans le pape et la souveraineté du peuple. Suivant Boucher, le pape ou ses représentants peuvent changer les lois du royaume, délier le peuple du serment de fidélité envers le roi et pourvoir à ce que le troupeau du Christ soit confié à un meilleur gardien. Le peuple, de son côté, est souverain : le droit d'élection est supérieur au droit d'hérédité ; la république reste supérieure au roi qu'elle se donne : elle a sur lui droit de vie et de mort. Boucher, passant à la question d'application, prouve que l'Église et le peuple doivent faire usage de leur droit contre Henri III et que, lors même que le pape l'absoudrait, le peuple ne devrait pas le reprendre pour roi, l'absolution supprimant la *coulpe*, non la peine du péché. Il établit que tout particulier peut tuer un tyran, ennemi de la patrie, et que l'urgence ne permet pas d'attendre, pour rejeter Henri III, qu'il ait été régulièrement jugé et déposé par les États Généraux. Il termine par la glorification de Jacques Clément, qui vient de réaliser avec tant d'éclat ses doctrines au moment où il achevait de les rédiger, et souhaite au Béarnais le sort de Henri III. A travers beaucoup de divagations pédantesques ou triviales, de déclamations indécentes et sanguinaires, il y a, dans ce livre « des idées sérieuses, une passion quelquefois éloquente, une logique serrée, un incontestable talent de polémiste » (Ch. Labitte, *Prédicateurs de la Ligue,* p. 97).

Le traité *De la Juste Autorité de la République chrétienne sur les rois impies,* dédié au duc de Mayenne et publié *avec privilége du roi* (Charles X), est dans les mêmes principes que le livre de Boucher. Les sociétés humaines, les *républiques*, sont, dit-il, fondées par la Nature : elles sont libres de choisir le gouvernement qui leur convient et de le modifier selon les exigences du temps et des mœurs ; l'élection des princes découle de la Nature que Dieu a fondée et de la Raison que Dieu a donnée à l'homme. Tout roi, avant de monter sur le trône, même par succession, doit interroger la volonté nationale ; il n'est pas roi avant d'être couronné. La république peut étendre, restreindre, changer ou abolir la puissance des rois et leur substituer une autre autorité. — L'excommunication emporte la déchéance du trône. — Les protestants ont raison d'avancer qu'il est permis de tuer les tyrans ; ils n'ont tort que dans l'application. L'exemple de la juste application du principe, c'est l'action *tout à fait divine* de Jacques Clément. — Chacun a le droit de tuer un roi hérétique *comme tout autre hérétique*. L'auteur tâche ensuite d'appliquer la définition du tyran au Béarnais, comme Boucher l'a fait à Henri III. Ce qui est curieux, c'est qu'il finit par flatter la noblesse afin de la détourner du parti royal et par s'efforcer de l'effrayer sur l'esprit d'égalité qu'il lui dénonce dans le calvinisme : « Les plébéiens y sont sur le pied de l'égalité avec les nobles... les ministres méprisent la noblesse et veulent réduire la France en une république populaire comme la Suisse » (ceci nous rappelle que le grand jurisconsulte Dumoulin, qui avait emprunté un peu trop d'esprit féodal à ses

pensier, le pressait de ramasser. Madame de Montpensier et ses adhérents lui représentaient que jamais la maison de Guise ne retrouverait une telle occasion; que, s'il n'agissait point hardiment et sur-le-champ pour son propre compte, s'il laissait proclamer roi le vieux cardinal de Bourbon, celui-ci amènerait peut-être après lui ses parents, les Bourbons catholiques, et toute l'œuvre de Guises serait ainsi compromise ou perdue. Ce n'était pas le désir qui manquait à Mayenne, mais bien l'audace et le génie. Homme de mérite à beaucoup d'égards, bon politique, capitaine expérimenté, il était dépourvu de cette puissante initiative qu'il faut aux hommes de révolution, et plus fait pour remplir une place distinguée dans un ordre de choses régulier [1] que pour régner

études sur les Coutumes, reprochait aux ministres genevois d'attaquer le droit d'aînesse).

Sur ce livre et sur son auteur anonyme, *V.* une dissertation de M. Ch. Labitte, *Prédicateurs de la Ligue,* p. 295 et suiv. — Comme dans l'œuvre de Boucher, et peut-être avec plus de profondeur, de hautes maximes de philosophie politique s'y mêlent à des axiomes sauvages, qui expriment, pour ainsi dire, la quintessence du fanatisme exterminateur : la Saint-Barthélemi s'y trouve célébrée aussi bien que le meurtre de Henri III. C'est quelque chose de terrible et de monstrueux que cette combinaison du républicanisme avec une théocratie impitoyable.

Cette combinaison, il importe de le dire, fut acceptée temporairement par toute l'école théologique des jésuites. Le chef de cette école, Bellarmin, et ses principaux acolytes y furent conduits par le désir d'abattre, au profit de l'omnipotence papale, la doctrine naissante du droit divin des rois, doctrine fondée sur la maxime que « toute puissance procède de Dieu ». Bellarmin, de même que l'auteur du traité *De la Juste Autorité de la République,* reconnaît, entre la souveraineté et l'exercice du pouvoir, cette distinction profonde qui avait échappé à Bodin. Suivant lui, Dieu n'a octroyé la souveraineté temporelle à personne en particulier; cette souveraineté repose dans le corps social, dans le peuple; seulement il est entendu que la souveraineté temporelle doit être soumise à la souveraineté spirituelle, c'est-à-dire les peuples au pape, « comme le corps à l'âme ». Ces doctrines, chose qui semble vraiment incroyable, furent enseignées librement en Espagne par Suarez et par le célèbre théologien et historien Mariana. Il fallait que Philippe II se sentît bien fort de l'identification de sa monarchie avec le principe catholique, pour ne pas craindre que l'arme dangereuse qu'il employait contre la royauté française ne fût un jour retournée contre lui ou les siens. — *V.* Ranke, *Histoire de la Papauté,* l. VI, § 1. — Par compensation, les protestants, qui, naguère, proclamaient les principes républicains par l'organe de Hotman et de Languet, se mirent à prêcher avec ardeur le droit divin des rois et à nier le droit de cette majorité populaire qui se prononçait contre eux. L'ordre de succession, les lois établies, devinrent pour eux quelque chose d'immuable et d'absolu comme la Bible elle-même. *V.* comme spécimen, l'*Explicatio controversiarum quæ moventur ex Henrici Borbonii regis in regnum Franciæ constitutione*; Sedan, 1590.

1. Ce n'est pas qu'il ait été étranger aux mœurs violentes de son temps; car, indépendamment de l'assassinat du favori Saint-Mesgrin, il tua de sa main un de ses

au milieu des bouleversements. Son ambition ne fut point assez ardente pour lui cacher l'immensité des obstacles : il comprit et apprécia la jalousie de sa propre famille, l'opposition de l'Espagne, les prétentions de la branche aînée de Lorraine et du duc de Savoie, les précédents qui liaient la Ligue au cardinal Charles de Bourbon, l'absence de titres spéciaux et d'enthousiasme populaire en sa faveur; il vit le faisceau de l'Union prêt à se dissoudre; les opinions les plus diverses se manifestaient hautement dans Paris : plusieurs voulaient qu'on se jetât sans réserve dans les bras du roi d'Espagne; d'autres qu'on élût roi le duc Charles de Lorraine ou son fils aîné, en mariant l'héritier de Lorraine à la plus jeune fille de Philippe II; quelques-uns proposaient le duc de Savoie, comme petit-fils de François Ier par sa mère et gendre du Roi Catholique; la plupart[1] demandaient qu'on proclamât le cardinal de Bourbon, déjà reconnu par les États Généraux en qualité d'héritier du trône. Bernardino de Mendoça, qui ne portait plus le titre d'ambassadeur, mais qui était resté le principal agent de Philippe II en France, sentit de son côté la difficulté de travailler directement et immédiatement en faveur de son maître : il se rapprocha de Mayenne, et tous deux s'entendirent pour céder à l'impulsion de la majorité et ajourner le débat en reconnaissant comme roi de France un vieillard malade et captif.

Le conseil général de l'Union approuva cette résolution, et, le 5 août, une déclaration du lieutenant-général et du conseil de l'Union invita, « en attendant la liberté et présence du roi notre souverain seigneur », tous les princes, prélats, officiers de la couronne, seigneurs, gentilshommes et autres, qui avaient suivi Henri III, à se rallier à l'Union, soit pour porter les armes contre les hérétiques, soit pour se retirer dans leurs maisons, en jurant de n'assister dorenavant les hérétiques ni leurs fauteurs. Les auteurs de la déclaration réclamaient de tous catholiques l'obéissance due à leur roi « catholique, naturel et légitime », et s'expri-

---

officiers, bâtard du feu chancelier Birague, qui prétendait épouser sa belle-fille sans son aveu.

1. « La plus grande et saine partie », dit Villeroi, à qui nous empruntons ces détails; Anc. Collect., t. LXI, p. 319-326. — Suivant Davila, l. x, p. 719, le président Jeannin et Villeroi lui-même dissuadèrent fortement Mayenne d'aspirer à la royauté.

maient comme si la transmission de la couronne avait eu lieu, *ipso jure*, de Henri III à Charles X [1].

Durant la fatale journée du 2 août, le trouble et la confusion étaient passés de la ville assiégée dans le camp des assiégeants. La minorité huguenote semblait plus étourdie que joyeuse de voir le roi de Navarre si brusquement inauguré roi de France par le couteau d'un moine ; la majorité catholique, tout à coup mise en demeure de saluer la royauté d'un hérétique, s'étonnait, s'agitait, incertaine et violemment divisée. Les gens de la maison du feu roi avaient entouré le roi de Navarre comme leur maître aussitôt son retour à Saint-Cloud ; mais un grand nombre de seigneurs et de courtisans, après un salut froid et contraint, s'étaient écartés de Henri de Bourbon pour conférer autour du lit funèbre où gisait le dernier des Valois. On en voyait plusieurs « enfonçant leurs chapeaux ou les jetant par terre, fermant le poing, complotant, se touchant la main, faisant des vœux et promesses, desquelles on oyoit pour conclusion : — plutôt mourir de mille morts [2] ! » Le serment que Henri III expirant avait obtenu d'eux paraissait bien aventuré.

Le Béarnais, plein d'anxiété, s'était retiré dans un logis voisin

---

1. Le parlement de Paris toutefois ne vérifia la déclaration du conseil général et ne proclama *Charles X* roi de France, par acte solennel, que le 21 novembre, et ce fut seulement à dater de ce jour que les actes de la Ligue furent publiés au nom du cardinal-roi et qu'on battit monnaie à son effigie. Le parlement de Rouen fit la même proclamation le 14 décembre. Floquet, t. II, p. 345. — Mendoça avait bien deviné les intentions de son maître ; car Philippe II, à la première nouvelle de la mort de Henri III, se hâta d'écrire qu'on ne pouvait rien faire de mieux que d'élire le cardinal de Bourbon ; puis il ratifia cette élection dans une seconde lettre à Mendoça : « Personne », est-il dit dans cette lettre, « ne doit prétendre à succéder au cardinal par alliance, mariage ou autre moyen, si ce n'est de l'aveu de Sa Majesté Catholique et de l'aveu du cardinal lui-même. » Il approuve le maintien de Mayenne dans la lieutenance générale. « S'il arrivoit que le cardinal ne pût être libre, et que les catholiques, impuissants contre le Béarnois et les hérétiques, voulussent se mettre dans les mains de Sa Majesté, ils devroient, en traitant avec elle, abandonner toute méfiance ; s'ils ne veulent avoir recours à cet appui, Sa Majesté n'en sera pas moins leur ami et protecteur. L'ambassadeur ne manquera pas d'insinuer adroitement (*diestramente*) les droits de l'infante (comme petite-fille de France)... sonder le terrain pour voir quel effet cela produira. — Il faut faire observer que, pour tout ce qui est mariage entre les têtes couronnées, le Roi Catholique en est le régulateur et le principal arbitre. » Il recommande aux catholiques de se tenir en garde contre l'intention prétendue qu'aurait le Béarnais de se convertir. Capefigue, t. V, p. 344-350-353 ; d'après les Archives de Simancas.

2. D'Aubigné, part. II, col. 255.

où il discutait sa situation avec quelques-uns de ses plus intimes conseillers. Sa première pensée avait été, dit-on, de se replier sur la Loire. Le huguenot Guitri lui représenta qu'il perdrait sans retour tout ce qui était au nord de ce fleuve. Le concours des auxiliaires suisses était, dans un tel moment, une question de vie ou de mort, et il n'était pas facile de décider les Suisses à rester, même provisoirement, au service d'un nouveau roi qui n'avait pas un écu à leur donner et avec qui leurs cantons n'avaient pas d'engagement personnel : Guitri, fort accrédité parmi les Suisses, se rendit à leur quartier, à Surêne. Givri, un des vainqueurs de Senlis, et d'Humières, proche parent du fondateur de la Ligue à Péronne, allèrent exhorter la noblesse royaliste de l'Ile-de-France, de la Picardie et de la Brie à reconnaître *Henri IV*, et Rosni fut expédié au quartier du maréchal d'Aumont.

Pendant ce temps, le débat continuait dans le conciliabule des seigneurs catholiques. Plusieurs, plaçant, disaient-ils, la religion avant tout, repoussaient absolument le roi de Navarre et alléguaient l'exemple de l'Angleterre pour ne pas recevoir un roi hérétique. D'autres, au contraire, déclaraient l'État perdu si l'on violait l'antique loi de succession au préjudice de l'héritier légitime et voulaient qu'on se fiât à la loyauté de Henri de Bourbon, quant au maintien de la religion catholique. Une partie des assistants proposaient de renvoyer la décision aux États Généraux. La majorité, après une discussion tumultueuse, chargea le duc de Longueville d'offrir obéissance à Henri de Bourbon, pourvu qu'il embrassât le catholicisme. Longueville s'étant excusé de porter la parole, le surintendant François d'O, cet ancien mignon de Henri III, perdu de débauche et gorgé de concussions, se fit effrontément l'organe des intérêts de la foi : il se présenta, au nom de tous, devant Henri de Bourbon et l'invita « à embrasser la religion du royaume avec le royaume, ou, pour le moins, à consigner entre les mains des seigneurs catholiques la promesse de se faire instruire sous peu de jours. »

La fierté du Béarnais se révolta contre cette brusque sommation : il se plaignit qu'on le prît ainsi « à la gorge, sur le premier pas de son avénement », et dit qu'on ne pouvait attendre une si soudaine « mutation de croyance » que d'un homme qui n'aurait aucune croyance. Il ajouta néanmoins, comme toujours, qu'il était prêt à se soumettre à un concile et qu'il donnerait toutes les garanties désirables à la religion catholique. Sur ces entrefaites, Givri revint du camp, et, « avec son agréable façon », dit d'Aubigné, il embrassa le genou du roi et dit à voix haute : « Sire, je viens de voir la fleur de votre brave noblesse : elle attend avec impatience vos commandements; vous êtes le roi des braves et ne serez abandonné que des poltrons. » Un moment après, on annonça les capitaines des Suisses : Guitri avait trouvé la besogne faite par Sanci : cet habile et dévoué négociateur, à la première nouvelle de la mort de Henri III, avait réuni les chefs suisses et leur avait représenté que le salut de la France dépendait d'eux seuls; que leurs cantons étaient liés par la foi des traités avec la couronne et non pas seulement avec la personne du feu roi; que, d'ailleurs, le retour chez eux sans cavalerie, sans auxiliaires français, à travers tant de populations ennemies, serait plein de périls et de périls sans gloire. Les Suisses consentirent à servir Henri IV deux mois à crédit, en attendant les ordres de leurs cantons. Le Béarnais embrassa Sanci avec effusion et serra cordialement la main des chefs helvétiens, en s'écriant qu'il leur devrait sa couronne.

Les seigneurs catholiques avaient recommencé leurs délibérations. La soirée du 2 août et la journée du lendemain se passèrent à négocier : les ducs de Montpensier et de Longueville, le maréchal d'Aumont, Sanci, Givri, travaillaient activement pour le roi. Le maréchal de Biron et bien d'autres entendaient travailler pour eux-mêmes et « faire leurs affaires », comme le dit Biron à Sanci. Biron conseilla d'abord de ne reconnaître Henri qu'en qualité de capitaine général, tant qu'il ne serait pas catholique; puis il lui fit demander secrètement, pour se donner à lui sans réserve, l'investiture du comté de Périgord. Henri se résigna, promit à l'avide Biron tout ce qu'il voulut et s'acquit cet homme redoutable, le meilleur capitaine et le plus habile politique qu'il y eût entre les « catholiques royaux [1] ». Biron servit

---

1. *Discours d'Estat de M. de Sanci*; ap. *Mem.* de Nevers, t. II, p. 591. Sanci dit que le roi le chargea d'assurer Biron de ce que celui-ci lui demandait. Si Biron retira sa demande, ce ne fut que plus tard et de fort mauvaise grâce. — Il ne faut pas juger

d'intermédiaire auprès des autres. Le pacte fut conclu et, le 4 août, Henri signa la déclaration suivante :

« Nous, Henri, par la grâce de Dieu, roi de France et de Na-
« varre, promettons et jurons, en foi et parole de roi... de main-
« tenir et conserver en notre royaume la religion catholique,
« apostolique et romaine en son entier sans y innover ou changer
« aucune chose, soit en la police et exercice d'icelle, soit aux
« personnes et biens ecclésiastiques, de confier l'économie d'iceux
« (biens) à personnes capables et catholiques; et que, suivant la
« déclaration patente par nous faite avant notre avénement à
« cette couronne, nous sommes tout prêt d'être instruit par un
« bon et légitime concile général ou national, qu'à ces fins nous
« ferons convoquer et assembler dans six mois, ou plus tôt s'il est
« possible, pour suivre et observer ce qui y sera conclu et arrêté.

« Que, cependant, il ne sera fait aucun exercice d'autre reli-
« gion que de la catholique, sinon ès villes et lieux où il se fait à
« présent.... jusques à ce qu'autrement il en ait été avisé par une
« paix générale ou par les États Généraux qui seront pareillement
« par nous convoqués dans ledit terme de six mois.

« Que les villes, places et forteresses qui seront réduites en
« notre obéissance seront par nous commises au gouvernement
« et charge de nos bons sujets (catholiques), sauf celles qui, par
« les articles accordés, au mois d'avril dernier, entre le feu roi et
« nous, ont été réservées à ceux de la religion réformée (une
« place forte par bailliage).

« Que, à tous offices et gouvernements venant à vaquer ailleurs
« que dans les villes et places qui seront au pouvoir de ceux de la
« religion réformée, il sera par nous, durant le même temps de
« six mois, pourvu de personnes catholiques.

« Davantage, nous promettons conserver tous les princes, ducs,
« pairs, officiers de la couronne, seigneurs et tous nos bons et
« obéissants sujets en leurs biens, charges, dignités, etc., et spé-
« cialement de reconnoître, de tout ce que nous pourrons, les

---

Sanci par les railleries de d'Aubigné, qui ne put lui pardonner sa conversion du protestantisme au catholicisme. Sanci, quoi qu'on pense de sa conduite en matière de
religion, montra, dans la question politique, un entier dévouement à la cause qu'il
avait embrassée.

« bons et fidèles serviteurs du feu roi; finalement, d'exposer
« notre vie et nos moyens, avec l'assistance de tous nos bons
« sujets, pour faire justice exemplaire de l'énorme meurtre,
« félonie et déloyauté commis en la personne dudit feu roi ».

Les chefs catholiques souscrivirent au bas de la déclaration royale l'engagement qui suit :

« Nous, princes du sang et autres ducs, pairs et officiers de la
« couronne, seigneurs, gentilshommes et autres soussignés, atten-
« dant une assemblée générale des princes, ducs, pairs, sei-
« gneurs, etc., qui étoient fidèles serviteurs et sujets du feu roi lors
« de son décès, reconnoissons pour notre roi et prince naturel,
« selon les lois fondamentales de ce royaume, Henri quatrième,
« roi de France et de Navarre, et lui promettons service et obéis-
« sance, sur le serment et la promesse qu'il nous a faite, ci-dessus
« écrite, et aux conditions que, dans deux mois, Sa Majesté fera
« interpeller et assembler lesdits princes, seigneurs, etc., pour,
« tous ensemble, prendre plus ample délibération et résolution
« sur les affaires de ce royaume.

« Attendant les décisions du concile et États Généraux, Sa Ma-
« jesté aura aussi agréable..... que, de notre part, soient délégués
« quelques notables personnages vers notre Saint Père le pape,
« pour lui représenter particulièrement les occasions qui nous
« ont mus de faire cette promesse, et, sur ce, impétrer de lui ce
« que nous connoîtrons nécessaire pour le bien de la chrétienté,
« utilité et service de Sa Majesté.

« Nous supplions aussi très-humblement Sa Majesté de faire
« justice de l'énorme méchanceté commise en la personne du feu
« roi; promettons à Sa Majesté toute l'assistance qu'il nous sera
« possible pour ce faire, et pour chasser et exterminer les re-
« belles et ennemis qui veulent usurper cet État ».

Signé : **François de Bourbon** (prince de Conti), **François de Bourbon** (duc de Montpensier), **Henri d'Orléans** (duc de Longueville), **François de Luxembourg** (duc de Pinei), **Louis de Rohan** (duc de Montbazon), **Armand de Biron**, **Jean d'Aumont**, **J. de Dinteville**, **Nicolas et Louis d'Angennes**, **J. de Chasteauvieux**, **Ch. de Balzac de Clermont** (d'Entragues), **F. du Plessis** (de Richelieu, grand prévôt de l'hôtel), **de Renti**, **d'Auchi**, etc., etc.

Le contrat synallagmatique passé entre Henri de Bourbon et les chefs de la noblesse catholique[1] fut ratifié et enregistré, le 14 août, par le parlement royaliste séant à Tours[2].

Bien des signatures manquèrent à cet acte solennel : les éternelles querelles de préséance entre les seigneurs furent le motif ou le prétexte de nombreux refus. Beaucoup de gens inclinaient fort à suivre l'exemple du duc de Nevers et du maréchal de Retz, et à s'abriter dans une commode neutralité jusqu'à ce que la fortune eût prononcé; d'autres avaient hâte de retourner dans leurs contrées pour s'y cantonner en petits souverains. Le duc d'Épernon, longtemps ami du roi de Navarre à distance, n'avait pas tardé à se brouiller avec lui dès qu'ils s'étaient trouvés ensemble auprès de Henri III; l'arrogance de l'ex-favori n'était pas supportable. Épernon déclara que sa dignité de duc et pair ne lui permettait pas de signer après les maréchaux : il prétendit sa présence indispensable dans l'Ouest et partit avec toutes ses troupes, environ sept mille hommes, en promettant, du bout des lèvres, qu'il servirait le roi dans son gouvernement d'Angoumois et de Saintonge. L'exemple fut contagieux : beaucoup de seigneurs réclamèrent, pour quitter l'armée, un congé que Henri n'était pas en état de leur refuser; quelques-uns même passèrent à la Ligue; Vitri, gouverneur de Dourdan, remit loyalement à Henri IV la place que Henri III lui avait confiée et alla joindre Mayenne. Le garde des sceaux Montholon rendit à Henri les sceaux, qu'il ne pouvait, disait-il, tenir pour un roi huguenot[3]. Les zélés hugue-

---

1. M. Poirson suppose que la déclaration des seigneurs fut signée par les chefs protestants comme par les chefs catholiques (*Hist. du règne de Henri IV*, t. I, p. 23). La nature même de l'acte, où l'on annonce l'envoi d'une ambassade « à notre Saint-Père le pape » et où l'on s'occupe surtout de garanties contre la Réforme, repousse absolument cette supposition. L'acte ne fut ni ne put être proposé à la signature des huguenots, qui, d'ailleurs, n'avaient point de déclaration à faire, puisqu'ils s'étaient placés sur le terrain des légistes monarchiques : « le roi est mort, vive le roi! »

2. Recueil d'Isambert, t. XV, p. 5 et suiv. (d'après les registres du parlement). — Sur les incidents qui précèdent, comparez de Thou, t. IV, l. xcvii, p. 791-795. — D'Aubigné, part. II, col. 253-259. — Davila, l. x, p. 707-713. — *Mém.* du duc d'Angoulême, p. 67-70. — Sulli, *OEconomies royales*, p. 71. — La fraction du parlement échappée de Paris et réfugiée à Tours était peu nombreuse encore, et c'est à une époque postérieure qu'il faut rapporter ce que dit M. Poirson (*Hist. du règne de Henri IV*, t. I, p. 35), « qu'il y eut bientôt près de deux cents magistrats à Tours contre soixante-dix-huit à Paris ».

3. Le roi ne nomma pas de garde des sceaux jusqu'à la mort de Montholon, en

nots, de leur côté, mécontents de ne rien gagner à l'élévation de leur chef au trône et de l'entendre proclamer ses doutes religieux en annonçant l'intention de « se faire instruire », s'éloignèrent en assez grand nombre. La Trémoille, duc de Thouars, qui visait, dit-on, au protectorat des huguenots dans l'Ouest, partit avec la plupart des réformés poitevins et gascons ; il promit, à la vérité, de revenir. C'était là le début de ces embarras sans cesse renaissants, que deux opinions également ombrageuses devaient semer tour à tour sur les pas de Henri IV [1].

En quelques jours, l'armée fut réduite quasi de moitié : les uns firent par nécessité ce que les autres faisaient par mauvais vouloir ; la noblesse volontaire avait épuisé ses ressources, et le roi n'y pouvait suppléer [2]. L'armée de la Ligue, cependant, se renforçait ; les auxiliaires appelés par Mayenne commençaient d'arriver à Paris. La position des troupes royalistes, sous les murs de la capitale, allait devenir périlleuse. Henri essaya de négocier avec Mayenne par l'intermédiaire de Villeroi ; mais le lieutenant-général de l'Union empêcha Villeroi de se rendre à une conférence proposée par le Béarnais dans le bois de Boulogne. Mayenne s'était abstenu de prendre part aux indécentes démonstrations qui avaient suivi la mort de Henri III et s'exprima d'une manière très-convenable sur le compte du prétendant, mais déclara qu'il ne pouvait porter atteinte aux droits du « roi Charles X [3] ».

Henri sentit l'impossibilité de se maintenir devant Paris. Ses adversaires croyaient qu'il se retirerait sur la Loire : il ne leur

---

octobre 1590 : il remit les sceaux au cardinal de Vendôme, chef de son conseil ; puis, n'ayant pas grande confiance en Vendôme, il les reprit en décembre 1589 et fit sceller devant lui. *Lettres de Henri IV*, t. III, p. 4 ; 100.

1. Dès que les chefs de la Ligue eurent connaissance de la déclaration de Henri IV, ils firent courir une prétendue lettre de ce prince aux « seigneurs de Berne ». Le Béarnais y prévenait ses alliés les Bernois qu'il était obligé de dissimuler un peu de temps, mais qu'il était bien décidé à maintenir et augmenter par tout le royaume la foi protestante, dans laquelle il voulait vivre et mourir (*Mém. de la Ligue*, t. IV, p. 88). Cette fraude produisit l'effet qu'on en attendait. Les huguenots, de leur côté, publièrent à La Rochelle un *Avis au roi pour ne pas changer de religion* ; l'auteur faisait entendre au roi que, s'il abandonnait la religion, elle se choisirait d'autres protecteurs. Palma-Cayet, p. 169.

2. C'est l'excuse que La Force, qui resta, donne, dans ses *Mémoires*, aux protestants qui partirent : « ils avoient tant pâti qu'ils étoient à bout de moyens. » *Mém. de La Force*, t. I, p. 63.

3. *Mém.* de Villeroi, p. 309-314.

donna pas cette satisfaction. Il résolut de maintenir et d'accroître les avantages obtenus depuis deux mois, d'organiser fortement le parti royal dans le nord de la France, d'y fixer la guerre par l'occupation du plus grand nombre possible de places fortes et de ne retourner sur la Loire qu'en automne pour tenir à Tours cette assemblée des grands du royaume qui lui avait été demandée par l'acte du 4 août et qui devait précéder les États Généraux[1]. Il décampa le 8 août, emportant avec lui les restes de son prédécesseur, qu'il ne voulait point abandonner aux outrages du peuple de Paris; il s'empara de Meulan, y passa la Seine, remonta l'Oise, en s'assurant de toutes les petites places situées sur cette rivière, et alla déposer le corps de Henri III dans l'abbaye de Saint-Corneille de Compiègne. Il avait encore une vingtaine de mille hommes : il les partagea en trois corps; il envoya les gentilshommes picards et champenois, conformément à leurs désirs, tenir les champs dans leurs provinces, les premiers sous le duc de Longueville, les seconds sous le maréchal d'Aumont; il leur donna de l'infanterie suisse pour les soutenir, garda près de lui Conti, Montpensier, Biron et dix mille combattants, se dirigea rapidement vers la Normandie, emporta en passant Gournai et Gisors, y mit garnison, et vint camper, le 24 août, à Darnetal, à une lieue de Rouen. En menaçant Rouen, il comptait attirer Mayenne sur ses pas et l'empêcher de reprendre les places occupées par les royalistes autour de Paris; d'autres motifs graves appelaient Henri dans ces contrées : il voulait s'assurer de la foi des gouverneurs et des villes qui avaient soutenu la cause du feu roi, soit en Normandie, soit dans la Picardie maritime, refaire ses troupes aux dépens du gras pays de Caux, enlever à la Ligue la recette des impôts de la Normandie[2], et s'approcher de la mer pour recevoir les secours d'hommes et d'argent qu'Élisabeth avait promis à son prédécesseur et à lui. La possession d'un bon port de mer était, en ce moment, pour lui, une question capitale : le gouverneur de Dieppe, Aimar de Chastes, lui remit cette importante place sans conditions et sans réserve. Henri déclara qu'il

---

1. L'ordonnance de convocation fut publiée le 27 août. Isambert, t. XV, p. 12.
2. M. Poirson remarque avec raison qu'il faut tenir compte de ce motif pour apprécier les mouvements de cette guerre. *Hist. du règne de Henri IV,* t. I, p. 33.

devait à ce brave officier son salut et le salut de l'État. L'exemple du gouverneur de Dieppe et les exhortations du premier président du parlement de Normandie, réfugié à Caen[1], décidèrent le gouverneur de Caen à se rallier à l'opinion royaliste de la seconde ville de Normandie : l'appui de Caen aida puissamment Henri à se maintenir à Dieppe. Le capitaine de Pont-de-l'Arche était déjà venu rendre hommage au roi. Le commandant de Boulogne envoya sa soumission.

Henri, de retour au camp de Darnetal, après une excursion à Dieppe, apprit que Mayenne marchait contre lui. Son but était atteint : il n'attendit pas l'armée de la Ligue devant Rouen; il délogea le 2 septembre et alla prendre Eu et le Tréport, afin de s'élargir autour de Dieppe. Il reçut à Eu des nouvelles alarmantes : les forces de Mayenne s'étaient accrues plus rapidement et dans une proportion beaucoup plus considérable que Henri ne l'avait prévu. Le duc de Parme, avec qui Mayenne était allé conférer secrètement à Binch en Hainaut, lui avait donné quelques enseignes et cornettes wallonnes; Balagni avait amené de nouvelles troupes du Cambresis et de la Picardie; il était arrivé des reîtres, des lansquenets, des Suisses catholiques enfin, levés avec l'argent de l'Espagne; le duc de Nemours était accouru de Lyon; le marquis de Pont, qui rêvait la couronne de France promise par son aïeule Catherine de Médicis, venait de joindre Mayenne avec trois mille Lorrains. La Ligue se concentrait pour accabler le prétendant. Ces mêmes populations qui refusaient, un mois auparavant, de s'armer contre un ennemi campé au pied de leurs murailles, s'enrôlaient en foule afin de le poursuivre au loin, maintenant qu'il fuyait, disait-on, devant la Ligue. Mayenne avait quitté Paris dès le 27 août, en « publiant qu'il alloit prendre le Béarnois. » La confiance était telle dans Paris, que, lorsqu'on sut les armées en présence, maints *badauds* louèrent des fenêtres dans la rue Saint-

---

1. Le parlement royaliste de Caen avait reconnu Henri IV, par acte du 19 août, en le suppliant de « faire profession de la religion catholique ». Floquet, *Hist. du parl. de Normandie*, t. III, p. 438. Le parlement ligueur de Rouen lança une déclaration foudroyante contre « les officiers séant en la ville rebelle de Caen sous le faux nom de parlement », contre tous gentilshommes qui ne prendraient pas les armes pour la Sainte-Union, et contre quiconque paierait les tailles à d'autres qu'aux receveurs de l'Union (23 septembre). *Mém. de la Ligue*, t. IV, p. 93.

Antoine pour voir mener le *Biarnois* à la Bastille[1]. Mayenne comptait acculer Henri IV dans Dieppe et l'obliger à « s'y perdre », ou tout au moins à abandonner son armée et à s'enfuir par mer en Angleterre ou à La Rochelle. Il écrivit à Rome et en Espagne qu'il était sûr de la victoire.

Cette assurance était un peu hasardée avec un adversaire tel que Henri de Navarre ; néanmoins la position du prétendant était très-périlleuse, et les avis que Henri recevait des bords de la Loire redoublaient son anxiété. Une conspiration avait failli lui enlever Tours : le maréchal de Matignon avait eu grand'peine à empêcher Bordeaux de se déclarer pour la Ligue et n'avait pu obtenir du parlement de Guyenne qu'une sorte de déclaration de neutralité[2] ; des intrigues redoutables se nouaient autour du cardinal de Bourbon, qui, avant la mort de Henri III, avait été transféré d'Amboise à Chinon ; le comte de Soissons, évadé de la prison où le retenait le duc de Mercœur, était arrivé à Tours, et du Plessis-Mornai, gouverneur de Saumur, qui se multipliait pour défendre dans toute cette contrée les intérêts de Henri IV, soupçonnait le comte et son frère le cardinal de Vendôme de cabaler avec d'Épernon pour se saisir du cardinal-roi. Henri ne respira que lorsque Mornai eut réussi à retirer le roi de la Ligue des mains du gouverneur de

---

1. L'Estoile, *Journal de Henri IV*, p. 6. — *Mém.* du duc d'Angoulême, p. 74.
2. Le parlement de Bordeaux, par un arrêt du 19 août, exhorta le clergé de « faire prières à Dieu pour l'âme du feu roi et la conservation de l'État et couronne en la religion catholique, apostolique et romaine », enjoignit à tous officiers et administrateurs de son ressort d'empêcher « toute innovation et altération en ce qui touche l'honneur de Dieu et le repos public », et de faire observer inviolablement, d'une part, l'édit de juillet 1588, qui sanctionnait la Ligue et, de l'autre, l'édit du 26 avril 1589, qui établissait une trêve d'un an avec les réformés. Le parlement de Bordeaux concluait en ordonnant à tous gentilshommes, villes, etc., de vivre paisiblement sous l'observation « d'iceux édits, en attendant qu'il ait plu à Dieu impartir sa grâce et miséricorde à ce royaume, pour la conduite et direction d'icelui à son honneur et gloire, exaltation et conservation de sa sainte foi catholique. » *Mém. de la Ligue*, t. IV, p. 45. — Le parlement de Toulouse, subjugué par les ligueurs depuis le massacre de Duranti et de Daffis, exhortait, pendant ce temps, les prélats de son ressort à faire rendre grâces à Dieu d'avoir délivré Paris par « la miraculeuse et épouvantable mort de Henri troisième », instituait une procession annuelle le 1er août en mémoire de ce grand événement, et décrétait la peine de mort contre quiconque reconnaîtrait pour roi Henri de Bourbon, justement anathématisé par notre Saint-Père le pape Sixte V ». *Mém. de la Ligue*, t. IV, p. 47. — Le clergé toulousain mit le *bienheureux* Jacques Clément dans les litanies. D. Vaissette, *Hist. de Languedoc*, t. V, p. 472.

Chinon pour le conduire à Fontenai en Poitou, au milieu des huguenots [1].

Le Béarnais ne songea plus qu'à défendre héroïquement sa couronne et sa vie contre Mayenne. Il avait dépêché des courriers à Longueville et à d'Aumont, pour les presser de lui ramener leurs troupes en toute hâte. Il ne se laissa point enfermer dans Dieppe en les attendant. Le 8 septembre, il vint asseoir son camp auprès du bourg d'Arques, poste dont il avait reconnu l'excellence lors de sa récente visite à Dieppe. La Béthune, dont l'embouchure forme le port de Dieppe, coule dans une verte et riante vallée, entre deux chaînes de collines : sur le point culminant de la chaîne méridionale, à une lieue et demie de Dieppe, s'élèvent les vieilles tours du château d'Arques, d'où l'on domine, d'un côté, la ville, le port et la mer, de l'autre, les trois vallées de la Béthune et de ses deux affluents, l'Arques et l'Aulne, qui rejoignent la Béthune au pied des collines d'Arques. Ces trois petites rivières, des bois, des ravins, un marais (aujourd'hui desséché), rendaient les abords d'Arques difficiles à une armée. L'art aida aux avantages naturels du lieu. Henri et Biron, faisant eux-mêmes l'office d'ingénieurs, coupèrent, par des tranchées et des levées de terre, tous les points accessibles, toutes les avenues qui conduisent au bourg et au château. Ils fortifièrent en même temps le grand faubourg maritime de Dieppe, appelé le Pollet, faubourg dont la prise eût entraîné celle de la ville et rendu inutiles tous les avantages du camp d'Arques. Soldats, bourgeois et matelots travaillèrent avec une diligence incroyable à creuser des fossés, à élever

---

1. *Mém.* de Mornai, t. II, p. 9-20. — Une démarche des chefs du parlement de Tours prouva combien la situation avait paru critique aux royalistes les plus dévoués. L'ex-avocat général d'Espeisses, qui présidait cette fraction de parlement, fit demander conseil à du Plessis-Mornai sur un projet de transaction entre Henri IV et Charles X. L'oncle et le neveu eussent régné ensemble, associés à la manière des empereurs romains. C'était là sans doute une inspiration du comte de Soissons. La translation du cardinal-roi à Fontenai trancha la question. — *Vie de du Plessis-Mornai*, p. 139-140. Mornai rendit encore un autre service à Henri IV en décidant le gouverneur du château d'Angers à le reconnaître. *Ibid.*, p. 137. — Charles Duchesne, médecin de Henri IV, dans une relation imprimée à la suite du *Journal de Henri IV* (édit. de La Haie, 1741, t. IV, p. 310), prétend que le vieux cardinal, malade, découragé, n'espérant plus être délivré par ses partisans, écrivit à son neveu pour lui dire qu'il le reconnaissait comme son roi, lui demander la liberté et lui « offrir son service ». Si ce fait eût été authentique, Henri eût sans doute publié la lettre.

des boulevards. Châtillon et Guitri furent chargés de défendre le Pollet avec une partie de l'infanterie.

Mayenne avait laissé à Henri le temps de se retrancher : recevant tous les jours des renforts et ne voulant point attaquer que son armée ne fût au complet, il s'occupa méthodiquement à reprendre Gournai, Neufchâtel, Eu, à nettoyer la contrée, avant de se porter sur Dieppe, et parut seulement le 13 septembre en vue de Dieppe et d'Arques. La disproportion des forces était énorme : Mayenne, qui venait encore d'être joint par le duc d'Aumale et par Brissac à la tête de la garnison de Rouen, avait de vingt-cinq à trente mille hommes[1] ; Henri IV n'en comptait pas plus de huit à neuf mille. Le général ligueur, après avoir inutilement essayé d'attirer le Béarnais hors de son poste, se logea sur les hauteurs de la rive droite de l'Aulne et occupa le pont de cette petite rivière. Il passa les deux jours suivants à examiner les lieux et à délibérer; le 16, il partagea son armée en deux corps et fit tâter à la fois le faubourg du Pollet et les avant-postes du camp d'Arques. La défense, des deux côtés, fut beaucoup plus vigoureuse que l'attaque; les ligueurs ne gagnèrent pas un pouce de terrain. Le succès de ce premier engagement anima singulièrement les troupes royales, qui n'hésitèrent plus à prendre l'offensive dans toutes les escarmouches. Les batteries du camp d'Arques empêchèrent l'ennemi de s'établir dans l'espace libre entre l'Aulne et la Béthune, et Mayenne n'essaya que faiblement de forcer le passage de la Béthune entre Arques et Dieppe : il n'y eût gagné que de s'engager entre les feux convergents du camp et de la ville, qui étaient comme deux places fortes s'appuyant l'une l'autre à portée de canon. Mayenne se décida enfin à une attaque sérieuse sur le camp. Dans la nuit du 20 au 21 septembre, les ligueurs franchirent l'Aulne en silence, et, le lendemain matin, leur infanterie assaillit un retranchement qui protégeait les abords du camp et une maladrerie fortifiée qu'occupait l'avant-garde royale. Un brouillard épais favorisait les agresseurs et empêchait les canonniers du château et du camp de pointer leurs pièces. Un

---

1. Plusieurs relations lui donnent jusqu'à trente-trois mille et trente-huit mille hommes.

régiment de lansquenets faisait la tête de l'infanterie ligueuse : ces Allemands se mirent à crier qu'ils étaient protestants, qu'ils venaient se rendre au roi ; les lansquenets et les Suisses du roi les aidèrent à franchir le fossé : une fois dans le retranchement, ils se jetèrent sur ceux qui les y avaient introduits, tuèrent ou firent prisonnier tout ce qui se trouva sous leur main. La maladrerie, prise à revers, tomba en leur pouvoir. Quelques-uns de leurs chefs pénétrèrent jusqu'au roi et lui crièrent de se rendre à M. de Mayenne. Le désordre fut si grand pendant quelques moments, que Henri, désespéré, demandait à grands cris « s'il ne se trouveroit pas en France cinquante gentilshommes pour mourir avec leur roi ». Tout eût été perdu, si Henri eût commandé à des troupes moins aguerries et si Mayenne eût poussé plus vivement son avantage. La lenteur des mouvements de Mayenne permit à Henri et à Biron de rallier leurs gens : le brouillard se leva ; les batteries royales, du haut de la colline d'Arques, foudroyèrent la cavalerie ennemie qui avait fait ployer sous le nombre la cavalerie royale, et Châtillon, accouru du Pollet avec ses fantassins huguenots[1], reprit d'assaut la maladrerie sur les lansquenets, puis les rejeta hors du retranchement qu'ils avaient surpris. Le canon empêcha l'ennemi de tenter de nouvelles approches, et le roi resta glorieusement maître du champ de bataille.

Mayenne demeura immobile pendant deux jours. Le 23 septembre, une escadre anglaise entra dans le port de Dieppe ; elle apporta au Béarnais quelque argent et des munitions de toute espèce, et lui annonça le prochain débarquement d'un corps d'armée. La nuit d'après, Mayenne décampa, tourna les hauteurs d'Arques, alla passer la Béthune beaucoup plus haut et, après un détour de sept lieues, revint, le 26[2], s'établir entre Arques et Dieppe, à l'opposite de son premier campement. Henri avait prévenu l'effet de cette manœuvre, en se portant, avec la plupart de ses troupes, dans les faubourgs de Dieppe, après avoir

---

1. On ne comprend pas que Mayenne, disposant de forces si supérieures, n'ait pas fait faire une fausse attaque sur le Pollet pour prévenir le mouvement de Châtillon.

2. Et non le 24, comme le disent MM. de Sismondi (*Hist. des Français*, t. XXI, p. 30) et Poirson (*Hist. du règne de Henri IV*, t. I, p. 46). D'après les *Lettres de Henri IV*, t. III, p. 47-48, le roi était encore au camp d'Arques le 25 et ne s'établit à Dieppe que le 26 pour couvrir Dieppe contre Mayenne.

laissé une bonne garnison dans le château d'Arques. On resta dix jours en présence sous les murs de Dieppe à se harceler et à se canonner sans engager d'affaire générale. Les royaux, qu'animait une confiance croissante en eux-mêmes et en leur chef, avaient le dessus dans presque toutes les escarmouches [1] ; le découragement, au contraire, avait succédé à la présomption chez les ligueurs : l'armée de Mayenne se fondait par la désertion. La poignée de braves que commandait le Béarnais eût fini toutefois par s'épuiser si elle n'eût été secourue ; mais douze ou treize cents Écossais venaient de débarquer à Dieppe le 29 ; quatre mille Anglais les suivirent le 2 octobre ; Longueville, La Noue, d'Aumont et le comte de Soissons s'étaient réunis en Picardie et marchaient au secours de Henri IV. Mayenne se jugea perdu s'il attendait d'être enfermé entre toutes ces forces. Il opéra sa retraite le 6 octobre, et, sans même tenter d'arrêter au passage l'armée de secours, il se dirigea vers les bords de la Somme, afin d'aller au-devant de nouveaux renforts que lui avait promis le duc de Parme [2].

L'effet des événements d'Arques et de Dieppe fut immense en

1. Un de ces petits combats fut signalé par un incident remarquable : deux coulevrines attelées suivirent les manœuvres de la cavalerie royaliste et décidèrent la victoire. Cette invention appartenait à un canonnier normand appelé Charles Brise. On ne comprit point alors toute l'importance que pouvait acquérir l'artillerie légère, et l'on n'en organisa pas l'emploi jusqu'au grand Frédéric. Davila, t. II, p. 733.—D'Aubigné, part. II, col. 305.
2. Les dates données par MM. de Sismondi (*Hist. des Français*, t. XXI, p. 32) et Poirson (*Hist. du règne de Henri IV*, t. I, p. 46-47) ne sont point exactes : ils font décamper Mayenne, l'un le 28 et l'autre le 27 septembre. La correspondance du roi (*Lettres de Henri IV*, t. III, p. 53) constate que, le 1er octobre, on était toujours en présence et que le roi attendait les Anglais le lendemain (les Anglais n'étaient donc pas arrivés le 29 septembre, comme le dit M. Poirson). Mayenne ne partit que le vendredi 6 octobre au matin. Une lettre de Henri IV (*Lettres*, etc., t. III, p. 55) annonce, le 7, la retraite de l'ennemi. La meilleure relation est celle intitulée : *Le vrai Discours de ce qui s'est passé en l'armée conduite par Sa Majesté depuis son avénement à la couronne jusqu'à la fin de l'an 1589*; ap. *Mém. de la Ligue*, t. IV, p. 48; cette relation est, selon toute apparence, comme le dit M. Berger de Xivrey, celle que fit rédiger immédiatement Henri IV. V. aussi *Journal militaire de Henri IV*, p. 54-57; publié par M. de Valory ; — *Mém.* du duc d'Angoulême, p. 70-84. — D'Aubigné, part. II, col. 299-305. — Davila, t. II, p. 722-734. — Sulli, *OEconomies royales*, p. 72-73. — *Mém.* de La Force, t. I, p. 66-96. — Ces Mémoires, publiés par M. le marquis de La Grange, sont d'un grand intérêt pour les règnes de Henri IV et de Louis XIII. C'est ce même Caumont de La Force qui échappa si miraculeusement à la Saint-Barthélemi.

France et au dehors : plus la position de Henri de Bourbon avait paru désespérée, plus sa sortie triomphante de ce pas redoutable eut d'éclat et de retentissement. Les étrangers, qui suivaient avec anxiété les péripéties de ce grand drame politique, commencèrent à croire que rien ne serait impossible à un homme qui avait surmonté une telle épreuve. Mayenne perdit dans l'opinion tout ce que gagna le Béarnais : le lieutenant-général de l'Union avait agi avec lenteur et mollesse [1]; il n'avait pas su inspirer à ses milices l'ardeur qui peut suppléer à l'expérience chez les troupes de nouvelle levée; cependant le mauvais succès de la Ligue ne tenait pas uniquement aux fautes, à l'insuffisance de Mayenne : les discordes des princes lorrains y étaient pour beaucoup. Les rancunes du duc d'Aumale, assez dédaigneusement traité par son propre parti depuis sa déroute de Senlis, l'ambition hardie du jeune duc de Nemours, les prétentions du marquis de Pont jetaient le trouble dans le conseil de l'armée ligueuse. Le marquis de Pont s'était imaginé qu'en sa qualité de fils d'une fille de France et d'héritier du chef de la maison de Lorraine, il allait recevoir le commandement suprême de l'Union : quand il vit que Mayenne restait général en chef et ne faisait rien pour lui garantir la survivance du cardinal-roi, il retourna en Lorraine et ne revint plus.

Henri, après l'éloignement de Mayenne, recouvra les petites places des environs de Dieppe et passa quelques jours à régler les affaires du parti royal en Normandie, tandis que ses troupes se reposaient et opéraient leur jonction avec Soissons, d'Aumont et Longueville. Le 21 octobre, l'armée royale, forte de plus de vingt mille hommes et pourvue d'une bonne artillerie, reprit le chemin de l'Ile-de-France : Henri s'avança d'abord à petites journées, espérant que Mayenne ne le laisserait point approcher de la capitale sans essayer de lui barrer le passage et sans lui donner l'occasion de combattre. Quand il vit que Mayenne ne quittait pas les bords de la Somme, encouragé par les secrets avis des partisans qu'il avait dans Paris, il marcha rapidement sur la capitale, traversa la Seine à Meulan, vint coucher, le 30 octobre, à Saint-Cloud, défila, le 31, le long des faubourg de Paris, comme s'il eût

---

1. On prétendait que Mayenne passait plus d'heures à table que Henri IV n'en passait au lit.

voulu prendre la route d'Étampes ou de Corbeil, puis arrêta tout à coup son armée dans les villages de la banlieue. Le lendemain, un peu avant le jour, il fit attaquer à la fois par trois colonnes d'infanterie tous les faubourgs de la rive gauche de la Seine. Le brouillard protégea les approches : les faibles retranchements des faubourgs furent escaladés sur tous les points, et les milices parisiennes, qui les défendaient avec l'aide de quelques soldats réguliers, surprises par cette irruption impétueuse, furent culbutées et chassées de rue en rue la pique dans les reins : en moins d'une heure, tous les faubourgs de la rive gauche furent au pouvoir des royalistes : sept ou huit cents Parisiens demeurèrent sur la place et trois ou quatre cents furent pris, avec treize pièces de canon. On dit que les huguenots de Châtillon, qui emportèrent le faubourg Saint-Germain, s'excitaient au carnage par le cri de *Saint-Barthélemi !* Peu s'en fallut que les *royaux* ne pénétrassent dans la ville pêle-mêle avec leurs ennemis fugitifs; ils tentèrent de faire sauter la porte Saint-Germain avec un pétard, et La Noue essaya de passer la Seine à gué, auprès de la tour de Nesle, pour aller gagner le Pont-Neuf et le quai des Augustins : mais La Noue faillit se noyer et fut repoussé par une grêle d'arquebusades : la porte Saint-Germain, barricadée et terrassée à la hâte, résista au pétard. L'armée royale, si elle eût réussi à forcer les portes, eût peut-être rencontré son tombeau dans le dédale des rues de l'Université. Paris avait retrouvé, depuis « la miraculeuse mort de Henri de Valois », toute l'énergie du jour des barricades : le corps de ville avait pris à la hâte toutes les mesures nécessaires et la population entière était sous les armes, prête à une résistance désespérée [1].

Les royalistes, obligés de s'arrêter au pied des murs de la ville, s'installèrent dans les faubourgs conquis et les pillèrent méthodi-

---

1. *Regist. de l'Hôtel de Ville*, XII, fos 436-475. La résolution que montrèrent les Parisiens était d'autant plus remarquable, qu'on les avait trompés grossièrement sur l'état des choses et qu'ils croyaient le Béarnais tout à fait hors d'état de reprendre l'offensive. On avait été jusqu'à fabriquer une quinzaine d'enseignes et de cornettes qu'on leur avait envoyées comme enlevées aux *royaux* dans un grand combat. Ce ne fut pas la seule fois que les généraux de la Ligue recoururent à ce honteux stratagème. *V.* la relation ligueuse intitulée : *Défaite véritable sur les troupes du roi de Navarre, le 21 septembre* 1589; Paris, Nivelle.

quement de fond en comble : ce riche butin compensa pour eux la solde que ne pouvait leur donner leur chef, et le Béarnais, il faut bien le dire, avait compté là-dessus. Henri établit du moins une espèce d'ordre dans le désordre même : il n'y eut point, après le combat, de massacres, de viols ni d'incendies, et les églises furent respectées ; le roi ordonna qu'on y célébrât l'office de la Toussaint, comme en pleine paix. Les champions de la Ligue n'avaient pas montré, à la prise du faubourg de Tours et dans mainte autre occasion, tant d'égards pour les lieux saints.

Mayenne, cependant, avait appris à Amiens la pointe que faisait le Béarnais sur Paris et accourait à marche forcée au secours de la capitale. Henri avait pensé lui fermer le retour, en envoyant au gouverneur de Senlis l'ordre de couper le pont Sainte-Maxence, le seul pont de l'Oise au-dessous de Compiègne qui ne fût pas fortifié et gardé par les royalistes. L'ordre fut mal exécuté : Mayenne rétablit le pont imparfaitement coupé ; le lendemain de la prise des faubourgs, vers trois heures de l'après-midi, le duc de Nemours entra dans Paris avec l'avant-garde ligueuse ; Mayenne arriva dans la nuit. Henri IV avait pu hasarder un grand coup de main ; mais il n'était pas en état d'entreprendre le siège de Paris : le 3 novembre, il sortit des faubourgs et se mit en bataille dans la plaine de Montrouge. Mayenne n'ayant point accepté le défi, l'armée royale s'éloigna dans la direction d'Étampes [1].

Le Béarnais reçut à Étampes une requête de la reine Louise, veuve de Henri III, qui lui rappelait ses serments de venger son prédécesseur. La requête de la reine douairière était motivée par l'arrestation du père Bourgoing, prieur des jacobins de Paris, pris les armes à la main dans l'assaut des faubourgs. Ce religieux passait pour avoir encouragé au régicide son confrère Jacques Clément, dont il avait ensuite célébré en chaire « l'action héroïque et le glorieux martyre ». Le parlement de Tours le condamna à être écartelé : il subit avec un grand courage cet hor-

---

1. *Le Vrai Discours de ce qui est advenu en l'armée de Sa Majesté*, etc., p. 69-71.—D'Aubigné, col. 309-310. — De Thou, t. IV, l. xcvii, p. 805-806. — Palma-Cayet, p. 179-180. — Davila, p. 735-737. — *Mém.* de La Force, t. I, p. 97-98. — *La Téméraire Entreprise du prince de Béarn sur la ville de Paris* ; Paris, 1789, chez Didier-Milot. — Lettre de Henri IV à du Plessis-Mornai ; ap. *Mém.* de Mornai, t. II, p. 39.

rible supplice et nia jusqu'au dernier moment sa participation au meurtre du feu roi. Il pria Dieu tout haut, avant de mourir, pour la conversion de Henri de Bourbon [1]. D'autres exécutions avaient précédé celle du père Bourgoing. Plusieurs notables bourgeois ayant été pendus à Paris pour avoir conspiré en faveur du Béarnais, au moment de l'attaque des faubourgs, Henri fit pendre par représailles un membre du conseil général de l'Union, appelé Charpentier, « riche marchand et homme bien vivant », dit Palma-Cayet.

D'Étampes, Henri IV renvoya Longueville et La Noue en Picardie et Givri en Brie, pour arrêter les progrès des ligueurs, qui avaient eu quelques succès en Champagne et surpris La Fère. Il fut rejoint à Château-Dun par les envoyés des cantons protestants de la Suisse : les cantons enjoignaient aux régiments suisses de continuer à servir « le roi Henri quatrième » et renouvelaient avec lui les traités qui les unissaient à la couronne. Henri alla ensuite prendre d'assaut Vendôme, ville de son domaine privé, qui s'était déclarée contre lui : le commandant de la place, qui avait naguère livré en trahison à Mayenne tous les membres du grand conseil, fut pendu, ainsi que le provincial des cordeliers, Robert Chessé ou Jessé, qui avait dirigé tout récemment un dangereux complot à Tours. Durant la nuit du 21 au 22 novembre, Henri fit son entrée aux flambeaux dans cette dernière ville, capitale provisoire d'une royauté errante. Le roi *hérétique* fut reçu à Tours par deux cardinaux, Vendôme et Lenoncourt, et par les magistrats du parti royal, à la tête desquels se trouvait le premier président de Harlai, délivré des mains des ligueurs moyennant rançon. L'ambassadeur de Venise, Jean Mocenigo, attendait Henri à Tours, afin de lui présenter les lettres de la Seigneurie, qui le félicitait sur son avénement au trône. Le parti anti-papal et anti-espagnol, dont le fameux Fra Paolo Sarpi était l'âme, avait entraîné la prudente république à cet acte décisif. Ce fut une grande joie pour Henri IV que de se voir reconnu par un gouvernement catholique et par un gouvernement aussi habile que celui de Venise. L'impression fut très-considérable en Eu-

---

1. Palma-Cayet, p. 153. — L'Estoile; *Journal de Henri IV*, p. 12. — De Thou, t. IV, l. XCLIII, p. 842.

rope : c'était là une des suites du désastre de l'*Armada*. Venise se vengeait de la violence qu'elle avait subie en prenant part malgré elle à l'expédition d'Angleterre [1]. Le grand-duc de Toscane et le duc de Mantoue n'osèrent braver ouvertement, comme Venise, le courroux du pape et de Philippe II, mais assurèrent en secret Henri de leur amitié [2].

Henri quitta Tours au bout de trois jours, après avoir promis aux prélats, aux seigneurs et aux cours souveraines de réunir en mars prochain l'assemblée qui n'avait pu se tenir en octobre à cause de la guerre. Il continua sa campagne d'hiver avec une infatigable activité, prenant, pour ainsi dire, les villes à la course et nourrissant son armée avec le butin et les contributions de guerre [3]. Le Mans n'attendit pas l'assaut et se rendit après quelques jours de siége (2 décembre). L'évêque *politique*, un d'Angennes, fut réinstallé sur son siége par le roi huguenot [4]. Le

---

1. Philippe II avait forcé douze ou quinze bâtiments vénitiens à suivre l'*Armada*.
2. De Thou, t. IV, l. xcvii, p. 817-819. — Henri IV fut reconnu de la Porte et reçut du sultan Mourad ou Amurat III une lettre fort curieuse. « Amurat, très-grand empereur, à toi, Henri de Navarre, issu de la race invincible des Bourbons, je désire salut et heureuse fin, parce que tu es clément et débonnaire, et que tu as été délaissé en bas âge. La renommée a été jusqu'à nous de la grandeur de ton courage, et que Philippe d'Autriche... tâche de te priver de la succession légitime qui t'appartient au royaume de France... en haine de ce que tu détestes les faux services des idoles très-déplaisantes au grand Dieu..... Je te fais à savoir qu'ayant en horreur cette cause... je veux prendre ta protection et te rétablir avec une puissance redoutable pour tout le monde..... » Il termine par l'offre d'envoyer deux cents bâtiments de guerre à Aigues-Mortes. *Manusc.* de Béthune, vol. 9037, f° 22. Amurat équipa en effet, en 1591, une très-grande flotte destinée à faire une diversion contre l'Espagne; mais une révolte en Arabie et une guerre qui éclata entre la Turquie et la Perse empêchèrent l'expédition othomane. V. Palma-Cayet, *Chronol. novennaire*, p. 345-348.
3. Les impôts des contrées soumises arrivaient rarement jusqu'au roi. Les gouverneurs s'en appropriaient la plus grande partie, ce que Henri défendit en vain par une déclaration du 22 novembre. Il en était de même, et à plus forte raison, dans le parti de la Ligue.
4. Une partie de l'épiscopat suivait le mouvement de la noblesse et reconnaissait le roi sur l'espoir de sa conversion. Il nous est toutefois impossible d'admettre ce qu'avance M. Poirson (*Hist. de Henri IV*, t. I, p. 7-8; 55-56), que, dès la fin de 1589, cent archevêques ou évêques, sur cent dix-huit, s'étaient ralliés au roi. Il cite deux documents, l'un très-positif, le *Dialogue* ligueur *du Manant et du Maheustre*, qui dit en effet qu'il n'y a que trois archevêques et quinze évêques fidèles à la Ligue, mais qui dit ceci, non en 1589, mais en 1593, l'année de l'abjuration de Henri IV : il y a un monde d'événements entre les deux dates. Quant à l'autre document, il est bien de la fin de 1589; mais ce pamphlet royaliste et aristocratique (ap. *Mém. de la Ligue*,

Maine tout entier suivit presque sans résistance l'exemple de sa capitale : la plus grande partie de la noblesse passa sous les drapeaux du roi. La Ligue perdit beaucoup de terrain en Anjou : les gouverneurs de la ville et du château d'Angers avaient assuré le chef-lieu au roi, malgré la majorité de la bourgeoisie; si les bourgeois angevins étaient ligueurs, les paysans, pillés par les chefs des bandes ligueuses, tournèrent contre la Ligue [1]. En Bretagne, la grande majorité des villes et des campagnes tenaient contre le roi hérétique : néanmoins, le prince de Dombes, fils du duc de Montpensier, que Henri III avait chargé du gouvernement de la Bretagne après la prise du comte de Soissons par les ligueurs, vint saluer le roi à Laval avec une multitude de gentilshommes bretons : le parlement de Rennes avait reconnu Henri IV. La ville d'Alençon, pendant ce temps, avait ouvert ses portes à Biron : le château se rendit au roi le 24 décembre. D'Alençon, Henri s'avança dans la Normandie centrale. Argentan capitula; Domfront se révolta en faveur du roi; Falaise et son château furent emportés d'assaut : le comte de Brissac, gouverneur de Normandie pour la Ligue, fut fait prisonnier dans Falaise. Lisieux, Pont-Audemer, Pont-l'Évêque, Bayeux, Honfleur, Verneuil, Évreux, enfin toute la Normandie centrale, se soumirent dans l'espace de quelques semaines. Henri se rendait facile sur les conditions et ne demandait aux villes qui capitulaient que des vivres et quelque argent pour ses soldats. Les secours envoyés de Caen, la capitale royaliste de la Normandie, avaient beaucoup aidé au succès du Béarnais.

Le corps vaste et pesant de la Ligue était comme étourdi des

---

t. IV, p. 179) prétend seulement, en termes vagues, que, « sur *cent ou six vingts* archevêques ou évêques, il n'y en a pas le dixième qui approuve les conseils de l'Union ». C'est une affirmation sans preuves, et, d'ailleurs, l'auteur n'ose pas avancer que cette majorité, opposée à la démagogie des Seize, soit pour cela ralliée au roi. Le Conseil général de l'Union, sur ces entrefaites, fut supprimé par Mayenne lui-même, qui n'entendait pas travailler pour le roi. L'évêque de Paris, cardinal de Gondi, que M. Poirson dit entièrement prononcé pour le roi, était dans sa ville épiscopale, avec les chefs de la Ligue, pendant le siége de 1590.

1. *V.* les détails très-intéressants donnés par M. E. Mourin; *La Réforme et la Ligue en Anjou*, ch. IX-X. Charron, qui fut depuis le principal disciple de Montaigne et l'apôtre du scepticisme, figurait alors parmi les plus violents prêcheurs de la Ligue en Anjou.

coups multipliés de son agile adversaire. De graves dissensions, qui n'étaient plus renfermées dans le secret des conseils du parti, ne permettaient pas aux chefs de se donner tout entiers aux soins de la guerre et facilitaient les progrès du Béarnais. Déjà deux des prétendants, les ducs de Lorraine et de Savoie, travaillaient, chacun de leur côté, à s'approprier des lambeaux de la France, sans tenir compte du gouvernement de l'Union. Le duc de Lorraine, mécontent de cette branche cadette de Guise qui ne voulait pas servir les intérêts de son aînée, tâcha de se faire reconnaître « protecteur de Champagne » par les ligueurs champenois. Le duc de Savoie dépêcha des ambassadeurs au parlement de Grenoble pour lui exposer ses prétentions sur le trône de France : le parlement de Grenoble, qui, depuis la mort de Henri III, se maintenait dans la neutralité, à l'instar du parlement de Bordeaux, renvoya la question aux États Généraux du royaume et pria le duc de ne pas troubler le repos du Dauphiné, assuré par la trêve d'Ornano avec Lesdiguières [1]. Le duc alors se tourna vers la Provence, où son assistance fut invoquée par le gouverneur ligueur de Vins, que pressait le royaliste La Valette : Charles-Emmanuel manœuvra pour se faire déclarer protecteur de la Provence et les vives représentations de Mayenne ne purent le détourner de son entreprise.

Ce n'était pas toutefois entre ces princes et Mayenne que se débattaient les destinées de la Ligue; c'était entre Mayenne, l'Espagne et les Seize. Là était le nœud de la question. L'on s'était accordé pour proclamer la royauté de Charles X; on ne s'accordait plus sur les conséquences de cette proclamation. Mayenne voulait régner sous le nom du roi captif, demander à Philippe II son argent plutôt que ses soldats et réserver sa liberté d'action

---

1. La trêve ne fut pas longtemps maintenue en Dauphiné : les ligueurs parvinrent à soulever Grenoble, que Lesdiguières, uni à Ornano, serra bientôt de près. Les membres royalistes du parlement se retirèrent à Romans. V. Palma-Cayet, p. 184-185. — La guerre était très-vive en Provence, où le parti royal se relevait; La Valette prit Toulon. La fraction royaliste du parlement d'Aix s'était établie au Pertuis, puis à Manosque. Palma-Cayet, p. 198. En Languedoc, où une partie des catholiques, dirigée par le maréchal de Montmorenci, était depuis longtemps alliée aux huguenots, l'avénement de Henri IV n'avait rien changé à l'état des choses. La fraction royaliste du parlement siégeait à Carcassonne.

pour l'époque de la mort de Charles X. Philippe II n'entendait pas se contenter du rôle de banquier de la Ligue : il croyait le temps venu de recueillir le fruit de tant d'intrigues et de sacrifices ; il voulait préparer les voies à l'abolition de la Loi Salique au profit de sa fille aînée, l'infante Isabel-Clara-Eugenia, et prétendait être déclaré protecteur du royaume de France pendant la captivité du roi Charles X. Mayenne avait pour lui comme lieutenant-général, sinon comme prétendant, les hommes d'État du parti, la noblesse, les magistrats, la plupart des officiers municipaux de Paris, les gens qui, par réflexion ou par sentiment, redoutaient sur toute chose la domination étrangère et ceux qu'effrayaient ou qu'indignaient les excès que commettait le parti fanatique[1]. Philippe II tenait le bas clergé, les moines, les prédicateurs, par deux mobiles également puissants, le fanatisme et la cupidité : une multitude d'entre eux étaient ses pensionnaires ; les prédicateurs lui rattachaient la plupart des Seize et du menu peuple, que ses tribuns enfroqués trompaient, quelques-uns peut-être de bonne foi, sur le caractère et les vues du *Roi Catholique*. C'était une singulière alliance que celle de Philippe II, le despotisme incarné, avec les chefs d'une faction démocratique ; les Seize s'imaginaient que la démocratie pourrait s'établir en France sous le protectorat du vieux tyran espagnol !

Les agents de Philippe II, Mendoça, Tassis et Moreo, s'entendirent sur les conditions du protectorat avec une partie des Seize et avec ceux des prédicateurs qui étaient du conseil général de l'Union. Le « protecteur du royaume » s'emploiera à délivrer de captivité le cardinal-roi et à le faire sacrer à Reims. « Il se pourra faire alliance d'une fille de Sa Majesté Catholique avec un prince de France, qui, après le décès dudit sieur cardinal, sera couronné roi. Et, en faveur du mariage, donnera Sa Majesté le comté de Flandre ou de Bourgogne pour l'unir au royaume de France. — Les ministres de l'église gallicane seront réformés selon le concile de Trente. — Aucun Espagnol ne sera pourvu aux bénéfices, offices de judicature, ni aux gouvernements des places frontières.

1. Sur les violences auxquelles le parlement était en butte et sur les meurtres et les pillages commis dans Paris contre les suspects d'hérésie ou les politiques, V. L'Estoile, *Journal de Henri IV*, p. 6-10.

— Les offices de judicature ne seront vendus, *ains* donnés à gens de bien, etc. — Sa Majesté Catholique fera fonds en cette ville (de Paris) de deux millions d'or (6 millions de livres) pour payer les arrérages des rentes. Elle entretiendra la guerre de ses moyens et de ceux qu'il plaît à notre Saint Père donner. Les deniers des tailles et impositions ne seront employés qu'à l'acquit des dettes du royaume. Les dettes acquittées, seront les impositions abolies, fors une taille pour l'entretien des gens de guerre..... — Le commerce de la marchandise sera ouvert aux François pour aller aux terres de Pérou et aux autres terres nouvellement conquises par Sa Majesté [1]..... »

Les conditions étaient séduisantes et l'Espagnol s'y prenait adroitement. Mayenne pourtant ne fut pas séduit : il était marié et ne pouvait être ce « prince de France » qui régnerait avec l'infante. Outre cette question d'avenir touchant laquelle il ne voulait pas s'engager, il voyait que son autorité de lieutenant-général serait fort réduite par le protectorat; que le droit de pourvoir aux principales charges et dignités du royaume passerait au protecteur. Il résista : on essaya de l'intimider, de l'entraîner. Quelques-uns de ses confidents, le maire d'Orléans Roissieux, par exemple, le poussaient à satisfaire le roi d'Espagne. Mais la plupart de ses adhérents, Villeroi, Jeannin, le président Brisson, le comte de Belin et, entre tous, l'archevêque de Lyon, Pierre d'Espinac, qui venait de recouvrer sa liberté à prix d'or, le détournèrent de prêter l'oreille à ces propositions « indignes de la nation françoise »; Villeroi et d'autres allèrent jusqu'à dire qu'il vaudrait mieux s'accorder avec les catholiques du parti navarriste pour sommer le roi de Navarre de rentrer dans le giron de l'Église [2]; que, s'il refusait, on tâcherait de détacher de lui les Bourbons catholiques. Mayenne préférait ne se soumettre ni à l'Espagne ni aux Bourbons. Il agit avec adresse et vigueur. Il répondit aux agents de Philippe II que le pape ne trouvait pas bon qu'autre que Sa Sainteté fût déclaré protecteur de la religion

---

1. Palma-Cayet, p. 189.
2 Les « catholiques royaux » en avaient fait porter la proposition à Mayenne par le comte de Belin, que Henri IV avait, de son côté, chargé d'ouvertures de paix. Sur tous ces débats, *V. Mém.* de Villeroi, p. 330-342. — Palma-Cayet, p. 189-191.

catholique en France; il envoya Roissieux en Espagne pour négocier directement avec Philippe II; puis, averti qu'on travaillait à obtenir du conseil général de l'Union une déclaration en faveur du protectorat, il s'attaqua au conseil même; il prétendit que « puisqu'il y avoit un roi proclamé dont il étoit lieutenant, le conseil devoit être auprès de lui et le suivre aux armées et partout... que le conseil de l'Union ne faisoit que représenter une certaine forme de république qui n'étoit coutumière ni bien séante en ce royaume ayant un roi ». Il ne cassa pas formellement le conseil général; mais il forma à côté un conseil privé, composé en partie de membres du conseil général, lui déféra dorénavant toutes les affaires, ôta les sceaux à l'évêque de Meaux pour les donner à l'archevêque de Lyon, nomma quatre secrétaires d'État, par lesquels il fit dépêcher toutes lettres patentes, grâces et provisions d'offices, avec cet intitulé : « Par le roi, étant monseigneur le duc de Mayenne lieutenant-général, etc. », sans plus faire mention du conseil général; enfin, pour empêcher l'opinion de se soulever contre ce coup d'État exécuté à la sourdine, il convoqua les États Généraux à Melun pour le 3 février 1590, quoiqu'il sût fort bien que la continuation de la guerre rendrait leur réunion impossible. Les États Généraux de la Ligue ne se tinrent pas plus à l'époque annoncée que l'assemblée aristocratique convoquée par Henri IV [1].

La suppression du conseil général fut un événement décisif pour les destinées de la Ligue. Toute l'œuvre des Seize fut ainsi renversée par une sorte de surprise : il n'y eut plus de fédération des villes centralisée dans le conseil général; la monarchie fut substituée à la république dans le gouvernement de l'Union et la démocratie redevint, de fédérale, simplement municipale. La Ligue y perdit plus encore que n'y gagna Mayenne; les bonnes villes tendirent à s'isoler dans le soin de leur propre défense et n'eurent plus, pour le gouvernement personnel du lieutenant-général, le zèle et l'ardeur qu'elles témoignaient pour ce gouvernement fédéral où siégeaient leurs représentants [2]. Les Seize

---

1. *Traité de la prise des armes*, par M. le duc de Nevers; ap. *Mém. de Nevers*, t. II, p. 94. — *Dialogue du Maheustre et du Manant*, p. 484. — Palma-Cayet, p. 191.
2. *Dialogue du Maheustre*, etc., p. 464-485.

n'ayant pas su, même avec l'aide de l'influence espagnole, empêcher le pouvoir exécutif de ruiner le pouvoir représentatif, il était clair que la révolution politique tentée par la Ligue avortait. Restaient la question religieuse, la question dynastique et la question de l'indépendance nationale.

Au moment où le conseil général disparaissait, une puissance d'une autre nature entra en jeu et vint apporter à la Ligue une force morale qui compensa momentanément, jusqu'à un certain point, l'effet de la dislocation du conseil. La cour de Rome commença de prendre une part directe et permanente aux affaires de la Sainte-Union. Aussitôt après le contrat du 4 août, Louis de Luxembourg, duc de Pinei, délégué par les « catholiques royaux » auprès du pape, avait écrit au Saint-Père pour le prier d'attendre son arrivée à Rome avant d'envoyer un légat en France. Sixte V, vivement pressé par les agents de la Ligue, n'accueillit point cette demande et fit partir, au commencement d'octobre, le cardinal Caëtano, avec charge de travailler à « réunir la France sous un roi vraiment chrétien ». Charles X n'était pas nommé dans la bulle : Sixte évitait de s'engager quant aux personnes; dans ses instructions au légat, il inclinait aux Bourbons catholiques, au cardinal de Vendôme après le cardinal de Bourbon et n'écartait même aucunement la conversion possible du roi de Navarre, qui lui paraissait très-fort et très-difficile à abattre[1]. Malgré son indécente déclamation sur la mort de Henri III, Sixte V n'était point disposé à seconder les plans de Philippe II, qu'il redoutait plus que les huguenots; mais il se trompa sur le choix de son instrument : au lieu d'un politique, il envoya un fanatique. Caëtano se précipita dans la Ligue et dans le parti espagnol à corps perdu. Le duc de Nevers, qui restait neutre dans ses domaines, avait conseillé au légat d'imiter sa neutralité et de s'établir auprès de lui à Nevers pour imposer son arbitrage aux partis. Le conseil était digne d'attention, quoique intéressé. Caëtano n'en tint compte et, après un assez long séjour à Lyon et à Dijon, il entra, le 20 janvier 1590, à Paris, entouré d'une imposante escorte de prélats et

---

[1]. *Discorso dato al' cardinale Caetano eletto legato*, etc.; ap. R. de Bouillé, *Hist. des Guises*, t. III, p. 421.

de docteurs, parmi lesquels figuraient le grand théologien Bellarmin et l'évêque d'Asti, Panigarola, éloquent prédicateur qui avait autrefois célébré devant Charles IX les louanges de la Saint-Barthélemi. On fit au légat une réception magnifique. Le 5 janvier, Henri IV avait publié, dans son camp devant Falaise, une déclaration par laquelle il ordonnait de rendre au légat les honneurs d'usage s'il venait au roi et le reconnaissait ; dans le cas contraire, Henri protestait contre les démarches du pape en faveur de la Ligue.

Le légat, qui n'avait point écouté le duc de Nevers, n'écouta pas davantage le cardinal de Gondi, évêque de Paris, qui s'était retiré à la campagne et restait neutre comme Nevers depuis la mort de Henri III. Caëtano n'avait qu'une pensée, détruire le Béarnais. Le 26 janvier, ses bulles furent enregistrées au parlement : le parlement enregistra également sans opposition ses *facultés* ou instructions spéciales, bien qu'elles renfermassent plusieurs clauses attentatoires aux droits de la couronne et aux libertés gallicanes. Le premier président Brisson retrouva pourtant la vieille dignité parlementaire, le jour où le légat vint siéger au Palais : Caëtano ayant voulu se placer sur le trône du roi, Brisson prit le légat par la main et le fit asseoir au-dessous de lui.

Cette question d'étiquette à part, le parlement suivit docilement l'impulsion du légat et cassa un arrêt du « pseudo-parlement de Tours », qui venait de déclarer criminel de lèse-majesté quiconque communiquerait avec le légat, jusqu'à ce qu'il eût demandé permission au roi de résider en France. Caëtano n'épargna rien pour ranimer l'ardeur ligueuse. Le 10 février, la Sorbonne, d'accord avec lui, condamna l'opinion qui prétendait qu'on devrait ou pourrait reconnaître pour roi Henri de Bourbon, hérétique et relaps, s'il redevenait catholique, et que le pape n'avait pas droit d'excommunier les rois. Le 1er mars, le légat publia défense à tous archevêques et évêques de se rendre à Tours, s'ils y étaient invités, pour instruire Henri de Bourbon dans la religion catholique, attendu que ni Bourbon ni les siens n'étaient compétents pour convoquer les évêques et qu'un concile n'était pas nécessaire pour cette œuvre. La déclaration du légat fut suivie d'un arrêt du parlement qui ordonnait à chacun d'employer ses forces et moyens pour la délivrance du roi Charles X et interdisait, sous peine de mort, toutes communications avec Henri de Bourbon et ses agents (5 mars); puis, le 11 mars, le prévôt, les échevins, les quarteniers renouvelèrent le serment de l'Union entre les mains du légat, dans l'église des Augustins, d'où l'on avait fait disparaître le tableau de l'ordre du Saint-Esprit et tout ce qui rappelait Henri III. Le parlement et tous les autres corps suivirent cet exemple.

Mayenne, sur ces entrefaites, était en campagne et tâchait de relever sa réputation militaire si compromise à Arques. Un des derniers actes du conseil général de l'Union avait été la convocation du ban et de l'arrière-ban, qui ne produisit pas grand résultat, chacun étant occupé à guerroyer dans sa province, et chaque canton, d'un bout de la France à l'autre, étant le théâtre d'une lutte incessante dont l'histoire ne saurait suivre les mille péripéties. Mayenne, à la tête d'un corps d'armée assez médiocre, entreprit de délivrer les environs de Paris des garnisons royalistes. Le 20 décembre 1589, il reçut la capitulation de Vincennes, qui avait résisté une année entière et qui ne céda qu'à la famine. Le 6 janvier 1590, il reprit Pontoise; les petites places de l'Oise et, sur la Seine, Poissi, retombèrent en son pouvoir, mais le château et le pont fortifié de Meulan, où Henri IV avait laissé une bonne garnison, se défendirent avec tant de vigueur et de constance que Henri eut le temps d'arriver au secours du fond de la Normandie. Henri fit lever le siége de Meulan par une diversion contre Poissi, qu'il emporta d'assaut sous les yeux de Mayenne : celui-ci parvint à couper le pont de Poissi. Tandis que les armées étaient en présence sur les deux bords de la Seine, Henri et Mayenne furent avertis en même temps que le Vieux Château de Rouen avait été surpris par des conspirateurs royalistes (21 février). On se dirigea de part et d'autre, à marche forcée, sur Rouen; Henri fut arrêté à moitié chemin par la nouvelle de la reprise du château; les bourgeois de Rouen avaient canonné si rudement cette vieille forteresse que les conspirateurs s'étaient vus contraints de capituler au bout de quelques heures.

Henri tourna vers Dreux, qu'il commença d'assiéger le 26 février; Mayenne, laissant ses troupes sur la Seine, alla conférer à Bruxelles avec le duc de Parme. Philippe II ne se tenait pas pour définitivement battu dans l'affaire du protectorat et, tout mécontent qu'il pût être de la résistance de Mayenne, il n'avait garde de permettre que la Ligue fût accablée par le Béarnais; mais, au lieu de l'argent que Mayenne demandait, il envoya des soldats. Mayenne fut obligé de se laisser secourir comme l'entendait le Roi Catholique. Mayenne ramena des Pays-Bas deux mille chevaux espagnols et belges et quelque infanterie allemande, mais n'obtint pas les secours pécuniaires qu'il sollicitait dans des lettres pleines de détresse[1]. De retour aux bords de la Seine vers le 10 mars, il passa la rivière à Mantes et marcha au secours de Dreux, dont la garnison avait résisté héroïquement pendant douze jours aux royaux. Le Béarnais décampa le 12 mars, mais ce ne fut pas pour fuir : il alla coucher à Nonancourt et, le lendemain, il déploya son armée dans la plaine de Saint-André, entre Nonancourt et Ivri; son intention était de combattre l'ennemi au passage de l'Eure; mais Mayenne avait déjà traversé l'Eure à Ivri. Le soir approchait : la bataille fut remise au lendemain. Mayenne, qui n'avait voulu que délivrer la ville de Dreux, fut forcé de combattre par tous ceux qui l'entouraient et surtout par le comte d'Egmont, commandant des auxiliaires belges, jeune téméraire qui, soit ambition, soit fanatisme, s'était fait le serviteur dévoué des bourreaux de son père.

C'était la seconde fois, depuis le commencement des Guerres de religion, qu'une grande bataille allait avoir lieu aux environs de Dreux.

Grande bataille, par l'importance du conflit, non par le nombre des soldats : les ligueurs comptaient quinze ou seize mille hommes, dont quatre mille cavaliers; le roi était d'abord incomparablement plus faible; mais les renforts qu'il reçut de Champagne, de Normandie, de Picardie, des bords de la Loire, durant

1. *V.* ses lettres des 7 et 9 mars à l'intendant général (*proveditor*) Moreo. Il se plaint qu'on ait manqué aux promesses faites aux reitres, aux Suisses et aux lansquenets : il en représente les dangereuses conséquences. « Je suis du tout arrêté lorsque je pensais avancer..... Les Suisses ne veulent passer outre sans être satisfaits de ce qui leur a été promis ». R. de de Bouillé, t. III, p. 442, d'après les Archives de Simancas.

les derniers jours qui précédèrent le combat, et même pendant le combat, diminuèrent cette inégalité. Il soutint le choc avec trois mille chevaux et huit mille fantassins.

Les armées furent en ligne, le 14 mars, vers dix heures du matin. Comme à Coutras, la cavalerie du Béarnais n'était armée que d'épées et de pistolets; la suppression de la lance, d'abord amenée par la nécessité parmi les volontaires protestants, devenait systématique[1]. Le front de l'armée ligueuse présentait au contraire une épaisse forêt de lances. Henri IV avait partagé sa cavalerie en sept régiments, pour suppléer par la mobilité au nombre. Chaque régiment de cavalerie était flanqué de deux bataillons et précédé d'enfants perdus ou tirailleurs. Le roi, Montpensier, d'Aumont, le grand prieur d'Angoulême, accompagné de Givri, le baron de Biron, fils du maréchal, et le colonel allemand Tich de Schomberg[2] commandaient chacun un corps de cavalerie; le septième régiment était en réserve sous les ordres du maréchal de Biron, qui fit ainsi, comme il le dit lui-même, ce qu'eût dû faire le roi. Henri avait auprès de lui son cousin de Conti et la fleur de la noblesse catholique et protestante : La Trémoille, qui réparait son abandon de Saint-Cloud, du Plessis-Mornai, Rosni étaient accourus partager les périls du roi. En face de la troupe du Béarnais se déployait un escadron ennemi au moins double en nombre. Là étaient Mayenne, Nemours, le chevalier d'Aumale et le comte d'Egmont, avec la meilleure partie de sa gendarmerie wallonne, soutenus par quatre cents *carabins*

---

1. Il est essentiel d'observer que les raisons qui portèrent Henri IV et les meilleurs capitaines de la fin du xvie siècle à supprimer la lourde lance d'arrêt des compagnies d'ordonnance ne sont point applicables à la lance moderne, espèce de javeline légère et facile à manier, qui place le cavalier dans des conditions offensives et défensives tout à fait différentes.

2. Mathieu, t. II, p. 38, raconte une anecdote intéressante sur le roi et cet officier allemand. Schomberg ayant demandé de l'argent au roi, au sortir de Dreux, Henri lui avait répondu « que jamais homme d'honneur ne demandoit argent la veille d'une bataille ». Au moment de combattre, Henri se repentit de cette dure parole et, s'approchant de Schomberg : « Monsieur de Schomberg », lui dit-il, « je vous ai offensé; cette journée peut être la dernière de ma vie; je ne veux point emporter l'honneur d'un gentilhomme; je sais votre valeur et votre mérite : pardonnez-moi et embrassez-moi. — Il est vrai, Sire », répliqua Schomberg; « Votre Majesté me blessa l'autre jour et, aujourd'hui, elle me tue; car l'honneur qu'elle me fait m'oblige de mourir pour son service. » Il tint parole et mourut glorieusement.

(carabiniers à cheval) espagnols : là devait se faire le principal effort de la Ligue; la disposition de l'armée ligueuse était, du reste, à peu près semblable à celle des troupes royales. Les ligueurs avaient l'avantage du vent et du soleil : Henri rétablit l'égalité à cet égard par un mouvement de flanc rapidement exécuté.

Des deux côtés, on invoqua le secours du ciel avant de donner le terrible signal : les catholiques et les protestants de l'armée royale rivalisaient de dévotion depuis la veille, et Henri, exalté par la grandeur de la situation, avait manifesté, par des invocations publiques au Dieu des armées, ces sentiments religieux qui étaient chez lui indépendants des querelles de secte. Le ministre Gabriel d'Amours fit la prière devant lui, comme à Coutras, tandis qu'un cordelier, marchant en tête des Wallons, anathématisait, avec un grand crucifix, les hérétiques et les politiques.

Au moment de mettre sa *salade* (son casque), Henri adressa aux siens une courte et vive harangue : « Mes compagnons, Dieu « est pour nous! Voici ses ennemis et les nôtres! Voici votre roi! « A eux! Si vous perdez vos cornettes, ralliez-vous à mon panache « blanc : vous le trouverez au chemin de la victoire et de l'hon-« neur[1]! » Il avait planté sur son cimier un magnifique panache de plumes de paon blanc, pour se faire reconnaître de plus loin à ses amis et à ses ennemis. Son cheval avait aussi la tête ombragée de grandes plumes.

L'artillerie royale, forte de six pièces et dirigée par le grand maître La Guiche, engagea l'action par quelques volées meurtrières, auxquelles les canons ennemis, moins bien placés, ripostèrent faiblement. Tous les escadrons s'ébranlèrent à la fois : le maréchal d'Aumont culbuta les chevau-légers de la Ligue; les chevau-légers royalistes plièrent sous la charge d'un escadron de Wallons, qui, par une folle bravade, vint donner de la croupe de ses chevaux contre le canon du roi. Le maréchal d'Aumont, le baron de Biron, le duc de Montpensier chargèrent cette troupe étrangère, que soutinrent des escadrons de ligueurs français. Pendant ce temps, le choc décisif avait lieu sur un autre point.

---

1. D'Aubigné, part. II, col. 320.

Comme le roi et Mayenne s'avançaient l'un contre l'autre, les reîtres de la Ligue, mis en désordre, d'abord par le canon, puis par les arquebusades des « enfants perdus », se rejetèrent sur le gros escadron de Mayenne [1] et y portèrent la confusion. Le roi chargea aussitôt les lanciers français et wallons, sans être arrêté par une furieuse décharge des carabins espagnols. Les lanciers n'avaient pu prendre le champ nécessaire et ne purent presque pas faire usage de leurs lances. En un instant, les deux troupes n'offrirent plus qu'une mêlée tourbillonnante. Henri, après avoir préparé sa bataille avec la science et le sang-froid d'un général romain, se comporta, une fois la lutte engagée, en paladin du moyen âge et sembla croire qu'il devait conquérir sa couronne à la force de son bras : il se plongea si avant dans la mêlée, que, pendant un quart d'heure, on ne sut s'il était mort ou vivant. Le combat fut terrible, mais court : la valeur et l'expérience militaire l'emportèrent sur le nombre; les ligueurs et leurs auxiliaires étrangers eurent le sort qu'avaient eu les courtisans à Coutras. D'Egmont fut tué d'un coup de pistolet : Mayenne, Nemours et le chevalier d'Aumale, voyant leur gendarmerie complétement rompue et dispersée, prirent la fuite devant la réserve royale, qui s'avançait sous les ordres du maréchal de Biron. Le roi remit ses escadrons en rang et poursuivit sa victoire. Partout la cavalerie de la Ligue était en déroute, pressée, l'épée dans les reins, par les royaux.

L'infanterie de la Ligue ne fit point de résistance : un gros bataillon de Suisses catholiques, irrités de n'être pas payés, capitula et mit bas les armes. Les lansquenets requirent en vain merci; on les massacra sans pitié, pour la trahison d'Arques. « Quartier aux François! » avait crié Henri; « sauvez la noblesse françoise et main basse sur les étrangers! »

Beaucoup de fantassins français furent néanmoins sabrés ou arquebusés dans la première fureur de la victoire; la déroute fut au moins aussi sanglante que le combat. Les ligueurs s'étaient

---

1. Davila inculpe Jean de Tavannes, maréchal de camp de l'armée ligueuse, qui, en rangeant les troupes, n'avait pas laissé assez d'intervalle entre les escadrons pour les évolutions. Suivant Sulli, les reîtres y mirent de la mauvaise volonté, parce qu'ils étaient protestants pour la plupart. *Œconomies royales*, p. 76.

battus une rivière à dos, position désastreuse en cas d'échec. Mayenne ayant rompu derrière lui le pont d'Ivri pour empêcher les royaux de le poursuivre, un grand nombre de fuyards, livrés à la merci des vainqueurs, furent taillés en pièces auprès d'Ivri ou se noyèrent en essayant de traverser l'Eure grossie par les pluies ; les reîtres furent écrasés dans Ivri même. Le roi alla passer l'Eure à Anet, à une lieue et demie au-dessus d'Ivri, et donna la chasse à l'ennemi jusqu'aux bords de la Seine et jusqu'aux portes de Mantes ; mais les habitants de Mantes, après quelque hésitation, avaient ouvert à Mayenne et sauvé le lieutenant-général de l'Union.

La victoire était complète : l'armée ligueuse n'existait plus ; quatorze ou quinze cents cavaliers, sur quatre mille, étaient morts ou pris ; toute l'infanterie était détruite, rendue ou dispersée. Cinq canons, plus de quatre-vingts enseignes d'infanterie et de vingt cornettes de cavalerie furent les trophées des vainqueurs. La cornette de Mayenne, blanche, semée de fleurs de lis noires, était restée entre les mains de Rosni : on avait pris aussi l'étendard rouge du comte d'Egmont [1].

La nouvelle de ce grand désastre fut apportée à Paris le 15 mars, par un gentilhomme de l'armée de Mayenne. L'archevêque de Lyon, garde des sceaux de la Ligue, et les autres membres du conseil privé, les chefs du corps de ville, les principaux prédicateurs se réunirent aussitôt chez le légat, à l'évêché. Tout le monde s'attendait à voir le Béarnais paraître, d'un moment à l'autre, sous les murs de Paris. Plusieurs des assistants étaient tellement consternés qu'ils proposèrent de traiter sur-le-champ avec l'ennemi aux meilleures conditions possibles. Ils représentèrent l'appauvrissement de la ville, la ruine du commerce, le manque de ressources : « Paris », disaient-ils, « n'a presque point de muni-
« tions de guerre ni de bouche ; l'artillerie perdue à la bataille de

---

1. *V.* sur la journée d'Ivri, le *Discours véritable sur la victoire obtenue par le roi,* etc.; ap. *Mém. de la Ligue*, t. IV, p. 235 et suiv. — Lettres du roi à M. de Longueville, *ibid.*, p. 252; et au maire de Langres, p. 253. — Lettre du maréchal de Biron; ap. Marcel, *De l'Origine de la monarchie française*, t. IV, p. 643. — *Mém.* de Mornai, t. II, p. 55. — Sulli, *OEconomies royales*, p. 75-77. — De Thou, t. IV, l. CLXIII, p. 842-850. — D'Aubigné, part. II, col. 315-332. — Davila, l. XI, p. 762-780. — Palma-Cayet, p. 213-220. — Et. Pasquier, t. II, l. XIV, let. 10.

« Senlis et à la prise des faubourgs n'a point été remplacée ; les « murailles sont dans le plus mauvais état. Monseigneur de « Mayenne ne pourra de longtemps, peut-être jamais, rallier des « forces suffisantes pour secourir la ville ! » Les zélés, « les bons théologiens, et surtout messieurs de la Sorbonne », dit un narrateur contemporain [1], se récrièrent contre cette coupable défiance de la protection divine. Le légat intervint avec dextérité : il fit rejeter entièrement la pensée de traiter de la paix générale avec *l'hérétique* et ajourner toute résolution pour ce qui regardait la ville de Paris, jusqu'à ce qu'on eût conféré avec Mayenne. On convint que les prédicateurs annonceraient le lendemain au peuple la perte de la bataille. Guillaume Rose, Boucher, Pigenat, Lincestre, et surtout le père Christin de Nice, s'acquittèrent de cette tâche difficile avec beaucoup d'adresse et d'éloquence. Le bruit que le Béarnais avait perdu beaucoup de monde à Ivri, et qu'il était fort blessé, aida à calmer l'effroi du peuple. Les 17 et 18 mars, on cria dans les rues une déclaration donnée à Madrid le 8 par Philippe II, qui priait tous les princes catholiques de se joindre à lui pour l'extirpation de l'hérésie et la délivrance du roi très-chrétien Charles X, puis une lettre de Philippe à l'archevêque de Tolède, chancelier de Castille et grand inquisiteur : le Roi Catholique invitait l'archevêque à faire dresser l'état de tous les bénéfices et assembler les conciles provinciaux d'Espagne, afin de taxer les bénéficiers pour la solde de deux armées qu'il destinait à secourir le royaume de France. On publia aussi la promesse faite par le légat de ne point quitter Paris quoi qu'il advînt [2].

Des courriers étaient partis, dès le 15, pour Rome, l'Espagne et les Pays-Bas. Le 16, le neveu du légat, le commandeur Moreo, un des agents de Philippe II, et un des échevins de Paris prirent la route de Bruxelles pour aller invoquer l'assistance du duc de Parme. Le 18, le légat, la duchesse de Montpensier, l'ambassadeur d'Espagne Mendoça, l'archevêque de Lyon, les membres du

---

1. *Histoire de ce qui s'est passé dans Paris au temps de la Ligue depuis le* 11 *mars* 1590 *jusqu'à la fin de cette même année;* à la suite des *Mémoires* de Villeroi, t. II, édition de 1665. L'auteur de cette intéressante relation paraît être Italien. Un autre témoin oculaire, l'Espagnol Pedro Corneïo, assure qu'il n'y avait qu'un seul canon en état et qu'on n'avait pas pour quinze jours de vivres. *Mém. de la Ligue*, t. IV, p. 277.

2. *Mém. de la Ligue*, t. IV, p. 206-210.

conseil et du corps de ville, les principaux chefs des ligueurs parisiens, allèrent trouver à Saint-Denis le duc de Mayenne, qui n'osait se montrer à Paris après sa défaite. Mayenne n'était cependant pas terrassé par son malheur : esprit lent, mais ferme et opiniâtre, il se montrait plus éloigné qu'auparavant d'écouter ceux de ses amis qui le poussaient à une transaction avec le Béarnais. Il annonça qu'il allait se retirer à Soissons pour reformer son armée et attendre les renforts espagnols, exhorta les chefs parisiens, que le péril commun rapprochait de lui, à garder le serment de l'Union, qu'ils avaient renouvelé trois jours avant la malheureuse bataille, et leur accorda pour gouverneur le duc de Nemours, jeune prince actif, intelligent et intrépide, à la place du duc d'Aumale, à qui la voix publique refusait ces qualités. Il écrivit à Philippe II, pour lui demander de nouveaux et de plus grands secours; à Sixte V, pour lui reprocher de n'en avoir envoyé aucun à la Sainte-Union [1]; puis il s'éloigna de la capitale, après avoir échangé de nouveaux serments avec les chefs de la Ligue parisienne. Il laissait à Paris, comme garantie de son zèle à délivrer la capitale, sa femme, ses enfants, sa mère et sa sœur.

Les déclarations, les serments, les demandes de secours à Madrid, à Rome ou même plus près, à Bruxelles, étaient une faible ressource contre une armée victorieuse qui pouvait arriver à Paris en deux marches. Quand Paris connut mieux l'étendue de la défaite, l'abattement fut grand, et des relations ligueuses assurent que, si le Béarnais eût paru tout de suite, la grande ville eût cédé [2].

Henri IV maître de Paris, sans abjuration, par la seule force de son héroïsme et d'un droit purement civil et laïque, les destinées de la France et des Bourbons pouvaient être bien différentes de ce qu'elles furent!

Le Béarnais ne parut pas : durant près de quinze jours, il ne retira d'autres fruits de sa victoire que la soumission de Vernon et de Mantes et ne quitta pas les environs de ces deux places. Ses troupes étaient fatiguées; la pluie détrempait les chemins; il

---

1. Sixte V autorisa à grand'peine le légat à donner 50,000 écus à la Ligue. De Thou, t. IV, p. 851.
2. Relation de P. Corneïo, ap. *Mém. de la Ligue*, t. IV, p. 279.

attendait des munitions d'Angleterre ; une bonne partie des « catholiques royaux » ne voulaient pas pour lui d'un triomphe trop prompt ni trop complet, et l'entravaient au lieu de le seconder ; le surintendant François d'O faisait de son mieux pour que le roi manquât d'argent ; les Suisses se mutinaient faute de solde. Ces excuses, alléguées par Sulli, Mornai, Davila, sont sérieuses ; pourtant, il n'est pas bien sûr que l'énergique Béarnais n'eût surmonté tous ces obstacles si, comme après Coutras, l'obstacle principal n'eût été dans son propre cœur : sa nouvelle passion pour une châtelaine des environs de Mantes, la dame de La Roche-Guyon, qui le rendit infidèle à sa « belle Corisande », put bien l'entraîner à juger les difficultés insurmontables.

Durant le séjour de Henri à Mantes, il y eut quelques négociations, d'abord entre Villeroi et du Plessis-Mornai, auprès de Mantes, puis au château de Noisi, chez le cardinal de Gondi, entre le légat et le maréchal de Biron. Mais Villeroi était sans pouvoirs, et le légat, en demandant une entrevue à Biron et aux principaux des catholiques royaux, n'avait eu d'autre but que de les débaucher du service du roi, ou tout au moins d'obtenir d'eux une trêve qui préservât Paris et permît d'assembler les États Généraux. Il échoua complétement : Biron ne fit aucune concession. Une scène assez comique se passa pendant cette conférence. Le légat, après avoir tenté inutilement d'attirer à la Ligue le brave Givri, qui avait accompagné Biron, pressa Givri de demander du moins au pape, dans la personne de son représentant, l'absolution du passé. Givri s'agenouille d'un air contrit et requiert pardon du mal qu'il a fait à ceux de Paris durant la guerre : le légat lui donne sa bénédiction ; alors Givri, toujours à genoux, demande gravement l'absolution pour l'avenir comme pour le passé, attendu qu'il est bien décidé à faire pis qu'auparavant [1].

Givri ne fit pas tant de mal aux Parisiens qu'il s'en vantait. Avant la bataille, par une de ces transactions que la pénurie obligeait le roi de tolérer, Givri avait promis aux Parisiens de laisser passer, à prix d'argent, au pont de Chamois où il commandait, un grand convoi de trois mille muids de blé et dix mille muids

---

[1]. De Thou, t. IV, l. xcviii, p. 854.

de vin venant de la Beauce et de l'Orléanais. Quoique la bataille eût si fort changé la position respective des partis, Givri tint parole et permit un ravitaillement qui encouragea beaucoup les Parisiens à la résistance [1].

Cet incident retardait les chances de succès du plan que Henri IV avait conçu pour la réduction de Paris. On ne pouvait plus espérer, comme dans les premiers jours après la bataille, une capitulation immédiate imposée à la stupeur des Parisiens. Henri avait aussi renoncé à pénétrer de vive force dans Paris : il craignait presque également, pour son armée, les effets du désespoir populaire, pour Paris, la fureur de son armée : il sentait que la France ne pardonnerait jamais à son roi le sac de Paris. Il s'était donc arrêté au projet de bloquer la capitale, persuadé que l'immense population parisienne, accoutumée au bien-être et à l'abondance, capitulerait aux premières atteintes de la faim. Maître du bas de la Seine, entre Paris et Rouen, il résolut d'occuper la haute Seine et ses affluents, afin d'intercepter tous les arrivages. Il quitta enfin Mantes, le 28 mars, sous d'heureux auspices : il avait reçu la nouvelle de plusieurs brillants combats gagnés par les royaux en Auvergne, dans le Maine et dans le pays Messin [2]. Il se porta sur Corbeil, qui avait refusé de recevoir garnison ligueuse en promettant de se bien défendre et qui ne se défendit pas (1er avril). Lagni-sur-Marne se rendit aussi sans coup férir. De là le roi se rabattit sur la Seine et sur l'Yonne, prit Melun, Montereau, Provins : l'armée ne trouva de résistance sérieuse qu'à Sens. Un premier assaut ayant été vaillamment repoussé par la

---

1. Palma-Cayet, p. 224.
2. Le 14 mars, le jour même de la bataille d'Ivri, les royalistes de l'Auvergne et du Bourbonnais défirent les ligueurs auprès d'Issoire : le comte de Randan, gouverneur d'Auvergne pour la Ligue, y fut tué. De Thou, l. xcviii, p. 854. — Les ligueurs bretons, vers le même temps, se firent battre en essayant de recouvrer le Maine sur les royaux. — La garnison et les habitants de Metz, qui ne cessèrent jamais de tenir pour le roi, eurent quelques avantages sur les Lorrains. — Par compensation, le gouverneur de Saint-Malo, qui voulait livrer sa ville au roi, fut prévenu et mis à mort par les Malouins, qui escaladèrent avec une audace extraordinaire une tour presque inaccessible. Saint-Malo, toutefois, en échappant au roi, ne se donna point à Mercœur : cette importante ville maritime, tout en reconnaissant nominalement le « protecteur » de Bretagne et en soutenant la Ligue, refusa de recevoir garnison, n'eut plus d'autre gouverneur que son maire et se gouverna en république durant plusieurs années. De Thou, t. IV, l. xcviii, p. 856. — V. *La Ligue à Saint-Malo*, relation contemporaine, publiée dans la *Revue Rétrospective*, 2e série, t. IX, p. 83.

garnison et les habitants, Henri ne jugea point à propos de s'opiniâtrer contre cette ville, dont la possession n'était pas indispensable à son dessein, et, le 1er ou le 2 mai, il tourna la tête de son armée vers Paris.

La Ligue avait encore essayé de l'arrêter par des pourparlers : Villeroi était venu le trouver à Melun de la part de Mayenne et l'avait assuré que, « s'il donnoit contentement aux catholiques sur le fait de la religion », le lieutenant-général de l'Union « mettroit peine de disposer ceux qui l'avoient élu de lui rendre obéissance ». Le négociateur ne fit pas mention, même pour mémoire, du « roi Charles X ». Villeroi était peut-être sincère; mais Mayenne ne l'était pas et ne visait qu'à une trêve. Henri ne s'y laissa pas prendre : il dit qu'il était prêt à donner, si on le jugeait nécessaire, de nouvelles garanties aux catholiques; que, pour son compte, il ne demandait qu'à s'éclairer, mais qu'il n'entendait pas faire marché de sa religion. Il refusa la trêve [1]. Une seconde tentative que le légat fit faire par intermédiaire auprès de Biron ne réussit pas mieux. Biron et les principaux chefs des catholiques royaux savaient Caëtano blâmé et presque désavoué à Rome. Les nouvelles de la capitale du monde catholique étaient meilleures pour le Béarnais que pour la Ligue. La jalousie contre l'Espagne était décidément plus forte chez Sixte-Quint que la haine de l'hérésie. Ce pontife, d'abord très-irrité contre Venise parce qu'elle avait reconnu le Béarnais, s'était peu à peu rapproché de cette république; il avait résisté aux instances de Philippe II, qui le pressait d'excommunier, d'une part, les Vénitiens, de l'autre les catholiques royaux de France. Il avait, malgré les impérieuses réclamations de l'ambassadeur d'Espagne, reçu le duc de Luxembourg-Pinei, représentant des catholiques royaux, écouté avec bienveillance ce duc justifier devant lui le parti *politique* et faire l'éloge de Henri de Bourbon; il avait enfin témoigné du regret d'avoir autrefois excommunié Henri avec tant de précipitation et promis de « l'embrasser » s'il demandait à rentrer dans le giron de l'Église. Après la bataille d'Ivri, Sixte fit plus : il répondit directement aux princes et seigneurs qui lui

---

1. *Mém.* de Villeroi, p. 364-381.

avaient député Luxembourg, par un bref où il les exhortait à soutenir les intérêts de la religion catholique, selon la promesse que Luxembourg lui avait portée de leur part. Il n'y avait pas un mot dans ce bref contre « Henri de Bourbon ». Philippe II, exaspéré de la conduite de Sixte V, le fit sommer, par son ambassadeur à Rome, de déclarer le « prince de Béarn » à jamais et dans tous les cas incapable de porter la couronne de France, sinon Philippe menaçait de se soustraire à l'obédience du pape. Sixte, après une scène violente avec l'ambassadeur Olivarez, fit quelques concessions, envoya un peu d'argent à Caëtano pour assister la Ligue, engagea le duc de Pinci à quitter momentanément Rome sous quelque prétexte, mais ne fit pas ce qu'exigeait Philippe, qui ne réalisa point sa menace [1].

Caëtano, quoiqu'il ne reçût du saint-siége que bien peu d'appui, continua d'être à Paris le centre de la résistance et de représenter en France l'esprit ultramontain, malgré le pape, qui n'osa le révoquer.

Les Parisiens, remis du premier effroi, n'avaient pas perdu le temps employé par Henri IV à préparer le blocus de leur ville. Les apprêts de la défense avaient été poussés avec ardeur par le nouveau gouverneur, le jeune duc de Nemours, dont les brillantes qualités rappelaient aux Parisiens leur grand Guise; l'archevêque de Lyon, la meilleure tête de la Ligue, dirigeait la police et l'administration intérieure, d'accord avec le bureau de la ville, et les prédicateurs, manœuvrant avec ensemble d'après les inspirations quotidiennes de madame de Montpensier, entretenaient dans le peuple une excitation fébrile. Ils étaient puissamment secondés par une nouvelle confrérie établie, dans l'église Saint-Gervais, sous les auspices du curé Lincestre. La confrérie « du nom de Jésus » était pour ainsi dire la Ligue dans la Ligue, la quintessence de la Sainte-Union. Les confrères juraient, par le serment de leur baptême et par le corps du Seigneur, qu'ils recevaient tous ensemble au moins une fois par mois, de ne jamais consentir à paix ni trève avec Henri de Bourbon ou ses fauteurs [2]. On fondit ou l'on

---

[1]. Ranke, *Hist. de la Papauté*, t. III, l. vi, § 3. — De Thou, t. IV, l. xcviii.
[2]. *Articles accordés et jurés entre les confrères du saint nom de Jésus*; Paris, Guil. Bichon, 1590.

remit en état soixante-cinq pièces de canon; les murs furent réparés et soutenus par des terrassements; on abattit les maisons des faubourgs qui pouvaient favoriser les approches de l'ennemi; la rivière fut barrée par des chaînes que protégeaient des barques armées et des batteries de canon. On enrôla toute la jeunesse : la milice bourgeoise fut portée au nombre de trente mille hommes « très-bien armés ». On fit entrer des troupes dans Paris, en petit nombre, il est vrai; la ville, épuisée par la guerre, n'avait pas les moyens d'en solder davantage, et les Parisiens conservaient d'ailleurs leur vieille antipathie contre « les garnisons ». Ils ne reçurent pas en tout plus de quatre à cinq mille hommes de troupes régulières, sur lesquels on comptait à peine cinq cents cavaliers. Le manque de cavalerie eut pour eux de fâcheuses conséquences[1].

Le 7 mai, la Sorbonne, répondant à des questions posées par le corps de ville, décida que, lors même que le roi Charles X viendrait à mourir ou à céder son droit à Henri de Bourbon durant son injuste détention, et que Henri de Bourbon obtiendrait son absolution du saint-siége, les Français seraient tenus en conscience de l'empêcher de parvenir au gouvernement du royaume, « pour le danger évident de feintise et perfidie. — Ceux qui assistent ledit Henri de Bourbon sont en état permanent de péché mortel; ceux qui lui résistent jusqu'à la mort peuvent espérer la palme du martyre[2] ».

Quelques heures après la publication du décret de la Sorbonne, l'armée royale se déploya en vue des faubourgs du nord. Henri avait passé la Marne à Lagni et vint se mettre en bataille, le 7 mai au soir, entre les faubourgs Saint-Antoine et Saint-Martin. Il avait été joint par le duc de Longueville, par La Noue et par un corps d'auxiliaires allemands, et comptait environ douze mille fantassins et trois mille cavaliers. Le lendemain, il attaqua Charenton, qui fut emporté le 9; le capitaine fut pendu avec ses soldats, suivant une tradition barbare à laquelle Henri IV eût dû déroger, pour avoir défendu contre une armée royale une place « non

1. *Hist. de ce qui s'est passé dans Paris*, etc., p. 275-278. — *Relation du P. Cornejo*; ap. *Mém. de la Ligue*, t. IV, p. 276 et suiv. — Pigafetta, *Relatione dell' assedio di Parigi*; 1591, in-8° (aussi témoin oculaire).
2. *Mém. de la Ligue*, t. IV, p. 264 et suiv.

tenable¹ ». Le roi établit Givri à Charenton avec un fort détachement, envoya le maréchal d'Aumont à Saint-Cloud et logea le gros de ses troupes entre Paris et Saint-Denis. Le 12, il fit assaillir les faubourgs Saint-Denis et Saint-Martin par un corps nombreux que commandait La Noue. Les soldats français, allemands et suisses de la Ligue, soutenus par les compagnies bourgeoises, se défendirent avec tant de vigueur que La Noue, grièvement blessé, fut obligé de battre en retraite². Le roi avait espéré que les « politiques » tenteraient un mouvement dans Paris : la bonne contenance des « vrais catholiques » empêcha les politiques de remuer.

Henri ne renouvela point l'attaque; mais il fit brûler tous les moulins de la banlieue et resserra autour de Paris le cercle de fer qu'il avait commencé à tracer à de grandes distances : toutes les petites places et les châteaux des environs furent occupés par des garnisons royalistes, qui ne laissaient pas une lieue d'intervalle entre elles, et des partis de cavalerie complétèrent le blocus en battant sans cesse la campagne.

Deux jours après l'assaut des faubourgs, Paris fut témoin d'un spectacle sans exemple : une nouvelle milice s'était organisée pour prêter assistance à la garnison et aux compagnies bourgeoises; treize cents prêtres, moines ou écoliers firent leur *montre* (revue), le 14 mai, en « belle ordonnance ». Guillaume Rose, évêque de Senlis, marchait en tête comme le colonel de ce bizarre régiment : le curé de Saint-Côme, Hamilton, était son sergent de bataille. Après venaient le prieur des chartreux et ses religieux, le prieur des feuillants et les siens, les quatre ordres mendiants (jacobins, cordeliers, carmes et augustins), les capucins, les minimes, entremêlés d'écoliers de l'université; tous avec la robe retroussée, le capuchon rabattu, la pertuisane ou l'arquebuse sur l'épaule; beaucoup portaient des casques et des corselets; des crucifix leur servaient d'enseignes; leur grand étendard

---

1. « J'ai pris les ponts Charenton et Saint-Maur à coups de canon, et pendu tout ce qui étoit dedans. » Lettre de Henri IV à madame de Grammont; ap. *Lettres*, etc., t. III, p. 194.

2. Henri IV *gasconne* dans sa lettre à madame de Grammont: car il se vante d'avoir pris le faubourg de force et à peu de perte; *ibid*.

était une bannière à l'image de la Vierge. « L'église militante » défila quatre par quatre devant le légat, en chantant des hymnes entrecoupées de salves de mousqueterie, et Caëtano salua ces pieux guerriers du titre de « vrais Machabées ». Un accident troubla la cérémonie : un des nouveaux soldats, ignorant que son arquebuse fût chargée à balle, tua roide l'aumônier du légat; celui-ci « s'en retourna au plus vite, pendant que le peuple crioit que cet aumônier avoit été fortuné d'être tué dans une si sainte action [1] ».

L'étrange association du froc et de la cuirasse, du bréviaire et de la hallebarde, la gaucherie de ces soldats improvisés, prêtaient fort à la raillerie : les pamphlets royalistes ont jeté sur la « procession de la Ligue » un ridicule ineffaçable; cependant l'histoire ne doit point oublier que, sous ces grotesques accoutrements, battaient des cœurs animés d'un farouche enthousiasme; que ces moines, chrétiens peu évangéliques, mais fanatiques sincères, étaient prêts à mourir dans les combats ou sur les échafauds, comme leurs chefs Bourgoing et Jessé; qu'ils partagèrent enfin, avec une constance inébranlable, toutes les fatigues, les misères et les dangers des défenseurs de Paris.

Tandis que les moines passaient leur revue sur les quais et sur les ponts, le canon grondait du haut des remparts et le chevalier d'Aumale, protégé par l'artillerie de la Bastille, faisait une sortie contre les avant-postes royalistes et les chassait de l'abbaye Saint-Antoine. Les ligueurs victorieux ne se firent pas scrupule de piller l'église du couvent, respectée par les « fauteurs d'héré-

---

1. L'Estoile, *Journal de Henri IV*; édit. Champollion, p. 15-19. Les anciennes éditions sont non-seulement incomplètes, comme celles du *Journal de Henri III*, mais pleine d'erreurs. La véritable date de la fameuse Procession de la Ligue est bien le 14 mai, et non le 3 juin, comme l'atteste le quatrain suivant :

> Messieurs, assurer se faut,
> Puisqu'à la *mi-mai* on voit faire
> Du mardi-gras le mystère,
> D'avoir carême bien haut.

V. aussi la relation de Corneïo, ap. *Mém. de la Ligue*, t. IV, p. 285. — De Thou, t. IV, l. xcviii, p. 863. — Davila, p. 797. — Mathieu, t. II, p. 44. — Palma-Cayet, p. 234. — Les bénédictins, les célestins, les génovéfains, les religieux de Saint-Victor ne s'associèrent point à la belliqueuse démonstration des moines mendiants. Les jésuites furent conseillers et spectateurs, mais non point acteurs.

sie¹ ». Il y eut plusieurs autres sorties heureuses : les Parisiens, qui pouvaient porter rapidement des forces toujours supérieures sur un point donné, obligèrent, à diverses reprises, les royalistes de quitter la plaine et d'évacuer quelques-uns des villages de la banlieue ; mais ces légers avantages ne débloquaient pas la capitale ; les royalistes n'en restaient pas moins maîtres de presque tous les postes qui commandaient le cours des rivières. Une armée régulière, bien disciplinée et bien pourvue de cavalerie, eût pu seule les déloger de leurs positions.

Les vivres renchérissaient de jour en jour : les chefs de l'Union commencèrent à prendre l'alarme ; on n'avait pas fait tout ce qu'on aurait dû ni tout ce qu'on aurait pu pour approvisionner la ville. On entreprit un recensement général de la population et des vivres qui se trouvaient chez les particuliers. La population de Paris, bien diminuée par les persécutions religieuses et politiques, par la ruine du commerce et la cessation du paiement des rentes, par l'absence de la cour, par l'émigration d'une multitude de familles, par la décadence des études universitaires, ne s'élevait plus guère au-dessus de deux cent mille âmes; encore fallait-il compter dans ce nombre près de trente mille paysans réfugiés de plusieurs lieues à la ronde ². On trouva du blé pour un mois, à raison d'une livre de pain par jour pour chaque personne, et quinze cents muids d'avoine qu'on réserva comme ressource extrême (26 mai). On obligea les gens aisés à céder ce qu'ils avaient de blé au delà de leur provision de deux mois, et l'on prit des mesures pour faire vendre le pain aux pauvres, tant qu'il durerait, au plus bas prix possible. On ordonna l'expulsion des gens des campagnes, « bouches inutiles et mendiants », que l'ennemi avait refoulés dans Paris ; mais il y eut division à cet égard dans le corps de ville, et « ceux qui étoient chargés de la police » n'exécutèrent pas l'ordre des chefs, soit compassion

---

1. Le faubourg Saint-Antoine ne consistait encore qu'en une espèce de village formé autour de l'abbaye qui lui donnait son nom. L'Estoile, *Journal de Henri IV*, p. 18.

2. Il est probable que Paris avait eu de trois cent mille à trois cent cinquante mille habitants sous François Ier et Henri II. L'ambassadeur vénitien Navagero, en 1528, lui en donne de trois à quatre cent mille ; Marino Cavalli, cinq cent mille ; ce dernier évidemment exagère. — *Relations des ambassad. vénit.*, t. I, p. 30, et p. 260.

mal entendue, soit méconnaissance de l'imminence du péril[1].

On avait reçu, sur ces entrefaites, à Paris, une importante nouvelle, prévue par la Ligue, lorsqu'elle avait fait rendre le dernier décret de la Sorbonne : le roi de la Ligue n'était plus; Charles X était mort de la pierre, le 8 mai, au château de Fontenai-le-Comte, à l'âge de soixante-six ans[2]. Le cardinal-roi n'avait jamais été qu'un drapeau pour la Sainte-Union. Sa personne était indifférente au peuple et sa fin causa peu d'émotion parmi les préoccupations terribles qui absorbaient les Parisiens. Paris remit aux États Généraux, toujours annoncés et toujours différés depuis un an, le soin de choisir le successeur de Charles X et persista dans sa résolution de se bien défendre. Le 31 mai, jour de l'Ascension, à la suite d'une procession générale dans laquelle on promena les châsses et les reliques les plus révérées de Paris, le duc de Nemours, le chevalier d'Aumale, tous les capitaines et les magistrats jurèrent, sur le maître-autel de Notre-Dame, de mourir plutôt que de rendre la ville au « roi de Navarre ». Toute l'assistance répéta ce serment et l'on donna lecture en public d'une lettre du duc de Mayenne, qui promettait un prompt secours aux Parisiens. Mayenne ne fut point avare de telles promesses tant que dura le siège : quand ses lettres ne suffisaient pas, madame de Montpensier ou les « gens du conseil » en forgeaient d'autres; on supposait Mayenne toujours prêt à arriver à la tête d'une armée auxiliaire, et l'attente populaire, incessamment trompée, se reprenait sans cesse aux mêmes déceptions.

Mayenne était en ce moment à Péronne, où il s'était arrêté au retour d'une conférence à Condé avec le duc de Parme. La mort de Charles X était un événement plus grave pour lui que pour les Parisiens et rendait sa position plus difficile vis-à-vis de l'Espagne : n'osant franchement aspirer au trône pour lui-même et ne pouvant supporter l'idée de le céder à un autre, ne voulant ni couronner la fille de Philippe II ni faire appel, comme quelques-

---

1. *Relat. de P. Cornero;* ap. *Mém. de la Ligue,* t. IV, p. 283-285. — L'Estoile, *Journal de Henri IV,* p. 46. — De Thou, l. xcviii, p. 864. — *Brief traité des misères de la ville de Paris;* ap. *Mém. de la Ligue,* t. IV, p. 304.

2. On continua de battre monnaie à son effigie à peu près jusqu'à la fin de la Ligue. La bibliothèque de Sainte-Geneviève possède des monnaies de Charles X de 1593 et de 1595.

uns de ses ministres l'y poussaient, à un Bourbon catholique, il mit tous ses soins à prolonger l'interrègne, que les Espagnols s'efforçaient d'abréger, et à éloigner les États Généraux que les Espagnols appelaient. La guerre favorisa Mayenne en rendant impossible la réunion des États, qu'il ajournait de mois en mois et de ville en ville. Mayenne rendit un grand service à la France par le refus qu'il fit de livrer aux Espagnols les principales villes de la Somme comme places de sûreté pour leurs forces auxiliaires : il fit valoir l'opposition d'Amiens et des autres cités ligueuses de Picardie à l'entrée des garnisons étrangères, et le duc de Parme n'insista pas trop, de peur de dépopulariser Philippe II parmi les catholiques français.

Philippe, avant même de connaître la mort de Charles X, s'était préparé à remplir dans toute leur étendue les engagements pris envers la Ligue par son manifeste du 8 mars. Il s'apprêtait à expédier des troupes en Languedoc au maréchal de Joyeuse, gouverneur de cette province pour la Ligue, et à dépêcher par mer du renfort au duc de Mercœur en Bretagne; enfin, il avait mandé au duc de Parme de se disposer à conduire en personne ses principales forces en France. Le régent des Pays-Bas ne reçut cet ordre qu'avec répugnance et ne s'empressa pas d'y obéir : c'était, suivant lui, s'exposer à perdre la Belgique en voulant gagner la France. Les réformés des Provinces-Unies, guidés par le jeune Maurice de Nassau, qui montrait autant de génie politique et plus de génie militaire que son père, avaient repris force et courage depuis le désastre de l'*Armada :* ils venaient de surprendre Breda; ils menaçaient Nimègue. Le duc de Parme prévint Mayenne que la nécessité de mettre la Belgique en défense ne lui permettrait pas de marcher au secours de Paris avant deux ou trois mois. Il consentit seulement à lui donner provisoirement trois à quatre mille hommes de renfort, que Mayenne amena du Hainaut à Péronne, puis de Péronne sur les frontières de Champagne.

Mayenne faillit être enlevé en chemin par Henri IV en personne, qui, à la tête de deux mille cavaliers d'élite, avait fait dix-huit lieues tout d'une traite pour le surprendre. Le lieutenant général de l'Union n'eut que le temps de gagner les faubourgs de Laon. Le roi, ne croyant pas pouvoir l'y forcer, retourna devant

Paris et, le 12 juin, tenta sur Vincennes une attaque qui échoua, grâce à une vigoureuse sortie des Parisiens, dirigée par le chevalier d'Aumale.

Malgré les violentes démonstrations de la Ligue, des pourparlers avaient eu lieu sur ces entrefaites : la négociation, que le circonspect et modéré Villeroi n'avait pu mener à bien, avait été reprise par le chef du conseil de Mayenne, par l'impétueux archevêque de Lyon. Pierre d'Espinac gardait des sentiments français et, de même que Jeannin et d'autres ligueurs éminents, il ne voyait pas sans effroi la Ligue réduite à se remettre entre les mains du duc de Parme et peut-être à élever avant peu une fille d'Autriche sur le trône de François Ier [1]. Il se fit autoriser par le conseil à demander un passe-port « au roi de Navarre » pour aller trouver Mayenne et examiner avec lui quelles ouvertures l'Union pouvait faire touchant la paix générale. Henri consentit; l'archevêque partit, accompagné du seigneur de Vitri, de deux membres du parlement et du procureur de la ville. A peine avait-il perdu de vue les clochers de Paris, qu'il fut arrêté par les royalistes; on lui signifia la révocation des passe-ports et il fut contraint de rebrousser chemin. Une lettre interceptée avait fait croire à Henri IV que les ligueurs n'étaient pas sincères en parlant de paix et que d'ailleurs Paris serait aux dernières extrémités avant quinze jours. D'Espinac dit, avec plus de chagrin que de colère, que le roi se repentirait de lui avoir refusé le passage. Mayenne, en effet, blessé des manières hautaines du lieutenant de Philippe II, rebuté de ses lenteurs et n'espérant pas que Paris pût tenir jusqu'à l'arrivée de l'armée espagnole, était alors plus disposé à une transaction que par le passé. Le refus constant que faisait le roi de se laisser imposer un changement de religion rendait les difficultés excessives; mais il fallait au moins tenter l'épreuve [2].

Henri essaya d'atténuer, par une lettre aux habitants de Paris, l'irritation qu'avait causée dans la capitale le retrait des passe-

---

1. Mathieu, t. II, p. 50, rend à ce fameux ligueur le témoignage qu'il ne voulut jamais recevoir un denier des Espagnols, tandis qu'une partie des Seize et la plupart des prêcheurs étaient notoirement aux gages de Philippe II.
2. Mathieu, t. II, p. 46-47.

ports (15 juin); mais sa lettre ne sortit pas des mains du gouverneur et du prévôt. Le même jour, le parlement avait interdit à qui que ce fût, sous peine de la vie, de parler de composition avec Henri de Bourbon. Plus de la moitié des membres du parlement désiraient qu'on traitât avec le roi; mais on les contenait par la peur : le duc de Nemours avait découvert des menées dans lesquelles étaient impliqués plusieurs des principaux parlementaires et leur faisait sentir qu'il avait en main les moyens de les perdre. Le parlement se laissa arracher la condamnation capitale de quelques malheureux royalistes [1]; d'autres furent jetés à l'eau par les ligueurs, pour avoir parlé de paix dans les rues. Le roi aigrit plus qu'il n'effraya les Parisiens en canonnant la ville, durant quelques jours, du haut de Montmartre et de Montfaucon. Ses batteries causèrent peu de dommage.

Le gouvernement ligueur de Paris redoublait d'énergie à mesure que le péril croissait. Le conseil des Seize avait recouvré son ascendant. Dès le 1er juin, du consentement du cardinal-évêque Gondi, qui s'était décidé à quitter la neutralité et à s'enfermer dans sa ville épiscopale, on avait pris l'argenterie des églises pour payer la garnison. Le légat, l'ambassadeur d'Espagne, les princes et les princesses, les hommes riches du parti, commencèrent à faire des distributions quotidiennes d'argent au peuple : ils firent fondre leur argenterie et ne se réservèrent que le strict nécessaire. Le 17 juin, Saint-Paul, gouverneur de Champagne pour la Ligue, parvint à introduire un convoi dans Paris. Ce secours fut bientôt épuisé : dès le 20, le pain, qui était monté à cinq sous la livre, manqua chez les boulangers : on le remplaça par de la bouillie faite avec de la farine d'avoine. Quelques jours après, l'ambassadeur d'Espagne ayant jeté au peuple des demi-sous aux armes de Castille, on cria tout d'une voix : « Pas d'argent, mais du pain! » L'argent ne garantissait plus de la faim.

On voulut alors, mais trop tard, exécuter l'ordonnance du mois précédent sur l'expulsion des étrangers et des mendiants. Les « intendants de la police » parlementèrent à ce sujet avec les gens du roi : le roi répondit par une proclamation qui défendait

1. Ou du moins la confirmation de leur sentence ; car c'était le Châtelet qui jugeait en premier ressort.

de laisser sortir personne de la ville. « Ce misérable peuple, déjà
« assemblé pour sortir... après avoir entendu la réponse du roi,
« comme forcené, jeta cris si terribles et si grands, que ceux qui
« étoient aux faubourgs les purent facilement entendre [1]. » Bien
des gens de toute condition s'évadèrent néanmoins isolément, au
péril de leur vie et de leur liberté.

Les maisons religieuses avaient été exemptées des visites domiciliaires du mois passé : elles furent visitées à leur tour par les quarteniers [2]; on y découvrit une grande quantité de victuailles, et le gouverneur et les Seize enjoignirent aux ecclésiastiques de nourrir le peuple pendant quinze jours (27 juin). Les gens d'église achetèrent par milliers les chiens et les chats et en distribuèrent chaque jour la chair aux pauvres avec un peu de pain. L'ambassadeur d'Espagne fit, quelque temps après, établir au coin des rues de grandes chaudières remplies, les unes de bouillie d'avoine et de son, les autres de chair de cheval, d'âne et de mulet. La multitude affamée se battait, s'étouffait autour de ces étranges festins. La viande de cheval devint bientôt une denrée de luxe. On nourrissait ce peuple infortuné de sermons à défaut de pain : les curés, les orateurs monastiques, les prélats étrangers de la suite du légat déployaient une activité prodigieuse ; les plus renommés prêchaient jusqu'à deux fois par jour [3]. Le saint sacrement était exposé sur les autels en permanence : on invoquait le ciel par des prières continuées jour et nuit pendant toute une semaine ; les fameuses processions « pieds nus » recommençaient, non plus avec l'exaltation forcenée de janvier 1589, mais avec une

---

1. *Brief traité des misères de la ville de Paris*; ap. *Mém. de la Ligue*, t. IV, p. 306.
2. Le recteur du collége des jésuites, Tyrius, étant allé, avec Bellarmin, demander au légat l'exemption de cette visite pour sa communauté, s'attira une réponse assez dure du prévôt des marchands : « Monsieur le recteur », lui dit La Chapelle-Marteau, « votre prière n'est ni civile ni chrétienne : votre vie est-elle de plus grand prix que la nôtre ? » On commença la visite par les jésuites et on les trouva munis de provisions pour plus d'un an. La plupart des autres communautés étaient semblablement approvisionnées ; les capucins mêmes, que leur institut oblige à vivre d'aumônes au jour le jour, « se trouvèrent fort bien munis ». *Brief traité des misères de Paris*, p. 306. Il est juste d'observer que c'est une relation royaliste. L'Estoile, p. 21.
3. Davila dit que l'éloquent évêque d'Asti, Panigarola, prêchait en italien ; c'était sans doute l'aristocratie ligueuse, familière avec la langue italienne, qui suivait des sermons incompréhensibles pour le peuple.

résignation douloureuse et des plaintes lamentables. Le 1ᵉʳ juillet, le corps de ville, à l'instigation de Boucher, se transporta dans la cathédrale et voua solennellement à Notre-Dame de Lorette un navire d'argent du poids de trois cents marcs, après que son intercession aurait amené la délivrance de la ville. D'autres s'adressaient à sainte Geneviève; des curés écrivaient à cette sainte patronne de Paris et lui représentaient qu'elle était trop « bonne Françoise » pour permettre à un hérétique de régner dans sa ville chérie. Les prédicateurs enseignaient au peuple que nul martyre n'est plus agréable à Dieu que le martyre de la faim. L'ardeur fiévreuse de l'orateur se communiquait à l'auditoire et tout un peuple, ivre de fanatisme, appelait la mort qui devait lui ouvrir les portes de la vie éternelle. Les mères protestaient qu'elles mangeraient leurs enfants plutôt que de voir Paris rendu par famine[1]! Les prêcheurs partageaient les passions qu'ils inspiraient : le provincial des jésuites, Odet Pigenat, frère du curé de ce nom, mourut épuisé, dans une sorte de délire.

L'horizon, cependant, devenait de plus en plus sombre : le 5 juillet, on reçut une lettre de Mayenne; il ne promettait de secours que pour la fin du mois. Saint-Denis se rendit par famine le 9 juillet. Deux jours auparavant, le légat avait eu, au faubourg Saint-Germain, une conférence avec le marquis de Pisani, ex-ambassadeur de Henri III à Rome. Caëtano proposa de remettre tout le débat au jugement du Saint Père et de conclure une trêve en attendant; la proposition ne pouvait être prise au sérieux. Le légat n'avait eu sans doute pour but que d'amuser les Parisiens par quelque vague espérance. L'histoire de France ne présente rien de comparable à ce qui se passait dans Paris. La plume ne peut décrire, l'imagination peut à peine se figurer la situation de deux cent mille créatures humaines se débattant, durant des mois entiers, contre la famine. Les malheureux, que la voix de leurs prêtres avait un moment enlevés au-dessus d'eux-mêmes par une sorte de vertige, étaient bientôt rappelés à l'affreuse réalité par les pleurs de leurs familles, par le cri de leurs entrailles que torturait la faim. A entendre les plaintes et les gémissements qui

---

1. Lettre de Panigarola au duc de Savoie; ap. *Mém. d'État*, etc., *ensuite de ceux de M. de Villeroi*; t. IV, p. 133; édit. d'Amsterdam, 1725.

s'élevaient chaque nuit de tous les quartiers, on eût dit que le peuple entier râlait sur le lit d'agonie. Depuis que le clergé s'était acquitté de l'obligation qu'on lui avait imposée, toute distribution régulière et générale avait cessé : les larges aumônes de Mendoça, du légat, des princes, s'engloutissaient comme une goutte d'eau dans cet océan de misères. Toute céréale et toute chair avaient disparu des marchés; les légumes et les herbes des jardins et des faubourgs atteignirent à leur tour des prix exorbitants; des milliers d'ombres hâves et pâlissantes se traînaient le long des murailles pour arracher l'herbe d'entre les pavés, chercher dans les ruisseaux les débris les plus immondes ou tendre des piéges dans les carrefours aux rares animaux qui avaient échappé à la proscription. On voyait des misérables enfler et mourir au coin des rues après s'être repus de plantes vénéneuses, d'autres tomber d'inanition et ne plus se relever. On vit un homme et un chien, également affamés et furieux, lutter avec acharnement à qui dévorerait l'autre : ce fut l'homme qui succomba; mais on ne laissa pas au chien le temps de profiter de sa victoire [1].

Les Parisiens qui avaient des amis dans l'armée du roi ou qui pouvaient échanger de l'or ou des effets précieux contre des vivres obtenaient parfois de la compassion ou de la cupidité des assiégeants quelques moyens de subsistance. Les plus forts et les plus courageux de ceux qui ne pouvaient acheter leur subsistance de l'ennemi entreprirent de la lui arracher. Les blés étaient mûrs dans la plaine de Paris; chaque matin, des milliers de pauvres gens, hommes, femmes et enfants, sortaient de la ville, protégés par la garnison, pour aller faucher, sous les balles des royalistes, une moisson arrosée de sang. Beaucoup y périrent d'une mort qu'ils préféraient à la lente agonie de la faim. Une partie du peuple fut soulagée pour quelques jours, mais ce soulagement chèrement acheté passa vite, et tous n'y avaient point participé.

---

1. P. Pigafetta, *Relatione dell' assedio di Parigi*; 1591. L'auteur du *Brief traité des misères de Paris* raconte que des marchands rachetèrent, à grand prix, aux prêtres et aux moines les peaux des chiens et des chats que ceux-ci avaient distribués au peuple : quand les marchands voulurent emporter leurs peaux, le peuple les leur arracha pour les ronger.

Il y eut des familles qui ne vécurent que de suif et de vieux oing pendant des semaines entières. Il y eut des misères plus inouïes encore et des aliments bien plus monstrueux. Après avoir sucé les vieux cuirs desséchés, dévoré les rats et les souris, des malheureux pilèrent des ardoises qu'ils avaient délayées dans l'eau ; d'autres allèrent demander aux restes des morts une horrible nourriture et broyer les ossements humains des charniers pour les réduire en farine : c'était l'ambassadeur espagnol Mendoça qui en avait suggéré l'idée. L'inspiration était digne de Philippe II. Tous ceux qui goûtèrent de ces mets sans nom moururent. Les rues étaient pleines de cadavres, sur lesquels on voyait avec épouvante ramper les couleuvres et les crapauds qui pullulaient dans les maisons abandonnées. La misère courbait sous son niveau les plus hautes têtes : les chefs de la Ligue avaient à peine le strict nécessaire pour eux et leurs soldats ; leurs serviteurs manquaient de tout ; une chambrière de madame de Montpensier mourut de langueur et de besoin ; le prévôt des marchands ne put trouver dans toute la ville une cervelle de chien pour en faire un bouillon à un de ses parents malade ; madame de Montpensier refusa de céder, à quelque prix que ce fût, un petit chien qu'elle gardait, disait-elle, comme dernière ressource pour sa propre vie, et le parent de La Chapelle-Marteau mourut faute de secours. On raconta quelque chose de plus terrible : une dame « riche de 30,000 écus » fit saler par sa servante et essaya de manger ses deux petits enfants morts de faim : elle expira elle-même avant d'avoir achevé cet effroyable aliment[1]!...

Les assiégeants voyaient avec stupéfaction la prodigieuse patience de cette grande cité accoutumée « à la paix et à l'aise » ; l'obstination du peuple parisien déjouait tous les calculs du roi et de ses conseillers. On ne pouvait dire que Paris fût contenu par la terreur : ce peuple, qui avait été ramasser intrépidement des gerbes ensanglantées sous les pieds des chevaux ennemis, aurait eu sans doute le courage de lutter contre sa faible garnison pour contraindre ses chefs à la paix. Dieu seul, suivant les zélés catholiques, pouvait inspirer une telle constance : les huguenots y

---

1. *Brief traité des misères de Paris;* ap. *Mém. de la Ligue,* t. IV, p. 311. — *Relation* de Pierre Corneïo; *ibid.,* p. 288-298.

reconnaissaient aussi la main du ciel, mais d'un ciel vengeur : c'est, disaient-ils, le fléau de Dieu qui « bat le peuple massacreur »; c'est le salaire de la Saint-Barthélemi. La désolation de Paris, après la fin misérable des deux derniers Valois et de Henri de Guise, était un texte inépuisable pour les prédicants de la Réforme. Sans opposer, comme les calvinistes, fanatisme à fanatisme, il est permis en effet de signaler le principe des calamités que subirent Paris et la France catholique dans les éclatantes violations de l'humanité auxquelles s'était emporté le catholicisme du xvi° siècle. Le massacre de Mérindol avait préparé de loin la perte des Valois. Paris dut expier la Saint-Barthélemi !

La crainte des vengeances du roi hérétique, de l'élève de Coligni, était un des principaux motifs qui portaient Paris à s'infliger à lui-même un châtiment plus terrible que n'eût pu l'imaginer le plus cruel tyran. On avait persuadé au peuple que le Béarnais ne rêvait que la destruction de Paris.

Henri IV, humain comme il l'était, ne pouvait entendre sans douleur les récits qui lui arrivaient de l'intérieur de la capitale : la politique et la pitié combattaient dans son cœur. Une nuit, quelques Parisiens se jetèrent par-dessus les murailles dans les fossés, gagnèrent le quartier du roi et allèrent à ses pieds demander du pain et la permission de laisser sortir les plus misérables de leurs concitoyens. Le roi, attendri par leurs larmes, accorda la permission pour trois mille : il en sortit plus de quatre mille et des milliers d'autres se pressaient aux portes pour les suivre, quand les avant-postes royaux barrèrent le passage à cette foule désespérée [1].

Henri crut qu'il était temps de frapper un coup qui décidât les Parisiens à se rendre. Aucune attaque à force ouverte n'avait été tentée depuis l'échec de La Noue au faubourg Saint-Martin : deux mois et demi s'étaient écoulés, durant lesquels les assiégeants s'étaient renforcés à mesure que les assiégés s'affaiblissaient. Châtillon, La Trémoille, Turenne, avaient amené au roi six mille fantassins et quatorze cents chevaux, levés parmi les huguenots de Languedoc, de Poitou et de Guyenne : le prince de Conti était

---

1. L'Estoile, *Journal de Henri IV*, p. 21.

arrivé avec la noblesse royaliste des provinces de la Loire; le duc de Nevers, reconnaissant, disait-il, dans la victoire d'Ivri l'arrêt du Dieu des armées, renonçait à sa neutralité et apportait au roi le secours de son épée et de sa plume [1]. L'armée royale s'élevait au moins à vingt-cinq mille hommes d'excellentes troupes. Le 24 juillet, par une nuit sans lune, l'armée, partagée en dix corps, assaillit à la fois tous les faubourgs des deux rives de la Seine [2]. Le roi contempla, du haut de l'abbaye de Montmartre, ce combat nocturne qui enveloppait Paris d'une ceinture de feu : toute la ville était éclairée par les lueurs de la mousqueterie. Après une lutte de deux heures, les troupes royales l'emportèrent sur un peuple épuisé par l'excès des privations : tous les faubourgs restèrent au pouvoir des assiégeants.

Les dernières et faibles ressources qu'offraient les jardins des faubourgs échappèrent ainsi aux Parisiens, et désormais toute évasion fut presque impossible aux infortunés emprisonnés dans les murs de Paris comme dans un cercle infernal.

La patience semblait à sa dernière limite. On commençait à crier dans les rues : « Du pain ou la paix ! » Déjà un grand nombre de « bons bourgeois de divers quartiers » étaient allés remontrer en pleurant au gouverneur qu'il était mort de faim des milliers d'hommes [3], et que monsieur de Mayenne ni les Espagnols ne paraissaient; ils avaient supplié Nemours de leur donner des vivres ou l'autorisation de capituler. Nemours avait tâché de gagner quelques jours. Le 1er août, un messager du duc de Parme parvint à pénétrer dans Paris. Le gouverneur des Pays-Bas annonçait qu'il allait se mettre en marche, mais ne pourrait opérer sa jonc-

---

1. Il amena au roi cinq cents chevaux et publia dans le courant d'août son *Traité de la prise des armes faite en janvier* 1589, ouvrage très-bien fait, qui touchait avec force et habileté les côtés vulnérables de la Ligue et qui est resté un des principaux monuments politiques du temps. V. *Mém.* de Nevers, t. II, p. 1-157. — Plusieurs autres seigneurs et prélats reconnurent le roi sur ces entrefaites. Le chancelier de Cheverni, disgracié en 1588 par Henri III et neutre depuis la guerre, se rendit auprès de Henri IV et reprit les sceaux.

2. Il y en avait dix : Saint-Antoine, Saint-Martin, Saint-Denis, Montmartre, Saint-Honoré, Saint-Germain, Saint-Michel, Saint-Jacques, Saint-Marceau, Saint-Victor.

3. La relation royaliste des *Misères de Paris*, copiée par L'Estoile, dit trente mille; la relation ligueuse de Corneïo, treize mille durant tout le siège; de Thou, t. IV, p. 871, plus de douze mille, « d'après les rapports les plus modérés ».

tion avec Mayenne que le 15 août. Quand on sut qu'il fallait attendre au moins quinze jours encore, un affreux gémissement s'exhala de la ville entière : un cri général proclama l'impossibilité d'attendre; avant ce terme, Paris ne serait plus qu'un immense tombeau! On accusa l'inhumaine lenteur de l'Espagnol; on accusa l'indifférence ou la lâcheté de Mayenne, qui était depuis quelque temps avec une petite armée à Meaux et qui n'avait pas le courage de venir sauver Paris ou s'ensevelir sous ses ruines. Les chefs de la Ligue durent céder et ouvrir les négociations. Malgré l'opposition du duc de Nemours, qui se montra inflexible jusqu'au bout, un conseil extraordinaire, auquel assistèrent les chefs du parlement et du corps de ville, résolut qu'on enverrait l'archevêque de Lyon et l'évêque de Paris vers le « roi de Navarre » et le duc de Mayenne, pour tâcher de conclure une paix générale « où l'honneur de Dieu fût conjoint avec le repos du royaume ». Le légat, après avoir consulté Panigarola, Bellarmin et les autres théologiens de sa suite, décida que les deux prélats pouvaient faire cette démarche sans encourir les censures portées par la fameuse bulle de Sixte V contre quiconque communiquerait avec le roi de Navarre.

Ce fut seulement le 6 août que Gondi et d'Espinac s'abouchèrent avec le roi, dans l'abbaye Saint-Antoine. Ils lui demandèrent des passe-ports pour aller trouver Mayenne, et annoncèrent que, si en dedans quatre jours le lieutenant-général de l'Union n'avait pas fait des ouvertures de paix, on « prendroit conseil pour Paris ». Henri écouta gracieusement les deux prélats, quoique leurs pouvoirs ne le qualifiassent que de roi de Navarre; mais il fut moins facile sur le fond que sur la forme. Il écarta les propositions vaguement éventuelles qu'on lui adressait et offrit aux envoyés d'arrêter une capitulation fort douce et fort modérée, aux termes de laquelle Paris ouvrirait ses portes sous huit jours, s'il n'était secouru par Mayenne ou si la paix n'était conclue dans ce délai. Henri fut inébranlable sur ce terrain. Les députés se retirèrent : ils n'avaient pas de pouvoirs suffisants pour traiter à de telles conditions [1].

---

1. *Recueil de ce qui s'est passé en la conférence des sieurs cardinal de Gondi et archevêque de Lyon avec le roi;* ap. *Mém. de la Ligue,* t. IV, p. 317 et suiv.

Pendant la courte trêve nécessitée par la conférence, les Parisiens étaient sortis en foule, et la noblesse de l'armée royale s'était mise à deviser aussi amicalement avec ses anciennes connaissances de Paris « que s'il n'y avoit jamais eu de différend entre eux ». Beaucoup de Parisiens en profitèrent pour ne plus rentrer dans la ville.

La fermentation fut extrême dans Paris quand on sut que les négociations avaient échoué : les *politiques* essayèrent d'en tirer parti ; ils avaient renoué leurs complots sous la protection secrète des chefs du parlement ; ils répandirent des placards par lesquels ils excitaient le peuple à jeter à l'eau l'ambassadeur d'Espagne ; ils avertirent les généraux assiégeants de se tenir prêts à pénétrer dans l'île de la Cité, en passant la Seine à gué près de la tour de Nesle, et, le 8 août au matin, ils se portèrent en armes au Palais, en criant : « Du pain ou la paix ! » ils massacrèrent de prime-abord le quartenier Le Goix, zélé ligueur ; mais, à peine entrés dans l'enceinte du Palais, ils furent pris entre un escadron de cavalerie et un détachement de lansquenets embusqué dans les maisons voisines. Les prédicateurs, qui avaient toujours l'oreille au guet, avaient éventé la conspiration et le duc de Nemours avait été averti à temps ; l'émeute fut étouffée presque sans combat, et les Seize et leurs amis, qui accouraient en foule pour prêter main-forte au gouverneur, trouvèrent l'affaire à peu près terminée. Les Seize eussent fait main-basse sur le parlement, si le duc de Nemours ne les en eût empêchés. Le président Augustin de Thou et les conseillers les plus compromis obtinrent de quitter Paris moyennant finance ; deux ou trois conspirateurs subalternes furent pendus, et tout fut dit. Personne ne remua plus jusqu'à la fin du siège [1].

1. L'Estoile, p. 27. — *Histoire de ce qui s'est passé dans Paris au temps de la Ligue;* ap. *Revue Rétrospective,* 2ᵉ série, t. I, p. 296-298. — Le curé Prévost, qui avait été un des « quatre premiers piliers » de la Ligue, mais qui s'était fort refroidi pour elle, courut quelques dangers, ainsi que les curés Benoist, de Saint-Eustache, de Morenne, de Saint-Méri, et Chavagnac, de Saint-Sulpice, les seuls curés de Paris qui ne fussent point affiliés aux Seize. Panigarola, lui-même, s'étant avisé de dire que la paix était désirable, fut menacé par les Seize d'être cousu dans un sac et jeté à la rivière s'il ne changeait de langage. Aussi, dans son sermon suivant, il ne manqua pas de crier de toute sa force : *Guerra ! guerra ! guerra !* Le Grain, *Décade de Henri le Grand*, t. V, p. 450.

Et, cependant, le 15 août, ce terme *impossible*, avait été atteint et franchi sans que le secours parût. Un autre terme semblable passa encore; le mois presque entier s'écoula!... L'existence de Paris, durant ce fatal mois d'août, fut un miracle. On cherche en vain à comprendre comment vécurent ou plutôt comment languirent tant de milliers de misérables! Ceux qui eussent voulu se soulever n'en avaient plus la force. On voyait des malheureux aller s'asseoir en silence dans les églises pour attendre la mort!

Les assiégeants eux-mêmes aidèrent les assiégés à persister. Le trafic des denrées s'était accru aux avant-postes depuis l'occupation des faubourgs. Le roi ayant permis qu'on envoyât des vivres « aux princesses de la Ligue », chaque capitaine royaliste croyait pouvoir faire tenir quelques secours à ses anciens amis, et le roi, toujours hors d'état de solder régulièrement ses troupes, n'osait sévir contre les soldats qui vendaient des vivres aux Parisiens. La facilité croissante avec laquelle il accordait des passe-ports aux dames, aux écoliers, aux gens d'Église, même à plusieurs de ceux qui s'étaient montrés ses ennemis les plus acharnés, débarrassa Paris d'un grand nombre de bouches inutiles [1]. On peut penser, comme le dit une relation ligueuse (Cornejo, loc. cit. p. 299-300), que la pitié n'était pas le seul motif du roi, et que beaucoup d'officiers de l'armée royale firent de ces passe-ports un trafic sur lequel le roi, qui ne les payait pas, était obligé de fermer les yeux. Plus la longueur de la défense avait dépassé toutes ses prévisions, plus Henri jugeait la reddition de Paris assurée et prochaine : il ne voulut jamais consentir à donner un assaut, dont le succès eût été certain, dans l'état de marasme où était tombée la population presque entière [2]. Il ne voulut pas croire, jusqu'au dernier moment, que le duc de Parme quittât les Pays-Bas avec ses principales forces. La nouvelle de l'entrée de ce prince en France fut pour le roi un coup de foudre. Henri se hâta d'expédier au cardinal de Gondi et à l'archevêque de Lyon les

---

1. Élisabeth gourmanda fort son allié d'une « faiblesse » dont elle eût été incapable à sa place. Mathieu, t. II, p. 51.

2. Panigarola le confesse dans ses lettres au duc de Savoie. La plupart des soldats de la garnison étaient morts ou avaient déserté. Il n'y avait quasi plus personne qui allât aux murailles que les prêtres et les moines. Note à L'Estoile, p. 35.

passe-ports qu'il leur avait refusés, afin d'aller trouver Mayenne et de traiter de la paix ou d'une trêve. Les deux prélats partirent pour Meaux ; le légat avait engagé d'Espinac à proposer à Mayenne de remettre Paris en séquestre dans les mains des princes catholiques royaux, jusqu'aux États Généraux ; mais le lieutenant-général de l'Union, certain désormais d'être puissamment assisté, traîna les pourparlers durant quelques jours, puis répondit qu'il ne pouvait rien conclure sans l'avis du duc de Parme : ce fut le lieutenant de Philippe II qui donna la réponse définitive. Le duc de Parme joignit Mayenne le 23 août, à Meaux, avec treize à quatorze mille hommes. Les pourparlers furent aussitôt rompus.

Les habitants de Paris passèrent la dernière semaine d'août dans une attente pleine d'inexprimables angoisses. Enfin, le 30, au point du jour, les cris de joie des sentinelles attirèrent le peuple en foule sur les remparts ; les corps de garde des royaux étaient déserts et l'on ne voyait plus un seul ennemi dans les faubourgs. Le siége était levé !

Il était temps. Si Henri IV eût pu rester encore deux ou trois jours devant la ville, « ceux de Paris eussent été contraints à lui ouvrir les portes et encore à le prier d'entrer dedans [1] ».

Henri n'eût pu garder ses positions, durant ces deux ou trois jours, sans s'exposer au plus grand péril. C'eût été appeler sur son armée un désastre inévitable, que de la laisser dispersée autour de la vaste enceinte de Paris, en présence d'une armée supérieure en nombre et dirigée par un général tel que le duc de Parme. Un assaut immédiat était encore possible, mais eût perdu le roi par son succès même : l'armée royale se fût fondue dans le pillage de Paris. Henri se résolut donc à déloger pour marcher au-devant de l'ennemi. S'il eût laissé quelque cavalerie devant Paris pour empêcher l'entrée des vivres et la sortie des habitants, et qu'il eût couvert Lagni en occupant le poste avantageux de Claie, Parme et Mayenne n'eussent pu déboucher par le bas de la vallée de la Marne : il leur eût fallu faire un grand détour, et « peut-être que les Parisiens, qui n'en pouvoient plus, eussent été contraints de composer [2] ». Henri voulait en effet se porter à

---

1. Relation de P. Corneïo ; ap. *Mémoires de la Ligue*, t. IV, p. 300.
2. *Mém.* de Villeroi, collect. Michaud, t. XI, p. 160.

Claie. Le maréchal de Biron prétendit que le poste de Chelles, en deçà de Lagni, était bien meilleur : il insista si impérieusement que le roi céda [1]. Le résultat fut que le duc de Parme, qui était resté à Meaux, du 23 au 29, pour attendre son arrière-garde, sa magnifique artillerie et quinze cents chariots de vivres et de munitions, vint se mettre, le 31, entre l'armée royale et Lagni.

Les forces étaient à peu près égales, vingt et quelques mille hommes de chaque côté [2]. Le plus vif désir du roi était de finir cette grande querelle par une bataille décisive : vaincu, il ne survivrait pas à sa défaite; vainqueur, il avait Paris et la France [3]. Le duc de Parme n'était pas dans les mêmes dispositions : ce grand capitaine, aussi prudent que Henri était audacieux, voulait parvenir à son but avec le moindre risque possible. Quand il eut reconnu, le 31 au soir, la belle ordonnance et la contenance résolue de ses adversaires, il décida d'éviter la bataille : ses soldats, dressés, comme les anciens légionnaires romains, à manier le pic et la pioche, fortifièrent son camp en une seule nuit par des remparts de terre. Le lendemain Henri IV, voyant les ennemis immobiles dans leurs lignes, chargea un héraut d'offrir la ba-

---

1. *OEconomies royales*, p. 81. M. Poirson (t. I, p. 82) accuse Biron d'une vraie trahison. Il dit que Biron, n'ayant pu se faire comte souverain de Périgord, voulait maintenant éterniser la guerre, où il jouait le principal rôle, et empêcher tout succès décisif. L'accusation n'est malheureusement pas invraisemblable.

2. *V.* les *Commentaires* de Tassis, p. 505; et Ranke, *Hist. de France*, 1. VI, ch. 2.

3. *V.* la belle lettre de Henri à Antoinette de Pons, dame de La Roche-Guyon; ap. L'Estoile, *Journal de Henri IV*, p. 30. — « Ma maîtresse, je vous écris ce mot le « jour de la veille d'une bataille; l'issue en est en la main de Dieu, qui en a déjà « ordonné ce qui en doit advenir, et ce qu'il connoît être expédient pour sa gloire et « pour le salut de mon peuple. Si je la perds, vous ne me verrez jamais, car je ne suis « pas homme qui fuie ou qui recule! Bien vous puis-je assurer que, si j'y meurs, ma « pénultième pensée sera à vous, et ma dernière sera à Dieu, auquel je vous recom- « mande et moi aussi. Ce dernier août 1590, etc. »

La femme à laquelle Henri adressait ce noble langage était digne de l'entendre et méritait d'autant mieux son amour qu'elle n'y céda point. Henri lui avait offert une promesse de mariage signée de son sang. *V.* les *Amours du grand Alcandre*, à la suite du *Journal de Henri III*; édit. de 1744, t. III, p. 243-421. C'est l'histoire des amours de Henri IV, sous des noms supposés, écrite par Louise de Lorraine, fille de Henri de Guise et nièce de Mayenne. — Ce qui caractérise bien Henri IV, c'est qu'au moment même où il professait pour la belle veuve de La Roche-Guyon cette passion chevaleresque, il avait pour maîtresses tout à la fois les abbesses de Montmartre et de Poissi, qui n'avaient pas craint d'accepter ses hommages hérétiques et qui l'aidèrent à supporter les ennuis du siège de Paris. *Ibid.*, p. 344. — L'Estoile, *Journal de Henri IV*, p. 21.

taille à Mayenne, qui l'adressa au duc de Parme. Le lieutenant-général de « l'État et couronne de France » subissait, non sans un secret dépit, la suprématie d'un simple gouverneur des Pays-Bas; c'était le duc de Parme qui donnait le mot d'ordre dans l'armée coalisée. « Dites à votre maître », répondit Parme au héraut, « que je suis venu en France, par le commandement du roi
« mon maître, pour défendre la religion catholique et faire lever
« le siége de Paris; j'ai déjà fait l'un sans grand'peine; j'espère
« réussir en l'autre, avec la grâce de Dieu; si je trouve que le
« moyen le plus court pour y parvenir soit de donner bataille,
« je la lui donnerai et le contraindrai à la recevoir, ou (sinon)
« ferai ce qu'il me semblera pour le mieux [1] ».

On demeura cinq jours en présence, sans que le roi pût attirer l'ennemi en plaine. Pendant ce temps, Paris était peu à peu ravivé par les secours qui lui arrivaient du Hurepoix et de la Beauce. Paris, dès le 30 août, avait remercié le ciel de sa délivrance par une grande procession, mais sans *Te Deum :* la malheureuse cité ne pouvait faire entendre des chants d'allégresse sur les tombeaux de tant de milliers de ses enfants.

Le 6 septembre, au matin, la cavalerie des coalisés se déploya sur les hauteurs qui séparaient les deux camps et parut prête à se porter en avant. Le roi crut toucher au terme de ses vœux; mais cette manœuvre n'avait pour but que de lui dérober les mouvements d'un corps d'infanterie qui passait la Marne, sur un pont de bateaux, pour aller attaquer Lagni, par la rive gauche, tandis que onze pièces de canon foudroyaient cette place de l'autre bord. Un brouillard épais et le vent contraire empêchèrent quelque temps l'armée royale d'entendre la canonnade. Le roi essaya trop tard de secourir Lagni; la place, mal fortifiée, fut emportée d'assaut et la garnison passée au fil de l'épée presque sous ses yeux. La prise de Lagni débloqua la Marne.

L'embarras du roi égalait sa colère. Il sentait que ses troupes harassées, demi-nues, manquant de tout, ne pouvaient lutter de persévérance avec une armée toute fraîche et largement approvisionnée. Avant d'abandonner la partie, il tenta un grand coup

---

1. Relation de P. Corneïo, p. 301. — *Mém.* de Cheverni, *Anc. collect.*, t. LI, p. 64.

de main. Le 9 au soir, le gros de l'armée royale se replia de Chelles dans la plaine de Bondi, pendant qu'une division d'infanterie, sous les ordres de Châtillon, franchissait la Seine et la Marne à leur confluent. Le roi suivit de près Châtillon avec une partie de sa noblesse. A onze heures du soir, Châtillon et ses gens se trouvèrent à l'entrée des faubourgs méridionaux de Paris. Les coups pressés du tocsin les avertirent que Paris était instruit de leur approche. Ils feignirent de s'éloigner; puis, deux heures après, ils rentrèrent dans les faubourgs et donnèrent l'alarme sur divers points par de fausses attaques. Un fort détachement s'était glissé cependant en silence dans le fossé de la ville, qui était à sec, et commençait d'escalader le mur, entre les portes Saint-Jacques et Saint-Marceau, lorsque cinq ou six jésuites, qui faisaient le guet dans le jardin de l'abbaye Sainte-Geneviève, voisin de leur maison, aperçurent le bout des échelles : les révérends pères chargèrent bravement à grands coups de hallebarde les premiers assaillants arrivés au niveau de la muraille et parvinrent à les jeter dans le fossé, avec l'aide de Nivelle, le fameux libraire juré de la Sainte-Union, et d'un catholique anglais. La milice du quartier accourut aux cris des jésuites, et les royaux sonnèrent la retraite en abandonnant leurs échelles, qui furent les trophées de la vaillance des révérends pères [1].

Soit que le roi eût véritablement espéré prendre Paris par surprise, soit plutôt qu'il eût voulu seulement s'emparer de l'abbaye Sainte-Geneviève, qui lui donnait entrée dans les murs de la capitale, et forcer le duc de Parme à venir au secours de Paris, l'entreprise était manquée. Il n'entendait autour de lui que plaintes et que murmures : les catholiques et les protestants se querellaient; les auxiliaires étrangers demandaient de l'argent; la noblesse, qui n'avait plus l'espoir de piller Paris ni de gagner une nouvelle bataille d'Ivri, réclamait son congé. Henri subit la douloureuse nécessité d'abandonner la campagne à ses ennemis; mais il fit ses dispositions de manière à l'abandonner le moins longtemps possible : il munit de bonnes garnisons les places de l'Ile-de-

---

1. *Histoire de ce qui s'est passé à Paris*, etc., p. 390-396. — Relation de P. Corneïo, p. 301-302.

France, envoya les grands chacun dans leurs gouvernements et se retira en Beauvaisis avec Biron, ne conservant auprès de lui qu'une espèce de camp volant.

Bien des gens, suivant de Thou, s'indignèrent de cette retraite précipitée. « C'étoit une honte, disoient-ils, que tant d'hommes de renom, la fleur de la noblesse françoise, décampassent par crainte de la disette, quelques jours après l'arrivée de l'ennemi, tandis qu'on venoit de voir la lie de la populace, des portefaix, des manouvriers, des goujats, des femmelettes, supporter, sans plainte, sans peur, sans se démentir un instant, les plus affreuses extrémités d'un siége de *six* mois (lisez quatre) » (t. IV, l. xcix, p. 878). C'est là un beau témoignage rendu par un adversaire à l'héroïsme de la *populace* parisienne; mais il serait injuste d'en rien conclure contre Henri IV, qui n'avait pas d'autre parti à prendre que celui qu'il prit.

Mayenne rentra dans Paris le 18 septembre. « Les Parisiens, dit L'Estoile, le regardèrent d'un œil plus triste que joyeux, étant encore combattus de la faim et plus touchés des maux qu'ils avoient endurés que de bonnes espérances pour l'avenir ». Le duc de Parme vint aussi à Paris, mais *incognito*, et jugea par ses propres yeux des maux qu'avait souffert cette cité naguère si bruyante, si populeuse, si abondante en richesses et en plaisirs, alors à demi dépeuplée et croulante.[1] Des maladies causées par les privations et par les étranges aliments auxquels on avait eu recours continuèrent de désoler Paris et enlevèrent plusieurs des notabilités de la Ligue. Le chef autour duquel s'étaient groupés les prédicateurs et toute l'ardente milice ecclésiastique durant les périls de Paris, le cardinal Caëtano quitta la capitale de la France le 25 septembre, laissant pour vice-légat à sa place Philippe Sega, évêque de Plaisance. Un grand événement rappelait le légat à Rome : Sixte V n'était plus.

Étranges vicissitudes des passions et des opinions humaines! Le pontife qui avait poussé la réaction catholique du xvie siècle au plus haut degré de violence, l'impitoyable persécuteur

---

1. L'argent était devenu si rare, que les plus riches marchands de Paris empruntaient de la banque d'Anvers à 34 pour 100. — Note au *Journal de Henri IV*; édition de La Haie, 1741, t. I, p. 90.

des hérétiques et des philosophes, le destructeur fanatique des monuments du paganisme mourut brouillé avec Philippe II, haï de la Ligue, suspect aux jésuites et à l'inquisition [1], et regretté seulement d'un roi huguenot qu'il avait jadis accablé d'anathèmes. Sixte V, s'estimant assuré de survivre à Philippe II, dont bien des gens s'exagéraient les infirmités par le désir qu'ils avaient de sa mort, destinait à la conquête du royaume de Naples les trésors entassés dans le château Saint-Ange et refusés aux prières de la Ligue. Il était arrivé à se persuader que la crainte de la tyrannie espagnole était le seul obstacle sérieux à la réconciliation des princes protestants avec l'Église : il avait accueilli à sa cour des agents de la reine d'Angleterre, des princes luthériens d'Allemagne, de Lesdiguières [2]; il avait rappelé de Paris l'éloquent Panigarola, qui servait trop bien la Ligue ; il allait révoquer Caëtano, réservé à une disgrâce éclatante à son retour en Italie. La mort interrompit les rêves de ce conquérant septuagénaire (27 août). Philippe II, qu'on accusa de cette mort, à laquelle il avait tant d'intérêt, ressaisit aussitôt son ascendant sur la cour de Rome. Après Urbain VII (J.-B. Castanea), qui passa comme une ombre sur la chaire de saint Pierre et qui s'éteignit au bout de treize jours de papauté, le conclave élut, sous l'influence espagnole, le cardinal évêque de Crémone, Nicolas Sfondrato, qui prit le nom de Grégoire XIV (15 septembre 1590). C'était un homme pieux, rigide, mais simple et très-propre à servir aveuglément la politique de Philippe II.

Avant que l'Espagne eût remporté cette victoire politique à Rome, l'expédition de l'armée espagnole en France fut terminée. Le siége de Corbeil, entamé, le 24 septembre, par les ducs de Parme et de Mayenne, après la facile reddition de Provins et de

---

1. En Espagne, un jésuite prêchait sur l'état déplorable où se trouvait l'Église : « Non-seulement la république de Venise favorise les hérétiques, mais, silence ! silence ! » dit-il, en mettant le doigt sur sa bouche, « le pape lui-même les protége ! » Ranke, *Hist. de la Papauté*, l. VI, § 3. — A Paris, le 15 septembre, le curé Aubri annonça en chaire, à Saint-André-des-Arts, que Dieu avait délivré la chrétienté « d'un méchant pape et politique », et que, s'il eût vécu plus longuement, on eût été bien étonné d'ouïr prêcher à Paris contre le pape. L'Estoile, *Journal de Henri IV*, p. 34.

2. Ranke, *Hist. de la Papauté*, l. VI, § 3.

quelques petites places de la Brie, traîna trois semaines, grâce au dévouement d'un brave officier, nommé Rigaud, qui couronna sa longue résistance en se faisant tuer sur la brèche avec toute sa garnison plutôt que de se rendre (16 octobre). La ville de Corbeil fut traitée par les Espagnols avec une insigne barbarie. Ce fut leur unique exploit depuis que l'armée royale leur eut laissé le champ libre. Le duc de Parme avait perdu beaucoup de monde, soit par le fer des assiégés, soit par les maladies : ses approvisionnements étaient épuisés ; la Ligue était hors d'état d'y suppléer et le pays ravagé ne fournissait presque aucune ressource ; la discorde se mettait, dans le camp de l'Union, entre les Français et les Espagnols, et les désordres commis dans les campagnes par les troupes étrangères, qui pillaient amis et ennemis, changeaient déjà en aversion et en ressentiment la reconnaissance des populations catholiques pour leurs « libérateurs ».

Le duc de Parme craignit de compromettre, en poussant plus loin ses entreprises, la gloire que lui avait value la levée du siège de Paris : les périls des Pays-Bas espagnols, entamés par les capitaines des Provinces-Unies, le rappelaient d'ailleurs en Belgique. Après avoir accordé à ses troupes vingt jours de repos, il repartit pour les Pays-Bas au commencement de novembre, en laissant une faible garnison dans Corbeil. Il n'avait osé établir dans la ville conquise un corps un peu nombreux, de crainte d'exciter les soupçons de Mayenne et des magistrats de Paris.

A peine le général espagnol s'était-il éloigné, que Givri, gouverneur de la Brie pour le roi, surprit Corbeil par escalade et passa au fil de l'épée la garnison étrangère (10 novembre). Lagni, qui avait été démantelé, fut de nouveau occupé par les royalistes. Le vice-légat, les Parisiens, Mayenne conjurèrent Parme de revenir sur ses pas : il refusa et Mayenne fut obligé de l'escorter jusqu'à l'entrée de la Belgique, où Parme ne ramena pas sans peine son armée fatiguée et affaiblie. Henri IV, qui avait rappelé sous ses étendards la noblesse royaliste des provinces du nord, harcela l'ennemi sans relâche jusqu'à la frontière, à la tête de trois mille cavaliers [1]. Parme laissa quelques milliers d'hommes

---

1. Henri sauva la vie au jeune Biron dans une de ces escarmouches, où il faisait tour à tour le métier de général et celui de carabin. Il y faisait aussi le métier de che-

à Mayenne avec promesse de les faire relever au printemps par des troupes fraîches. L'issue de la campagne avait justifié la retraite momentanée de Henri IV. L'Espagnol n'avait pu rester maître du terrain ni achever son œuvre en chassant les royaux de l'Ile-de-France. Il n'en avait pas moins atteint son principal but et enlevé au roi le fruit de la journée d'Ivri. Henri, qui avait touché à la réalisation de ses espérances, les voyait indéfiniment ajournées. Il avait espéré échapper par la victoire et la conquête à la sommation permanente de changer de religion : triste situation de la France, placée entre la violation de deux principes, la violation de la souveraineté du peuple par la soumission forcée de Paris ou la violation de la liberté de conscience par la contrainte exercée sur le roi. La victoire inachevée n'a pas amené la conquête : quelle sera l'issue? quand y aura-t-il une issue? qui se lassera le premier, le roi, Paris ou l'Espagnol? Une expérience, du moins, est faite, qui devrait ramener à Henri IV quiconque a dans le cœur un sentiment français; c'est que la Ligue est impuissante, si l'étranger ne prend en main, non plus comme auxiliaire, mais comme chef, la direction de la guerre : Henri IV a des alliés; la Ligue va subir un maître.

Les maux de la France ne sont pas près de finir! Ce n'est plus le ciel de 1589, éclatant de mille foudres; c'est un horizon morne et opaque, un cercle de ténèbres où ne luit encore aucun rayon du matin.

valier errant; ce fut pendant cette chevauchée qu'il se déroba, un matin, de sa petite armée pour aller voir au château de Cœuvres Gabrielle d'Estrées, dont on lui avait vanté les charmes et qu'il trouva au-dessus de sa renommée. Il en devint aussitôt éperdument épris et lui dit en repartant qu'elle entendrait bientôt ce qu'il aurait fait pour l'amour d'elle. Madame de La Roche-Guyon fut oubliée comme Corisande pour cette beauté à peine sortie de l'enfance. Mathieu, II, 59.

LIVRE LX

GUERRES DE RELIGION, *suite*.

Henri IV et la Ligue; suite. — La Ligue en province; Mercœur en Bretagne; le duc de Savoie en Provence; Nemours à Lyon. — Succès de Lesdiguières en Dauphiné. — Guerre autour de Paris. Paris reçoit garnison espagnole. — Henri IV prend Chartres. — Intrigues du Tiers Parti. — Voyage de Jeannin à Madrid. — Bulle de Grégoire XIV contre Henri IV. Réponse de Henri, des parlements et des évêques royalistes. — Rétablissement des édits de 1577 et 1580 en faveur des protestants. — Complots des Seize. Lettres des Seize et de la Sorbonne à Philippe II et au pape. Conseil secret des Dix. Meurtre du premier président Brisson. Réaction contre les Seize. Mayenne fait pendre quatre des Seize. La faction des Seize comprimée. — Grands secours envoyés d'Allemagne et d'Angleterre à Henri IV. Siége de Rouen. — Grand plan de campagne de Philippe II contre Henri IV. La révolte de l'Aragon le fait échouer en partie. Le duc de Parme marche au secours de Rouen. Mauvaise conduite de Biron. Levée du siége. Le duc de Parme blessé devant Caudebec. Opérations autour d'Yvetot et de Caudebec. Le duc de Parme échappe à Henri IV et regagne les Pays-Bas. L'armée royale licenciée après sa campagne manquée. — Succès divers dans les provinces. Gloire de Lesdiguières. — Menaces du Tiers Parti. Henri IV pressé de tenir la promesse de se *faire instruire*. Sa périlleuse situation, ses combats intérieurs. Il résout de se faire catholique. Négociations inutiles avec Mayenne et avec le pape Clément VIII. — Progrès des *politiques* dans Paris. — Mort du duc de Parme. — États Généraux de la Ligue. — Conférence entre les délégués de la Ligue et des catholiques royaux. Les royaux annoncent que le roi va se faire instruire. La conférence n'aboutit pas. — Débats intérieurs des États. Efforts de l'Espagne pour imposer la royauté de la fille de Philippe II. Résistance des États. — Déclaration du parlement contre toute atteinte à la Loi Salique. Les États ajournent l'élection d'un roi et votent la trève avec Henri IV. — Conférence de Henri IV et des évêques à Saint-Denis. Abjuration de Henri IV.

1590-1593

Tandis que le duc de Parme rentrait en Belgique, Henri IV avait tourné vers la Somme et fait son entrée à Saint-Quentin, cité anti-ligueuse, qui l'accueillit avec grande allégresse (10 décembre). Il reçut à Saint-Quentin la nouvelle de la surprise de

Corbie, qui lui assurait un bon poste dans la Picardie centrale [1]. Henri revint de Saint-Quentin à Senlis, où l'attendait une députation du parlement de Bordeaux. Ce parlement avait longtemps maintenu Bordeaux dans la neutralité et continué pendant plus d'un an à publier ses actes au nom du feu roi. Malgré les menées des jésuites bordelais, qui, retirés à Agen et à Périgueux, continuaient d'agiter Bordeaux, le maréchal de Matignon contint la majorité de la population, qui inclinait à la Ligue, encouragea les magistrats royalistes, intimida les ligueurs et parvint enfin à faire remplacer le sceau de Henri III par celui de Henri IV. Le parlement de Bordeaux députa au monarque qu'il venait de reconnaître le premier président Daffis, frère de l'avocat-général égorgé à Toulouse, et deux conseillers, avec mission d'exhorter le roi à embrasser le catholicisme. Henri répondit par son invariable formule, à savoir, qu'aussitôt que les nécessités de la guerre le lui permettraient, il se ferait instruire par un concile général ou national.

La prépondérance du parti royal était désormais assurée en Guyenne : dans les autres provinces éloignées du principal théâtre de la guerre, les succès avaient été mélangés durant la campagne de 1590.

La Bretagne était dans une situation toute particulière. La postérité d'Anne de Bretagne ne régnait plus sur la France : les Bourbons n'avaient pas, comme les derniers Valois, issus de la reine Claude, le sang breton des Montforts dans les veines, et le chef de la Ligue en Bretagne se trouvait précisément représenter, par sa femme, l'antique race de Blois, rivale des Montforts [2]. Malgré les renonciations souvent répétées des descendants de Charles de Blois à l'héritage de Bretagne, malgré l'acte solennel de 1535, qui avait réuni la Bretagne à la France, il y avait là quelque chose de redoutable, en ce moment d'ébranlement universel. Dans cette contrée si opiniâtrement enchaînée à ses traditions, le vieux fantôme de l'indépendance bretonne, évoqué

---

1. La célèbre bibliothèque de l'abbaye de Corbie, si riche en manuscrits de l'époque carolingienne, fut pillée et dispersée comme l'avait été celle de Cluni en 1562. De Thou, t. IV, l. xcix, p. 885.

2. La duchesse de Mercœur était, par sa mère, l'héritière des de Brosse, qui avaient, par les femmes, hérité des Penthièvres, descendants de Charles de Blois.

avec audace, eût entraîné peut-être bien des esprits amoureux du passé. Par bonheur, Mercœur n'osa pas plus revendiquer hautement le duché de Bretagne, que Mayenne le royaume de France. Il pressentit la résistance de la partie la plus éclairée des populations et surtout du parlement ligueur de Nantes [1], craignit de rompre avec le gouvernement de l'Union et surtout de s'aliéner l'Espagne, qui annonçait des prétentions plus spécieuses que les siennes : l'infante Isabelle, nièce des derniers Valois, était du sang d'Anne de Bretagne. La diversité des intérêts ennemis sauvegarda les intérêts de la France. Les talents de Mercœur n'étaient point d'ailleurs au niveau de son ambition : bien que la Ligue eût pour elle presque toute la Basse Bretagne et la majorité de la Haute, il ne put prendre le dessus sur le prince de Dombes et sur les royalistes, sans avoir recours aux étrangers, il invoqua l'assistance de Philippe II. C'était ruiner ses prétentions de sa propre main. Une escadre espagnole, repoussée une première fois de nos côtes par les croisières anglaises, vint débarquer quatre ou cinq mille soldats à Blavet (aujourd'hui Port-Louis), au commencement d'octobre 1590, et occupa ce port comme place de sûreté. Le prince de Dombes adressa aux Trois États de Bretagne une lettre violente contre le prince lorrain, qui introduisait dans leur province « les ennemis jurés du nom françois ». Le parti royaliste recourut toutefois, pour sa défense, aux mêmes armes que ses adversaires : les ligueurs avaient appelé l'Espagnol; les royalistes appelèrent l'Anglais; mais la responsabilité capitale, en pareil cas, est à qui commence. Trois mille Anglais descendirent à Paimpol au commencement de 1591; ils furent depuis portés à quatre mille, et ces deux petites armées étrangères furent entretenues et renouvelées d'année en année par Philippe et Élisabeth [2].

---

1. Le parlement avait été l'agent le plus actif de l'esprit français en Bretagne depuis la réunion; la moitié au moins des conseillers, en vertu des ordonnances royales, étaient Français, ainsi que tous les présidents et le procureur général. « Le peuple », dit Mornai, dans une de ses lettres au roi, « résolu de ne se distraire point de la couronne de France, abhorre le nom de duc » (*Mém.* de Mornai, t. V, p. 373). Cela était vrai au moins pour Rennes et la majorité de la Haute Bretagne.

2. De Thou, t. IV, l. xcix, p. 886-889. — Desfontaines, *Hist. de la Ligue en Bretagne.* — Grégoire, *La Ligue en Bretagne.*

Il ne se passa rien de décisif en Languedoc. Le maréchal Henri de Montmorenci, à qui le roi faisait espérer l'épée de connétable, continuait à guerroyer contre la Ligue de concert avec les huguenots. Chaque parti avait ses États Provinciaux annuels. Les discordes des ligueurs, durant les premiers mois qui suivirent la mort de Henri III, avaient été avantageuses au parti royal. Le maréchal de Joyeuse s'était brouillé avec l'évêque de Comminges, prélat démagogue qui exerçait à Toulouse une espèce de dictature soutenue par l'association fanatique des confrères du Saint-Sacrement et par les intrigues de l'Espagne. Le parlement de Toulouse avait essayé de secouer le joug en appelant Joyeuse, en lui déférant le gouvernement de la ville et en décrétant contre ceux « qui ourdissoient avec les étrangers des trames contraires au bien de l'État ». L'évêque de Comminges souleva le menu peuple et chassa Joyeuse de Toulouse (octobre 1589). La guerre allait éclater entre la démagogie sacerdotale de Toulouse et la noblesse ligueuse de Languedoc : le danger commun les rapprocha, et Joyeuse lui-même invoqua l'assistance de Philippe II, qui envoya quatre mille soldats en Languedoc.

Le bras de Philippe II se faisait partout sentir. C'étaient encore les Espagnols qui, du fond du Milanais, aidaient le duc de Savoie dans ses entreprises sur Genève, sur le Dauphiné, sur la Provence. Le duc Charles-Emmanuel, une première fois repoussé par le parlement de Grenoble, était revenu à la charge, après que Grenoble eut abandonné la neutralité; il avait fait accepter ses offres de secours aux ligueurs dauphinois et pris dans une rencontre le lieutenant-général royaliste de la province, Ornano; puis il s'était rendu en Provence. Les ligueurs provençaux étaient divisés en deux partis; les uns, que dirigeait le comte de Carces, tenaient pour Mayenne et le gouvernement de la Sainte-Union; les autres, qui avaient à leur tête la comtesse de Sault, femme remplie d'ambition et d'audace [1], favorisaient le duc de Savoie. Le comte de Carces ayant été défait par le général royaliste La Valette, les partisans de Savoie prirent le dessus et appelèrent le duc à Aix.

---

1. C'était la belle-sœur de l'ancien chef ligueur de Vins, qui avait été tué au siége de Grasse.

Le duc, déjà maître d'Antibes et de Fréjus, où il avait mis garnison espagnole, fut reçu à Draguignan et à Aix avec une pompe royale : on lui éleva des arcs de triomphe ; le parlement d'Aix alla au-devant de lui et le déclara protecteur de la Provence [1] (17-23 novembre 1590). Il eut néanmoins le bon sens de refuser le dais royal qu'on lui présentait un peu prématurément à son entrée dans Aix. Il ne croyait pas prudent de déclarer encore son vrai but, le rétablissement de l'ancien royaume d'Arles.

Les vicissitudes de la guerre justifièrent cette réserve. Pendant que le duc de Savoie envahissait la Provence, le redoutable chef des huguenots dauphinois, Lesdiguières, chassait la Ligue de presque tout le Dauphiné et réduisait Grenoble à ouvrir ses portes et à reconnaître Henri IV, moyennant une capitulation qui garantissait l'exercice exclusif de la religion catholique dans Grenoble et l'entier oubli du passé aux ligueurs : ceux qui ne voulurent pas prêter serment à Henri IV durent quitter Grenoble, mais conservèrent la libre disposition de leurs biens, à condition de ne rien faire contre le roi (22 décembre). Les membres royalistes des cours souveraines de Dauphiné reprirent possession de leurs siéges et les États Provinciaux ratifièrent les conventions de Grenoble. Lesdiguières quitta bientôt le Dauphiné soumis pour marcher au secours des royalistes provençaux et arrêter les progrès du duc de Savoie, qui, après avoir présidé à Aix les États de la Provence ligueuse [2], venait d'être reçu dans Marseille par les in-

---

1. « Gouverneur et lieutenant-général en Provence sous la couronne de France. » Bouche, *Hist. de Provence*, t. II, p. 742.

2. Les historiens ne s'accordent nullement sur ce qui se passa dans ces États. Suivant Dupleix (*Hist. de France*, *Henri IV*, p. 61-63), les États de la Provence ligueuse élurent le Savoyard pour seigneur et comte, à la charge de demeurer sous la souveraineté de celui qui serait élu roi par les États Généraux de France. Les députés qui présentèrent au duc la résolution des États n'auraient pas même exprimé cette réserve et auraient parlé dans un sens entièrement séparatiste. « La Provence », auraient-ils dit, « n'est obligée à la couronne françoise que par la force faite au roi René en 1476, n'étant que depuis ce temps incorporée et inféodée tyranniquement au domaine françois. » — Suivant l'assertion évidemment erronée des *OEconomies royales* (p. 188), les États, loin de réserver la souveraineté du futur roi de France, auroient décidé que le nouveau comte de Provence « tiendroit le comté en féodalité de la couronne d'Espagne au lieu de celle de France, qu'ils répudioient du tout ». Les autres historiens contemporains et les historiens de la Provence, Bouche et Papon, ne disent pas un mot de la prétendue élection du duc de Savoie comme comte de Provence et ne parlent que de protectorat. Il est bien extraordinaire qu'un

trigues de la comtesse de Sault, malgré la répugnance d'une grande partie des habitants (2 mars 1591).

Les Savoyards et les Espagnols du Milanais, qui avaient serré de près Genève et cruellement ravagé les environs, furent aussi arrêtés de ce côté par les renforts peu considérables, mais bien dirigés, que Henri IV envoya sous la conduite de l'habile Sanci. Sanci remplit, un peu tardivement, à la vérité, les promesses de secours qu'il avait faites aux Genevois en 1589 [1].

Le duc de Savoie avait cherché à envelopper Lyon dans ses intrigues, aussi bien que Marseille et que Grenoble; le corps de ville de Lyon avait accepté son alliance et reçu de lui quelques secours : là, toutefois, ce n'était pas Charles-Emmanuel, mais un prince de sa famille, le duc de Nemours, qui paraissait avoir le plus de chances de succès. Ce jeune prince, déjà gouverneur du Lyonnais, du Forez et du Beaujolais pour la Ligue, puis gouverneur de Paris et de l'Ile-de-France pendant le fameux siége, avait encore demandé à Mayenne le gouvernement de Normandie, en récompense de ses éclatants services. Mayenne, effrayé de cette ambition croissante, refusa : Nemours, mécontent, donna sa démission du gouvernement de Paris; il croyait que Mayenne n'oserait l'accepter; Mayenne l'accepta avec empressement. Nemours alla s'établir à Lyon au printemps de 1591 et, de là, porta ses armes autour de lui, dans la Bourgogne, le Bourbonnais, l'Auvergne, le Velai; il agissait encore au nom du lieutenant-général de l'Union, mais il rêvait au fond du cœur une souveraineté indépendante dans ces provinces.

Dans le nord-est, le duc de Lorraine poursuivait, sans beaucoup de fruit, ses tentatives sur la Champagne : les grandes villes ligueuses ne lui déférèrent pas le titre de protecteur qu'il ambitionnait : il échoua au siége de Sainte-Menehould et attira dans son duché les incursions dévastatrices de la garnison de Metz et des belliqueux bourgeois de Langres.

---

fait aussi éclatant puisse rester en doute : le procès-verbal des États d'Aix ayant été sans doute détruit après la Ligue, il ne paraît pas possible d'arriver à des preuves positives. Il y a toute apparence que le duc fut seulement élu protecteur.

1. Il fit enlever, dans la forêt de Rheinfeld, sur le territoire de la Souabe autrichienne, un convoi d'argent que Philippe II expédiait en Allemagne et employa les doublons du Roi Catholique à la défense de Genève. Palma-Cayet, p. 273.

Ainsi les succès variaient d'un bout de la France à l'autre ; mais le sens général des événements était fort clair : la démocratie parisienne des Seize ayant été paralysée par Mayenne, représentant de l'élément monarchique, et Mayenne, à son tour, ayant montré son impuissance, ce qui se développait dans la Ligue, c'était la double tendance à démembrer l'État au profit des grands et à soumettre tous ces démembrements à la suzeraineté espagnole : la cause de l'unité, de la nationalité, se confondait de plus en plus avec la cause de Henri IV.

Henri poursuivait avec fermeté l'exécution de ses plans, qu'on peut résumer en quelques mots, maintenir la guerre autour de Paris jusqu'à la réduction de Paris. Il rejeta constamment toute proposition de trêve ; il espérait pouvoir réunir, durant la campagne de 1591, des forces supérieures à celles qu'il avait conduites au siège de Paris l'été précédent. Le vicomte de Turenne parcourait en son nom l'Angleterre, la Hollande, l'Allemagne. L'Allemagne protestante, qui jusqu'alors, grâce aux menées autrichiennes, avait peu fait pour le roi huguenot de France, s'émouvait enfin à la voix de Turenne, que secondait énergiquement un ambassadeur d'Élisabeth [1] : les princes allemands promettaient un puissant renfort, moyennant que la dette du roi fût reconnue par les parlements et les chambres des comptes [2]. Élisabeth garantissait une partie de cette dette et continuait à fournir à Henri IV des secours peu considérables, mais souvent

---

1. Élisabeth avait demandé la restitution de Calais pour prix de ses services, mais Turenne lui fit sentir que Henri IV se perdrait en y consentant. M. Michelet place un premier refus de Henri IV durant les journées d'Arques, tandis que Henri attendait son salut des secours anglais ; ce qui rend le refus sublime. Nous n'avons pas retrouvé la source où M. Michelet a puisé.

2. Henri ordonna l'aliénation de diverses portions du domaine royal et de son patrimoine propre, afin de pouvoir payer les auxiliaires à leur arrivée. Il avait, par un édit d'avril 1590, déclaré que son patrimoine, composé des grands biens des maisons de Bourbon-Vendôme, d'Albret, de Navarre et de Foix, ne se confondrait pas avec le domaine de la couronne (Isambert, t. XV, p. 20). Il voulait se réserver la libre disposition de son patrimoine ; mais le parlement de Tours refusa d'enregistrer cet édit, contraire aux principes de la monarchie française, qui n'admettait pas que le roi pût avoir des intérêts séparés de ceux de la couronne. Le parlement de Bordeaux, plus accessible à l'esprit provincial et moins pénétré de ces grands principes de gouvernement, consentit à enregistrer ; mais l'édit fut révoqué lorsque Henri se sentit vraiment roi.

renouvelés. Les Provinces-Unies elles-mêmes, sentant que la grande querelle contre l'Espagne se déciderait à Paris, consentirent à se priver de quelque partie de leurs ressources en faveur de Henri IV. Les espérances données par le Béarnais aux catholiques royaux avaient alarmé les puissances protestantes : Henri prodigua, pour obtenir leur concours, les protestations de zèle religieux, les promesses de persister, tant qu'il vivrait, dans la religion réformée [1]. Ce qu'il annonçait comme sa résolution n'était que son désir; il eût certainement préféré régner sans quitter sa religion; mais il n'était nullement décidé à garder sa religion au risque de ne pas régner et se faisait peu de scrupule de jeter des paroles contradictoires aux deux partis qui le pressaient, l'un de changer, l'autre de persister. Il lui fallait à la fois exciter et satisfaire les alliés protestants du dehors, composer avec les exigences des huguenots de l'intérieur, entretenir le bon vouloir des catholiques royaux. Les huguenots du sud-ouest étaient fort mécontents d'avoir vu supprimer les chambres de justice instituées parmi eux à Saint-Jean-d'Angéli, à Bergerac et à Montauban [2], et de se retrouver sous l'autorité du parlement de Bordeaux, que Henri IV avait ainsi récompensé à leurs dépens : tout le corps des églises réformées demandait avec instance le rétablissement des édits de tolérance, à la place du régime précaire de la trêve d'avril 1589. Il semblait assez équitable que les protestants ne fussent pas plus maltraités, sous un roi de leur communion, qu'ils ne l'avaient été sous Henri III, avant la fatale année 1585; mais, d'une autre part, les catholiques royaux s'irritaient de la moindre faveur accordée aux hérétiques et murmuraient des retards que le roi mettait à remplir ses engagements; ils prétendaient qu'à défaut de concile, cinq ou six évêques et autant de docteurs pouvaient bien suffire à instruire le roi. Henri, afin de donner quelque contentement aux catholiques, rétablit la chapelle de son prédécesseur, et, tandis qu'il assistait au prêche avec ses huguenots, aumôniers et chapelains priaient chaque

---

1. *Mém.* de Mornai, t. II, p. 65.
2. Le conseil des prises institué à La Rochelle pour juger des prises faites en mer fut réuni, peu de temps après, à la juridiction de l'amirauté séante à Tours. — De Thou, t. V, l. xci, p. 61.

jour pour la conversion tant désirée, dans la chapelle catholique du roi protestant.

Il fallait une organisation de fer et de feu comme celle de Henri IV pour ne pas perdre la tête au milieu de tels embarras. Henri suffisait à tout; il menait de front la diplomatie et la guerre, les affaires et le plaisir, qui fut toujours pour lui une affaire, une trop grande affaire.

Les hostilités ne furent pas interrompues un moment durant l'hiver. Les vivres étaient toujours chers et la misère très-rigoureuse dans Paris, que resserraient de tous côtés les garnisons royalistes. Le chevalier d'Aumale, qui visait à se mettre à la tête du parti des Seize [1], voulut s'attacher les Parisiens par la reprise de Saint-Denis, tenta une attaque de nuit sur cette ville et s'y fit tuer. Les zélés de Paris regrettèrent amèrement leur plus brillant capitaine : sainte Geneviève en demeura tout à fait dépopularisée. On avait choisi la nuit de sa fête (du 2 au 3 janvier) pour placer l'entreprise sous son patronage; mais la patronne de Paris avait trahi sa bonne ville et s'était faite *politique*.

Les royalistes parisiens, encouragés par la mort d'un prince qu'ils craignaient et détestaient, renouèrent leurs trames avec leurs amis et leurs parents exilés; ils poussèrent le roi, par leurs instances, à risquer un coup de main plus hardi que celui qui avait si mal réussi à d'Aumale. Henri donna rendez-vous, entre Senlis et Saint-Denis, à tous ses capitaines de la Picardie, de la Champagne, de la Brie et de l'Ile-de-France. Le duc d'Épernon s'était enfin décidé à reparaître dans le camp royal. Le 19 janvier au soir, les troupes royales entrèrent en silence dans le faubourg Saint-Honoré, dont on n'avait pas relevé les retranchements : elles étaient précédées d'hommes d'élite déguisés en paysans, qui conduisaient des chevaux et des charrettes chargés de farines. Les *fariniers* devaient embarrasser la porte Saint-Honoré avec leurs voitures et donner entrée aux gens d'armes et aux arquebusiers. Les fariniers se présentèrent à la porte Saint-Honoré vers quatre heures du matin; mais cette porte avait été bouchée et terrassée le soir même. La fermeture de la porte Saint-Honoré

---

1. « Dans un souper avec les Seize, il but à eux tous, disant ces mots : — Messieurs, voilà le *dix-septième* qui va boire aux *Seize!* » L'Estoile, p. 42.

et les volées du tocsin firent comprendre à Henri IV que les Parisiens étaient sur leurs gardes. Henri avait pris ses dispositions pour une surprise et non pour une attaque à force ouverte; il ordonna la retraite.

Quoiqu'on n'eût pas tiré un coup d'arquebuse, les Parisiens considérèrent cette déconvenue du Béarnais comme une revanche de l'affaire de Saint-Denis. Ils chantèrent le *Te Deum* et instituèrent une fête anniversaire en mémoire de la « journée des Farines ». La Ligue avait déjà fondé quatre fêtes semblables à Paris : c'étaient celles du « jour des Barricades », de la « journée du Pain ou la Paix », où fut comprimée la révolte des *politiques*, de la « Levée du siége » et de cette « Escalade » que les pères jésuites avaient si vaillamment repoussée.

Cette nouvelle entreprise du Béarnais sur la capitale servit de prétexte à l'ambassadeur d'Espagne et aux Seize, qui continuaient de marcher d'accord, pour réclamer impérieusement l'introduction d'une garnison espagnole dans Paris. La proposition en avait été déjà faite et repoussée après la levée du siége. Le corps de ville céda, puis le parlement, et Mayenne accorda son consentement à regret. Quatre mille Espagnols et Napolitains arrivèrent le 12 février et se logèrent, partie dans les maisons des royalistes absents, partie dans les colléges déserts de l'université. La garnison étrangère fut installée dans Paris par les mêmes hommes qui, trois ans auparavant, avaient soulevé Paris et fait une révolution avec ce seul mot de garnison.

Henri IV n'était pas resté longtemps inactif après avoir manqué son coup sur Paris : il feignit de menacer Meaux ou Provins, attira de ce côté la sollicitude des ligueurs, puis, tournant brusquement à l'ouest, il alla rejoindre devant Chartres le duc de Montpensier et le maréchal de Biron, accourus de Normandie (9-15 février). La garnison de Chartres était peu nombreuse, mais la place était forte, et les habitants, qui formaient un corps de trois mille hommes de milice, étaient résolus à se bien défendre. Le siége traîna en longueur. Henri IV n'avait pas les ressources nécessaires pour presser vivement les opérations et son attention était partagée entre les soins de la guerre et de graves menées politiques. De dangereuses trames s'ourdissaient contre lui dans sa propre famille. Il venait de recevoir une requête anonyme, imprimée à Angers, par laquelle on le menaçait, bien qu'en termes respectueux, de l'abandon des catholiques, s'il tardait plus longtemps d'abjurer l'hérésie. Cette pièce était l'œuvre de Touchard, abbé de Bellosane, et de Jacques Davi du Perron, conseillers intimes du cardinal de Vendôme, qui, depuis la mort de Charles X, avait pris le titre de cardinal de Bourbon. Ces deux habiles intrigants, de concert avec le comte de Soissons, poussaient secrètement le cardinal, esprit médiocre et léger, à suivre les traces et à revendiquer les droits de son oncle Charles X. Ils travaillaient à former un « tiers parti » entre la Ligue et les royalistes : ils remuaient Angers ; ils tentèrent, bien que sans fruit, la fidélité du gouverneur de Tours. L'ancienne maîtresse du roi, Corisande d'Andouins, comtesse de Grammont, s'était liée au « tiers parti » pour se venger d'un amant infidèle et favorisait les amours du comte de Soissons et de Catherine, sœur de Henri IV, qui ne voulait à aucun prix marier sa sœur à son ambitieux cousin. Sur ces entrefaites, les instructions secrètes données par le nouveau cardinal de Bourbon à un agent qu'il envoyait à Rome furent interceptées et livrées au roi. Le cardinal y protestait de sa soumission au saint-siége, et déclarait qu'il n'était resté jusqu'alors attaché au « roi de Navarre » que par nécessité et par l'espoir que Henri avait donné de sa conversion, mais que, cet espoir ayant été déçu, il craignait, en souffrant davantage le mal, d'en devenir le complice. Il priait donc le Saint-Père de l'aider à faire valoir ses droits à un trône dont le chef de sa maison se rendait indigne en persévérant dans l'hérésie. A la vérité, il n'était pas l'aîné des trois frères de la branche de Condé; mais la nature même, à ce qu'il prétendait, excluait son aîné Conti, qui était « presque muet, idiot et impropre à la génération ». Il promettait d'entraîner tous les catholiques royaux, si le pape intervenait en sa faveur auprès de la Ligue [1].

Henri jugea plus prudent de dissimuler que de punir : il se contenta de mander auprès de lui ses cousins et de les surveiller

---

1. De Thou, t. V, l. CI, p. 58-59.

de près¹. La nullité personnelle du cardinal fut un grand bonheur pour le Béarnais, d'autant plus que le nouveau pape Grégoire XIV s'était déclaré sans réserve en faveur de la Ligue et de l'Espagne. Grégoire ne voulut point s'engager vis-à-vis du cardinal, sans savoir jusqu'où allaient son crédit et sa capacité; il le loua de ses bonnes intentions et lui répondit qu'une fois la religion assurée, il ferait ce qui serait équitable relativement à la succession royale. Il avait été plus explicite vis-à-vis de la Ligue. Il avait écrit au vice-légat Philippe Sega, évêque de Plaisance, une lettre pleine de louanges pour la capitale de la France, glorieux « boulevard de la foi » : il promettait d'envoyer au secours de Paris un corps d'armée entretenu aux dépens du trésor apostolique et déclarait que la destruction de l'hérésie et l'élection d'un roi catholique en France occupaient toutes ses pensées²; il annonçait l'envoi prochain d'un nonce chargé de brefs et de bulles pour le conseil de l'Union et les divers ordres du royaume.

Les catholiques fidèles à Henri IV essayèrent d'arrêter l'effet des intrigues du tiers parti et de conjurer le mauvais vouloir du pape. Le duc de Luxembourg-Pinei écrivit en leur nom à Grégoire XIV, se plaignit de ce que le souverain pontife n'avait pas répondu à une première lettre envoyée au moment de son élection, et lui adressa d'énergiques remontrances (8 avril). Il était trop tard; le nonce Landriano avait déjà quitté Rome, porteur des bulles les plus violentes contre le « roi de Navarre » et ses fauteurs.

La meilleure réponse, c'était de vaincre : aussi Henri poursuivit-il opiniâtrément le siége de Chartres. Mais les bourgeois de Chartres ne cédèrent point en obstination ni en courage aux vieux

---

1. La Ligue sentit la conséquence de ces mouvements et tâcha de les tourner à son profit. Dès le 17 mars, Rose, le fougueux évêque de Senlis, prêchant à Notre-Dame de Paris, dit qu'il fallait demander à Dieu un roi qui ne fût ni hérétique ni étranger ou espagnol, mais un qui fût « bon catholique du sang de France ». Ce ne fut pas la seule fois que Rose, tout *zélé* qu'il fût, se prononça contre les prétentions espagnoles. La plupart des prédicateurs parlèrent dans le même sens, malgré leurs pensions espagnoles. Ils pensaient qu'une dispense papale et un mariage pourraient accommoder les Bourbons catholiques avec l'Espagne.— *V.* L'Estoile, *J. de Henri IV*, p. 45.

2. Grégoire XIV refusa cependant à Philippe II et à Mayenne l'autorisation d'aliéner aucune partie des biens de l'Église en Espagne et en France, pour les besoins de la « guerre sainte ». — De Thou, t. V, l. CI, p. 56.

soldats du Béarnais. Ils déjouèrent pendant deux mois tous les efforts des royaux. La ville fut inutilement battue en brèche sur deux points différents : les royalistes emportèrent quelques ouvrages avancés, mais furent repoussés, avec un grand carnage, dans un furieux assaut donné au corps de la place. Le roi perdait l'espérance, lorsque Châtillon imagina de construire, en une nuit, une sorte de pont couvert et mobile qu'il poussa sur le fossé profond auquel se fiaient les assiégés. Ceux-ci tentèrent d'incendier cette machine : ils n'y réussirent qu'en partie et ne purent chasser les assiégeants du pied de la muraille; la poudre manquait aux Chartrains; ils capitulèrent enfin le 10 avril et promirent d'ouvrir leurs portes le 19, si Mayenne ne les secourait auparavant. Le lieutenant-général de l'Union, ne parut pas et la capitulation fut exécutée. Sept ou huit cents personnes, tant de la bourgeoisie que de la noblesse des environs, sortirent de Chartres avec la garnison et se retirèrent à Orléans, plutôt que de demeurer sous la domination du roi hérétique. La capitulation avait cependant garanti aux Chartrains que le culte réformé ne serait point exercé publiquement dans leur ville. Chartres conserva tous ses priviléges municipaux, mais paya au roi une forte indemnité en argent et en grains [1].

La perte de Chartres, « le grenier de Paris », fit pousser aux prédicateurs parisiens des hurlements de rage; la prise de Château-Thierri par Mayenne ne compensa point un si grave échec et ne fit point pardonner à Mayenne l'abandon où il avait laissé la capitale de la Beauce. « Le commun peuple donnoit au diable le duc de Mayenne et la guerre et commençoit à ne plus se soucier qui gagnât, pourvu qu'on les mît en repos [2] ». Le commerce et l'industrie étaient morts : l'énergie fébrile des jours du siége était usée par une misère prolongée, et c'est de cette époque qu'il est permis de dire que Paris n'était plus contenu que par la terreur:

---

1. De Thou, t. V, l. CI, p. 60. — Davila, l. XII, p. 861-865. — D'Aubigné, part. II, col. 338-339. — Palma-Cayet, p. 268-269. — Mathieu, t. II, p. 64. — Mathieu raconte qu'au moment où le roi entrait dans Chartres, le maire de la ville le vint haranguer au nom des habitants : « Sire, lui dit-il, nous reconnoissons que nous sommes obligés à vous obéir, et par le droit divin et par le droit humain. — Ajoutez par le *droit canon !* » répliqua Henri en poussant son cheval.

2. L'Estoile, *Journal de Henri IV*, p. 50.

une minorité violente et fortement organisée, la faction des Seize, contenait, à l'aide de la garnison étrangère, une majorité affaissée et impuissante. Les campagnes souffraient un peu moins que la capitale depuis que le roi et le lieutenant-général de l'Union avaient arrêté, par l'intermédiaire de Cheverni, de Biron et de Villeroi, une espèce de règlement pour « la liberté et sûreté du labourage : » la disette où se trouvaient les armées, par suite de leurs propres ravages, avait obligé les partis d'écouter à cet égard la voix de l'humanité, ce que Henri faisait toujours volontiers [1].

Les négociations entre Henri IV et Mayenne, brisées par la délivrance de Paris, avaient été renouées dès le temps du siége de Corbeil, et l'infatigable Villeroi n'avait cessé, depuis l'automne, d'entretenir avec les gens du roi des pourparlers qui exaspéraient les *zélés* et alarmaient les Espagnols. Mayenne y mettait peu de sincérité et ne visait qu'à traîner les choses en longueur et à rendre les Espagnols plus faciles en leur inspirant des craintes sur ses résolutions. Le roi avait consenti à octroyer un certain nombre de passe-ports, afin que les principaux de la Ligue eussent la facilité de se réunir pour débattre les conditions de la paix. Il y eut à Reims, vers la fin d'avril et le commencement de mai, une conférence entre Mayenne, le duc de Lorraine, les autres princes lorrains et les ambassadeurs d'Espagne et de Savoie; mais on ne s'y montra nullement disposé à reconnaître le Béarnais pour roi. L'ambassadeur d'Espagne, le nonce Landriano et le vieux cardinal de Pellevé, arrivés ensemble de Rome, demandèrent à grands cris les États Généraux et l'élection d'un roi catholique. Les princes ligueurs ne pouvaient s'entendre aisément sur l'élection d'un roi, chacun voulant l'être et surtout ne

---

1. Henri IV publia, le 8 mars, un édit qui défendait à « toutes gens de guerre » d'exiger des laboureurs argent, denrées et corvées, sans un ordre exprès du roi, et interdisait de saisir les animaux de labour pour quelque cause que ce fût, ainsi que d'emprisonner et de rançonner les campagnards qui auraient payé l'impôt aux ennemis. Les pauvres laboureurs n'étaient pas seulement exposés à payer l'impôt aux deux partis, mais encore à être traités en ennemis par chacun des partis pour avoir payé au parti contraire. Henri ordonna aussi aux gouverneurs des provinces de traiter en voleur de grand chemin quiconque lèverait des soldats ou s'établirait dans quelque lieu fort sans autorisation. — De Thou, t. V, l. CI, p. 61; — *Mém.* de Villeroi, ap. Anc. collect., t. LXII, p. 8-9.

voulant pas qu'un autre le fût. On ajourna encore une fois la question jusqu'à ce que les affaires de l'Union fussent en meilleur état. On arrêta seulement l'envoi d'un ambassadeur vers Philippe, avec charge de remontrer à Sa Majesté Catholique la fâcheuse situation de la Ligue et le peu d'avantage qu'il y aurait à convoquer les États Généraux pour nommer un roi, sans avoir les moyens de faire respecter leur décision.

L'ambassadeur choisi fut le président Jeannin, homme habile et ferme, très-attaché à Mayenne, mais désireux de faire concorder l'intérêt de son patron avec l'intérêt de l'État. Avant d'arriver en Espagne, Jeannin rendit un important service à la France. En passant à Marseille, où il alla s'embarquer, il déjoua les intrigues du duc de Savoie et raffermit le parti qui ne voulait pas se séparer du gouvernement de l'Union pour subir le joug d'un petit prince étranger. Un sanglant échec, que Lesdiguières et La Valette avaient fait essuyer aux troupes de Charles-Emmanuel (mi-avril), fortifia les arguments de Jeannin; Marseille ne tarda pas à rompre avec Charles-Emmanuel, et les prétentions rivales de l'Espagne et de la Savoie sur cette grande cité l'aidèrent à rester française. Charles-Emmanuel était en ce moment à la cour de son beau-père; il avait conduit en Espagne une députation provençale qui demanda secours au Roi Catholique contre une invasion turque préparée, disait-on, en faveur du Béarnais; mais Philippe ne voulut pas seconder les vraies intentions du prince savoyard : Philippe voulait bien aider Charles-Emmanuel à ravager la Provence, mais non à s'approprier le plus beau port français de la Méditerranée [1].

Le lieutenant-général de l'Union avait chargé le président Jeannin d'amener Philippe II à exprimer nettement ses intentions; car, jusqu'alors, on s'était plutôt deviné de part et d'autre qu'on ne s'était expliqué. Jeannin avait promis de représenter au Roi Catholique l'élection de l'infante comme impossible et de le sonder sur la candidature de Mayenne [2]; mais il était convaincu

---

1. *Mém.* de Villeroi, Anc. collect., t. LXI, p. 47. — *Mém.* de Mornai, t. V, p. 53, édit. de 1824. — Palma-Cayet, p. 272.
2. Il n'en convient pas dans le récit de sa négociation; mais Villeroi le fait enten-

d'avance de l'inutilité de cette tentative; aussi n'insista-t-il point auprès de Philippe II, qui, après les premières audiences, l'avait renvoyé à don Juan Jdiaquez, celui de ses ministres qui avait le département des affaires de France. Jeannin posa d'abord la question de la paix avec Henri de Bourbon, s'il redevenait catholique et s'il épousait l'infante Isabelle, après que son mariage avec Marguerite de Valois aurait été annulé. Cette éventualité fut absolument repoussée par le ministre espagnol. Jeannin alors parla des Bourbons catholiques, appuya fortement en leur faveur et déclara qu'il était impossible de porter la couronne dans une autre maison que dans celle de saint Louis. Mayenne n'ayant aucune chance, Jeannin n'en voulait pas laisser davantage aux autres princes lorrains ou aux étrangers. Jdiaquez rejeta les Bourbons fauteurs d'hérésie aussi bien que le Bourbon hérétique. Jeannin, pour forcer l'Espagnol à s'expliquer, demanda son congé. Jdiaquez s'ouvrit enfin et dit que l'infante d'Espagne, comme plus proche du dernier roi de la race des Valois[1], avait plus de droit en la légitime succession du royaume qu'aucun autre prince ou princesse; que, partant, le roi son père avait résolu de lui mettre la couronne sur la tête et, par ce moyen, assurer la religion et le repos des catholiques[2].

Le grand mot était lâché! Jeannin se rejeta sur l'inviolabilité de la Loi Salique. On lui répondit que cette loi était imaginaire. C'était à peine si l'orgueil de Philippe admettait pour sa fille un simulacre d'élection : il eût voulu qu'elle fût reconnue « reine propriétaire de France »; il n'entendait même plus la marier à un prince français, mais à son cousin l'archiduc Ernest, en réunissant, à ce prix, les Pays-Bas à la France. Une aigle autrichienne à triple tête eût ainsi embrassé l'Europe dans ses serres. La folie de la monarchie universelle était incurable!

Jdiaquez annonça positivement que, si la Ligue refusait d'élire l'infante, les secours du Roi Catholique ne lui seraient pas conti-

---

dre, t. LXII, p. 44. — Mathieu a donné un bon résumé de la négociation de Jeannin; il est néanmoins regrettable que le texte original soit resté inédit.

1. Elle était fille de la sœur aînée de Henri III; le marquis de Pont était le fils de la seconde.

2. *Négociations du président Jeannin*, ap. Mathieu, t. II, p. 72.

nués. Jeannin craignit, pour son parti, un abandon ruineux, pour son pays, un péril non moins redoutable, et ne douta pas que Philippe n'entreprît de démembrer la France, s'il ne pouvait plus espérer de la posséder tout entière au nom de sa fille. Déjà les prétentions de l'infante sur la Bourgogne et la Bretagne étaient, pour ainsi dire, toutes dressées et tout armées. Jeannin dissimula : il parut céder; il fit entendre que les princes catholiques et les États Généraux se rendraient à la nécessité, discuta les avantages personnels qui devraient être accordés à Mayenne et les puissants secours indispensables à la Sainte-Union pour rendre la réunion des États efficace. Philippe II promit la solde de deux armées, que commanderaient les ducs de Parme et de Mayenne, mais sans s'engager à n'employer que de l'infanterie française ou suisse, comme le demandait Jeannin, et à la charge que les États seraient assemblés en même temps pour leur faire approuver son dessein, et que l'argent serait manié et distribué par ses trésoriers et ses ministres. Il assura, en outre, 10,000 écus par mois à Mayenne pour l'entretien de son *état* (de sa dignité)¹.

Jeannin, qui s'était rendu en Espagne par la Méditerranée, revint par l'Océan et la Manche, et alla voir le duc de Parme en Flandre, afin de s'assurer « si l'on commençoit de travailler à ce grand appareil d'armes qu'on lui avoit figuré ». Il trouva les Espagnols fort empêchés à se défendre eux-mêmes contre l'audace toujours croissante de Maurice de Nassau et des républicains neerlandais, qui leur enlevèrent, dans le cours de cette campagne, Zutphen, Deventer, Hulst et Nimègue. Jeannin rentra en France moins *Espagnol* encore qu'à son départ, et il ne tint pas à lui désormais que Mayenne ne saisit la première occasion de transiger, soit avec les Bourbons catholiques, soit même avec le Béarnais (août 1591).

1. Mathieu, t. II, p. 73-74. — *Mémoire de Jeannin à Philippe II*, cité par Capefigue, t. VII, p. 111-115; d'après les Archives de Simancas. Nous ne citons qu'avec beaucoup de réserve les pièces données par M. Capefigue, d'après les Archives de Simancas. La vérification des originaux est fort difficile, une bonne partie des indications de cotes et de numéros ayant été reconnues inexactes, et l'on ne peut se fier à M. Capefigue ni pour la correction des textes ni pour les dates. Pour se servir de ses citations, il est indispensable de les interpréter par les autres monuments contemporains.

Le moment n'était pas favorable aux idées de transaction. La cour de Rome avait tout fait pour rallumer les passions ligueuses. Le nonce Landriano avait apporté en France, dès la fin d'avril, une bulle de Grégoire XIV, qui renouvelait l'excommunication fulminée jadis par Sixte V contre le roi de Navarre, et deux monitoires adressés aux ecclésiastiques et aux laïques qui suivaient « le parti de l'hérétique ». Clercs et laïques étaient sommés d'abandonner « le roi de Navarre » sans plus de délai; le pape lançait l'anathème sur tous les gens d'Église qui, avant quinze jours, n'auraient pas quitté les terres de l'obéissance du « roi de Navarre ». Mayenne et les gens les plus sages du parti eussent désiré qu'on suspendît la publication de ces pièces furibondes au moins jusqu'à ce qu'on fût en état de les soutenir par la force des armes. Le nonce, encouragé par le vice-légat et par l'ambassadeur d'Espagne, ne voulut entendre à aucune concession, et Mayenne fut obligé de laisser publier les bulles (fin mai; commencement de juin).

L'événement donna raison à Mayenne. Les bulles redoublèrent l'exaltation fanatique des Seize et des prédicateurs, mais elles manquèrent complétement leur effet sur le parti royal. Les prélats et les bénéficiaires de ce parti ne quittèrent ni leurs ouailles ni leurs bénéfices pour complaire au pape, et la magistrature royaliste rendit à Rome foudres pour foudres. L'esprit gallican réagissait avec une violence extrême dans les parlements *navarristes*, purgés de tout élément ultramontain par la grande scission de 1589. Tous les magistrats politiques et gallicans de Paris, qui avaient pu se tirer des mains des ligueurs par rançons ou autrement, étaient venus grossir le parlement de Tours, qui représentait maintenant la majorité réelle du parlement de Paris et s'était trouvé assez nombreux pour se partager en deux fractions, siégeant l'une à Tours, l'autre à Châlons-sur-Marne. La chambre de Châlons prit l'offensive, dès le 10 juin, par un arrêt qui déclarait les bulles « nulles, abusives, scandaleuses, séditieuses, pleines d'impostures et faites contre les saints décrets, conciles approuvés, droits et libertés de l'Église gallicane », ordonnait que lesdites bulles fussent brûlées en place publique par l'exécuteur de la haute justice, décrétait de prise de corps « le prétendu nonce », entré clandestinement dans le royaume sans permission du roi, défendait de le recéler ou héberger, de recevoir ou publier ses sentences ou procédures, sous peine de la vie, déclarait les cardinaux et autres ecclésiastiques « qui ont signé lesdites bulles et approuvé le parricide commis en la personne du feu roi », déchus des bénéfices par eux tenus en France, donnait acte au procureur général de l'appel par lui interjeté au futur concile de l'élection de Grégoire XIV au saint siége apostolique [1].

Le roi n'abandonna pas à ses parlements tout le soin de sa défense : il crut devoir répondre en personne aux anathèmes du pape. A son retour de Louviers, qu'il venait d'enlever par surprise aux ligueurs [2], il réunit à Mantes les princes, les grands et les prélats de son conseil et de son armée et, après en avoir délibéré avec eux, il publia, le 4 juillet, une déclaration par laquelle il renouvela les engagements pris envers les seigneurs catholiques deux ans auparavant, à savoir : de se soumettre à un libre et saint concile ou à « quelque assemblée notable et suffisante », et, jusque-là, de conserver la religion catholique en son entier. Il se plaignait, avec modération et dignité, de la violence aveugle que Grégoire XIV déployait contre lui, sans profiter de l'expérience acquise par Sixte V, remettait à ses parlements la répression de l'entreprise du nonce et exhortait les prélats français « de s'assembler promptement et aviser à se pourvoir, par les voies de droit, contre lesdites monitions et censures indûment obtenues [3].

Le parlement de Tours renchérit de virulence sur la chambre de Châlons : il donna, le 5 août, une sentence par laquelle, après avoir reproduit les termes de l'arrêt de Châlons, il déclarait Grégoire, « soi-disant pape », ennemi de la paix, de l'union de

---

1. *Mém. de la Ligue*, t. IV, p. 369.
2. Le fameux théologien Claude de Saintes, évêque d'Évreux, fut pris dans Louviers et traduit devant le parlement de Caen, « pour avoir fait quelques écrits où il prétend justifier le parricide de Henri III et prouver qu'il est permis d'en faire de même sur le roi de Navarre » (L'Estoile, *Journal de Henri IV*, p. 57. — *Mém. de la Ligue*, t. IV, p. 361). Il fut condamné à mort, mais Henri IV, à la prière du cardinal de Bourbon et des évêques royalistes, lui fit grâce de la vie. Il mourut en prison peu de temps après.
3. *Mém. de la Ligue*, t. IV, p. 361.

l'Église, du roi et de son État, adhèrent à la conjuration d'Espagne, fauteur des rebelles et coupable du parricide commis en la personne de Henri III (apparemment parce qu'il l'avait approuvé étant cardinal). Tout envoi d'argent à Rome, pour avoir bulles, provisions ou dispenses, était réputé crime de lèse-majesté. Le parlement de Caen rendit un arrêt analogue le 13 août [1].

Le parlement de Paris et les autres parlements ligueurs entrèrent en lice à leur tour, cassèrent les « prétendus arrêts » donnés par gens « incompétents, schismatiques, hérétiques et rebelles au saint-siége », et brûlèrent les arrêts des royalistes comme ceux-ci avaient brûlé les bulles du pape.

La déclaration royale du 4 juillet avait été accompagnée d'un autre acte important. Le Béarnais n'avait pu différer davantage de satisfaire les protestants du dedans et du dehors; il sentit la nécessité de compenser les promesses qu'il venait de réitérer aux catholiques, en assurant l'état de la religion réformée en France. Il révoqua donc les édits arrachés à Henri III par la Ligue en juillet 1585 et juillet 1588, et rétablit les édits de pacification de 1577 et 1580, « jusqu'à ce qu'il ait plu à Dieu », disait-il, « nous donner la grâce de réunir nos sujets par l'établissement d'une bonne paix en notre royaume [2] ». L'appréhension que les protestants ne portassent plus loin leurs exigences, lorsque l'armée auxiliaire serait arrivée d'Allemagne et d'Angleterre, empêcha presque tous les catholiques du conseil de s'opposer au dessein du roi [3]. Le cardinal de Bourbon essaya toutefois de profiter de l'occasion pour arborer l'étendard du tiers parti : il se leva en murmurant quelques mots de protestation et voulut sortir; mais l'archevêque de Bourges [4] et les autres prélats du conseil restèrent

---

1. *Mém. de la Ligue*, t. IV, p. 367.
2. *Mém. de la Ligue*, t. IV, p. 348.
3. Le rétablissement des édits de tolérance excita toutefois beaucoup de mécontentements. Le parlement de Caen arrêta de faire des remontrances au roi. Floquet, *Hist. du parlement de Normandie*, t. III, p. 335. Les autres parlements provinciaux suscitèrent aussi des difficultés.
4. Renaud de Beaune de Semblançai. Bien qu'il eût présidé l'ordre du clergé aux États de 1588 et adhéré à toutes les propositions faites par la Ligue dans cette assemblée, il était resté fidèle à Henri III après le meurtre des Guises, puis avait reconnu Henri IV, tandis que sa cité métropolitaine s'armait contre les deux rois.

immobiles, et le roi ordonna d'une voix impérieuse à son cousin de se rasseoir : le cardinal obéit piteusement.

Henri IV ne craignait plus les brigues de son infidèle cousin, depuis qu'il avait acheté le plus habile des conseillers du cardinal, Jacques Davi du Perron, qui révéla désormais au roi tous les projets de son patron et mit au service de Henri IV les ressources d'un des esprits les plus déliés et les moins scrupuleux de l'époque [1].

Le roi et l'ordre judiciaire avaient répondu au pape; le clergé royaliste devait répondre à son tour. Les prélats du parti royal, conformément à l'invitation que le roi leur avait adressée le 4 juillet, se réunirent à Mantes, puis à Chartres, afin de délibérer à ce sujet [2]. Quelques-uns ne parlaient de rien moins que d'élire un patriarche. Les prélats adressèrent, le 21 septembre, un mandement solennel à tous les catholiques du royaume. S'appuyant sur l'autorité de l'Écriture sainte, des conciles généraux, des saints pères, ainsi que sur les droits et libertés de l'église gallicane, ils déclarèrent que les monitoires et excommunications suggérés à Grégoire XIV, mal informé, par les artifices des ennemis de la France, étaient nuls et injustes dans la forme et dans la matière, sauf le respect dû au souverain pontife. Les prélats déclaraient se réserver d'envoyer vers le pape pour l'édifier plus

---

1. Du Perron était le fils d'un médecin huguenot réfugié en Suisse. Après avoir fait de brillantes études, il avait embrassé le catholicisme afin d'obtenir la place de lecteur de Henri III, puis était entré dans les ordres. Causeur érudit et ingénieux, sophiste inépuisable, il gagna la faveur de Henri III en le divertissant par sa faconde et ses paradoxes. Un jour, si l'on doit en croire L'Estoile, après avoir prouvé, par « raisons claires et évidentes », qu'il y a un Dieu, du Perron offrit à Henri III de lui prouver, par « raisons non moins claires », qu'il n'y en a pas. Henri III en fut épouvanté. — L'Estoile, *Journal de Henri III*, p. 167. Du Perron était un homme sans principes plutôt qu'un méchant homme. Il était obligeant, facile à vivre, grand ami des lettres et des arts.

2. M. Poirson (*Hist. du règne de Henri IV*, t. I, p. 96) dit que « les prélats des diverses provinces attachés au parti royal choisirent comme représentants et déléguèrent un certain nombre d'entre eux, cardinaux, évêques, abbés, membres des chapitres, pour... prendre, au nom de l'Église de France, les décisions réclamées par les circonstances ». Les chapitres et communautés du parti durent en effet envoyer des représentants; mais, comme il s'agissait d'une assemblée ecclésiastique et non d'une réunion d'États Généraux, les évêques vinrent certainement en vertu de leur titre épiscopal et non en vertu d'une délégation. En 1591, la grande majorité de l'épiscopat ne reconnaissait pas encore Henri IV.

amplement sur la justice de leur cause et invitaient tout catholique à joindre ses prières aux leurs pour la conversion dont le roi donnait l'espérance.

Le cardinal de Bourbon n'osa refuser d'apposer son seing à côté de ceux du cardinal de Lenoncourt, de l'archevêque de Bourges et des évêques de Nantes, de Chartres, de Beauvais [1], de Maillezais, du Mans, de Châlons et de Bayeux. L'assemblée pria le roi de permettre au duc de Luxembourg-Pinei de retourner à Rome, afin de préparer les voies à une ambassade du clergé royaliste. Le parlement de Tours protesta contre toute négociation avec Grégoire XIV, qu'il venait de déclarer ennemi de l'État, et le duc de Pinei s'excusa d'en accepter la charge. La mort du pape, survenue le 15 octobre, événement heureux pour Henri IV, mit fin au débat de la magistrature et du clergé. Les parlements de Rennes et de Bordeaux avaient incliné aux tempéraments adoptés par le clergé plutôt qu'à la rigidité gallicane du parlement de Tours : ils avaient décidé que des remontrances seraient adressées au pape.

Malgré les ménagements gardés par les prélats royalistes envers Rome, c'était un grand point que d'avoir obtenu un tel manifeste d'une partie de l'Église de France en faveur du roi hérétique [2].

Henri IV était resté quelques semaines sans rien entreprendre, ne voulant pas fatiguer sa noblesse avant que l'arrivée des forces auxiliaires lui permît d'essayer quelque chose de considérable. Les Allemands, selon leur coutume, se faisaient attendre; les défenses de l'empereur Rodolphe II, qui n'avait pas reconnu Henri IV, et les intrigues de l'Espagne n'avaient pu empêcher, mais avaient retardé la formation de l'armée de secours. Henri, pour ne pas perdre son temps, assiégea Noyon, dont la garnison incommodait fort les places royalistes du Vermandois et du Valois (17 juillet). Mayenne, quoique renforcé de quatre à cinq mille étrangers envoyés par le duc de Parme et supérieur au roi (onze

---

1. Cet évêque, appelé Nicolas Fumée, avait été chassé de sa ville épiscopale comme royaliste. — Les évêques royalistes n'étaient pas tous à Chartres : il manquait, par exemple, l'évêque d'Angers. L'évêque de Paris était rentré dans la neutralité.

2. De Thou, t. V, l. CI, p. 71. — Isambert, t. XV, p. 31. — *Mém.* de Mornai, t. V, p. 85-89; édit. de 1824. — Mathieu, t. II, p. 79.

ou douze mille combattants contre huit ou neuf mille), n'osa pas risquer de bataille et Noyon capitula le 17 août, presque sous ses yeux.

La satisfaction que ce succès causa au roi fut troublée par une triste nouvelle. François de La Noue, que Henri avait chargé d'aller prêter le secours de son expérience au gouverneur royal de Bretagne, venait de mourir d'une blessure reçue au siége de Lamballe (4 août)[1]. Les historiens de tous les partis et de toutes les religions se sont inclinés devant le renom sans tache de cet homme illustre, un des caractères les plus purs qu'ait produits le mouvement moral et religieux du xvi° siècle. Il a laissé un noble testament à la postérité dans ses *Discours politiques et militaires*.

Les protestants eurent à déplorer bientôt après une autre perte irréparable. Le digne fils de Coligni, François de Châtillon, chez qui s'annonçaient toutes les qualités de l'homme d'État et du grand capitaine, mourut de maladie à trente ans[2]. Henri IV, qui lui devait tant, mais que gênait sa rigidité protestante, l'avait négligé vivant et le pleura mort.

Les zélés de la Ligue avaient éprouvé, au contraire, sur ces entrefaites, une vive joie, que Mayenne ne partagea point. Le fils du Balafré, le jeune duc Charles de Guise, prisonnier depuis le meurtre de son père, s'était échappé du château de Tours, le 15 août, jour de Notre-Dame, en glissant le long d'une corde attachée à la fenêtre d'une tour de sa prison. On ne manqua pas d'attribuer sa délivrance à la protection de la Vierge Marie et aux prières des jésuites de Lorette, qui, par l'ordre de leur général, avaient célébré une messe quotidienne à cette intention. Le jeune duc fut accueilli avec enthousiasme à Bourges, à Orléans, à Paris; les circonstances romanesques de son évasion avaient inspiré une haute idée de son intelligence et de son courage, et les Parisiens

---

1. Pendant ce temps, le Léonnais et la Cornouaille s'étaient levés en masse pour prendre Brest; mais la vaillante défense des assiégés, que commandait le seigneur de Sourdéac, de la maison de Rieux, rebuta les paysans bas-bretons, et le siége se termina par une trêve entre la ville et le pays environnant. Mathieu, t. II, p. 94-95.
2. On a de lui des lettres fort intéressantes adressées à sa femme Marguerite de Dailli, digne d'un tel époux par l'esprit et le courage. L'année précédente, elle avait chassé, les armes à la main, les ligueurs qui avaient surpris le château de Châtillon; elle fit prisonnier leur chef. De Thou, t. IV, l. xcix, p. 882.

croyaient déjà revoir leur grand Guise. Henri IV, d'abord affligé de la perte de cet otage illustre, se consola en pensant que la liberté du jeune Guise apporterait un nouvel élément de discorde dans la Ligue et que Guise deviendrait infailliblement le rival de son oncle Mayenne.

On était dans l'attente de grands événements militaires : quatre mille fantassins et cinq cents cavaliers anglais, sous les ordres du comte d'Essex, héritier de la faveur de Leicester auprès d'Élisabeth, avaient rejoint Henri IV aux bords de l'Oise; au commencement de septembre, Henri marcha, par le nord de la Champagne, au-devant des auxiliaires allemands qu'amenaient le vicomte de Turenne et le prince d'Anhalt. Les ligueurs, de leur côté, avaient reçu les forces qu'ils attendaient d'Italie. Le pape, fidèle à ses promesses, avait levé trois mille Italiens et six mille Suisses, qui, renforcés par deux mille Espagnols venus de Sicile, s'étaient dirigés par la Savoie, la Bresse et la Comté sur la Lorraine, tandis qu'un corps de troupes lombardes se joignait au duc de Savoie pour tenter une nouvelle invasion en Dauphiné. Cette attaque se brisa encore une fois contre la fortune et le génie de Lesdiguières. La petite armée italienne et savoyarde fut écrasée par les Dauphinois, le 18 septembre, au bord de l'Isère. Il y eut trois mille morts, sans parler des prisonniers. La bataille qui ruina sans retour les espérances du duc de Savoie fut livrée au pied des tours du château de Bayart et, pour ainsi dire, sous l'invocation du héros du Dauphiné.

L'armée papale, commandée par le duc de Monte-Marciano, neveu de Grégoire XIV, gagnait, pendant ce temps, la Lorraine, sans combat, mais non pas sans perte : les soldats avaient pris la dyssenterie en mangeant des fruits verts le long de la route; ils arrivèrent dans le plus mauvais état à Verdun, où Mayenne vint les recevoir. Mayenne et le duc de Lorraine avaient compté, à l'aide de ces auxiliaires, empêcher la jonction du Béarnais et de ses alliés; ils furent obligés d'y renoncer. Henri IV joignit ses Allemands, le 29 septembre, auprès d'Attigni-sur-Aisne : l'armée auxiliaire comptait dix mille fantassins et six mille cavaliers, bien frais et bien équipés. Turenne, leur conducteur, venait de racheter amplement, par les services rendus au roi de France, les embarras qu'il avait plus d'une fois causés au roi de Navarre. Henri ne fut point ingrat : il donna au vicomte le bâton de maréchal, malgré les réclamations des catholiques, qui soutenaient que c'était transgresser le pacte d'août 1589, et il lui fit épouser l'héritière de La Mark, duchesse de Bouillon et princesse de Sedan. C'était un coup de maître que ce mariage : le duché de Bouillon avait joué un rôle considérable dans toutes les guerres politiques et religieuses du xvi° siècle, et le Béarnais avait grand intérêt à ne pas laisser tomber ce petit état frontière entre les mains de quelque prince autrichien ou lorrain; il l'assura aux protestants en le donnant à Turenne et y trouva de plus l'avantage de créer à ce personnage remuant des intérêts nouveaux qui l'éloignaient du Midi.

Le duc de Lorraine craignit un moment que l'armée royale ne fondît sur ses domaines; mais l'armée s'éloigna lentement à travers la Champagne et la Picardie. La reine d'Angleterre exigeait impérieusement, pour prix de ses secours, que Henri s'employât tout entier à chasser les ligueurs des provinces maritimes du nord-ouest, afin que le commerce anglais n'eût plus à craindre leurs pirateries dans la Manche et que les Espagnols ne pussent prendre pied dans ces parages. Le siège de Rouen fut le moyen terme adopté par Henri IV : Henri satisfit ainsi Élisabeth, sans perdre de vue son propre but, la réduction de Paris, que la prise de Rouen eût singulièrement facilitée.

Avant que les préparatifs du siège de Rouen fussent terminés et les opérations commencées, il se passa dans Paris des événements aussi importants que les péripéties de la guerre et qui montrèrent à l'Europe, en caractères de sang, les dissensions intestines de la Ligue.

Depuis la suppression du conseil général de l'Union, une lutte sourde avait toujours existé entre Mayenne et les Seize. La démocratie de la Ligue, surprise plutôt que vaincue, n'avait pas tardé à réagir contre une mesure qui lui avait soustrait et non arraché le gouvernement d'entre les mains. Le siège de Paris et les complots déjoués des politiques avaient rendu aux Seize leur prépondérance dans la capitale. Après la retraite de Henri IV, ils avaient entrepris de relever le gouvernement fédéral et dépêché à

Mayenne, pendant que les Espagnols assiégeaient Corbeil, une députation chargée de mémoires où l'on réclamait : 1° le rétablissement du conseil général, « seul et unique corps souverain de tout le parti; » 2° l'expulsion de ceux des membres du conseil privé de Mayenne qui avaient parlé de paix avec le roi de Navarre; 3° la création d'un tribunal extraordinaire, pour juger, d'une part, tous ceux qui contreviendraient à l'Union des catholiques et, de l'autre, toutes les causes des « bons catholiques » qui avaient participé à l'emprisonnement du parlement en janvier 1589 et auxquels le parlement n'avait point pardonné. Les Seize priaient enfin le lieutenant-général de renoncer à toute pensée de transaction avec l'ennemi et de s'assurer, à tout prix, l'assistance la plus efficace du pape et du roi d'Espagne. L'aristocratie ligueuse qui entourait Mayenne accueillit les mémoires des Seize avec colère et mépris : quelques-uns des seigneurs du conseil, voyant que « ces gens... vouloient réduire l'État de France en une république en laquelle il se promettoient de faire les souverains et ruiner par ce moyen la noblesse..., proposèrent qu'il falloit mettre en pièces tant les mémoires que ceux qui les avoient apportés [1] ».

Mayenne se garda bien de suivre cet avis; il empêcha les envoyés des Seize de communiquer officiellement avec le duc de Parme; mais, quant au reste, il se débarrassa d'eux par de belles paroles (octobre 1590).

Les Seize ne se rebutèrent pas : à la suite de la *journée des Farines*, ils obligèrent Mayenne, comme on l'a vu, à introduire dans Paris une garnison espagnole et ils adressèrent au lieutenant-général de l'Union une nouvelle requête dans le courant de février 1591. Ils accusaient « la tyrannie de la noblesse et l'injustice des chefs de justice », qui tendaient à ruiner « l'autorité et puissance des ecclésiastiques et la liberté du peuple »; ils reprochaient à quelques-uns des magistrats institués par le peuple d'avoir connivé au mal [2] en consentant à l'élargissement des pri-

---

1. Palma-Cayet, p. 248-249. — *Dialogue du Maheustre et du Manant*, p. 496-497.
2. Ceci s'adressait à La Chapelle-Marteau et à quelques autres des chefs du corps de ville, qui s'étaient ralliés à Mayenne, de même que la plupart des familles ligueuses de la haute bourgeoisie. *V.* la requête dans Palma-Cayet, p. 263-265.

sonniers ennemis, tels qu'Achille de Harlai et autres, « lesquels maintenant se vengeoient contre les catholiques »; ils se plaignaient du gaspillage des deniers publics, demandaient qu'au lieu de continuer à lever de l'argent sur les bons catholiques, on confisquât les biens de tous ceux qui auraient suivi ou aidé le parti contraire ou qui persisteraient à rester absents de la ville; ils renouvelaient enfin les autres demandes d'octobre 1590.

La seconde requête ne fut pas plus écoutée que la première. Les Seize, vers le même temps (24 février), avaient écrit au pape Grégoire XIV au nom du « conseil des seize quartiers de la ville de Paris », pour le remercier des témoignages d'affection qu'il venait de donner à la ville et le prier de « prendre leurs affaires en protection ». Le Saint Père répondit en envoyant sa bénédiction apostolique à « ses fils bien-aimés les gens du conseil des seize quartiers », qu'il exhorta de « persévérer constamment » après avoir fait « un commencement si beau et si louable », (12 mai)[1].

L'accueil fait par le pape à la missive des Seize redoubla leur exaltation. Cette exaltation se traduisait toujours en provocations sanguinaires. Les chaires retentissaient plus que jamais d'appels au meurtre[2], et l'on peut s'étonner, comme le remarque L'Estoile, qu'un peuple nourri de tels enseignements n'ait pas commis plus de cruautés. L'habitude avait usé l'effet de ces déclamations et la misère aussi émoussait les passions du peuple. C'était surtout contre le parlement que les Seize et les prêcheurs dirigeaient leurs attaques. Malgré les gages que le parlement avait donnés à la Ligue, les zélés sentaient bien que la majorité de ce corps, tout épuré qu'il fût, détestait leur démagogie tur-

1. Palma-Cayet. p. 265-266-278-279.
2. Le 13 mars 1591, notre maître Boucher... s'étant mis sur le Béarnois et les politiques, dit qu'il falloit tout tuer et exterminer... qu'il étoit grandement temps de mettre la main à la serpe et au couteau... Il ne prêcha que sang et boucherie....... Il dit qu'il eût voulu avoir tué et étranglé de ses deux mains ce chien de Béarnois, et que c'étoit le plus plaisant et agréable sacrifice qu'on eût su faire à Dieu. » L'Estoile, *Journal de Henri IV*, p. 45. Les curés Cueilli et Aubri, le jésuite Commolet et même l'évêque Rose n'étaient pas plus modérés. Par compensation, le curé Prévost, qui avait été un des « quatre premiers piliers de la Ligue » à Paris et le maître de Boucher, prêchait énergiquement contre les Seize. Chavagnac, curé de Saint-Sulpice, osa prendre presque ouvertement la défense de Henri IV. L'Estoile, p. 49

bulente et eût souhaité transiger avec Henri IV. Mayenne fit quelques concessions aux zélés : il ne voulut point verser le sang des politiques ; mais il bannit de Paris un certain nombre de membres du parlement et de la chambre des comptes (1ᵉʳ avril). Au commencement de mai, il écrivit au corps de ville de Paris pour l'inviter à faire élire des députés aux États Généraux, qui devaient, disait-il, se tenir à Reims. Les élections eurent lieu le 22 mai. Les Seize remirent aux députés un cahier dont la violence allait jusqu'à la folie ; ils requéraient qu'on établît, en élisant un roi, des lois fondamentales suivant lesquelles tout hérétique, prince, seigneur ou autre, serait brûlé vif, et le nouveau roi serait tenu de guerroyer à feu et à sang, de concert avec les autres princes catholiques, contre tout prince hérétique étranger. Ils réclamaient la périodicité des États Généraux [1].

Ce fut peine perdue. Les députés se trouvèrent en trop petit nombre à Reims pour qu'on pût ouvrir l'assemblée. Mayenne s'y était bien attendu et n'avait voulu que leurrer encore une fois l'opinion.

L'irritation s'accrut ; les zélés parlèrent de restaurer le conseil général de l'Union, sans la participation de Mayenne, qui écrivit à l'évêque de Plaisance, vice-légat du pape, pour le prier d'opposer son autorité « aux passions de ceux qui ne cherchent que la confusion » (20 juillet 1591) [2]. Le vice-légat, entièrement livré à l'Espagne, était beaucoup plus favorable aux Seize qu'à Mayenne ; néanmoins ni lui, ni l'ambassadeur d'Espagne, n'osèrent encourager une démarche qui eût partagé ouvertement l'Union en deux camps. Les Seize ne passèrent point outre ; mais ils saluèrent l'évasion du jeune Guise avec une allégresse menaçante pour Mayenne et envoyèrent une troisième requête au lieutenant-général. Cette fois, ils s'en prenaient à l'évêque de Paris, Gondi, qui était absent depuis plusieurs mois et s'était excusé de prêter le nouveau serment de l'Union ; ils sommaient Mayenne d'inviter le Saint Père à pourvoir Paris d'un autre évêque, de « parachever

---

1. *Registres de l'Hôtel de Ville*, XIII, fᵒˢ 159-160. — L'Estoile, p. 54. — *Mémoires* de Nevers, t. II, p. 614. — L'Estoile remarque qu'il ne vint que deux gentilshommes aux États de la prévôté et vicomté de Paris.

2. *Manuscrits de Mesmes* ; *Mémoires sur la Ligue*, in-fᵒ, t. VII, nᵒ 8931.

la purgation du parlement » et de rendre à la ville de Paris le conseil d'État et le grand scel, au lieu de les traîner à sa suite. Ils réclamaient enfin la démolition des châteaux et places fortes tout autour de Paris, afin « d'ôter la retraite aux ennemis de la ville ». Le courroux de la noblesse ligueuse fut porté au comble par cet article (septembre).

Mayenne venait d'écarter cette requête comme les autres, lorsqu'une pièce importante, interceptée par les royalistes, lui fut adressée par ordre de Henri IV lui-même. C'était une lettre que les Seize avaient secrètement expédiée à Philippe II, le 20 septembre, par l'intermédiaire d'un certain père Mathieu, le même sans doute qu'on appelait en 1585 « le courrier de la Ligue. » Les Seize remerciaient Philippe de leur avoir « fait savoir ses bonnes affections envers Paris » par le père Mathieu[1] et l'assuraient que les vœux et souhaits de tous les catholiques étaient de le voir tenir le sceptre de France et régner sur eux, « ou bien qu'il en établît quelqu'un de sa postérité; qu'il se choisît un gendre; qu'on le recevroit pour roi. » Ils disent espérer « recevoir au double, de l'infante Isabelle, en laquelle resplendit l'union du sang de France et d'Espagne, ce que jadis la France a reçu de Blanche de Castille. » La lettre était signée de Martin, docteur en théologie; Sanguin, chanoine de la cathédrale; Génébrard, professeur royal[2]; Louchart, commissaire; Hamilton, curé de Saint-Côme; Crucé, Acarie, La Bruyère, et de quelques autres, dont deux colonels et deux capitaines quarteniers.

L'université avait ajouté ses lettres de créance à celles des Seize; elle regrettait que le roi catholique ne fût pas plus jeune ou n'eût pas un second fils, et se prononçait pour qu'on élût un prince qui fût agréable à Philippe et qui épousât sa fille[3]. Elle insinuait

---

1. Ils font un triste tableau de la situation de Paris, qui a « payé plus de 5 millions d'or (15 millions de livres) depuis le commencement de la guerre, n'ayant aussi, depuis trois années, rien recueilli de ses terres et héritages, rien perçu de ses rentes; les officiers, rien reçu de leurs gages; les marchands, fait aucun trafic. » V. la lettre ap. *Mémoires d'État*, à la suite de ceux de M. de Villeroi, t. III, p. 17. —Palma-Cayet, p. 323.

2. Professeur d'hébreu au collége de France, un des plus savants hommes du xvie siècle, mais aussi fanatique que savant. La Ligue le fit archevêque d'Aix.

3. *Discursus universitatis*, dans les Papiers de Simancas, ap. Ranke, *Hist. de France*, l. vi, c. 4. La Sorbonne avait été plus loin que le corps de l'université : elle avait

de préférence la candidature du jeune duc de Guise, « plein d'esprit, prompt et gaillard, courageux et vaillant[1]. » Les Seize écrivirent également en faveur de Guise dans une seconde lettre.

Guise uni à l'infante, c'était là le fond de leur pensée ; mais la plupart étaient décidés à accepter Philippe lui-même, s'il l'exigeait. Un mémoire retrouvé dans les archives de Simancas nous apprend à quelles conditions. Le concile de Trente serait publié ; « l'inquisition espagnole établie en France. » Toutes les charges et tous les bénéfices du royaume seraient réservés aux Français naturels. Aucun état ne serait vénal. Tous les impôts établis depuis Louis XII, sauf la gabelle et les décimes, seraient supprimés. Tous les deniers publics, sauf ceux du domaine, seraient portés au trésor public du royaume à Paris ; on n'en rendrait compte que devant les États Généraux, qui se tiendraient de quatre ans en quatre ans. Les Français trafiqueraient, comme les Espagnols, dans tous les pays de Sa Majesté Catholique en Europe, Asie, Afrique, Amérique ; le roi ne se nommerait plus roi d'Espagne, mais le grand roi. En cas de violation du pacte fondamental, les États de France seraient absous de tout devoir de fidélité et auraient droit d'élire un autre roi[2].

Voilà donc où aboutissait la Ligue dans ses dernières conséquences : à noyer la France dans la monarchie universelle par les mains de l'inquisition ! Grâce à l'influence de l'esprit clérical et ultramontain, il était donné aux Seize de présenter au monde ce monstre contre nature d'un parti démocratique qui n'est point un parti national.

Mayenne, très-alarmé des projets qui venaient de lui être révélés, n'éclata point, observa et attendit. Les Seize, encouragés par l'appui du vice-légat et du nouvel ambassadeur d'Espagne, Diego d'Ibarra, successeur de Mendoça, s'apprêtaient à passer des paroles aux actes. Plus exaltés à mesure qu'ils étaient moins

---

eu l'impudeur d'avancer qu'il fallait « à tout prix assurer la perte de l'ennemi, *soit en conservant, soit en partageant la monarchie !* » La Sorbonne de 1591 était digne de celle de 1430 ! *Ibid.*

1. L'Estoile, p. 63.

2. *Articles de choses qu'il faudroit que le Roi catholique accordast, permist et en passast chartes authentiques aux Estats du royaume de France, acceptant la couronne de France.* Papiers de Simancas, ap. Ranke, *Hist. de France*, l. VI, c. 4.

nombreux, ils traitaient de haute trahison la moindre infraction aux serments de la Ligue. Brigard, procureur de la ville, avait autrefois poussé le zèle ligueur jusqu'à aller chercher le duc de Guise à Soissons au moment des Barricades; une lettre qu'il écrivait à un de ses oncles, royaliste, et qui fut surprise, suffit pour le faire juger digne de mort. On le traduisit devant le parlement; le parlement l'acquitta. La fureur des Seize ne connut plus de bornes. Le 2 novembre, dans une réunion secrète, Pelletier, curé de Saint-Jacques-la-Boucherie, dit qu'il ne fallait pas espérer avoir jamais raison ou justice de la cour de parlement; qu'il fallait « jouer des couteaux ». Le 6, sur la proposition du chanoine de Launoi, les Seize élurent un conseil secret de dix personnes, « desquelles on avoueroit les actions et déportements, après les avoir toutefois communiqués à la compagnie, si besoin étoit. » Parmi les dix élus figurèrent le commissaire Louchart, le maître des comptes Acarie, Ameline, qui avait été, en 1585, l'agent le plus actif de la Ligue parisienne auprès des bonnes villes de France, Le Goix et Saint-Yon, noms marqués en lettres rouges dans les fastes de la bourgeoisie parisienne et qui apparaissaient comme une invocation des ligueurs du xvie siècle aux bouchers et aux cabochiens du xve.

La majorité, cependant, même dans ces conciliabules, hésitait à en venir aux dernières violences : en chargeant le conseil des Dix d'aviser à avoir raison de l'affaire de Brigard, elle recommanda d'y procéder « par les plus douces voies que l'on pourroit. » Ce n'était pas un acheminement aux *douces voies* que d'ajouter, comme on fit, au comité des Dix, des hommes tels que Launoi, Cromé, conseiller au grand conseil, les curés Pelletier et Hamilton et le théologien Martin.

Le 8 novembre, les zélés s'assemblèrent en plus grand nombre chez La Bruyère père, le patriarche de la Ligue. On était convenu de réitérer le serment de l'Union, sous une forme plus stricte et plus rigoureuse, « si faire se pouvoit ». Bussi-Leclerc et une dizaine d'autres se chargèrent de rédiger la nouvelle formule; puis Bussi, sous prétexte « qu'on seroit trop longtemps » et que « la compagnie s'ennuieroit », proposa aux assistants de signer « un grand papier blanc ». Après quelque hésitation, l'assemblée signa de confiance. Ces premières signatures aidèrent aux meneurs à en obtenir beaucoup d'autres : les meneurs voulaient engager tout le parti, à son insu, dans la responsabilité des projets terribles qu'ils méditaient.

Le comité, renforcé de Bussi, de Crucé et de quelques autres, passa plusieurs jours en délibérations secrètes : on assure qu'il consulta la Sorbonne sur la légitimité de ses desseins. Une attente mêlée de terreur régnait dans la ville. On parlait d'une nouvelle Saint-Barthélemi contre les politiques. Le premier président Brisson était averti de toutes parts qu'on en voulait à sa vie. Ambitieux, timide et dissimulé, ce magistrat, plus savant que sage, s'efforçait à la fois de conserver sa haute position dans le gouvernement de la Ligue et de se ménager une position égale dans le gouvernement du Béarnais, si celui-ci triomphait : il protestait de son zèle aux Seize et correspondait avec les royalistes. Sa duplicité avait préparé sa perte, son irrésolution la consomma. Il ne put se décider à fuir.

Le 15 novembre, au point du jour, La Bruyère père et le curé Pelletier allèrent porter aux chefs des régiments espagnol et napolitain « un papier contenant les causes pour lesquelles on prenoit les armes ». Pendant ce temps, Bussi, Louchart et quelques autres arrêtaient le président Brisson sur le pont Saint-Michel, comme il se rendait au Palais, et le conduisaient au Petit-Châtelet, où l'attendaient Crucé, Cromé, Ameline et « plusieurs de la faction », couverts de roquets de toile noire avec une grande croix rouge. Le geôlier leur avait livré sa prison. Brisson fut interrogé et condamné sommairement par ce tribunal improvisé. Ce fut Cromé, son ennemi personnel, qui lui lut la sentence. Brisson pria en vain que l'on le confinât au pain et à l'eau entre quatre murailles, jusqu'à ce qu'il eût achevé le livre qu'il avait commencé pour l'instruction de la jeunesse, « qui est une tant belle œuvre[1] ». Il fut pendu sur-le-champ dans l'intérieur du Petit-Châtelet. On traita de même Larcher, le plus ancien conseiller de la grand'chambre, et Tardif, conseiller au Châtelet, qui

---

1. On a parlé plus haut des travaux de Brisson sur la jurisprudence. Il a laissé en outre un livre curieux sur la *monarchie des anciens Perses* (*De regio Persarum principatu*); c'est le premier ouvrage écrit en Europe sur les antiquités de la Perse.

venaient d'être arrêtés par une bande de « prêtres et autres gens de faction, » que conduisait le curé de Saint-Côme[1].

Les compagnies les plus *zélées* de la milice bourgeoise avaient pris les armes et occupaient les principaux postes. La nouvelle des exécutions du Petit-Châtelet jeta Paris dans la stupeur : le reste du jour s'écoula sans incidents nouveaux ; mais, durant la nuit, un sinistre cortége se dirigea du Petit-Châtelet vers l'Hôtel de Ville et, le lendemain matin, on trouva les cadavres des trois magistrats pendus à trois gibets en Grève, avec des écriteaux qui les déclaraient traîtres et fauteurs d'hérésie. Les Seize avaient compté sur ce spectacle pour soulever le peuple et le conduire à l'extermination des politiques ; mais le peuple resta muet et morne : les provocations sanguinaires de Bussi rencontrèrent peu d'échos dans la foule. Alors Bussi et ses amis s'adressèrent aux chefs de la garnison étrangère pour commencer l'exécution des « politiques couchés sur le papier rouge[2] ». Les deux colonels espagnol et napolitain refusèrent de prendre une si effrayante responsabilité ; mais, en même temps, ils refusèrent leur concours au comte de Belin, gouverneur de Paris, pour réprimer les Seize. Le comte, de son côté, n'accepta pas les offres de la fraction politique de la milice bourgeoise, qui ne demandait qu'à en venir aux mains.

Les Seize, voyant qu'il fallait renoncer aux massacres tumultuaires, présentèrent, dans la journée, au bureau de la ville une requête réclamant une chambre ardente pour faire le procès aux hérétiques, aux traîtres et à leurs fauteurs ; tous les membres de cette chambre seraient nommés par le Conseil des seize quartiers. Ils demandaient que l'exécution de la veille fût avouée par le conseil de ville et formulaient diverses autres exigences[3].

Attacher au gibet le premier président, c'était y mettre avec lui l'autorité du lieutenant-général de l'Union : après un acte aussi désespéré, il n'y avait plus de ménagements à garder envers

---

1. *Assemblée secrète de plusieurs bourgeois factieux de la ville de Paris*, ap. *Mémoires de Nevers*, t. II, p. 617 et suiv. — Palma-Cayet, p. 324-329. — L'Estoile, *Journal de Henri IV*, p. 64-69. — De Thou, t. V, l. CII, p. 106.
2. L'Estoile, *Journal de Henri IV*, p. 64-69. Chacun des seize quartiers avait son « papier rouge » (sa liste de proscription).
3. *Manuscrits de Mesmes, Recueil sur la Ligue*, t. III, n° 8777, f° 34.

Mayenne. Telle avait été sans doute la première intention des Seize ; mais ils avaient tâté la fibre populaire et ne la sentaient plus, comme autrefois, tressaillir sous leur main : ils cherchèrent à gagner du temps et crurent que Mayenne accepterait une transaction. Le 17 novembre, ils dépêchèrent vers le duc, pour lui exposer les causes de ce qui s'était passé. Le 18, ils firent présenter par le curé Boucher aux membres du conseil d'État présents à Paris la requête sur la chambre ardente ; Boucher pria ou plutôt somma les duchesses de Nemours et de Montpensier, qui assistaient au conseil, d'avouer le fait du 15 novembre et de faire agréer la requête. Les deux princesses ne crurent pas prudent de refuser : elles obtinrent seulement qu'on surseoirait à l'exécution jusqu'à ce que Mayenne eût ratifié (20 novembre).

Les Seize, d'un autre côté, essayaient de ramener au Palais le parlement, après l'avoir, pour ainsi dire, décapité, comme ils l'y avaient ramené en 1589, après l'avoir emprisonné. Mais, cette fois, ils n'y rencontrèrent pas la même facilité. Une grande partie des zélés de 1589 se séparèrent avec éclat de Bussi et de ses complices. Les deux avocats généraux, Le Maistre et d'Orléans, les traitèrent en face de « méchants et meurtriers » ; Le Maistre déclara qu'il ne rentrerait au Palais que pour faire pendre les bourreaux du premier président. L'opinion réagissait avec une vigueur croissante dans la bourgeoisie.

Mayenne, avec sa circonspection accoutumée, observait de loin le mouvement de Paris. Il avait appris la tragédie du 15 novembre à Laon. Il fut d'abord très-troublé et crut son autorité perdue : les lettres qui lui vinrent en foule de la capitale le rassurèrent peu à peu, et les instances du gouverneur de Paris, de sa sœur, la duchesse de Montpensier, et surtout de sa mère, la duchesse de Nemours, appuyées auprès de lui par Villeroi et Jeannin, le décidèrent à risquer sa personne sur le théâtre des événements. L'ambassadeur d'Espagne, Ibarra, tâcha en vain de l'arrêter. Mayenne se défit adroitement de son neveu, du duc de Guise, que les Seize eussent essayé de lui opposer et qu'il envoya conférer à sa place avec le duc de Parme à Guise ; il partit de Laon avec un corps de troupes qu'il renforça chemin faisant et entra, le 28 novembre, à Paris par le faubourg Saint-Antoine. On avait parlé, dans les conciliabules des Seize, de fermer les portes de Paris au duc ou de le poignarder durant son entrée. On ne tenta rien et une partie des chefs de la faction allèrent au contraire saluer le duc, mêlés avec la foule qui se portait à sa rencontre. Le curé Boucher et le greffier Senault, qui n'avaient pas pris une part directe aux exécutions du 15 novembre et qui s'étaient absentés avec intention ce jour-là, haranguèrent le duc et lui remontrèrent qu'on n'avait rien fait que pour le bien de la religion et de la chose publique. Mayenne répondit évasivement et passa outre. Il voulait sonder le terrain avant d'agir. Il convoqua une assemblée générale à l'Hôtel-de-Ville. Les Seize demandèrent qu'on « apaisât » ce qui s'était passé le 15 novembre; « plusieurs des bonnes familles de Paris » demandèrent au contraire qu'on en fît justice. Le duc ne laissa pas encore pénétrer ses intentions. Il commença par sommer Bussi d'évacuer la Bastille : Bussi refusa d'abord; il avait juré de s'ensevelir sous les ruines de sa forteresse; mais, quand il eut vu les troupes de Mayenne cerner la Bastille, il n'attendit pas le premier coup de canon et se rendit, moyennant la vie et les biens saufs (1er décembre).

Le lendemain, Mayenne alla au parlement, réuni pour la première fois depuis la mort de Brisson, et réorganisa cette cour par la nomination d'un premier président et de trois autres présidents, MM. Chartier, de Hacqueville, de Neuilli et Le Maistre [1]. Mathieu (t. II, p. 89) prétend que Mayenne proposa au parlement de faire le procès aux auteurs et complices des assassinats du 15 novembre, mais que la cour, encore sous l'impression de la terreur qu'elle avait éprouvée, s'excusa d'entreprendre cette poursuite. Quoi qu'il en soit, Mayenne agit de sa seule autorité. Le 4 décembre, avant le jour, il fit enlever quatre des principaux du conseil des Seize, Anroux, Aimonnot, Ameline et Louchart, et les fit étrangler, sans forme de procès, dans une salle basse du Louvre. Aimonnot s'était, dit-on, rendu coupable d'assassinat et de vol. Un autre de ces hommes, l'avocat Ameline, avait déployé de remarquables talents politiques; personne n'avait plus con-

---

1. Ordinairement, quand il s'agissait de nommer un président, le parlement présentait des candidats : le roi choisissait.

tribué à l'organisation de la Ligue. Quant à Louchart, il mourut victime ou de sa présomption ou de son dévouement à son parti; Mayenne, en entrant dans Paris, lui avait offert l'état de commissaire général des vivres de son armée, s'il abandonnait Paris et la faction; il avait refusé.

. Plusieurs de leurs compagnons étaient destinés au même sort. Bussi, assailli chez lui malgré sa capitulation, n'eut que le temps de s'échapper en abandonnant les richesses mal acquises qu'il avait amassées durant sa capitainerie de la Bastille. Il se retira en Belgique, où il fut réduit à reprendre, pour vivre, son ancien métier de maître d'armes. Cromé et Cocheri, deux des *juges* de Brisson, s'évadèrent aussi; de Launoi eut ordre de quitter Paris; Crucé, Sanguin, chanoine de Notre-Dame, et plusieurs autres furent arrêtés; mais Mayenne ne fut pas conseillé de pousser plus loin la vengeance, ni de réduire au désespoir un parti redoutable encore. Le menu peuple flottait entre la crainte et la colère. L'attitude des prédicateurs était menaçante : Boucher dit en face au duc que l'exécution du Louvre était une vraie boucherie et que les victimes étaient des martyrs de Dieu. Mayenne répondit, avec beaucoup de modération, que cet exemple avait été nécessaire pour rétablir l'ordre et l'obéissance dans le parti, mais que les « bons catholiques » n'avaient rien à craindre. Il se rendit à la Sorbonne, fort scandalisée du supplice des quatre *zélés*, et s'exprima de la même manière. Le 10 décembre, il publia un édit d'amnistie, dont il n'exceptait que Cromé et Cocheri, les *juges* de Brisson, et un certain Lochon, qui leur avait servi de greffier; mais, en même temps, il interdit à tous particuliers, même à ceux qui se sont ci-devant voulu nommer le conseil des Seize, « de faire plus aucunes assemblées privées pour délibérer ou traiter d'affaire quelconque, sous peine de la vie et de rasement des maisons où les dites assemblées auroient été faites ». Afin de donner quelque satisfaction aux « bons catholiques », il défendit également, sous peine de la vie, de « reprocher les choses passées, semer la division entre les catholiques ou favoriser les hérétiques ». Le 17 décembre, un « mathématicien [1] », nommé Libe-

---

1. C'est-à-dire astrologue.

rati, fut pendu pour complot en faveur du « roi de Navarre ». C'était un gage de réconciliation offert aux prédicateurs.

Mayenne ne négligea rien pour consolider son pouvoir : il imposa à tous les officiers, puis à tous les bourgeois des quartiers et dizaines, le serment de lui obéir jusqu'à l'élection d'un roi, de reconnaître et respecter la cour de parlement et tous magistrats et supérieurs, de ne prendre les armes que par le commandement du gouverneur, du prévôt et des échevins, enfin d'avertir les magistrats des conspirations ou assemblées secrètes qui se pourraient faire contre les défenses du lieutenant-général et du parlement. Les officiers qui refusèrent de prêter ce serment furent réputés démissionnaires. Une circulaire fut expédiée à toutes les villes de l'Union et leur exposa les motifs de la rigueur déployée par le lieutenant-général et du nouveau serment réclamé des Parisiens [1].

Ainsi finit le CONSEIL DES SEIZE. Mayenne lui arracha Paris après lui avoir soustrait la France. Cette démocratie éclose dans une atmosphère viciée, nourrie de doctrines homicides par ses fanatiques précepteurs, poussée par l'étranger dans une voie rétrograde, tandis que la France aspirait à des destinées nouvelles, devait nécessairement succomber après avoir pour longtemps compromis les grandes maximes de souveraineté nationale et de liberté politique, qu'elle associait bizarrement à l'esclavage religieux et à l'étouffement de la pensée humaine.

Les tronçons mutilés du parti des Seize furent longtemps encore remués par les prédicateurs et par l'Espagne; mais ce corps redoutable ne recouvra plus sa force ni son unité.

Mayenne était reparti aussitôt après avoir publié l'ordonnance

1. Le *Dialogue du Maheustre et du Manant*, attribué à Cromé, prétend que Mayenne fit promettre en outre à tous les grands et gouverneurs du parti de ne l'abandonner jamais; de ne favoriser la nomination d'un roi que par son consentement; de consentir à tous les accords qu'il ferait avec le roi ou autres; de ne favoriser les Espagnols ni conférer avec eux que par sa licence et selon son instruction; enfin, de résister à ceux qui favoriseraient le peuple et de faire en sorte que l'autorité entière lui demeurât. — Sur les événements qui suivirent la mort de Brisson, *V.* L'Estoile, *Journal de Henri IV*, p. 67-78. — Palma-Cayet, *Chronologie novennaire*, p. 329-336. — De Thou, t. V, l. CII, p. 108-109. — Mathieu, t. II, p. 87-91. — Davila, p. 901-907. — *Recueil tiré des Registres de la cour du parlement;* Paris, 1652, p. 51-67. — *Registres de l'Hôtel de Ville*, XIII, f° 255, v°.

qui prohibait les assemblées populaires (11 décembre). Vainqueur des Seize, il avait à compter avec les Espagnols, dont l'assistance lui était plus nécessaire que jamais, car le Béarnais, en ce moment, pressait vivement la capitale de la Normandie. Mayenne s'était bien gardé de laisser deviner, dans ses édits et ses circulaires, que son plus grand grief contre les Seize était leur connivence avec l'étranger; les agents espagnols, de leur côté, ne s'étaient pas jetés ouvertement dans le débat, grâce surtout au duc de Parme, qui, en sa qualité de prince souverain, avait beaucoup de répugnance pour les démagogues de Paris. On écarta d'un commun accord d'inutiles discussions sur les derniers événements. Mayenne et Parme se joignirent à Guise dans la seconde quinzaine de décembre. Le gouverneur des Pays-Bas avait reçu l'ordre de tout sacrifier au succès des affaires de France. L'établissement de l'infante sur le trône de saint Louis absorbait toutes les pensées de Philippe II : l'inflexible Philippe en était venu jusqu'à offrir la paix à « ses rebelles » de Hollande, afin de n'avoir plus à s'occuper que de la France. Il s'était préparé, pour la fin de cette année, à des efforts qui dépassaient tous ses efforts passés. Tandis que le duc de Parme devait opérer de concert avec Mayenne dans le nord de la France et que divers corps espagnols soutenaient Mercœur en Bretagne, Joyeuse en Languedoc, Charles-Emmanuel en Provence et en Dauphiné, une autre armée de quatorze mille combattants, levée dans la Castille, devait entrer en Guyenne par la Navarre. Le refus que firent les Provinces-Unies de se prêter à des ouvertures qu'elles ne jugeaient pas sincères, et un grand événement arrivé en Espagne même, ne permirent pas à ce plan redoutable de se réaliser dans son ensemble. L'orgueilleux monarque, qui, depuis si longtemps, portait le trouble et la guerre dans les états de ses voisins, vit, cette année, la rebellion au cœur même de l'Espagne, et l'armée destinée à combattre aux bords de la Garonne et de la Charente fut retenue sur les rives de l'Èbre par la révolte ou plutôt par la résistance légale de l'Aragon. Les Aragonais ne furent pas plus heureux et furent moins vaillants dans la défense de leurs vieilles libertés contre Philippe II, que ne l'avaient été jadis les *comuneros* de Castille contre Charles-Quint : ils passèrent à leur tour sous le niveau du despotisme; mais la nécessité de contenir et d'occuper militairement ce pays mécontent et agité interdit à Philippe II toute entreprise sérieuse contre le midi de la France[1].

Dans le Nord, au contraire, les Espagnols étaient en mesure d'agir efficacement contre Henri IV, sauf à laisser derrière eux les plaines de Belgique ouvertes aux irruptions des Hollandais. Mais ils voulaient au moins être assurés qu'ils agiraient à leur profit. La question des places de sûreté fut d'abord posée : Mayenne fut obligé de consentir à donner La Fère pour servir de magasin et de dépôt à l'armée auxiliaire; le duc de Parme s'en contenta et promit même d'évacuer La Fère à la première réquisition : l'ambassadeur Diego d'Ibarra n'eût pas été si modéré.

La grande question « des droits de l'infante » fut ensuite l'objet de longues conférences auxquelles Mayenne appela le duc de Guise, le comte de Vaudemont, fils puîné du duc de Lorraine, et le comte de Chaligni, frère du duc de Mercœur. En réalité, la négociation roula tout entière sur le président Jeannin. Les chefs de la Sainte-Union parurent résignés à ce que, « pour cette fois, on rompît la loi Salique », moyennant que l'infante se mariât avant un an, avec l'avis des princes, des grands officiers de la couronne et des États de France; mais ils demandèrent qu'avant tout, les princes, gouverneurs et capitaines de la Ligue fussent satisfaits et récompensés, que les libertés du royaume fussent garanties et que le Roi Catholique s'engageât à donner dix millions d'or (trente millions) en deux ans, afin de réduire le royaume sous l'obéissance de l'infante. Les Espagnols insistaient sur la convocation immédiate des États, afin de leur faire reconnaître l'infante : Jeannin répondit qu'il fallait que toutes les conditions fussent préalablement arrêtées entre le Roi Catholique et les princes de l'Union.

Les négociateurs de Philippe II, Ibarra, Tassis et le Franc-Comtois Richardot, offrirent, au lieu des dix millions d'écus, deux millions quatre cent mille écus et vingt-cinq mille hommes de troupes *étrangères*, soldées pour deux ans[2]. Ils n'avaient garde

---

1. *V.* aux ÉCLAIRCISSEMENTS, n° 1; ANTONIO PEREZ.
2. Par les lettres du duc de Parme et de Diego d'Ibarra à Philippe II, on voit que Philippe dépensait déjà en France près de 4,000,000 par an; les deux armées de

de vouloir remettre les armées et l'argent à la discrétion de Mayenne.

Au fond, Mayenne, comme à son ordinaire, ne cherchait qu'à reculer les engagements décisifs et à se faire secourir encore une fois sans rien conclure. Pendant que Jeannin discutait avec les Espagnols, Villeroi, l'autre diplomate du parti, par le conseil de ce même Jeannin, était entré en pourparlers avec l'abbé de Bellosane, le confident du cardinal de Bourbon, et tâchait de mettre d'accord le tiers parti et le lieutenant-général de l'Union. Jeannin eût souhaité qu'on pût s'entendre afin d'exclure et l'Espagnol et le Navarrois, si celui-ci persistait dans l'hérésie.

Cette négociation n'aboutit à rien et Mayenne atteignit à peu près son but de l'autre côté; car le péril de Rouen contraignit le duc de Parme à se porter en avant sans avoir rien obtenu de positif[1].

Le maréchal de Biron avait commencé l'investissement de Rouen dès le 11 novembre, avec un corps de troupes françaises et les Anglais du comte d'Essex, renforcés de deux mille hommes nouvellement débarqués. Henri IV amena, dans les premiers jours de décembre, le reste des forces royalistes, l'armée auxiliaire allemande et un corps de Suisses. Il établit son quartier général à Darnetal et répartit ses troupes sur les deux rives de la Seine, autour de la ville et de la montagne fortifiée de Sainte-Catherine. Henri avait écrit, le 1er décembre, aux Rouennais, une lettre où il les exhortait à ne pas croire aux calomnies du roi d'Espagne, qui l'accusait de vouloir abolir la religion catholique, tandis que « ladite religion » était entretenue de point en point dans les villes réduites en son obéissance : il les invitait à reconnaître leur roi légitime, sans le contraindre d'en venir à la force; autrement, il ne serait plus en sa puissance d'empêcher que la ville ne fût pillée et saccagée. Les Rouennais lui répondirent fièrement qu'ils attendaient l'effet de ses menaces et qu'ils mourraient plutôt que de reconnaître un hérétique pour roi de France.

Parme et de Mayenne lui coûtaient en ce moment 261,000 écus par mois, sans les nouvelles levées et les ravitaillements. Palma-Cayet, p. 352.—Capefigue, t. VI, p. 116. — *Mémoires de la Ligue*, t. V, p. 50-70. — *Mém.* de Villeroi, t. XI, p. 181.

1. Il n'y eut point de conventions signées, du 10 au 18 janvier 1592, entre Parme et Mayenne, comme le dit M. Poirson; t. I, p. 117.

La population ligueuse de Rouen ne s'était encore que faiblement ressentie des souffrances et des discordes de la Ligue parisienne : elle avait conservé toute la verdeur des premiers temps de l'Union. Les chefs du parlement ligueur et du corps de ville étaient pleins d'énergie et de dévouement à la cause : le maire La Londe et même le premier président de Bauquemare[1] servaient de lieutenants au gouverneur, André de Brancas, seigneur de Villars, qui commandait avec une autorité presque absolue sous le nom du jeune duc d'Aiguillon, fils aîné de Mayenne et gouverneur titulaire de Normandie. Villars, un des plus habiles politiques et des meilleurs capitaines du temps, savait entretenir et diriger des passions religieuses qu'il ne partageait pas : il servait la Ligue par ambition plus que par dévouement, ou plutôt il ne servait que lui-même. Gouverneur du Havre, il s'était fait chèrement acheter par la Ligue en 1588 : il avait continué sa fortune en équipant des corsaires contre les Anglais et les Hollandais; mais l'or n'était pour lui qu'un moyen d'arriver à la puissance : il s'était rattaché tous les hommes de tête et de main que le parti ligueur comptait en Normandie; puis il avait menacé Mayenne de traiter avec le roi, si Mayenne n'ôtait à Jean de Tavannes la lieutenance-générale de la province pour la lui donner. Mayenne avait cédé. Villars, maître des destins de la Ligue en Normandie, hésita, dit-on, s'il resterait fidèle au lieutenant-général de l'Union, et une négociation secrète fut entamée entre les gens du cardinal de Bourbon et l'abbé de Tiron, Philippe Desportes, qui, de poëte favori de Henri III, était devenu le conseiller intime de Villars. Les pourparlers échouèrent, grâce peut-être au mauvais vouloir des gens du tiers parti, qui ne se souciaient pas que le roi eût Rouen, et Villars ne pensa plus qu'à combattre.

Villars avait prévu le siège longtemps d'avance : dès le commencement d'octobre, la ville avait été largement approvisionnée; le gouverneur y avait introduit des renforts considérables; les suspects avaient été chassés et tout le reste des habitants enrôlés comme soldats ou comme pionniers. Les faubourgs furent ruinés pour empêcher l'ennemi de s'y loger; de vastes travaux de

---

1. C'était un ex-maître des requêtes que la Ligue avait élevé à cette dignité après la retraite des quatre anciens présidents à Caen.

fortification furent exécutés sur la montagne Sainte-Catherine et sur les principaux points de l'enceinte de Rouen[1]; une flottille fut armée pour la défense et le ravitaillement de la ville. Quand l'ennemi parut, on mit dehors tous les gens des environs qui encombraient Rouen. Toutes les fautes commises durant le siége de Paris furent soigneusement évitées : Villars et les chefs rouennais n'imitèrent des Parisiens que leur constance et que ces grands spectacles qui animaient la multitude à tout oser et à tout souffrir; on vit se reproduire, avec quelques variantes, les principaux incidents du siége de Paris : processions pieds nus, aux flambeaux, avec le drapeau noir portant l'image du Christ sur la Croix; arrêts fulminants du parlement; serments publics de résister jusqu'à la mort; conspirations royalistes découvertes et punies; gibets plantés sur toutes les places pour effrayer les *politiques;* sorties fréquentes où les assiégés eurent maintes fois l'avantage[2].

La prévoyance de Villars ne permit pas que la similitude fût complète jusqu'au bout : l'horrible famine de Paris ne se renouvela point à Rouen, mais le siége fut bien plus sanglant. Il ne s'agissait plus ici d'un simple blocus, mais d'opérations régulières poussées avec autant de vigueur que le permit la saison. Le maréchal de Biron força en quelque sorte le roi d'assaillir le mont Sainte-Catherine avant le corps de la place, c'est-à-dire d'attaquer là où l'ennemi était le plus fort[3]. Les neiges et les gelées rendirent fort difficile l'ouverture des tranchées et fatiguèrent beaucoup l'infanterie royale; les Anglais surtout, très-braves soldats, du reste, supportèrent mal ces rudes travaux. Henri, dès la fin de décembre, dépêcha Mornai en Angleterre

---

1. Le maréchal de Biron fut accusé de n'avoir pas empêché ces travaux comme il l'aurait pu. Palma-Cayet, p. 356.

2. On prétend que, dans une de ces sorties, le curé de Saint-Patrice, Martin Hébert, tua de sa main dix-sept royalistes. *Discours du siége de Rouen*, en 1591-1592, par G. Valdori. Un autre prêtre, le curé de Goville, devint un des principaux capitaines des assiégés et mourut bravement les armes à la main. — De Thou, t. V, p. 117. Un bref de Grégoire XIV, du 2 juin 1591, avait permis à tous les gens d'église de porter les armes contre les hérétiques. Isambert, t. XV, p. 22.

3. M. Poirson renouvelle à ce sujet ses accusations assez vraisemblables contre Biron (t. I, p. 120). Sulli (*OEconomies royales*, p. 89) dit que Biron « ne vouloit pas que la ville se prît » parce que le roi n'avait pas voulu lui en promettre le gouvernement, déjà promis à un autre.

pour réclamer de nouveaux renforts, qu'Élisabeth refusa de très-mauvaise grâce. La longue absence de son favori Essex ennuyait mortellement la vieille reine et la rendait d'une humeur intraitable. Elle ne s'adoucit qu'après le retour d'Essex.

Les Provinces-Unies mirent plus d'empressement à secourir leur allié : le 4 janvier, une escadre hollandaise parut dans les eaux de la Seine et débarqua devant Rouen trois mille soldats et beaucoup de munitions. Les principaux chefs royalistes des provinces arrivèrent successivement au camp; on pressa plus vivement les approches. Les assiégés, de leur côté, redoublèrent de vigilance et d'intrépidité; les tranchées de la montagne Sainte-Catherine et les vallons du Robec et de l'Aubette furent le théâtre d'héroïques exploits. La palme de l'audace resta encore au Béarnais.

Cependant Henri IV allait se trouver, comme au siége de Paris, entre une grande ville assiégée et une armée ennemie. Les troupes françaises et lorraines de la Ligue, les forces espagnoles des Pays-Bas, les restes de la petite armée papale, s'étaient réunis à La Fère et s'avançaient lentement vers la Picardie centrale, sous la conduite des ducs de Parme, de Mayenne, de Guise, de Montemarciano, d'Aumale, du comte de Chaligni, etc. Henri IV ne prit pas le même parti qu'en 1590 : il crut pouvoir à la fois continuer le siége et arrêter l'armée de secours; son infanterie était fort diminuée et harassée, mais sa cavalerie était la plus belle et la plus nombreuse qu'il eût jamais eue. Il laissa au camp, devant Rouen, toute l'infanterie et quelque cavalerie, sous les ordres du maréchal de Biron, et prit avec lui 3,000 reîtres, 2,000 hommes d'armes français et 2,000 de ces arquebusiers à cheval qui mettaient pied à terre au moment de combattre et que l'on commençait de nommer dragons. A la tête de cette brillante troupe, il s'avança jusqu'à l'entrée de la Picardie pour voir venir l'ennemi (10-18 janvier).

L'ennemi fut long à paraître. Les débats des négociateurs, comme on l'a vu plus haut, retardèrent la marche des soldats; ce fut seulement vers la fin de janvier que le duc de Parme marcha sérieusement en avant par l'Amiénois et le Ponthieu. Henri IV, qui s'était porté sur Aumale, apprit que l'armée entière de la Ligue, forte de vingt-trois ou vingt-quatre mille combattants, se dirigeait vers cette petite ville. Ne pouvant livrer de bataille rangée avec un corps de cavalerie contre toute une armée, il renvoya le gros de ses troupes à Neufchâtel et ne garda qu'un millier d'hommes d'élite, cuirassiers et arquebusiers, afin de faire en personne une reconnaissance générale et de tenter quelque coup de main contre la cavalerie ligueuse. Quand il eut reconnu l'admirable ordre de marche adopté par le duc de Parme, il jugea toute entreprise impossible et ordonna la retraite. Il s'était imprudemment engagé au delà d'Aumale et de la petite rivière de Bresle, et, tandis qu'il escarmouchait devant le front de l'armée ligueuse, la cavalerie légère ennemie l'avait débordé sur les deux flancs. Ses compagnons le pressèrent de mettre sa personne en sûreté; son orgueil chevaleresque ne put s'y résoudre; il voulut protéger ses soldats, au lieu d'être protégé par eux, et rester à la tête du dernier escadron, sur lequel tomba tout l'effort des ennemis. Le danger devint bientôt immense : la pente du terrain et les vignes qu'il fallait traverser faisaient broncher les chevaux à chaque pas; les carabins espagnols accablaient d'une grêle de balles la petite troupe du roi; un coup de feu perça l'arçon de sa selle et le blessa légèrement aux reins. Les ennemis avaient reconnu ses plumes blanches et poussaient tous « au roi de Navarre ». Il eût été infailliblement pris ou tué sans le dévouement de la noblesse qui l'entourait : plus de la moitié de son escadron se fit tuer en le défendant. Il put enfin repasser la rivière et se mettre en sûreté dans les bois, de l'autre côté d'Aumale, grâce à un retour offensif qu'exécutèrent les premiers escadrons ou plutôt grâce à la circonspection extrême du duc de Parme, qui, informé de la présence du Béarnais, ne voulut jamais croire que celui-ci se fût engagé de la sorte sans être puissamment soutenu et empêcha sa cavalerie de se lancer en masse à la poursuite. Si toute la cavalerie ennemie eût donné, Henri eût été perdu (5 février).

Les deux généraux péchèrent également dans cette journée : l'un par excès de prudence, l'autre par excès de hardiesse. Le duc de Parme, piqué d'avoir manqué une si belle occasion, se justifia en disant qu'il avait cru avoir affaire « à un général et non à un carabin. » Henri, de son côté, réprimandé assez rudement par le vieux Biron, défendit par des raisons politiques les imprudences qu'il commettait par tempérament. Ses raisons, il faut pourtant l'avouer, étaient assez spécieuses : Henri savait que tous ces aventuriers, ces volontaires qui faisaient la force de son armée étaient plus affectionnés à sa personne qu'à ses droits; qu'ils l'aimaient, non pas comme un roi, non pas même comme un général, mais comme un compagnon de guerre, comme le premier soldat du monde; il lui fallait frapper sans cesse leur imagination et entretenir leur sympathie par des folies héroïques [1].

Un général moins méthodique que le duc de Parme eût profité de l'échec du Béarnais pour pousser droit à Rouen; mais le duc n'avança que pas à pas. La panique répandue par le bruit de la blessure du roi se calma promptement : dès le 17 février, Henri se retrouva en état de monter à cheval et de tomber de nuit sur le quartier du duc de Guise. Le bagage et la cornette du jeune duc furent enlevés, et un prince lorrain, le comte de Chaligni, eut le chagrin d'être fait prisonnier par le fou du feu roi Henri III.

L'armée ligueuse vint camper à sept lieues de Rouen et les généraux passèrent quelques jours à délibérer s'ils essaieraient seulement d'introduire des secours dans la place, ou s'ils tenteraient une attaque générale contre les lignes des assiégeants. Mayenne et les Français, craignant que les Espagnols ne voulussent garder Rouen, s'ils y entraient victorieux, préféraient le premier parti; le duc de Parme s'attachait au second et espérait battre les troupes de siége par une agression soudaine, avant que la cavalerie royale pût arriver à leur secours. Pendant qu'ils discutaient, le gouverneur de Rouen agit. Le 25 février, au point du jour, Villars, remettant la garde de la ville et des forts aux bourgeois, sortit avec toute la garnison, au nombre de deux mille cinq cents hommes, balaya les tranchées des assiégeants, tua tout ce qu'il y trouva, renversa les gabions et les palissades, brûla les

---

1. Sulli, Œconomies royales, p. 88-95. — Davila, l. XII, p. 928-937. — De Thou, t. V, l. CII, p. 117-118. — Mathieu, t. II, p. 100-102. — Palma-Cayet, Chronologie novennaire, p. 360-362. — Bentivoglio, Guerres de Flandre, l. XVI. — V. la correspondance de du Plessis-Mornai pour les dates.

logements et s'empara de cinq pièces de canon. Ce fut seulement au bout de deux heures que le maréchal de Biron, accouru de Darnetal, parvint à refouler les ligueurs dans Rouen; mais il fut blessé grièvement et ne put reprendre ses pièces, qui furent traînées en triomphe dans la ville assiégée.

Ce brillant succès des ligueurs confirma le duc de Parme dans son désir d'attaquer; le duc se montrait aussi décidé en ce moment qu'il était lent et réservé d'habitude. Il fut arrêté par ceux-là mêmes qu'il était venu secourir et qui ne voulaient pas lui permettre de vaincre. Mayenne et les siens, croyant Rouen sauvé, s'estimaient satisfaits et redoutaient une victoire décisive qui les eût faits sujets de l'Espagne. Ils représentèrent si vivement les avantages de la temporisation et les dangers d'une affaire générale[1], qu'ils obligèrent Farnèse à se contenter d'introduire quelques centaines d'hommes avec un convoi dans Rouen. Chose bizarre! Mayenne sauva peut-être la couronne et la vie à Henri IV, comme Biron lui avait peut-être fait perdre Paris et Rouen, c'est-à-dire la conquête de la France.

L'armée catholique, ne pouvant plus subsister dans un pays ravagé, retourna au nord de la Somme, dans les premiers jours de mars, et les royalistes crurent le duc de Parme reparti pour les Pays-Bas. Des négociations mystérieuses avaient recommencé entre Villeroi, Jeannin, du Plessis-Mornai et quelques autres diplomates des deux partis. Le roi avait intercepté et envoyé à Mayenne des lettres de l'ambassadeur Diego d'Ibarra, lettres qui révélaient toutes les intrigues des Espagnols avec les *zélés* de Beauvais, d'Orléans et de diverses cités, et le lieutenant-général de l'Union avait vu avec colère que les Espagnols poussaient les bonnes villes de France, « par menaces, par promesses, par argent et par jésuites », à se mettre directement sous la protection de Philippe II. A l'exception peut-être du jeune duc de Guise, tous les princes lorrains étaient également fatigués de la guerre et opposés au couronnement de l'infante. Ils firent offrir à Henri IV un engagement secret de le reconnaître, à condition qu'il donnât assurance secrète de se faire catholique, qu'il réalisât ensuite

---

1. L'infanterie royale était fondue et réduite à une dizaine de mille hommes; mais Henri IV était fort supérieur en cavalerie. — V. *Lettres* de Henri IV, t. III, p. 574.

cette promesse comme de son propre mouvement, et qu'il garantît les intérêts des chefs de la Ligue. Les négociateurs royalistes, et le huguenot Mornai lui-même, consentirent que le roi promît de se faire instruire dans un temps donné et autorisât les catholiques royaux d'envoyer vers le pape à cette intention; qu'en attendant, on assurât les intérêts des particuliers.

Promettre de se faire instruire, ce n'était pas promettre d'embrasser le catholicisme; ce point arrêta les princes ligueurs et servit de prétexte à l'irrésolution de Mayenne et à l'ambition du jeune Guise, qui aspirait à régner avec l'infante. Rien ne fut ni conclu, ni rompu. Les prétentions privées des princes ligueurs étaient telles, au reste, qu'on n'eût jamais pu s'entendre.

Les Espagnols, d'un autre côté, avaient renouvelé leurs impérieuses instances; mais ils n'obtinrent pas non plus d'engagement formel de la part des princes lorrains, qui renvoyèrent la question aux États Généraux, convoqués pour le 15 mai à Soissons. Cette huitième ou dixième convocation n'eut pas plus d'effet que les précédentes [1].

Henri IV, cependant, n'avait pas interrompu ses opérations militaires. Le peuple rouennais, qui avait un peu prématurément remercié de sa délivrance Notre-Dame-de-Lorette, vit avec anxiété les assiégeants réparer leurs retranchements, rétablir leurs logis et couper toutes communications avec le haut de la rivière par des bateaux armés et par la construction de deux forts sur les deux rives. En aval, la Seine était déjà barrée par l'escadre hollandaise. La détresse des Rouennais devint cruelle : quatre mois de siége avaient épuisé les ressources amassées par la prévoyance du gouverneur et des magistrats; la patience du peuple se lassait. Dans la première quinzaine d'avril, Villars écrivit à Parme et à Mayenne qu'il ne pouvait plus tenir, passé le 20, sans un secours décisif. Le 16 avril, l'émeute parisienne *du pain ou la paix* se renouvela au Palais de Justice de Rouen; elle fut réprimée et, le 20, l'armée catholique, fidèle au rendez-vous assigné par Villars, apparut en vue de Rouen. Parme et Mayenne, qui séjournaient depuis un mois dans le Ponthieu, avaient, à la réception

---

1. *Mémoires* de Mornai, t. V, p. 208-311; édition de 1824. — *Mémoires* de Villeroi; ancienne collection, t. LXII, p. 68-100.

de la lettre de Villars, réuni à la hâte toutes leurs forces disponibles, douze mille fantassins et cinq mille chevaux, fait trente lieues et passé quatre rivières en quatre jours. L'évêque de Plaisance, créé cardinal et légat par le pape Innocent IX, successeur de Grégoire XIV, rejoignit, chemin faisant, les généraux de la Ligue et donna sa bénédiction dans tous les rangs de l'armée, lorsqu'on fut en présence de l'ennemi.

Les ligueurs n'eurent point de bataille à livrer pour faire lever le siége. Les royaux étaient hors d'état de défendre leurs lignes. La noblesse harassée avait pris congé quasi en masse; quatre à cinq mille Hollandais [1] et Anglais, récemment arrivés, ne remplissaient pas les vides énormes de l'infanterie, qu'il avait fallu disperser en partie dans les garnisons voisines pour la reposer. Le soir d'avant l'arrivée de Parme, le vieux Biron, en l'absence du roi, qui était à Dieppe, fit évacuer le camp et commencer la retraite.

Henri IV accourut dans la nuit. Presque tous les généraux voulaient qu'on se retirât outre-Seine; le jeune Biron s'opposa énergiquement à cette « fuite » et Henri préféra l'avis le plus courageux. L'armée royale s'arrêta entre Bans et Goui, à trois lieues de Rouen, et y resta en bataille durant toute la journée du 21 avril. Pendant ce temps, les généraux alliés et le légat entraient dans Rouen aux acclamations du peuple. Le duc de Parme voulait aller attaquer le Béarnais avant qu'il eût le temps de se renforcer. Mayenne et tous les chefs des ligueurs français s'y opposèrent; ils représentèrent que Henri avait sa retraite assurée sur Pont-de-l'Arche, que l'armée et la ville de Rouen étaient sans vivres et que mieux valait rendre la rivière libre entre Rouen et le Havre par la prise de Caudebec, où les royaux avaient de grands magasins de blé. Parme céda, bien qu'à regret, et Caudebec, investi le 24 avril, capitula dès le 26, malgré les secours de l'escadre hollandaise. Ce succès coûta cher aux assiégeants : le duc de Parme, en examinant les dehors de la place, avait reçu une balle dans le bras droit; il ne changea ni de visage, ni de discours; il acheva tranquillement sa reconnaissance avant d'aller se faire panser; mais sa force physique ne répondait pas à son

---

1. Ou plutôt Wallons au service de Hollande.

courage : sa mauvaise santé envenima la blessure, et la fièvre, qui le prit avec violence, l'obligea de remettre le commandement à Mayenne, qui souffrait lui-même d'un mal opiniâtre dont l'origine était moins honorable.

Leur intrépide adversaire, aussi infatigable de corps que d'esprit, était déjà en état de venger l'affront qu'il venait de recevoir. Des ordres de rappel avaient été envoyés par Henri dans toutes les directions, quelques jours avant la levée du siége de Rouen : la noblesse était habituée à rejoindre ses étendards aussi vite qu'elle les quittait; dès le 25 avril, Henri se porta en avant et, le 28, il vint camper, avec six mille cavaliers, quatorze ou quinze mille fantassins et vingt pièces de canon, à une demi-lieue d'Ivetot [1], où Mayenne avait établi son quartier général. Après quelques escarmouches, Henri, jugeant la position de l'ennemi trop difficile à enlever de front, la tourna et se porta au delà d'Ivetot, de manière à assurer ses communications avec Dieppe et Saint-Valeri et à couper celles de l'ennemi avec le Havre et Lillebonne. Il réduisit bientôt les ligueurs à une extrême pénurie : Rouen épuisé ne pouvait presque rien leur fournir; l'armée catholique semblait condamnée, soit à mourir de faim, soit à tenter vers Rouen ou vers la Picardie une retraite impossible en présence d'un ennemi tel que Henri IV. Les forces royalistes s'accroissaient de jour en jour : déjà, dans des engagements partiels, plusieurs des quartiers de l'armée ligueuse avaient été assaillis et forcés, et le duc de Parme avait été contraint de quitter son lit de douleur pour rallier et concentrer ses troupes.

L'imminence du danger fit oublier au duc de Parme ses souffrances : ce grand capitaine ressaisit, par un héroïque effort, la liberté de son intelligence pour sauver son armée. Il la ramena, durant la nuit du 9 au 10 mai, d'Ivetot sur Caudebec. Le lendemain, les royaux vinrent écraser la cavalerie légère des catho-

---

1. La terre d'Ivetot a dû un renom proverbial au titre de *royaume* qu'elle a conservé jusqu'au XVIIe siècle. C'était un franc-alleu, le seul probablement qui eût subsisté dans nos provinces du Nord. La condition exceptionnelle d'une terre possédée en toute souveraineté par ses seigneurs, qui ne rendaient foi et hommage à personne, pas même au roi, lui avait sans doute valu ce titre de royaume. On expliquait par des contes bizarres l'existence de ce débris d'une société antérieure à la société féodale et dont la tradition s'était perdue.

liques à une lieue de Caudebec[1]. Henri avait vu avec joie l'ennemi s'enfermer entre l'armée royale et un fleuve large comme un bras de mer. Il croyait impossible que ses rivaux lui échappassent. Il eût dû se rappeler quel ennemi c'était que le duc de Parme. Le duc avait tout calculé : depuis plusieurs jours on construisait pour lui à Rouen des pontons, des radeaux, des bateaux remorqueurs à rames; tout cet attirail fut amené à Caudebec par le reflux[2], et l'armée ligueuse commença de passer la rivière sous la protection de deux fortins élevés à la hâte sur les deux rives. La situation des lieux favorisa l'embarquement, et les royaux ne s'en aperçurent que le lendemain dans la matinée, quand plus de la moitié de l'armée était déjà passée. Le canon du fort élevé sur la rive droite, auprès de Caudebec, tint à distance la cavalerie royale; la cavalerie ligueuse de l'arrière-garde fila le long de la Seine jusqu'à Rouen. L'infanterie parvint à s'embarquer presque sans perte et sans abandonner un seul canon. Les Espagnols brûlèrent ou laissèrent aller à la dérive les bâtiments qui leur avaient servi à traverser le fleuve. L'escadre hollandaise était accourue trop tard de Quillebeuf pour les arrêter[3].

Le passage de la Seine n'eût peut-être point assuré le salut de l'armée catholique, si Henri eût couru passer de son côté le fleuve à Pont-de-l'Arche ou à Vernon, en envoyant devant lui sa cava-

---

1. L'armée ligueuse paraissant fort ébranlée, Charles de Biron demanda, dit-on, à son père cinq cents chevaux pour pousser en avant, se vantant de tout renverser. Le maréchal refusa avec colère. « Veux-tu, s'écria-t-il, nous envoyer planter des choux à Biron? » Sur quoi, le fils s'écria que, s'il était le roi, il ferait couper la tête à son père. — Mézerai, *Histoire de France*, t. III, p. 1013. L'anecdote est peut-être arrangée, mais il est certain que le bruit courut que le maréchal avait arrêté volontairement l'avantage des royaux. — L'Estoile, p. 87.

2. Probablement dans la nuit du 11 au 12 mai.

3. De Thou, t. V, l. CIII, p. 123-129. — Davila, l. XIII, p. 942-961. — Mathieu, t. II, p. 105-110. — Palma-Cayet, p. 366-369. — L'Estoile, *Journal de Henri IV*, p. 85-88. — Bentivoglio, l. XVI. — C'est par erreur que les historiens placent le passage de la Seine par le duc de Parme, les uns, au 20 mai, les autres, au 22; une lettre de Henri IV, du 17 mai, parle de ce passage comme d'un fait accompli (voyez *Lettres de Henri IV*, t. III, p. 635), et, d'après celui des suppléments de L'Estoile qui paraît le plus digne de foi (p. 86), l'armée ligueuse avait reparu aux environs de Paris dès le 16; ce qui suppose qu'elle était partie de Caudebec vers le 12, en marchant à grandes journées. M. Poirson (t. I, p. 126) ne cite pas exactement L'Estoile. — *Mémoires* de Nevers, t. II, p. 300-304. — *Mémoires* de Mornai, t. V, p. 334, et Manuscrits de Mesmes, cités par Capefigue, t. VI, p. 159-161.

lerie légère couper les ponts de l'Eure, que le duc de Parme devait nécessairement franchir. Henri IV y était décidé; mais les catholiques royaux arrêtèrent le roi, comme les ligueurs avaient arrêté naguère le duc de Parme : ils prétendirent que la poursuite serait inutile, que l'ennemi avait trop d'avance. Les troupes étrangères, d'autre part, demandaient, les unes, leur congé, les autres, de l'argent, et ne voulaient plus marcher. Henri était hors d'état de les satisfaire. Il fallut renoncer à l'espoir de vaincre le duc de Parme et de prendre Rouen : il fallut se résoudre à licencier cette armée sur laquelle on avait fondé tant d'espérances! Henri IV congédia les Anglais et les Hollandais et se dirigea vers les bords de l'Oise pour reconduire les Allemands et empêcher les ennemis de rien tenter contre les places royalistes du nord [1]. Après deux ans d'héroïques efforts, Henri se retrouvait presque au même point que le lendemain d'Ivri! Le roi n'avait guère conquis qu'une gloire stérile : la Ligue avait horriblement souffert, mais elle restait debout.

Henri ne retrouva pas le duc de Parme dans le nord de la France. Tandis que Mayenne se retirait malade à Rouen, Parme, malgré des souffrances bien plus graves, avait précipité sa marche, atteint Saint-Cloud en quatre jours, jeté dans Paris, en passant, quinze cents Wallons, au grand déplaisir de Mayenne, puis regagné les Pays-Bas par la Brie et la Champagne. Il laissa un corps de troupes à la Ligue et promit de revenir avant la fin de l'hiver afin de prêter l'appui de ses armées aux États Généraux encore une fois ajournés.

Il arriva presque mourant aux eaux de Spa et eut le chagrin de trouver son gouvernement diminué de plusieurs places fortes : les Hollandais avaient profité de son absence.

Les hostilités languirent en France après le départ du duc de Parme. Henri IV n'avait plus les moyens de rien entreprendre de considérable et se consolait, auprès de Gabrielle, d'avoir perdu le fruit de ses exploits. La petite guerre de cet été fut cependant marquée par un événement important, la mort du maréchal de Biron, tué d'un coup de canon au siége d'Épernai (27 juillet).

---

1. *OEconomies royales*, p. 98-99.

C'était un des hommes les plus éminents du siècle : il n'avait dû son élévation qu'à son mérite; il savait la politique aussi bien que la guerre et n'était pas moins versé dans les belles-lettres que dans l'art militaire; jamais personne ne sut mieux le prix du temps; mais son orgueil et son criminel égoïsme gâtaient toutes ses grandes qualités [1]. Son fils, Charles de Biron, héritier de ses vices et de sa valeur guerrière, sinon de tout son génie, reçut de Henri IV l'amirauté de France, cédée par Épernon.

Épernai se rendit au roi, puis Provins : Henri bâtit ensuite à Gournai, dans une île de la Marne, entre Lagni et Saint-Maur, un fort qui interdit aux Parisiens tout le transit de la Marne; Mayenne essaya en vain d'enlever cette position aux gens du roi. Les soldats appelèrent ce fort *Pille-Badauds*. Mayenne ne réussit pas mieux à rouvrir les communications entre Rouen et la mer, que séparait le poste royaliste de Quillebeuf.

La lutte était plus animée dans quelques provinces éloignées. Les royalistes avaient le dessus dans le Poitou, la Marche, le Limousin et avaient réduit les ligueurs poitevins aux murs de Poitiers. Par compensation, les royalistes essuyèrent un très-grave échec sur les confins de la Bretagne, du Maine et de l'Anjou. Le prince de Conti, gouverneur des provinces de la Loire, et le prince de Dombes, gouverneur royal de Bretagne, furent battus à Craon par le duc de Mercœur, qui avait reçu de nouveaux renforts d'Espagne (23 mai 1592), et le Bas-Maine retomba au pouvoir de la Ligue, qui prit le dessus en Bretagne. Henri IV dépêcha en Bretagne, comme gouverneur, le maréchal d'Aumont, et appela le prince de Dombes au gouvernement de Normandie, vacant par la mort de son père, le duc de Montpensier (2 juin). Ce duc, esprit médiocre, mais honnête, avait été un des plus fidèles soutiens du roi son cousin.

Dans le sud-est, le belliqueux génie de Lesdiguières continuait d'imprimer un grand caractère aux événements. La Valette, après

---

1. « Il étoit bon capitaine et grand guerrier, serviteur du roi pour sa commodité, traversant ses desseins sur la paix en ce qu'il pouvoit, comme celui qui n'affectionnoit rien tant que la continuation de la guerre pour son ambition et profit particulier, lequel il a toujours préféré au bien public et salut du peuple. » L'Estoile, *Journal de Henri IV*, p. 91. Il avait laissé des mémoires dont la perte est fort regrettable. Il fut le parrain du grand cardinal de Richelieu.

avoir encore une fois défait le duc de Savoie, avait péri au siége d'une petite place de Provence (février 1592). Lesdiguières ne laissa pas à l'ennemi le loisir de mettre à profit la mort de ce brave officier : il passa en Provence et refoula le duc de Savoie de poste en poste jusque dans Nice. Pendant ce temps, La Rivière, un des consuls d'Arles, ayant tênté d'introduire une garnison hispano-savoyarde dans la ville, Arles se souleva au cri de : « Vive la fleur de lis! » Le consul fut tué, les étrangers furent chassés et Arles rompit avec le duc de Savoie.

La rupture de Marseille avec ce duc était complète depuis novembre 1591. Les partisans du duc, s'étant saisis du monastère de Saint-Victor, en avaient été chassés à coup de canon par les Marseillais. Marseille et Arles restèrent ligueuses, mais françaises.

Tandis que le grand capitaine dauphinois guerroyait hors de sa province, les ligueurs y rentrèrent : le duc de Nemours, qui avait réuni à Lyon une armée de dix à douze mille hommes, presque tout étrangère, s'empara de Vienne par la trahison du gouverneur. Nemours ne poussa pas plus loin ses conquêtes : Lesdiguières était raccouru avec la rapidité de l'aigle. Le duc de Savoie reparut alors en Provence, reprit et saccagea Antibes : les soldats du duc firent, dans cette ville maritime et commerçante, un butin de plus de 300,000 écus; mais l'irritation que causa le sac d'Antibes dans toute la contrée n'avança pas les affaires de Charles-Emmanuel. Lesdiguières ne revint pas en Provence; il fit une diversion plus hardie : à la tête d'une poignée de braves, il descendit du haut des Alpes dans les plaines du Piémont : les vallées vaudoises se révoltèrent à l'approche du héros huguenot et arborèrent la bannière de France. Les montagnards traînèrent avec enthousiasme les canons français de rocher en rocher. Lesdiguières prit La Pérouse et Cavours et fortifia Briqueras à la barbe du duc, arrivé en toute hâte avec des forces supérieures (septembre-décembre 1592). Le duc d'Épernon, sur ces entrefaites, appelé en Provence par les troupes gasconnes de son frère La Valette, était venu, avec un petit corps d'armée, reprendre possession de son ancien gouvernement de Provence : il acheva de chasser les Savoyards de toutes les petites places; la Provence échappait aussi complétement que le Dauphiné à Charles-Emmanuel et ce prince revoyait les Français en Piémont. L'affront de Saluces était vengé.

En Languedoc, le maréchal de Joyeuse était mort et avait eu pour successeur, dans le commandement des forces ligueuses, son fils Scipion, auparavant grand-prieur de l'ordre de Malte dans cette province. Scipion de Joyeuse, après avoir pris Carcassonne et obtenu d'assez brillants succès, grâce aux secours d'Espagne, fut battu devant Villemur par les lieutenants du maréchal de Montmorenci, joints au sénéchal de Querci et au gouverneur de la Haute-Auvergne : il se noya en voulant traverser le Tarn à la nage (19 octobre). Les ligueurs languedociens, ne sachant qui mettre à leur tête, allèrent chercher dans son couvent un autre des Joyeuses, l'ex-comte du Bouchage, maintenant le capucin frère Ange. Le pape autorisa frère Ange à quitter le froc pour reprendre la cuirasse, comme chevalier de Malte.

A l'autre bout de la France, le vicomte de Turenne, devenu le maréchal duc de Bouillon, commençait à mener une rude guerre contre le duché de Lorraine et à justifier ainsi la politique de Henri IV, qui lui avait donné une principauté dans ces contrées.

Il n'y avait, dans tout cela, rien de décisif; mais l'issue des dernières campagnes semblait annoncer que la question ne serait pas décidée sur les champs de bataille. Le principe monarchique, allié aux intérêts de l'indépendance nationale, et le principe catholique, associé peu logiquement à la doctrine de la souveraineté du peuple, n'avaient pas réussi à s'abattre l'un l'autre. La monarchie nationale avait l'avantage sur une fausse démocratie, mais ne parvenait pas à compléter son avantage. Mille voix répétaient incessamment aux oreilles de Henri que la lutte ne pouvait finir que par la ruine de la France ou par une transaction, et que la seule base possible de cette transaction était la conversion du roi au culte de la majorité. Henri avait résisté longtemps à une pression qui blessait sa dignité et ses sentiments plus encore que ses croyances positives : il avait espéré s'en affranchir par la victoire; la victoire était venue, mais incomplète et inachevée, ceux qui l'avaient aidé à la commencer ne voulant pas qu'il l'achevât.

Ceux qui l'avaient reconnu pour roi conditionnellement en août 1589 le sommaient d'accomplir la condition de leur obéissance, et se lassaient d'attendre depuis trois ans cette instruction solennelle qu'il avait promis de recevoir dans les six mois. Ce n'étaient plus de sourds murmures, mais des réclamations impérieuses et menaçantes. Le tiers parti devenait formidable : le nouveau duc de Montpensier, le duc de Nevers et le duc de Longueville, son gendre, le maréchal d'Aumont, le duc d'Épernon, le surintendant d'O, la plupart des chefs catholiques royaux, se rapprochaient du cardinal de Bourbon et du comte de Soissons, et parlaient de traiter avec la Ligue pour élire un roi catholique, si Henri s'obstinait finalement dans l'hérésie. La nullité même du cardinal et de son frère aîné Conti était un titre de plus aux yeux des ambitieux. Dès le mois d'avril, pendant les opérations militaires autour de Rouen, les catholiques royaux avaient fait des ouvertures à Mayenne dans ce sens [1].

Le fils de Jeanne d'Albret, l'élève de Coligni, dut avoir l'âme agitée de bien des combats : tous ses souvenirs, toutes ses impressions se soulevaient contre l'idée d'une abjuration; s'il n'avait jamais partagé toutes les passions du calvinisme, s'il n'était pas persuadé que le pape fût l'Antechrist, il n'en regardait pas moins les dogmes particuliers à l'église romaine comme entachés d'erreur et de superstition. Sa fierté répugnait à confesser de bouche ce qu'il ne croyait point de cœur. Mais l'intérêt et la politique combattaient chez lui le sentiment moral par les considérations les plus spécieuses qui pussent agir sur l'homme d'état et sur l'homme d'action : on lui montrait sa couronne perdue, ses grandes destinées brisées, la France, qu'il se sentait seul capable de sauver et de régénérer, près d'expirer dans des mains débiles ou indignes! Sacrifierait-il la France à quelques points obscurs de théologie? Le devoir politique semblait ainsi se joindre à l'intérêt contre le devoir religieux, et ce dernier devoir était moins clair aux yeux de Henri que l'autre. N'était-ce pas, d'ailleurs, résister à la Providence que de risquer la ruine du trône où elle l'appelait? La Providence l'avait destiné, lui disait-on, à

---

1. Villeroi, t. LXII, p. 113. — Sulli, *OEconomies royales*, t. I, p. 109

fermer l'ère sanglante du fanatisme, à réaliser ce règne de la tolérance qu'il avait souvent rêvé et qu'un roi catholique pouvait seul faire accepter à la France?

L'impulsion était si forte que quelques-uns même des protestants la subissaient malgré eux : on vit jusqu'à des ministres user d'une sorte de connivence; on vit du Plessis-Mornai, la colonne de la Réforme, entraîné à intervenir dans des négociations préliminaires[1] tendantes à un but qu'il eût voulu ne voir jamais atteint et contre lequel il protesta inutilement. Rosni alla bien plus loin : il conseilla nettement à Henri de céder, comme l'unique moyen de ne pas rencontrer « tant d'ennuis, de peine et de difficultés en ce monde. Pour l'autre », ajouta-t-il en riant, « je ne vous en réponds pas. »

Rosni toucha toutefois à la question de « l'autre monde » par des arguments remarquables. « Les catholiques zélés », dit-il, « prétendent que tous ceux de la Religion sont damnés; il y a bien aussi quelques ministres et autres *impertinents esprits* des huguenots qui voudroient nous en persuader autant des catholiques; pour moi, je ne le crois nullement, mais, au contraire, tiens pour infaillible qu'en quelque sorte de religion dont les hommes fassent profession *extérieure*, s'ils meurent en l'observation du décalogue et créance au symbole, aiment Dieu et leur prochain, espèrent en la miséricorde divine et d'obtenir salut par la mort, le mérite et la justice de Jésus-Christ, ils ne peuvent faillir d'être sauvés. Que s'il vous plaisoit de prendre cette opinion, non-seulement je ne douterois point de votre salut, quelque profession *extérieure* que vous fissiez de la religion catholique, mais demeurerois bien assuré que, ne nous regardant pas comme des gens exécrables et damnés, vous n'entreprendriez jamais la destruction de ceux de notre religion[2]. »

Ces *impertinents esprits* dont Rosni parlait si dédaigneusement, c'étaient les disciples de Calvin; c'étaient Théodore de Bèze et toute l'école genevoise. Le libre examen commençait à porter ses fruits, malgré les efforts tentés pour l'étouffer au sein de la Ré-

---

1. Les négociations relatives à l'*instruction* du roi.
2. *OEconomies royales*, t. I, p. 104-110. — *V.* les arguments analogues du gallican J.-A. De Thou (t. V, p. 358), dans sa lettre au duc de Bouillon.

forme. C'était un progrès sans doute que d'amener quelques-uns des réformés à secouer les enseignements haineux qu'ils avaient reçus et à proclamer l'unité essentielle de la religion chrétienne sous la variété des rites et des dogmes secondaires; toutefois ce progrès se manifestait ici, on doit l'avouer, sous une forme dissolvante et d'une moralité fort douteuse. On peut être sauvé, soit qu'on croie, soit qu'on ne croie pas à la transsubstantiation; fort bien; mais peut-on être sauvé quand on feint d'y croire? quand on fait profession *extérieure* de la foi qu'on n'a pas à l'*intérieur?* Voilà une autre question à laquelle le politique Rosni ne touche pas.

Les raisons alléguées par Rosni étaient d'autant plus propres à émouvoir Henri IV qu'il dépassait Rosni et en largeur de foi et en facilité de conscience. Rosni va jusqu'à l'unité chrétienne; Henri allait, on pourrait du moins le penser, jusqu'à l'unité déiste.

« Ceux qui suivent tout droit leur conscience », avait-il écrit dès 1577, « sont de ma religion, et moi je suis de celle de tous ceux-là qui sont braves et bons»; profession de foi dont le commentaire est, si nous ne nous trompons, dans Montaigne : « De toutes les opinions humaines et anciennes touchant la religion, celle-là me semble avoir plus de vraisemblance et plus d'excuse qui reconnoissoit Dieu comme une puissance incompréhensible, origine et conservatrice de toutes choses, toute bonté, toute perfection, recevant et prenant en bonne part l'honneur et la révérence que les humains lui rendoient, sous quelque visage, sous quelque nom et en quelque manière que ce fût. »

Henri était presque décidé. Mais il y avait encore, quant au temps et aux conditions, des difficultés capitales. Les pourparlers secrets avaient continué avec les gens de Mayenne, et le lieutenant-général de l'Union, qui s'était longtemps tenu dans des termes assez vagues, avait enfin énoncé ses prétentions et celles de ses associés. Elles étaient exorbitantes, impossibles! Le roi se convertirait sous bref délai : les protestants ne pourraient rien avoir au delà de ce qu'ils tenaient en 1585 et seraient formellement exclus des charges et offices. La Ligue recevrait des places de sûreté et le roi ne pourrait mettre de garnisons que dans les villes frontières. La mémoire du duc et du cardinal de Guise serait réhabilitée ; Mayenne aurait le gouvernement de la Bourgogne pour lui et ses enfants, avec le droit de nommer dans ce duché à tous les offices, bénéfices, capitaineries, etc.; le roi lui conférerait quelque charge ou grade qui le mît « au-dessus du commun » (apparemment le grade de connétable ou de lieutenant-général du royaume). Le jeune Guise et ses frères rentreraient dans les charges et bénéfices qu'avaient eus leur père et leur oncle le cardinal. Tous les chefs de la Ligue seraient maintenus dans les gouvernements de provinces et autres qu'ils tenaient actuellement, c'est-à-dire que le roi dépouillerait les gouverneurs royalistes au profit de leurs concurrents ligueurs, qui auraient de plus le droit de nommer au commandement des places dans leurs provinces pendant cinq ou six ans. Les dettes de Mayenne et de tous les chefs de la Ligue seraient payées. On verrait à satisfaire les alliés étrangers [1], et le pape et d'autres princes étrangers seraient garants du traité ; car les conventions seraient rédigées sous forme de traité, non point d'édit royal, ni d'abolition ou d'amnistie : la Ligue n'entendait point être amnistiée, « ses armes étant justes et prises avec honneur et raison ». Enfin les États Généraux seraient convoqués dorénavant tous les six ans : il fallait bien qu'il y eût dans tout cela un article pour le peuple [2].

Henri IV eût guerroyé tout le reste de sa vie plutôt que de subir un pareil traité, qui n'était pas même le dernier mot des ligueurs ; car, si ces ouvertures eussent été accueillies, les autres chefs n'eussent pas manqué de demander l'hérédité de leurs gouvernements à l'exemple de Mayenne [3]. Henri refusa, mais sans rompre, offrit des conditions plus raisonnables, proposa de déterminer « un temps préfixe pour se faire instruire, avec désir et intention », dit-il, « de s'unir et joindre à l'église catholique » ;

1. Sulli rapporte que les Espagnols firent insinuer à Henri IV que, s'il voulait se faire catholique et céder la Bourgogne et la Bretagne à Philippe II, celui-ci le reconnaîtrait comme roi. *OEconomies royales*, t. I, p. 100.
2. Villeroi, *Anc. collect.*, t. LXII, p. 103-121.
3. Sulli (*OEconomies royales*, t. I, p. 113-114) dit qu'ils la demandèrent et ajoute quelques autres conditions à celles mentionnées par Villeroi; mais sa version est un peu exagérée ; la lettre de Jeannin, le négociateur de Mayenne, du 8 mai 1592, n'est pas rapportée exactement dans Sulli, à qui M. Poirson a emprunté ses citations dans son t. I, p. 133-135; le vrai texte est dans Villeroi, à qui la lettre était adressée.

ce fut d'accord avec les confidents de Mayenne, comme avec les catholiques royaux, que le Béarnais se résolut à une démarche très-importante, quoique non encore officielle, auprès du nouveau pape. A l'ardent ligueur Grégoire XIV, mort après un an de règne, avait succédé Innocent IX (Fachinetto), qui s'était éteint au bout de deux mois. Le sacré collége, sentant la gravité des circonstances, s'était enfin résigné à élire un pontife dans la vigueur de l'âge, Clément VIII, de la maison florentine des Aldobrandini (30 janvier 1592). C'était un homme de bonnes mœurs, distingué par son esprit et son savoir et très-versé dans la diplomatie. Quoique les Espagnols ne lui eussent pas donné l'exclusion, l'on savait que ce n'était pas en sa faveur qu'ils avaient travaillé et les royalistes espéraient dans la modération de son caractère. Clément VIII, cependant, quelques semaines après son exaltation, avait renouvelé les pouvoirs du cardinal-légat évêque de Plaisance, l'auxiliaire le plus dévoué de Philippe II, et lui avait recommandé de veiller à l'élection d'un roi orthodoxe en France. Henri n'était pas nommé dans la bulle, mais y était désigné clairement comme indigne du trône par son obstination dans l'hérésie et par la guerre qu'il faisait aux catholiques.

On vit, dans la publication de cette bulle, le fait d'une nécessité de position, plutôt que le témoignage d'une résolution inflexible, et il fut arrêté qu'on essaierait de s'entendre avec Clément VIII sur « l'instruction » du roi et sur toutes les questions qui s'y rattachaient. Les Vénitiens promirent d'entamer l'affaire, puis le cardinal de Gondi, décidément rallié au roi, partit pour l'Italie, au commencement d'octobre, sans mission apparente, afin d'appuyer en cour de Rome les tentatives des Vénitiens : le marquis de Pisani, l'ancien ambassadeur de Henri III, suivit de près Gondi; ses instructions apparentes étaient analogues à celles qu'avait eues naguère le duc de Luxembourg-Pinci; il était censé député par les catholiques royaux au Saint-Père [1]; mais il em-

---

1. La majorité du parlement de Tours essaya de s'opposer à ce qu'on fît cette démarche auprès d'un pontife qui avait fait acte d'hostilité contre le roi. Les parlements royalistes ne ménageaient rien : beaucoup de parlementaires et quelques ecclésiastiques eussent voulu qu'on rompît provisoirement avec Rome et qu'on nommât un patriarche de Gaule, qui eût été probablement l'archevêque de Bourges. Le parlement et le grand conseil avaient institué des « économes spirituels », fonction et titre

portait des instructions secrètes de la propre main du roi. Henri le chargeait de dire au pape « qu'il n'apporteroit jamais opiniâtreté ni présomption contre ce qui lui apparoîtroit, par bons et légitimes enseignements, être de son devoir en fait de conscience; mais, d'autant que le point de sa conversion lui est aussi proposé pour fait d'état, il lui faut auparavant être assûré que, faisant ce qu'on désire de lui, l'obéissance lui sera rendue de ses sujets telle qu'il appartient, en les laissant jouir de leurs biens, charges et états, comme ils faisoient auparavant la guerre mue par la Ligue contre le feu roi; d'autant que, si cet ordre n'y étoit gardé, Sa Majesté seroit en danger d'être moquée des uns et abandonnée *des autres* (des huguenots). » Henri demandait donc que le pape envoyât un autre légat à la place du cardinal de Plaisance, dévoué aux ennemis du royaume, et que le nouveau légat, à son arrivée, se fît « premièrement donner assurance par ceux de la Ligue de reconnoître et obéir Sa Majesté, comme leur légitime roi, en se faisant catholique; quoi fait, Sa Majesté promet de recevoir instruction, moyennant laquelle elle croit qu'elle aura occasion de donner le contentement qui est désiré de sa part[1]. »

Mayenne avait promis que ses agents appuieraient secrètement ceux du roi en cour de Rome, et Henri, de son côté, avait consenti à ce que la Ligue tînt, non pas des États Généraux, mais une assemblée spéciale pour traiter de la paix.

Les espérances conçues ne se réalisèrent pas. Mayenne ne tint point sa parole; Clément VIII, circonvenu par les Espagnols et les ligueurs, fit défense à Gondi et à Pisani de mettre le pied dans les états du saint-siége. Les Espagnols, effrayés de l'imminence d'un traité entre le Béarnais et Mayenne, avaient changé de

---

tout nouveau, pour régir les évêchés et bénéfices vacants par « rebellion » des titulaires. Ils avaient autorisé les évêques et les économes à dispenser des degrés prohibés et à faire d'autres actes réservés au pape. Les évêques refusèrent les droits qu'on leur offrait et prièrent le roi de supprimer les économes spirituels, ce qu'il fit, en attribuant provisoirement aux archevêques l'exercice de l'autorité papale. De Thou, t. V, p. 133.

1. Nous devons la connaissance de cette pièce importante à M. Lucas de Montigni, dont la belle collection a fourni tant de documents inédits à la *Revue rétrospective.* — Henri IV venait encore, le mois précédent, d'expédier à la reine d'Angleterre un agent chargé de l'assurer de sa fermeté dans la foi protestante! *V. Documents sur l'hist. du protestantisme; Auberi du Maurier*, par H. Ouvré; Paris; 1853; p. 324.

manières à l'égard de ce dernier : ils n'affectaient plus de lui opposer son neveu le duc de Guise ; leurs instances pour la reconnaissance de l'infante n'avaient plus des formes si impérieuses ; ils ne repoussaient pas les avantages personnels que demandait Mayenne comme base d'un traité, les mêmes à peu près qu'il avait réclamés de Henri IV. Mayenne reprit son jeu de bascule entre le Béarnais et l'Espagne, et se mit à l'abri derrière le refus de la cour de Rome, refus qu'il avait provoqué. Il ne céda qu'à demi aux Espagnols sur la grande question des États Généraux : à bout d'expédients dilatoires et se flattant de diriger les élections, il se résigna, sur l'avis de Jeannin, à convoquer sérieusement les États pour la fin de l'année, mais à Paris, et non point à Reims ou à Soissons, comme le voulaient les agents de Philippe II. Les Espagnols eussent dominé ces villes et l'assemblée réunie dans leur sein, sous prétexte de les protéger militairement; il n'était pas si facile de faire violence au grand Paris. Mayenne espérait, en établissant les États dans la capitale, équilibrer l'un par l'autre le parti espagnol et le parti *politique*, et rester maître de la situation.

Les politiques avaient gagné un terrain immense dans la plupart des bonnes villes et surtout dans Paris, depuis que Mayenne avait abattu les Seize. Le peuple, qu'une si longue misère avait réduit à l'étisie, suivant l'énergique expression des contemporains, n'aspirait plus qu'à la paix ; il écoutait avec indifférence, parfois même avec ennui et dédain, ces déclamations sacerdotales qui naguère l'enivraient d'un farouche enthousiasme; la haine aveugle qu'on lui avait inspirée contre la personne du prétendant s'affaiblissait de jour en jour. La haute bourgeoisie, longtemps opprimée par les Seize, sentit que la chance lui revenait. A peine s'était-elle relevée avec l'aide de Mayenne, qu'elle déborda le lieutenant-général de l'Union : dès le commencement de 1592, elle organisa une contre-partie du conseil des Seize, afin « que les bonnes familles et les gens d'honneur se joignissent ensemble pour résister aux gens de néant, personnes abjectes et de basse condition qui se disoient catholiques zélés et se faisoient appeler les Seize, et empêcher qu'à l'avenir nul des Seize ne fût pourvu aux élections des offices et charges de la ville ». Les trois quarts des quarteniers et des colonels [1], une foule d'officiers de la milice des quartiers et un certain nombre de gens d'église, entre autres Benoît, curé de Saint-Eustache, la puissante paroisse des halles, se rallièrent aux politiques, que soutenaient sous main le parlement presque entier et les autres cours souveraines. Au mois de mai, quand le duc de Parme défila sous Paris, les colonels tinrent leurs compagnies sous les armes pour garder les portes et empêcher que l'armée espagnole ne s'établît dans la capitale. Le 28 septembre, lorsque le roi eut resserré Paris par la construction du fort de Gournai-sur-Marne, les chefs de la bourgeoisie se réunirent secrètement chez l'abbé de Sainte-Geneviève et décidèrent de travailler à la paix et à la reconnaissance du roi, sans attendre qu'il fût catholique, vu « qu'il étoit prince rempli de clémence » et qu'il ne troublerait en rien l'exercice de la religion catholique [2]. Les zélés, effrayés des progrès de leurs adversaires, firent une tentative de conciliation qui était peu dans leurs habitudes : ils proposèrent des conférences « entre les catholiques des deux partis, afin de s'unir contre les hérétiques ». Les conférences n'aboutirent qu'à aigrir davantage les deux factions. Le 11 octobre, le parlement décida l'envoi de députés à Mayenne pour lui remontrer l'extrême détresse de Paris. Le roi était enfin parvenu à empêcher les gouverneurs des places royalistes qui entouraient Paris de tolérer à prix d'argent l'approvisionnement de la capitale par les campagnards, et la panique régnait dans la population. Les 12, 16, 21 octobre, les politiques provoquèrent des assemblées de quartiers : les quartiers n'allèrent pas si loin que le conciliabule du 28 septembre ; néanmoins, la majorité fut d'avis qu'on semonçât le roi de Navarre de se faire catholique et que, provisoirement, on traitât avec lui pour la liberté du commerce. Le 26 octobre, se réunirent simultanément de nouvelles assemblées de quartiers et une assemblée générale à l'Hôtel de Ville : les Seize réussirent à troubler l'assemblée générale et à l'empêcher de conclure ; mais, pendant ce

---

1. Il ne faut pas confondre les quarteniers et les colonels quarteniers, les fonctions des premiers étant purement civiles ; les colonels n'étaient que les premiers entre les capitaines.
2. Palma-Cayet; p. 395 ; — L'Estoile, p. 95.

temps, les quartiers se prononçaient de nouveau en faveur des *semonneux*, comme on appelait ceux qui voulaient *semondre* « le roi de Navarre ».

Mayenne, voyant que Paris allait lui échapper, était accouru, le 24, avec quelques troupes. Le 27, la chambre des comptes députa au lieutenant-général en faveur de la paix. Mayenne, le même jour, commença la réaction contre ce mouvement en faisant enregistrer au parlement les pouvoirs du nouveau légat, en date du 15 avril, touchant l'élection d'un roi catholique; mais il laissa, par compensation, l'avocat-général Louis d'Orléans attaquer violemment en sa présence, dans le parlement, les Seize, les prédicateurs et les partisans de l'Espagne (30 octobre).

Les zélés essayèrent de faire sortir Mayenne de cette espèce de juste milieu : curés et prêcheurs excommunièrent à l'envi les *semonneux;* le 3 novembre, la Sorbonne rendit une décision contre les requêtes « ineptes, séditieuses et impies » des politiques et déclara que quiconque y avait adhéré devait être banni de la ville. Le 4, les docteurs et prédicateurs de la faction présentèrent à Mayenne une requête dans laquelle ils énonçaient nettement que le salut de la religion les obligeait à embrasser le soin des affaires séculières et à prendre la place du « conseil des bons catholiques » (le conseil des Seize), injustement dissipé et rompu. Ils demandaient qu'on punît les détracteurs du Saint-Père et du roi d'Espagne, qu'on rappelât les catholiques bannis (Bussi-Leclerc, Cromé et autres), qu'on purgeât des fauteurs du roi de Navarre le parlement, le corps de ville et la milice des quartiers, qu'on approfondît « la conspiration » du 26 octobre, etc. Mayenne renvoya la requête à son conseil, qui la mit à néant.

Mayenne était pourtant bien résolu à arrêter la réaction politique : le parti des *semonneux* ne se sentit pas assez fort pour lutter à la fois contre le lieutenant-général, les Seize et les Espagnols; il recula et se borna à faire voter, par une nouvelle assemblée de ville, qu'on demanderait une trêve commerciale « au roi de Navarre » jusqu'aux États Généraux (6 novembre). Mayenne ne s'y opposa point : il savait bien que Henri ne pouvait consentir à laisser Paris reprendre haleine ni à favoriser la réunion d'États destinés à « élire un roi catholique ». La démarche du corps de ville de Paris n'en resta pas moins un grave échec pour le parti zélé.

Le cardinal de Plaisance retardait de tout son pouvoir la décadence de cette faction : dévoué à l'Espagne par intérêt plus que par fanatisme, il ouvrait toujours les avis les plus violents et dépassait de beaucoup les intentions de Clément VIII, qui, tout en refusant de recevoir à Rome « les fauteurs du roi de Navarre », eût voulu que son légat conservât quelque réserve. Le légat, le 9 novembre, renouvela les censures prononcées contre le roi de Navarre et ses partisans et invita la France, au nom du Saint-Père, à élire le plus tôt possible un roi orthodoxe. Le parlement de Châlons riposta par l'enregistrement d'un appel comme d'abus et par un arrêt qui déclarait coupable de lèse-majesté quiconque prendrait part à « ladite prétendue élection » et condamnait la ville où les « prétendus » États se tiendraient à être rasée de fond en comble (18 novembre). C'était pousser un peu loin le zèle monarchique. Le parlement de Paris, le 22 décembre, cassa et fit brûler l'arrêt du parlement de Châlons [1].

Il n'était nullement certain encore que les États se tiendraient à Paris : le duc de Parme s'y opposait formellement : il pressait son retour en France à la fois comme promesse et comme menace. Il avait déjà huit mille soldats à la frontière et mandait d'autres forces; tous les partis l'attendaient avec anxiété. On l'attendit en vain : Alexandre Farnèse ne revit plus la France; il succomba sous les atteintes du mal auquel il résistait depuis longtemps avec une constance inébranlable et mourut, pour ainsi dire, debout, à quarante-cinq ans (2 décembre) [2]. Les zélés pleurèrent le « libérateur » de Paris et de Rouen, le seul homme qui eût arrêté la fortune de Henri IV; mais le chef de la Ligue ne regretta point Farnèse, qui l'eût infailliblement asservi ou écrasé entre l'Espagne

---

1. *Mém. de la Ligue*, t. V, p. 175-186. — L'Estoile, *Journal de Henri IV*, p. 95-100. — *Mém.* de Cheverni, p. 131-132. — Palma-Cayet, p. 394-401. — D'Aubigné, part. II, col. 884. — De Thou, t. V, l. CIII, p. 140-141. — *Mém.* de Villeroi, t. LXII.

2. M. Michelet le caractérise à grands traits. « Alexandre Farnèse, ce grand tacticien, ce fort et froid génie qui, mêlant la victoire au crime, la douceur à la cruauté, reconquit pour l'Espagne tous les Pays-Bas catholiques (*La Ligue et Henri IV*, p. 209). » Grand homme, ajouterons-nous, si la grandeur peut être où la moralité et l'humanité ne sont pas !

et Henri IV. La mort du duc de Parme était un grand événement politique, un coup presque aussi funeste pour l'Espagne que le désastre de l'*armada*. Après les pertes irréparables de 1588, Philippe II avait fait un nouvel et puissant effort, de 1590 à 1592; il était derechef à bout de ressources et, dans ce moment décisif, il n'envoyait plus à ses agents que la moindre partie de l'argent nécessaire pour combattre et corrompre. Le génie du duc de Parme eût pu seul arrêter le mouvement de dissolution de la Ligue et contenir l'armée espagnole mécontente et mal payée. Sa mort laissa la diplomatie dans les mains d'hommes médiocres et l'armée aux principes de discorde qui l'agitaient; Espagnols, Italiens, Wallons se querellèrent, se séparèrent et recommencèrent comme autrefois à piller la Flandre au lieu d'aller guerroyer en France. La Ligue, désormais, regarda en vain du côté des Pays-Bas! La question avait fait un pas immense : la France, du moins, pouvait compter maintenant que ce ne serait pas l'étranger qui fixerait ses destinées!

Mayenne, délivré de son impérieux allié, travailla à empêcher le roi de profiter de la mort de Farnèse et à exploiter le refus opposé par Rome aux tentatives de Henri (novembre), le mauvais vouloir des catholiques royaux et les États de la Ligue. L'ouverture des États, après tant de délais, avait été fixée enfin au 17 janvier 1593. De nouvelles réunions électorales eurent lieu dans les bonnes villes, soit pour confirmer les députés élus dès 1591, soit pour leur donner de nouvelles instructions et de nouveaux collègues[1]. Mayenne et les Espagnols luttèrent d'intrigues,

---

1. On a conservé quelques-uns des cahiers des bonnes villes. Rouen demande un roi, prince français et catholique, non fauteur des hérétiques. — Reims veut qu'on reçoive le concile de Trente; qu'on nomme un roi catholique non fauteur d'hérésie. — Troies, qu'on rejette Henri de Bourbon, lors même qu'il dirait être ou vouloir être catholique, et qu'on rejette avec lui ses fauteurs; on suppliera le légat et les ambassadeurs des souverains catholiques de trouver bon qu'on élise un roi français. Dans le conseil du roi élu devront siéger trois députés de chaque province, élus par les États Provinciaux, qui seront partout triennaux. — Amiens demande aussi les États Provinciaux tous les trois ans; se remet du choix du roi au pape, au roi d'Espagne, aux princes de la Ligue et aux États. — Chaumont admettrait le roi de Navarre s'il se faisait catholique. — Le clergé d'Auxerre voudrait un roi de la tige royale, qui épousât la fille du roi d'Espagne. — *V.* les pièces en appendice aux *Registres des États Généraux de* 1593, publiées par M. Aug. Bernard, dans la collection des *Documents inédits*.

ceux-ci, en faveur des ligueurs exaltés, celui-là, au profit des ligueurs modérés avec lesquels affectèrent de se confondre les politiques. Les députés commencèrent à arriver à Paris dans les derniers jours de décembre et les premiers de janvier. « Depuis l'arrivée de quelques membres des États », dit L'Estoile, « on voit nuit et jour dans les rues de Paris les agents des prétendants à la couronne, qui les vont visiter et briguer leurs suffrages ». Il circulait pour le moins sept ou huit noms de candidats, le roi d'Espagne et sa fille, trois princes lorrains, Mayenne, Guise et le marquis de Pont, deux princes de Savoie, le duc Charles-Emmanuel et le duc de Nemours, sans parler des Bourbons catholiques. Un des plus remuants était celui de tous dont les prétentions étaient le moins spécieuses, le duc de Nemours. Ce jeune homme, ivre d'ambition, s'était imaginé qu'il parviendrait à épouser l'infante et à gagner son frère Mayenne lui-même en lui promettant de lui laisser l'autorité effective. Le duc de Savoie se donnait aussi beaucoup de mouvement et offrait à Mayenne d'unir leurs enfants par un double mariage. Le parlement de Paris, par une décision très-importante, venait de se déclarer implicitement contre toutes ces candidatures : à la suite de l'arrêt par lequel il cassait celui du parlement de Châlons contre les pouvoirs du légat (22 décembre 1592), il avait énoncé « que les États Généraux étoient convoqués uniquement pour procéder à la déclaration et établissement d'un prince catholique françois, *suivant les lois du royaume* [1] » ; ce qui excluait non-seulement le roi d'Espagne, mais les princes lorrains, et allait à la proclamation du plus proche héritier entre les Bourbons catholiques, sans exclure le Béarnais s'il changeait de religion à temps.

Le 5 janvier 1593, parut une déclaration du lieutenant-général de l'Union, adressée aux catholiques suivant le parti du roi de Navarre : dans cette pièce, habilement rédigée, sans injures ni déclamations, Mayenne rappelait les décisions des États Généraux pour la succession catholique exclusive, s'en remettait au pape de ce qui regardait la conversion du roi de Navarre et invitait les catholiques du « parti contraire » à se séparer des hérétiques et à

---

1. M. Poirson a fait ressortir avec raison la portée de cet arrêt. *V.* son t. I, p. 151.

envoyer des députés à Paris, pour s'entendre avec ceux de la Sainte-Union touchant le salut de l'Église et de l'État. Le légat publia, le 15, une exhortation dans le même but, mais non pas dans le même style. Sa violence contrastait avec le ton modéré de Mayenne.

Les élections complémentaires ne se firent dans Paris que le 16 janvier : le clergé choisit Boucher et deux autres des plus furieux prédicateurs; mais les politiques l'emportèrent dans le Tiers État : aux quatre députés ligueurs de 1591, on en ajouta huit nouveaux, tous politiques déclarés ou cachés [1].

Le 17, les députés allèrent en procession à Notre-Dame. Le savant et fanatique Génébrard, récemment promu à l'archevêché d'Aix et nommé député la veille par le clergé parisien, prêcha sur la mission que les États avaient à remplir et démontra que la loi Salique pouvait être changée et corrigée par la nation. L'orateur, en contestant l'immutabilité de la loi Salique, avait beaucoup moins en vue les droits de la souveraineté nationale que les intérêts de Philippe II.

La séance d'ouverture n'eut lieu que le 26 janvier, dans la « grande salle haute » du Louvre. Malgré tant de retards, on ne put encore réunir ce jour-là que les députations ecclésiastiques et bourgeoises de Paris, de l'Ile-de-France, du Vermandois, de la Bretagne, de la Provence, de Lyon et de quelques bailliages du centre, toutes incomplètes, sauf celle de Paris. Tout cela ne faisait qu'une soixantaine de députés. Il n'y avait pas sur les bancs un seul représentant de la noblesse! C'était un triste spectacle pour qui se rappelait les grandes assemblées de 1561, de 1576, de 1588. Les dangers de la route et le refroidissement de l'ardeur ligueuse expliquaient ce petit nombre, un peu dissimulé par la

1. Ces députés furent nommés par des électeurs de troisième degré. Chaque *dizaine* choisit deux délégués : les délégués des dizaines de chacun des seize quartiers se réunirent chez le quartenier et choisirent quatre notables, deux officiers royaux et deux bourgeois. Les soixante-quatre notables ainsi élus s'assemblèrent à l'Hôtel de Ville avec les prévôt, échevins, conseillers de ville, délégués des cours souveraines et des communautés, et procédèrent à l'élection. Le parlement fut représenté par dix-huit délégués; la chambre des comptes, par six; les communautés religieuses, par neuf. — *États Généraux de 1593*, Appendice n° III, p. 689 et suivantes. — Les choses s'étaient passées beaucoup moins régulièrement en 1560. V. l'Appendice n° II de notre t. IX.

présence de personnes étrangères au corps des États et que Mayenne avait arbitrairement introduites dans l'assemblée. C'étaient d'une part, les membres de son conseil d'État, avec les députés du parlement et de la chambre des comptes, d'une autre part, quelques grands officiers de la couronne et gouverneurs de provinces pour la Ligue; Mayenne prétendait faire de ces membres non élus comme deux nouvelles chambres à côté des trois ordres. Mayenne, assis sous le dais royal comme représentant de la royauté absente, prononça, d'une voix mal assurée, un discours où l'on reconnut, dit-on, le style de l'archevêque de Lyon : il se tint dans les généralités sur la grandeur du rôle des États, appelés à donner un roi catholique au premier peuple de la chrétienté. Le vieux cardinal de Pellevé, député de Reims, répondit, au nom des trois ordres, par une longue et lourde harangue.

Le lendemain, le légat, d'accord avec l'ambassadeur d'Espagne, appela à une conférence Mayenne, ses conseillers et les principaux députés, et leur proposa de faire prêter aux États le serment de ne jamais traiter avec le roi de Navarre, quand même il se déclarerait catholique. L'archevêque de Lyon, Villeroi et quelques autres repoussèrent avec vivacité cet engagement téméraire, et d'Espinac objecta fort adroitement que déclarer le roi de Navarre irréconciliable avec l'Église, c'était prévenir le jugement du pape et attenter à son autorité. Cet argument ferma la bouche au légat.

Le 28 janvier, un trompette du roi apporta la réponse des catholiques royaux à l'invitation du lieutenant-général de l'Union. Henri IV avait paré avec habileté le double coup que lui avaient porté la réunion des États de la Ligue et le refus de Clément VIII, refus qu'il n'acceptait pas comme définitif. Sauvegarder ses droits héréditaires sans fermer la voie à une transaction, n'était pas chose facile : il y parvint par une double réponse à la déclaration de Mayenne, l'une rédigée en son nom, sous forme de déclaration royale (29 janvier), l'autre, au nom des princes, prélats, officiers de la couronne et seigneurs « étant près de Sa Majesté » (27 janvier). Mayenne, conformément au principe posé par les États de 1576, avait avancé que, suivant la loi fondamentale, nul ne pouvait être roi sans être catholique : Henri, dans sa déclaration royale, réplique que la seule loi fondamentale, c'est la loi Salique, « loi sainte, immuable, établie comme par ordonnance divine ». Il se dit, du reste, prêt à recevoir instruction, déclare nul tout ce qui se fera en l'assemblée de Paris et criminel de lèse-majesté quiconque y participera. Ces menaces étaient de pure forme; car, dans ce même moment, les chefs des catholiques royaux, réunis à Chartres, délibéraient, avec la permission du roi, sur les moyens de traiter avec l'assemblée ligueuse et expédiaient « à monseigneur le duc de Mayenne et autres princes de sa maison, prélats, sieurs et autres personnes envoyées par aucunes villes et communautés en la ville de Paris », une lettre où ils offraient une conférence, non point à Paris, ce qui ne leur était « loisible », mais en lieu neutre, entre Paris et Saint-Denis [1].

A la première lecture de cette pièce, devant le conseil de la Ligue, le légat se leva tout en colère et s'écria que ce serait hérésie que d'avoir égard à cette proposition sortie de mains hérétiques : il voulait qu'on déchirât la lettre; mais Jeannin, Villeroi et d'Espinac soutinrent qu'on n'avait pas le droit de supprimer une dépêche adressée aux États Généraux. Mayenne fut de cet avis et la lettre fut renvoyée aux États, dont la seconde séance avait eu lieu le 27 janvier. Trois ou quatre députés de la noblesse y avaient enfin paru : parmi eux se trouvait Vitri, gouverneur de Meaux, un des meilleurs capitaines de la Ligue; c'était lui qui avait présidé à l'arrestation des « quatre Seize » pendus en décembre 1591.

A la troisième séance (4 février), l'assemblée fut un peu plus imposante : trente-quatre députés de Bourgogne et de Champagne étaient arrivés sous la protection d'une nombreuse escorte militaire. Le légat vint, ce jour-là, bénir l'assemblée. Il n'y fut pas reçu sans difficulté : plusieurs députés avaient représenté qu'il était contre les constitutions de la France d'admettre les étrangers au sein des États. On stipula expressément que le légat ne ferait que « donner sa sainte bénédiction et n'auroit aucune voix délibérative ni conclusive »; on lui laissa cependant prendre la place d'honneur, la droite sur le lieutenant-

---

[1] *Mém. de la Ligue*, t. V, p. 266-290.

général de la couronne de France. Le légat sorti, Mayenne communiqua aux États la lettre des royaux : l'assemblée décida qu'elle en délibérerait et rejeta la proposition du cardinal de Pellevé, qui prétendait qu'on en référât à la Sorbonne. Ce début semblait indiquer que les États ne seraient pas tout à fait livrés à l'influence sacerdotale. Ils ne furent pas non plus à la discrétion de Mayenne; car ils s'opposèrent nettement à ses innovations et refusèrent voix délibérative à quiconque n'avait pas été élu par un des trois ordres [1].

Le 8 février, Mayenne quitta Paris afin d'aller au-devant du duc de Feria, ambassadeur extraordinaire du Roi Catholique auprès des États Généraux. Feria était entré en France avec quelques troupes aux ordres du comte de Mansfeld, nouveau général des forces espagnoles dans les Pays-Bas. Mayenne projetait de régler sa conduite sur le résultat de son entrevue avec le dépositaire des pleins pouvoirs de Philippe II; il voulait surtout éviter que son neveu de Guise ne se mît à la tête de l'armée et n'éblouît les États par quelque exploit contre les royaux. Il ne partit pas sans s'être assuré que les États ne décideraient rien en son absence sur la grande question de l'élection royale.

Le 12 février, arrivèrent les députés des ligueurs de Normandie [2], escortés par le valeureux gouverneur de Rouen, Villars, que Mayenne venait de nommer amiral de France [3]. Le 16, les trois ordres se constituèrent régulièrement par la formation de leurs bureaux : le cardinal de Pellevé et l'archevêque de Lyon furent élus coprésidents du clergé; François de Rabutin, seigneur de La Vau, député de Bourgogne, fut président de la noblesse; le prévôt des marchands de Paris, L'Huillier, suivant

---

1. M. Poirson a tort de voir dans ce fait une victoire du parti espagnol (t. I, p. 161) : ce n'était qu'une résistance toute naturelle à une innovation contraire à tous les principes.

2. Parmi eux se trouvait un laboureur de Caux, Odet Soret, qui a laissé une relation des États écrite clairement et sensément. M. Aug. Bernard l'a publiée à la suite des *Registres des États Généraux*; Appendice n° I.

3. Mayenne avait fait, vers le même temps, quatre maréchaux, La Chastre, gouverneur d'Orléanais et de Berri; de Rosne, gouverneur de l'Ile-de-France; Bois-Dauphin, gouverneur du Maine, et Saint-Paul, lieutenant-général de Champagne, simple soldat de fortune, fils d'un paysan, qui se faisait appeler duc de Rethelois, parce qu'il avait enlevé Rethel au duc de Nevers. Brissac eut aussi le bâton de maréchal quelques mois après.

l'usage, fut président du Tiers. L'assemblée ne s'augmenta plus guère après la fin de février : le clergé ne dépassa pas quarante-neuf membres, le tiers, cinquante-cinq, la noblesse, vingt-quatre. Le Languedoc n'envoya pas un seul député : pour toute la Guyenne et le Dauphiné, on ne compta qu'un chanoine de Périgueux et deux ecclésiastiques de Vienne et d'Embrun ; personne de l'Auvergne ; presque personne des autres régions du centre. Cette ombre d'assemblée nationale ne se montra pourtant pas si absolument dépourvue de sens et de dignité qu'on l'a voulu prétendre [1].

Le légat, l'ambassadeur d'Espagne, les zélés, firent jouer toutes sortes de machines pour intimider les États et empêcher la conférence demandée par les « fauteurs d'hérésie ». Paris fut inondé de placards menaçants : la plupart des chaires mugirent le meurtre et la sédition ; la Sorbonne déclara la proposition des royaux « hérétique, schismatique », etc. Le parti modéré ne l'emporta pas moins dans les États, après de longues et orageuses discussions. Le 25 février, les trois ordres, délibérant séparément, décidèrent que l'on accepterait la conférence. L'archevêque de Lyon entraîna le clergé, malgré les efforts du cardinal de Pellevé. Il y eut quelques débats entre les ordres sur la forme de l'acceptation ; le clergé voulait qu'on n'acceptât qu'avec la permission du légat ; le Tiers faisait difficulté de convenir qu'on ne traiterait pas de « l'obéissance prétendue par le roi de Navarre », et craignait que cette restriction ne fît rompre la négociation. On convint enfin que l'on ne conférerait directement ni indirectement avec le roi de Navarre ou « autres hérétiques », ni de choses concernant « l'établissement dudit roi de Navarre », mais que l'on acceptait la conférence avec les catholiques de son parti, pour ce qui touche la conservation de la religion et le bien de l'État ;

---

[1]. Ainsi, par exemple, M. de Sismondi (t. XXI, p. 177) reproche aux États leur servilité envers Mayenne, parce qu'ils lui écrivaient : « Vos très-humbles et affectionnés serviteurs les Trois États de France. » C'était Mayenne, représentant de la couronne, qui, le premier, leur avait écrit : « Votre bien humble et affectionné serviteur : » ils ne firent que lui rendre déférence pour déférence. La noblesse et le Tiers État ne l'appelaient d'abord que *Monsieur* et ne consentirent qu'à grand'peine à lui donner le titre de *Monseigneur*, comme faisait le clergé. — *Registre du Tiers État*, p. 54-55-57-89 ; *id. de la noblesse*, p. 575

« que monsieur le légat seroit prié l'avoir pour agréable [1] ».

Le légat se résigna à ce qu'il ne pouvait empêcher. La réponse des États fut envoyée à Chartres au nom du lieutenant-général de la couronne et des princes, prélats, seigneurs et députés des provinces assemblés à Paris.

Le 1er mars, sur la proposition de la noblesse, chaque membre des trois ordres jura n'avoir « intelligences, pensions ni bienfaits « du roi de Navarre ni d'*autres princes*, *dedans ou dehors le* « *royaume*, sauf le Saint-Père et M. de Mayenne. » Il y eut plus d'un parjure à ce serment, surtout dans le clergé. Cette protestation contre la corruption et les influences du dehors coïncidait avec l'approche de l'ambassadeur extraordinaire de Philippe II : le duc de Feria fit son entrée à Paris le 9 mars [2].

Le serment des États piqua d'honneur les colonels et les capitaines de la milice parisienne : ils allèrent même plus loin que l'assemblée ; tous, sauf trois, refusèrent l'argent que leur offrait Mayenne comme indemnité de leurs services, parce qu'il fallait donner quittance au nom du roi d'Espagne, Mayenne n'ayant pas le maniement des fonds très-modiques qu'avançait Philippe. Séguier, doyen du chapitre, refusa également l'argent d'Espagne, au nom des chanoines de Notre-Dame. Les curés Cueilli et Aubri, dont le premier était député, prêchèrent effrontément contre ces honorables scrupules.

Avant de se rendre à Paris, le duc de Feria avait passé quinze jours à Soissons avec Mayenne. Le lieutenant-général de la Ligue et l'envoyé de Philippe II furent peu satisfaits l'un de l'autre. Mayenne trouva chez les Espagnols « force révérences, grandes espérances, peu de force et moins d'argent », comme dit L'Estoile.

---

1. *Registre du Tiers État*, p. 58-73 ; — *id. du clergé*, p. 390-391. — Le récit de M. Poirson (t. I, p. 163-164) ne nous paraît point exact : le légat subit et ne décida point la conférence : le Tiers, comme la noblesse, d'après les Registres et d'après Villeroi même, que cite M. Poirson, voulait la conférence : le Tiers n'était nullement *tout espagnol* et ne mérite pas toute la rigueur avec laquelle le traite M. Poirson.

2. Suivant des lettres citées par M. Capefigue, t. VI, p. 220, Feria avait écrit à Philippe qu'il fallait avoir immédiatement « une bonne somme de deniers pour gagner des voix ». L'intendant-général Tassis communiqua à Feria l'autorisation royale de disposer de 200,000 écus, mais payables dans un an, Philippe ne voulant payer « qu'après le service rendu ». Philippe montra ici, comme toujours, son incapacité à saisir les grandes occasions.

La situation des Pays-Bas et de l'Aragon n'avait pas permis à Philippe d'envoyer en Picardie plus de cinq mille combattants sous Mansfeld¹. « La superbe » semblait croître aux Espagnols à mesure que la puissance diminuait : la morgue du duc de Feria égalait sa maladresse; cet ambassadeur et un docteur en droit qu'on lui avait donné pour acolyte, avec charge de démontrer aux Français les droits de l'infante, irritèrent tellement Mayenne par leurs rodomontades, que tout eût été rompu entre eux sans l'intervention du vieux J.-B. Tassis, intendant-général (*proveador*) de l'armée des Pays-Bas, le seul vrai diplomate parmi ces agents de Philippe II. Tassis ménagea une réconciliation plâtrée, et Mayenne, ne pouvant obtenir que l'Espagne lui accordât le trône de France au prix de la Provence et de la Picardie, promit d'appuyer la candidature de l'infante, moyennant la conservation de la lieutenance-générale, l'hérédité du gouvernement de Bourgogne, le gouvernement de Picardie sa vie durant et d'énormes avantages pécuniaires : il se fiait peu, toutefois, aux promesses des Espagnols et n'était rien moins que décidé à tenir les siennes. Feria et Mayenne se séparèrent, le premier pour se rendre à Paris, le second pour entrer en campagne avec Mansfeld. Les Parisiens demandaient à grands cris qu'on assiégeât Saint-Denis et qu'on nettoyât les environs de la capitale; les Orléanais, harcelés jusque dans leurs faubourgs par l'amiral de Biron, réclamaient instamment du secours; mais les forces réunies de la Ligue et des Pays-Bas ne faisaient qu'une dizaine de mille hommes : Mansfeld ne se soucia pas de s'éloigner autant de la frontière avec une armée aussi faible, et l'on se décida pour le siége de Noyon.

Les États Généraux, impatients d'arriver au but de leur convocation, prièrent instamment Mayenne de revenir à Paris dès qu'il aurait pris Noyon et écrivirent des lettres pressantes aux députés en retard et aux princes de la Ligue : pas un des princes n'était encore à Paris. Guise était à l'armée avec son oncle, et Nemours, tout en nourrissant de folles espérances de royauté, ne

---

2. Les Pays-Bas étaient en ce moment sans gouverneur : Philippe II y ayant envoyé le comte de Fuentès, la Belgique refusa d'obéir à un Espagnol; Philippe fut obligé de révoquer Fuentès et d'appeler, l'année suivante, au commandement de ces contrées son parent l'archiduc Ernest.

voulait pas quitter Lyon, où il poursuivait la réalisation d'un dessein moins chimérique, mais qui ne tarda pas à lui devenir funeste.

Les États avaient envoyé, le 14 mars, une députation complimenter le duc de Feria : le 29, le duc leur fit demander à son tour l'autorisation de venir saluer l'assemblée. Le clergé voulait qu'on donnât la place d'honneur au représentant du Roi Catholique. Le Tiers s'y opposa et ne permit pas non plus que l'assemblée se levât devant l'ambassadeur espagnol[1]. La majorité du clergé se montrait aussi arrogante dans les discussions avec le Tiers État que souple vis-à-vis de l'étranger; mais le Tiers État maintint fermement sa dignité et la dignité nationale[2] : la noblesse et le Tiers État consentirent que le cardinal de Pellevé répondît pour les trois ordres, mais lui signifièrent qu'il eût à répondre en français au discours que le duc de Feria devait, disait-on, prononcer en latin.

La réception du duc de Feria eut lieu le 2 avril : on fit asseoir le duc sous le dais royal, à la gauche du trône vide qui attendait un roi de France; la droite avait été donnée au cardinal de Pellevé, président du clergé. Le duc énuméra, dans un discours emphatique, les immenses services rendus au royaume de France par son maître, qui avait, dit-il, dépensé plus de 6 millions d'or (18 millions de livres) pour la Sainte-Union : il exhorta les États à élire au plus tôt un roi « embrasé d'un zèle ardent à la religion catholique » et qui eût des forces suffisantes pour rétablir les affaires du royaume; puis il présenta ses lettres de créance, adressées par Philippe II « aux très-révérends, illustres, magnifiques et ses bien-aimés, l'assemblée des États Généraux de France », lettres où Philippe demandait fort nettement « qu'on lui payât et rendît tout ce qu'il avoit mérité envers le royaume de France, lui donnant satisfaction. » Le cardinal de Pellevé répondit en exaltant Philippe au-dessus de tous les monarques anciens et modernes; cependant il opposa aux bienfaits présents de l'Espagne les services rendus jadis par la France au catholicisme

---

1. *Registre du Tiers État*, p. 105.

2. Dans une autre occasion, le Tiers dit qu'il reconnaissait messieurs du clergé non pour supérieurs, mais pour frères seulement. *Registre du Tiers État*, p. 215.

espagnol durant sa longue lutte contre les ariens et les musulmans.

Après que l'Espagnol se fut retiré, les trois ordres entendirent la lecture d'une lettre des seigneurs catholiques royaux présents à Chartres : ceux-ci, à cause de l'absence de la plupart de leurs collègues, remettaient au 15 avril « une déclaration plus particulière de ce qui dépend d'eux pour l'acheminement et résolution de la conférence. » Les trois ordres prirent une décision qui attestait les dispositions conciliantes de la majorité : ils résolurent de ne point employer, dans leur correspondance avec « ceux du parti contraire », la qualification d'États Généraux et de souscrire leurs lettres de cette simple formule : « fait en notre assemblée, à Paris (5 avril) ». La réception du concile de Trente, votée par le clergé dès le 8 mars et réclamée par lui des autres ordres, fut ajournée par la noblesse et le Tiers État.

Les nouvelles de l'armée n'étaient pas de nature à encourager beaucoup le parti violent : à la vérité, Noyon avait succombé, grâce à l'éloignement de Henri IV, qui avait été obligé de faire un voyage sur la Loire et qui ne put revenir à temps dans l'Ile-de-France ; mais, après la capitulation de Noyon (30 mars), la petite armée ligueuse, à demi ruinée par le fer des assiégés, par l'indiscipline, par la désertion, suite de la misère, fut hors d'état de rien entreprendre en présence du Béarnais accouru à Compiègne : Mansfeld se retira sur les frontières. L'impuissance militaire des Espagnols, dans ce moment de crise, leur ôta plus de partisans que leurs minces présents et leurs grandes promesses n'avaient pu leur en gagner.

La conférence, si impatiemment attendue des uns, si odieuse aux autres, allait enfin s'ouvrir, malgré les cris des prédicateurs et les placards furieux des Seize [1]. Une dépêche plus explicite des royaux était arrivée dès le 14 avril ; l'échange des passe-ports s'était effectué et l'on avait choisi, d'un commun accord, le village de Suresne pour lieu du rendez-vous. La Ligue délégua douze commissaires, trois pour Mayenne et son conseil, et trois pour

---

1. Ces placards offraient le mélange extravagant des idées les plus contradictoires : ils réclamaient des institutions républicaines sous le patronage du pape et du roi d'Espagne. Palma-Cayet, p. 440-444. — L'Estoile, p. 126.

chacun des trois ordres, pour l'ordre du clergé, pour la noblesse, pour le Tiers État¹. Les royaux n'eurent d'abord que huit représentants, puis on en ajouta un de plus de chaque côté.

Lorsque les commissaires de la Ligue sortirent de Paris, le 29 avril, pour se rendre à Suresne, ils entendirent longtemps retentir derrière eux le cri de : « la paix! la paix! » poussé par le peuple qui encombrait les remparts.

Cette paix tant désirée, Henri avait achevé de se décider à un bien grand sacrifice pour la rendre à son peuple et pour s'assurer la couronne. Tandis que la mort du duc de Parme diminuait les périls extérieurs, les périls du dedans avaient grandi : le mauvais accueil fait à Rome aux agents du roi avait ravivé le tiers parti, qui avait renoué ses intrigues en faveur du cardinal de Bourbon et poussé les choses jusqu'à signer des articles d'accord secret entre le cardinal et Mayenne, toujours prêt à promettre². La couronne, la vie même de Henri IV, s'il en faut croire les paroles du roi citées par Sulli³, étaient menacées par ses proches, par ses conseillers, par ses capitaines. Il eût fallu l'inébranlable conviction, l'âme inflexible d'un Coligni pour lutter jusqu'au bout, pour renoncer à toute joie, à toute trêve, à tout repos. Henri hésita beaucoup : les douloureuses remontrances des ministres huguenots et des amis de sa jeunesse, les souvenirs qu'ils évoquaient le touchaient au cœur : il leur avait encore promis, à Saumur, le mois passé, qu'il mourrait dans leur religion. L'éloquent et subtil du Perron étourdit ses scrupules : les hommes d'état redoublèrent d'instances; l'amour vint en aide à la politique et à la théologie : Gabrielle d'Estrées plaida vivement « pour la messe⁴ ».

Henri céda : le grand-duc de Toscane cherchait à lui servir

1. *V.* une curieuse note du duc de Feria à Philippe II sur les commissaires ligueurs; Appendice n° V au *Recueil des États Généraux de* 1593, p. 700; d'après les Archives de Simancas.
2. Villeroi, Anc. coll., t. LXII, p. 179.
3. *Œconomies royales*, p. 111. Le projet était, dit-on, de marier le cardinal, relevé de ses vœux, avec l'infante.
4. Elle espérait que Henri, une fois catholique, obtiendrait du pape la cassation de son mariage avec Marguerite de Valois et ne visait à rien moins qu'à devenir reine de France. Sulli, *Œconomies royales*, p. 117. — Mathieu, p. 148. — *Vie de du Plessis-Mornai*, p. 192 et suiv.

d'intermédiaire auprès du pape et lui offrait des secours d'argent s'il se faisait catholique : le 26 avril, il envoya au grand-duc sa foi et parole de roi de faire déclaration et profession publique de la religion catholique, à l'exemple des rois ses prédécesseurs, deux mois après la conclusion d'un accord qu'il négociait avec le duc de Lorraine : en même temps, il annonça au surintendant d'O, qui avait été, en 1589, l'organe des catholiques royaux, sa résolution de se convertir au catholicisme romain et d'assembler les prélats français sous trois mois afin de recevoir d'eux instruction [1]. Quel médiateur religieux que François d'O!... François d'O transmit la promesse du roi à l'archevêque de Bourges, Renaud de Beaune, au moment où celui-ci partit pour Suresne avec les autres commissaires des royaux.

Il y eut, à l'ouverture de la conférence, quelques difficultés préalables à cause de la présence d'un des commissaires des royaux, Nicolas d'Angennes de Rambouillet : les ligueurs refusaient de communiquer avec un homme que la voix publique accusait d'avoir été un des principaux instigateurs du meurtre des Guises. Rambouillet protesta de son innocence et ne voulut pas se retirer, ce qui eût été s'avouer coupable. Le 4 mai, on conclut pour dix jours une petite trêve locale qui fut prorogée, quasi de semaine en semaine, pendant plus de deux mois : la suspension d'armes ne s'étendait que dans un rayon de quatre lieues autour de Paris et autour de Suresne. Les commissaires de la Ligue avaient traîné les premiers pourparlers en longueur, à cause de l'absence de Mayenne, qui était allé s'aboucher à Reims avec le duc de Lorraine et plusieurs autres princes de sa maison. On n'entra sérieusement en matière que le 5 mai : toute la discussion roula entre les archevêques de Lyon et de Bourges, qui luttèrent d'érudition et de rhétorique, pour soutenir, d'une part, le principe catholique, de l'autre, le principe monarchique. Le prélat royaliste conclut en invitant les catholiques unis à se joindre aux catholiques royaux afin de prier le roi de rentrer dans le sein de l'Église. Le prélat ligueur répondit qu'on ne pouvait reconnaître, au préalable, un roi hérétique, et que, si le « roi de Navarre » embrassait la foi catholique, ce

---

1. *Lettres de Henri IV*, t. III, p. 763; — Palma-Cayet, p. 445.

devait être par un mouvement intérieur du Saint-Esprit et non par des sommations venues du dehors; que les indices de sa conversion, exposés par l'archevêque de Bourges, étaient « fort foibles et sans apparence ». Il conclut, à son tour, par l'invitation aux catholiques dissidents de se séparer des hérétiques. La discussion garda, de part et d'autre, des formes graves et décentes [1].

Le 6 mai, Mayenne rentra dans Paris, suivi des ducs de Guise, d'Aumale et d'Elbeuf [2]. Schomberg, un des commissaires royalistes, vint rendre visite au lieutenant-général de l'Union, lui fit de nouvelles ouvertures de la part de Henri IV et le pressa instamment de ne pas permettre l'élection d'un autre roi. Mayenne se tint sur la réserve.

Les Espagnols cependant réclamèrent l'exécution des promesses de Mayenne. Le 10 mai, le lieutenant-général, accompagné des autres princes lorrains, annonça officiellement aux trois ordres que l'ambassadeur d'Espagne avait une communication à leur faire. Une commission fut nommée pour entendre le duc de Feria. La conférence eut lieu le 14 mai, chez le légat. L'ambassadeur d'Espagne offrit à la Ligue, sous deux mois, quatorze mille combattants étrangers soldés pour un an et 1,200,000 écus pour la solde des troupes françaises, avec la moitié de ce secours pour l'année suivante, moyennant que l'infante Isabelle-Claire-Eugénie fût déclarée reine de France.

A ces mots, l'évêque de Senlis, Guillaume Rose, se leva brusquement et s'écria de sa voix la plus aigre qu'il reconnaissait maintenant que les politiques avaient dit vrai en publiant que l'intérêt et l'ambition avaient plus de part à cette guerre que le zèle de la religion; « que, si le duc de Feria continuoit en ses prétentions, il demeureroit politique lui-même [3] ». Rompre la loi Salique, ajouta-t-il, c'est perdre le royaume.

---

1. *V.* dans les *Registres des États Généraux de* 1593, *passim*, les rapports de l'archevêque de Lyon sur les pourparlers. — *V.* aussi de Thou, t. V, l. CVI, p. 244-257. — Du Laurens, un des commissaires de la Ligue, a publié une relation de la conférence de Suresne. De Thou l'accuse d'inexactitudes graves (*ibid.*, p. 261).

2. Ce dernier, captif depuis la mort de Henri de Guise, avait été récemment mis à rançon.

3. *Journal manuscrit de la Ligue*, cité par M. Bernard, en note au *Recueil des États de* 1593, p. 185. — L'Estoile, *Journal de Henri IV*, p. 134-141.

Cette vigoureuse sortie émut d'autant plus l'assistance qu'elle était moins attendue de la part d'un ligueur aussi forcené que Rose. Le duc de Feria conserva sa gravité castillane : il demanda que sa proposition fût déférée aux États et que l'assemblée entendît sur la question de droit son docteur Inigo Mendoça. Le surlendemain, Mayenne annonça aux États les prétentions de l'infante et pria qu'on doublât, par des gens experts en la jurisprudence, le nombre des commissaires chargés de conférer avec le duc de Feria (16 mai).

Tandis que les Espagnols se démasquaient à la face de l'Europe, les royalistes n'étaient pas oisifs et préparaient de leur côté un grand coup de théâtre. Les conférences de Suresne continuaient. Le 10 mai, l'archevêque de Bourges avait demandé de nouveau aux représentants de la Ligue s'ils ne voulaient pas aider les royaux à « faire le roi catholique. — Plût à Dieu », répondit l'archevêque de Lyon, « qu'il fût bon catholique et que notre Saint-Père en pût être satisfait ! — Le voyage de Rome est bien long ! » répliqua Renaud de Beaune. D'Espinac ne fit pas de concession là-dessus et prétendit que la question fût laissée entière au jugement du pape. C'était éloigner indéfiniment toute solution au profit de la politique de Mayenne. Les royalistes demandèrent quelques jours de surséance pour consulter ceux qui les avaient envoyés, et deux d'entre eux, Schomberg et Revol, partirent pour Mantes, où était Henri IV avec son conseil.

Le roi avait pris son parti : le 15 mai, Henri annonça à son conseil qu'il était résolu de mander auprès de lui, sous deux mois, pour son instruction religieuse, un certain nombre d'évêques et de théologiens, sans plus attendre la réunion d'un concile, et qu'il allait réunir pareillement à Mantes une assemblée des grands du royaume et des députés des cours souveraines, afin d'aviser au bien de la religion et de l'État ; qu'on pouvait informer de sa résolution les délégués « du parti contraire » assemblés à Suresne et leur offrir une trêve jusqu'à l'époque de l'assemblée de Mantes ; s'ils refusent, ajouta-t-il, que tous les maux de la France retombent sur leurs têtes ! Le lendemain, les principaux des catholiques royaux présents à Mantes signèrent un acte par lequel ils garantissaient qu'on ne ferait rien dans les conférences de Suresne contre les édits en faveur des protestants et que les choses resteraient à cet égard dans le *statu quo* jusqu'à l'assemblée de Mantes, à laquelle seraient appelés les délégués des réformés. Henri autorisa les réformés à tenir une assemblée générale pour délibérer sur les sûretés qu'ils auraient à lui demander et pour lui envoyer à cet effet « quelques députés de tous les ordres, même d'entre les ministres de la parole de Dieu [1] ». Il voulait se séparer le plus doucement possible de ses anciens coreligionnaires, « desquels il avoit tiré le sang et la substance, et qui l'avoient apporté sur leurs épaules de deçà la rivière de Loire », comme ils le lui rappelaient avec tristesse et amertume. Il avait un intérêt immense à les calmer et à les rassurer, pour faire tomber les projets de protectorat et de république protestante que pouvaient réveiller dans l'Ouest et le Midi les Turenne et les La Trémoille.

Le 18 mai, furent expédiées les lettres de convocation à divers prélats et docteurs, tant du parti royal que du parti de l'Union, pour le 15 juillet. Henri les appelait afin de recevoir d'eux instruction « sur les différends dont procède le schisme qui est en l'Église ». Il ne manda point de ministres protestants pour discuter contre les catholiques : Mornai, lorsqu'il avait la main dans les négociations, avait rêvé un débat sérieux; mais, maintenant que les chefs des réformés voyaient bien que l'*instruction* serait de pure forme, ils souhaitaient eux-mêmes qu'on évitât une controverse où la défaite de la *vérité* était, pensaient-ils, résolue d'avance.

Le 17 mai, Schomberg et Revol avaient reporté à Suresne la déclaration des intentions du roi. L'archevêque de Bourges déclara aux commissaires de la Ligue que, Dieu ayant exaucé les vœux de la France et touché le cœur du roi, rien ne devait plus empêcher la conclusion immédiate du traité de réunion, sauf à ne le réaliser qu'après l'accomplissement de la conversion de Henri IV. Il représenta que, tout en gardant au saint-siège le respect qui lui est dû, l'on ne pouvait attendre de Rome, obsédée par la faction espagnole, un remède assez prompt aux maux de

---

1. De Thou, t. VI, l. CVI, p. 258-259. — *La France protestante*, t. IV, p. 551.

la France : c'était là ce qui avait décidé le roi à se contenter des instructions de plusieurs prélats et docteurs catholiques français. L'archevêque de Lyon, qui s'était associé à la politique dilatoire de Mayenne, parut plus étonné que satisfait de cette soudaine péripétie. Il dit cependant avoir grande joie de la conversion du « roi de Navarre », pourvu qu'elle fût vraie et sainte; mais il éleva de nouveaux doutes à ce sujet, d'après les gages que le « roi de Navarre » assignait encore en ce moment aux « ministres de l'hérésie », et il annonça que ses collègues et lui allaient en référer à leurs commettants.

D'Espinac fit, en effet, son rapport, le 19, aux États Généraux, en présence des princes lorrains, des cours souveraines et du conseil d'État. Mayenne pria l'assemblée de bien méditer sa réponse, « d'autant que c'étoit la délibération la plus haute qui se fût jamais traitée en la chrétienté ».

Les États Généraux étaient mis en demeure et par le Béarnais et par l'Espagnol : l'ambassadeur de Philippe II avait demandé une seconde audience solennelle aux trois ordres pour leur adresser en personne « sa proposition [1] ». Une douzaine de jours s'écoulèrent avant cette audience. L'agitation était extrême dans Paris depuis la grande nouvelle de la conversion du Béarnais; ce n'étaient que rassemblements et que requêtes pour et contre la paix. Les politiques et les Seize semblaient, à chaque instant, près d'en venir aux mains.

Le 28 mai, Mayenne fit lire, devant les États, la « proposition » des Espagnols et annonça la visite du duc de Feria pour le lendemain. Feria augmentait ses offres : il parlait maintenant de vingt mille soldats étrangers pour deux ans. Quand on eut achevé de lire cette pièce, où la couronne était revendiquée pour l'infante,

1. La question du cérémonial souleva de vifs débats entre les trois ordres. Le légat ayant annoncé qu'il assisterait à la séance, le Tiers État avança qu'on avait donné la place d'honneur au représentant du Saint-Père, lorsqu'il était venu bénir l'assemblée, seulement parce que la séance avait été religieuse et non politique; mais que, cette fois, le lieutenant-général de l'État devait avoir la droite, la couronne de France ne reconnaissant personne au-dessus d'elle dans l'ordre temporel. Le clergé protesta au nom de l'honneur dû au Saint-Père et rappela que les anciens rois de France avaient tenu les rênes du cheval du pape. La noblesse suivit le clergé. Le Tiers, seul contre deux, ne céda qu'à grand'peine. *Registres des États Généraux de 1593*, p. 189, 196, 200.

de par « le droit naturel et le droit divin », sauf à y joindre l'élection, « si l'on croyoit qu'il en fût besoin », le procureur-général Molé se leva¹ et déclara qu'il ne pourrait entendre les Espagnols développer leur proposition, sans s'y opposer sur-le-champ au nom de l'inviolable loi Salique : les membres du parlement, présents à la séance, firent la même déclaration. D'Espinac répondit que cette protestation porterait atteinte à la dignité et à l'autorité souveraine des États, qui ne la pourraient souffrir. Les parlementaires résolurent alors de ne point assister à la séance du lendemain², mais le corps du parlement arrêta sur-le-champ une protestation contre tout ce qui pourrait se faire au détriment de la Loi Salique et la signifia à Mayenne.

Les trois ordres discutaient cependant chacun de son côté, et ils décidèrent d'un commun accord une question fort importante. Mayenne avait renouvelé sa tentative pour altérer la forme essentielle des États : il pressait l'assemblée de consentir à recevoir dans son sein, pour le grand débat sur l'élection d'un roi, une quatrième chambre que composeraient les délégués des cours souveraines de Paris et des provinces et du conseil d'État. Une énergique opposition se manifesta dans les trois ordres ; on déclara que nul ne pouvait être admis aux États Généraux sans avoir été élu par les provinces³ ; qu'il ne fallait pas souffrir « que la liberté d'une si notable assemblée, *qui prétend être par-dessus les rois*, fût diminuée ou amoindrie, pendant cet interrègne, par des personnes inférieures aux rois ». Mayenne fut obligé de reculer⁴.

1. Dès le 19 mai, Molé, assisté des deux avocats-généraux Louis d'Orléans et Antoine Hotman, avait requis la grand'chambre d'assembler le corps du parlement, afin de donner arrêt qui interdit aux États d'entendre à des propositions contraires aux lois fondamentales du royaume. La grand'chambre hésita et ajourna la requête. Manuscrit cité par M. Bernard en note aux *Registres des États de* 1593, p. 185.
2. *Registre du Clergé*, p. 483.
3. *Registre du Clergé*, p. 485. Ce principe, qui est l'essence du gouvernement représentatif, constitue la différence la plus essentielle entre les anciens États Généraux de France et les parlements anglais, qui n'étaient et ne sont encore qu'à *demi* représentatifs, puisqu'une de leurs deux chambres se compose de législateurs *nés* qui ne représentent qu'eux-mêmes. Le principe du gouvernement représentatif existait donc virtuellement chez nous plus purement qu'en Angleterre. La prétention des évêques à siéger aux États, *ipso jure*, avait été vivement repoussée par les États Généraux de 1484.
4. *Registre du Tiers État*, p. 216-219. — *Id. du Clergé*, p. 485. — L'extrême malveillance de Villeroi contre les États de 1593 paraît n'avoir d'autre cause que leur

Le 29 mai, eut lieu l'audience des Espagnols. Le légat, malade, ne vint pas, à la grande joie d'une partie de l'assemblée, et Mayenne prit la place d'honneur sous le dais, ayant à sa droite le cardinal de Pellevé, à sa gauche le duc de Feria. Le *proveador* Tassis adressa aux trois ordres, en français, un petit discours insinuant et convenable; puis le docteur Inigo Mendoça entama une énorme harangue latine, afin de prouver la successibilité des femmes en général et les droits de l'infante en particulier. Il nia que la vieille loi des Francs-Saliens eût le sens qu'on lui attribuait et traita audacieusement d'usurpateurs tous les monarques français qui s'étaient élevés au trône par l'exclusion des femmes [1].

L'assemblée, qui avait écouté les arguments de Mendoça dans un silence glacial, décida qu'elle répondrait aux catholiques « navarristes » avant de répondre aux Espagnols. La réponse fut arrêtée le 2 juin et envoyée le 5. Les trois ordres louaient Dieu de la conversion du « roi de Navarre », mais représentaient que la connaissance de ce fait purement spirituel ne leur appartenait pas; que le Saint-Père pouvait seul délier ce que ses prédécesseurs avaient lié; le traité à conclure avec les catholiques du parti du roi de Navarre dépendait de la réconciliation de celui-ci avec le pape, dont il ne fallait pas préjuger la décision définitive d'après un premier refus. Quant à la trêve, on attendait la réplique des royaux pour en traiter [2].

Le système d'ajournement, le système de Mayenne, triomphait donc dans les États vis-à-vis de Henri IV : les précédents qui liaient la Sainte-Union à l'ultramontanisme l'emportaient encore une fois sur le cri de la France aux abois. Maintenant, ce système allait-il aussi réussir vis-à-vis de l'Espagne, et Mayenne parviendrait-il à neutraliser les deux principaux prétendants l'un par l'autre ?

Les États adressèrent au duc de Feria une question au lieu

---

refus d'admettre les membres des parlements et du conseil d'État, dont il faisait partie. Il venge la blessure de son amour-propre en leur prodiguant des épithètes injurieuses dans ses Mémoires. Anc. collect., t. LXII, p. 163.

1. *Registres des États Généraux de* 1593; Appendice n° vi, p. 704 et suiv.
2. Le 3 juin, les États reçurent des lettres envoyées par les villes de Reims et de Laon, qui déclaraient qu'elles ne reconnaîtraient jamais le roi de Navarre. *Registres des États de* 1593, p. 232-246.

d'une réponse. Sur la proposition du clergé, les trois ordres arrêtèrent que, sans engager aucunement l'assemblée, on demanderait préalablement à l'ambassadeur espagnol si l'intention de Sa Majesté Catholique était de marier l'infante à un prince français (11 juin).

La politique de Philippe II touchait, à son tour, à sa crise décisive. L'assemblée flottait. Si l'ambassadeur d'Espagne eût répondu : « Oui, le Roi Catholique donnera l'infante au duc de Guise ! » les passions ligueuses se fussent rallumées au profit de l'héritier du Balafré, et, malgré Mayenne et les autres princes, la majorité des trois ordres eût été peut-être enlevée, et Guise et l'infante élus ensemble. Le parlement eût résisté : il avait revendiqué d'avance par l'organe non-seulement de ses délégués, mais des conseillers d'État de Mayenne, le droit de « vérifier », par conséquent de contrôler les décisions des États. Qu'eût fait Mayenne ? qu'eût fait Paris ?

Heureusement pour la France, que l'élection de Guise eût partagée en deux peuples irréconciliables, Philippe II se trompait sur l'état de l'opinion publique; il ne voyait pas son influence baisser, les prestiges du fanatisme se dissiper. Son agent Ibarra, esprit ardent et présomptueux, lui avait mandé que l'infante serait reçue en France avec acclamation, que Mayenne seul entravait le vœu du pays et que Sa Majesté Catholique pourrait marier l'infante à son gré. Les lettres des Seize et de la Sorbonne en faveur de Guise eussent dû pourtant éclairer Philippe. Le Roi Catholique prit pour un pis-aller ce qui était la seule chance de succès, et les pouvoirs qu'il donna au duc de Feria s'étendirent jusqu'à l'acceptation de Guise, mais après les chances meilleures épuisées. Feria suivit ses instructions pas à pas. Le 13 juin, il reparut devant les trois ordres et fit porter la parole par Tassis : celui-ci, après quelques mots aigre-doux sur l'accueil qu'avait reçu la première proposition de l'Espagne, proposa que, si l'on ne voulait pas « démordre » de la loi Salique, on élût l'archiduc Ernest, qui épouserait l'infante [1].

L'effet de cette séance fut désastreux pour le parti de l'étranger

---

1. *Registre du Tiers État*, p. 252.

Les forces des politiques en furent doublées. Deux jours auparavant, les commissaires des catholiques royaux avaient annoncé que le roi se ferait absoudre provisoirement par les prélats qui l'instruiraient, mais qu'il ne demandait qu'à satisfaire le pape et qu'il offrait de nouveau la trêve. La fermentation croissait parmi le peuple : la minorité politique du clergé parisien se prononçait avec énergie, opposait chaires à chaires et faisait des conquêtes bien inattendues : Lincestre, le terrible Lincestre, ne prêchait plus que paix et concorde [1]. L'adroit Henri ne manqua pas de lui envoyer une lettre d'invitation pour l'assemblée ecclésiastique de Mantes.

La faction espagnole essaya de reprendre l'offensive : les Seize firent commencer des informations contre les « demandeurs de paix ». Le parlement arrêta les poursuites, seulement il interdit les rassemblements. Pendant ce temps, le légat écrivait aux trois ordres une lettre où il les priait, les sommait de cesser toutes conférences avec les catholiques du parti contraire, puisque ceux-ci refusaient de quitter le roi de Navarre : il protestait, au nom du pape, contre toute transaction avec un hérétique relaps, et menaçait de quitter Paris et le royaume si l'on traitait de paix ou de trêve (14 juin).

La majorité des États ne se laissa point intimider. Le clergé, à la vérité, se déclara contre la trêve ; mais la noblesse se déclara pour ; le Tiers État remit la question à la décision de Mayenne ; celui-ci fit entendre que la trêve était indispensable. Le Tiers se réunit à la noblesse. Le peuple, assemblé tumultueusement à l'Hôtel de Ville, requit le prévôt des marchands d'aller demander la trêve immédiate à Mayenne. La ville d'Orléans avait expédié sa procuration dans le même but. Mayenne renvoya les représentants de Paris et d'Orléans au légat, qui resta inflexible [2].

La fureur de la bourgeoisie était au comble : L'Estoile assure qu'on disait tout haut qu'il fallait « couper la tête du légat en Grève ».

---

1. Ce fougueux prédicateur n'était pas, au fond, un méchant homme. L'Estoile cite de lui, à l'époque de ses plus grandes violences, un beau trait d'humanité envers deux dames protestantes auxquelles il sauva la vie.
2. *Registre du Tiers État*, p. 264-270.

Le mouvement de l'opinion populaire en faveur des politiques commençait d'inquiéter Mayenne, qui crut nécessaire de peser en sens contraire. Le 19 juin, il fit savoir officieusement aux États qu'il croyait les Espagnols disposés à accepter l'élection d'un prince français, auquel Philippe II accorderait l'infante. C'était, disait-il, tout ce qu'il désirait. Les États lui confièrent, à lui et à son conseil, la rédaction de la réponse à faire au duc de Feria : personne n'avait osé soutenir la candidature de l'archiduc autrichien. Le lendemain, le projet de réponse fut lu devant les États. On y disait que les lois et les mœurs françaises ne permettaient pas d'élire un roi étranger; que, s'il plaisait à Sa Majesté Catholique d'avoir pour agréable l'élection d'un prince français et de lui donner sa fille, on pourrait espérer la fin des maux de la France. Mayenne était persuadé, depuis le voyage du président Jeannin en Espagne, que Philippe n'accepterait pas pour sa fille un autre mari que l'archiduc Ernest. Il voulait à la fois embarrasser les Espagnols, obtenir la trêve et éloigner la paix en poussant les États à une démarche grave contre les droits de Henri IV.

Les politiques du Tiers État s'efforcèrent de parer le coup. Thielement, député de Paris, dit qu'il ne pouvait opiner sur un tel sujet sans consulter le corps de la ville de Paris. Les députés de Bourgogne, quoique très-catholiques, souhaitaient qu'on s'en tînt à la question posée au duc de Feria et qu'on ne s'engageât pas. Le conseiller du Vair, député de Paris, refusa de voter, comme son collègue Thielement, et protesta énergiquement contre une proposition qui « retranchoit toute espérance de réunion entre les François. » Les députés d'Orléans et de Chaumont refusèrent aussi d'opiner. La majorité du Tiers passa outre et accepta la réponse rédigée par Mayenne et consentie sans opposition par le clergé, puis par la noblesse (20 juin).

Dès le lendemain, Feria se transporta auprès de l'assemblée, renforcé par le légat, qui eut cette fois la place d'honneur. Tassis, au nom de Feria, proposa de déclarer solidairement « rois propriétaires de la couronne » l'infante et le prince français que Philippe II choisirait sous deux mois pour gendre. Cette offre était, dit-il, le dernier mot de Sa Majesté Catholique. Le légat prit la parole pour appuyer chaudement la proposition. Au sortir de la séance, le duc de Feria fut sifflé et hué par le peuple.

Les États nommèrent des commissaires pour conférer avec l'ambassadeur espagnol sur son offre. La commission déclara au duc de Feria qu'il n'était pas possible de proclamer l'infante reine sans proclamer en même temps le nom du roi son mari; que ce serait déjà bien assez transgresser la loi Salique que d'associer une femme à la royauté, ce qui dépassait la résolution du 20 juin. La commission proposa l'envoi en Espagne de députés avec pouvoir de reconnaître l'infante et le gendre français choisi par Philippe II, au moment même du mariage. Les Espagnols n'acceptèrent pas : ils entendaient que l'infante fût proclamée reine immédiatement et qu'on laissât en blanc le nom du roi. L'assemblée irritée les accusa de vouloir extorquer frauduleusement ce qu'on leur avait refusé en face; une fois l'infante élue, ils trouveront bien moyen, disait-on, d'éluder la condition de l'élection. La noblesse et le Tiers trouvaient que leurs commissaires n'avaient déjà que trop accordé. La noblesse retira son consentement à ce que le choix du candidat fût déféré à Philippe II (28 juin).

Un incident redoubla le mécontentement général contre les Espagnols : Henri IV, afin d'augmenter chez ses adversaires le désir de la paix, avait mis le siége devant Dreux, ville très-dévouée à la Sainte-Union et entrepôt principal des vivres que Paris pouvait encore recevoir du côté du Midi[1]. La ville venait d'être emportée d'assaut et livrée au pillage; la plupart des habitants s'étaient réfugiés dans le château et dans une grosse tour où ils continuaient de se défendre avec opiniâtreté. Les princes lorrains et les commissaires des États prièrent instamment les Espagnols de rappeler les troupes des Pays-Bas au secours de Dreux : Feria et ses collègues refusèrent, tant que l'élection royale ne serait pas décidée.

Tandis que les États discutaient, le parlement se jeta courageusement au travers du débat. Le 23 juin, Michel de Marillac, jeune conseiller qui avait figuré naguère parmi les plus zélés ligueurs, provoqua une réunion de toutes les chambres du parlement, afin

---

1. Poirson, t. I, p. 207.

de délibérer sur la trêve et de s'opposer à l'élection d'un roi. Mayenne tenta d'empêcher l'assemblée des chambres; il ne put que la retarder de quelques jours. L'assemblée eut lieu le 28 elle compta cinquante-cinq présidents et conseillers; tout avait été réglé d'avance dans un conciliabule *politique* tenu chez le célèbre Pierre Pithou. Les vigoureux discours du président Le Maistre et du conseiller du Vair entraînèrent les plus timides et réduisirent au silence la minorité *zélée*. Les « gens du roi », Molé et d'Orléans, arrivés après la résolution prise, consentirent que l'arrêt se fît à leur réquisition. Le parlement, appliquant le principe posé dans son arrêt du 22 décembre 1592 et procédant par voie de sentence et non de remontrances, déclara « tous traités faits ou à faire pour l'établissement de prince ou princesse étrangers, nuls et de nul effet et valeur, comme faits au préjudice de la loi Salique et autres lois fondamentales du royaume. » Une députation alla porter à Mayenne l'arrêt de la cour, le prier d'en procurer l'exécution et l'inviter à pourvoir le plus tôt possible au repos du peuple [1].

Mayenne, troublé par ce coup d'éclat dans les petits calculs de sa tortueuse politique, se plaignit, en termes modérés, que la cour eût donné un arrêt d'une telle importance sans s'être concertée avec lui et sans avoir appelé les pairs de France; il répondit, sur le fond des choses, avec une grande réserve. La colère des Espagnols et des zélés réagit toutefois un peu sur lui : le 30 juin, il fit appeler les députés du parlement et leur dit qu'il avait « songé et resongé à leur arrêt, qu'il ne pouvoit le trouver bon, attendu l'affront qui lui avoit été fait (en ne le consultant pas), et qu'il espéroit leur faire trouver bon la rupture d'icelui. » Tout le corps du parlement jura de mourir plutôt que de révoquer l'arrêt (1er juillet). Mayenne n'insista pas et ne tint compte des propositions violentes du cardinal de Pellevé et de quelques autres *zélés*. Les politiques eussent sans doute tenté de défendre

---

[1]. *Historiq. de l'arrêt de la Loi Salique*, etc.; Appendice n° VIII aux *Procès-verbaux des États de* 1593, p. 736 et suiv. — L'arrêt, *ibid.*, p. 546. — L'Estoile, p. 149. — Le Manuscrit de Dupuy, n° 661, nous a fourni quelques détails importants qui proviennent de du Vair. Un conseiller avait été jusqu'à proposer qu'on décrétât la paix immédiatement avec le roi; mais il fut « rabroué ».

le parlement les armes à la main : Mayenne ne voulut pas risquer le conflit.

Les États Généraux n'attaquèrent point officiellement la prétention que manifestait le parlement de défendre « les lois fondamentales » contre eux et contre tous. L'opinion anti-espagnole, dans les États comme au dehors, s'applaudit au contraire de ce puissant secours et obtint, sur ces entrefaites, un nouveau triomphe. Mayenne et son conseil, après le rapport de la commission, avaient été chargés par les trois ordres de préparer la réponse à la troisième proposition des Espagnols : la réponse fut que les États tiendraient toujours à grand honneur qu'il plût à Sa Majesté Catholique de donner sa fille à un prince français, sous conditions justes et raisonnables, mais qu'ils estimaient périlleux pour la religion et le royaume de créer et établir présentement une royauté, en un temps où l'on était si peu fortifié d'hommes et de moyens : les États se réservaient d'en « délibérer plus avant », lorsqu'ils verraient une armée prête à soutenir leurs résolutions. La noblesse et le Tiers approuvèrent sans réserve la rédaction présentée par Mayenne : le clergé adhéra, quoique à regret (2 juillet). Bien des gens virent dans cet ajournement indéfini, par lequel la Ligue avouait son impuissance, une renonciation définitive des États à la royale élection tant annoncée. Les royalistes espérèrent, non sans fondement, que ce serait là une victoire remportée par Mayenne au profit de Henri IV.

Les ambassadeurs espagnols avaient eu tout le temps de voir venir le coup : Feria se conduisit avec une maladresse inouïe; il eût cru sans doute déroger à la gravité castillane, s'il n'eût mis un intervalle suffisant entre ses propositions. Il attendit, pour tenter la dernière ou plutôt l'unique chance de Philippe II, que les États Généraux se fussent engagés à ne rien décider. Le 5 juillet, il vint répondre à la réplique officielle qui lui avait été transmise la veille et pria que, si l'on voulait absolument suspendre l'élection royale, on s'abstînt du moins de faire trêve et que l'on cassât l'arrêt du parlement. Il essaya ensuite de réparer ses fautes dans des conférences particulières tenues chez le cardinal de Plaisance. Le légat, les Espagnols, les Seize, les prédicateurs, s'étaient entendus pour un dernier effort : ils répandirent dans Paris le bruit que le jeune Guise allait être proclamé roi de France, afin de contre-balancer l'effet des malheureuses nouvelles de Dreux; la Tour-Grise de Dreux avait sauté avec ses défenseurs et le château s'était rendu (4-6 juillet).

Le menu peuple sembla retrouver quelque chose de sa vieille affection pour les Guises : il y eut une grande affluence pendant quelques jours autour du jeune duc, que beaucoup de gens appelaient déjà « le roi ». Les Espagnols avaient en effet annoncé au conseil de la Ligue que leur maître, puisqu'il le fallait pour sauver la religion et la France, accorderait sa fille au duc de Guise. Mayenne demanda au duc de Feria ses pouvoirs : Feria les exhiba (10 juillet). Mayenne ne s'était point attendu à être pris au mot : il fit bonne contenance, affecta une vive reconnaissance de l'honneur que recevait sa maison, mais discuta les conditions pied à pied, demanda pour lui et pour les siens des avantages exorbitants, se garda bien de quitter le terrain où s'étaient placés les États et appuya de nouveau sur l'impossibilité de déclarer l'élection sans avoir une armée prête à la défendre. Bassompierre, fondé de pouvoir du duc de Lorraine, seconda Mayenne en protestant contre toute décision qui serait prise sans consulter le duc son maître; Guise lui-même, bien conseillé par le maréchal de La Chastre, qui lui fit craindre d'être le jouet des Espagnols, montra plus de réserve et de prudence qu'on n'en eût attendu de son âge. Feria insista en vain pour que le mariage de Guise et de l'infante fût proposé officiellement aux États [1].

Pendant ce temps, de nouvelles conférences avaient lieu, malgré les cris du légat, entre les délégués de Mayenne et ceux de Henri IV : la suspension d'armes autour de Paris, interrompue, à la grande consternation des Parisiens, durant trois ou quatre jours, avait été prorogée jusqu'à la fin du mois. Henri avait transféré de Mantes à Saint-Denis l'assemblée convoquée pour son *instruction* : inquiet des intrigues menaçantes que le tiers parti avait essayé de renouveler avec Mayenne, il arriva dès le 12 juillet à Saint-Denis; quatre des curés de Paris, bravant les menaces du

---

1. *Registre du Tiers État*, p. 306-309, note. — *Id. du Clergé*, p. 551-555. — L'Estoile, p. 166. — De Thou, t. V, l. CVII, p. 281-282.

légat, se rendirent auprès de l'illustre catéchumène : c'étaient Benoît, Chavagnac, de Morenne et Lincestre! Quand on vit Lincestre se rendre à l'appel du Béarnais, on put croire que la fin de la Ligue était proche.

Le cardinal de Plaisance était furieux : le 23 juillet, il publia une défense à tous catholiques d'aller à Saint-Denis et aux ecclésiastiques d'absoudre Henri de Bourbon, dont le pape était le seul juge. Le même jour, le clergé informa les deux autres ordres que le légat voulait quitter Paris, parce qu'on s'apprêtait à conclure la trêve malgré son opposition : le clergé proposa aux autres ordres de transférer les États Généraux dans la ville où se retirerait le légat. Cette proposition souleva un violent débat dans la chambre du Tiers État. L'arrêt du parlement fut, à cette occasion, attaqué et défendu avec une égale vivacité. La majorité du Tiers, ayant à sa tête les députés de Paris, alla porter plainte à Mayenne contre ceux des députés qui voulaient suivre le légat et reconnaître ainsi un étranger pour chef temporel. La majorité de la noblesse appuya celle du Tiers État.

Cette lutte n'eut pas les conséquences qu'on eût pu en espérer ou en craindre. Mayenne avait été aussi loin qu'il pouvait le faire sans rompre avec les Espagnols et le légat : or, il ne voulait pas d'une rupture qui l'eût mis à la discrétion de Henri IV. Il donna donc aux agents de Philippe II une garantie secrète de ses intentions : il jura sur les Évangiles, entre les mains du légat, de ne point s'accorder ni faire paix avec « le roi de Navarre, quelque acte de catholique qu'il fît », et de maintenir les États Généraux assemblés, afin de procéder à l'institution de la royauté catholique aussitôt que Philippe II aurait envoyé une armée auxiliaire de quatorze mille combattants, avec de l'argent pour solder les troupes françaises et pour subvenir aux nécessités des députés; ceux-ci étaient pour la plupart dans la détresse, par suite de leur long séjour à Paris, et réclamaient instamment leur congé [1]. Le cardinal de Pellevé, les ducs de Guise, d'Aumale et d'Elbeuf, les maréchaux de La Chastre, de Rosne et de Saint-Paul et un fondé

---

1. Feria leur avait fait distribuer une faible somme (8,000 écus) le 22 juin. Thielement et du Vair envoyèrent leur part à l'Hôtel-Dieu pour ne rien devoir à l'étranger.

de pouvoir du duc de Mercœur prêtèrent le même serment et répondirent du duc de Nemours, de Brissac, de Villars, de tous les capitaines de la Ligue (23 juillet).

A ce prix, le légat se résigna enfin à subir la trêve, qui fut votée, le lendemain, par la noblesse et le Tiers malgré le clergé. La noblesse et le Tiers demandèrent que l'assemblée fût dissoute. Mayenne les pria de rester réunis à Paris et promit de leur en fournir les moyens [1].

L'attention publique, depuis qu'on savait que la Ligue ajournait l'élection de son roi, s'était portée tout entière sur ce qui se passait à Saint-Denis. Le bureau de la ville, d'après l'invitation de Mayenne, eut beau défendre aux bourgeois, sous peine de la hart, d'aller à Saint-Denis; les prêtres eurent beau lancer l'excommunication du haut des chaires; une grande partie de Paris se précipita vers la vieille basilique où allait se donner un si grand spectacle.

Henri IV, après une excursion à Mantes, où il assista pour la dernière fois au prêche, était revenu le 22 juillet à Saint-Denis. Les prélats et docteurs qu'il avait mandés s'y trouvaient réunis. Le jour de l'arrivée du roi, une grave question préalable fut vidée par l'assemblée ecclésiastique. Le cardinal de Bourbon, qui voyait avec douleur s'évanouir sa chimère de royauté, mit en doute le droit des prélats gallicans à devancer le jugement du pape en recevant le roi dans le sein de l'Église. La majorité décida contre le cardinal, parce que les excommunications lancées par Sixte V et Grégoire XIV étaient contraires aux lois du royaume et aux libertés gallicanes; que les évêques étaient compétents pour juger les causes d'hérésie; enfin, qu'il y avait péril en la demeure et juste empêchement à ce que le roi allât plaider sa cause devant le Saint-Père; on jugea qu'il suffirait de réclamer la confirmation du pape. Le cardinal ne gagna, à cette impuissante manifestation de son mauvais vouloir, que l'affront d'être exclu par le roi de la conférence du lendemain.

Henri s'enferma, le vendredi 23 juillet au matin, avec Renaud de Beaune, archevêque de Bourges, Philippe du Bec, évêque de

---

1. *Mém.* de Villeroi, Anc. collect., t. LXII, p. 201-204. — Mayenne demandait aux Espagnols pour l'entretien des États 8,000 écus par mois.

Nantes, Nicolas de Thou, évêque de Chartres, Claude d'Angennes, évêque du Mans, et du Perron, nommé à l'évêché d'Évreux. Il était bien décidé d'avance à se laisser convaincre; avant la conférence, il avait écrit à sa maîtresse, dans un style un peu leste pour la circonstance, que ce serait dimanche qu'il ferait le « saut périlleux [1] ». Il reprit cependant son sérieux pour la discussion et disputa pied à pied le terrain aux prélats, tâchant de redevenir catholique, pour ainsi dire, au moindre prix possible. Il n'avait « faute de science, mais un peu faute de conscience », comme le lui avait hardiment écrit son ministre de Coutras et d'Ivri, Gabriel d'Amours [2]. Il répliqua si à propos aux arguments des évêques par des passages de l'Écriture, qu'ils en demeurèrent « étonnés et empêchés de donner solution valable à ses questions…. Sur l'adoration du sacrement, ayant insisté longtemps, il leur dit à la fin : —Vous ne me contentez pas bien sur ce point, et ne me satisfaites pas comme je me l'étois promis par votre instruction. Voici : je mets aujourd'hui mon âme entre vos mains. Je vous prie : prenez-y garde; car là où vous me faites entrer, je n'en sortirai que par la mort; et de cela je le vous jure et proteste. Et, en ce disant, les larmes lui sortirent des yeux ».

Les prélats voulurent lui faire signer une confession de foi détaillée où se trouvait exposée la croyance romaine sur le purgatoire, les images, les indulgences, etc. Il résista, manda les premiers présidents des parlements de Paris et de Rouen, Harlai et Groulart, et leur dit qu'il en avait « assez fait, et que, si messieurs nos maîtres vouloient passer outre, il en pourroit advenir pis ». Les évêques cédèrent et simplifièrent la formule d'abjuration [3].

Le 25 juillet, « avant de se lever, dit L'Estoile, le roi parla dans son lit quelque temps au ministre La Faye, ayant sa main sur son col, et l'embrassa par deux ou trois fois ». La veille, prenant congé de ses autres ministres, il leur avait dit en pleurant de

---

1. *Lettres de Henri IV*, t. III, p. 821
2. *Bulletin de la Société de l'hist. du Protestantisme français*, t. I, p. 285. — Le vieux Théodore de Bèze avait aussi écrit récemment une belle et austère lettre au fils de Jeanne d'Albret pour tâcher de le retenir dans la foi de sa mère; *ibid.*, p. 41.
3. L'Estoile, *Journal de Henri IV*, p. 160. Rien n'est plus précieux que ce naïf récit de L'Estoile, très-bien informé par ses relations parlementaires.

prier Dieu pour lui et de lui conserver leur amitié; que, quant à lui, il les aimerait toujours et ne permettrait jamais qu'on fît violence à leur religion.

Sur les huit heures du matin, Henri, escorté des princes, des grands officiers de la couronne, d'une nombreuse noblesse et des gardes françaises, écossaises et suisses, se dirigea, au son de douze trompettes, vers l'antique église où dormaient tous ces rois très-chrétiens dont on l'obligeait à reprendre le culte. Les rues étaient jonchées de fleurs sur son passage, et un peuple innombrable, accouru de toute la contrée, remplissait les airs d'acclamations. Une foule de Parisiens, qui avaient bravé les ordres sévères de Mayenne et du corps de ville, criaient « vive le roi »! plus fort que les autres.

Henri trouva les portes de la basilique fermées; il frappa : les portes s'ouvrirent. Sous le grand portail se tenait l'archevêque de Bourges, officiant, environné de sept évêques [1], de plusieurs abbés, de tous les religieux de Saint-Denis, des doyens de Paris et de Beauvais et de quatre curés de Paris : Lincestre était un des quatre. Le cardinal de Bourbon était là aussi, dévorant son dépit, à côté de l'archevêque de Bourges : il n'avait su ni s'opposer ni coopérer au grand acte qui s'accomplissait.

— Qui êtes-vous? demanda l'archevêque, lorsque Henri mit le pied sous le porche. — Je suis le roi. — Que demandez-vous? — Je demande à être reçu au giron de l'Église catholique, apostolique et romaine.

Henri s'agenouilla et fit sa profession de foi.

« Je proteste et jure, devant la face du Dieu tout-puissant, de vivre et mourir en la religion catholique, de la protéger et défendre envers et contre tous au péril de mon sang et de ma vie, renonçant à toutes hérésies contraires à icelle. »

Et il remit à l'archevêque « la forme de sa profession », signée de sa main [2]. L'archevêque lui fit baiser son anneau, lui donna

---

1. Ceux de Nantes, de Séez, de Digne, de Maillezais, de Chartres, du Mans et d'Angers; plus, les évêques élus, mais non sacrés, de Bayeux et d'Évreux.
2. Voici la formule du serment du roi, telle qu'elle fut publiée :

« Moi, Henri, par la grâce de Dieu, roi de France et de Navarre, reconnais l'église catholique, apostolique et romaine être la vraie Église de Dieu, maîtresse de vérité et hors de toute erreur, promets à Dieu et jure garder, observer et entretenir

l'absolution et la bénédiction, puis le releva et le conduisit au chœur avec tout le clergé. Henri répéta son serment sur les Évangiles, à genoux devant le grand autel, puis fut ouï en confession par l'archevêque, derrière l'autel, pendant que le *Te Deum* retentissait sous les voûtes de la basilique. Henri entendit ensuite la grand'messe en présence de la cour, du peuple et des magistrats royalistes, arrivés en corps de Tours à Saint-Denis [1]. Cette messe fameuse consacra, aux dépens de l'indépendance du pouvoir civil, la réconciliation des deux principes catholique et monarchique dont la querelle avait bouleversé la France : la chaîne qui attachait l'État à l'Église était renouée !

Nous avons montré la puissance de la pression à laquelle céda Henri IV, les graves raisons politiques qui agirent sur son esprit, les sentiments de patriotisme qui se mêlèrent chez lui aux suggestions de l'intérêt personnel. La plupart des historiens, catholiques ou libres penseurs, et même quelques protestants, moins protestants que politiques, ont accordé la sanction ou, tout au moins, l'indulgence de l'histoire à la résolution du chef de la dynastie des Bourbons. Il est incontestable que cette résolution accéléra la fin d'une ère de calamités et aplanit les voies d'un règne réparateur : nous ne croyons pas, comme on l'a trop affirmé, que la monarchie et la nationalité associées chez Henri IV eussent infailliblement succombé, sans l'abjuration, sous les efforts de Philippe II, ni qu'un roi de la Ligue, un jeune et faible Guise ou un inepte Bourbon de la branche cadette, eût chassé du royaume le vainqueur d'Ivri, qui n'avait plus devant lui un duc

---

tout ce qui a été arrêté et déterminé par les saints conciles, canons et constitutions reçues en ladite Église, suivant les instructions qui m'en ont été données par les prélats et docteurs qui m'ont assisté et les articles qui m'ont été lus et donnés à entendre, et d'obéir aux ordonnances et commandements d'icelle, et me départir de toutes opinions et erreurs contraires à la sainte doctrine de ladite Eglise ; promets aussi obédience au saint-siége apostolique et à notre Saint-Père le pape, telle qui lui a été ci-devant rendue par mes prédécesseurs, et ne me départir jamais de ladite religion catholique, ains d'y persévérer, vivre et mourir, avec la grâce de Dieu. Ainsi me soit-il en aide ! Fait à Saint-Denis, etc. » — *Archives curieuses de l'Hist. de France*, t. XIII, p. 351. — La confession de foi détaillée, qui se trouve dans les *OEconomies royales* de Sulli, t. I, p. 119, et que les secrétaires de Sulli donnent comme la formule acceptée par le roi, paraît être précisément celle qu'il avait refusé de signer.

1. *Procès-verbal de la cérémonie de l'abjuration de Henri IV*, ap. *Annales de Toulouse*, par La Faille, t. II. — Relation ap. *Mém. de la Ligue*, t. V, p. 383.

de Parme ; mais nul ne saurait nier que les misères de la France n'eussent été indéfiniment prolongées; que la solution n'eût été reculée jusqu'à ce que l'épuisement fît tomber les armes de toutes les mains et que l'atonie opérât ce que la raison ne pouvait faire.

Tout cela est hors de doute, et pourtant, au moment de joindre notre voix à toutes ces voix qui approuvent ce qu'elles nomment un sacrifice à l'État, un dévouement à la patrie, nous entendons retentir au fond de notre conscience, du seuil même de la basilique où le Béarnais vient de jurer sa nouvelle confession de foi, une parole austère, la parole d'un des évêques mandés par le roi à Saint-Denis :

« Je suis catholique de vie et de profession, et très-fidèle sujet et serviteur du roi : vivrai et mourrai tel. Mais j'eusse trouvé bien aussi bon et meilleur que le roi fût demeuré en sa religion, que la changer comme il a fait; car, en matière de conscience, il y a un Dieu là-haut qui nous juge, le respect duquel seul doit forcer les consciences des rois, non le respect des royaumes et couronnes et les forces des hommes. Je n'en attends que malheur[1]. »

Si, en effet, la religion est autre chose qu'un instrument de règne et qu'une simple forme de la police de ce monde, si la fin ne justifie pas les moyens, s'il n'est pas permis, pour épargner des souffrances matérielles au présent, de préparer d'immenses périls de toute nature à l'avenir, d'asseoir l'équivoque sur le trône et d'ébranler la moralité d'une nation pour des siècles, la postérité révisera le jugement de l'histoire et, en excusant l'homme, elle condamnera l'acte et l'exemple.

---

1. L'Estoile, p. 164 ; d'après un de ses amis qui avait ouï ces paroles de la bouche de l'évêque royaliste.

LIVRE LXI

GUERRES DE RELIGION, *FIN*.

HENRI IV ET LA LIGUE, suite.— Trêve entre le roi et la Ligue.— Fin des États de la Ligue. — Tentatives contre la vie du roi. — SATYRE MÉNIPPÉE. — Le pape repousse les avances du roi. — Meaux, Orléans, Bourges, Aix et le parlement de Provence, Lyon, traitent et reconnaissent le roi. — Sacre du roi à Chartres : Henri IV prête le serment du sacre. — Paris traite avec le roi. ENTRÉE DE HENRI IV DANS PARIS. Rouen et la Normandie, Abbeville, Troies, Sens, Auxerre, Mâcon, Riom, Agen, Périgueux, Poitiers, Saint-Mâlo, etc., reconnaissent le roi. Prise de Laon et de Noyon. Amiens, Péronne, Beauvais, etc., se donnent au roi. Balagni, *prince de Cambrai*, se fait vassal du roi. Le duc de Guise traite avec le roi : toute la Champagne soumise. Paix avec le duc de Lorraine. — Les *craquants*. — Jean Chastel. Les jésuites chassés par le parlement de Paris. — Henri IV déclare la guerre à Philippe II. Irruption en Franche-Comté. Henri IV à Fontaine-Française. La Bourgogne soumise. — Réconciliation entre le roi et le saint-siége. ABSOLUTION DE HENRI IV. — Prise de Ham. — Les Espagnols reprennent l'offensive dans le Nord. Perte de Doullens et de Cambrai.—Mayenne et les principaux chefs des ligueurs traitent avec le roi. Onéreuses transactions. Marseille chasse les Espagnols et reconnaît Henri IV. — Perte de Calais. — Prise de La Fère. — Nouveau traité avec l'Angleterre et la Hollande. — État déplorable des finances. ROSNI. Gabrielle d'Estrées. NOTABLES DE ROUEN. — Amiens surpris par les Espagnols. Grand ébranlement. Le roi et Rosni raffermissent tout. Reprise d'Amiens. — Négociations avec l'Espagne par la médiation du pape. — Mercœur et la Bretagne traitent avec le roi. FIN DE LA LIGUE. — ÉDIT DE NANTES. — Paix avec l'Espagne, qui rend Calais, et avec la Savoie. Mort de Philippe II.

1593 — 1598.

La nouvelle de la conversion du roi fut accueillie par les pays « catholiques royaux » avec ivresse, par les populations ligueuses avec une joie que combattait encore un reste de défiance et de préjugé. L'autorité du pape, la nécessité de son approbation, était le dernier retranchement derrière lequel se pussent réfugier les chefs de la Ligue; mais Henri IV espérait faire tomber cet obstacle, et toute la France fut bientôt informée qu'une ambassade solennelle ne devait pas tarder à porter à Rome l'obédience du roi. La grande majorité du peuple regarda dès lors la guerre civile comme finie. La trêve générale, tant débattue, fut publiée, le 1er août, pour trois mois [1]. Le Languedoc et d'autres provinces avaient déjà conclu des trêves particulières. La trêve avait coûté de grands sacrifices à l'amour-propre de Henri IV; le roi s'était résigné à traiter d'égal à égal avec le lieutenant-général de la Ligue : l'un et l'autre n'étaient désignés dans les conventions que comme les « chefs des deux partis » et le nom du roi ne s'y trouvait nulle part [2]. Le peuple sut gré à Henri des concessions faites pour « l'acheminement de la paix » et compta bien qu'on ne reprendrait plus les armes qu'on venait de déposer en attendant la ratification du pape.

Mayenne souhaitait que cette ratification ne vînt jamais : fidèle au détestable égoïsme de sa politique, il ne songeait qu'à éloigner la paix, qui devait être le terme de sa puissance. Au moment où le roi accomplissait sa conversion, Mayenne jeta un nouvel obstacle devant les pas de Henri IV, en poussant les États de la Ligue à accepter le concile de Trente. Il savait que jamais Henri ni le parti gallican n'accepteraient la discipline du concile, qui enlevait à l'autorité nationale, au pouvoir laïque et à l'ordre judiciaire toutes leurs conquêtes des derniers siècles et rendait aux juridictions ecclésiastiques leurs attributions du moyen âge [3]. L'acceptation pure et simple du concile avait été votée par le clergé dès le 8 mars; les autres ordres, malgré les efforts du clergé, avaient ajourné la délibération à ce sujet durant plusieurs mois. Le 30 juillet, le Tiers État, travaillé par Mayenne, vota, de guerre lasse, la réception du concile, malgré l'opposition des

---

1. Le ligueur Senault, jadis si populaire, ayant voulu exciter une sédition contre la trêve, à l'aide de la garnison étrangère, le peuple le menaça de le jeter à l'eau. L'Estoile, p. 168. — *Registre du Tiers État*, p. 3.

2. Palma-Cayet, p. 498.

3. Les officialités recouvraient le droit de contraindre les laïques par « corps et biens »; une foule de matières civiles leur étaient attribuées. V. *Recueil des États de 1593*, p. 149 et suiv.

députés de Paris et de l'Ile-de-France, qui voulaient un nouvel ajournement. On stipula seulement, « par article séparé », que Sa Sainteté serait suppliée de conserver les priviléges et libertés de l'église gallicane [1]. La noblesse, d'abord partagée, suivit, le 3 août, l'exemple du Tiers État. Un *Te Deum* fut chanté à Saint-Germain-l'Auxerrois et le légat déclara qu'il avait reçu des lettres du pape qui l'autorisaient à ne pas quitter Paris. Il trouvait la trêve suffisamment payée.

Les États Généraux de la Ligue terminèrent leur carrière par cet acte déplorable; ils n'avaient pas, comme on l'a dit, livré la France à l'Espagne, mais ils la livraient à Rome, par faiblesse et découragement et non par zèle ultramontain : la plupart des députés n'aspiraient qu'à regagner leurs foyers. Mayenne, qui avait promis au légat et aux Espagnols de retenir l'assemblée à Paris, prit un moyen terme; il autorisa les trois ordres à délivrer des congés de trois mois à un grand nombre de leurs membres. Le 8 août, « le lieutenant-général de l'État et les princes, pairs, officiers de la couronne et députés des provinces » jurèrent de demeurer unis pour la défense de la religion et le rétablissement du royaume, et d'obéir aux saints décrets et ordonnances du Saint-Père, sans jamais s'en départir [2]. Les jours suivants, les deux tiers des députés partirent [3] : il n'en resta qu'une quarantaine à Paris; mais l'assemblée ne fut pas close et traîna obscurément ses séances de semaine en semaine tout le reste de l'année. Bien peu d'entre les députés en congé voulurent ou purent remplir leurs engagements et revenir à Paris à la fin d'octobre. Il n'y

---

1. *Registre du Tiers État*, p. 323-325.
2. *Registre du Tiers État*, p. 342.
3. M. Bernard, dans son *Recueil des États de* 1593, donne des détails curieux sur le retour des députés de Bourgogne dans leur province. Les États Généraux avaient arrêté « qu'il se feroit en chaque province levée de deniers pour les salaires des députés, à raison de quinze livres par jour par chaque député », somme qui paraît exorbitante, même en tenant compte de la cherté qui régnait à Paris. Les États Provinciaux de Bourgogne refusèrent cette levée de deniers « pour la longueur du temps que les députés avoient demeuré à rien faire », et déclarèrent qu'ils ne souffriraient plus aucune levée de deniers autre que les anciennes d'avant la guerre. Jean de Tavannes, lieutenant-général de la province pour la Ligue, leur ayant représenté qu'ils allaient attirer par là l'ennemi dans leur pays, ils répondirent que, si l'ennemi venait, ils ne se défendraient pas et que, par ce moyen, leurs ennemis deviendraient leurs amis; qu'ils voulaient la paix. Appendice n° xi, p. 773-774.

eut jamais soixante membres présents durant ce fantôme de session.

La dernière séance dont il soit fait mention est du 22 décembre 1593 : l'assemblée s'éteignit, pour ainsi dire, sans qu'on puisse indiquer l'heure de sa fin.

La Ligue aussi s'éteignait, non pas encore dans les faits, mais dans les idées, malgré les efforts désespérés des hommes que la passion, l'orgueil ou l'intérêt enchaînaient à une cause qui n'avait plus sa raison d'être. On se battait ardemment avec la plume, depuis qu'on ne se battait plus avec l'épée. Les curés Benoist et de Morenne, et d'autres ecclésiastiques royalistes, non contents de justifier par de fort bonnes raisons leur coopération à la conversion de Henri IV, attaquaient la Ligue dans leurs écrits, de par le droit divin des rois, qu'ils proclamaient institués immédiatement de Dieu et inviolables dans leur personne et dans leur autorité, pour quelque cause que ce fût[1]. Pendant ce temps, leur confrère Boucher prononçait, puis publiait, avec la plus ample approbation de la Sorbonne, neuf sermons foudroyants contre la « simulée conversion de Henri de Bourbon » : Boucher avait rassemblé tout ce qu'il possédait de verve et de dialectique pour livrer cette dernière bataille. Il varie les déclamations accoutumées sur l'hérésie en traitant le Béarnais et les prélats qui l'ont absous de disciples de Rabelais. L'accusation n'était pas mal fondée quant à Henri, qui, au fond de l'âme, préférait certainement Rabelais à Calvin et à Loyola. Boucher soutient vivement l'élection projetée de l'infante et du duc de Guise. Voyant s'affaiblir le principe religieux de la Ligue, il se rattache d'autant plus opiniâtrément à son principe politique : il répète que dans les États Généraux réside « naturellement et originairement » la majesté publique qui fait les rois, que les rois existent par le droit des gens, et non de droit divin ni de droit naturel[2].

Mais l'élément politique, dans la Ligue, n'avait été que l'accessoire de l'élément religieux. L'idée républicaine avait remué

---

1. *V.* les trois lettres et discours de Morenne, ap. *Mém. de la Ligue,* t. V, p. 424-443; t. VI, p. 31. Morenne avance que quiconque résiste à son roi, fût-il païen, est éternellement damné.

2. *Sermons de la Simulée Conversion,* etc., p. 243-260; Paris, Chaudière, 1594. Ces sermons avaient été prononcés en août 1593.

un moment le peuple, mais ne l'avait pas pénétré assez profondément pour suppléer à l'affaiblissement des passions religieuses et pour obtenir la continuation des énormes sacrifices qu'avaient obtenus celles-ci. La multitude ne voyait plus guère d'autre question que le choix entre deux rois : or, le roi qui représentait le principe héréditaire commençait à paraître, en même temps, aux yeux dessillés de la foule, le plus digne de l'élection, pourvu qu'on fût assuré de sa catholicité et qu'il garantît les libertés municipales si chères aux bonnes villes.

Les chefs des *zélés* luttaient avec rage contre cette tendance presque générale et leurs partisans devenaient plus furieux à mesure qu'ils devenaient plus rares. Plus d'un sorbonniste avançait hardiment que le pape lui-même ne pouvait absoudre un relaps qu'à l'article de la mort : le curé Cucilli et le cordelier Garin appelaient, du haut de leurs chaires, un Aod, un Jéhu, un Jacques Clément; les prédicateurs de province répondaient à ceux de Paris. Le curé Pelletier, un des meurtriers de Brisson, avait déjà, antérieurement à la conversion de Henri IV, monté contre la vie du roi un coup qui manqua; une nouvelle tentative partit de Lyon. Un jeune aventurier, nommé Pierre Barrière, jeté, dit-on, dans le désespoir par un amour malheureux, se mit en tête de tuer le roi : affermi dans son dessein par deux ou trois prêtres ou moines lyonnais, il vint à Paris, y reçut les encouragements du curé Aubri et du père Varade, recteur des jésuites, puis se mit à la suite du roi, afin de trouver l'occasion de le frapper. Il n'était pas endurci dans le crime : il hésitait; avant qu'il eût essayé d'agir, il fut arrêté à Melun (27 août). Il avait été dénoncé par un dominicain italien auquel il avait communiqué son projet à Lyon. Barrière fut jugé par une commission extraordinaire et rompu vif à Melun [1].

La guerre de plume redoubla de violence après ce tragique épisode. Parmi les pamphlets royalistes, on remarque la *Démonologie de Sorbonne la Nouvelle*, où la Sorbonne est traitée

---

1. *V.* le *bref discours du procès de P. Barrière*, ap. *Mém. de la Ligue*, t. V, p. 430. — Mathieu, t. II, p. 149. — Legrain (*Décade de Henri le Grand*, t. V, p. 265) dit qu'Aubri et Varade, pendant que Barrière préparait son entreprise, faisaient chanter au peuple, dans leurs églises, le *Veni Creator*, « pour une affaire très-utile à la chrétienté ».

comme un repaire de brigands et d'assassins, et accusée à son tour de « onze hérésies ». La proposition « qu'il est permis aux sujets de se rebeller contre leur roi » est une de ces « hérésies ». Au mois de décembre, on répandit clandestinement dans Paris un pamphlet ou plutôt un livre ligueur d'une tout autre importance, le *Dialogue du Maheustre et du Manant*[1], véritable testament du parti des Seize, écrit, dit-on, par le principal acteur de l'exécution de Brisson, Morin de Cromé. Cet ouvrage, plein des renseignements historiques les plus précieux sur l'origine et l'histoire des Seize et sur la Ligue en général, servit indirectement Henri IV, en portant un coup terrible à Mayenne et aux princes lorrains, dont le démagogue proscrit dévoilait sans ménagement les intrigues et les vues toutes personnelles. Les arguments de l'auteur du *Maheustre* contre le « roi de Navarre » ne compensaient pas l'effet de ses attaques contre les chefs de l'Union. La cause royale n'eut pas grand'chose non plus à redouter d'un libelle auquel sa brutalité a valu un triste renom, le *Banquet du comte d'Arète*, œuvre indigne du talent de son auteur, l'avocat-général Louis d'Orléans. Ce publiciste avait montré, depuis la mort de Brisson, des sentiments plus modérés; il avait même pris part au célèbre arrêt du parlement; mais son indigence ne sut vraisemblablement pas résister à l'appât des doublons d'Espagne[2].

Les champions du Béarnais ripostaient avec vigueur à ces cris d'une faction aux abois; la guerre de la presse tournait à leur avantage comme l'autre guerre, et quelques écrivains distingués du parti royaliste et gallican avaient préparé déjà en commun une dernière décharge d'artillerie, qui devait éteindre tous les feux ennemis. Des ébauches manuscrites d'une sanglante parodie des États de la Ligue se répandaient dans le public et annonçaient

[1]. Le *maheustre* est un gentilhomme royaliste; le *manant*, un bourgeois ligueur. Nous n'avons rien trouvé de bien satisfaisant sur l'origine de ce sobriquet de *maheustres*, qu'on donnait aux soldats de Henri IV.

*[2]. D'Orléans, dans le *Banquet du comte d'Arète*, dit qu'on devrait attacher tous les ministres protestants « comme fagots depuis le pied jusqu'au sommet de l'arbre du feu de la Saint-Jean », et mettre le roi « dans le muids où l'on met les chats »; que ce serait un « sacrifice agréable au ciel et délectable à toute la terre ». On avait, à Paris, la coutume ridicule et barbare de jeter un tonneau plein de chats dans le feu de la Saint-Jean. — L'Estoile, p. 103.

quelques mois à l'avance le pamphlet des pamphlets, la SATYRE MÉNIPPÉE.

La seconde moitié de l'année 1593 fut, grâce à la trêve, beaucoup plus remplie de paroles et d'écrits que de faits. Un seul événement grave eut lieu dans le cours de l'automne : Lyon en fut le théâtre. L'histoire de cette grande cité, depuis la prise d'armes de 1589, avait offert un caractère singulièrement remarquable. Lyon et les trois petites provinces qui en dépendaient (Lyonnais, Forez, Beaujolais) avaient formé une sorte de petit état gouverné par le duc de Nemours, avec l'assistance d'un conseil de délégués des trois ordres : la bourgeoisie lyonnaise avait la prépondérance dans le conseil, et les campagnes y étaient représentées par des syndics ayant droit de remontrance. Une lutte sourde n'avait pas tardé à s'engager entre le gouverneur, qui aspirait à l'autorité absolue, la cité, qui voulait s'administrer à la façon des anciennes républiques italiennes, et la noblesse, qui supportait impatiemment la suprématie de la ville. Lyon, quoique très-catholique, n'entendait pas se ruiner pour satisfaire les passions de la Ligue; Lyon subordonna sa politique à son commerce et fut tout à la fois en trêve permanente avec Montmorenci, le gouverneur royaliste du Languedoc, en alliance avec le duc de Savoie, en correspondance avec Philippe II. Nemours espérait dompter cette orgueilleuse indépendance. Durant les deux premières années de son gouvernement, il avait été presque toujours absent; mais, à partir du printemps de 1591, il ne quitta plus guère la région dont Lyon est le centre. Encouragé par ses succès contre les royalistes dans le Mâconnais, le Forez, le Bourbonnais, l'Auvergne, il commença de laisser transpirer ses desseins : il s'arrogea le choix des membres du conseil provincial; il multiplia les exactions pour grossir ses troupes, la plupart étrangères; il s'arrogea les droits de souveraineté dont Mayenne était le seul dépositaire; au lieu de se rendre aux États Généraux, il s'occupa d'enfermer Lyon dans un cercle de garnisons et introduisit des soldats jusque dans le fort de Pierre-Encise, à l'entrée de la ville. Les Lyonnais s'apprêtèrent à se défendre. L'été de 1593 se passa dans une agitation continuelle.

Mayenne voyait où visait son ambitieux frère et résolut de

s'opposer à Nemours dans le Lyonnais, comme il s'était opposé au duc de Savoie en Provence. Il fit partir de Paris l'archevêque de Lyon, comme pour aller à Rome exposer au pape le résultat des États Généraux; d'Espinac ne dépassa pas Lyon et se fit le chef secret de la résistance dans sa ville archiépiscopale. La crise éclata le 18 septembre. Nemours épiait le moment d'introduire dans la ville les garnisons du voisinage. Le peuple le prévint en courant aux armes. Nemours, pris au milieu des barricades, fut ramené à son hôtel et gardé à vue. La ville se remit entre les mains de son archevêque. Le château de Pierre-Encise fut surpris par les bourgeois et l'on y enferma le duc, autant pour le préserver de la fureur du peuple que pour s'assurer de sa personne. Les hostilités s'engagèrent entre les Lyonnais et les garnisons des alentours. Les royalistes dauphinois s'empressèrent de proposer leur secours aux Lyonnais : le roi écrivit de sa main au corps de ville et s'efforça de gagner le nouveau gouverneur par de brillantes offres; mais d'Espinac resta fidèle à Mayenne et empêcha les Lyonnais de conclure avec les *royaux*. Le parti de la ville et le parti de Nemours s'en remirent à l'arbitrage de Mayenne, qui annonça de semaine en semaine sa venue à Lyon et qui ne vint pas. Le duc resta en prison, bien que la ville de Paris, à la sollicitation de la vieille mère du prince captif, eût écrit une belle lettre à la ville de Lyon en faveur de son « bon bourgeois » M. de Nemours [1].

Cette situation fausse et forcée ne pouvait guère se prolonger, et l'on pouvait prévoir que la pente inévitable des réactions jetterait bientôt Lyon dans les bras de Henri IV.

Mayenne était plus éloigné que jamais de céder à cette force de choses qui combattait pour le Béarnais. Il se cramponnait au pouvoir avec une opiniâtreté désespérée : voyant que Henri ne

---

1. Nemours s'était fait recevoir bourgeois de Paris pendant le siége, en 1590. — M. Auguste Bernard a donné un très-bon résumé de l'histoire de la Ligue à Lyon et aux environs, dans son curieux livre intitulé : *Les d'Urfé, Souvenirs du Forez*; Paris, imprimerie royale, 1839. L'historien Mathieu, alors official de l'archevêque de Lyon, publia une sorte de manifeste pour justifier la conduite des Lyonnais; *V. Mém. de la Ligue*, t. V, p. 438. Mathieu avait été grand ligueur et avait écrit une tragédie sur la mort des Guises : on ne s'en aperçoit, dans son *Hist. de France*, qu'à l'exagération de ses déclamations royalistes. *V.* aussi Péricaud, *Lyon sous la Ligue*; Lyon; 1844.

voulait pas lui faire un État dans l'État, il se rattachait aux espérances les plus déraisonnables ; le provéador Tassis lui avait persuadé que Philippe II consentirait à marier l'infante à son fils aîné [1], et Mayenne ne négligeait rien, contrairement à des promesses vingt fois répétées, pour faire échouer la réconciliation de Henri IV et du pape.

Tous les yeux étaient tournés vers Rome. Henri IV, dès le 18 août, avait expédié de Saint-Denis son maître d'hôtel La Clielle, chargé d'une lettre pour le pape : Henri écrivait qu'en attendant le prochain envoi d'une ambassade solennelle, il avait voulu apprendre lui-même à Sa Sainteté sa réunion à l'Église et lui donner par ce peu de lignes un témoignage de sa dévotion filiale, « la suppliant l'avoir pour agréable ». L'ambassadeur qui devait suivre La Clielle était le duc de Nevers : le roi lui adjoignit l'évêque du Mans et le doyen de Paris.

Les huguenots et les ligueurs obstinés étaient presque également inquiets de ce qui allait se passer à Rome : les rigides huguenots, depuis qu'ils avaient vu leur compagnon, leur chef, « trahir l'Évangile » et retourner « aux pieds des idoles », le croyaient capable de tout et s'attendaient à le voir acheter son pardon du pape et de l'Espagne en tournant ses armes contre ses anciens amis. Du Plessis-Mornai lui-même manifestait, dans sa correspondance, les plus sinistres prévisions. Rosni connaissait mieux Henri IV. Henri fit tout ce que permettait sa nouvelle situation afin de rassurer les réformés : il écrivit lettre sur lettre à Mornai pour le rappeler auprès de lui ; les huguenots, par une espèce d'accord tacite, n'ayant point envoyé à Mantes ni à Saint-Denis, Henri avait autorisé leurs églises à tenir un peu plus tard à Mantes une assemblée générale et à nommer des députés chargés de débattre auprès de lui les sûretés de leur religion : il reçut ces députés de manière à leur persuader que son cœur n'était pas changé et que rien au monde ne le déciderait à servir d'instrument à leurs persécuteurs [2].

1. Villeroi, t. LXII, p. 228.
2. Les huguenots, à la suite de cette conférence, adressèrent au roi une requête empreinte de toute la sombre énergie qui caractérisait ce parti, toujours plus indomptable dans l'adversité que dans le succès : « Sire, vos sujets de la religion réformée remercient Dieu et vous aussi de ce que leurs ennemis, qui vous ont séparé

Les nouvelles de Rome contribuèrent, plus que toute chose, à rassurer les huguenots.

La conduite de Clément VIII envers les agents de Henri IV fut étrange. Lorsque La Clielle fut arrivé avec la lettre du roi, le pape le reçut en audience secrète comme « particulier », non comme agent du « roi de Navarre »: La Clielle voulut remettre sa lettre au Saint-Père; Clément la refusa d'un air courroucé, mais ne le força pourtant point à la reprendre. Le cardinal Toleto, confident du pape, personnage d'humeur modérée, quoique Espagnol et jésuite [1], fit insinuer à La Clielle de donner bon espoir au roi; que le Saint-Père ne voulait que l'éprouver. Le duc de Nevers était parti, sur ces entrefaites; à Peschiavo, dans la Valteline, il rencontra le jésuite Possevin, qui venait lui signifier, de la part du pape, qu'il serait reçu à Rome, comme particulier, non comme ambassadeur (14 octobre). Nevers continua sa route; à cinq journées de Rome, nouveau message, qui lui signifie d'entrer à Rome sans apparat, de ne pas visiter les cardinaux et de ne rester que dix jours (16 novembre). L'accueil du pape ne démentit pas ces fâcheuses prémisses. Clément déclara au duc qu'il ne croirait jamais « Navarre catholique », à moins qu'un

---

d'eux quant à la profession extérieure, n'ont pu encore leur dérober la sincère affection de laquelle leurs députés leur ont rendu un nouveau témoignage...... Aussi est-il mal aisé, voire du tout impossible, d'effacer si tôt de votre mémoire ceux que le sentiment d'une même religion, la société de mêmes périls et persécutions, la joie commune de même délivrance et la longue expérience de tant de services y ont gravés avec un style de diamant. Le souvenir de ces choses vous suit et vous accompagne partout : il interrompt vos plus importantes affaires, vos plaisirs plus ardents, votre dormir plus profond, pour vous représenter, comme en un tableau, vous-même à vous-même, non pas tel que vous êtes aujourd'hui, mais tel que vous étiez, lorsque, poursuivi à outrance des plus grands princes de l'Europe, vous alliez conduisant au port de salut ce petit vaisseau contre lequel les tempêtes et orages s'étoient élevés..... »

Ils protestent ensuite de se bien défendre, si « les ennemis de J.-C. » ne s'accommodent à la paix que désire le roi : « S'ils se vantent de vous avoir, pour s'être emparés de votre corps, nous nous vanterons d'avoir votre esprit, qui, étant libre, est toujours avec nous..... Nous leur demanderons œil pour œil, dent pour dent. S'ils bannissent Jésus-Christ de vos villes où ils sont les plus forts, nous bannirons leurs idoles de celles où nous sommes en forces. S'ils nous proscrivent, nous les proscrirons. Qu'ils n'espèrent plus de patience de nous! Si vous ne les retenez, si vous ne nous faites justice d'eux, nous aurons recours à Dieu, qui nous la fera immédiatement. » — Manuscrits de Colbert, vol. XXXI, registre en parchemin, cité par Capefigue, t. VII, p. 313.

1. Le pape avait dérogé pour lui aux constitutions de l'ordre, qui interdisaient aux jésuites les dignités ecclésiastiques; on y dérogea aussi pour Bellarmin.

ange du ciel ne vînt le lui dire à l'oreille ; « les catholiques de son parti sont les bâtards dans la maison du Seigneur ; ceux de la Ligue sont les enfants légitimes ». Non-seulement le pape ne voulut pas reconnaître le caractère officiel de Nevers, mais il prétendit que les ecclésiastiques qui l'accompagnaient se purgeassent devant le grand inquisiteur. Nevers retira les prélats dans sa chambre et protesta de se faire hacher en pièces plutôt que de souffrir qu'on les arrachât de chez lui.

L'hôtel du duc fut respecté et le pape laissa Nevers prolonger de quelques semaines son séjour à Rome ; mais Clément fut inflexible sur le fond des choses. Nevers eut beau lui représenter avec énergie les conséquences fatales qu'aurait son refus pour la France et pour Rome, Clément ne voulut pas même mettre l'affaire en délibération dans le sacré collège, auquel il annonça, le 20 décembre, sa résolution de ne point absoudre « Navarre ». Il refusa de s'expliquer sur ce que Henri avait à faire pour le convaincre de sa sincérité : il refusa même de notifier son refus par écrit. Pendant ce temps, les confidents du Saint-Père donnaient à Nevers et à ses compagnons des espèces d'encouragements si obscurs et si équivoques, qu'on pouvait les prendre pour une dérision.

Nevers perdit patience : il sortit de Rome le 4 janvier 1594, ayant à ses côtés l'évêque du Mans et le doyen de Paris ; il avait annoncé qu'il tuerait le premier appariteur qui oserait mettre la main sur eux au nom de l'inquisition [1].

Divers motifs avaient dicté à Clément VIII ces bizarres procédés : les menaces de l'ambassadeur d'Espagne, la crainte que Henri IV ne retournât encore une fois « à son erreur », mais surtout le désir d'amener Henri à demander au saint-siège, non pas seulement « son absolution », mais « sa réhabilitation », c'est-à-dire à reconnaître que le pape avait pu le dégrader de ses droits temporels et que le pape seul pouvait les lui rendre [2].

La conduite du Saint-Père eut un résultat bien contraire à son attente, mais heureux pour la France. Le refus de Clément VIII ne servit qu'à assurer l'indépendance nationale : grâce à ce refus,

1. *Mém.* de Nevers, t. II, p. 405-511. — De Thou, t. V, l. CVIII, p. 318-328.
2. *V.* les *Lettres* de d'Ossat, t. I, p. 345 ; Amsterdam, 1708.

la plupart des catholiques français se passèrent de l'intervention du pape, et l'autorité étrangère ne fut pour rien dans la réconciliation des deux partis qui avaient si profondément divisé la nation française.

Le chef de la Ligue ne sut pas saisir le moment de présider à cette réconciliation et d'abdiquer avec honneur en donnant la paix à sa patrie. Villeroi et Jeannin, à qui Mayenne avait caché le serment secret prêté entre les mains du légat, pressèrent en vain leur patron de conclure la paix. Mayenne tâcha seulement d'obtenir une nouvelle prolongation de la trêve, déjà prorogée de deux mois. Henri IV refusa : des lettres interceptées lui avaient révélé la mauvaise foi de ses adversaires. Il se mit en mesure de rouvrir, contre Mayenne et l'Espagne, une campagne d'un caractère tout nouveau, tandis que ses publicistes se chargeaient de la lutte contre Rome [1]. Le 27 décembre, n'espérant déjà plus que Nevers obtînt rien du saint-siége, il publia une sommation générale à tous ses sujets « séparés de lui » de se remettre, avant un mois, sous son obéissance.

Cinq mois de relations pacifiques avaient permis aux anciennes amitiés de se renouer, aux exilés des deux partis de revoir leurs foyers, aux habitudes régulières de renaître; on sentait non plus seulement la lassitude, mais l'horreur de la guerre civile : les villes de la Ligue apprirent la réouverture des hostilités avec autant de colère que de douleur. Henri IV avait compté avec raison que cette colère se tournerait contre ses ennemis; il savait la plupart des villes disposées à se donner, la plupart des chefs militaires disposés à se vendre. Les royalistes avaient chargé, pendant la trêve, des mines qui éclatèrent à la reprise des armes. Mayenne n'ayant pas voulu traiter pour tout le corps de la Ligue, les soumissions partielles commencèrent et ne s'arrêtèrent plus. Déjà, dans le courant de novembre, madame de Balagni était venue secrètement trouver le roi à Mantes et lui avait offert la

---

1. Les frères Pithou publièrent, en 1594, leurs deux traités *de la Grandeur et Prééminence des rois de France*, et *des Libertés de l'Église gallicane*. Ce dernier ouvrage, le plus célèbre des deux, résumé énergique et rapide de tous les faits et de toutes les maximes opposés à l'ultramontanisme, a été comme le fondement de tout ce qui s'est écrit depuis dans les mêmes opinions. Ces deux traités ont été réimprimés dans le t. V des *Mém. de la Ligue*.

suzeraineté du Cambresis, à condition que son mari eût le bâton de maréchal et fût reconnu prince héréditaire de Cambrai. Balagni eut provisoirement une continuation de trêve. Quelque chose de plus significatif fut de voir le chef même de la maison de Lorraine abandonner de fait l'Union, en signant une trêve particulière avec le roi.

Le 24 décembre, trois jours avant la déclaration du roi, Vitri, gouverneur de Meaux et député de la noblesse de Paris aux États de la Ligue, avait annoncé au corps municipal de Meaux que, le roi étant converti, il n'entendait pas recommencer la guerre contre lui et qu'il allait le joindre. Le corps municipal réunit aussitôt l'assemblée générale de la ville, qui résolut de suivre l'exemple du gouverneur. Le gouverneur et la ville de Meaux publièrent un double manifeste adressé, d'une part, à la noblesse de France, de l'autre, à la ville de Paris. L'impression fut d'autant plus vive, que Meaux avait donné plus de gages au catholicisme et à la Ligue. La conduite de Vitri était logique : royaliste jusqu'à la mort de Henri III, il avait quitté le parti royal pour ne pas servir un roi hérétique; il y rentrait maintenant que le roi était redevenu catholique. Il n'y rentrait pas toutefois gratuitement; il se fit confirmer dans le gouvernement et dans le bailliage de Meaux, avec la survivance assurée à son fils, et le roi paya les dettes que Vitri avait contractées pour le service de la Ligue. Les habitants de Meaux furent exemptés de tailles pour neuf ans.

Villeroi et son fils, peu de jours après, obtinrent une trêve particulière pour Pontoise et pour quelques autres petites places qui étaient entre leurs mains : d'Estourmel, gouverneur du Santerre, demanda aussi trêve pour Péronne, Roie et Montdidier; puis La Chastre, gouverneur d'Orléanais et de Berri, bien que Mayenne l'eût créé maréchal de France et lui eût fait prêter le serment secret du mois de juillet dernier, entama une pareille négociation, de concert avec les corps municipaux d'Orléans et de Bourges. Les Orléanais n'agirent pas dans l'ombre : ils avaient prévenu Mayenne. Leurs délégués obtinrent d'abord une trêve pour traiter de la paix (1er février) : le traité ne fut pas long à conclure. La confrérie du Cordon de saint François, amie et confédérée des

Seize de Paris, essaya en vain de tenir tête au gouverneur et aux politiques : ses membres furent chassés et emprisonnés par centaines. Les articles accordés par le roi furent acceptés par l'assemblée de ville (17 février). L'Orléanais et le Berri se soumirent à l'instant. La Chastre ne s'était pas plus oublié que n'avait fait son neveu Vitri : le roi le confirma dans ses charges et dignités, avec la survivance du gouvernement de Berri pour son fils, et lui donna 60,000 écus.

Les affaires de l'Est et du Midi n'allaient pas moins bien pour Henri IV. Le 7 janvier, le comte de Carces, chef de l'Union en Provence, la ville d'Aix et son parlement ligueur, naguère si violent et si fanatique, avaient proclamé Henri IV, à la condition, garantie par Ornano et Lesdiguières, qu'on ne les forcerait pas à reconnaître l'autorité du duc d'Épernon, également repoussée par la plupart des royalistes provençaux [1]. Le roi était déjà reconnu depuis longtemps à Arles. Les prétentions du duc de Savoie avaient appris à la Provence à se sentir plus française qu'elle ne le croyait elle-même. Le 7 février, éclata dans Lyon une révolution prévue depuis plusieurs mois. Les hostilités renouvelées par le marquis de Saint-Sorlin, frère du duc de Nemours, autour de Lyon, n'avaient réussi qu'à irriter cette grande cité. Les Espagnols en sentirent la conséquence, et le gouverneur du Milanais fit offrir ses secours aux Lyonnais : Lyon préféra des secours français. Au bruit de l'approche d'un corps suisse envoyé par le gouverneur de Milan, les *politiques* lyonnais appelèrent Ornano, lieutenant-général du roi en Dauphiné, et soulevèrent la bourgeoisie aux cris de : « Vive la liberté française! à bas les étrangers! » Les barricades, cette grande arme du peuple, furent retournées contre la Ligue; les *zélés* eurent le dessous : l'archevêque d'Espinac ne put arrêter le mouvement qui le débordait, et, dès le lendemain, on ne vit plus dans Lyon que des panaches blancs et des écharpes blanches. On brûla, dans tous les carrefours, les armes d'Espagne, de Savoie et de Nemours « et l'effigie de la Ligue, faite et peinte en forme de sorcière ». Lyon eut bientôt, à son tour, son royal édit de réconciliation.

---

1. Le parlement royaliste de Sisteron fut réuni au parlement ligueur d'Aix. L'archevêque ligueur Génébrard se retira à Marseille.

Les conditions étaient presque partout semblables : l'édit accordé à Meaux servit de base à tous les autres. L'entier oubli du passé [1]; l'interdiction du culte prétendu réformé dans les villes et les faubourgs, et parfois, comme à Orléans, dans tout le ressort judiciaire de la ville ; la confirmation des priviléges et des libertés municipales [2]; la promesse de ne point bâtir de citadelles ou de démolir celles qui existaient, et de supprimer les garnisons ou de les réduire à un petit nombre de soldats; l'exemption temporaire de tel ou tel impôt et la suppression des taxes extraordinaires établies depuis les troubles; le maintien des officiers et fonctionnaires ligueurs dans leurs emplois : tels étaient ordinairement les principaux articles de ces capitulations.

Henri IV avait bon espoir de voir Rouen et le Havre suivre bientôt Orléans et Lyon : l'amiral de Villars avait prévenu Mayenne que, s'il ne se voulait « autrement résoudre avec l'Espagnol », lui, traiterait avec le roi; les négociations furent poussées vivement par Rosni, que le roi envoya à Rouen, et les signatures furent échangées secrètement dans la première quinzaine de mars.

Henri, parmi ces éclatants et faciles succès, avait toujours l'œil fixé sur Paris : il tournait autour de la grande cité, comme le lion autour de sa proie. Il s'en écarta un moment, mais pour mieux assurer son triomphe. Il savait qu'une grande partie du peuple ne le regarderait pas comme vrai roi de France, tant qu'il n'aurait pas été sacré. Reims, la ville du sacre, contenue par une garnison aux ordres de Saint-Paul, un des maréchaux de la Ligue, avait remué en vain tout récemment. Henri ne voulait pas l'assiéger : il s'appuya de quelques exemples fournis par nos annales et résolut de se faire sacrer ailleurs qu'à Reims. La cérémonie fut célébrée dans Notre-Dame de Chartres, par les mains de l'évêque Nicolas de Thou, au grand désappointement de l'ar-

---

1. Dans certains édits, il y eut plus que l'*oubli*, il y eut la *ratification* du passé ; ainsi le roi déchargea les Orléanais de tous les actes commis pendant les troubles, « le tout ayant été fait pour le singulier zèle et affection que chacun d'eux avoit à la conservation de la religion catholique ». *Édit du roi sur la réduction d'Orléans*; ap. *Mém. de la Ligue*, t. VI, p. 62.

2. Aucune ville n'avait de plus grands priviléges que Lyon : ses citoyens étaient exempts de la taille pour leurs biens roturiers, du ban et arrière-ban pour leurs biens nobles. — *Édit du roi sur la réduction de Lyon*; ap. *Mém. de la Ligue*, t. VI, p. 112.

chevêque de Bourges (27 février 1594)[1]. On remplaça la sainte ampoule de Reims par une fiole « miraculeuse » provenant, disait-on, de saint Martin, l'apôtre des Gaules, et conservée à Marmoustiers. Le roi de la Réforme et de la Renaissance courba la tête sous ce rituel où le Moyen Age avait résumé ses traditions et ses maximes, les unes saintes et glorieuses, les autres funestes; par une contradiction sinistre, oint sous l'invocation de l'homme de l'Évangile, de saint Martin de Tours, il prêta le serment des persécuteurs, des hommes de sang condamnés par saint Martin : il jura « d'exterminer[2] de sa terre, selon son pouvoir, les hérétiques dénoncés par l'Église »! Ce serment, il jurait dans son cœur de ne pas le tenir, et personne n'osa lui en demander l'accomplissement; mais la puissance des principes ne se prescrit pas : le principe maintenu dans les formules devait rentrer un jour dans les faits, et le petit-fils de Henri IV tint, pour le malheur de la France, le fatal serment du sacre. L'édit de Nantes était révoqué en esprit avant d'être accordé !

Le lendemain, le roi reçut le collier de l'ordre du Saint-Esprit des mains de l'évêque de Chartres et se déclara grand maître de l'ordre; puis il se rapprocha de Paris.

1. Le cérémonial du sacre reçut un intérêt tout particulier des circonstances dans lesquelles une royauté nouvelle acceptait le vieux pacte social. — Ainsi, c'est seulement quand le roi a prêté entre les mains du prélat célébrant « les serments et promesses pour la protection de toutes les églises à lui sujettes », que deux évêques le soulèvent de sa chaise et demandent au peuple et à l'assistance s'ils l'acceptent pour roi, « et alors, comme s'ils avoient reçu le consentement du peuple, l'archevêque (l'évêque représentant l'archevêque de Reims) lui fit faire le serment du royaume »... Après ce serment, on lui met les habits royaux, etc. — V. l'*Ordre des cérémonies du sacre*, ap. *Archives curieuses*, t. XIII, p. 399 et suiv., et dans Cayet, p. 553-560. On avait été obligé de refaire la couronne *impériale* (la couronne fermée) et les ornements royaux du trésor de Saint-Denis, fondus par les ligueurs. — L'historien royaliste Cayet tâche d'atténuer la force du symbole d'élection conservé dans le sacre et prétend que « cette acceptation ne se prend pour élection, mais pour déclaration de la submission, obéissance et fidélité dues au roi, de l'expresse ordonnance de Dieu » (p. 557).

2. *Exterminer*, dans le sens étymologique, signifie seulement « rejeter hors des limites » (*ex terminis*). Dans les premiers temps qui suivirent l'alliance de l'Église et de l'Empire sous Constantin, on exilait les hérétiques. Les historiens du temps de Henri IV traduisent *exterminare* par *chasser*; mais ce ne fut pas ainsi que l'entendent les ithaciens dès le IVe siècle, ni le moyen âge, envahi tout entier par l'ithacianisme; ce ne fut pas même ainsi que l'entendit plus tard Louis XIV, et notre langue moderne a gardé l'acception imposée à ce mot sinistre par l'esprit de persécution.

Une fermentation continuelle agitait la capitale depuis la fin de la trêve : Mayenne, effrayé du mouvement croissant de l'opinion ou plutôt de la nécessité publique, se rapprocha des prédicateurs et des Seize, sans leur accorder toutefois les gages sanglants qu'ils réclamaient de lui ; il bannit de Paris quelques politiques influents ; il consentit à exiger la démission du comte de Belin, gouverneur de Paris, que les Espagnols et le légat lui dénonçaient comme secrètement d'accord avec le roi, et à le remplacer par le comte de Brissac, récemment élevé à la dignité de maréchal. Quelques compagnies étrangères furent appelées pour renforcer la garnison. La révocation de Belin renversait les plans secrets des politiques : le parlement adressa de vives remontrances à Mayenne et, n'ayant point été écouté, rédigea un arrêt par lequel il ordonnait aux garnisons étrangères de quitter Paris, protestait d'empêcher de tout son pouvoir le départ de l'ancien gouverneur et « de s'opposer aux mauvais desseins de l'Espagnol », enjoignait enfin au prévôt des marchands de convoquer une assemblée de ville pour aviser à faire exécuter l'arrêt de la cour.

La publication de cet arrêt eût été le signal d'une lutte sanglante dans Paris. Mayenne ne céda point : le parlement hésita et, après plusieurs jours de pourparlers avec Mayenne, renonça à faire exécuter son arrêt. Mayenne protesta aux chefs du parlement qu'il n'était pas et ne serait jamais Espagnol, qu'il désirait autant que personne une paix honorable. Le parlement consentit à interdire les rassemblements populaires (10-15 janvier). Brissac fut reçu gouverneur de Paris.

Quelques semaines s'écoulèrent durant lesquelles les nouvelles les plus désastreuses pour la Ligue arrivèrent de tous les points de l'horizon. Il semblait que Mayenne, au milieu d'une telle crise, dût tout sacrifier à la conservation de Paris. Cependant on le vit avec étonnement quitter la capitale, le 6 mars, pour se rendre à Soissons, emmenant sa femme et ses enfants, comme s'il ne les eût pas crus en sûreté à Paris sans lui. Les chefs espagnols des Pays-Bas, qui, depuis un an, n'avaient rien fait et rien pu faire pour la Sainte-Union, avaient enfin promis quelques secours : le comte Charles de Mansfeld était sur la frontière et Mayenne espérait, avec son aide, tenter quelques opérations militaires.

Il n'en eut pas le temps. Le retour du roi dans l'Ile-de-France porta au comble l'agitation du peuple parisien. Les politiques et les Seize se menaçaient avec fureur : les politiques avaient pour eux presque toutes les compagnies bourgeoises; les Seize comptaient sur la garnison étrangère et sur les *minotiers;* on nommait ainsi des artisans et des petits bourgeois que les agents espagnols avaient enrôlés dans tous les quartiers, et auxquels ils donnaient, chaque semaine, un minot de blé et 45 sous par tête. Les *minotiers* étaient environ quatre mille. Le 9 mars, les Seize obtinrent que toutes les portes de la ville seraient condamnées, sauf celles de Saint-Antoine et de Saint-Jacques, dont les clefs furent confiées à deux des leurs; mais, le 12, par compensation, le parlement renouvela contre eux l'édit de décembre 1591, qui leur défendait de s'assembler clandestinement, sous peine de mort. Le gouverneur Brissac ne soutint pas les Seize, qui avaient mis leur confiance en lui parce qu'il avait blâmé, en 1591, la pendaison de leurs quatre camarades. Les politiques et les Seize reconnurent promptement qu'ils avaient eu tort, ceux-ci de se réjouir, ceux-là de s'affliger de la nomination de Brissac. Ce seigneur, dont l'esprit était cultivé et l'imagination ardente, avait puisé dans l'étude des anciens une sorte de républicanisme classique. Sulli assure que, lorsque Brissac se vit à la tête de Paris, il conçut un moment le projet « d'y former une république à l'instar de celle de Rome ». La réflexion n'avait pas tardé à lui démontrer l'impossibilité du succès : il passa d'un extrême à l'autre et ne songea plus qu'à assurer ses intérêts particuliers en s'entendant avec les politiques du parlement et du corps de ville pour traiter avec le roi[1]. Il ne se fit pas plus de scrupule que Vitri et La Châtre de faire défection à Mayenne, qui, averti par sa mère des négociations secrètes de Brissac, avait essayé de le piquer d'honneur, en se mettant, pour ainsi dire, à sa discrétion.

La grande affaire de la « réduction de Paris » fut conduite avec secret et célérité. Henri IV ne se rendit pas difficile sur les con-

---

1. *Œconomies royales,* t. I, p. 140.

ditions : il promit à Brissac, en dédommagement du gouvernement de Paris, 200,000 écus une fois payés[1], 20,000 livres de pension, la conservation de son bâton de maréchal et le gouvernement de Corbeil et de Mantes. Quelques-uns des chefs parisiens se firent promettre des emplois; d'autres, plus désintéressés, ne stipulèrent que pour leur ville; le roi leur garantit le maintien des priviléges de Paris, l'abolition du passé, même pour les Seize, l'interdiction du culte protestant dans un rayon de dix lieues autour de la ville, etc.; il leur promit enfin de laisser partir sains et saufs le légat, les ambassadeurs espagnols et les soldats étrangers : les magistrats de Paris ne voulaient pas qu'on pût leur reprocher d'avoir livré en trahison des gens qu'ils avaient appelés comme alliés dans leur cité[2].

Le 21 mars, dans la journée, Brissac fit ouvrir la porte Neuve et déboucher en partie la porte Saint-Denis. Il fit sortir de Paris, sous quelque prétexte, deux régiments français dévoués à la Ligue, tandis qu'un grand nombre de soldats royalistes entraient dans la ville isolément, comme des recrues ligueuses. Le soir, Brissac réunit chez le prévôt des marchands les plus sûrs des quarteniers, des colonels et des conseillers de ville, et leur annonça que ses mesures étaient prises afin de donner entrée au roi cette nuit même, de trois à quatre heures du matin. Des billets furent expédiés aux capitaines, aux dizainiers, aux principaux bourgeois sur lesquels on comptait; on fit croire à ceux auxquels il pouvait rester quelque indécision que Mayenne avait signé la paix avec le roi, et qu'il ne s'agissait que d'assurer l'exécution de la paix malgré les Espagnols.

Les Espagnols et les Seize n'étaient pas sans de vagues soupçons de ce qui se tramait. Plusieurs officiers espagnols firent la ronde avec Brissac durant une grande partie de la nuit du 21 au 22 mars, prêts à le poignarder au moindre signe de trahison. Brissac ne put se débarrasser d'eux que vers deux heures du matin.

---

1. On les assigna sur un nouveau péage qu'on mit sur les vins qui passaient le pont de Corbeil (Pasquier, t. II, col. 461).

2. Les principaux négociateurs de la réduction de Paris furent le président Le Maistre, le procureur-général Molé, les conseillers d'Amours et du Vair, le prévôt des marchands L'Huillier, les échevins Langlois de Beaurepaire et Néret. Langlois fut surtout la cheville ouvrière.

Don Diego d'Ibarra, qui parcourait de son côté les remparts, passa près de la porte Neuve sur les trois heures, comme le gouverneur et le prévôt des marchands y arrivaient pour l'ouvrir au roi. Les échevins Langlois et Néret s'étaient établis aux portes Saint-Denis et Saint-Honoré, et le capitaine quartenier Jean Grossier, au boulevard des Célestins, près de l'Arsenal, dont le commandant était gagné.

Le roi, arrivé à Saint-Denis la veille au soir avec quatre à cinq mille soldats, se fit un peu attendre : la pluie et l'ouragan avaient retardé sa marche; enfin, à quatre heures passées, Vitri se présenta devant la porte Saint-Denis, et Saint-Luc, beau-frère de Brissac, devant la porte Neuve (sur le quai, entre le Louvre et les Tuileries). Le roi et ses principaux capitaines suivaient Saint-Luc. Les deux portes s'ouvrirent. Quatre corps de troupes furent introduits successivement par la porte Neuve et se dirigèrent, le premier, sur le carrefour de la croix du Trahoir (au coin de la rue Saint-Honoré et de la rue de l'Arbre-Sec); le second, sur la Cité et le pont Saint-Michel; le troisième alla, le long des murs, occuper et rouvrir la porte Saint-Honoré; le quatrième défila le long des quais. Ce dernier fut le seul qui rencontra quelque résistance : un corps de garde de lansquenets, posté au quai de l'École, ayant refusé de mettre bas les armes, fut taillé en pièces ou jeté à la rivière.

Pendant ce temps, Brissac et le prévôt L'Huillier recevaient le roi au pied des murs de Paris. Henri embrassa Brissac et le salua du titre de maréchal de France, en lui passant au cou sa propre écharpe blanche. Il reçut de L'Huillier les clefs de la ville et entra dans Paris par la porte Neuve. Cette même porte, six ans auparavant, s'était refermée sur le dernier des Valois, fuyant devant ce même Brissac qui la rouvrait au premier des Bourbons.

Le Béarnais, tout intrépide qu'il fût, ne pénétra pas sans émotion dans la redoutable cité de la Saint-Barthélemi et des Barricades : au bruit de l'escarmouche qui se passait au quai de l'École, il se fit revêtir de ses armes; il hésitait à s'engager dans le dédale des rues; il alla s'assurer, par ses propres yeux, si la porte Saint-Honoré était ouverte et gardée par ses gens. Les nouvelles de l'intérieur de Paris dissipèrent promptement ses anxiétés. Le Louvre, le Palais, les deux Châtelets étaient au pouvoir, soit des troupes, soit des bourgeois royalistes. Vitri, arrivé par la porte Saint-Denis, avait opéré sa jonction, au Grand-Châtelet, avec les troupes entrées par la porte Neuve. Les garnisons de Corbeil et de Melun, descendues en bateaux jusqu'à la Râpée, avaient été accueillies à bras ouverts par les compagnies bourgeoises et introduites dans l'Arsenal. Les plus remuants des Seize et le régiment napolitain, le corps le plus nombreux de la garnison étrangère, avaient été attirés du côté de l'Université par un faux avis; les ligueurs, qui, dans les quartiers du Nord et de la Cité, essayèrent de se réunir, trouvèrent les politiques déjà maîtres des places, des carrefours, des coins de rues; il leur fut impossible de se rallier; on n'en tua que deux ou trois; le reste se laissa désarmer sans combattre. Les divers corps de la garnison, qui étaient établis dans des postes éloignés les uns des autres, voyant leurs communications coupées, demeurèrent immobiles dans leurs quartiers.

Henri, suivant la parole donnée à Brissac, envoya offrir aux ambassadeurs espagnols la permission de se retirer, avec armes et bagages, eux et leurs soldats. Ils durent s'estimer heureux d'accepter. Pendant ce temps, Henri marchait droit à Notre-Dame : le clergé de la cathédrale l'attendait avec la croix sous le grand portail. Les cloches lancèrent dans les airs leurs joyeuses volées. Le *Te Deum* retentit sous les voûtes de l'illustre basilique. Le peuple, qui encombrait déjà les quais, les ponts, la place du Parvis, la nef et les galeries de Notre-Dame, comme en un jour de paix et de fête, le peuple contempla d'abord le royal cortége avec un étonnement silencieux, puis se laissa entraîner à l'impulsion donnée par les politiques, et les cris de : « Vive le roi »! éclatant de toutes parts, dominèrent la grande voix des cloches.

De Notre-Dame, Henri alla dîner au Louvre. Il croyait rêver, lorsqu'il franchit triomphalement le guichet du palais des rois, aux acclamations de ce peuple qui lui avait fait si longtemps une guerre implacable.

L'Université avait suivi l'exemple de la Cité : le gouverneur, le prévôt et les échevins s'étaient transportés en force au delà des ponts, précédés d'un héraut et de trompettes qui proclamaient une amnistie générale, et suivis d'une foule de petits enfants criant : « Vivent le roi et la paix! » Du Vair, aidé par des gens de guerre embusqués dans l'hôtel de Cluni, avait déjà comprimé un mouvement essayé par le curé Hamilton. Crucé échoua dans une dernière tentative. Vers midi, toutes les boutiques étaient ouvertes; l'ordre régnait par toute la ville; pas un acte de violence n'avait été commis par les soldats du roi, dans cette journée que les royalistes comparaient avec enthousiasme au jour glorieux où les Parisiens s'étaient affranchis du joug des Anglais.

Le roi, après son dîner, alla voir la garnison étrangère sortir de Paris par la porte Saint-Denis. Les soldats de Philippe II, au nombre d'environ trois mille, partirent avec les honneurs de la guerre, tambours battants, enseignes déployées; seulement, ils avaient les mèches éteintes. Quelques-uns des Wallons restèrent au service de Henri IV. Les Espagnols, toujours superbes, n'inclinèrent pas leurs enseignes devant celui qu'ils ne nommaient que le « prince de Béarn ». Henri répondit au « maigre » salut du duc de Feria avec une courtoisie ironique : « Messieurs », dit-il à Feria et à Ibarra, « recommandez-moi à votre maître, mais n'y revenez plus! »

Le curé Boucher et cinquante ou soixante des plus obstinés d'entre les moines et les Seize sortirent de Paris avec les Espagnols, chargés d'imprécations par ce peuple sur lequel ils avaient si longtemps régné. Le légat partit quelques jours après, sans avoir voulu rendre visite à Henri IV, qui avait témoigné le désir de le voir : Henri lui permit d'emmener sains et saufs le jésuite Varade et le curé Aubri, les deux complices du régicide Barrière. On ne pouvait pousser plus loin l'oubli des injures[1]. Henri IV pardonna pour le compte de son prédécesseur comme pour le sien, malgré ses éclatantes protestations de venger Henri III : les serviteurs du dernier Valois virent avec ébahissement l'héritier de leur maître visiter amicalement la mère des Guises, la vieille duchesse

---

1. « Je veux tout oublier »! disait Henri à ceux qui blâmaient cet excès de clémence; « on ne leur doit savoir plus mauvais gré de ce qu'ils ont fait qu'à un furieux quand il frappe et qu'à un insensé quand il se promène tout nu. » Le Grain, *Décade de Henri le Grand*, t. V, p. 265.

de Nemours, et jouer aux cartes avec madame de Montpensier, la patronne de Jacques Clément.

Le cardinal de Pellevé, le patriarche de la faction, ne se résigna pas, comme les « princesses de la Ligue », au triomphe du Béarnais : il était malade le 22 mars : il mourut de rage le 26.

Une centaine des plus violents ligueurs furent bannis de Paris par « billets » du roi. C'était une mesure de police et de précaution plutôt que de vengeance ; le roi fit même prévenir les bannis que ceux qui consentiraient à lui prêter serment ne seraient contraints de s'absenter « que pour un temps » et conserveraient les biens et offices qu'ils avaient eus avant 1589. Tous refusèrent, dit-on, deux exceptés, et prouvèrent du moins, en repoussant la clémence du Béarnais, la sincérité de leur fanatisme [1].

Le 26, la capitulation de la Bastille et de Vincennes, dont les gouverneurs ne purent se défendre faute de munitions, acheva le grand œuvre du 22 mars.

Dès le lendemain de l'entrée du roi, François d'O, réintégré dans le gouvernement de Paris et de l'Ile-de-France, qu'il avait possédé avant la déchéance de Henri III, était allé à l'Hôtel de Ville recevoir au nom du roi les serments des officiers municipaux, qui invitèrent, par une circulaire, toutes les bonnes villes encore liguées à suivre l'exemple de Paris. Le 28, le chancelier de Cheverni se transporta au Palais et y fit lire des lettres patentes par lesquelles le roi révoquait l'interdiction que son prédécesseur et lui-même avaient prononcée contre les membres du parlement demeurés à Paris durant les troubles. Les membres des autres cours souveraines de Paris et ceux du Châtelet furent également réhabilités. Les magistrats ligueurs ne perdirent que les grades qu'ils avaient dus à la Ligue [2]. Les zélés royalistes eussent voulu

---

1. Sur la réduction de Paris, *V.* L'Estoile, p. 213-230. — Palma-Cayet, p. 562-569. — De Thou, t. V, l. CIX, p. 347-353. — Sulli, p. 141. — M. Capefigue donne, d'après les manuscrits de Mesmes, une lettre du roi au duc de Nevers, qui ne se trouve pas dans les *Mém.* de Nevers, et, d'après les Archives de Simancas, des lettres intéressantes du duc de Feria, de Diego d'Ibarra et de J.-B. Tassis. — *Histoire de la Réforme et de la Ligue*, t. VII, p. 140-167-195-199.

2. Le président Le Maistre seul, à cause de ses grands services, conserva « l'état » qu'il devait à Mayenne. — Le prévôt L'Huillier fut nommé président en la chambre des comptes ; Langlois et du Vair devinrent maîtres des requêtes de l'hôtel. Langlois fut élu prévôt des marchands lorsque L'Huillier sortit de charge, et le roi obli-

qu'on attendît le retour du parlement de Tours et de la chambre de Châlons avant d'amnistier le parlement rebelle et de faire enregistrer l'édit promis par le roi aux hommes qui lui avaient rendu sa capitale. Henri se garda bien d'écouter ce conseil. Il ne songeait qu'à effacer au plus tôt les traces de la Ligue et à faire que le passé ne fût plus pour Paris qu'un songe. Le 29 mars, le peuple parisien put voir le monarque, que ses prédicateurs, huit jours auparavant, nommaient encore l'hérétique relaps, « l'archiduc de Genève, » suivre à pied la procession, par une pluie battante, à travers toute la ville. Henri fit bien mieux : il toucha les écrouelles, et Palma-Cayet affirme gravement que, sur six ou sept cents malades touchés par le roi, « plusieurs reçurent guarison. »

Le 30 mars, le parlement réhabilité se hâta de faire acte d'autorité par un arrêt qui annulait, comme extorqués par force et par violence, « tous les arrêts, décrets, ordonnances et serments donnés, faits et prêtés depuis le 29 décembre 1588, au préjudice de l'autorité de nos rois et lois du royaume, » ordonnait d'informer du détestable parricide commis en la personne du feu roi Henri III, révoquait le pouvoir ci-devant donné au duc de Mayenne sous la qualité de lieutenant-général de l'État, défendait de le reconnaître désormais en cette qualité, sous peine de lèse majesté, enjoignant, sous les mêmes peines, audit duc de Mayenne et autres princes de sa maison, de reconnaître le roi Henri IV, et à tous autres seigneurs, communautés et particuliers, de quitter le « prétendu parti de l'Union. » L'arrêt enfin cassait « tout ce qui a été fait, arrêté et ordonné par les prétendus députés de l'assemblée tenue sous le nom d'États Généraux du royaume, comme fait par personnes privées, choisies et pratiquées pour la plupart par les factieux, partisans de l'Espagnol, et n'ayant aucun pouvoir légitime, » défendait auxdits prétendus députés de se plus assembler, à peine de lèse majesté, ordonnait que toutes processions et solennités, fondées pendant les troubles, cessassent, et qu'au lieu d'icelles fût solennisé à perpétuité le vingt-deuxième jour de mars,

gea le corps de ville de recevoir comme échevin l'ancien échevin Lecomte, chassé avec Henri III en 1588, bien que Lecomte n'eût pas eu le plus grand nombre des suffrages. Ce n'était pas respecter bien fidèlement les priviléges municipaux ; mais Mayenne en avait fait autant. *Registres de l'Hôtel de Ville*, XIV, f° 83.

pour rendre grâces à Dieu de l'heureuse délivrance et réduction de la ville en l'obéissance du roi [1].

La réception du concile de Trente était implicitement annulée avec les autres actes des États.

Le parlement, comme le roi, eût voulu que le passé pût tout entier disparaître : le parlement ordonna de rayer, sur les minutes et les expéditions de ses arrêts, le nom du « prétendu roi » Charles X. Déjà, deux célèbres avocats, Pierre Pithou et Antoine Loisel, chargés par intérim des fonctions de procureur général et d'avocat général, avaient reçu du chancelier la mission de « faire ôter des registres publics, tant du parlement que d'autres, tout ce qui se trouveroit contre la dignité du roi régnant et du roi défunt et contre les lois du royaume, et aussi ôter des lieux publics les tableaux, inscriptions, etc., qui pouvoient conserver la mémoire de ce qui s'est passé à Paris pendant qu'il étoit au pouvoir de la Ligue. [2] »

La soumission de la Sorbonne fut le coup de grâce de la Ligue. Malgré l'exil de l'évêque Rose, du curé Boucher, des plus inflexibles champions, la majorité résista un mois entier au nouveau recteur de l'université et aux royalistes anciens et nouveaux. Enfin, le 22 avril, le corps de l'université se résigna au serment exigé : la Faculté de théologie décida, « contrairement aux doutes de certaines gens imbus de sinistres opinions, » que Henri IV, légitime héritier du trône, devait être pleinement obéi de tous, quoique le Saint-Père, empêché par les factieux et les ennemis du royaume, ne l'eût point encore reconnu publiquement pour le fils aîné de l'Église, ce qui n'avait pas dépendu et ne dépendait pas du roi. La Faculté reconnut que « la puissance, comme dit Paul, vient de Dieu, et que qui résiste à la puissance, encourt la damnation. » L'université renonça donc à toutes ligues dedans et dehors le royaume et déclara rejeter de son sein quiconque pensait autrement. La Sorbonne s'anathématisait, pour ainsi dire, elle-même !

---

1. *Mém. de la Ligue*, t. VI, p. 71-87.
2. L'Estoile, p. 225. — P. Pithou conserva, comme bibliophile et historien, les documents qu'il était chargé de détruire comme fonctionnaire politique. On a retrouvé et réintégré aux Archives judiciaires la collection des pièces enlevées par Pithou des Registres du parlement. *V.* les renseignements donnés par M. Bernard, ap. *Préface du Recueil des États de 1593*, p. 29.

Cinquante-quatre maîtres et docteurs signèrent la sentence royaliste du 22 avril 1594 : soixante-dix avaient signé la décision révolutionnaire du 7 janvier 1589[1].

Les jésuites ne suivirent pas la Sorbonne dans sa défection : fidèles aux maximes ultramontaines, ils refusèrent de prêter serment au roi et de prier pour lui jusqu'à ce que le pape l'eût reconnu.

Tandis que l'ancien ordre se rétablissait dans la capitale sous une dynastie nouvelle et que l'aventureux soldat d'Ivri s'étudiait au rôle de roi de France dans le palais de François Ier, chaque soir Paris resplendissait des feux de joie allumés pour la réduction de quelque bonne ville. Rosni, l'énergique et fidèle ami de Henri IV, l'avait emporté à Rouen sur La Chapelle-Marteau, envoyé par Mayenne, et sur un agent de l'Espagne. Le 27 mars, l'amiral de Villars avait pris l'écharpe blanche, et tout Rouen après lui : Villars donna ou plutôt vendit au roi, avec Rouen, le Havre, Harfleur, Pont-Audemer, Montivilliers, Verneuil[2]; la Normandie entière reconnut Henri IV. Les parlements de Rouen et de Caen furent réunis comme l'avaient été ceux de Paris, de Tours et de Châlons.

Rouen et le Havre entraînèrent Abbeville et Montreuil : Amiens et Beauvais n'étaient maintenus qu'à grand'peine par le duc d'Aumale. La Champagne s'ébranlait de son côté : le 6 avril, on reçut à Paris la nouvelle que Troies, cette cité naguère si ligueuse, avait chassé le jeune prince de Joinville, frère du duc de Guise, et appelé Biron. Sens se déclara aussi pour le roi, puis Auxerre, puis Mâcon; Dijon avait hué, dès le 20 mars, un prédicateur qui injuriait le roi en chaire; Dijon et Beaune n'étaient contenus que par leurs garnisons. Il en était de même de Reims. Bientôt Riom, chef-lieu de la Ligue en Auvergne, puis l'Agenais, puis Périgueux et ses dépendances, reconnurent spontanément, sinon gra-

---

1. L'Estoile, p. 233.
2. Villars exigea la conservation de l'amirauté : le roi fut obligé de dédommager Biron, titulaire royaliste de cet office, par un bâton de maréchal de France et par une forte somme d'argent : Villars resta en outre gouverneur des bailliages de Rouen et de Caux, et se fit garantir une somme de 1,200,000 livres, 60,000 livres de pension, et cinq ou six riches abbayes. Son frère demeura gouverneur du Havre. Villars fut celui de tous les chefs ligueurs qui se fit acheter le plus cher. *V.* la négociation dans les *Œconomies royales* de Sulli, t. I, p. 126-145.

tuitement, Henri IV. Poitiers enfin se déclara, grâce à l'influence des frères Sainte-Marthe, et l'un des princes lorrains, le duc d'Elbeuf, gouverneur de Poitiers pour la Ligue, las des tergiversations de Mayenne, reconnut le roi, moyennant une pension et la conservation de son gouvernement [1]. L'importante cité maritime de Saint-Malo, qui s'était conservée, depuis cinq ans, dans une si fière indépendance, envoya déclarer au roi qu'elle n'entendait pas tolérer les Espagnols en Bretagne, ni seconder les desseins des chefs de l'Union, et qu'elle était prête à arborer les couleurs royales : Henri lui accorda l'oubli du passé, l'exemption de garnison pour toujours et l'exemption des tailles pour six ans.

On pouvait presque dire la guerre civile terminée : la lutte changeait désormais de caractère ; elle n'était plus entre deux grands partis nationaux se disputant la France au nom de principes opposés ; elle n'était plus qu'entre le roi de France et l'étranger allié à des factieux qui retenaient sous leur joug, par force ou par artifice, quelques portions du territoire français.

« Paris vaut bien une messe ! » avait dit le Béarnais. Cette messe lui avait valu Paris et la moitié de la France.

La littérature politique, qui avait joué un rôle si actif depuis l'origine des Guerres de Religion, contribua à consolider le nouveau trône. La grande tragédie de la Ligue finit d'une manière bien conforme à l'esprit français, par une comédie. La Satyre Ménippée, colportée manuscrite depuis quelques mois, fut publiée à Paris presque immédiatement après l'entrée du roi, et servit la cause de Henri IV, sinon, comme l'a prétendu Hénault, « autant que la bataille d'Ivri, » du moins autant que les arrêts du parlement et les décrets de la Sorbonne. Si la Ménippée ne tua point la Ligue, elle aida certainement à l'achever et l'ensevelit dans le ridicule. Ses ingénieux auteurs font appel, d'une part, au sentiment national contre l'invasion espagnole et romaine, de l'autre, au bon sens positif et discuteur de la vieille bourgeoisie française

---

[1]. Le cordelier Porthaise (*Protasius*), fameux théologien qui avait été le pilier de la Ligue à Poitiers, se fit, moyennant pension et bénéfices, l'apôtre de la réconciliation et prêcha cyniquement la palinodie des furieux sermons qu'il avait prêchés, à l'instar de Boucher, contre la « simulée conversion du roi de Navarre ». A peu de jours de distance, Henri le bâtard et le relaps devint pour Porthaise le restaurateur de l'État, le noble présent du ciel. V. Labitte, *Prédic. de la Ligue*, p. 206-213.

et aux tendances libres, hardies et railleuses de la Renaissance contre l'aveugle fanatisme évoqué dans le peuple par le clergé ligueur. Le fanatisme devient grotesque dès qu'il cesse d'être terrible. Tout ce qui prêtait au ridicule dans la Ligue, les superstitions puériles, les exagérations brutales et folles, tout est saisi, buriné avec une sagacité impitoyable; rude revanche de l'esprit de Rabelais contre l'esprit de Loyola. Les auteurs de la Ménippée sont bien en effet la postérité légitime de l'auteur de Pantagruel. S'ils n'ont pas toute sa philosophie, ils ont bien sa verve, dégagée des obscénités et des ténèbres volontaires où il la plongeait, mais assaisonnée d'un sel un peu grossier encore. Les personnages réels que parodie la Ménippée ne sont pas indignes de figurer à côté des créations de Rabelais; le portrait des deux charlatans (le légat et Pellevé), les harangues de Pellevé, de Guillaume Rose, du seigneur de Rieux, type des tyranneaux qui refaisaient dans les provinces, à la faveur de la guerre civile, une nouvelle anarchie féodale, peuvent se comparer aux plus plaisants discours de Panurge, de frère Jean ou de maître Janotus. La parodie avait frappé si fort et si juste que, pendant deux siècles, on n'a guère vu la Ligue qu'à travers la Ménippée [1].

1. La Satyre Ménippée se compose : 1° du Catholicon d'Espagne; 2° de l'Abrégé de la farce des États de la Ligue, qui est le morceau capital; 3° de diverses pièces de vers; 4° de l'explication du *Higuiero d'infierno*. On y ajouta, depuis, les Nouvelles des Régions de la Lune. Il y a eu bien des débats sur la date précise de la publication de cette satyre et sur les noms de ses auteurs. La Bibliothèque de la France indique la Ménippée comme publiée en 1593; cependant on ne possède point d'édition qui ne renferme des allusions à des événements arrivés en mars et avril 1594, et les auteurs eux-mêmes, dans l'*Explication du Higuiero*, disent qu'on avait vu, avant la mise en vente, « plusieurs copies imparfaites », mais que l'impression du livre, commencée à Tours, ne put être achevée qu'après la réduction de Paris en l'obéissance du roi (édit. de 1594, in-18, p. 294). Quant aux auteurs, on attribue la première partie à un prêtre gallican, le Normand Louis Le Roi, chapelain du cardinal de Bourbon, et le reste à une société de « beaux esprits », Pierre Pithou, Gillot, Rapin, Passerat et Florent Chrestien. Le témoignage de M. de Thou (t. V, l. cv, p. 235) et de d'Aubigné (*Hist. univers.*, part. II, col. 353) est formel à l'égard de Le Roi. « Rapin », ajoute d'Aubigné, « contribua de quelques vers » à cet ouvrage. Le reste des vers appartiennent au protestant Passerat. Quant à Pithou, Gillot et Florent Chrestien, c'est l'aîné des Dupuy qui, dans son édition de la *Ménippée*, nous apprend leur participation à l'œuvre : Pithou était à Paris; Le Roi et Rapin étaient à Tours ou à Chartres, ce qui rend leur collaboration difficile à comprendre. Il est plus aisé d'expliquer pourquoi les auteurs et imprimeurs gardèrent l'anonyme : c'était une mesure de prudence que leur imposaient leurs sarcasmes sanglants contre des choses et des personnes puis-

Malgré les prospérités des premiers mois de 1594, tout n'était pas terminé : Henri de Bourbon n'était plus un prétendant ; il était roi de France ; mais cette France sur laquelle il régnait n'était point encore la France des Valois. Les rebelles occupaient encore plusieurs grandes villes, de nombreuses et fortes positions, et tenaient toutes les frontières ouvertes à leurs auxiliaires étrangers. Dans le nord, Mayenne se maintenait à Laon, à Soissons, à Noyon, avec les Espagnols en arrière-garde à La Fère ; le duc d'Aumale conservait Amiens, Ham, Beauvais ; le duc de Guise et son lieutenant Saint-Paul, un des maréchaux de la façon de Mayenne, étaient maîtres de Reims, de Mézières, de Rethel, de Rocroi, de Saint-Dizier, de Vitri-le-François. Dans l'ouest, la plus grande partie de la Bretagne obéissait toujours à Mercœur, qui lui-même était à peu près contraint d'obéir à ses alliés les Espagnols, beaucoup plus forts en Bretagne que le chef ligueur ne l'eût souhaité. Dans le sud, le Comminges, le Bigorre, l'Armagnac, Toulouse et la Haute-Garonne, Cahors et Rodez, une portion du Languedoc central, gardaient les doubles croix de la Ligue. Marseille était au pouvoir de deux tyrans municipaux, le viguier Louis d'Aix et le premier consul Casaulx, qui avaient contribué à affranchir la ville du duc de Savoie, mais à leur profit et non à celui de la France, et qui paraissaient tendre à une dictature populaire patronisée par Philippe II [1]. En remontant le Rhône jusqu'aux portes de Lyon, l'on y retrouvait les factieux ; les lieutenants du duc de Nemours étaient cantonnés dans Vienne et dans les petites places du Forez et du Lyonnais. Nemours, le 26 juillet, parvint à s'échapper du château de Pierre-Encise et à rejoindre

santes encore, et que le roi, dans sa politique de transaction, avait intérêt à ménager. — Il est bien singulier que L'Estoile, qui tient note du moindre placard, de la plus mince épigramme, ne nomme même pas la Ménippée ; mais le silence de L'Estoile est compensé par les magnifiques éloges de J.-A. de Thou, de d'Aubigné, du chancelier de Cheverni, etc., etc. De Thou et d'Aubigné n'hésitent point à qualifier la Ménippée de « la plus excellente satyre du temps », ce qui est généreux de la part de d'Aubigné, auteur lui-même de fort belles satyres.

1. Le viguier et les trois consuls devaient être annuels ; mais Louis d'Aix et Casaulx se perpétuaient illégalement dans leurs charges. Les consuls étaient pris dans la bourgeoisie : le viguier, qui représentait l'autorité des anciens comtes de Provence, était gentilhomme. — Un fait analogue s'était produit à Arles depuis la soumission de cette ville au roi. Deux tyrans de bas étage opprimaient les consuls et la cité, mais ils furent renversés par le peuple et pendus (24-25 février 1594).

ses soldats, à la tête desquels il donna la main au duc de Savoie et recommença de harceler les Lyonnais. Les trois quarts de la Bourgogne subissaient encore, bien qu'avec une répugnance évidente, l'autorité des officiers de Mayenne, qui, plus aigri qu'abattu par la ruine de son pouvoir, s'acharnait à la résistance et s'enfonçait de plus en plus dans la mauvaise fortune, faute d'avoir su s'arrêter à temps.

Quant à Philippe II, ses chimères étaient dissipées : il renonçait à placer sa fille sur le trône de France; il revenait à des projets plus dangereux parce qu'ils étaient moins impraticables, et ne visait plus qu'à démembrer le royaume qu'il n'avait pu s'approprier tout entier.

Henri IV n'était pas homme à laisser le champ libre à son ennemi, ni à s'endormir dans le succès. Il continua de négocier avec tous les chefs de la Ligue qui avaient encore les armes à la main; mais il n'en reprit pas moins les hostilités avec vigueur, aussitôt après avoir réorganisé la tête et le centre de la monarchie à Paris.

La reine d'Angleterre, un moment irritée de « l'apostasie » du Béarnais, s'était à demi apaisée dès qu'elle avait eu la certitude que le changement de religion n'entraînerait pas un changement de politique : elle consentit, sur la demande des États royalistes de Bretagne, à envoyer dans cette province, de concert avec les Hollandais, de nouveaux secours qui mirent le maréchal d'Aumont en état de saisir l'offensive contre Mercœur et contre les Espagnols; d'Aumont réduisit Concarneau, Quimper-Corentin, Morlaix, puis assaillit un fort commencé par les Espagnols sur la presqu'île de Crozon, entre la baie de Douarnenez et la rade de Brest, pour tenir Brest en respect. Ce poste redoutable fut arraché de vive force à l'ennemi par d'Aumont et par le général anglais Norris [1].

Pendant ce temps, le roi marchait en personne vers la Picardie et investissait Laon (25 mai). Mayenne, qui était dans la place, sortit aux premières approches des royaux, y laissant un de ses fils et le président Jeannin, qui resta jusqu'à la fin attaché à sa fortune sans approuver sa politique. Mayenne courut à Bruxelles

---

1. Élisabeth eût bien voulu se faire payer de ses secours par la cession de Brest : elle tâcha même de corrompre le gouverneur, de Rieux Sourdéac. D. Taillandier, *Hist. de Bretagne*, l. XIX, p. 423.

hâter les renforts que lui avait promis l'archiduc Ernest, installé en Belgique comme gouverneur général depuis le mois de janvier dernier.

Ce voyage faillit être funeste au lieutenant-général de l'Union. Feria et Ibarra l'accusèrent auprès de l'archiduc d'avoir seul empêché l'élection de l'infante et d'un roi catholique, d'avoir perdu volontairement la cause de la Ligue et d'avoir livré Paris et Lyon au «prince de Béarn.» Ils pressèrent Ernest de faire arrêter «ce traître.» Le prudent Tassis détourna l'archiduc d'un coup d'État qui n'eût pu avoir d'autre résultat que de jeter entre les bras du roi, avant quinze jours, tout ce qui restait de la Ligue. Une lettre du duc de Feria au roi d'Espagne, interceptée et envoyée par Henri IV à Mayenne, apprit à celui-ci les bons offices de l'ex-ambassadeur. Mayenne répondit à ses accusateurs en adressant à Philippe II des récriminations violentes contre Feria et Ibarra, et en lui demandant l'autorisation de se battre en duel avec Feria. On assoupit tant bien que mal la querelle, mais Mayenne ne pardonna pas aux Espagnols.

Leur prétention, qu'ils ne cachaient plus, de s'assurer des places françaises pour le compte de Philippe II, n'était pas de nature à apaiser le ressentiment que couvait Mayenne. Dans le courant de juin, l'archiduc gagna les gouverneurs de Ham et de La Fère, qui prirent l'écharpe rouge et prêtèrent serment au roi d'Espagne. La Fère avait été jusqu'alors tenue au nom de la Sainte-Union, quoique les Espagnols y eussent des troupes et des magasins. Les Espagnols essayèrent aussi, sur ces entrefaites, d'introduire une garnison dans Beauvais, avec la connivence du maire, mais l'entreprise échoua et le maire fut déposé par ses concitoyens.

L'archiduc donna cependant ordre au comte de Mansfeld, commandant des troupes espagnoles, de secourir Laon, moins pour être agréable à Mayenne que pour l'importance de la place. Mayenne et Mansfeld réunis n'avaient qu'une dizaine de mille hommes. Le roi en avait presque le double. Il avait été rejoint par Balagni, le « maréchal prince de Cambrai. » Les convois des Hispano-ligueurs furent enlevés; leurs détachements taillés en pièces, et Mayenne et Mansfeld durent se retirer sur La Fère, sans avoir pu ravitailler Laon (18 juin). L'archiduc, qui avait grand'peine à se défendre contre les Hollandais, n'envoya pas en Picardie six à sept mille soldats qu'il avait promis, et Mansfeld ramena de La Fère dans l'Artois ses troupes découragées, qu'une maladie contagieuse acheva de ruiner.

Après la retraite de l'armée de secours, Laon se défendit longtemps encore : Mayenne avait confié cette place, si forte d'assiette, aux officiers et aux soldats sur lesquels il comptait le plus, et le gouverneur du Bourg, ancien capitaine de la Bastille, était encouragé par les énergiques exhortations du président Jeannin, un de ces hommes qui aiment à faire briller leur opiniâtre résolution en soutenant les causes sur le penchant de leur ruine. Le roi voulut conférer en personne avec Jeannin et tâcha de le détacher de Mayenne, à l'exemple de son ami Villeroi. Jeannin fut inébranlable. — « Votre opiniâtreté pourra vous coûter cher! lui dit le roi. — Sire, répliqua le président, j'entends bien ce que veut dire Votre Majesté; mais je ne lui donnerai pas le moyen d'en venir là : je mourrai sur la brèche, une pique à la main [1]. »

Biron, qui commandait l'armée royale sous Henri IV, ne mettait pas, dit-on, autant d'ardeur à l'attaque, que Jeannin et du Bourg à la défense. Déjà mécontent d'avoir été obligé de céder l'amirauté à Villars, Biron prit fort mal le refus que fit le roi de lui promettre le gouvernement de Laon, engagé à un autre officier, et les opérations du siége s'en ressentirent. Laon, toutefois, après avoir repoussé trois assauts partiels, finit par capituler sans attendre cet assaut général où Jeannin disait vouloir mourir. Le 22 juillet, les assiégés promirent de rendre la ville le 2 août, s'ils n'étaient secourus avant ce terme. Ils tinrent parole. La conquête de Laon avait coûté la vie à beaucoup d'officiers de distinction, entre autres à Givri, un des capitaines qui avaient le mieux servi Henri IV; Henri l'aimait de prédilection, pour la conformité de leur esprit et de leur caractère.

La conquête de Laon fut suivie d'autres victoires qui ne coûtèrent point de sang ni de larmes. Le gouverneur de Château-Thierri avait traité immédiatement après la capitulation de Laon : Péronne, Roie et Montdidier changèrent la trêve qu'elles avaient

---

1. Mathieu, t. II, p. 178.

obtenue en une soumission définitive. A peine entré à Laon, le roi reçut d'heureuses nouvelles d'Amiens : la plus vive agitation régnait dans la capitale de la Picardie; les Amiénois voyaient bien que la Ligue n'était plus qu'un mot et qu'il fallait choisir d'être Espagnols ou Français. Les royalistes amiénois mandèrent à Henri IV que la ville se soulèverait dès qu'elle verrait les enseignes royales. Henri dépêcha en toute hâte Charles d'Humières, lieutenant-général de Picardie, avec un corps de troupes légères, Mayenne, de son côté, était accouru à Amiens : il contint, pendant quelques jours, la bourgeoisie, mais il sentit l'impossibilité d'y réussir longtemps et, jugeant sa vie en danger, il partit. La révolte éclata aussitôt après sa retraite : d'Aumale essaya en vain de résister; les Amiénois n'avaient jamais voulu recevoir de garnison et furent maîtres chez eux dès qu'ils voulurent l'être. On chassa d'Aumale, on ouvrit les portes à d'Humières et l'on envoya une députation au roi pour le prier de venir faire son entrée dans sa bonne ville d'Amiens.

Les députés amiénois trouvèrent le roi à Cambrai, où il s'était rendu afin de recevoir en personne le serment de Balagni et des Cambrésiens : les chefs du chapitre archiépiscopal et du corps de ville de Cambrai avaient conféré solennellement, le 7 août, à Balagni, à sa femme et à leurs héritiers, les droits de souveraineté usurpés de fait par Balagni depuis longtemps. La peur seule avait dicté cet acte aux Cambrésiens, et Henri IV n'eut point à se louer d'avoir fait cause commune avec ce petit tyran, à qui son étrange fortune tournait la tête.

Henri IV fut magnifiquement accueilli dans Amiens le 15 août. Les Amiénois ne lui avaient imposé aucune condition. Henri récompensa leur courtoisie et leur confiance en confirmant toutes leurs franchises et en leur accordant l'exemption de la gabelle, comme il l'avait accordée à Abbeville. Parmi les priviléges confirmés, l'exemption de gouverneur, de garnison et de citadelle n'était pas sans inconvénient pour une ville frontière, comme l'événement le prouva; un semblable privilége avait déjà, sous François Ier, fait perdre Tournai à la France. Beauvais et Doullens députèrent vers le roi, dès qu'ils le surent dans Amiens; l'ex-maire Gaudin et les deux frères Lucain, prédicateurs qui continuaient en province les furieuses déclamations de Paris, furent chassés de Beauvais; le gouverneur Sesseval ne fit point ses conditions, et dit noblement qu'il ne voulait pas qu'on lui pût reprocher d'avoir été « de ceux qui ont vendu au roi son propre héritage [1]. »

Henri IV termina cette heureuse campagne par la prise de Noyon. Il ne resta plus à l'ennemi, dans toute cette région, que Soissons, Ham et La Fère.

La réduction de la Picardie entraîna l'entière soumission de la Champagne : une catastrophe, arrivée à Reims à la fin d'avril, avait préparé cet événement. L'aventurier Saint-Paul, fils d'un garde-chasse devenu maréchal de France, s'était fait duc de Rethelois, comme Balagni, bâtard d'un évêque, s'était fait prince de Cambrai, et ne laissait qu'une autorité nominale au duc de Guise, dont il était le lieutenant-général en Champagne. Il aspirait à se cantonner dans le nord de cette province, sous la protection des Espagnols. Il avait élevé une espèce de citadelle à la porte de Mars pour tenir Reims en bride, et y avait mis garnison. Les Rémois se plaignirent au duc de Guise. Le duc somma Saint-Paul de retirer sa garnison. Saint-Paul répondit arrogamment qu'il n'en ferait rien et mit la main sur la garde de son épée. Le duc tira la sienne et la lui plongea dans le cœur. Les lieutenants de Saint-Paul rendirent au roi et au duc de Nevers Vitri, Mézières et les places du Rethelois. Guise, qui ne manquait pas de sens et qui ne s'était jamais abandonné sans réserve aux illusions que les Espagnols faisaient briller à ses yeux, jugea qu'il était temps, pour lui aussi, de traiter avec Henri IV. Il y était poussé par sa mère, par sa grand'mère et même par sa tante de Montpensier, sensibles aux bons procédés du roi et franchement ralliées. Rosni, dont le rôle politique grandissait de jour en jour, fut chargé par le roi de conclure avec Guise, ainsi qu'il avait conclu avec Villars. Les prétentions de Guise soulevèrent quelques difficultés, mais l'attitude des habitants de Reims obligea le duc à terminer au plus vite. Déjà les bourgeois complotaient de l'arrêter et de le livrer au roi. Guise renonça au gouvernement de Champagne, que le roi ne voulait point ôter au duc de Nevers, et à la grande maîtrise de

---

1. Palma-Cayet, p. 387.

France, qui était possédée par le comte de Soissons. Lui et ses frères conservèrent le gouvernement particulier des villes qu'ils ramenaient sous l'obéissance royale; le roi lui garantit 400,000 écus pour payer ses dettes et celles de son père, avec des pensions et des bénéfices pour lui et ses frères, et lui conféra le gouvernement de Provence en échange de celui de Champagne (9 décembre 1594).

Le chancelier et beaucoup d'autres conseillers du roi se récrièrent sur le danger de confier la Provence à un ennemi à peine réconcilié et dont la famille avait sur ce pays des prétentions héréditaires. C'était, disaient-ils, renouveler la faute commise par Henri III à l'égard de la Bretagne. Henri IV tint bon; la situation n'était pas la même : lorsque Henri III remit la Bretagne entre les mains de Mercœur, on allait entrer dans la guerre civile; on en sortait maintenant, et les peuples harassés ne demandaient que le repos. La singulière situation de la Provence avait décidé Henri IV. Il y avait déjà en Provence un gouverneur qui commandait au nom du roi, le duc d'Épernon; mais Épernon s'était rendu tellement odieux aux Provençaux, que *carcistes* et *rasats*, ligueurs, politiques et huguenots, s'étaient réunis contre lui et contre ses bandes insolentes d'aventuriers gascons : la guerre se faisait des deux côtés au nom du roi, tous les ligueurs, excepté la ville de Marseille, ayant reconnu Henri IV. Le roi, craignant qu'Épernon ne fût soutenu par son parent Montmorenci et qu'il ne traitât avec l'Espagne ou la Savoie, avait hésité jusqu'alors à le révoquer; mais, ne voulant pas non plus réduire les Provençaux au désespoir, il avait permis secrètement à Lesdiguières et à Ornano d'aider ceux qu'Épernon appelait les rebelles. Après avoir autorisé Montmorenci à offrir sa médiation, qui fut sans résultat, Henri trancha enfin dans le vif par la nomination du duc de Guise, nomination qui l'assurait de la foi des ci-devant ligueurs dans le cas où d'Épernon rappellerait les étrangers en Provence.

La branche aînée de la maison de Lorraine avait fait sa paix en même temps que le jeune chef de la branche cadette. Le gouvernement de Toul et de Verdun fut laissé aux enfants du duc de Lorraine, qui eût bien voulu réunir ces deux cités à son duché, mais qui dut se contenter de ce moyen terme. Il en fut dédommagé en argent : le roi lui garantit neuf cent mille écus, dont une partie était « due » à lui et à ses enfants pour arriéré de pensions. Le duc, à ce prix, vendit son armée au roi; toutes les troupes au service de Lorraine passèrent au service de France.

Pendant que les grands traitaient avec le roi et que les cités, de toutes parts, lui ouvraient leurs portes, la lassitude de la guerre civile, qui faisait déposer les armes à la bourgeoisie, les fit prendre aux paysans des provinces du sud-ouest. Il n'est pas facile d'imaginer à quel degré d'insolence et de cruauté étaient arrivés les petits chefs militaires des provinces : toutes les horreurs des temps les plus désordonnés de la féodalité se renouvelaient au fond des donjons ligueurs et royalistes. Mille petits tyrans, d'autant plus pressés de se gorger d'or qu'ils sentaient leur règne plus éphémère, écrasaient, torturaient, suçaient jusqu'au sang le peuple des campagnes. L'insurrection des *Gautiers* se reproduisit sur une plus grande échelle. Les paysans se soulevèrent par milliers dans le Poitou, la Saintonge, le Limousin, la Marche, le Périgord, l'Agenais, le Querci, non plus pour la messe ou le prêche, pour le roi ou la Ligue, mais pour avoir le droit de vivre et d'être hommes. Ils refusèrent le paiement des tailles, des dîmes, des droits féodaux, assaillirent les repaires de leurs oppresseurs, coururent sus aux percepteurs, aux gens de guerre, aux nobles connus pour maltraiter leurs vassaux, à tous ceux qui « croquoient » le pauvre peuple. Leur cri de guerre : « aux croquants! » leur valut à eux-mêmes le nom qu'ils donnaient à leurs ennemis. Dans le Poitou, le Limousin et l'Angoumois, où le mouvement avait commencé, les gouverneurs royaux dissipèrent les bandes de paysans, moitié par force, moitié par promesse d'un meilleur traitement. Les croquants limousins perdirent une espèce de bataille contre le gouverneur de leur province. Mais, dans la Guyenne et la Gascogne, l'insurrection eut à la fois plus de persistance, d'étendue et de régularité : les petites villes et les bourgs y prirent part; il y eut, au printemps de 1594, dans la forêt d'Abzac, à la Becède, puis auprès de Bergerac, des assemblées populaires de trente et de quarante mille hommes, qui délibérèrent en armes et envoyèrent des députés au roi, afin de lui représenter la « foule et oppression » du peuple et les excès des nobles.

Les députés réclamèrent le rabais des tailles, la suppression d'une partie des officiers de finances et la permission d'élire un « syndic du plat-pays, » sous les ordres duquel ils tiendraient les champs, afin de purger le pays des restes de la Ligue qui prolongeaient la guerre civile. Le roi ne consentit pas à cette élection d'un chef populaire qui eût pu devenir trop redoutable; mais il remit tous les arrérages des tailles et subsides, et promit d'aviser aux autres requêtes : la soumission de Poitiers, d'Agen, de Périgueux, de Sarlat, qui eut lieu sur ces entrefaites, mit à peu près fin à la guerre civile dans ces contrées, rendit plus facile le désarmement des croquants et fit cesser une partie des maux dont ils se plaignaient. Matignon, gouverneur de Guyenne, acheva de les dissiper en enrôlant tous les anciens soldats qui se trouvaient parmi eux, pour les employer en Languedoc contre les ligueurs et les Espagnols. Le mouvement, commencé dès 1593, ne fut complétement étouffé qu'en 1595 [1].

La guerre que Henri IV avait dirigée en Picardie contre les Espagnols et leurs alliés avait été poursuivie en même temps à Paris

---

[1]. Palma-Cayet, p. 574-577; — De Thou, t. V, l. CVII, p. 316. — Le Bulletin de la Société de l'Histoire de France (n°s 1-2, II° partie, p. 28-33) renferme deux pièces intéressantes sur les *croquants;* ce sont : 1° une circulaire des paysans insurgés, se qualifiant du « Tiers État des pays de Querci, Agenais, Périgord, Saintonge, Limousin, Haute et Basse-Marche, en armes pour le service du roi et conservation du royaume ». — Cette pièce est adressée aux officiers et habitants des diverses châtellenies de la contrée, que les insurgés somment de se joindre à eux contre « les inventeurs de subsides, voleurs, leurs receveurs et commis, etc. ». Ils reconnaissent Henri IV pour roi « de droit divin, naturel et humain », et déclarent vouloir maintenir l'Église, « la noblesse sans reproche et la justice »; 2° l'autre pièce est la contre-partie de celle-ci : c'est une convention des nobles du Périgord pour combattre les *croquants,* « qui se sont voulu ôter de la sujétion en laquelle Dieu les a ordonnés ».

Après avoir parlé des *gautiers* de Normandie et des *croquants* d'Aquitaine, il convient de mentionner les mouvements qui avaient eu lieu durant la Ligue parmi les paysans bas-bretons. Les nobles ligueurs, qui avaient armé les paysans contre les gens du roi, faillirent le payer cher. En 1590, les royaux ayant pris Ker-Ahès (Carhaix), les paysans de la Cornouaille se levèrent en masse pour reprendre cette ville : leur aveugle impétuosité leur valut une sanglante défaite; s'ils eussent été vainqueurs, ils se fussent révoltés « contre la noblesse et communautés des villes », et se fussent jetés sur les nobles sans distinction de parti, « afin que tous fussent égaux sans que l'un eût aucun pouvoir ni juridiction sur l'autre ». *Histoire de la Ligue en Bretagne et particulièrement en Cornouaille,* par le chanoine Moreau; Brest, 1836; p. 84-92. Il est peu de contrées où l'hostilité des paysans contre les nobles ait été plus constante que dans la Basse-Bretagne, ce pays si conservateur, si attaché aux traditions. La raison de cette contradiction apparente remonte loin.

sous une autre forme. Quelle que fût la modération du roi, il était impossible qu'il n'y eût pas un peu de réaction. Le roi avait amnistié les actes politiques, non les crimes commis par les particuliers à la faveur des troubles. Le meurtre de Brisson, de Larcher et de Tardif fut considéré comme crime privé, et, à la poursuite des familles de ces magistrats, le bourreau de Paris, qui avait prêté son ministère aux meurtriers, fut condamné à mort et pendu, avec un prêtre et un sergent. Quelques mois après, Bussi-Leclerc, Cromé, Crucé, Pelletier, Hamilton, et plusieurs autres des Seize, réfugiés en Flandre, furent aussi condamnés par le parlement et exécutés en effigie.

Les royalistes s'attaquèrent à des adversaires désormais plus redoutables et surtout plus vivaces que les Seize. Les Seize étaient dispersés dans l'exil; les jésuites étaient à Paris, retranchés dans leurs colléges comme dans les dernières citadelles de la Ligue. Le parti gallican et national ne s'y trompait pas : il voyait dans la compagnie de Jésus la grande ennemie qui avait précédé la Ligue et qui lui survivrait; il tâcha de retourner contre elle le corps universitaire et les curés de Paris, naguère les aveugles instruments de l'ultramontanisme. Le nouveau recteur de l'université, le médecin royaliste Jacques d'Amboise, élu après l'entrée de Henri IV à Paris, fit décider, dans une assemblée des Quatre Facultés, qu'on reprendrait le vieux procès de l'université contre les jésuites [1], « appointé, » c'est-à-dire suspendu depuis trente ans. Dès le 12 mai, le recteur présenta requête au parlement pour que les jésuites, « ministres et espions de l'Espagne, » fussent bannis non-seulement de l'université, mais du royaume. Une partie des curés de Paris intervinrent en portant plainte des entreprises faites par les jésuites sur leurs paroisses.

Les jésuites remuèrent ciel et terre pour se défendre. Ils sentirent, et leurs supérieurs sentirent comme eux, que leur refus de serment les perdrait : ils se résignèrent enfin à reconnaître le roi, sans doute sur une autorisation envoyée secrètement de Rome. Les nombreux adhérents qu'ils s'étaient partout ménagés, prirent dès lors hautement leur parti. Le chancelier, le surintendant d'O,

---

1. Sur l'institution des jésuites et sur leur premier procès en 1564, *V.* nos t. VIII, p. 313 et suiv., et t. IX, p. 202.

gouverneur de Paris, le procureur-général, un des avocats-généraux, les patronisaient; ils firent intervenir en leur faveur, par des requêtes au parlement, le cardinal de Bourbon[1] et le duc de Nevers; ils travaillèrent si bien dans l'université, que la Sorbonne désavoua le recteur et déclara qu'elle demandait bien que les pères jésuites fussent soumis aux règlements universitaires, mais nullement qu'ils fussent bannis du royaume. La majorité de la faculté des arts et une partie des deux autres facultés firent pareille déclaration. Le recteur et quelques-uns des curés poussèrent toutefois leur pointe. La cause fut plaidée à huis clos, selon le désir des jésuites, favorisés par les «gens du roi» (mi-juillet). L'avocat du recteur fut Antoine Arnauld, père de cet autre Antoine Arnauld, qui devait, avec bien plus d'éclat, continuer la lutte contre les jésuites pendant le xviie siècle. Arnauld poussa l'attaque avec une violence digne des prédicateurs de la Ligue: il imputa directement tous les malheurs de la guerre civile à la compagnie de Jésus et l'accusa d'avoir été fondée par Charles-Quint pour assujettir le monde à l'Espagne. C'était s'arrêter à la surface des choses : les jésuites ne servaient l'Espagne que par circonstance; au fond, leur tendance était un cosmopolitisme théocratique, destructif de toute nationalité. L'avocat des curés, Louis Dollé, frappa plus juste qu'Arnauld, en révélant au public les passages les plus importants des Constitutions que la Société de Jésus dérobait, autant qu'elle pouvait, à la lumière. Il montra fort bien par quelles arguties les jésuites éludaient le vœu de pauvreté collective [2], et indiqua, trop brièvement, à la vérité, le caractère qui distinguait absolument leurs règles de celles des autres moines. Les constitutions des autres étaient fixes : les règles des jésuites étaient muables à la volonté des chefs, « selon l'opportunité des temps, des lieux et des circonstances, » mobilité redoutable qui faisait de l'ordre une armée prête à combattre partout et avec toutes les armes.

Si la forme était mobile chez les jésuites, l'esprit était immuable : Arnauld et Dollé exposèrent combien cet esprit était hostile

---

1. Ce prince, consumé par une maladie de langueur, mourut peu de temps après.
2. Ils ne renonçaient pas, comme les autres moines, au droit de succéder. *V.* le plaidoyer d'Arnauld, ap. *Mém. de la Ligue*, t. VI, p. 173.

au génie, aux lois, aux libertés de la France; ils étalèrent les priviléges destructifs de toute hiérarchie, attribués aux jésuites par la papauté, qui les nommait « les yeux de son esprit » (oculos mentis suæ) : droit d'administrer partout les sacrements, comme des « curés universels; » droit de donner des dispenses et d'absoudre des cas réservés, tandis que Rome refusait ce droit à l'église gallicane tout entière; interdiction à chacun, sous peine d'excommunication, d'attaquer directement ou indirectement les constitutions de l'ordre [1]. Dollé termina en accusant les jésuites d'enseigner le régicide à leurs écoliers.

L'avocat des jésuites, Duret, les défendit avec adresse, nia tout ce qui était niable, éluda le reste; assura que, dans leur dernière congrégation générale, en novembre 1593, ils avaient fait un décret qui interdisait à tous leurs confrères de se mêler des affaires d'État; prétendit que leur vœu d'obéissance au pape n'était relatif qu'aux missions chez les infidèles et que ses clients n'attribuaient pas le pouvoir temporel au pape [2].

L'arrêt du parlement trompa les espérances du parti gallican. Le parlement ordonna que les requêtes du recteur et des curés seraient jointes au procès appointé depuis trente ans, pour être fait droit sur le tout par un seul et même arrêt. Le roi, qui ne renonçait point à se réconcilier avec Rome, n'était pas trop d'avis qu'on poussât à bout les jésuites et avait témoigné le désir que rien ne fût décidé à leur égard en son absence. Les jésuites considérèrent l'ajournement comme une première victoire.

Un tragique événement changea brusquement la situation et tomba sur la Société de Jésus comme un coup de foudre.

Le roi, après avoir passé la meilleure partie de l'automne à Paris et aux environs, était retourné inspecter les places de Picardie, afin de se préparer à la campagne prochaine, pour laquelle il méditait de grands desseins. Le 27 novembre, comme Henri arrivait d'Amiens et qu'il entrait tout botté dans la chambre de

---

1. Le pape avait aussi donné aux jésuites le privilége de publier et d'épurer les textes des Pères. Dollé les accuse d'avoir falsifié les textes qu'ils devaient éclaircir. *Mém. de la Ligue*, t. VI, p. 198.

2. Ils ne le lui attribuaient pas directement, mais indirectement, « à cause de la conscience ». — *V.* l'analyse du plaidoyer de Duret, ap. Palma-Cayet, p. 597-698.

Gabrielle d'Estrées ¹, au milieu d'une troupe de courtisans, un jeune garçon de dix-huit à vingt ans, qui s'était glissé parmi la suite du roi, lui porta un coup de couteau à la gorge. Par bonheur, Henri, en ce moment, se baissait pour relever deux gentilshommes qui lui embrassaient les genoux, suivant le cérémonial des présentations : le coup l'atteignit seulement à la lèvre supérieure et lui coupa la gencive. L'assassin fut arrêté. Il confessa se nommer Jean Chastel, fils d'un marchand de drap et élève des jésuites, sous lesquels il avait étudié la philosophie scolastique. « Falloit-il donc, » s'écria le roi avec son sang-froid et sa vivacité ordinaire, « falloit-il que les jésuites fussent convaincus *par ma bouche?* » ²

Tous les jésuites du collège de la rue Saint-Jacques, où Chastel avait été élevé, furent arrêtés immédiatement. Les aveux de l'assassin n'impliquèrent directement aucun des révérends pères, mais confirmèrent les plus graves imputations qui eussent été dirigées contre les principes de l'ordre. Chastel déclara que, souillé d'habitudes contre nature et se croyant damné « comme l'antechrist, » il avait espéré obtenir du moins dans l'autre monde la diminution de ses peines éternelles, en rendant à l'Église le service de tuer le roi, chose permise, puisque le roi n'était point « approuvé » du pape. Il reconnut avoir entendu soutenir théoriquement à ses maîtres la légitimité du meurtre du roi. Ce jeune insensé persista jusqu'à la mort dans sa sanglante doctrine ³.

Jean Chastel entraîna les jésuites dans sa perte. Personne n'osa plus élever la voix pour leur défense, dans le parlement ni au dehors. Par arrêt du 29 décembre, le parlement condamna le régicide à faire amende honorable devant le grand portail de

1. L'hôtel de Gabrielle était situé rue du Coq, auprès du Louvre ; ce fut depuis la maison des Pères de l'Oratoire.

2. Ce fut à cette occasion que le zélé huguenot d'Aubigné tint au roi ce propos fameux : — Sire, Dieu, que vous n'avez encore délaissé que des lèvres, s'est contenté de les percer ; mais, quand le cœur le reniera, il percera le cœur. *Histoire Universelle*, part. II, col. 518.

3. Il paraît que ce qui avait achevé de troubler son cerveau, déjà ébranlé par des habitudes vicieuses entremêlées de remords, c'étaient ses fréquentes séances dans la « Chambre des méditations, où les jésuites introduisoient les plus grands pécheurs, qui voyoient en icelle chambre les portraits de plusieurs diables de figures épouvantables, pour ébranler leurs esprits et les pousser par telles admonitions à faire quelque grand cas ». Procès de J. Chastel, ap. *Mém. de la Ligue*, t. VI, p. 235.

Notre-Dame, puis à être tenaillé, à avoir la main droite coupée, le corps tiré et démembré à quatre chevaux, et les membres jetés au feu. Le même arrêt ordonna aux « prêtres et écoliers du collége de Clermont (aujourd'hui Louis-le-Grand), et tous autres soidisant de la Société du nom de Jésus, comme corrupteurs de la jeunesse, perturbateurs du repos public, ennemis du roi et de l'État, » de vider Paris et les autres villes où ils avaient des colléges sous trois jours, et le royaume sous quinze jours après la signification de l'arrêt, à peine de lèse majesté. Leurs biens seront employés en œuvres pies. Défense est faite à tous sujets du roi, sous peine de lèse majesté, d'envoyer les écoliers aux colléges de ladite Société qui sont hors du royaume [1].

Chastel fut supplicié le soir même aux flambeaux. Son père, à qui il avait révélé son projet, mais qui l'en avait détourné, fut banni : sa maison natale fut démolie, et, sur l'emplacement qu'elle avait occupé, on éleva une pyramide sur laquelle on grava la sentence de l'assassin et des jésuites.

Le 7 janvier suivant, on pendit en Grève un jésuite nommé Guignard, condamné pour des écrits trouvés au collége de Clermont, dans lesquels il approuvait le meurtre de Henri III et avançait qu'on avait le droit de traiter de même le Béarnais. Trente-sept des confrères de Guignard sortirent de Paris le lendemain ; puis, le 11, on relâcha le père Guéret, l'ancien professeur de Jean Chastel, et un autre jésuite qui avait tenu quelques propos contre le roi. Ils rejoignirent leurs compagnons. Le vicaire de Saint-Nicolas-des-Champs fut traité plus sévèrement ; il eut le sort de Guignard, « pour avoir dit, tenant un couteau, qu'il voulait faire encore un coup de *saint Clément* [2]. » L'ancien recteur du collége de Clermont, Varade, et le curé Aubri, furent exécutés en effigie le 25 janvier [3]. Pendant ce temps, la faculté de théologie, sur l'invitation du cardinal de Gondi, rendait une décision en faveur de l'autorité du roi et de l'inviolabilité de sa personne (16 janvier).

Les parlements de Rouen et de Grenoble suivirent l'exemple du

---

1. *Mém. de la Ligue*, t. IV, p. 236.
2. L'Estoile, p. 255.
3. Le curé Boucher, fidèle à ses doctrines et à ses haines, écrivit en Flandre une *Apologie pour Jean Chastel*.

parlement de Paris et bannirent les jésuites de leur ressort. Les parlements d'Aix, de Rennes et de Bordeaux s'abstinrent, et l'expulsion de la Société ne fut ainsi jamais complète. A Clermont, le peuple, excité sous main par le sénéchal d'Auvergne, prit parti pour les jésuites et empêcha leur départ.

Le 31 janvier 1595, le parlement de Paris enregistra le rétablissement de l'édit de 1577 en faveur des protestants. La clause qui déclarait les réformés aptes à tous les emplois, contrairement à la promesse faite par le roi en août 1589 aux seigneurs catholiques, excita de vifs débats entre les membres du parlement. Le parti catholique zélé voulait qu'on n'enregistrât qu'avec modifications et remontrances; la vérification pure et simple, appuyée par le premier président de Harlai, passa à cinquante-neuf voix contre cinquante-trois. Jean Chastel avait bien servi les protestants.

Le rétablissement de l'édit de 1577 ne suffisait plus néanmoins à la garantie des réformés, dans la position nouvelle où ils se trouvaient vis-à-vis de Henri IV devenu catholique, et de longues négociations eurent lieu entre eux et le roi pour parvenir à un état régulier et définitif. Ils avaient demandé au roi, par l'organe de Du Plessis-Mornai, le rétablissement de l'édit de janvier 1562.

La colère que causa au roi le nouvel attentat dirigé contre sa vie le confirma dans une grande résolution arrêtée depuis le commencement de l'hiver. C'était à Philippe II que Henri imputait, non sans raison, tous ses soucis et tous ses périls, et Philippe était peut-être le seul homme pour lequel le Béarnais éprouvât une véritable haine. Henri crut avoir enfin la force de rendre coup pour coup à l'implacable ennemi qui le poursuivait depuis l'enfance. Philippe n'avait agi, durant toute la guerre civile de France, que comme auxiliaire des « catholiques unis, » et n'était pas censé en guerre, pour son compte, avec celui qu'il nommait le « prince de Béarn »[1]. Henri résolut de défier en face le vieux monarque d'Espagne et des Indes, et de prendre l'offensive contre les possessions espagnoles. Les plus prudents des conseillers de Henri IV, Rosni surtout, l'engageaient à différer encore, à ne

---

1. On ne se battait pas sur les frontières de Béarn et de Navarre.

pas pousser Philippe à quelque effort désespéré, à achever de réduire la Ligue avant de chercher une vengeance plus directe. Biron, Sanci, le duc de Bouillon l'emportèrent. Biron, comme autrefois son père, sentait sa grandeur liée à la guerre; Bouillon promettait de conquérir le Luxembourg avec l'assistance des Hollandais et de soulever les pays wallons; Sanci, très-accrédité en Suisse, assurait que les cantons ne s'opposeraient pas à l'invasion de la Franche-Comté.

Le 17 décembre, le roi, avant de revenir de Picardie à Paris, avait écrit aux États Provinciaux d'Artois et de Hainaut, afin de prévenir ces deux provinces frontières que si, avant la fin de janvier prochain, elles n'obtenaient du roi d'Espagne la retraite de l'armée qu'il tenait sur leur territoire et ne renonçaient à toutes hostilités contre la France et le Cambrésis, il dénoncerait la guerre au roi d'Espagne et à tous ses sujets. Henri comptait que cette lettre amènerait un mouvement parmi les Wallons contre les troupes espagnoles. Les Wallons n'avaient pas de plus vif désir que la paix; ils le dirent à l'archiduc Ernest, mais ils n'osèrent répondre au roi de France avant de savoir les intentions de Philippe II : Henri, bien persuadé que la réponse de Philippe serait négative, lança, le 17 janvier 1595, sa déclaration de guerre. Il n'eut pas de peine à la motiver.

Quelque temps avant la déclaration du roi, le duc de Bouillon s'était jeté sur le Luxembourg avec cinq mille combattants, pendant que Philippe de Nassau, cousin du prince Maurice, envahissait le pays de Liége, puis venait rejoindre Bouillon. Le petit nombre des auxiliaires hollandais et la pénurie des troupes de Bouillon, auxquelles les trésoriers du roi n'envoyèrent pas les subsides promis, firent avorter cette expédition, qui avait donné de grandes espérances.

Les événements furent plus sérieux en Bourgogne. Gabrielle d'Estrées avait beaucoup contribué à ce que le principal effort des armes royales fût dirigé de ce côté. Henri IV, qui vivait publiquement avec elle et qui la traitait quasi en reine, venait de légitimer un fils dont elle le disait père [1] et qu'on avait orgueil-

---

1. La légitimation par autorité du prince est tirée du droit romain. — *V. Novelles*, 74, c. 11. — Cette légitimation équivalait plutôt, quant aux effets, à ce que nous appe-

leusement nommé César. Gabrielle pressait le roi d'arracher la Franche-Comté à l'Espagne, pour faire César comte de Bourgogne. Six mille soldats lorrains, que la paix avec le duc de Lorraine avait fait passer au service de France, entrèrent en Franche-Comté et s'emparèrent de Vesoul et de Luxeuil. Pendant ce temps, Biron, nommé par le roi gouverneur du duché de Bourgogne, s'avançait dans cette province; Mayenne s'y était retiré à la fin de l'année précédente, après avoir laissé une bonne garnison dans Soissons et refusé de livrer cette ville aux Espagnols. Le lieutenant-général de l'Union, complétement dégoûté des Espagnols, ne songeait plus qu'à se maintenir à tout prix en Bourgogne et eût reconnu le roi sur-le-champ, si Henri eût consenti à lui laisser son gouvernement. Il était trop tard : Henri refusa. Toutes les villes bourguignonnes s'agitaient pour secouer le joug de Mayenne. Mâcon, Auxerre, Avallon, y avaient déjà réussi : à Dijon, le mouvement fut un moment comprimé par la terreur; Mayenne fit décapiter le vicomte-maïeur Jacques Verne, ligueur converti, qui avait comploté de rendre la ville au roi. A Beaune, Mayenne fit démolir de grands et beaux faubourgs, et renforça la garnison; mais à peine eut-il quitté Beaune pour aller inspecter Châlon, que Beaune se révolta et appela Biron (5 février 1595). Les soldats de Mayenne, refoulés dans le château, s'y défendirent quatre ou cinq semaines. Auxonne, Nuits, Autun, suivirent l'exemple de Beaune, puis Dijon à son tour s'insurgea en l'absence de Mayenne. Après un combat très-opiniâtre dans les rues, les Dijonnais allaient succomber sous les efforts des troupes ligueuses, lorsque Biron parut. Les ligueurs furent rejetés dans la citadelle de Dijon et dans le château de Talant, à une demi-lieue de la ville (28 mai).

Les nouvelles du Lyonnais et du Dauphiné n'étaient pas moins satisfaisantes. A la vérité, le duc de Savoie, aidé par les Espagnols, était parvenu, dans les derniers mois de 1594, à recouvrer les places conquises en Piémont par Lesdiguières, qui se trouvait alors engagé au milieu des troubles de Provence. Mais, d'une autre part, Henri de Montmorenci, que le roi avait nommé connétable

lons la reconnaissance d'enfant naturel qu'à la véritable légitimité. Henri II et Charles IX avaient reconnu de même leurs bâtards.

dès la fin de 1593, s'était enfin décidé à quitter le Languedoc d'où il n'avait pas bougé depuis tant d'années [1], et à marcher au secours de Lyon avec quatre ou cinq mille bons soldats, après avoir prorogé sa trêve avec les ligueurs languedociens. Montmorenci eut promptement réduit le duc de Nemours à la défensive. Le 24 avril, tandis que Nemours était allé au-devant d'une armée espagnole qui descendait du Milanais par la Savoie, Montmorenci gagna le gouverneur du fort de Pipet, qui commande la ville de Vienne, et entra dans Vienne sans résistance. Toutes les forteresses du Lyonnais et du pays de Dombes se soumirent.

Ces bonnes nouvelles étaient toutefois accompagnées d'instantes demandes de secours. Philippe II, que sa détresse financière [2] avait empêché de secourir efficacement la Ligue en 1593 et 1594, et qui semblait un peu las et découragé, se réveilla, avec une sorte de rage, en entendant le défi du Béarnais. Comme Rosni l'avait prévu, Philippe enjoignit à ses lieutenants d'arrêter et de punir à tout prix l'audace de Henri de Bourbon. Don Fernand de Velasco, gouverneur du Milanais et connétable de Castille, passa les Alpes avec dix mille combattants et marcha vers la Franche-Comté. Le comte de Fuentès, pendant ce temps, rassemblait, en Belgique, une armée plus considérable. L'archiduc Ernest, gouverneur des Pays-Bas, était mort le 20 février : Henri IV pensa que cette mort empêcherait les Espagnols de rien entreprendre dans le Nord durant la campagne de 1595, et partit pour la Bourgogne. Il apprit, à Troies, que Velasco, renforcé par Mayenne, avait reconquis Vesoul et chassé les Lorrains de la Comté, qu'il s'apprêtait à dégager les forteresses de Dijon et ne parlait que de tout mettre à feu et à sang en France.

Avant que Velasco eût passé la Saône à Grai, Henri IV était à Dijon (4 juin). Le surlendemain, Henri et Biron laissèrent le gros de leurs troupes devant le château de Dijon et le fort de Talant, et s'avancèrent sur la route de Dijon à Grai avec sept ou huit cents chevaux, afin d'inquiéter et de retarder la marche des

---

1. C'était principalement pour le tirer du Languedoc, où il était trop puissant, que le roi lui avait donné l'épée de connétable.

2. Les banquiers ne voulaient plus accepter ses traites, ni les Génois faire de nouveaux *partis* avec lui. Il leur devait des sommes énormes. Davila, p. 1086.

Espagnols, en attendant qu'on eût retranché la ville de Dijon contre les châteaux et que l'armée française eût ainsi recouvré la liberté de ses mouvements.

Henri IV était incorrigible : il renouvela les héroïques témérités d'Aumale. Il donna rendez-vous à ses compagnies de cavalerie à Fontaine-Française, sur l'extrême frontière des deux Bourgognes, et arriva le premier avec Biron. A peine était-il sorti de Fontaine-Française, avec deux ou trois cents cavaliers d'élite, qu'il vit ses éclaireurs revenir au galop, poursuivis par de gros escadrons que suivait toute l'armée ennemie, forte d'environ deux mille cavaliers et dix mille hommes de pied. Biron, qui voulut soutenir les batteurs d'estrade, fut blessé et entraîné dans leur déroute. Le roi refusa de fuir : à la tête d'un petit nombre de braves exaltés par son exemple, il rallia les fuyards, chargea impétueusement et culbuta, l'un après l'autre, trois ou quatre corps de cavalerie plus forts que le sien ; en risquant ainsi dix fois sa vie, il donna à ses autres compagnies le temps de le rejoindre. Le connétable de Castille, malgré les instances de Mayenne, refusa obstinément d'engager à fond toute sa cavalerie et, le jour suivant, se retira sur Grai. Mayenne le conjura en vain de secourir les forteresses de Dijon ; Velasco déclara n'avoir d'autre mission que de protéger la Franche-Comté.

Mayenne était exaspéré. Henri IV saisit le moment et fit offrir secrètement au duc la permission de se retirer à Chalon jusqu'à ce que les conditions de paix fussent arrêtées entre eux. Mayenne accepta : il se sépara de Velasco, autorisa ses lieutenants à rendre ou à *vendre* les deux châteaux de Dijon au roi, puis gagna Chalon, tandis que le roi entrait en Franche-Comté, après avoir réuni le parlement ligueur de Dijon et le parlement royaliste de Semur, qui signalèrent leur fusion par un édit contre les jésuites.

Henri IV parcourut et ravagea, deux mois durant, presque toute la Franche-Comté, sans que Velasco se laissât attirer à une bataille. Le roi s'avança en personne jusqu'aux portes de Besançon, qui fit valoir sa qualité de ville impériale et qui offrit 100,000 francs pour qu'on respectât sa neutralité. Le titre de ville impériale n'eût point arrêté Henri IV ; l'intervention des Suisses fut plus efficace pour Besançon et la Comté. Sanci avait répondu trop légèrement de la tolérance des cantons helvétiques : les Suisses, garants de la neutralité comtoise, pressèrent si vivement le roi de retirer son armée, que Henri craignit une rupture avec ces alliés si utiles et si belliqueux. Il évacua la Comté, et la neutralité comtoise, souvent violée dans ces derniers temps, fut reconnue de nouveau par la France et par l'Espagne[1].

Après cette infructueuse expédition, le roi se rendit, le 4 septembre, à Lyon, afin de traiter avec les derniers chefs des ligueurs et de régler les affaires du Midi[2]. Il expédia le duc de Guise en Provence, en lui donnant Lesdiguières pour surveillant autant que pour lieutenant. Le 7 septembre, le duc d'Elbeuf, gouverneur de Poitiers, signa, au nom du roi, une trêve de quatre mois avec son cousin le duc de Mercœur. Bois-Dauphin venait de se soumettre, avec les places qu'il tenait dans le Bas-Maine ; il garda le bâton de maréchal reçu de Mayenne. Les négociations étaient aussi entamées avec les ligueurs languedociens : déjà, au mois d'avril, les Toulousains, excités par leur parlement, eussent reconnu le roi, s'ils n'en eussent été violemment empêchés par l'ex-capucin Henri de Joyeuse, devenu général de la Ligue ; mais Joyeuse lui-même ne visait qu'à se faire acheter le plus cher possible. Le duc de Nemours, bien déchu de ses orgueilleuses espérances, était en pourparlers avec le roi, lorsqu'il mourut à Anneci en Savoie, d'une phthisie aggravée par le chagrin. Le duc de Savoie, effrayé de l'approche du roi, demanda une trêve de quelques mois. Le 25 septembre, une trêve de trois mois fut signée entre le roi et Mayenne, stipulant au nom de tout son parti. Cette trêve n'avait pour but que de régler à loisir les conditions de soumission ; il ne s'agissait plus, comme en 1593, de traiter d'égal à égal.

Mayenne n'avait plus, d'ailleurs, aucun prétexte à opposer au roi : un grand événement politique et religieux venait de s'accomplir : Henri IV était réconcilié avec Rome.

Henri, tout mécontent qu'il fût de l'accueil fait au duc de Ne-

---

1. De Thou, t. V, l. CXII, p. 457-466. — Palma-Cayet, p. 654-666. — Sulli, Œconomies royales, p. 190-196-199. — Mathieu, t. II, p. 185-193.

2. Un édit très-rigoureux fut publié à Lyon, le 22 septembre, contre les prédicateurs séditieux. Isambert, t. XV, p. 102.

vers, n'avait voulu prendre aucun parti violent contre le saint-siége; il pensait que le consentement du pape, s'il ne lui avait pas été nécessaire pour conquérir le trône, ne lui serait pas inutile pour s'y consolider et pour achever de pacifier la France; il savait aussi que Rome n'avait pas coutume de tenir rigueur aux victorieux. Un agent très-habile, qu'il entretenait à Rome sans caractère officiel, Arnaud d'Ossat, l'exhortait toujours à ne perdre ni la patience ni l'espoir. La république de Venise et le grand-duc de Florence plaidaient sa cause avec zèle, l'une, ouvertement, l'autre avec plus de réserve, et ne cessaient de remontrer au pape l'intérêt qu'il avait, comme souverain italien, à rétablir l'équilibre entre la France et l'Espagne. Plusieurs des cardinaux et des prélats les plus influents insistaient, d'un autre côté, sur le danger de précipiter la France dans le schisme et de provoquer le roi à nommer un patriarche pour l'église gallicane, comme on en parlait beaucoup : un d'eux dit nettement au pape de prendre garde que Clément VIII ne perdît la France comme Clément VII avait perdu l'Angleterre. Le père Baronius, confesseur du pape, auteur des *Annales de l'Eglise*, et le principal ministre de Clément VIII, le cardinal Toleto, quoique Espagnol et jésuite, étaient de ce sentiment; l'arrêt du parlement contre les jésuites ne changea pas les dispositions de Toleto, qui espéra, au contraire, en servant le roi, l'amener à rétablir en France la compagnie de Jésus. L'ex-légat, le cardinal de Plaisance, lui-même, de retour en Italie après la réduction de Paris, se montra bien moins hostile au Béarnais que par le passé. La Ligue avait également cessé d'agir contre le roi : le cardinal de Joyeuse, qui la représentait en Italie, se joignit aux partisans de l'absolution, quoique son frère portât encore les armes contre Henri IV.

A mesure que Henri IV fit de nouveaux progrès, on vit le pape se radoucir. Après le départ du duc de Nevers, Clément avait rappelé à Rome le cardinal de Gondi, afin de ne pas fermer toute issue aux négociations : dans les derniers mois de 1594, Clément reçut, avec une bienveillance croissante, les communications que d'Ossat lui fit de la part du roi, et insinua au cardinal de Gondi que Henri devrait renvoyer un ambassadeur. Henri annonça l'envoi de du Perron, qui avait joué un rôle si actif dans l'abjuration de Saint-Denis : le pape promit de le recevoir, et ce fut Rome, à son tour, qui, durant six mois, pressa l'expédition de l'ambassadeur français. Les conditions de l'accommodement restaient à discuter, et c'était là-dessus que comptait le parti espagnol pour tout rompre. Le pape prétendait que le roi demandât sa réhabilitation, qu'il reçût le concile de Trente, qu'il s'engageât à faire élever dans la religion catholique le petit prince de Condé, en ce moment son héritier présomptif, qu'il rétablît le culte catholique en Béarn, qu'il rappelât les jésuites, enfin qu'il reçût un confesseur de Rome. Il n'insista pas sur « l'extermination » des hérétiques. D'Ossat débattit ces prétentions pied à pied, avec mesure, mais avec fermeté : Clément VIII acquit la certitude que le roi n'accepterait jamais d'être réhabilité quant au temporel, et comprit que, pour ce qui regardait les jésuites, la plaie de Jean Chastel était trop fraîche encore, qu'il fallait laisser faire au temps. Il ne parla plus d'imposer un confesseur à Henri IV, et d'Ossat l'amena à consentir que l'exécution des autres conditions ne fût pas préalable à l'absolution. Quand du Perron arriva, le 12 juillet 1595, il trouva l'œuvre bien avancée par d'Ossat. Le 18 juillet, du Perron eut sa première audience : le pape ordonna des processions et des prières publiques, afin que Dieu daignât inspirer son vicaire dans cette occasion solennelle. Le pape lui-même conduisit pieds nus, la procession du Monte-Cavallo à Sainte-Marie-Majeure. Le 30 juillet, du Perron et d'Ossat présentèrent au Saint-Père la requête du roi : Henri exposait au pape comment il avait été obligé de se faire absoudre par les prélats et docteurs de France, lesquels suppliaient Sa Sainteté d'agréer ce qu'ils pouvaient avoir fait en ce cas de nécessité très-urgente; il demandait au Saint-Père « sa souveraine absolution des censures par lui encourues et contre lui déclarées à cause de ses erreurs passées, pour plus grande sûreté et repos de son âme et bien de tout son royaume, et pour la réconciliation et réunion d'icelui avec le saint-siége [1] ».

Le 2 août, le pape réunit les cardinaux en congrégation générale et leur exposa la situation de cette affaire, « la plus grande

---

1. Lettres de d'Ossat, t. I, p. 462; Amsterdam, 1708. Sur toute la négociation, consultez le t. I de d'Ossat, *passim*.

que le saint-siége eût eue depuis plusieurs centaines d'années [1]. Il s'exprima de façon à ne laisser guère de doute sur ses intentions, et annonça aux cardinaux qu'il les consulterait l'un après l'autre, « chacun à part. » La faction espagnole fit en vain des efforts inouïs : les agents de Philippe II eurent beau crier qu'on perdrait l'Espagne en voulant regagner la France; le pape, convaincu que Philippe ne mettrait point ses menaces à exécution, passa outre, employa quinze jours à recueillir successivement les avis des cardinaux, puis régla, avec les agents français, les conditions définitives de l'absolution du roi. Le rétablissement du culte catholique dans le Béarn et dans les autres lieux où il avait été aboli par représailles, depuis 1585, l'éducation orthodoxe du jeune Condé, la révocation des bénéfices conférés en commende à des laïques, à des gens de guerre, à des femmes, à des hérétiques, abus qui avait bouleversé l'église gallicane, ne souffrirent pas de difficulté. Les délégués de Henri IV promirent la réception du concile de Trente, « si ce n'est en ce qui ne se pourroit exécuter sans troubler le royaume. » C'était accorder d'une main et retenir de l'autre, car l'église gallicane et le gouvernement français ne repoussaient point la partie purement théologique des canons de Trente, et, par cette réserve, on conservait le droit de repousser la discipline et les doctrines relatives à l'autorité du pape. On promit que le roi favoriserait de préférence les catholiques dans la distribution des charges et dignités, et montrerait, par ses paroles et ses actions, qu'il souhaitait que la religion catholique fleurît seule dans son royaume. Le pape, en acceptant cette rédaction, renonçait, de fait, à exiger l'exclusion absolue des protestants et l'abolition des édits de tolérance. Clément VIII ne fut inflexible que sur un seul point, l'annulation de l'absolution conférée au roi à Saint-Denis; mais il consentit à valider tous les actes de religion faits, depuis, par le roi ou relativement au roi, comme « faits en bonne foi ». Les « procureurs fondés » de Henri IV acceptèrent cette transaction.

Le 30 août, toutes choses étant d'accord, le pape signifia au sacré collége qu'il avait recueilli les voix, que plus des deux tiers

---

1. D'Ossat, t. I, p. 465.

des cardinaux étaient pour l'absolution; il fallut l'en croire sur parole. Le cardinal Colonna, partisan de l'Espagne, voulut réclamer; le pape lui imposa silence et déclara sa résolution arrêtée.

La cérémonie de l'absolution n'eut lieu que le 17 septembre. Sous le portique de Saint-Pierre de Rome avait été dressé un trône splendide, où s'assit le Saint-Père, environné des cardinaux et de tous les dignitaires de l'église romaine. Les deux procureurs du roi vinrent baiser les pieds du pape; du Perron lut ensuite, à genoux, la confession que faisait le roi d'avoir suivi l'hérésie de Calvin et sa demande d'absolution. Le procureur du saint office lut un décret par lequel le pape annulait l'absolution donnée au roi sans son consentement, validait néanmoins les actes catholiques faits en bonne foi par le roi en exécution de cette absolution, et l'absolvait, pourvu qu'il acceptât la pénitence qui lui serait donnée [1] et observât les conditions accordées.

Les procureurs du roi jurèrent que les conditions seraient observées. Les chantres entonnèrent le *Miserere*; à chaque verset, le pape frappait alternativement, d'une petite baguette, du Perron et d'Ossat agenouillés à ses pieds; puis le Saint-Père se leva, réitéra de sa propre bouche la formule d'absolution et déclara qu'il recevait Henri dans le giron de l'Église, « en le nommant roi de France et très-chrétien. »

Les trompettes sonnèrent, les tambours battirent, le canon du château Saint-Ange tonna, et le peuple, qui couvrait l'immense place de Saint-Pierre, remplit les airs d'acclamations. Les procureurs du roi baisèrent de nouveau les pieds du pape, qui les releva, les embrassa et leur dit qu'il avait ouvert les portes de l'Église militante au roi très-chrétien, que c'était à lui maintenant de s'ouvrir les portes de l'Église triomphante par la foi et les bonnes œuvres.

Le roi ordonna, par tout le royaume, de publiques actions de grâces et rétablit sur-le-champ les relations de la France avec Rome sur le pied où elles avaient été depuis le concordat. Les protestants eurent une nouvelle douleur à subir: ils se virent

---

1. Henri dut s'engager à se confesser et à communier au moins quatre fois l'an, à prendre la sainte Vierge pour avocate et patronne, à réciter, à certains jours, le rosaire et les litanies, etc. De Thou, t. V, p. 521-522.

enlever le premier prince du sang, le petit Henri de Condé, qu'ils élevaient à Saint-Jean d'Angéli, et que le roi se fît amener à Saint-Germain pour le nourrir dans le catholicisme.

La France catholique apprit, au contraire, avec joie la réconciliation de son roi avec le chef de l'Église. Cependant tous les hommes éclairés, tout ce qui avait à cœur la dignité, l'indépendance de la couronne et de la nation, les gallicans, les politiques, blâmèrent les procureurs royaux de s'être soumis à l'humiliante formalité des coups de baguette [1]. Cette cérémonie n'était que l'antique formule romaine d'affranchissement, appliquée par l'Église à l'affranchissement « spirituel » des excommuniés qu'elle déliait des censures. Le roi, par les termes de sa requête au pape, avait reconnu la validité, quant au « spirituel, » des censures prononcées contre lui avant son avénement au trône, dérogation aux principes préservateurs de la monarchie gallicane. Il est vrai que la papauté avait de son côté reculé sur un point capital, en reconnaissant implicitement que l'excommunication n'avait d'effet qu'au *spirituel :* Clément VIII abandonnait le terrain d'Innocent III et du moyen âge.

L'absolution papale arriva au roi dans un moment si opportun, que Henri ne se préoccupa guère de la question de forme. Les revers essuyés par les armées françaises dans le Nord ne compensaient que trop les succès obtenus dans l'Est. Le roi n'eut pas le temps d'achever à Lyon son traité avec Mayenne; il repartit au plus vite pour la Picardie, et partit trop tard encore. Les deux mois perdus en Franche-Comté avaient coûté cher. Les Espagnols, beaucoup mieux commandés en Belgique qu'en Bourgogne, avaient agi avec une vigueur inattendue, et la mort de l'archiduc Ernest n'avait ralenti en rien les opérations militaires du comte de Fuentès, commandant des forces espagnoles dans les Pays-Bas.

Fuentès, renforcé par de vieilles bandes venues d'Italie et se voyant à la tête de quinze mille hommes d'excellentes troupes, avait conçu le projet de reconquérir Cambrai. Il commença par

---

1. On dit que du Perron se laissa séduire par la promesse d'un chapeau de cardinal et qu'il força la main à d'Ossat. Lettres de d'Ossat, t. I, p. 497, note.

assiéger Le Câtelet, petite place du Vermandois située à mi-chemin de Cambrai à Saint-Quentin. Le duc de Bouillon et le comte de Saint-Pol, successeur de son frère, le duc de Longueville, dans le gouvernement de Picardie [1], s'étaient joints à Saint-Quentin. Au lieu de secourir Le Câtelet, ils marchèrent sur Ham. Une forte garnison étrangère avait été introduite dans cette ville, du consentement du duc d'Aumale ; le château était entre les mains d'un gentilhomme picard, de Moy de Gomeron, qui, l'année précédente, avait reconnu la souveraineté de Philippe II, mais qui s'en repentait et négociait avec le roi. Les Espagnols lui proposèrent de lui racheter son gouvernement, l'attirèrent à Bruxelles sous ce prétexte, puis signifièrent à sa mère et à son beau-frère, qu'il avait laissés à Ham, de livrer le château s'ils ne voulaient qu'on leur envoyât la tête de Gomeron. Le beau-frère, d'Orvilliers, répondit à cette sommation par un traité secret avec les généraux français : il promit de leur donner entrée par le château dans la ville de Ham, à condition que les chefs de la garnison serviraient d'otages pour Gomeron. Dans la nuit du 20 juin, les Français entrèrent à Ham. La garnison, forte de plus de quinze cents soldats d'élite, fut prise ou massacrée presque tout entière ; mais ce succès fut acheté par la mort de d'Humières, lieutenant-général de Picardie, et de beaucoup d'autres braves gens.

Gomeron porta la peine de la défaite des Espagnols : quelques officiers prisonniers, dont la vie répondait de la sienne, étant parvenus à s'évader, Fuentès lui fit trancher la tête.

Du côté opposé, la douleur et l'irritation qu'excitait la perte du brave d'Humières retombèrent sur la tête du duc d'Aumale, qui avait livré Ham aux Espagnols et qui ne combattait même plus au nom de la Ligue, mais au nom de l'Espagne, sous « l'écharpe rouge. » Le parlement de Paris déclara d'Aumale déchu, *ipso facto*, du privilége de pairie et le condamna, par contumace, à être tiré

---

1. Le duc de Longueville avait été tué à Doullens, en avril dernier, d'une arquebusade tirée, dit-on, par mégarde. Les ennemis de Gabrielle d'Estrées l'accusèrent d'avoir fait faire le coup, parce que Longueville avait, disait-on, refusé de lui rendre des lettres d'amour qui pouvaient la compromettre auprès du roi. — *Amours du grand Alcandre ;* ap. L'Estoile, édit. de 1744 ; La Haie, t. IV, p. 354. — Ce livre, écrit par la princesse de Conti, sœur du duc de Guise, qui eût volontiers tenu la place de Gabrielle, est loin de mériter une confiance sans réserve.

à quatre chevaux, ses membres exposés aux quatre principales portes de la ville, sa tête fichée au bout d'une pique sur la porte Saint-Denis. L'arrêt fut exécuté en effigie sur la place de Grève, à la grande stupeur des Parisiens, qui admiraient les jeux de la fortune et se rappelaient le jour où ce même d'Aumale avait été proclamé gouverneur de Paris aux acclamations du peuple (6 juillet 1595).

Le Câtelet, cependant, s'était rendu le 25 juin. Fuentès jugea l'attaque de Cambrai imprudente en présence des troupes françaises, animées par la conquête de Ham. Il alla investir Doullens. Saint-Pol et Bouillon, renforcés par l'amiral de Villars, accouru de Normandie, n'attendirent pas le duc de Nevers, que le roi envoyait en Picardie avec ordre de prendre le commandement en chef : ils essayèrent d'introduire de vive force un secours dans Doullens, s'entendirent mal et se firent battre. Villars, fait prisonnier, fut massacré de sang-froid par les Espagnols, à cause de ce qu'ils nommaient « sa trahison » (24 juillet). Villars n'avait pas joui longtemps du prix magnifique de cette prétendue trahison [1].

Le soir même, Nevers joignit Bouillon et Saint-Pol. Nevers et Bouillon s'entendirent encore moins que n'avaient fait Bouillon et le malheureux Villars. Ils ne réussirent point à ravitailler Doullens. Les Espagnols emportèrent d'assaut cette ville, le 31 juillet, avec un affreux carnage : une foule de gentilshommes picards, qui s'y étaient enfermés, furent passés au fil de l'épée.

Fuentès, alors, n'estima plus le siège de Cambrai au-dessus de ses forces : les provinces wallonnes, que Balagni désolait par ses incursions dévastatrices, encouragèrent le général castillan par de grandes offres d'hommes et d'argent; les Cambrésiens avaient en horreur la brutale et cupide domination du « prince de Cambrai, » et Fuentès comptait sur leur mécontentement comme sur un puissant auxiliaire. Quoiqu'il eût rassemblé jusqu'à dix-huit mille combattants, cinq mille pionniers et soixante-douze pièces d'artillerie, il n'eût jamais réussi à prendre Cambrai sans la connivence des habitants, et Henri IV eût facilement prévenu cette connivence. Les Cambrésiens avaient expédié des députés au roi,

---

1. L'amirauté fut donnée à Montmorenci-Damville, frère du connétable.

à Lyon, pour le prier de les recevoir sous son autorité immédiate et de les délivrer de Balagni. Malheureusement, Balagni et sa femme avaient gagné Gabrielle d'Estrées, en lui faisant espérer qu'ils tiendraient Cambrai en fief d'elle et de son fils. Gabrielle employa tout son crédit pour fermer l'oreille du roi à la requête des Cambrésiens. Henri répondit à ceux-ci qu'il ferait en sorte que Balagni ne donnât plus de motifs de plainte à ses sujets, mais qu'il était lié envers lui et ne pouvait lui ôter sa principauté.

Cette réponse perdit la ville : les Cambrésiens se rallièrent en masse au parti de leur archevêque, que Balagni avait dépouillé de ses droits seigneuriaux et qui était un Wallon, sujet de Philippe II. Depuis six semaines, les Espagnols et les Wallons se consumaient en efforts impuissants contre la garnison française, ravitaillée à plusieurs reprises : une fois les habitants décidés, un seul jour termina la lutte. Le 2 octobre, pendant que les Français étaient aux remparts, le peuple et la milice du pays se soulevèrent, barricadèrent les rues, se saisirent d'une des portes et dépêchèrent des députés à Fuentès pour lui offrir de le recevoir dans la ville, à condition que Cambrai recouvrerait ses anciennes libertés. Fuentès promit tout ce qu'on voulut. La porte fut ouverte aux Espagnols : Balagni et les Français furent contraints de se réfugier dans la citadelle. Ils n'y trouvèrent presque point de vivres, grâce à l'avarice de madame de Balagni, qui avait fait vendre les provisions à l'insu de son mari. Il fallut capituler : dès le 9 octobre, le ci-devant prince de Cambrai, le jeune duc de Rethelois, fils du duc de Nevers, et le commandant français de Vic sortirent avec les honneurs de la guerre et se retirèrent à Péronne. L'orgueilleuse femme de Balagni mourut de regret d'avoir perdu sa principauté, par ses fautes et par celles de son époux.

Les Espagnols observèrent mal les conditions jurées aux Cambrésiens, et ceux-ci ne gagnèrent rien à changer de maître.

Henri IV était parti de Lyon en poste pour secourir Cambrai : à son arrivée en Picardie, il trouva Cambrai au pouvoir de l'ennemi et toutes les villes frontières dans la terreur. Il reprocha vivement au duc de Nevers de n'avoir su défendre ni Doullens ni Cambrai. Le duc, déjà malade, fut, dit-on, si sensible aux paroles piquantes du roi, que le chagrin précipita sa mort (23 octobre).

Henri jugea nécessaire de relever l'esprit public par quelque entreprise : il entama, dès le mois de novembre, le blocus de La Fère, petite, mais très-forte place, qui servait d'avant-poste aux Espagnols en Picardie. Il adressa d'instantes prières à Élisabeth, à Jacques VI d'Écosse, aux princes allemands, pour qu'ils lui envoyassent des renforts [1]. Il se hâta de conclure avec Mayenne, par l'intermédiaire de Jeannin, et signa, dans le courant de janvier 1596, au château de Folembrai, près de Couci, le traité qui devait mettre fin à la Ligue. L'influence de Gabrielle d'Estrées contribua, plus encore que les échecs de Doullens et de Cambrai, à faire obtenir au lieutenant-général de l'Union des conditions très-avantageuses. Mayenne avait gagné Gabrielle en lui promettant de soutenir les intérêts de son fils et des autres enfants qu'elle pourrait donner au roi, si Henri les appelait à recueillir son royal héritage [2]. Trois places de sûreté, Soissons, Chalon et Seurre, furent laissées pour six ans à Mayenne. L'entier oubli du passé (moins les crimes privés) fut offert à quiconque déclarerait, sous six semaines, vouloir jouir du bénéfice de l'édit, nommément à Mercœur et à d'Aumale; le roi suspendit les effets de l'arrêt du parlement contre d'Aumale [3]. Tous les adhérents de Mayenne, qui se soumettraient avec lui, devaient être remis en possession de leurs biens et charges confisqués, et conserver les charges et offices qu'ils tenaient de Mayenne. Henri IV reconnut qu'il n'existait aucune charge contre les princes et princesses de la Ligue relativement à l'assassinat du feu roi, qui était toujours excepté des crimes amnistiés. C'était là la grande difficulté du traité; mais Henri IV, malgré ses serments de venger la mort de Henri III, ne crut pas que la mémoire de son prédécesseur valût d'être mise en balance avec la pacification de la France [4]. Tous les actes d'auto-

1. Il avait justifié, du mieux qu'il avait pu, son changement de religion, auprès des princes protestants d'Allemagne comme auprès d'Élisabeth, en avouant que ses motifs étaient purement politiques. V. sa correspondance avec le landgrave de Hesse; p. 6-10; Paris, J. Renouard, 1840.
2. De Thou, t. V, l. CXIII, p. 495.
3. D'Aumale ne profita pas du bénéfice de l'édit. Il resta et mourut « Espagnol ».
4. Henri IV manda aux chefs du parlement et au procureur-général de lui apporter les informations faites sur l'assassinat de Henri III. « Mon cousin de Mayenne », disait le roi dans sa lettre au procureur général, « affirme en être innocent : je veux

rité publique exercés par Mayenne et les magistrats de son parti, « entre gens du même parti », ainsi que tous les comptes de finances, furent validés. Les bannis furent autorisés à rentrer dans leurs villes, en réclamant le bénéfice du présent édit. Le roi promit d'acquitter, jusqu'à concurrence de 350,000 écus, les dettes contractées par Mayenne pour le service de son parti, et se chargea en outre des sommes dues par l'ex-lieutenant-général de l'Union aux Suisses, reîtres, lansquenets, Lorrains et autres étrangers, mettant ces sommes « avec les autres dettes de la couronne [1]. » Par des articles secrets, le roi accorda le gouvernement de l'Ile-de-France, moins Paris, et la charge de grand chambellan, à Henri de Lorraine, fils aîné de Mayenne, qui renonça au gouvernement de Bourgogne. D'O, gouverneur de Paris et de l'Ile-de-France, était mort dans l'automne de 1594, et le roi avait déclaré que Paris n'aurait désormais d'autre gouverneur que lui-même [2].

Le duc Henri de Joyeuse, chef de la Sainte-Union en Languedoc, le marquis de Villars (de la maison de Savoie), chef de la Ligue en Guyenne, et les gouverneurs et habitants de quelques places qui restaient à la Sainte-Union dans les provinces du centre et de l'ouest, étaient nommés dans le traité; la plupart se soumirent dans le délai fixé. L'ex-capucin Joyeuse eut le bâton de maréchal, avec une grosse somme, et demeura lieutenant-général des sénéchaussées languedociennes où il s'était maintenu; les

mettre ledit duc en sûreté, mais aussi je ne veux rien faire contre ma dignité et mon devoir. » Manuscrits de Colbert, pièces originales, citées par Capefigue, t. VII, p. 337. — D'après M. de Thou (t. VI, p. 385), ces pièces chargeaient gravement La Chapelle-Marteau, l'intime confident de Mayenne, alors retiré sur les terres espagnoles. Quant à madame de Montpensier, elle se vantait plus qu'elle ne se cachait de sa complicité. Henri IV crut néanmoins devoir passer outre. La veuve de Henri III et sa sœur naturelle, la duchesse douairière de Montmorenci, réclamèrent avec énergie auprès du parlement : la majorité accueillit leurs plaintes et n'enregistra l'édit qu'après trois lettres de jussion. Les vieux royalistes du parlement de Tours, qui faisaient maintenant la loi au Palais, étaient fort scandalisés de voir Henri IV leur arracher leur vengeance des mains et prendre pour généraux et pour ministres des ligueurs à peine convertis.

1. Cette clause fut « une vache à lait pour lui (Mayenne); car cette condition, sous laquelle il a feint tant de dettes qu'il a voulu, n'a pas seulement servi à l'acquitter, mais à enrichir sa maison plus qu'elle n'avoit jamais été, étant certain qu'il a tiré de là plus d'un million d'or ». *Mém.* de Cheverni, anc. collect., t. LI, p. 246. — *V.* le traité dans Palma-Cayet, p. 726-731.

2. C'est à partir de cette époque que Soissons devint la résidence du gouverneur de l'Ile-de-France.

autres eurent des conditions analogues. Le marquis de Saint-Sorlin, devenu duc de Nemours par la mort de son frère, fit son traité à part, pour les forteresses qui lui restaient dans le Forez, l'Auvergne et le Velai. Les États ligueurs du Languedoc ratifièrent le traité conclu par Joyeuse, et le parlement royaliste, qui siégeait à Castel-Sarrasin, fut réuni au parlement de Toulouse, qui n'aspirait depuis longtemps qu'à cette réunion.

La grande cité de Marseille avait été aussi nommée dans les articles de Folembrai; mais Marseille et la Provence avaient encore à combattre pour conquérir la paix. Le duc d'Épernon, d'une part, et de l'autre, les dominateurs municipaux de Marseille, Louis d'Aix et Casaulx, semblaient résolus à une résistance désespérée. D'Épernon, sommé d'évacuer la Provence et de venir trouver le roi, avait répondu que, plutôt que de quitter un gouvernement acquis au prix de son sang et du sang de son frère, il se jetterait entre les bras du Savoyard, de l'Espagnol et du diable même. Il tint parole et signa, le 10 novembre 1595, un pacte secret avec Philippe II, contre « le prince de Béarn, les hérétiques et leurs fauteurs ». Philippe lui promit 12,000 écus par mois, six mille hommes et des galères pour assiéger Toulon. Heureusement les secours de Philippe n'arrivèrent point à temps. Au moment même où d'Épernon traitait avec l'ennemi, le duc de Guise entrait en Provence : la vieille popularité des Guises tourna, chose curieuse, au profit du Béarnais; les catholiques provençaux se pressèrent en masse autour du nouveau gouverneur, et d'Épernon, loin de pouvoir assiéger Toulon, vit la plupart des villes qu'il tenait encore lui échapper les unes après les autres[1].

Guise ne fut pas moins heureux à Marseille. Tous les Marseillais un peu éclairés voyaient bien où l'ambition et l'entêtement de deux magistrats factieux entraînaient leur patrie. La conquête de Marseille était, depuis Charles-Quint, le rêve des monarques espagnols, et Philippe II touchait à cette conquête. Déjà Louis d'Aix et Casaulx avaient appelé dans le port une escadre commandée par Carlo Doria, portant 1,200 soldats espagnols

---

1. Nostradamus, *Histoire de Provence*, t. VIII, p. 904. — Bouche, *Histoire de Provence*, l. x, p. 804. — Capefigue, t. VII, p. 327-328, d'après les Archives de Simancas.

et italiens : Philippe leur avait promis 150,000 écus et tous les ravitaillements nécessaires, et une seconde flotte plus nombreuse était prête à faire voile des ports espagnols pour Marseille. Maîtres de tous les points fortifiés de la ville, entretenant le fanatisme du menu peuple par des pamphlets furieux contre Henri IV, appuyés sur une réserve de soldats étrangers, les deux tyrans s'étaient ménagé une position formidable. Cette position ne les sauva pas. Une conspiration s'ourdit entre les nombreux exilés que les tyrans avaient chassés de Marseille et leurs amis restés dans la ville : une influence étrangère, celle de la Toscane, vint en aide au parti français contre l'Espagne. Henri III, peu de mois avant sa mort, avait promis en gage au grand-duc de Toscane, pour les emprunts qu'il lui avait faits, les trois petites îles d'If ou de Pomègues, qui commandent la rade de Marseille. Depuis, le gouverneur du château d'If, la citadelle de ces îles, s'était placé sous la protection des Toscans pour échapper « aux Espagnols et aux hérétiques, » et une garnison toscane occupait l'île d'If de compte à demi avec la garnison française du château. Le grand-duc avait tâché de ne point prendre une part ostensible aux guerres de Provence ; mais il craignait, sur toute chose, de voir les Espagnols maîtres de Marseille, et, depuis un an, il avait prêté près de 400,000 écus à Henri IV pour la guerre du Midi ; aussi les gouverneurs toscan et français de l'île d'If travaillèrent-ils à l'envi à fomenter la conjuration marseillaise. Un parent du gouverneur d'If, Bausset, détermina un des quatre capitaines quarteniers de Marseille, Corse d'origine, appelé Libertat, à prendre la direction de l'entreprise et à traiter secrètement avec le duc de Guise, moyennant de grands priviléges pour la ville et de grands avantages pour lui-même [1]. Le 17 février, avant le

1. La ville conserverait toutes ses franchises : elle n'aurait pas d'autres gouverneurs que ses chefs municipaux. Elle aurait une chambre de justice souveraine, séparée du parlement de Provence. Libertat demandait, pour son propre compte, le titre de viguier, le gouvernement de deux des forteresses de Marseille, un fief, une abbaye et 160,000 écus pour lui et les siens, à distribuer selon sa volonté. Le roi le pria de se contenter de 50,000 écus. Manuscrits de Dupuy, vol. CLV, ap. Capefigue, t. VII, p. 366-369. — *Discours véritable des particularités qui se sont passées en la réduction de Marseille*, etc.; Paris, 1596. — *Autre discours*; Marseille, 1596. — Palma-Cayet, p. 718-721. — De Thou, t. V, l. CXVI, p. 592-596. — Galluzzi, *Histoire de Toscane*, t. V, c. I-III-VI. « La ville de Marseille retient les armes, la justice et les franchises, dès

jour, Guise vint se poster avec ses troupes à peu de distance de la porte Royale, où commandait Libertat. Le viguier Louis d'Aix sortit afin de reconnaître l'ennemi. Libertat fit aussitôt abattre la herse pour empêcher le viguier de rentrer : le consul Casaulx arrivant en cet instant, Libertat fondit sur lui, le tua, dispersa son escorte et ouvrit la porte au duc de Guise. Pendant ce temps, Louis d'Aix était rentré dans la ville par le port : il revint charger Libertat par derrière et tenta un effort désespéré pour reprendre la porte Royale. Il fut repoussé et poursuivi, jusque dans l'hôtel de ville, par l'avant-garde de Guise, renforcée de trois mille bourgeois soulevés. En une heure et demie, Marseille, « d'espagnole, redevint françoise ». Le viguier se réfugia au fort Saint-Victor : les soldats étrangers, logés sur le port, furent taillés en pièces; les galères espagnoles s'enfuirent à force de rames. Les forts de Saint-Victor et de Notre-Dame de la Garde se rendirent quelques jours après : Louis d'Aix s'était évadé. Il alla mourir en exil à Naples.

On dit qu'à cette heureuse nouvelle, Henri IV leva les mains au ciel, en s'écriant que Dieu avait pitié de la France! C'était la plus grande victoire qu'il eût obtenue depuis la réduction de Paris. On peut dire que la question entre Henri IV et Philippe II n'avait été décidée qu'à Marseille. Avoir fait de l'héritier des Guises l'instrument de la défaite de Philippe II, c'était l'éclatante justification de la politique de fusion qu'avait adoptée le Béarnais.

La réduction de Marseille amena l'entière pacification de la Provence. L'orgueilleux Épernon s'était imaginé non-seulement disputer la Provence à Henri IV, mais armer contre lui Metz, Boulogne, Angoulême, Saintes, toutes les villes dont il était encore gouverneur titulaire. Quand il vit toutes ces places fortes rester immobiles à la nouvelle de sa rupture avec le roi, quand il vit la Provence passer, ville par ville, sous la main du duc de Guise, il eut le bon sens de s'arrêter à temps : il ne publia pas son traité

lors qu'étant république, elle se donna volontairement aux comtes de Provence et rois de France; desquelles elle est et a toujours été en possession, ayant encore les armes en main, la garde de la ville, les clefs des portes et du havre. Les consuls d'icelle donnent le mot et commandent au fait de la guerre; en la justice, le roi institue deux juges et la ville deux autres ».—*États Généraux de* 1593, *Cahier de la noblesse,* p. 566.

avec l'Espagne; il négocia; il accepta une trêve, puis il consentit à évacuer la Provence et à rentrer sous l'obéissance de Henri IV, à condition que le roi adjoignît le Périgord et le Limousin à son gouvernement d'Angoulême et de Saintonge.

La Ligue fut ainsi éteinte par toute la France, excepté en Bretagne et sur les confins de cette province lointaine, où le duc de Mercœur continua quelque temps de se maintenir, moins par sa propre force que par les circonstances qui retinrent le roi occupé ailleurs.

Il en coûta cher à Henri IV pour en finir avec la Ligue. Le monstre ne fut étouffé que sous des monceaux d'or. Pas une bicoque, pas une tourelle, pour ainsi dire, ne fut rendue gratuitement au restaurateur de la monarchie. Henri dut racheter la France en détail aux mille petits rois enfantés par l'hydre des guerres civiles. Et cet or exigé par tant de harpies insatiables, où le prendre? Henri n'avait pas toujours les premières nécessités assurées pour lui et pour ses soldats! C'était donc le peuple encore qui devait solder le prix de tous ces marchés et de toutes ces consciences. Il fallut tordre et presser l'impôt sous toutes ses formes. Les grands de la Ligue se payèrent, qui sur les vins, qui sur le sel; celui-ci eut assignation sur les péages de telle rivière; pour celui-là on créa des offices inutiles ou nuisibles, dont les acquéreurs se payèrent à leur tour sur le pauvre peuple tant royaliste que ligueur. Dure nécessité, qui grevait pour des années l'avenir du gouvernement nouveau et flétrissait dans son germe la popularité du monarque, première victime de ces déplorables transactions!

Il fallait de l'or, et pour acheter la paix intérieure et pour soutenir la guerre contre l'ennemi étranger. On avait affaire à un ennemi sans scrupule et sans pitié, qui improvisait des ressources en dévorant le présent et en tarissant l'avenir de ses peuples. A la place de l'archiduc Ernest, Philippe II venait de dépêcher dans les Pays-Bas le frère d'Ernest, l'archiduc Albert, auparavant vice-roi de Portugal. Le cardinal d'Autriche, ainsi qu'on nommait Albert, parce qu'il avait reçu le chapeau rouge sans être encore dans les ordres, apportait quatre millions de ducats pour les besoins de la guerre. Il envoya, en arrivant, des paroles de paix à

Maurice de Nassau et aux Provinces-Unies, et, bien que ses avances eussent été absolument repoussées par les Hollandais, il dirigea d'abord tous ses efforts contre les Français.

Les troupes françaises avaient poursuivi, tout l'hiver, le siége de La Fère. La forte position de cette place au milieu des eaux de l'Oise et de la Serre, la nombreuse garnison, les vastes magasins qu'avaient entassés les Espagnols, rendirent la résistance longue et opiniâtre. Henri IV ne se laissa décourager par aucun obstacle. L'ancien lieutenant-général de l'Union vint joindre le roi devant La Fère. Mayenne, très-bien accueilli de Henri IV, lui resta désormais fidèle : s'il avait retardé bien longtemps sa réconciliation, il se réconcilia du moins sans arrière-pensée ; la joie d'être débarrassé de l'impérieuse alliance espagnole sembla lui ôter tout regret d'un rôle trop fatigant pour son tempérament moral et physique [1].

On s'attendait à un grand choc. Le cardinal d'Autriche était à Valenciennes avec une vingtaine de mille hommes, les meilleures troupes dont pût disposer l'Espagne, et l'armée française, grossie par des renforts anglais, écossais, allemands, hollandais, souhaitait ardemment que l'ennemi tentât une bataille pour délivrer La Fère. Les Espagnols ne commirent pas cette imprudence. Le cardinal d'Autriche avait pour maréchal de camp un Français renégat, l'ex-maréchal de Rosne, qui avait pris l'écharpe rouge avec le duc d'Aumale, et à qui Fuentès avait dû ses succès l'année

---

1. La première entrevue du roi et de Mayenne avait eu lieu à Monceaux-en-Brie, chez Gabrielle d'Estrées, en janvier 1596. Henri embrassa Mayenne par trois fois, et, après les premiers compliments, il le prit par la main et se mit à le promener à grands pas à travers les jardins. Le pauvre Mayenne suivait de son mieux, suant, soufflant, traînant sa cuisse goutteuse. « Si je promène encore longtemps ce gros corps ici », dit le roi à l'oreille de Rosni, « me voilà vengé sans grand'peine de tous les maux qu'il nous a faits ; car c'est un homme mort ! » Henri s'arrêta : « Dites le vrai, mon cousin, je vais un peu vite pour vous, et vous ai par trop travaillé ? — Par ma foi, Sire », répondit Mayenne en frappant sur son ventre, « il est vrai que, si vous eussiez continué de la sorte, je crois que vous m'eussiez tué. » Lors le roi l'embrassa et lui dit, avec une face riante, en lui tendant la main : « Allez, touchez là, mon cousin, car, pardieu, voilà tout le mal et le déplaisir que vous recevrez jamais de moi ! » Et il l'envoya au château boire deux bouteilles de vin d'Arbois, « qu'il ne haïssoit pas ». Cette espièglerie, qui caractérise si bien les deux personnages, fut en effet toute la vengeance que tira le Béarnais du chef de la Ligue. — Sulli, OEconomies royales, t. I, p. 225-226. — La date donnée par les OEconomies royales n'est pas exacte.

précédente. De Rosne dirigea les armés étrangères contre sa patrie avec une funeste habileté. Un jour, on apprit au camp royal que l'armée espagnole se portait rapidement à l'ouest : bientôt on sut qu'elle était devant Calais, que le pont de Nieullai et le fort de Risbank, qui commandent les abords de Calais, l'un vers les marais, l'autre vers la mer, avaient été emportés par l'ennemi le 9 avril, et que le corps de la place était vivement pressé. De Rosne savait que cette place si importante n'était presque gardée que par sa réputation ; que le népotisme introduit dans la transmission des gouvernements l'avait fait tomber entre les mains d'un homme incapable : ses plans n'avaient été que trop bien calculés.

Le roi partit en toute hâte du camp de La Fère avec l'élite de sa cavalerie et ses fantassins les plus lestes (15 avril) : il reçut, chemin faisant, des nouvelles de plus en plus mauvaises ; les vents avaient repoussé le comte de Saint-Pol, gouverneur de Picardie, qui voulait se jeter dans Calais avec un corps de troupes ; le faubourg du port avait été forcé le 15 avril, et le 17, après un premier assaut, le gouverneur Bidossan et les habitants avaient rendu la ville et s'étaient retirés dans le château, en promettant de se rendre sous six jours, s'ils n'étaient secourus. Henri s'avança jusqu'à Boulogne, après avoir dépêché précipitamment Sanci à Londres pour conjurer Élisabeth de faire descendre sur la côte de France un armement préparé dans le port de Douvres contre l'Espagne. Élisabeth répondit par un refus nettement articulé, à moins que Calais ne lui demeurât pour sa peine [1].

Henri répliqua qu'il aimait mieux être dépouillé par ses ennemis que par ses amis.

Élisabeth céda et donna ordre au comte d'Essex de mettre à la voile pour Boulogne. Il était trop tard ; pendant ce débat, la place s'était perdue. Le gouverneur de Boulogne, Campagnol, étant parvenu à entrer dans Calais avec deux cent cinquante hommes d'élite,

---

1. « Nous savons », dit-elle dans une de ses lettres, « que Calais est le plus proche désir de l'Espagnol, comme une place plus propre pour interrompre notre pouvoir au détroit de *la mer où nous ne pouvons endurer de compagnon*. » Mss. de Brienne, vol. XXXVII, f° 5 ; cité par Capefigue, t. VII, p. 268.—*V.* la négociation racontée par Sanci, ap. *Discours d'État*, à la suite des *Mémoires* de Villeroi, éd. de 1725 ; t. V, p. 98-100.

le gouverneur de Calais avait refusé de rendre son château à l'expiration des six jours; mais il ne put réparer ses fautes qu'en mourant pour les expier : le château, mal fortifié, fut emporté d'assaut dès le 24 avril, et tout ce qui s'y trouva fut tué ou pris.

Le roi, après avoir muni de bonnes garnisons Boulogne, Montreuil et Ardres, retourna au siège de La Fère, que le connétable de Montmorenci avait continué de presser en son absence, et qui était réduite à la dernière disette.

Henri espérait avoir le temps de recevoir la capitulation de La Fère, avant que l'ennemi pût faire aucun nouveau progrès dans la Picardie maritime : La Fère capitula le 16 mai et ouvrit ses portes le 22; mais, pendant ce temps, la forte ville d'Ardres était rendue au cardinal d'Autriche, par la lâcheté du comte de Belin, l'ancien gouverneur de Paris, alors lieutenant-général de Picardie. Belin, qui s'était enfermé dans Ardres, livra cette place, malgré le gouverneur et la garnison indignés (23 mai). La protection de Gabrielle d'Estrées lui sauva la punition infamante qu'il méritait.

Henri IV, après la prise de La Fère, retourna vers la Picardie maritime avec toute son armée. Les Espagnols ne voulurent point courir la chance d'une bataille : ils mirent Calais et Ardres en état de défense, rentrèrent dans les Pays-Bas et essayèrent de chasser les Hollandais des positions qu'ils occupaient dans le nord de la Flandre. Le transfuge de Rosne, qui avait fait depuis deux ans tant de mal à la France, fut tué au siége de Hulst : ce fut une perte irréparable pour les Espagnols.

Le roi ne profita pas de la retraite des ennemis : l'armée était fatiguée; les ressources manquaient entièrement. Henri voyait ses efforts paralysés par l'insuffisance ou le mauvais vouloir de ceux qui auraient dû le seconder. Il eût fallu que le roi fût partout à la fois; tantôt ses capitaines, tantôt ses financiers, lui faisaient défaut. Il avait demandé à son conseil des finances de lui trouver 800,000 écus pour entreprendre le siége d'Arras : le conseil des finances déclara la chose impossible [1]. Henri n'était pas mieux

---

1. Sulli, *OEconomies royales*, t. I, p. 207. — Sans un nouveau prêt de 300,000 écus fait par le grand-duc de Toscane, La Fère n'eût même pas été prise. Peu de jours avant la reddition de cette ville, les mercenaires suisses et allemands voulaient quit-

servi par ses alliés. Il avait tâché d'obtenir d'Élisabeth que le grand armement préparé dans les ports d'Angleterre, qui n'avait pas secouru Calais, vînt du moins reporter la guerre dans les Pays-Bas espagnols, de concert avec les Français et les Hollandais. Les Anglais aimèrent mieux aller piller les côtes d'Espagne, où à la vérité ils firent beaucoup de mal à l'ennemi, battirent la flotte espagnole, brûlèrent Cadix et détruisirent d'immenses richesses commerciales [1]. Élisabeth consentit à signer, le 24 mai, avec Henri, un nouveau traité par lequel les deux partis s'engageaient à ne point faire de paix ni de trêve séparément avec Philippe II et convenaient d'inviter par ambassadeurs à entrer dans leur alliance tous les princes et états qui avaient à redouter « les ambitieuses machinations du « roi d'Espagne [2] ». Mais ce traité fut « pour la réputation plus que pour l'effet »; car Élisabeth, qui avait retiré ses troupes de Bretagne afin de les employer en Irlande, ne voulut plus prêter à Henri IV que deux mille soldats, encore à condition qu'il les entretînt. Les Hollandais, qui adhérèrent le 31 octobre au traité conclu entre la France et l'Angleterre, étaient de bien meilleure volonté; mais leurs propres nécessités étaient grandes et leurs moyens bornés. Élisabeth ne remplit pas même ses engagements, car elle ne joignit pas d'ambassadeur anglais à l'envoyé du roi auprès des protestants d'Allemagne : les princes allemands, mécontents de « l'apostasie » de Henri IV et moins préoccupés en ce moment des affaires de France que de la terrible guerre rallumée dans la Hongrie entre les Autrichiens et les Turcs, n'entrèrent point dans l'alliance anti-espagnole.

Henri ne voyait partout qu'embarras et qu'inquiétudes. Les

---

ter le camp faute de solde. — Galluzzi, *Histoire du grand-duché de Toscane*, t. V, p. 228-240.

1. Les amiraux anglais, en partant pour l'expédition de Cadix, publièrent une déclaration importante à citer dans l'histoire du droit maritime. « Pour éviter toute controverse... avec ceux qui ne sont point sujets du roi d'Espagne et qui pourroient être accusés d'avoir assisté le roi d'Espagne contre Sa Majesté la reine, nous les prions... et leur mandons qu'ils aient à se retirer des ports d'Espagne et de Portugal... et de se retirer en leur pays ou en notre armée;... que si aucuns méprisent ce commandement de la reine... nous déclarons que nous les traiterons comme ennemis, sans que les rois et princes de qui ils seront sujets puissent par après obtenir aucune restitution ni récompense de ce qui leur aura été pris. » Palma-Cayet, p. 745 — C'est déjà ce principe du blocus fictif dont les Anglais ont tant abusé.

2. Dumont, *Corps diplomatique*, t. V, 1re part., p. 525.

protestants, maltraités par les parlements et par la plupart des officiers royaux, tenaient assemblée sur assemblée, assiégeaient incessamment le roi de leurs griefs, réclamaient, avec une impatience parfois menaçante, une solution qui reculait toujours, bien moins par la volonté de Henri IV que par les immenses difficultés qu'offrait la matière. Henri craignait extrêmement que les réformés n'en vinssent à invoquer le protectorat d'Élisabeth ou de l'électeur palatin, et cependant il n'osait mécontenter pour eux la grande masse catholique.

Les passions intéressées de ses grands et de ses capitaines ne lui donnaient pas moins de soucis que les passions religieuses des huguenots. Dernièrement, après la perte de Calais, le duc de Montpensier s'était avisé de lui proposer un moyen assuré d'avoir toujours une belle armée sur pied; c'était « seulement de trouver bon que ceux qui avoient des gouvernements par commission les pussent posséder en propriété, en les reconnoissant de la couronne par un simple hommage lige, chose qui s'étoit autrefois pratiquée. » Henri accueillit son cousin comme il le méritait, et jugea bien que cette audacieuse proposition avait été suggérée à Montpensier par des gens plus habiles et plus dangereux que lui, qui voulaient sonder le terrain [1]. C'était une chose effrayante que de voir à quel point le moindre revers ébranlait une autorité si péniblement fondée.

Les affaires des protestants exceptées, la question financière était au fond de tous les embarras de Henri IV. Presque toute la France était maintenant délivrée de la guerre intestine : cette terre féconde répare vite ses pertes; tout épuisée qu'on la pût croire après tant d'années de calamités, elle pouvait déjà recommencer à fournir des ressources régulières. Mais le désordre venait d'où eût dû venir l'ordre : les obstacles n'étaient plus dans le conseil de la Ligue, mais dans le conseil même du roi. Depuis Henri III, l'administration des finances avait été le pillage organisé : les intendants et les trésoriers étaient habitués à manger la France, de compte à demi avec les « partisans, » et le trop fameux surintendant François d'O avait été le type de ce régime et le

---

1. Sulli, t. I, p. 201.

patron de toutes ces harpies [1]. Après la mort de François d'O, le roi avait remplacé la surintendance par un conseil des finances, composé du chancelier, du vieux maréchal de Retz [2], de Bellièvre, de Sanci, de Schomberg et de trois autres conseillers d'État, sous la présidence nominale du duc de Nevers. Les choses n'allèrent pas mieux. Quelques-uns de ces hommes d'État n'entendaient pas les finances; d'autres les entendaient à leur profit. La direction principale passa bientôt aux mains de Sanci. S'il en fallait croire Sulli, Sanci, qui avait servi fidèlement Henri IV lors de son avénement, se serait payé de ses services avec usure. Sanci, dans son *Discours d'Estat* [3], assure au contraire avoir engagé la plus grande partie de son bien pour le service du roi. Meilleur diplomate que financier, Sanci put bien ne point coopérer au mal, mais il ne sut pas l'empêcher. Plusieurs des membres du conseil et des intendants qui leur étaient adjoints partageaient les marchés et les fermes avec les Zamet, les Jérôme de Gondi, les Cenami, etc., etc., ces fameux partisans qui, tour à tour créanciers de la Sainte-Union et fermiers du roi, attiraient dans leurs coffres, d'une main, la rançon de la France payée aux grands de la Ligue, et, de l'autre, la plus forte part du produit que l'impôt eût dû rendre au roi [4]. Les revenus de l'État étaient ainsi affermés à vil prix par des administrateurs infidèles, intéressés dans les baux. Les conseillers des finances, les intendants, les trésoriers achetaient au rabais les vieux titres des créanciers de l'État, des auxiliaires suisses, des Allemands, qu'ils faisaient ensuite solder intégralement au roi. D'après le témoignage de Henri IV [5], ils mangèrent de la sorte, en deux ans, 1,500,000 écus « en paiement de vieilles dettes » qui

---

1. On assure qu'il se faisait servir à ses soupers des tourtes assaisonnées au musc et à l'ambre, qui coûtaient 25 écus la pièce, pendant que Henri IV n'avait « pas de chemises ». L'Estoile, p. 249.

2. Il était revenu d'Italie quand il avait vu la fortune tourner en faveur de Henri IV, en 1593.

3. C'est un morceau très-bien fait et très-instructif pour les affaires du temps. Il se trouve à la suite des *Mémoires* de Villeroi, édit. de 1725, t. V, p. 34-119.

4. Une partie de leurs bénéfices passait au grand-duc de Toscane, auquel ils servaient de prête-nom dans les cinq grosses fermes et les gabelles. — Fernand de Médicis n'avait pas oublié le métier de ses ancêtres. — Sulli, *OEconomies royales*, t. I, p. 241.

5. *OEconomies royales*, t. I, p. 207.

ne sortaient pas de leurs poches. Le reste se gouvernait à l'avenant. Le roi était littéralement dans la misère, pendant qu'on faisait autour de lui, et à ses dépens, des fortunes scandaleuses [1].

Henri voyait le mal et cherchait le remède; mais ce remède, il ne pouvait l'appliquer lui-même; il ne pouvait être son propre surintendant. Il lui fallait un homme de tête, de cœur et de main, qui eût la volonté d'atteindre le but, l'intelligence d'en trouver les moyens, la force et la persévérance d'appliquer ces moyens une fois trouvés. Cet homme, la Providence le lui donna.

Henri, depuis longtemps, avait l'œil fixé sur Maximilien de Béthune, baron de Rosni (depuis duc de Sulli), comme sur un des conseillers qui seraient le plus capables de servir à la réorganisation de la France. C'était un caractère rude, obstiné, orgueilleux, intéressé [2]; ses manières lui faisaient peu d'amis; mais Henri IV, sous cette dure écorce, avait deviné de précieuses qualités. L'orgueil inspirait à Rosni cette confiance imperturbable, cette promptitude de résolution, cette impétuosité d'action qui perdraient un homme médiocre, mais qui rendent invincible un homme supérieur. Son humeur calculatrice, ce que les courtisans nommaient son avarice, s'associait au génie même de l'ordre, de l'économie, de la bonne administration. Intéressé et intègre à la fois, que le roi fasse sa fortune, et il fera celle de l'État [3]. Quant à sa rudesse « mal gracieuse », ce sera une vertu pour l'œuvre qu'il

---

1. « Je suis fort proche des ennemis et n'ai quasi pas un cheval sur lequel je puisse combattre, ni un harnois complet que je puisse endosser : mes chemises sont toutes déchirées; mes pourpoints, troués au coude; ma marmite est souvent renversée, et, depuis deux jours, je dîne et soupe chez les uns et chez les autres, mes pourvoyeurs disant n'avoir plus moyen de rien fournir pour ma table, d'autant qu'il y a plus de six mois qu'ils n'ont reçu d'argent...... Jugez si je mérite d'être ainsi traité, et si je dois plus longtemps souffrir que les financiers et trésoriers me fassent mourir de faim et qu'eux tiennent des tables friandes et bien servies, que ma maison soit pleine de nécessités, et les leurs de richesse et d'opulence. » — Lettre de Henri IV à M. de Rosni, ap. *OEconomies royales*, t. I, p. 206.

2. Il ne s'en cache pas dans ses *Mémoires* : ses secrétaires ne manquent jamais de lui rappeler, avec une satisfaction naïve, le riche butin qu'il fit à telle prise de ville, la cassette pleine d'or qu'il eut pour sa part de tel pillage, etc. *OEconomies royales*, t. I, p. 22-30-74.

3. C'est ce que Henri comprit fort bien. « Donnez-moi », lui écrivait-il, « votre foi et votre parole d'être aussi bon ménager de mon bien à mon profit que je vous l'ai toujours vu être du vôtre, et de ne désirer de faire vos affaires que de mon su (à ma connaissance) et par ma pure libéralité, qui sera assez ample pour un homme de bien et un esprit réglé comme le vôtre..... » *OEconomies royales*, t. I, p. 207.

doit accomplir. Il poussera devant lui, à travers les haines, les clameurs, les intérêts froissés et meurtris, comme un sanglier à travers les broussailles; ne cédant à aucune considération, ne ménageant et ne connaissant personne, pourvu qu'il sente le bras du roi derrière lui; assez adroit toutefois pour ne donner du boutoir qu'à propos et à coup sûr. C'était là un terrible pionnier à lâcher dans la forêt d'abus qui couvrait et stérilisait nos champs.

Un entier dévouement à la personne de Henri IV achevait de rendre Rosni essentiellement propre à devenir l'exécuteur de la pensée du roi.

Henri ne remit pas sur-le-champ toute l'administration financière à la discrétion de Rosni. Le choc eût été trop violent. Henri fit monter par degrés jusqu'au faîte le futur ministre. C'était la manière dont Rosni gouvernait sa maison qui avait d'abord fait pressentir au roi en lui l'homme capable de gouverner le trésor de l'État : Henri avait employé, tour à tour et accidentellement, ce « bon ménager » comme intendant militaire, comme inspecteur, comme munitionnaire. Un mémoire rédigé par Rosni sur le « rétablissement du royaume », dès 1593, avait achevé de révéler à Henri IV ce qu'il valait[1]. En 1595, le roi avait introduit Rosni, sans titre officiel, dans le conseil des finances; mais les autres conseillers avaient trouvé moyen de le faire déguerpir. En 1596, au retour du siége de La Fère, le roi revint à la charge, et Rosni entra au conseil avec brevet. Gabrielle d'Estrées racheta, ce jour-là, les fautes qu'elle avait suggérées au roi : ce fut elle qui décida Henri à tenir ferme en faveur de Rosni. A la vérité, Gabrielle avait moins en vue le bien public que la chute de Sanci, son ennemi personnel. L'ambitieuse favorite n'aspirait à rien moins qu'à monter au trône, après que le pape aurait cassé le mariage du roi avec Marguerite de Valois, qui vivait reléguée au fond d'un vieux château d'Auvergne. Sanci s'était exprimé sur ce projet avec une franchise un peu brutale, tandis que l'âpre Rosni avait su faire plier sa rigidité pour gagner les bonnes grâces de la

---

1. Œconomies royales, t. I, p. 175-176. — Forbonnais a pris les principaux paragraphes de ce Mémoire pour le point de départ de ses excellentes Recherches et Considérations sur les finances de France; Bâle, 1758, t. I.

maîtresse toute-puissante. Quoi qu'il en fût, la France profita des petites passions de Gabrielle.

Il fallait à la fois rétablir l'ordre dans les finances et demander à la France de nouveaux sacrifices. La guerre régulière contre l'étranger succédant à la guerre civile, à la guerre de partisans et de levées féodales, il s'agissait de substituer l'impôt régulier aux contributions extraordinaires, aux rançonnements. Henri sentit qu'il serait périlleux d'établir, par simple déclaration royale, de nouvelles taxes sur ce peuple encore tout chaud de la Ligue et déshabitué du pouvoir arbitraire. Ce fut un moment solennel dans la vie du chef de la dynastie des Bourbons. Il était temps encore de faire rentrer la France dans la voie du gouvernement libre, et personne n'avait, plus que l'adroit, l'éloquent, le sympathique Béarnais, les qualités nécessaires pour réussir à gouverner avec le concours de la nation. Il ne le tenta point : il ne se décida pas à convoquer les États Généraux : l'instinct du pouvoir et la crainte que les États ne redevinssent une arène pour des passions mal éteintes, le détournèrent de ce grand parti. Il prit un moyen terme, donna à la France une apparence au lieu de la réalité : au lieu d'États Généraux, il convoqua, pour l'automne de 1596, une assemblée de notables [1].

Il n'y a lieu ni de s'en étonner ni de s'en irriter contre sa mémoire: Henri IV se conduisit par des raisons au moins spécieuses et glissa sur une pente toute naturelle; mais il n'en est pas moins certain que l'absence de réunion d'États Généraux à l'issue des guerres civiles eut des conséquences incalculables; que la monarchie pure, le despotisme de Louis XIV, fut dès lors en perspective, et que tout contribua dorénavant à y entraîner la France.

En attendant la réunion des notables, le roi autorisa Rosni à tenter une sorte de grande reconnaissance ou de voyage de découverte dans quelques-unes des principales divisions financières du royaume, « afin de s'instruire bien particulièrement des valeurs

---

1. D'Aubigné, si libre et si ennemi du despotisme, approuve le roi : « Les troubles, qui n'étoient pas éteints par la France, ne permettoient plus grande convocation : les cœurs des peuples n'étoient pas encore assez ployés à l'obéissance..... » *Hist. univers.*, t. III, p. 382. Mais il faut observer que les huguenots étaient opposés aux États parce qu'ils craignaient que la majorité ne leur fût hostile : ils avaient leurs États particuliers et n'en souhaitaient pas d'autres.

de toutes les sortes de revenus, des améliorations qui s'y pouvoient faire, de l'ordre qui s'y étoit tenu jusqu'à présent », et de tâcher de rassembler immédiatement quelque argent au delà des recettes ordinaires. D'autres commissaires furent envoyés dans les autres généralités; mais, arrêtés dès les premiers pas, ils revinrent presque tous les mains vides. Rien n'arrêta Rosni : usant, en toute latitude, des pouvoirs illimités qu'il avait reçus, il brisa de haute lutte la coalition des officiers subalternes des finances, qui, soutenus sous main par les intendants et par plusieurs des membres du conseil, s'efforçaient de lui dérober les mystères de leur comptabilité : il les suspendit presque tous de leurs fonctions, révisa leurs registres des quatre dernières années, et « grapilla » si bien, « sur les assignations levées pour vieilles dettes, remboursements de prêts, anciens arrérages de gages, rentes et pensions à gens sans mérite, rescriptions en blanc ou payables au porteur ou à personnes sous noms supposés », qu'il rassembla environ 500,000 écus, et les ramena triomphalement au roi sur soixante-dix charrettes [1].

Rosni retrouva le roi à Rouen, où les notables furent réunis parce qu'une épidémie régnait à Paris. Henri IV avait passé auparavant quelque temps à Paris, afin d'y recevoir le légat que lui envoyait Clément VIII, conformément à ce qui avait été convenu à Rome. Le choix de ce légat, Alexandre de Médicis, cardinal-archevêque de Florence, attesta que le pape était franchement et

---

1. La réalité de cette mission de Rosni et de beaucoup d'autres faits de la même époque, racontés dans les Œconomies royales, est contestée, dans les termes les plus injurieux, par l'auteur des Remarques sur les Œconomies royales, Marbault; mais, comme il ne donne pas d'autre preuve de ses dénégations que sa parole et que nous avons constaté ses mensonges sur plusieurs points importants, nous croyons devoir nous en rapporter au témoignage de Sulli plutôt qu'au sien. Ce n'est pas qu'il faille accepter intégralement les longues et confuses narrations des Œconomies : la mémoire affaiblie du vieux Sulli, les maladresses de ses secrétaires rédacteurs, leur disposition à tout attribuer à leur maître, fournissent trop souvent des armes à la malignité de l'auteur des Remarques ou plutôt des invectives sur les Œconomies, organe de toutes les haines coalisées contre Sulli. Il y a un grand désordre dans les dates et la suite des événements; il y a même des interpolations dans quelques lettres de Henri IV. Les Œconomies n'en sont pas moins une source inépuisable de renseignements les plus précieux, pourvu qu'on les rectifie et qu'on les éclaire par les autres témoignages du temps. Les Remarques de Marbault se trouvent à la suite du t. II des Œconomies royales, dans la collection Michaud et Poujoulat : c'est dans cette source plus qu'équivoque que Tallemant des Réaux a puisé ses anecdotes sur Sulli.

complétement réconcilié avec Henri IV; il n'y avait point d'esprit plus sage ni mieux intentionné dans tout le sacré collége; durant deux années que Médicis séjourna en France, il ne se fit pas la moindre querelle avec les parlements ; c'est tout dire ! Il s'employa très-activement à étouffer les sentiments hostiles qu'une partie du clergé nourrissait encore contre le roi[1].

Le légat n'avait pas seulement pour mission de recevoir du roi la ratification des engagements pris par ses représentants. Clément VIII désirait vivement être le médiateur de la paix entre la France et l'Espagne : il voyait avec chagrin la recrudescence d'une lutte qui empêchait Philippe II de secourir efficacement l'Autriche contre les Turcs, qui favorisait la consolidation d'une république hérétique dans les Pays-Bas, qui, enfin, retenait forcément Henri IV dans l'alliance des puissances protestantes. Henri, de son côté, avait reconnu, par les résultats des deux dernières campagnes, que ses projets de vengeance contre l'Espagne étaient prématurés, que la France avait besoin de plusieurs années de repos et d'ordre avant de rien tenter de considérable. Il ne se montra donc pas éloigné des ouvertures que lui fit le légat; mais il déclara qu'il ne traiterait pas sur d'autres bases que sur celles du traité de Câteau-Cambrésis, ni sans une indemnité pour les pertes causées à son état. Le légat dépêcha en Espagne le général des cordeliers, Calatagironè, afin de tâter le terrain : cette négociation indirecte se prolongea pendant l'hiver de 1596 à 1597.

Henri n'en poursuivit qu'avec plus d'ardeur ses plans financiers et militaires : c'était le moyen de conquérir une meilleure paix. Il avait fait son entrée solennelle, le 28 octobre, à Rouen :

---

1. Henri IV alla au-devant de lui, à franc étrier, avec Mayenne, pour lui prouver *de visu* la réconciliation du roi et de la Ligue (19 juillet). Le surlendemain, lorsque le légat fit son entrée solennelle dans Paris, Henri envoya à sa rencontre le petit prince de Condé, récemment retiré des mains des protestants. La mère du prince, Charlotte de La Trémoille, était, depuis huit ans, sous le poids d'une accusation terrible; la guerre civile avait suspendu le procès entamé contre elle à la poursuite des frères de son mari, qu'on l'accusait d'avoir empoisonné. Le procès venait d'être repris par le parlement : le prince de Conti et le comte de Soissons invoquèrent la juridiction du roi et des pairs de France : le parlement passa outre et acquitta la princesse le 24 juillet 1596 ; peu de temps après, la princesse abjura l'hérésie entre les mains du légat. On trouva les deux absolutions temporelle et spirituelle un peu trop liées l'une à l'autre. De Thou, t. V, l. CXVII, p. 637-639.

il paya sa bienvenue aux Rouennais en leur accordant la démolition du fort de la montagne Sainte-Catherine. « Je ne veux, dit-il, d'autre citadelle à Rouen que le cœur des habitants. » Le 4 novembre, Henri ouvrit l'assemblée des notables dans l'abbaye de Saint-Ouen [1]. Le roi avait mandé environ cent cinquante personnes, outre ses conseillers ordinaires; il s'en trouva quatre-vingts à peine le jour de l'ouverture, à savoir : neuf prélats, dix-neuf princes et seigneurs, vingt-deux membres des cours souveraines, dix-sept officiers de finances et douze magistrats municipaux.

Henri adressa aux notables une de ces harangues courtes et vives, brusques et adroites, comme il les savait si bien faire. « Si « je voulois, dit-il, acquérir le titre d'orateur, j'aurois appris « quelque belle et longue harangue et vous la prononcerois avec « assez de gravité. Mais, messieurs, mon désir me pousse à deux « plus glorieux titres, qui sont de m'appeler libérateur et restau- « rateur de cet état. Pour à quoi parvenir je vous ai assemblés. « Vous savez à vos dépens, comme moi aux miens, que, lorsque « Dieu m'a appelé à cette couronne, j'ai trouvé la France non- « seulement quasi ruinée, mais presque toute perdue pour les « François. Par la grâce divine, par les prières et bons conseils « de mes serviteurs qui ne font profession des armes, par l'épée « de ma brave et généreuse noblesse (de laquelle je ne distingue « point les princes, pour être notre plus beau titre : *foi de gentil-* « *homme!*), par mes peines et labeurs, je l'ai sauvée de la perte;

1. Les rédacteurs des *OEconomies royales* (t. I, p. 232), suivis par M. Poirson (t. I, p. 305), s'expriment comme si les notables eussent été élus par les trois ordres : c'est une erreur; le roi les manda individuellement, ainsi que le dit le chancelier de Cheverni (Collect. Michaud, 2ᵉ sér., t. X, p. 551); seulement, la composition de l'assemblée ne fut pas tout à fait arbitraire : on appela, dans chaque province, un ou plusieurs évêques, le gouverneur et le lieutenant-général, quelques seigneurs, la plupart sénéchaux ou baillis royaux, les chefs des parlements, des chambres des comptes, des cours des aides, un ou deux trésoriers de France (ou généraux des finances), et un ou deux chefs du corps municipal de la ville capitale; les corps de ville de quelques autres cités importantes furent aussi convoqués dans la personne de leurs magistrats. *V.* la liste, ap. *Recueil des États Généraux*, t. XVI, p. 1; La Haie; Paris; 1788. Il est tout à fait impossible de voir dans les notables « une assemblée nationale », les « représentants de la nation », et, dans les transactions du roi avec eux, « une tentative sérieuse de substituer au pouvoir absolu un gouvernement mêlé de démocratie et de royauté, un gouvernement représentatif ». Poirson, t. I, p. 311. Les notables étaient une commission consultative, et pas autre chose.

« sauvons-la à cette heure de la ruine. Participez, mes chers
« sujets, à cette seconde gloire avec moi, comme vous avez fait à
« la première. Je ne vous ai point appelés, comme faisoient mes
« prédécesseurs, pour vous faire approuver leurs volontés. Je
« vous ai assemblés pour recevoir vos conseils, pour les croire,
« pour les suivre, bref, pour me mettre en tutelle entre vos
« mains, envie qui ne prend guère aux rois, aux barbes grises et
« aux victorieux. Mais la violente amour que je porte à mes
« sujets, et l'extrême envie que j'ai d'ajouter ces deux beaux
« titres à celui de roi, me font trouver tout aisé et hono-
« rable. Mon chancelier vous fera entendre plus amplement ma
« volonté[1]. »

Le chancelier prononça ensuite un assez long discours sur les
nécessités et les périls de l'État, et sur les sacrifices que le roi, si
prodigue lui-même de ses efforts et de sa vie, avait droit d'attendre de ses sujets.

Le lendemain, les notables se partagèrent, sans distinction
d'ordres, en trois bureaux que présidèrent le duc de Montpensier
et les maréchaux de Retz et de Matignon. L'on n'a point de détails
sur ce qui se passa dans les bureaux. Le cahier général fut présenté au roi en janvier 1597; le caractère en est fort aristocratique. La noblesse avait le verbe haut : les paroles du roi lui
avaient enflé le cœur et lui donnaient le droit de traiter la monarchie nouvelle comme son œuvre.

Le cahier des notables demande, pour ce qui concerne le
clergé, qu'on rétablisse les élections, ou, du moins, qu'en attendant leur rétablissement, on observe les règlements arrêtés aux
États Généraux de 1576, et que les évêques nommés par le roi
soient examinés sérieusement, quant à la foi, aux mœurs et à la
doctrine, par l'autorité ecclésiastique compétente; qu'on tienne
des conciles provinciaux tous les trois ans afin de rétablir la discipline ruinée par la licence des guerres civiles et par le système
des commendes; qu'on poursuive les simoniaques et les confi-

---

1. *Lettres de Henri IV*, t. IV, p. 657. Un mot du roi à Gabrielle nous apprend ce qu'il faut penser de cette « envie ». Comme sa maîtresse s'étonnait qu'il eût parlé de se mettre en tutelle : « Ventre-saint-gris »! dit-il, « il est vrai; mais je l'entends avec mon épée au côté. » L'Estoile, p. 279.

dentiaires; qu'on punisse sévèrement les gens de guerre qui envahissent et profanent les lieux saints.

Pour ce qui regarde la noblesse, le cahier demande que les nobles aient la préférence dans la nomination aux dignités ecclésiastiques; que la noblesse ne soit plus conférée aux roturiers, sinon pour de grands services militaires; que le roi nourrisse dans sa maison et y dresse aux armes et à toute bonne discipline le plus grand nombre possible de jeune noblesse; que les prérogatives des baillis et sénéchaux nobles soient mieux respectées par leurs lieutenants-généraux de robe longue et par les membres du parquet; que les roturiers ne s'arrogent point les titres des terres et seigneuries qu'ils achètent; que les charges de magistrature, après qu'elles auront été réduites à l'ancien nombre, cessent d'être vénales et soient conférées de préférence aux nobles qui en seront dignes; que les compagnies d'ordonnance soient composées exclusivement de gentilshommes.

Suivent les réformes économiques. Qu'on renouvelle les lois somptuaires, et qu'on prohibe l'importation des étoffes précieuses; qu'on attire en France les artisans étrangers en les assimilant aux nationaux après trois ans de résidence. Qu'on taxe les gages des magistrats, les honoraires des avocats, les salaires des procureurs, le prix annuel des denrées chez les aubergistes. — Qu'on ne paie les pensions et les dons du roi qu'après la solde des troupes et les autres charges publiques acquittées. Qu'on ne tienne plus les États de Languedoc que tous les trois ans, « afin de soulager ce pays [1] ». Puis viennent divers articles sur les tailles, sur les frauduleuses aliénations du domaine, sur la réduction du nombre des gouverneurs de provinces, de villes et de châteaux, et sur la défense qui doit leur être faite de fortifier aucun lieu sans l'ordre du roi.

Les notables, enfin, estiment le chiffre total de l'impôt nécessaire à 9,800,000 écus [2]. Ils prient le roi de consentir que ce total

1. On voit bien que c'est une assemblée de notables qui parle, et non une assemblée d'États Généraux.

2. Ou 29 millions 400,000 livres. Aux États Généraux de 1588, le surintendant d'O n'avait demandé que 27 millions, et l'assemblée avait trouvé ce chiffre monstrueux. V. ci-dessus, p. 105.

soit divisé en deux parts : 5 millions d'écus pour la maison du roi, l'armée et les autres emplois nécessaires au soutien de la dignité royale; le reste pour les gages des magistrats et officiers royaux, la dette publique, etc. « Ils proposèrent, » dit M. de Thou, « certaines lois et règlements afin de prévenir les fraudes par lesquelles on avoit coutume de dépouiller le trésor, » et demandèrent qu'il se tînt une nouvelle assemblée dans trois ans pour vérifier l'exécution de leurs requêtes, et que le roi convoquât les États Généraux le plus tôt possible [1].

Sulli nous apprend, dans ses *OEconomies Royales*, quels furent les règlements proposés par les notables. C'était le partage de l'administration du trésor entre le conseil royal des finances et un conseil électif, qui serait choisi, la première fois, par les notables et, dans la suite, par les cours souveraines. Le conseil des finances disposerait des 5 millions d'écus formant la part du roi : « le conseil de raison, » ainsi nommé « d'autant qu'il rendroit raison à un chacun, » réglerait la distribution de l'autre moitié du revenu public.

Les notables voulaient charger une assemblée au petit pied d'attaquer les mêmes abus sur lesquels le roi commençait à lancer un homme d'un génie spécial, ayant, avec l'unité de la pensée, l'unité de l'action. Le but était le même; mais le moyen du roi était le meilleur, à part même ce qu'avait d'illogique cette division arbitraire de l'administration des finances.

Les notables offrirent en même temps au roi, afin de compléter les 29 millions 400,000 livres d'impôt qu'ils jugeaient nécessaires, l'établissement d'une taxe d'un sou pour livre sur toutes les marchandises à l'entrée des villes, bourgs, bourgades et dans les foires. C'était s'arroger un droit qui n'appartenait qu'aux États Généraux.

Henri IV ne se fit pourtant pas scrupule d'accepter le sou pour livre : il accepta aussi le « conseil de raison », malgré les clameurs de son conseil, qui s'était levé en masse contre cette invention attentatoire à l'autorité royale. Henri tint en apparence la parole donnée aux notables de se « mettre en tutelle entre leurs mains »;

---

1. *V.* l'analyse du cahier dans de Thou, t. V, l. CXVII, p. 635-636.

mais il se réserva, de concert avec Rosni, les moyens d'annihiler une innovation malsonnante. Rosni lui fit prendre, pour sa part, les plus claires sources de revenus, celles qui étaient de nature à s'améliorer : le roi ne laissa au « conseil de raison, » à la tête duquel avait été placé le cardinal de Gondi, que les revenus les moins assurés, entre autres le sou pour livre, dont l'expérience était à faire. Les notables en avaient estimé le produit à cinq millions : on se trouva loin de ce compte. La *pancarte*, ainsi qu'on nomma ce nouvel impôt, établie pour trois ans par édit de mars 1597, fut fort mal accueillie, d'abord par la cour des aides, qui ne consentit qu'à grand'peine à l'enregistrer pour un an, puis par les populations : plusieurs villes la repoussèrent par des émeutes; d'autres, par des remontrances pacifiques, comme n'ayant point été votée par les États Généraux. Bref, la *pancarte* fut très-peu productive [1]. Le conseil de raison fut ainsi arrêté dès les premiers pas. Ses membres, qui avaient plus de bonnes intentions que de lumières, se perdirent dans le dédale des finances et virent les ressources sur lesquelles ils avaient compté fondre entre leurs mains. Un grave événement, qui éclata sur ces entrefaites, ajourna les réformes pacifiques et compliqua encore les difficultés que Rosni s'appliquait à multiplier pour dégoûter ses concurrents. Le conseil de raison fut trop heureux de résigner ses pouvoirs entre les mains du roi, et tout cet établissement s'en alla en fumée [2].

Le roi était revenu de Rouen à Paris, au mois de février, après avoir fermé l'assemblée des notables et imposé au parlement de Rouen l'enregistrement de l'édit de 1577 en faveur des protestants : le parlement de Rouen avait repoussé jusqu'alors cet édit avec obstination. Rosni et les autres membres du conseil des finances travaillaient à réunir dans Amiens les provisions et l'artillerie nécessaires pour le siége d'Arras, que le roi voulait entamer au printemps. Une victoire remportée par les Hollandais sur

---

1. La perception n'en fut cependant supprimée qu'en novembre 1602. V. *Anciennes Lois françaises*, t. XV, p. 131. — D'Aubigné, part. II, col. 527. — *Mém.* de Mornai, t. VII, p. 344.
2. Sulli, *OEconomies royales*, t. I, p. 232-245.—Il fut fait droit, par des édits royaux, à une partie des requêtes des notables.

les Espagnols, à Tournhout, semblait de bon augure (janvier 1597). Henri, en attendant, achevait l'hiver à Paris dans les plaisirs. Il avait célébré à Rouen, avec une pompe qui scandalisait le public, le baptême d'une fille que venait de lui donner Gabrielle. A Paris, de nouvelles fêtes furent données pour le baptême du fils du connétable [1].

Tout à coup, au milieu de ces rumeurs joyeuses, retentit comme le tonnerre cette fatale nouvelle : — « Amiens est pris ! » Dans la nuit du 11 au 12 mars, on éveilla le roi pour lui apprendre que les Espagnols étaient entrés dans Amiens le 11 au matin. Les Amiénois, en vertu de leurs priviléges, avaient obstinément refusé une faible garnison suisse que le roi les priait de recevoir. Il leur en coûta cher. Un ligueur exilé, qui avait conservé des intelligences dans Amiens, avertit le gouverneur espagnol de Doullens, Porto-Carrero, que les Amiénois se gardaient avec soin pendant la nuit, mais avec négligence pendant le jour. Trois ou quatre mille soldats d'élite, réunis sans bruit autour de Doullens, vinrent, le 11 mars, avant le jour, s'embusquer aux environs d'une des portes d'Amiens (la porte de Montescut). A huit heures du matin, lorsqu'on ouvrit la porte, une quarantaine d'officiers et de soldats, déguisés en paysans et chargés de sacs et de fardeaux, se présentèrent pour entrer : un d'eux laissa, comme par mégarde, s'ouvrir son sac, d'où s'échappèrent des noix. Les gens du guet se jetèrent dessus en riant et se battirent à qui ramasserait les noix. Au même instant, parut une charrette conduite par quatre autres faux paysans, qui arrêtèrent la charrette sous la herse, pour qu'on ne pût fermer la porte. Tous les faux paysans tirèrent des épées et des pistolets de dessous leurs souquenilles, donnèrent le signal et tombèrent sur la garde, qui fut massacrée ou mise en fuite. Porto-Carrero et ses troupes accoururent, entrèrent quasi sans obstacle, culbutèrent quelques bourgeois accourus au bruit, et, divisés en plusieurs corps, marchèrent à la grande place, à la cathédrale, à l'arsenal et aux divers points fortifiés de la ville. On était en carême : le peuple, assemblé dans les églises pour le sermon du matin, fut tellement stupéfié quand il entendit

1. Cet enfant fut le célèbre Henri de Montmorenci, à qui Richelieu fit trancher la tête en 1632.

les tambours ennemis aux portes de Notre-Dame d'Amiens, qu'il n'opposa presque aucune résistance. Le comte de Saint-Pol, gouverneur de Picardie, et beaucoup de bourgeois s'enfuirent par les portes qui étaient encore libres; tout le reste des habitants fut mis à rançon, après que leur riche et commerçante cité eut été méthodiquement pillée de fond en comble pendant trois jours : Porto-Carrero fit épargner la vie des hommes et l'honneur des femmes. Quarante pièces de canon et tous les approvisionnements entassés dans Amiens furent la proie du vainqueur.

Henri IV resta quelques moments abasourdi sous ce coup terrible; puis, songeant un peu, il dit : « C'est assez faire le roi de France! il est temps de faire le roi de Navarre! » Et se tournant vers « sa marquise [1] qui pleurait : « Ma maîtresse, il faut quitter nos amours, et monter à cheval pour faire une autre guerre [2]. »

Il était bien nécessaire, en effet, que « le roi de Navarre, » le roi d'Arques et d'Ivri, se retrouvât tout entier! Henri avait à combattre, non plus pour la gloire, mais pour l'existence même. La confiance en sa fortune, qui avait tant fait pour lui, fut profondément ébranlée, en France et au dehors, par la perte d'Amiens, succédant ainsi aux pertes de Doullens, de Cambrai, de Calais. Tous les esprits disposés à incliner du côté de la force et du succès commençaient à se détourner de lui et à croire qu'il allait descendre comme il s'était élevé. Ses ennemis étaient dans l'allégresse. Les ducs de Savoie et de Mercœur, se reprenant à leurs téméraires entreprises, concertaient avec l'Espagne une double diversion dans l'Ouest et dans le Sud-Est du royaume, afin d'empêcher le roi de concentrer ses efforts sur Amiens. Toutes les forces du Milanais se joignaient à Charles-Emmanuel contre le Dauphiné. Une flotte espagnole devait descendre en Bretagne, et Mercœur ne se contentait plus de se maintenir dans son gouvernement : soutenu par les gouverneurs de Craon, de Rochefort en Anjou, de Mirebeau en Poitou, les derniers capitaines qui ne se fussent pas soumis au roi, il menaçait de porter la guerre dans

---

1. La marquise de Monceaux, Gabrielle.
2. L'Estoile, p. 282. — L'Estoile prétend que Mayenne avait prévenu le roi d'aller à Amiens, parce qu'il « y avoit entreprise sur une des principales villes de Picardie ». Henri aurait négligé l'avis.

les provinces de la moyenne Loire; il fomentait partout ce qui restait du vieux levain de la Ligue. Deux avocats furent pendus en Grève, au mois d'avril, comme servant d'agents entre Mercœur et le cardinal d'Autriche, et quelques Parisiens, « qui avoient été de la faction des Seize, » furent surpris, conspirant dans un cabaret, par le prévôt de la connétablie, Rapin (un des auteurs de la Ménippée). Il y en eut sept de pendus. Il y eut aussi des complots à Rouen, à Poitiers, etc. La masse ne conspirait pas, mais elle était souffrante, accablée d'impôts, partant mécontente et peu affectionnée [1].

Tandis que les ennemis du roi étaient pleins d'ardeur, ses alliés se montraient froids à le secourir ou même s'apprêtaient à prendre leur part de sa dépouille. Il avait adressé à Élisabeth une proposition qui atteste combien il estimait sa situation périlleuse : il avait invité la reine d'Angleterre à assiéger Calais pendant qu'il assiégerait Amiens, offrant de lui engager cette ville si elle la prenait [2]. Élisabeth, naguère si désireuse de recouvrer Calais, refusa, par bonheur! Menacée chez elle par une grande flotte espagnole, elle voulait réserver ses forces, soit pour défendre ses côtes, soit pour attaquer de nouveau celles d'Espagne. Pendant ce temps, la garnison toscane de l'île d'If se saisissait du château, en chassait les quelques soldats français qui en avaient la garde et se rendait ainsi maîtresse de la rade de Marseille (20 avril). Le roi envoya du Vair demander des explications à Jean de Médicis, frère du grand-duc de Toscane, qui croisait sur la côte de Provence avec quelques galères. Médicis répondit que les îles de la rade étaient légitimement acquises au grand-duc [3]. Les Hollan-

---

[1]. Henri IV, tout en aspirant sincèrement à rétablir l'ordre, avait parfois des boutades de despotisme qui en renversaient les principes. Dernièrement, avant la perte d'Amiens, il avait pris 8,000 écus sur les rentes de l'Hôtel de Ville, que le clergé, dans une assemblée tenue en janvier 1596, s'était engagé de nouveau à servir. Le roi avait envoyé en prison à Saint-Germain un des quarteniers, qui avait dressé une requête un peu vive sur l'irrégularité du paiement des rentes. L'Estoile, p. 279. — Les rentes de l'Hôtel de Ville de Rouen n'étaient pas mieux payées que celles de Paris. La dette perpétuelle consistait en rentes sur ces deux hôtels et sur les recettes générales et particulières. Palma-Cayet, p. 589.

[2]. Mathieu, t. II, p. 229.

[3]. Gauffridi, *Histoire de Provence*, l. XV. Le grand-duc était probablement mécontent de ce que Rosni avait fait casser une partie des baux dans lesquels il était intéressé sous le nom de banquiers italiens; *OEconomies royales*, t. I, p. 244.

dais seuls, parmi les alliés du roi, se montrèrent fidèles et affectionnés.

A l'intérieur, les embarras causés par les protestants aggravaient les dangers des intrigues espagnoles. Les protestants avaient resserré leur vieille organisation provinciale en dehors de l'autorité d'un roi qui n'était plus leur chef. Leurs instances pour un nouvel édit étaient plus pressantes que jamais ; plusieurs de leurs chefs, les Bouillon, les La Trémoille, les excitaient à se tenir éloignés des armées royales jusqu'à ce que Henri IV leur eût donné satisfaction. Ils avaient publié, au commencement de l'année, les énergiques *Plaintes des Églises réformées*. Leurs délégués étaient réunis en permanence, le roi permettant ce qu'il ne pouvait empêcher, et ils négociaient, depuis plusieurs mois, avec les fondés de pouvoir de Henri IV, sans arriver à une conclusion.

Henri fit face à tout en grand roi et en grand capitaine. Il déclara aux négociateurs employés par le pape qu'il ne traiterait plus qu'après la reprise d'Amiens. Il partit, avec toute la noblesse de cour, pour aller rassurer et mettre à l'abri le reste des places picardes : il fit entamer sur-le-champ le blocus d'Amiens par Biron, avec quatre ou cinq mille soldats qu'il avait sous la main ; ce corps de troupes, posté à Longpré, au nord de la Somme, se grossit peu à peu des gens de guerre qui arrivèrent de tous les points du royaume, et, de simple corps d'observation, devint armée de siége. Biron ne se contenta pas longtemps de gêner les communications d'Amiens avec Doullens et Arras ; il commença, à un quart de lieue d'Amiens, une double ligne de tranchées et de redoutes, espèce d'arc dont la rivière était la corde et qui devait rendre impossible de secourir la place par la rive nord de la Somme. Pendant ce temps, Lesdiguières prenait le commandement du Dauphiné et réunissait sous ses étendards les catholiques et les protestants du Sud-Est : Brissac, le *traditeur* de Paris, que Henri IV savait irréconciliable avec les Espagnols, était chargé de combattre Mercœur dans l'Ouest.

Les meilleures dispositions militaires eussent avorté, si l'on ne se fût assuré du « nerf de la guerre ». Le soin de la subsistance des troupes fut confié spécialement à Rosni. Il ne s'agissait pas seulement d'assurer la solde de l'armée : tout était à recréer, l'artillerie, les magasins. On n'avait pas le choix des moyens. Rosni suggéra au roi les expédients les plus prompts, sinon les plus conformes à la saine économie : c'était de demander au clergé une décime ou deux; de créer et de mettre en vente un certain nombre d'offices; de lever un emprunt forcé sur les plus aisés des membres des cours souveraines et des habitants des grandes villes, en assignant le remboursement et les intérêts sur une amélioration considérable que Rosni avait déjà obtenue dans les baux des gabelles et des cinq grosses fermes; de demander aux provinces du Nord trois régiments entretenus à leurs frais; de contraindre les traitants à financer, en les menaçant d'une chambre de justice qui poursuivrait leurs malversations; enfin d'établir une crue de quinze sous par minot de sel. Ce dernier expédient était le moins excusable de tous, car il augmentait une charge qui pesait surtout sur le pauvre[1].

Les parlements adressèrent au roi de virulentes remontrances, surtout relativement à la création de nouveaux offices. Le roi raccourut dans la capitale pour obliger le parlement de Paris à enregistrer les édits bursaux (12 avril). Une scène très-vive eut lieu entre Henri et le premier président de Harlai : ces parlementaires, comme le roi le leur reprocha, ne savaient pas sortir un moment « des formalités des lois et ordonnances » pour comprendre les nécessités du salut de l'État. La résistance se prolongea plus d'un mois : la vérification des édits fut refusée au connétable et au chancelier; il fallut que le roi allât en personne forcer l'enregistrement (21 mai) et demander l'emprunt aux principaux membres des cours souveraines et de la bourgeoisie parisienne. Il partit ensuite pour le camp, laissant Paris si agité qu'il crut devoir interdire, pour cette année, les élections municipales et maintenir arbitrairement en charge les magistrats dont les fonctions étaient expirées. La ville de Paris réclama vivement à plusieurs reprises[2].

1. *OEconomies royales*, t. I, p. 248.
2. *L'Estoile*, p. 284-285.—*Registres de l'Hôtel de Ville*, XIV, f° 302.—Pendant que le roi forçait la main au parlement de Paris, Sanci était aux prises avec le parlement de Rouen, qui finit par céder sur l'emprunt, transigea sur les créations d'offices, mais résista avec une courageuse opiniâtreté à la crue sur le sel, et s'efforça, quoique sans succès, d'affranchir la Normandie du détestable système de l'achat forcé du sel.

Henri était bien assuré que toutes ces rumeurs s'apaiseraient s'il revenait vainqueur. Grâce à l'énergique intervention du roi, Rosni, qui avait promis que les troupes ne manqueraient de rien, eut les moyens de tenir parole et put se tirer, à son honneur, de cette rude épreuve. Jamais un si bel ordre n'avait régné dans les armées de Henri IV. Le camp royal semblait un « second Paris ». On y trouvait toutes les commodités de la vie. Les soldats, bien payés, bien nourris, bien soignés lorsqu'ils étaient blessés ou malades, supportaient gaiement les fatigues et les dangers. Durant six mois que dura le siége, il n'y eut pas trace d'épidémie dans l'armée. Des milliers de pionniers poussaient activement les travaux de circonvallation. Des fonderies établies au milieu du camp travaillaient à refaire une artillerie à la place des canons perdus dans Amiens.

L'armée, au mois de juin, ne comptait encore qu'une quinzaine de mille hommes, y compris deux régiments hollandais et deux mille Anglais, obtenus à grand'peine d'Élisabeth[1]; mais la venue du roi y attira une affluence toujours croissante de noblesse; les ci-devant ligueurs y remplirent le vide que laissait l'absence de la plupart des huguenots. Mayenne et les jeunes Guises se firent remarquer par leur zèle. Les événements de Bretagne et de Dauphiné furent accueillis comme d'heureux présages. La flotte espagnole, battue par la tempête, n'avait pu descendre ni en Bretagne ni en Angleterre; Mercœur, loin d'envahir l'Anjou, avait vu son lieutenant défait par les capitaines du roi aux environs de Dinan. Le duc de Savoie n'avait pas mieux réussi : Lesdiguières l'avait prévenu en attaquant la Savoie; la Maurienne était au pouvoir des Français, et la victoire était, comme de coutume, fidèle au terrible chef des Dauphinois.

Cependant, la résistance des assiégés ne faiblissait pas plus que la résolution des assiégeants. La garnison d'Amiens se composait d'au moins trois mille fantassins et mille chevaux d'élite, et son

---

Floquet, *Histoire du parlement de Normandie*, t. IV, p. 177-191. Il paraîtrait que l'achat forcé du sel n'avait pas été introduit jusqu'alors en Normandie. C'est là une tache pour la mémoire de Henri IV et de Sulli.

1. Elle avait d'abord refusé d'envoyer ses soldats, bien que le traité l'y obligeât, à moins que Henri IV ne lui cédât Boulogne! *An historical view of the negociation*, ap. Mignet, *Antonio Perez et Philippe II*, p. 339; 3e édit.

chef, Porto-Carrero, se montrait aussi constant à défendre Amiens qu'il avait été adroit à le surprendre. Cet homme, qui avait le cœur d'un héros dans le corps d'un nain, troublait les approches des Français, éventait leurs mines, ruinait leurs travaux par des sorties meurtrières; les Français, néanmoins, avançaient lentement, mais progressivement : ils étaient logés au bord des fossés et battaient les remparts avec quarante-cinq pièces de canon. Un grand secours devenait indispensable.

Le cardinal archiduc le savait et n'avait d'autre pensée que de conserver Amiens à tout prix : il avait écrit à Porto-Carrero qu'il irait faire lever le siège, dussent Bruxelles et Anvers se perdre en son absence avec tout le reste des Pays-Bas. Heureusement pour la France, les ressources du gouverneur des Pays-Bas ne répondirent pas à ses désirs. Philippe II, à la fin de l'année précédente (novembre 1596), avait fait une seconde banqueroute dont toute l'Europe retentissait et dont toutes les places de commerce étaient bouleversées : après avoir engagé tous ses domaines et ses revenus, ne pouvant plus obtenir de nouvelles avances des banquiers et des négociants, le roi catholique s'était libéré d'une façon expéditive en abolissant tous les intérêts qu'il devait et en reprenant tous les gages qu'il avait assignés à ses créanciers. La conséquence de cette belle opération fut qu'il devint impossible à Philippe de se procurer un seul ducat d'avance sur le produit des impôts. Jusqu'à ce que les galions des Indes fussent arrivés et les impôts rentrés, le cardinal d'Autriche ne put bouger. Ce ne fut que vers le milieu d'août que le cardinal commença de rassembler à Douai des forces un peu respectables. L'armée française eut ainsi tout le temps de se compléter et de fortifier ses positions.

Le 3 septembre, Porto-Carrero fut tué d'un coup d'arquebuse. Le bruit de l'approche du cardinal archiduc empêcha la garnison de perdre courage. Le cardinal arriva à Doullens avec une vingtaine de mille hommes. L'armée française, qui grossissait encore tous les jours, comptait au moins vingt-cinq mille combattants. Henri IV ne pensait pas que le prince autrichien osât songer à l'attaquer dans ses lignes : d'Aubigné (part. II, col. 540) rapporte que le roi, bien qu'il sût l'ennemi campé à mi-chemin de Doullens à Amiens, poussa la confiance, ou plutôt la bravade, jusqu'à partir pour la chasse le 15 septembre au matin. L'ennemi, cependant, parut en vue du camp vers le milieu du jour, dans ce bel ordre de bataille qu'avait inventé le duc de Parme. Si Mayenne n'eût pris le commandement et arrêté à la hâte les dispositions nécessaires, on ne sait quelles conséquences eût pu avoir l'absence du roi, qui ne revint que vers les trois ou quatre heures. Quoi qu'il en soit de l'imprudence du roi, il est certain que Mayenne rendit, ce jour-là, les plus grands services. Biron avait commis une faute, qui lui fut reprochée comme une trahison[1] : il n'avait pas retranché le village de Longpré, qui était à quelque distance en dehors de ses lignes et où se trouvait le pont le plus proche sur la Somme, au-dessous d'Amiens. Si l'ennemi se fût emparé du pont, le ravitaillement d'Amiens eût été assuré, les Français n'ayant construit aucunes fortifications au midi du fleuve. Mayenne reconnut, le premier, le point décisif et se chargea de mettre Longpré en défense, pendant que le roi, avec sa nombreuse cavalerie, harcèlerait et retarderait l'ennemi.

Si l'archiduc eût poussé droit à Longpré, dans ce premier moment de trouble, il eût probablement emporté la position ; mais il s'arrêta court aux premières volées de quelques pièces de canon amenées en toute hâte du camp : après beaucoup d'hésitations, il se replia sur Saint-Sauveur, à une demi-lieue de Longpré. L'armée française se rassura aussi vite qu'elle s'était ébranlée. Le cardinal d'Autriche fit jeter un pont sur la Somme, au-dessous de Longpré, entre Saint-Sauveur et Ailli ; il y fit passer deux mille cinq cents hommes d'élite, avec un convoi ; le roi avait prévu cette tentative : trois mille fantassins et quatre cents cavaliers français attendaient l'ennemi sur l'autre rive ; le détachement espagnol fut rejeté au nord de la Somme, et ses pontons restèrent au pouvoir des Français. C'était le soir. Durant la nuit, on vit des flammes s'élever des logements de l'archiduc : l'armée de secours renonçait à son entreprise et se retirait sur Doullens. Le roi

---

1. L'historiographe Mathieu dit tenir du roi lui-même que Biron voulait laisser entrer le secours, « afin de se rendre toujours nécessaire, et que le roi fût toujours en peine. — Il me l'a confessé depuis et demandé pardon ! » aurait ajouté Henri IV. T. II, p. 235.

voulait la forcer à recevoir la bataille : Biron et le connétable prétendirent « qu'il faut faire un pont d'or à l'ennemi qui fuit. » Henri suivit à regret leur conseil.

La garnison d'Amiens, voyant les Français logés dans les fossés et la brèche ouverte, capitula enfin le 19 septembre, et sortit, le 25, avec armes et bagages, tambours battants, mèches allumées. Par le premier article de la capitulation, le roi s'était engagé à respecter le monument élevé, dans la cathédrale, au brave Porto-Carrero. Henri fit son entrée dans Amiens aux acclamations de l'armée, qui furent bientôt répétées par la France entière [1].

Bien que la noblesse volontaire se fût presque toute dispersée aussitôt après la conquête d'Amiens, Henri entra sur le territoire ennemi et alla saluer de son canon la ville d'Arras, où s'était retiré le cardinal archiduc; mais les Espagnols n'acceptèrent pas plus le combat devant Arras que devant Amiens. Henri se rabattit sur Doullens, qu'il assiégea : les pluies qui tombèrent à torrents l'obligèrent de lever le siége.

Ce petit échec du roi se perdit dans le retentissement immense de son triomphe. L'effet de la perte d'Amiens ne fut pas seulement réparé : la force morale de la France se trouva bien plus grande qu'avant le succès passager des Espagnols. La confiance rentra dans le cœur des amis : les ennemis perdirent courage; les opinions vacillantes revinrent au vainqueur. Le duc de Mercœur, aussi souple qu'il avait été arrogant, sollicita sur-le-champ une trêve de trois mois pour traiter de la paix. Le grand-duc de Toscane cessa de prétendre à la propriété des îles de la rade de Marseille, et ne demanda plus qu'une indemnité pour les travaux qu'il y avait ordonnés [2]. Philippe II, lui-même, s'avoua vaincu et laissa tomber son épée. Épuisé par les infirmités bien plus que

---

1. De Thou, t. V, l. cxviii, p. 676-685. — Palma-Cayet, p. 765-771. — Mathieu, t. II, p. 231-236. — Davila, l. xvi, p. 1253-1277. — Sulli, t. I, p. 249-264. — D'Aubigné, part. ii, col. 535-542. — L'Estoile, p. 287. — *Mém.* de Mornai, t. VII, p. 330. — Amiens ne recouvra plus les priviléges qui avaient causé sa perte; la mairie perdit aussi le droit de haute justice.

2. Le duc de Guise avait repris l'île de Ratonneau et serrait de près les îles d'If et de Pomègues. L'affaire s'arrangea par un traité du 1er mai 1598, et les îles furent évacuées. *V.* Dumont, *Corps diplomat.*, t. V, part. i, p. 561.

par l'âge, Philippe sentait que la vie allait lui échapper et que son fils ne serait pas de force à poursuivre l'œuvre impossible à laquelle il avait usé son règne : il s'apprêtait à marier sa fille, la seule créature humaine peut-être pour laquelle il eût eu des entrailles, avec le cardinal d'Autriche, qui devait rendre son chapeau rouge au pape et rentrer dans le monde laïque, et il destinait aux deux fiancés les Pays-Bas et la Franche-Comté, sous la suzeraineté de l'Espagne. Il souhaitait donc de laisser la paix à ses héritiers : il voulait la paix avec tous, lui qui n'avait cessé de la disputer à tous; il l'avait déjà fait proposer indirectement à l'Angleterre et même aux Provinces-Unies, qui, pendant le siège d'Amiens, avaient chassé les Espagnols de tout ce qui leur restait au nord du Rhin. La médiation offerte par l'empereur, par le roi de Danemark, par le roi de Pologne avait été froidement accueillie des Hollandais : Philippe n'entendait pas traiter avec les Provinces-Unies comme avec une nation indépendante, et les Hollandais étaient décidés à ne jamais transiger avec l'Espagne qu'elle ne reconnût la souveraineté des États Généraux. Quant à Élisabeth, se sentant à l'abri de tout danger sérieux, elle n'était pas pressée de faire la paix et ne demandait pas mieux que de voir la France et l'Espagne s'acharner indéfiniment l'une sur l'autre.

Henri IV n'était point assez satisfait d'Élisabeth pour lui sacrifier l'intérêt bien évident de la France. Il reçut très-favorablement les nouvelles ouvertures que lui firent les représentants du pape, le légat et le général des cordeliers, et leur déclara que ses prétentions étaient les mêmes après qu'avant son heureuse campagne d'Amiens. On convint d'ouvrir des conférences à Vervins au commencement de l'année suivante. En attendant, les médiateurs pontificaux menèrent vivement leurs négociations officieuses. Dès le mois de novembre, les Espagnols ne disputaient plus que sur Calais et consentaient à rendre toutes les autres places françaises. Ils ne se refusaient point à traiter avec l'Angleterre et les Provinces-Unies en même temps qu'avec la France[1]. Henri dépêcha un

---

1. Ce n'était pas ce qu'eût voulu le pape, qui avait sollicité Henri IV non-seulement d'abandonner ses alliés, mais de s'unir à l'Espagne contre eux, suivant la maxime que le serment prêté à l'hérétique n'oblige pas. *V.* les Lettres de d'Ossat; Lettre à Villeroi du 1er février 1597; et Ranke, *Hist. de France*, l. VII, ch. 2.

envoyé extraordinaire à Élisabeth, afin de lui représenter le besoin que la France avait de la paix, et pressa les Hollandais d'entrer dans la négociation. Du Plessis-Mornai avait proposé un expédient qui résolvait ou du moins éloignait la principale difficulté : c'était de faire la paix pour la France et l'Angleterre, et, pour les Provinces-Unies, une longue trêve qui laissât à chacun ses prétentions. Mais les Hollandais, et surtout leur belliqueux stathouder, Maurice de Nassau, animés par leurs récents succès, étaient peu disposés à quitter les armes et se flattaient au contraire de décider Henri IV, par de grandes offres, à continuer la guerre. Une ambassade anglaise et hollandaise fut annoncée au roi pour la fin de janvier.

Le 28 janvier 1598, Henri donna ses instructions aux plénipotentiaires qui devaient le représenter à Vervins. C'étaient le vieux Pomponne de Bellièvre et Nicolas Bruslart de Silleri, président au parlement de Paris. Henri leur défendit d'abandonner les intérêts des Provinces-Unies et leur prescrivit, dans le cas où les délais de l'Angleterre et de la Hollande obligeraient à conclure sans elles, d'obtenir au moins une trêve de six mois pour ces deux états, avec la faculté d'accéder ultérieurement au traité de paix. C'était le moins qu'on dût aux alliés de la France ; car le traité de 1596, rigoureusement exécuté, n'eût pas même permis qu'on ouvrît des conférences sans leur aveu et hors de leur présence. A la vérité, Élisabeth avait fourni à Henri IV plus d'un motif d'excuse. Les plénipotentiaires du roi partirent, le 3 février, pour Vervins, avec la certitude que les Espagnols céderaient sur Calais.

Henri avait trois grandes affaires à régler à la fois : la paix avec l'Espagne, la réduction de la Bretagne, la transaction avec les protestants. Le roi n'entendait souffrir en aucune façon que le duc de Mercœur fût compris dans le traité avec Philippe II, ni qu'il conservât le gouvernement de Bretagne. Henri avait résolu de se transporter dans l'Ouest pour en finir avec Mercœur et avec les huguenots : ceux-ci s'étaient enfin décidés à reprendre les armes pour le roi contre Mercœur dans l'Ouest, comme contre le duc de Savoie dans l'Est. Henri, victorieux, était maintenant plus en état de les faire renoncer à des prétentions exagérées et de leur accorder tout ce qui était raisonnable. Henri fût parti pour les bords de la Loire dès la fin de l'année 1597, s'il n'eût attendu les envoyés d'Angleterre et de Hollande. Les ambassadeurs, retardés par les vents contraires, ne paraissant pas, le roi quitta enfin Paris le 18 février.

La Bretagne fut recouvrée l'épée dans le fourreau. Dès la fin de janvier, Dinan, aidé par ses voisins de Saint-Malo, s'était révolté contre Mercœur : du plus loin qu'on vit venir le roi, les gouverneurs des forteresses de Craon, de Rochefort en Anjou, de Mirebeau, qui servaient d'avant-postes à Mercœur au dehors de la Bretagne, envoyèrent leur soumission à Henri IV. Ancenis, Fougères, dans la Haute Bretagne, Vannes, Hennebon, dans la Basse, entrèrent en pourparlers : la ville de Nantes signifia au duc qu'elle voulait député au roi pour la paix; le clergé nantais déclara qu'il ne pouvait plus s'abstenir de prier pour un roi reconnu par le pape. La résistance était impossible. La Bretagne n'aspirait plus qu'à rentrer dans l'unité française. Mercœur eût été contraint de se rendre à discrétion ou de se réfugier parmi les Espagnols à Blavet, s'il n'eût su habilement exploiter les faiblesses du roi. Il avait perdu, en bas âge, un fils sur lequel avaient reposé de superbes espérances et que madame de Mercœur faisait saluer par ses familiers du titre de prince de Bretagne. Il fit proposer sa fille unique et son immense héritage à Gabrielle d'Estrées pour le petit César, fils du roi et de Gabrielle. Celle-ci, ravie d'une si grande et si riche alliance, entra chaudement dans les intérêts du duc et obtint pour lui un accommodement qu'il n'eût point dû espérer. Le traité fut signé à Angers, le 20 mars, par le roi et par la duchesse de Mercœur. Personne n'avait obtenu de termes plus favorables. Le roi excusait le retard que Mercœur et ses adhérents avaient mis à se soumettre, approuvait leur zèle pour la religion, les rétablissait dans tous leurs biens, charges et dignités. Mercœur fut censé se démettre volontairement du gouvernement de Bretagne en faveur de son gendre, le petit César, que le roi avait créé pair de France et dota du duché de Vendôme. Mercœur et ses principaux adhérents eurent des pensions et des indemnités en argent, par articles secrets, et les États de Bretagne accordèrent au roi un prêt de 800,000 écus pour achever la pacification et la réorganisation de la province.

Ainsi furent éteints les derniers feux de la Ligue.

Peu de jours après se décida la grande affaire des huguenots, en suspens depuis près de cinq ans. Rien n'avait fait passer plus de nuits sans sommeil à Henri IV, placé entre une majorité intolérante et une minorité indomptable. L'édit de 1577 était, aux yeux du parti catholique, une concession exorbitante, un pacte impie; aux yeux du parti protestant, une concession nulle et dérisoire. Les protestants se plaignaient, non sans fondement, que cet édit, déjà beaucoup moins avantageux que ceux de 1562 et de 1576, fût presque réduit à néant, dans l'application, et par les nombreux traités conclus avec les ligueurs et par le mauvais vouloir des magistrats et des officiers royaux. Les traités particuliers accordés aux seigneurs et aux villes de la Ligue, contrairement à la promesse faite par les catholiques royaux aux huguenots avant l'abjuration du roi, bannissaient absolument le culte réformé d'une multitude de villes et de cantons, et y excluaient les protestants de tous emplois. Les ligueurs provençaux avaient exigé que le culte réformé fût banni de toute la Provence, et le parlement d'Aix interdisait ce culte, sous peine de la vie, dans tout son ressort.

Les autres parlements n'allaient pas si loin; mais ils refusaient partout de recevoir des conseillers protestants sur leurs bancs : les tribunaux inférieurs suivaient cet exemple; on excluait les huguenots des corps municipaux, des corporations, des écoles; on saisissait, on brûlait leurs livres; on les maltraitait quand ils allaient au prêche dans les lieux autorisés; on les forçait de respecter les observances de l'église romaine; on enlevait leurs enfants orphelins pour les élever dans la religion catholique, contrairement à l'édit de 1577. Le plus éclatant exemple avait été donné à l'égard du petit prince de Condé. Les chambres mi-parties, qui devaient juger les procès entre catholiques et protestants, n'existaient que sur le papier, excepté en Languedoc et à Paris. Les trésoriers royaux ne payaient pas les garnisons des places de sûreté ni l'entretien des ministres. Les ordres du roi, quand ils favorisaient les réformés, étaient désobéis par ses propres officiers [1].

---

1. *Plaintes des églises réformées*, ap. *Mém. de la Ligue*, t. VI, p. 428. — *Brief discours*, etc., par du Plessis-Mornai; ap. *Mém.* de Mornai, t. VII, p. 257-298.

Il est facile de se figurer l'irritation de ces hommes énergiques et mal endurants, qui se plaignaient hautement de l'ingratitude du roi et ne voulaient pas comprendre les inextricables difficultés de sa position; ils avaient resserré leur vieille organisation fédérative [1]; ils cherchaient à convertir les seigneurs et les populations, à occuper de nouveaux postes militaires, continuaient à empêcher par représailles l'exercice du culte catholique dans quelques-unes des places dont ils étaient maîtres, se garantissaient secours les uns les autres envers et contre tous, se recommandaient à leurs coreligionnaires étrangers. Les Hollandais, du moins, ne leur donnaient que des conseils de modération. Les assemblées générales se succédèrent presque sans interruption : à Mantes, en novembre 1593; à Sainte-Foi, en juillet 1594; à Saumur, en février 1595; à Loudun, en avril 1596. Ne pouvant tirer du roi ni de son conseil une réponse satisfaisante, ils furent sur le point de rejeter solennellement l'édit de 1577, impuissant et mutilé comme il l'était, et de se reporter à la trêve de 1589. Substituer le régime de la trêve à celui d'un édit royal, c'était faire un État dans l'État : Henri IV, alarmé, annonça qu'il allait dépêcher vers l'assemblée de Loudun des gens de son conseil privé, afin d'aviser à les contenter (4 juin 1596). Les conseillers de Vic et Soffroi Calignon se rendirent en effet à Loudun, mais sans pouvoirs suffisants au gré des huguenots, qui députèrent de nouveau vers le roi à Rouen, pendant l'assemblée des notables. Les huguenots prétendaient que l'on rompît les traités faits à leur détriment avec les ligueurs. On ne réussit pas à s'entendre. A la nouvelle de la surprise d'Amiens, les plus ardents des huguenots voulaient s'emparer de Tours, afin de forcer le roi de tout accorder; les gens sages eurent grand'peine à retenir les exaltés. Au mois de mars 1597, Henri IV adjoignit à de Vic et à Calignon, comme commissaires royaux, Gaspard de Schomberg, comte de Nanteuil, et l'historien Jacques-Auguste de Thou, alors président au parlement de Paris. Ces deux notables personnages négocièrent, tout le reste de l'année, avec l'assemblée protestante. Les choses ne commencèrent à s'éclaircir qu'après la reprise d'Amiens. Henri

---

1. V. dans d'Aubigné, *Hist. univers.*, part. II, col. 507-516, l'organisation établie par l'assemblée de Sainte-Foi.

se crut enfin assez fort pour trancher les questions qu'il traînait depuis si longtemps après lui. Le 6 décembre 1597, il promit par écrit aux réformés de leur laisser pendant huit ans toutes les places qu'ils occupaient, d'entretenir à sa solde les garnisons protestantes de ces places, au nombre d'environ quatre mille hommes, et de faire part des emplois à tous ses sujets sans distinction de religion [1]. La discussion se prolongea toutefois encore quatre mois sur les autres articles, et ce fut seulement le 15 avril, à Nantes, que Henri IV signa l'édit célèbre qui ferme, dans notre histoire, la grande période des Guerres de Religion.

Le préambule est très-remarquable : Henri, pour fermer la bouche au pape et aux zélés catholiques, y motive l'édit sur la nécessité d'assurer le rétablissement du culte catholique dans les lieux où il n'a pu être encore rétabli (en Béarn, à La Rochelle, à Nîmes et à Montauban) aussi bien que de pourvoir aux plaintes des sujets de la religion prétendue réformée. Il a différé, dit-il, jusqu'ici, parce que « la fureur des armes ne compatit point à « l'établissement des lois. Mais, maintenant qu'il plaît à Dieu com- « mencer nous faire jouir de quelque meilleur repos, nous avons « estimé ne le pouvoir mieux employer.... qu'à pourvoir que son « saint nom puisse être adoré et prié par tous nos sujets ; et, s'il « ne lui a plu permettre que ce soit pour encore en une même « forme de religion, que ce soit au moins d'une même intention, « et avec telle règle, qu'il n'y ait point pour cela de trouble ou de « tumulte entre eux. » Il s'est donc décidé à donner à tous ses sujets, sur cette matière, une loi « générale, claire, nette et ab- « solue, » un édit « perpétuel et irrévocable, » et prie la divine bonté de leur faire comprendre « qu'en l'observation de cette « ordonnance consiste, après ce qui est de leur devoir envers « Dieu et envers nous, le principal fondement de leur union, « tranquillité et repos, et du rétablissement de cet État en sa pre- « mière splendeur. »

Les « prétendus réformés » auront donc la liberté d'aller et habiter par tout le royaume sans être astreints à rien faire contre

---

1. Mss. de Baluze, in-f°, t. 832, cité par Capefigue, t. VIII, p. 77. — D'Aubigné (part. IIe, col. 622) rapporte que Mayenne se montra plus conciliant que personne dans le conseil du roi.

leur conscience. Le libre exercice du culte est maintenu ou rétabli dans toutes les villes où il se trouvait établi en 1596 et 1597, et dans celles où il avait été accordé par l'édit de 1577 ; plus, dans une ville ou bourg par bailliage ou sénéchaussée, sans déroger aux traités faits avec les catholiques (les ligueurs). Le libre exercice est accordé à tous possesseurs de haute justice ou plein fief de haubert, pour eux, leurs familles et tous autres qu'ils voudront recevoir ; aux possesseurs de simples fiefs, pour eux, leurs familles et amis, jusqu'au nombre de trente seulement. Les protestants seront reçus partout dans les colléges, les écoles, les hôpitaux, et pourront fonder des écoles et colléges et publier des livres de leur religion dans les villes où leur culte est autorisé. Ils seront partout admissibles à toutes les charges et emplois, nonobstant les traités faits avec les catholiques, et ne seront point astreints, en entrant aux charges, à des cérémonies ou à des formes de serment contraires à leur conscience. Ils auront un lieu de sépulture en chaque ville ou autre lieu. Il est interdit d'enlever les enfants à leurs parents pour les faire changer de religion, et les parents auront droit de pourvoir, par testament, à l'éducation de leurs enfants. Les ministres seront exempts de guet, gardes, etc. Les exhérédations pour cause de religion ne seront pas valables. Les protestants seront tenus de respecter les jours fériés et les degrés prohibés par l'Église pour le mariage, ainsi que de payer les dîmes. Une nouvelle « Chambre de l'Édit » sera instituée dans le parlement de Paris pour juger tous les procès où les protestants seront intéressés ; elle jugera aussi les affaires des protestants de Normandie et de Bretagne, jusqu'à ce que des chambres de l'édit aient été créées dans ces deux provinces. La chambre mi-partie de Castres sera maintenue pour le Languedoc. Il sera établi deux chambres mi-parties dans les parlements de Bordeaux et de Grenoble. La chambre de Grenoble sera pour le Dauphiné et la Provence. Les protestants de Bourgogne plaideront à Paris ou à Grenoble, à leur choix. Toutes ces chambres seront en exercice avant six mois. Les réformés se désisteront de toutes pratiques, négociations et intelligences dedans et dehors le royaume ; leurs conseils provinciaux se dissoudront ; plus de cotisations ni de levées de deniers sans l'aveu du roi, qui autorisera les synodes provinciaux et nationaux, et permettra les levées nécessaires pour les frais des synodes et l'entretien des ministres du culte. Le roi donne une somme annuelle dont l'emploi n'est pas spécifié (pour les ministres). La question des places et des garnisons est réglée par un article à part.

Tous les gouverneurs, baillis, maires et principaux des villes jureront l'observation de l'édit. Les cours souveraines jureront, enregistreront et feront publier sans délais ni modifications [1].

Tel est le résumé de l'ÉDIT DE NANTES. L'ombre de L'Hospital dut applaudir, sa pensée triomphait; les démons de la Saint-Barthélemi étaient vaincus. Il ne s'agissait plus, comme sous Charles IX ou Henri III, « d'édits provisoires, » de trêves accordées aux nécessités de la guerre civile; l'édit « perpétuel et irrévocable » tendait à constituer définitivement la dualité de culte sous le commun patronage du pouvoir temporel et à ouvrir une ère nouvelle où la société laïque ne serait plus basée sur l'Église. Au moyen âge, l'Église était une, la société laïque était multiple; maintenant l'Église est double et la société laïque est une : le moule social du moyen âge est brisé; la réaction unitaire de Louis XIV pourra détruire momentanément l'œuvre de Henri IV, mais ne constituera pas d'une manière durable l'unité de l'État et de l'Église : la pensée de Henri IV sera reprise et dépassée par la France nouvelle [2].

---

1. L'édit et les articles séparés dans Dumont, *Corps diplomatique*, t. V, part. I, p. 545 et suiv.

2. Le roi, afin d'éviter tout froissement avec le légat, dont il avait eu si fort à se louer, attendit le départ de ce prélat avant de faire publier l'édit, qui ne fut présenté au parlement de Paris qu'au commencement de l'année 1599. Le clergé et l'université avaient élevé de virulentes réclamations : le clergé avait fait faire, dans plusieurs villes, des processions comme aux jours des calamités publiques; une telle opposition se manifestait dans le parlement même, que le roi, après plusieurs « jussions » demeurées vaines, dut mander au Louvre les députés de toutes les chambres et leur parler avec une énergie extrême. Après une vive et poignante allusion à la Saint-Barthélemi et aux guerres civiles, au sang qu'il ne voulait plus voir couler, il déclara qu'il saurait bien couper la racine aux factions et aux prédications séditieuses, « faisant *accourcir* (raccourcir) tous ceux qui les suscitent..... J'ai sauté sur des murailles de villes : je sauterai bien sur des barricades ». Il faut voir dans le recueil des *Lettres de Henri IV* (t. V, p. 89) ce singulier mélange de raillerie et de pathétique, de menaces et d'exhortations cordiales (7 février). Henri, cependant, fit des concessions, dont les protestants se plaignirent à leur tour, et qui portaient, en effet, d'assez fortes atteintes à l'édit : il accorda que les causes où des ecclésiastiques seraient intéressés ne fussent pas jugées par les chambres de l'édit, bien qu'à Paris la chambre de

La pacification de la Bretagne, la transaction avec les huguenots, la paix avec l'Espagne, se suivirent à trois semaines de distance.

Le légat et le général des franciscains, représentants du Saint Père, Bellièvre et Silleri, plénipotentiaires de Henri IV, Richardot, Tassis et Verreiken, délégués de Philippe II, s'étaient réunis à Vervins dans les premiers jours de février [1] : l'ambassadeur du duc de Savoie les rejoignit le 1er mars. Il n'y eut de difficulté un peu sérieuse que pour les alliés des deux monarques belligérants. Henri IV s'était refusé absolument à laisser intervenir le duc de Mercœur dans le traité. Le pacte particulier que conclut Mercœur, au mois de mars, résolut la question. Quant au duc de Savoie, Henri consentait à faire la paix avec lui, mais à condition qu'il rendît le marquisat de Saluces, usurpé en 1588. Le duc s'y refusait, et les Espagnols ne voulaient point abandonner le duc. Après bien des débats, les représentants du Saint Père obtinrent que l'affaire de Saluces serait remise à l'arbitrage de Clément VIII, et que le duc évacuerait Berre, la seule place qu'il eût conservée en Provence. Les ambassadeurs d'Angleterre et de Hollande n'étant point arrivés, on n'aborda point à fond les conditions de paix qui pourraient être proposées à leur sujet. Les pouvoirs des ambassadeurs espagnols n'étaient pas en règle pour négocier avec les alliés de Henri IV; on fit venir d'autres pouvoirs de l'Escurial; un accord préliminaire fut signé le 28 février; les Espagnols consentaient que le traité restât ouvert aux alliés de la France pendant six mois, mais sans trêve.

---

l'édit ne fût pas « mi-partie » comme ailleurs et qu'il n'y eût qu'un seul protestant. Il promit verbalement aux députés du parlement de ne pas nommer des réformés aux fonctions de lieutenant général de bailliage, de procureur du roi, de juge criminel. Le parlement de Paris enregistra le 25 février 1599. Le roi dépêcha deux commissaires dans chaque province pour faire exécuter l'édit (de Thou, t. V, l. CXXII, p. 808-814). — La résistance fut opiniâtre dans certaines provinces. Les députés du parlement de Toulouse se firent rabrouer par le roi, qui leur dit qu'ils avaient encore « de l'Espagnol dans le ventre », et qu'il n'entendait pas qu'on réputât indignes des charges honorables « ceux de la religion qui ont été fidèles serviteurs au roi et à la couronne de France ». *Lettres de Henri IV*, t. V, p. 182. — Les États de Normandie avaient supplié le roi de révoquer l'édit (décembre 1598); le parlement de Rouen n'enregistra qu'avec des modifications qui altéraient profondément les articles de Nantes, et par exprès commandement du roi : il lutta, il chicana pendant dix ans, et ne reçut enfin l'édit dans son ensemble qu'en août 1609 (Floquet, t. IV, p. 134-160-238-269).

1. Les Français eurent le pas sur les Espagnols, bien qu'avec quelques palliatifs, pour sauver l'amour-propre de ceux-ci. Mornai, t. VIII, p. 37.

L'ambassadeur anglais, Robert Cecil, fils du lord Burghley, le fameux ministre d'Élisabeth, était enfin débarqué à Dieppe le 28 février, et s'était rendu auprès du roi à Angers : il y fut rejoint, au commencement d'avril, par Justin de Nassau et Barneveldt, envoyés des Provinces-Unies. Les Hollandais s'étaient fait illusion sur les dispositions du roi et l'état de la France; ils ne parlèrent que de guerre à des gens qui étaient entièrement décidés à la paix. L'ambassadeur anglais, moins belliqueux en paroles, désirait tout autant détourner le roi de conclure avec l'Espagne; après avoir laissé espérer qu'il irait à Vervins, il prétendit n'avoir pas de pouvoirs suffisants. Au fond, Élisabeth était fort contrariée de voir les Français rentrer à Calais, et les négociateurs français n'étaient pas sans crainte qu'elle ne cherchât à racheter Calais, pour son propre compte, des mains des Espagnols. Cette appréhension put contribuer à hâter les résolutions du roi, qui envoya l'ordre à ses plénipotentiaires de signer sans plus de délai, en promettant seulement aux ambassadeurs alliés de différer de quarante jours sa ratification. Les ambassadeurs anglais et hollandais partirent fort mécontents et chagrins, quoique Henri leur eût promis de rester l'ami de la reine et des États Généraux et de les aider indirectement, s'ils continuaient la guerre, en leur payant le plus tôt possible les grandes sommes qu'il leur devait.

Les Hollandais ne voulurent pas même accepter une trêve de deux mois, à laquelle avaient enfin consenti les Espagnols.

Le traité de Vervins fut signé le 2 mai 1598. Les Espagnols rendirent Calais, Ardres, Doullens, la Capelle et le Câtelet en Picardie, et Blavet (aujourd'hui Port-Louis) en Bretagne. Ils ne gardèrent de leurs conquêtes que la citadelle de Cambrai, qui n'était point ancienne possession française. Henri IV rendit le Charolais, fief de la couronne, toujours occupé sans résistance en cas de rupture. On se reporta, pour le reste des conditions, au traité du Câteau-Cambrésis [1].

Tandis qu'on fêtait la paix à Paris, la séparation de la Belgique et de l'Espagne s'accomplissait : Philippe II démembrait de ses propres mains, au moins en apparence, cet empire dans lequel il

---

1. Dumont, *Corps diplomatique*, t. V, part. I, p. 561. Toutes les pièces relatives aux négociations se trouvent dans les *Mémoires* de Mornai, t. VII et VIII.

avait voulu absorber le monde. Le 14 août 1598, les États Généraux des Pays-Bas catholiques, assemblés à Bruxelles, prêtèrent serment de fidélité à l'infante Isabelle-Claire-Eugénie, entre les mains de son futur époux, l'archiduc, ci-devant le cardinal Albert, qui jura, au nom de la nouvelle souveraine, le maintien des libertés de la Belgique. L'infante fut également proclamée dans la Franche-Comté. L'indépendance accordée avec tant d'éclat à la Belgique n'était, en réalité, qu'une indépendance administrative : la Belgique restait enchaînée par d'étroits liens à la politique espagnole ; l'infante et ses héritiers devaient reconnaître la suzeraineté espagnole ; le prince des Pays-Bas ne pourrait se marier sans le consentement du roi d'Espagne ; si le prince des Pays-Bas tombait en hérésie, il perdrait tous ses droits *ipso facto ;* les Pays-Bas auraient toujours les mêmes amis et les mêmes ennemis que l'Espagne ; la navigation des Indes Orientales et Occidentales leur était interdite ; le roi d'Espagne aurait droit de tenir garnison dans les citadelles d'Anvers, de Gand et de Cambrai [1].

Ces conditions de la cession des Pays-Bas furent tenues secrètes, afin de ne point effaroucher les Hollandais, auprès desquels l'archiduc Albert fit une dernière tentative. Albert écrivit aux États Généraux des Provinces-Unies pour leur remontrer que les anciennes causes de discorde avaient disparu, les Pays-Bas étant dorénavant séparés de l'Espagne, et pour les inviter à reconnaître leurs princes légitimes. Il offrit le maintien de la religion et de l'ordre établis dans les Provinces-Unies. On ne lui répondit même pas.

Albert partit pour aller recevoir en Espagne la main de l'infante. Philippe II ne présida point à ce mariage par lequel il espérait affermir, après lui, sa maison ; il expira le 13 septembre 1598. La mort fut pour lui un bienfait. Les tortures qu'il endura pendant plusieurs mois avant de pouvoir mourir semblèrent une expiation providentielle des supplices qu'il avait infligés à tant de malheureux, et les protestants purent comparer sa fin à celle de l'impie Antiochus. Son corps, desséché par l'étisie, corrodé par la goutte, dévoré de vermine, creusé d'affreux ulcères, se décomposa lentement avec des douleurs atroces, auxquelles il opposa jusqu'à

---

1. Dumont, t. V, part. I, p. 573.

la fin une sombre résignation. Eut-il des remords ou des doutes? On ne sait! Son ancien ministre Antonio Perez, qu'il avait proscrit et qui était loin de son lit de mort, expose dramatiquement ses terreurs [1] et dit qu'il expira en recommandant à son fils la paix avec la France et la guerre avec les infidèles. Dans un prétendu testament de Philippe II [2], on lui fait conseiller à son fils la paix générale; que, néanmoins, si son fils veut essayer s'il sera plus heureux que son père et que lui-même, il prenne surtout garde « aux mutations, changements, mauvais gouvernements et grande nécessité d'iceux », pour prendre à propos « le temps de leurs divisions ou foiblesses de princes ». Philippe paraît surtout regretter d'avoir « consumé à ses entreprises plus de six cents millions de ducats [3] », depuis 1566, sans autre fruit que la conquête du Portugal.

Tout cela est peu authentique : Philippe mourut impénétrable, comme il avait vécu.

L'usage qu'il fit de son unique conquête suffirait pour juger Philippe II. Il avait consommé l'unité politique de la Péninsule ibérique ; il avait donné à l'Espagne ce complément auquel toujours elle aspirera, comme la France aspire aux frontières naturelles de la vieille Gaule. Sut-il fondre les deux nations péninsulaires pour leur prospérité commune? Non; il mutila, il ruina la plus faible, pour l'asservir plus aisément à l'autre, qui n'en profita pas. Il laissa dépérir la marine et les colonies magnifiques du Portugal, préparant ainsi la fortune commerciale des nations protestantes, ses propres ennemies. Il pouvait faire de Lisbonne la première cité maritime du monde, ce qu'est devenue Londres. Il

---

1. « Quand il se figuroit les abîmes de la justice divine, le compte qu'il avoit à lui rendre de tant de sang répandu en pure perte, il auroit mieux aimé être né pauvre pâtre que monarque des Espagnes. » *Vida del rey Phelipe 2º, por Antonio Perez*, ap. Mignet; *Antonio Perez et Philippe II*, p. 347.

2. Pièce envoyée d'Allemagne par l'agent français Bongars à Sulli; ap. *OEconomies royales*, t. 1, p. 299.

3. La somme est fabuleuse : elle mettrait les dépenses extraordinaires de Philippe II à près de 20 millions de ducats par an ; son revenu total dans les dernières années n'était peut-être pas fort au-dessous de 20 millions de ducats, ou 55 millions de livres : la couronne de France avait environ 30 millions de livres de revenu. V. Ranke, *l'Espagne et l'Empire othoman, Monarchie espagnole*, ch. IV. Ce roi, qui avait le plus fort revenu du monde entier, avait été réduit, l'année de sa mort, à quêter un don gratuit de porte en porte chez les principaux de ses sujets! *Ibid.*

la délaissa : il garda la capitale factice et sans avenir que Ximenès a donnée à l'Espagne au milieu des plaines arides de la Castille. Ce n'est point assez : Madrid est pour lui trop vivant encore. Il va s'enfermer dans un affreux vallon de la Sierra de Guadarrama; il bâtit, au milieu de noirs rochers, parmi les laves de volcans éteints, un vaste monastère en forme d'instrument de supplice (le gril de saint Laurent), et cache sa morne royauté dans ce palais de la mort. C'est de cet antre de San-Lorenço qu'il fait planer froidement et systématiquement, durant quarante années, sur ses vastes états, ce régime de terreur que des passions exaltées jusqu'au délire par les dangers inouïs d'une situation sans exemple infligeront plus tard durant quelques mois à la France.

Toute sa politique était dans un seul mot, détruire. Il combattait, a-t-on dit, pour l'unité ! Quelle unité ! L'unité du vide et du néant !

En vain une voix s'éleva, qui tenta d'arrêter l'Espagne sur le penchant de l'abîme où l'avait poussée Philippe II. Comme l'antique Israël, l'Espagne eut son prophète, qui lui dénonça les jugements de Dieu. Un de ces grands utopistes que leur impétueux génie emporte trop souvent au delà des bornes du possible, mais qui embrassent le monde réel, lorsqu'ils consentent à s'y restreindre, d'un coup d'œil plus large et plus sûr que ne font les hommes pratiques, perdus dans le dédale des faits, Campanella, du fond des cachots de Naples, adressa au successeur de Philippe II d'admirables, mais d'inutiles avertissements [1]. On

---

1. V. le Traité de Thomas Campanella sur *la Monarchie espagnole,* réimprimé à Berlin en 1840. Campanella y prédit, avec une sagacité extraordinaire, la décadence de l'Espagne, et propose les moyens de l'arrêter.— Le courage, la force, l'éloquence des Espagnols, ne les sauveront pas, dit-il. S'isolant orgueilleusement des autres peuples, ne s'alliant qu'entre eux, n'estimant que les armes, négligeant l'agriculture et le commerce, ils s'épuiseront et ne répareront pas leurs pertes. Leurs richesses passeront aux nations étrangères. Déjà les arts de la vie languissent abandonnés en Espagne, et aucun peuple ne peut prospérer sans les manufactures, le labourage et le commerce. Ils ne travaillent pas; ils ne daignent pas même écrire les grandes actions qu'ils font. Les chefs espagnols se ruinent dans leurs commandements à l'étranger, au lieu de s'y enrichir, puis reviennent ruiner le pauvre peuple en Espagne pour se refaire. La mauvaise assiette et répartition des impôts doit être changée. Campanella propose un système de contributions directes et indirectes, frappant modérément les denrées nécessaires, largement les objets de luxe. Il condamne la capitation, et établit l'impôt direct principalement sur les propriétés foncières. Il

dédaigna les rêves du moine philosophe, et l'Espagne continua de descendre jusqu'au fond du précipice où elle resta ensevelie, tandis que le monde se renouvelait, comme l'avait prédit Campanella, et que l'Europe marchait à pas de géant dans les voies de la civilisation moderne.

Car Philippe, vainqueur en Espagne, avait été vaincu en Europe. Il était mort épuisé sur le seuil de ce monde nouveau qu'il avait voulu empêcher de s'ouvrir. Tout ce qu'il avait voulu abaisser s'élevait; tout ce qu'il avait voulu tuer vivait et prospérait. La liberté! elle venait d'enfanter une jeune et florissante république. La tolérance! elle triomphait en France avec Henri IV. La France, enfin! elle se régénérait sous un grand homme; elle sortait, pleine de vie, de la chaudière sanglante où des mains insensées avaient jeté ses membres épars; elle allait s'élancer vers ce faîte de puissance d'où descendait l'Espagne.

prêche la protection du commerce, de la marine; « la clef de la mer est la clef du monde »! l'unité des lois civiles, l'accession de toutes les capacités au pouvoir, l'encouragement des manufactures et ateliers, « préférables aux mines d'or et d'argent ».

Suivent des prédictions sur le renouvellement du monde. « Tout nous l'annonce, tant d'inventions merveilleuses, la boussole, l'imprimerie, la poudre, le télescope, etc.! Nous avons fait plus d'histoires et écrit plus de livres en cent ans que nos aïeux en quatre ou cinq mille. Rien n'arrête la liberté humaine..... Comment arrêterait-on la marche du genre humain et son progrès, lorsque quarante-huit heures de supplices n'ont pu asservir la volonté d'un pauvre philosophe et lui arracher la plus petite parole de ce qu'il voulait taire? »

Ces dernières paroles font allusion aux affreux tourments qu'on lui avait fait subir après la découverte de sa conspiration, en 1598 : il avait voulu établir en Calabre une république qui eût réalisé sa célèbre utopie, *la Cité du Soleil*. V. la notice de M. Villegardelle, servant d'introduction à sa traduction de *la Cité du Soleil*; Paris, 1840. Campanella, après vingt-sept ans de captivité, vint mourir en France, où le cardinal de Richelieu accueillit et protégea sa vieillesse.

SIXIÈME PARTIE

FRANCE MODERNE

LUTTE DE LA MAISON DE BOURBON CONTRE LA MAISON D'AUTRICHE

LIVRE LXII

HENRI IV ET SULLI

La France à l'entrée du xviie siècle. Grandes vues de Henri IV. Ministère de Sulli. Restauration des finances, de la force militaire, de l'agriculture, de l'industrie, du commerce, de l'enseignement. — Viabilité; projet d'un système général de canalisation; exploitation des mines; desséchement des marais. — Olivier de Serres. Laffemas. — Industrie de la soie. — Assemblée du commerce en 1604. — Colonies de l'Acadie et du Canada. — Édits sur les duels. — Établissements d'édilité et de bienfaisance. — Bâtiments. Le Louvre, les Tuileries, la Place-Royale, etc. Les artistes et les artisans au Louvre. Peinture, sculpture, etc. — Réforme de l'université de Paris. — Belles-Lettres. L'*Astrée* de d'Urfé. Regnier. Malherbe. Charron. — Sciences. Viète.

1598-1610

Ce grand xvie siècle, qui a marqué si fortement sa trace dans les annales du genre humain, touchait à son terme. Né parmi les splendeurs des arts, au bruit des découvertes qui renouvelaient la face du monde intellectuel et du monde physique, il avait vu bientôt s'obscurcir son brillant horizon; il avait fourni les trois quarts de sa carrière au milieu des tempêtes religieuses. Le xvie siècle avait été rempli par le combat de l'esprit nouveau, de l'esprit de progrès et de liberté, manifesté sous des aspects bien divers, contre cet esprit de mort, ce *démon du Midi*, fils dégénéré du moyen âge et de la tradition impériale, qui voulait étouffer les nationalités indépendantes sous une contrefaçon de l'empire romain et le mouvement de l'intelligence humaine sous une contrefaçon de Grégoire VII. L'esprit nouveau avait vaincu, non certes assez complétement pour n'avoir plus à combattre, mais du moins assez pour vivre et grandir et se faire place sous le ciel. L'ère moderne s'ouvrait, ou, plutôt, l'ère de la Renaissance et de la Réforme, qu'on avait voulu refouler violemment dans le passé, continuait sa marche victorieuse et disputée ; car l'ère moderne n'a pas été jusqu'ici autre chose, et le genre humain n'est pas sorti, depuis trois siècles et plus, de cette grande époque de transition entre le monde du moyen âge et le monde inconnu qui se cache encore dans les nuages de l'avenir. Le caractère le plus saillant de la période où nous entrons avec Henri IV sera la substitution des guerres purement politiques aux guerres religieuses [1], des guerres ayant pour but d'équilibrer les états et d'empêcher les prépondérances excessives aux guerres qui avaient pour but la domination d'une secte et la destruction des dissidents. Les guerres politiques rendront à la France l'initiative et l'ascendant européen que lui avaient enlevés les guerres de religion.

Cet avenir, deux hommes, en 1598, le pressentaient déjà pour la France, qui ne songeait, elle, qu'à se reposer de quarante ans de convulsions. Tout endolorie de ses blessures, elle s'effrayait de sentir encore frémir çà et là dans son sein les passions qui l'avaient excitée à se déchirer elle-même. Les haines religieuses grondaient encore sourdement. Les zélés catholiques ne pouvaient s'accoutumer au « scandale » de l'édit de Nantes, et l'autorité royale avait besoin de toute sa vigilance et de toute sa décision pour les contraindre à respecter la loi nouvelle. Les huguenots, de leur côté, appuyés sur leurs places de sûreté [2], subsistaient,

---

1. La Guerre de Trente ans, objectera-t-on peut-être, fut encore une guerre de religion ; elle le fut, en effet, à l'origine ; mais Richelieu en fit une guerre politique.

2. Ces places, y compris celles que tenait Lesdiguières en Dauphiné, et qui lui avaient été laissées à titre personnel, étaient au nombre d'environ soixante-quinze ; mais la plupart étaient peu fortifiées et n'étaient gardées que par quelques soldats. Les principales étaient Saumur, Grenoble, Montpellier, Loudun, Jargeau, Thouars, Niort, Fontenai, Châtellerault, Saint-Maixant, Marans, Maillezais, Saint-Jean-d'Angéli, Pons, Taillebourg, Royan, Lectoure, L'Isle-Jourdain, Figeac, Castillon, Berge-

sinon comme un état dans l'état, du moins comme un parti constitué et organisé, et ne souffraient pas sans difficulté le rétablissement du culte romain dans les villes et les cantons où ils dominaient. Le conseil souverain de Béarn et les magistrats de La Rochelle firent des remontrances au roi contre le papisme, tout comme le clergé, les parlements et l'université en avaient fait contre l'hérésie [1]. Les deux partis étaient toujours aux aguets et en défiance contre le roi. L'un avait grand'peine à lui pardonner d'avoir été protestant, l'autre, de ne l'être plus.

Un obstacle qui entravait encore davantage le rétablissement de l'ordre, c'était cette coalition de passions égoïstes et d'intérêts illicites qui assiégeait le trône : c'étaient les habitudes contractées, dans un temps d'anarchie, par les gouverneurs, les chefs militaires et les officiers de finances. Entre le peuple et le gouvernement s'interposait une armée d'ennemis du gouvernement et du peuple. Les campagnes étaient écrasées et l'agriculture étouffée, bien moins par l'impôt que par les monstrueux abus de la perception et de la répartition [2]. Si le peuple ployait sous la taille, la gabelle

---

rac, Mont-de-Marsan, Aigues-Mortes, Castres, Vitré, Sancerre, Turenne, le fort de Barraut, Die, Montélimart, Embrun, Gap, Exilles. Les protestants gardaient en outre une suprématie reconnue à La Rochelle, dans les îles de Ré et d'Oléron, à Nîmes, à Montauban, à Sainte-Foi, à Pontorson, à Laval et dans quelques autres villes qui n'avaient point de garnison, ainsi que dans les places appartenant en propre à MM. de Bouillon, de Rohan, de Laval, de La Trémoille, de Châtillon, de Lesdiguières, de Rosni, etc. Ils avaient, d'après du Plessis-Mornai, cinq cents églises ou paroisses, et comptaient parmi eux environ trois mille cinq cents gentilshommes ayant fief. — V. l'*État des places et deniers ordonnés par Sa Majesté à Nantes, etc., pour sûreté à ceux de la religion*; Montpellier, 1617; un autre état envoyé par J.-B. Tassis à la cour d'Espagne, cité par M. Capefigue, t. VIII, p. 78, d'après les Archives de Simancas; — et le Vénitien Badoero : *Relazione di Francia*; 1605. D'autres documents cités par le *Bulletin de la Société de l'hist. du protestant. français* nous apprennent que le nombre des familles protestantes s'élevait à deux cent soixante-quatorze mille, faisant probablement plus de douze cent mille âmes.

1. Le culte catholique n'avait point été exercé à La Rochelle ni dans les places huguenotes de l'Ouest et du Midi, depuis 1585 : dans le Béarn et la Basse Navarre, qui n'étaient pas régis par les lois du royaume de France, la pratique du catholicisme avait été interdite durant trente ans, depuis 1569. A La Rochelle, les prêtres romains durent, longtemps après l'édit de Nantes, renfermer leurs pratiques religieuses dans l'enceinte des églises qu'il leur avait été permis de reconstruire. — V. des détails intéressants dans les *Mémoires* de La Force, t. I, p. 120-128. Le roi rétablit deux évêques en Béarn, à Lescar et à Oloron.

2. Dans un mémoire rédigé au commencement de son ministère, époque à laquelle l'impôt était fort loin de rendre 31 millions, Sulli estimait le total des levées faites sur le

et les péages de toutes sortes, le gouvernement fléchissait sous le poids de sa dette immense ; la dette publique, qui était de 43 millions et demi en 1560, de 101 millions en 1576, était devenue comme une mer dont personne ne connaissait le fond ni les rives ; Sulli l'évalue à près de 300 millions [1] (environ 825 millions de notre monnaie, le marc étant, depuis 1602, à 20 l. 5 s. 4 d. ; ces 825 millions représentant près de 2 milliards 1/2 en valeur relative), sans compter les rentes assignées sur l'Hôtel de Ville de Paris, au principal de 41 millions ! et le revenu réel n'atteignait pas 25 millions, dont il fallait déduire 16 millions de charges, si l'on voulait faire honneur aux engagements de l'État [2] ! Presque tout le domaine et une grande partie des autres revenus étaient aliénés, et la plupart des aliénataires français et étrangers se payaient par leurs mains. Quant aux rentes de l'Hôtel de Ville, la plupart avaient des arrérages de douze et de quinze années.

Cette situation n'effraya point Henri IV. Sorti de plus profonds abîmes, Henri se confiait dans sa fortune, qui sans doute ne

---

peuple au nom du roi à 47 millions, sur lesquels vraisemblablement près de 20 millions restaient dans les poches des receveurs et des partisans. Les tailles coûtaient au peuple 20 millions ; le sel, 14 millions, compris « le prix de marchand » ; les aides, 5 millions ; les entrées, péages, douanes, droits de l'amirauté, 8 millions. Les dépenses municipales s'élevaient à 8 millions, moitié sous forme de taille et répartition, moitié par octrois et revenus fonciers des communaux. — Dans ce même mémoire, Sulli évalue le casuel du clergé à 24 millions ; les aumônes dévotes, construction d'édifices religieux, legs aux églises et couvents et pour œuvres pies, à 36 millions ; les dîmes, à 12 millions. Il croit que Rome tirait de France 4 millions par an pour annates, expéditions, indulgences, dispenses, etc. (*OEconomies royales*, t. I, p. 291).

1. 296,620,252 l. Sulli, *OEconomies royales*, t. II, p. 28. — Le compte est de l'année 1605. — 67 millions étaient dus aux alliés de Henri IV, savoir : plus de 7 millions à l'Angleterre, près de 36 aux cantons suisses, près de 15 aux princes, villes et capitaines d'Allemagne, plus de 9 aux Provinces-Unies. Le prix total des traités pour la réduction des princes, capitaines et villes de la Ligue à l'obéissance du roi dépassait 32 millions ! Sulli donne le tarif détaillé de toutes les soumissions. Les aliénations du domaine et d'autres revenus, et les constitutions de rentes, formaient en principal une masse d'au moins 150 millions (*OEconomies royales*, t. II, p. 29-30).—Il faut observer que, depuis 1560, la valeur des monnaies de compte avait baissé dans la proportion de 3 à 4 environ, et que les 297 millions dus en 1598 n'auraient valu en 1560 qu'environ 220 millions. — M. Poirson, dans ses évaluations comparatives, porte la livre du temps de Henri IV à 3 fr. 60 et quelques centimes de notre monnaie : ce chiffre n'est pas admissible ; à partir de 1602, la livre ne vaut que 2 fr. 71 à 72 c. ; elle eût valu encore moins, si le marc eût été porté à 25 l. 4 d., comme le dit M. Poirson (II, 232) ; mais il ne monta qu'à 20 l. 5 s. 4 d.

2. Il ne restait pas 9 millions pour les dépenses publiques ; suivant M. Poirson (t. I p. 457), il n'en restait même que 7 !

l'abandonnerait pas à moitié de la route, et plus encore dans son courage et dans sa persévérance. Il jugeait le mal moins enraciné et les remèdes plus prompts que ne l'annonçaient les apparences. Il avait compris tout ce que pouvait un gouvernement nouveau dans un pays affamé d'ordre et de repos. Il contint avec fermeté huguenots et « papistes, » et commença la réorganisation du royaume, avec la persuasion que quelques années de paix bien employées suffiraient à mettre la France en état de tout entreprendre. Il n'hésita pas sur le choix de son second : l'épreuve qu'il avait faite de la capacité et de l'énergie de Rosni était décisive. Sanci disputa en vain le terrain à Rosni dans le conseil des finances : il eut beau abjurer le protestantisme afin d'obtenir auprès du roi l'appui des catholiques ; le conseil des finances fut annulé de fait ; Rosni, qui avait pris la prépondérance au conseil dès 1597, fut nommé successivement surintendant des finances et grand voyer de France en 1599, grand maître de l'artillerie en 1600, puis surintendant des bâtiments et fortifications, puis duc de Sulli et pair de France en 1606. Premier ministre en fait, sinon en titre, dirigeant exclusivement les finances et l'administration intérieure, exerçant la principale autorité sur la guerre et sur la marine, il fut mis par Henri IV à même de réaliser le plan de réforme qu'il lui avait proposé dès 1593.

Ce plan se résumait en huit articles : 1° Réduire toutes les rebellions « à une due et volontaire obéissance. » 2° Éteindre les haines de religion. Ces deux articles étaient exécutés autant qu'il avait dépendu de Henri IV. 3° Faire une recherche exacte de tous les revenus du royaume et des améliorations praticables. 4° Dresser l'état des dettes de toute origine et regarder aux moyens de les régler, diminuer et acquitter peu à peu. 5° Faire un registre de tous les officiers royaux, avec spécification de ceux dont on pourrait se passer, afin de diminuer peu à peu leur nombre, leurs droits et leurs gages. 6° Faire un état de toutes les forteresses royales et seigneuriales, auquel soient spécifiées celles qu'il faudra essayer de démolir peu à peu, lorsque les gouvernements vaqueront, « ou que les qualités des personnes qu'il n'est pas à propos d'offenser le permettront ». 7° Faire une visite générale de toutes les frontières, avec les observations nécessaires, « principalement ès côtes maritimes, afin de dresser des cartes bien exactes, sur lesquelles soient marqués surtout les lieux où il y a ou se pourroient faire de bons ports et havres pour l'entrée, résidence et conservation des plus grands vaisseaux de guerre, afin d'essayer de rendre la France aussi puissante par la mer qu'elle l'est par la terre. »

8° S'acquitter le plus tôt possible envers les alliés qui ont aidé la France, les « gratifier » et essayer de former une bonne alliance et confédération entre tous les potentats qui haïssent et appréhendent la domination d'Espagne et d'Autriche [1].

L'esprit que révèle ce plan est le même qui dicta la plupart des opérations de Rosni : point de grandes innovations, mais un sens droit, un coup d'œil ferme et rapide, une netteté, une précision supérieures, une aptitude merveilleuse à débrouiller le chaos; si ce n'est pas un génie créateur, c'est le génie ordonnateur par excellence. Il est juste de remarquer l'intelligence qu'il montre de la vraie nature de la France, en tant que puissance continentale et maritime à titre égal. C'est là ce qu'on peut appeler chez nous la pierre de touche des hommes d'État. Ce double caractère de la France n'a jamais été méconnu qu'aux époques où l'on a fait dévier notre patrie de ses destinées.

Le plan de Rosni se développa « peu à peu », comme il l'avait annoncé, sans précipitation, mais sans arrêt, sans trêve, avec une persévérance indomptable. Le surintendant commença par arrêter la ruineuse coutume des anticipations, par empêcher qu'on assignât sur chaque partie de la recette plus de dépenses qu'elle n'en pouvait porter, et par attribuer à chaque partie de la dépense une partie déterminée de la recette. L'application de ces principes, qui nous paraissent si simples et si élémentaires, était déjà toute une révolution. Le premier résultat obtenu fut d'assurer les fonds destinés aux services publics, auparavant confondus pêle-mêle avec les fonds employés aux intérêts de la dette. Rosni écarta momentanément les charges qui grevaient le revenu de l'État, assura tous les services publics, puis réunit l'excédant des recettes dans une caisse à part, destinée au paiement des intérêts de la dette et à l'extinction des charges.

---

1. *OEconomies royales*, t. I, p. 173-175.

Rosni s'occupa ensuite d'améliorer les recettes. Ceux des impôts qui étaient en ferme rendaient peu à l'État, beaucoup aux fermiers : les fermiers recédaient leurs baux avec grand bénéfice à des sous-fermiers; il fallait bien que ceux-ci s'engraissassent à leur tour. Rosni obligea les sous-fermiers de représenter leurs sous-baux et de verser directement au trésor. On connut par là le produit réel des fermes, qui furent dorénavant adjugées aux enchères et rendirent presque le double à l'État [1]. Pour les tailles et autres impôts qui n'étaient point en ferme, Rosni imposa des modèles de comptes détaillés aux receveurs généraux ou trésoriers de France, qui durent y joindre, chaque année, des pièces justificatives. Les principales sources de bénéfices illicites furent ainsi taries. Rosni eût voulu, non pas seulement garantir l'avenir, mais châtier fructueusement le passé. Une chambre de justice fut établie en 1601 pour rechercher les malversations des traitants. Rosni souhaitait qu'on ne s'attaquât qu'aux « grands voleurs et brigands »; mais les maîtresses du roi et ses compagnons de plaisirs, gagnés par les financiers, se jetèrent à la traverse. Henri lui-même, qui vivait familièrement avec les Zamet, les Gondi, les Puget, les Paulet, etc., ne put se décider à accabler ces riches partisans qui lui ouvraient leurs bourses et abritaient ses amours dans leurs somptueux hôtels. Bref, comme à l'ordinaire, tout se termina par une « composition » où les « larronneaux » payèrent pour les « grands voleurs » [2].

Une amélioration très-importante avait été auparavant opérée sur la dette publique : non-seulement des charges énormes pesaient sur le revenu de l'État, mais une très-grande partie des créanciers, et parmi eux, plusieurs princes étrangers, avaient reçu en gage tel ou tel droit, telle ou telle perception, et se payaient par les mains d'agents qui levaient le triple de ce que touchaient leurs mandants. Rosni fit cesser cet étrange régime et réunit entre les mains du roi tous les impôts aliénés et perçus par les aliénataires. Ceux-ci n'eurent pas le droit de se plaindre; on les paya

---

1. Dès 1597, il avait fait retirer des mains du grand-duc de Toscane, qui les tenait à vil prix par l'intermédiaire de *partisans*, les gabelles, parties casuelles, cinq grosses fermes et péages de rivières. L'État y gagna 2 millions. *OEconomies royales*, t. I, p. 214.

2. *OEconomies royales*, t. I, p. 372.

désormais au trésor en prenant pour base les baux qu'ils avaient faits des droits à eux cédés. L'État y gagna 1,800,000 livres par an (1598).

Rosni avait mis un terme aux vols des financiers : il arrêta les exactions des gouverneurs. Le roi avait souvent interdit aux gouverneurs de lever de l'argent de leur propre autorité : cette interdiction, impuissante tant qu'avait duré la guerre civile, fut renouvelée sévèrement et avec efficacité. Les réclamations des intéressés furent inutiles : le duc d'Épernon, qui perdait ainsi près de 60,000 écus de rente, s'efforça en vain d'intimider le surintendant : Rosni rendit hauteurs pour hauteurs à l'ex-favori de Henri III et ne fit de concessions à lui ni à personne.

Rosni continua l'application de son plan. En 1601, lorsque le chaos fut un peu éclairci, le surintendant proposa au roi de faire dresser un grand tableau des matières dépendantes de son ministère, divisé en cinq états : 1º l'état général des finances de chaque province, distinguant les diverses natures d'impôts, leurs produits, ce qui se dépense sur les lieux, ce qui revient entre les mains du roi ; 2º l'état général du trésor, contenant toutes les recettes de l'année et leur emploi ; 3º l'état général des recettes et dépenses de l'artillerie, avec l'inventaire du matériel existant ; 4º l'état général de la grande voirie ; 5º l'état général des réparations et fortifications des villes, châteaux et places frontières.

Ici, l'administration financière se combine avec l'administration de la guerre et des travaux publics. Nous reviendrons sur ce qui regarde les routes. Quant à l'armée, si la valeur guerrière avait brillé dans nos luttes civiles, l'art de la guerre y avait déchu. Tout le monde était soldat ; mais il n'y avait guère de vrais soldats. Comme le reconnaissent nos écrivains militaires de ce temps, on se battait en France ; on faisait la guerre en Hollande. Henri IV et Sulli résolurent de relever l'art militaire par les armes savantes et d'armer la France d'une manière formidable pour l'attaque et pour la défense : l'économie obtenue par la réduction de l'armée à de bons cadres en temps de paix fut reportée sur l'amélioration de la solde, sur le matériel de l'artillerie, sur les travaux du génie ; l'administration du matériel et des fortifications fut créée plutôt que réorganisée ; tout fut fait pour former des corps d'officiers instruits et pour élever les ingénieurs français au niveau de la vieille renommée des Italiens et du renom nouveau des Hollandais. Un homme supérieur, Errard, de Bar-le-Duc, perfectionna l'art des fortifications, introduisit l'usage des glacis, soumit à des règles fixes le tracé bastionné [1] et dirigea sur toutes les frontières un vaste ensemble d'ouvrages qui devaient faire de la France entière une place d'armes [2]. Ces travaux étaient très-avancés, et la France était prête à passer du pied de paix sur le pied de guerre le plus imposant en 1609, année où Henri avait ordonné à ses ministres de faire réunir un grand recueil de tout ce qui concerne l'art et la discipline de la guerre, une véritable encyclopédie militaire [3].

Revenons aux questions économiques. En 1601 et 1602, furent publiés deux édits notables sur les monnaies. Le pêle-mêle des monnaies françaises et des étrangères, pour la plupart inférieures en titre aux nôtres, causait beaucoup de désordre; les étrangers tiraient l'or et l'argent de France en grande quantité. L'édit de 1601 prohiba les monnaires étrangères sauf celles d'Espagne, et interdit l'exportation de l'or et de l'argent sous peine de mort. Ce remède violent et impuissant à la fois ne prouvait que l'ignorance où l'on était de la vraie cause du mal, qui venait, au moins quant à l'or, de ce que la proportion entre l'or et l'argent était établie en France sur une mauvaise base : le marc d'or ne valant en France qu'un peu moins de onze marcs d'argent, les étrangers, chez lesquels il en valait de douze à treize et demi, trouvaient un avantage considérable à attirer chez eux l'or français. La prohibition des monnaies étrangères nuisit beaucoup au commerce. L'édit de 1602, en haussant les

---

1. Poirson, t. II, p. 361. Nous puisons dans M. Poirson ce qui regarde les travaux et les réformes militaires, en observant seulement que, s'il y a, comme le dit M. Poirson, beaucoup de créations véritables sous Henri IV, il y a aussi de simples restaurations d'un ordre détruit pendant les guerres civiles, ce dont M. Poirson ne tient point assez de compte. La cavalerie, par exemple, ne fut que réorganisée.

2. Des citadelles ou d'autres ouvrages considérables furent construits à Laon, à La Fère, à Amiens, à Montreuil, à Calais, à Bourg, à Grenoble, à Antibes, à Toulon, aux îles de Marseille, à Socoa, etc., etc. Errard, en même temps que la pratique, donna la théorie dans son livre de *La Fortification démontrée et réduite en art*, écrit à la demande de Henri IV, publié dès 1594, revu et augmenté en 1604.

3. Sulli, t. II, p. 292.

monnaies françaises, fit cesser l'exportation de l'argent, mais non celle de l'or, parce que la hausse ne fut pas suffisante [1].

Au mois de novembre suivant, on supprima la *pancarte* ou impôt du sou pour livre, établie, en 1597, de l'aveu des notables assemblés à Rouen. Cet impôt, très-impopulaire, comme l'ont toujours été les octrois, fut remplacé, partie par d'autres taxes, partie par l'augmentation obtenue sur la ferme du sel (Isambert, t. XV, p. 276).

L'année 1603 vit la suppression d'un grand nombre d'offices inférieurs de judicature et de finances.

En 1604, Rosni entreprit la vérification et la réduction générale des rentes sur l'État. Dès 1599, beaucoup de rentes reconnues frauduleuses avaient été justement annulées. Le règlement général de 1604 trancha dans le vif. Il décida premièrement que toutes les charges créées sur les revenus de l'État seraient acquittées exclusivement sur les « natures spéciales » de leur première hypothèque. Ce n'était qu'une nouvelle application du principe d'ordre appliqué déjà par Rosni aux recettes et aux dépenses. Le règlement classe ensuite les rentes en diverses catégories : il réduit au denier seize les rentes créées au denier dix ou douze avant 1575 [2], au denier dix-huit les rentes postérieures à cette époque, à moins que les détenteurs ne justifient pleinement de l'entier versement du capital; les rentes constituées « à un tiers ou moitié dettes, » c'est-à-dire dont le capital avait été fourni pour un tiers ou pour moitié en créances sur l'État, et le reste seulement en argent, sont réduites au denier dix-huit, au denier vingt, au denier vingt-cinq, suivant la proportion du capital réel fourni et la nature des créances. Les rentes constituées pour arrérages, dons, pensions, gages, solde de gens de guerre, enfin pour tout

1. On ne reconnut la vraie cause du mal que sous le règne suivant, où le marc d'or fut haussé jusqu'à 14 marcs 37/52 d'argent. Cette question n'est pas sans intérêt, aujourd'hui que l'or est redevenu rare, et l'argent surabondant en France. — Ceci était écrit en 1844; c'est aujourd'hui tout le contraire (1857), par suite de la grande révolution métallique qu'ont produite la Californie et l'Australie; l'étranger attire chez lui l'argent français, qui est à un prix trop bas relativement à l'or. — L'édit sur les monnaies est dans le *Recueil* d'Isambert; *Anciennes Lois françaises*, t. XV, p. 270.

2. Il y a dans le texte 1375, erreur matérielle. Les plus anciennes des rentes de l'Hôtel de Ville ne dataient que de François Ier.

autre motif que pour capital versé, seront éteintes, moyennant le paiement du principal, qui sera soldé, déduction faite des intérêts perçus. Il en sera de même des rentes qui n'ont point été constituées par édits vérifiés, mais seulement en vertu de brevets, mandements, lettres closes ou patentes, ainsi que des rentes créées « par traités de paix ou réductions de provinces, villes, communautés ou particuliers en l'obéissance du roi. » Les rentes constituées aux villes et communautés pour deniers « baillés » au roi, emprunts, fortifications, octrois, etc., seront éteintes, et les intérêts perçus seront sujets à restitution. L'on ne s'explique pas la rigueur de ce dernier article, qui ne semble ni juste ni politique. L'article relatif aux plus anciennes rentes est arbitraire et peu équitable : un gouvernement n'a jamais le droit de réduire l'intérêt de sa dette sans offrir à ses créanciers l'alternative du remboursement ; mais les principes les plus simples du crédit public étaient alors bien peu établis dans les esprits ; les doctrines de l'Église sur l'usure avaient été le principal obstacle. En somme, malgré quelques dispositions blâmables, le règlement de 1604 était absolument nécessaire, et l'arbitraire était bien difficile à éviter au milieu d'un tel chaos [1].

Le règlement de 1604 ne fut point toutefois appliqué dans toute sa rigueur aux rentes de l'Hôtel de Ville de Paris ; l'irritation qui se manifestait parmi la bourgeoisie parisienne fit juger les ménagements nécessaires ; aussi Rosni ne put-il réaliser le remboursement de ces rentes sur une aussi grande échelle qu'il l'avait espéré. Cependant il parvint à les réduire, par voie de rachat, de 3,428,233 livres à 2,038,955 livres, et à soulager l'État, au total, d'environ cinq millions sur les rentes [2].

Rosni conseilla au roi, vers le même temps, une mesure qui n'avait, dans sa pensée, que le but d'accroître le revenu éventuel,

---

1. Sulli, *OEconomies royales*, t. I, p. 553, 556. — *Recherches et Considérations sur les finances de France, depuis 1595 jusqu'en 1721* (par M. de Forbonnais); Basle, 1758, t. I, p. 60.

2. Les rentes de l'Hôtel de Ville étaient alors assignées sur les aides et gabelles, la subvention du clergé ayant reçu une autre destination.—V. sur l'affaire des rentes, Forbonnais, t. I, p. 81, et le *Mercure françois*, t. I, p. 56; Paris, 1619. Le chiffre de 5 millions sur l'ensemble des rentes est donné par M. Poirson (t. I, p. 465), sans preuve rigoureuse, mais avec vraisemblance.

les parties casuelles, comme on disait alors [1], mais qui eut, à d'autres égards, des conséquences fort graves. La vénalité des charges, en dépit de maintes promesses royales, s'était maintenue de fait depuis François I*er*, tantôt au profit de l'État, par création de nouveaux offices, comme à l'époque du siége d'Amiens, tantôt et plus souvent au profit des courtisans qui vendaient aux candidats leur patronage auprès du roi. Les magistrats étaient arrivés tout naturellement à revendre ce qu'ils avaient acheté, et il était passé en usage que le titulaire d'une charge pouvait la résigner à une autre personne capable, pourvu qu'il survécût quarante jours à la résignation par lui faite. Si le titulaire mourait sans avoir résigné, ou sans que les quarante jours fussent écoulés après la résignation, la charge retournait aux mains du roi. Cet état de choses était précaire et mauvais pour tout le monde : il fallait ou déraciner à tout prix la vénalité ou la reconnaître franchement en la régularisant. L'Hospital, moraliste, philosophe et législateur, eût pris le premier parti; Sulli, administrateur et financier avant tout, s'arrêta au second. Il décida le roi à concéder à tous les officiers de justice et de finances la propriété héréditaire de leurs charges, moyennant un droit annuel équivalant au soixantième de la valeur de chaque office. Le droit annuel fut surnommé la *paulette*, du nom du traitant Paulet, qui l'avait suggéré à Rosni et qui en fut le premier fermier. La paulette ne fut d'abord établie que pour neuf ans; mais on ne manqua pas de la renouveler indéfiniment. Les magistrats attachés aux traditions parlementaires accueillirent par un cri d'indignation cette nouveauté qui servait leur fortune aux dépens de leur dignité, et qui les mettait, pour ainsi dire, à la taille. On n'osa présenter la paulette sous forme d'édit à la vérification des parlements, et cette importante mesure fut promulguée, sous une forme tout à fait inusitée, à la chancellerie, en présence des maîtres des requêtes et du collège des secrétaires du roi. L'opposition des parlementaires se calma peu à peu : l'intérêt privé, l'esprit de famille, finirent par étouffer la voix des principes, et les magistrats s'habituèrent sans trop de peine à considérer leurs charges comme un patrimoine. Sous la

---

1. Il augmenta, en effet, de 3 millions par an le produit des aides et des parties casuelles.

minorité de Louis XIV, on les vit se soulever contre un surintendant qui avait voulu supprimer la paulette. Les lumières du grand corps judiciaire souffrirent de l'hérédité des charges, moins toutefois que si la vénalité n'eût pas déjà existé de fait; toute issue fut fermée au mérite pauvre; le grand Cujas n'eût peut-être pas pu devenir désormais conseiller au parlement! Toute réduction ultérieure du nombre immodéré des officiers devint en outre impossible, et Sulli dut être infidèle à son programme sur ce point. Le gouvernement royal n'y gagna pas non plus sous le rapport politique : l'esprit de corps fut plus intraitable et plus agressif; l'hérédité fonda une aristocratie judiciaire compacte, envahissante, redoutable parfois au trône même : on le vit bien durant la Fronde. Il y eut toutefois quelque compensation à beaucoup d'inconvénients; les magistrats ne dépendirent plus des courtisans, et leur dignité, leur autorité morale regagna sous ce rapport ce qu'elle perdait sous d'autres : tant que la société vivait sous un régime de privilége, il était bon que l'aristocratie de robe fît contre-poids à la noblesse d'épée [1].

On put blâmer, aussi bien que la paulette, le renouvellement du droit de franc-fief qui prélevait une année de revenu tous les vingt ans sur les fiefs possédés par des roturiers. Cette sorte d'impôt diminuait la valeur des terres, et rendait les transactions plus difficiles; mais l'esprit nobiliaire, puissant auprès de Henri IV et de son ministre, voulait arrêter le mouvement qui tendait à faire passer les terres nobles dans les mains du Tiers État. Les gentilshommes cherchaient à rendre plus profonde la démarcation entre eux et les non-nobles. Ils obtinrent une disposition législative en vertu de laquelle le roturier qui acquérait une terre noble ne fut plus admis aux priviléges de la noblesse en faisant le service militaire de son fief.

Il était rare toutefois que Rosni eût, dans ses combinaisons financières, une autre vue que le résultat direct. Rien ne le détournait de son but.

En 1606, année où Henri IV publia, à la requête du clergé, un

---

1. De Thou, t. VI, l. cxxxii, p. 251-262. — Supplément à L'Estoile, ap. Collection Michaud, ɪɪᵉ sér., t. I, ɪɪᵉ part., p. 390. — *Mémoires* de Fontenai-Mareuil, ap. Collection Michaud, ɪɪᵉ sér., t. V, p. 31-32.

édit de grande conséquence pour la moralité et la régularité des gens d'église [1], le clergé accorda, pour neuf ans, la continuation de la subvention de 1,300,000 livres qu'il payait en sus des décimes.

A la suite de la vérification des rentes, Rosni, devenu duc de Sulli, avait entrepris l'examen général des comptes, gages et profits des officiers de finances. Après les partisans et fermiers on rechercha les percepteurs, les trésoriers et jusqu'aux membres des chambres des comptes, qui avaient, en grande partie, trempé dans les concussions des financiers. Des règles fixes, d'après lesquelles tout passa par les mains ou sous les yeux du surintendant, remplacèrent l'arbitraire désordonné qui engraissait tous ces oiseaux de proie. L'État gagna 200,000 écus par an sur les seuls profits des chambres des comptes : les receveurs généraux se rachetèrent des poursuites qui les menaçaient au prix de 600,000 livres (1607-1608).

Sulli entama ensuite une vaste opération qui suivait naturellement la vérification des rentes : c'était la vérification des aliénations domaniales et le recouvrement du domaine. Les aliénations non justifiées furent annulées avec dommages-intérêts. Les aliénations faites à conditions usuraires furent réduites, avec effet rétroactif sur les fruits perçus. Les aliénations faites de bonne foi furent retirées avec remboursement, lorsqu'il se présenta des enchérisseurs. On assure que Sulli rendit immédiatement à la couronne pour 35 millions de domaines et assura le recouvrement futur de 45 millions, en abandonnant pour seize ans le fonds qui représentait cette valeur à une compagnie qui devait le rendre à la couronne franc de toutes dettes, ce laps de temps écoulé [2].

Par intervalles, le surintendant s'arrêtait comme pour repren-

---

1. Le roi s'engagea à suivre, dans le choix des évêques et autres bénéficiers à la nomination royale, les règles posées par l'ordonnance de Blois en 1579, abolit totalement les commendes laïques et autorisa les évêques à unir des bénéfices séculiers ou réguliers aux cures, de manière à assurer l'existence des curés et à retirer ceux-ci des occupations séculières auxquelles ils s'adonnaient pour vivre. V. *Anciennes lois françaises*, t. XV, p. 311 et suiv.

2. *Recherches sur les finances* (par Forbonnais), t. I, p. 78. Il y a doute sur le chiffre.

dre haleine et pour montrer à son maître le chemin parcouru et le chemin qui restait à faire. Au commencement de 1607, Sulli présenta au roi un état de dettes acquittées et de dépenses extraordinaires soldées, s'élevant à près de 98 millions. On avait payé plus de 29 millions aux alliés sur 67 qui leur étaient dus [1], près de 14 millions sur 32 « pour les traités de la Ligue », etc. On avait acheté pour 12 millions de matériel d'artillerie, dépensé près de 6 millions pour la fortification des places, près de 5 millions pour les ponts et chaussées.

La dette de l'État ne suffit point à absorber son infatigable activité : il vérifia, réduisit, éteignit, autant qu'il put, les dettes des provinces, des villes, des communautés, faisant rayonner l'ordre et la lumière du centre à chaque point de la circonférence.

En 1609, Henri IV demanda un rapport général sur la situation du royaume. Sulli n'eut pas besoin de faire valoir les résultats obtenus : les chiffres étaient assez éloquents par eux-mêmes. Au commencement de 1610, le gouvernement royal avait acquitté pour 100 millions de dettes [2], traité pour le rachat de 30 à 35 millions de domaines et de rentes [3] ; les arsenaux regorgeaient d'armes et de munitions; bon nombre de galères avaient été armées dans les ports de la Méditerranée [4]. Enfin, au lieu d'environ 9 millions [5], comme en 1596, le revenu disponible de l'impôt, charges acquittées, était de 16 millions, sans compter plus de 4 millions provenant des domaines et de sources diverses, autres que l'impôt. Henri IV avait à sa disposition immédiate, les dépenses ordinaires assurées, une réserve de 20 à 22 millions, dont

1. Les mieux traités avaient été les Hollandais et les Suisses, plus qu'à moitié payés; les Allemands et les Anglais n'avaient reçu qu'une très-faible partie de leurs créances. — *V.* l'état dans les *Œconomies royales*, t. II, p. 171.

2. En 1607, d'après l'état cité plus haut, les dettes soldées s'élevaient à un peu plus de 61 millions.

3. *Œconomies royales*, t. II, p. 414. C'est ce chiffre de 30 à 35 millions qu'il faut admettre, d'après une lettre de Sulli, de 1611, et non le chiffre de 60 millions, donné par les rédacteurs des *Œconomies, ibid.*, p. 266.

4. Une visite générale des ports et des navires existants avait eu lieu en 1600. Henri IV, obligé d'aller au plus pressé, ne fit presque rien pour la marine de l'Océan, où les forces navales de la Hollande étaient à sa disposition, et ne s'occupa que d'armer sur la Méditerranée, où ses grands projets militaires réclamaient impérieusement une flotte. Ses dépenses pour les galères paraissent avoir été de 300,000 à 400,000 fr. par an : elles augmentaient annuellement quand il mourut.

5. Ou même de 7 seulement, suivant M. Poirson.

16 ou 17 en argent dans les tours de la Bastille, sous la garde de Sulli, et le reste en crédits à vue sur les trésoriers, les fermiers, le clergé, etc.[1].

Quel changement en douze ans ! Que ne peut une volonté forte dans ce pays si indocile aux mauvais princes, mais si prompt à sentir et à seconder chez ses gouvernants l'intelligence, l'énergie et le bon vouloir !

Les procédés purement mécaniques de la finance n'eussent pas suffi à renouveler ainsi la face de l'État, si, à la science qui ordonne et distribue les richesses acquises, Henri IV et son ministre n'eussent joint, dans une certaine mesure, la science qui aide à la création des richesses en remontant à leur source pour activer leur production. C'est là qu'est la véritable grandeur du ministère de Sulli. Le monarque et son ministre avaient appris à connaître les vraies bases de la fortune publique : ils n'avaient pas seulement senti que la France, avec son climat tempéré et varié, avec son sol apte à toute espèce de productions, les seules denrées tropicales exceptées, pouvait et devait être le premier pays agricole de l'Europe ; que là était son premier, son plus grand intérêt ; ils avaient compris les conditions essentielles d'une agriculture florissante. Tout le monde sait l'axiome de Sulli : « Labourage et pâturage sont les deux mamelles qui nourrissent la France [2], mais tout le monde ne connaît pas le sens profond de cet axiome. La France elle-même ne l'a que trop longtemps oublié, et la décadence de notre agriculture date du jour où l'équilibre a été rompu entre les deux éléments fondamentaux de l'aménagement du sol [3]. Sulli connaissait l'importance des cultures fourragères et de la multiplication des bestiaux, « principe de la fécondité

1. *OEconomies royales*, t. II, p. 414. Ce sont là les vrais chiffres, donnés par Sulli lui-même dans une lettre bien authentique de 1611 : quant aux chiffres de 41 et de 43 millions, posés ailleurs (*ibid.*, p. 378 et 437), en contradiction avec cette lettre, comme représentant les ressources extraordinaires disponibles, les deux états où ils se trouvent, en contradiction l'un avec l'autre et remplis d'erreurs de tout genre, sont des pièces remaniées confusément au bout de bien des années et qu'il ne faut consulter qu'avec la plus grande réserve.
2. *OEconomies royales*, t. I, p. 282.
3. Il y a près de deux siècles que cet équilibre a été rompu et que les terres à blé ont commencé d'empiéter sur les pâturages : avec les pâturages ont diminué les bestiaux ; avec les bestiaux, les engrais ; avec les engrais, le rendement du sol, et l'on a eu moins de blé à mesure qu'on a eu plus de terres à blé.

des terres »[1] ; il savait combien cette moitié du labour champêtre a besoin de protection et de sécurité, comme elle disparaît vite, soit par les violences de l'anarchie, soit par les vexations d'un mauvais système fiscal, et il employa tous ses soins à délivrer les campagnes de ces deux fléaux.

Dès 1595, avant l'entrée de Sulli au ministère, avait été renouvelée sévèrement l'ancienne défense de saisir, pour dettes publiques ou privées, la personne des laboureurs, leurs instruments et bestiaux de labour : un édit de février 1597 avait ordonné aux officiers royaux de courir sus aux gens de guerre qui tenaient les champs sans commission du roi et qui désolaient les paysans par leurs brigandages. Un édit d'avril 1598, qui défendit le port des armes à feu, sinon aux gens de guerre en activité de service et aux gentilshommes sur leurs terres, fut le complément du précédent. Les paysans furent autorisés à sonner le tocsin sur les contrevenants à l'édit, qui devaient être punis de mort en cas de récidive[2]. Sulli, qui avait fait une tournée si fructueuse en 1596, fit un second voyage dans les provinces en 1598, pour reconnaître, par ses propres yeux, l'état des campagnes. Ce voyage amena la grande ordonnance de mars 1600. Le peuple était accablé sous les arrérages des tailles amoncelées d'année en année : le roi remit tout ce qui restait dû sur les années 1594, 1595 et 1596, afin qu'on pût payer les arrérages de 1597, 1598 et 1599. Le supplément de taille, qu'on appelait la « grande cruë, » fut réduit de près de 1,800,000 livres pour l'année 1600 ; la réduction dépassa plus tard 2 millions. La répression vigoureuse des abus de la répartition soulagea bien plus encore les campagnes que la diminution de l'impôt foncier. Les « élus » chargeaient certaines paroisses, en déchargeaient d'autres arbitrairement ; les « asséeurs, » qui répartissaient la quote-part de la paroisse entre les habitants, gratifiaient, surchargeaient, exemptaient les particuliers sans autre règle que leurs passions ou leurs intérêts, iniquités qui amenaient des procès sans nombre, dont les frais et les longueurs épuisaient le malheureux paysan. La ruine du laboureur était complétée par les exactions des sergents employés

1. *Recherches sur les finances*, t. I, p. 35.
2. Isambert, t. XV, p. 98-128-211.

au recouvrement des tailles. La rude main de Sulli s'appesantit sur toutes ces sangsues publiques. Des commissaires furent nommés pour rechercher et punir les coupables. Un règlement fut promulgué, d'après lequel les procès pour surtaxe et fausse répartition devaient être jugés sommairement, sans frais, sans avocats ni procureurs, par les élus, assistés de trois ou quatre des principaux habitants de la paroisse ou des paroisses voisines, au choix des parties; c'était une sorte de jury. Les complaignants n'étaient plus obligés de faire les frais des poursuites. Des peines sévères furent établies contre les élus et les *asséeurs* prévaricateurs. Tous les gens aisés durent être *asséeurs* et collecteurs chacun à leur tour. D'excellentes prescriptions furent arrêtées afin d'assurer la régularité et la conservation des rôles et d'en rendre la vérification facile en ce qui touchait la répartition, les exemptions, etc. L'ordonnance de 1600 va jusqu'à déclarer que les seigneurs qui violenteront les *asséeurs* et interviendront illégalement dans la répartition encourront la perte de leurs fiefs. Des mesures sont prises pour que la solidarité établie entre les habitants de chaque paroisse porte sur les riches et non sur les pauvres, comme il arrivait par la connivence des *asséeurs* avec les riches. Il est défendu, sous peine de la vie, aux sergents préposés au recouvrement de rien exiger des contribuables pour leur salaire, qui doit leur être payé par les receveurs royaux. La faculté est octroyée aux paroisses de racheter, au prix de vente, les communaux aliénés pendant les guerres civiles, article de la plus haute portée.

D'autres articles de l'ordonnance avaient été réclamés tout à la fois par la noblesse et par les paysans, accord qui n'était pas chose commune. En janvier 1598, avaient été révoqués toutes les exemptions, tous les priviléges de noblesse accordés depuis vingt ans. Toute suppression de privilége était un bénéfice pour la masse des contribuables. L'édit de 1600 continua dans la même voie. Beaucoup de gens s'arrogeaient le titre et les droits de gentilhomme pour avoir porté les armes durant les troubles : défense fut faite à chacun de prendre le titre d'écuyer et de noble, à moins d'être issu de parents ayant fait profession des armes ou servi au public en charges honorables, « de celles qui, par les lois et mœurs du royaume, peuvent donner commencement de noblesse à la postérité. » — Les bâtards de gentilshommes ne se pourront dire nobles sans lettres d'anoblissement. — Les soldats non nobles, en activité de service, ne seront exempts des tailles qu'après dix ans de service. — Les non-nobles enrôlés dans les compagnies d'ordonnances, ou officiers de gens de pied, ne seront exemptés, après leur retraite, que s'ils ont servi vingt-cinq ans, et en vertu de lettres spéciales vérifiées en la cour des aides. — Les exemptions de beaucoup de petits officiers royaux sont réduites ou supprimées [1].

L'édit sur les tailles fut suivi d'une ordonnance de janvier 1601,

1. Isambert, t. XV, p. 169-226. — État des tailles, ap. *OEconomies royales*, t. II, p. 271-274. — Un grand procès, relatif aux exemptions de tailles, partagea toute une province et donna beaucoup d'embarras au roi et à son conseil pendant plusieurs années. Le Tiers État de Dauphiné prétendait que les tailles devaient être réelles, c'est-à-dire assises sur les biens-fonds sans distinction, en Dauphiné comme en Provence et en Languedoc. Le clergé et la noblesse voulaient que les tailles fussent personnelles, comme dans le reste de la France, et que les roturiers seuls y fussent soumis. La question, déjà soulevée sous Henri II, avait été jugée par le grand conseil en faveur des ordres privilégiés (en 1554). Le Tiers État renouvela la querelle. Moins aisé que dans les autres provinces, il affirmait ne pas posséder la sixième partie des richesses de la contrée; il accusait les nobles d'avoir ruiné et spolié les campagnards en les forçant à payer toutes les dettes de la guerre civile, contractées au profit de la gentilhommerie. Les gentilshommes, de leur côté, tâchaient de rejeter la ruine des paysans sur « les usuriers des villes ». L'irritation devint extrême des deux parts. Une commission de quatorze personnes de « haute qualité » fut chargée de vider le débat. Sulli était du nombre (*OEconomies royales*, t. I, p. 403). Les *OEconomies royales* ne disent rien du parti qu'il prit dans cette affaire : l'esprit nobiliaire, dont il était fortement imbu, dut avoir à lutter chez lui contre ses sentiments de justice et contre l'intérêt évident de l'agriculture. Mais la noblesse avait ressaisi un grand ascendant politique par l'appui qu'elle avait prêté à la fondation du nouveau gouvernement : elle avait de plus en sa faveur, dans cette circonstance, la possession et un premier jugement, et l'influence de Lesdiguières, si puissante en Dauphiné. Les ordres privilégiés l'emportèrent : leurs exemptions furent maintenues; seulement on supprima la plupart des exemptions dont jouissaient les officiers de justice et de finances, et il fut arrêté que le privilége accordé aux nobles dauphinois ne s'étendrait pas aux nobles des provinces voisines qui s'étaient établis depuis vingt ans ou s'établiraient en Dauphiné. Cette sentence excita une véritable exaspération parmi le peuple (De Thou, t. VI, l. CXXIX, p. 158). Sulli s'efforça d'adoucir la situation des roturiers dauphinois en ménageant beaucoup le Dauphiné dans la répartition des tailles. La taille de Dauphiné, la moins forte de toutes, se consomma de plus entièrement sur les lieux (*Traité des Revenus et Dépenses en 1607* (lisez : 1614), ap. *Revue rétrospective*, t. IV, p. 175).

Ce fait peut expliquer pourquoi Henri IV et Sulli n'ont point entrepris des réformes plus radicales : la seule qui eût touché au fond des choses eût été la transformation générale des tailles personnelles en tailles réelles; c'était à la taille réelle que le Languedoc devait sa supériorité agricole, mais ni le roi ni le ministre n'eussent voulu ni pu se brouiller avec la noblesse.

qui autorisa partout l'exportation des grains, le plus souvent interdite sous les derniers Valois, et permise partiellement jusque-là par Henri IV; ce fut un encouragement énergique à la production. Le roi maintint avec fermeté le libre commerce des grains et fit casser un arrêt du parlement de Toulouse, qui avait défendu l'exportation en Languedoc [1]. L'exportation des vins et des eaux-de-vie devint également libre [2].

Divers petits impôts onéreux et vexatoires furent réduits de moitié; mais Sulli, arrêté par les besoins de l'État, par la nécessité de préparer de grandes ressources pour réaliser de grands desseins politiques, n'osa toucher sur-le-champ à la gabelle : il sentait cependant l'injustice et les funestes effets d'un impôt qui écrasait les pauvres et qui portait à un prix extravagant une denrée de première nécessité prodiguée gratuitement par la nature. Il avait conçu, d'accord avec le roi, le projet de racheter les salines de l'Ouest pour en faire un domaine de la couronne et vendre le sel comme marchandise au lieu de le « bailler par impôt ». Il se contenta provisoirement de recommander aux percepteurs et aux commissaires une grande modération dans l'assiette de la gabelle, dans la recherche des contraventions et dans l'application des amendes [3]. Le temps manqua au roi et au ministre pour faire plus.

---

1. M. Poirson (t. II, p. 13 et suiv.) loue avec raison Henri IV d'avoir accordé la libre exportation du grain aux agriculteurs; mais il y a des réserves à faire sur la comparaison qu'il établit à cet égard entre l'époque de Henri IV et les époques suivantes; il n'a pas suivi, quant à l'histoire du commerce des grains, les meilleures autorités et n'a pas comparé les *Recherches sur les Finances*, de Forbonnais, avec les *Observations OEconomiques,* du même auteur; dans ce second ouvrage, postérieur aux *Recherches*, Forbonnais s'est complétement dégagé des fausses données de Bois-Guillebert, source de tant d'erreurs sur la prétendue décadence de la France sous Colbert; nous regrettons que ces erreurs aient trouvé ici un dernier écho.

2. Le Recueil N (Paris, 1760), p. 131 et suiv., contient une pièce curieuse relative au régime des classes agricoles. C'est un règlement du prévôt de Paris, approuvé par le roi en son conseil, ayant pour but de protéger, d'une façon fort arbitraire, les laboureurs et fermiers contre les exigences de leurs charretiers et serviteurs et des moissonneurs à gages, qui « monopoloient » ensemble et ruinaient leurs maîtres par les salaires excessifs qu'ils exigeaient. Les gages des charretiers ou valets de charrue sont fixés de 8 à 15 écus par an; ceux des bergers, à 12 écus; les journées des hommes de peine sont taxées à 8 sous l'été, 6 sous l'hiver, pour Paris et sa prévôté. Suivent des dispositions somptuaires sur les habits que doivent porter les laboureurs et leurs valets.

3. *OEconomies royales*, t. II, p. 16-18-178. — La gabelle était répartie, comme la taille, par paroisse.

Toutes les parties de l'aménagement du sol attirèrent également l'attention du roi et du ministre. Un édit avait été publié, en mai 1597, sur l'entretien des eaux, des bois et des chemins, et avait arrêté la dévastation à laquelle les forêts, les rivières, les étangs avaient été livrés pendant la guerre civile [1]. En avril 1599 parut un édit sur le desséchement général des marais. Aucun sujet du roi ne s'étant présenté pour tenter cette entreprise, le privilége fut accordé pour quinze ans au Brabançon Humphrey Bradley (probablement Anglais d'origine), avec le titre de « maître des digues ». Bradley devait avoir la propriété de la moitié des marais qu'il dessécherait. Les marais desséchés furent déclarés terres nobles par un second édit de janvier 1607, qui accorda des exemptions de tailles et de dîmes, pour un long terme, aux ouvriers employés dans les travaux de desséchement, et encouragea Bradley et ses associés à ouvrir des canaux navigables, en leur promettant des concessions de péages et le monopole de la vente des tourbes pendant vingt ans [2]. Le nom de Petite Flandre, que conserve un canton du Médoc, rappelle les travaux des Flamands et des Hollandais amenés en France par le « maître des digues ».

Le gouvernement royal, tout en suscitant ainsi de grandes entreprises particulières, employait directement une notable portion du revenu public aux routes, aux ponts, aux levées [3] : on voit encore çà et là sur nos collines de grands ormes isolés qui

---

1. On remarque, dans cet édit, la sage disposition qui interdit la pêche du frai.
2. Isambert, t. XV, p. 222-316. — Le premier édit statue que les propriétaires de marais ne pourront s'opposer au desséchement opéré par Bradley, à moins qu'ils ne dessèchent eux-mêmes dans un délai fixé. Seulement ils ont droit de racheter la moitié concédée à l'entrepreneur. L'édit exempte du desséchement les marais salants, les étangs et pêcheries, les marais nécessaires pour entretenir l'eau dans les fossés des places fortes, dans les ports et dans les rivières. — Les mines avaient été aussi réunies sous une direction générale, et beaucoup de mines furent ouvertes dans diverses contrées de la France : celles d'or et d'argent, dans les Pyrénées et en Bresse, ont été abandonnées depuis comme ne couvrant pas leurs frais; celles de plomb, d'étain, de fer, de cuivre, ont continué en partie d'être exploitées. V. Poirson, t. II, p. 33-37. — On remarque, dans les édits rendus sur cette matière, des dispositions philanthropiques en faveur des ouvriers : un trentième du produit net doit être réservé pour les secours à donner aux ouvriers blessés, malades, etc. Les ouvriers doivent être payés de préférence aux autres créanciers (Isambert, t. XV, p. 290). Il est triste de voir que la civilisation ait reculé au lieu d'avancer à cet égard.
3. Près de 1 million 150,000 livres en 1609. Pour le détail, V. Poirson, t. II, p. 129-142.

ont servi de jalons à Cassini pour dresser la carte de France; ce sont les restes des plantations du grand ministre; le peuple les appelle encore des *Rosnis*. La réparation des chemins, l'ouverture de nouvelles voies de communication, étaient le complément nécessaire de ce qu'on faisait pour l'agriculture. On facilita la circulation en établissant de nombreux relais sur les grandes routes, sur les traverses et le long des rivières, afin de louer les chevaux à la journée pour le transport des voyageurs, le tirage des bateaux et même le labourage [1]. On fit aussi beaucoup pour améliorer la navigabilité des rivières.

Henri IV et Sulli avaient de bien plus vastes projets : ils méditaient la pensée d'unir les mers du Nord à la Méditerranée par un grand système de canalisation, pensée conçue, au moins en partie, un demi-siècle auparavant, par un homme de génie à qui la postérité n'a pas rendu assez de justice, par Adam de Craponne. Sulli représenta au roi qu'en réunissant la Seine à la Loire, la Loire à la Saône, la Saône à la Meuse, on relierait l'Océan, la Manche et la mer du Nord à la Méditerranée, et que la France gagnerait au moins 2 millions par an aux dépens de l'Espagne par le transit des marchandises, outre les incalculables avantages qu'en retirerait la circulation intérieure. Cette œuvre, qui ne devait être consommée qu'après deux siècles et plus, fut entamée, en 1604, par l'ouverture du canal qui, partant de la Loire à Briare, va maintenant joindre directement la Seine à Moret, à deux lieues de Fontainebleau, mais, dans le plan primitif, communiquait avec la Seine par l'intermédiaire du Loing. On employa près d'un million aux travaux, qu'on exécuta par la voie de l'impôt et non par

---

1. Les chevaux étaient marqués au chiffre du roi. Il y avait peine de mort contre quiconque les volerait (Isambert, t. XV, p. 131). L'édit est de mars 1597. Ces relais, créés à titre d'offices, furent réunis, en 1602, aux postes royales. Les maîtres de postes obtinrent le monopole du louage des chevaux (Isambert, t. XV, p. 267). Il y avait en outre un certain nombre de coches ou carrosses publics, qui avaient commencé d'être en usage sous Charles IX. Un édit de Henri III, du 10 octobre 1575, avait accordé à un particulier le privilège de commettre qui bon lui semblerait à la conduite des coches de Paris à Orléans, Troies, Rouen et Beauvais. En avril 1594, Henri IV créa un commissaire général et surintendant des coches et carrosses publics. Le parlement, en enregistrant l'édit qui créait cet office, taxa les places à un écu un quart, de Paris à Orléans, Rouen et Amiens, et proportionnellement pour les autres villes (mai 1595). — Isambert, t. XV, p. 88.

l'odieuse voie de corvée : la moitié des travailleurs furent pris dans l'armée.

En 1604, on présenta au roi, après plusieurs années d'études, un autre plan pour joindre la Méditerranée à l'Océan par l'Aude et la Garonne; deux générations s'écoulèrent avant que Riquet réalisât glorieusement ce projet, dont la première idée remonte au règne de François I*er*, et que Craponne avait repris sous Henri II [1].

On peut encore considérer comme une assistance indirecte pour l'industrie du sol, aussi bien que pour les autres industries et pour le commerce, l'édit de juillet 1601, qui interdit de constituer des rentes à un plus haut intérêt que le denier 16 (6 un quart p. 100). La même mesure avait été essayée sous le ministère du chancelier Birague, en 1572, mais on avait été contraint de la rapporter : les gouvernements peuvent constater, aider, mais non forcer le progrès des relations sociales. La tentative qui avait échoué parmi les tempêtes des guerres civiles réussit sous un règne qui avait rendu la sécurité, le mouvement et le courage aux classes laborieuses [2].

Malgré le fardeau que les impôts, les droits féodaux, la dîme, faisaient toujours peser sur l'homme des champs, il suffit de la protection intelligente du gouvernement et de la bonne direction que suivait l'économie rurale, pour imprimer à l'agriculture un essor qui ne s'arrêta plus jusque vers le milieu du règne de Louis XIV. La France acquit, sous ce rapport, une prépondérance

---

1. On n'a pas réuni la Saône à la Meuse, comme le voulait Sulli, mais on a réuni la Saône au Rhin et l'Oise à l'Escaut. Les autres projets de Sulli sont réalisés. *V. OEconomies royales*, t. II, p. 292. — *Recueil de ce qui se passa en l'assemblée du commerce à Paris en* 1604, par Laffemas; ap. *Archives curieuses*, t. XIV, p. 238. — Sur le projet du canal de Languedoc, *V.* une lettre intéressante du cardinal de Joyeuse au roi, dans L'Estoile, p. 298. Craponne avait dressé les plans de la réunion de la Saône à la Loire, et de la réunion de l'Arriége à l'Aude et à la Garonne, au moyen du système des canaux à point de partage, système dont il est l'inventeur et sans lequel la réunion de deux bassins fluviaux était impossible. Ainsi, c'est la France qui a développé l'art hydraulique, dont l'Italie lui avait donné les premiers éléments. Sur ce qui regarde la canalisation, *V.* Poirson, t. II, p. 142-215. — Le travail de M. Poirson est moins un chapitre d'histoire qu'un traité spécial très-étendu et très-instructif. M. Poirson établit que Henri IV et Sulli laissèrent à la France les plans des canaux de Charolais, ou de la Saône à la Loire, et de Bourgogne, ou de la Saône à la Seine, canal encore plus important que celui de Briare.

2. Isambert, t. XV, p. 263.

attestée par le chiffre toujours croissant des grains qu'elle exportait dans la plus grande partie de l'Europe [1]. L'agriculture devint la grande affaire du pays. Une partie de la noblesse s'y livra aussi activement que fructueusement. Ce fut un gentilhomme protestant du Languedoc, Olivier de Serres (frère du ministre historien Jean de Serres), qui donna tout à la fois aux laboureurs le modèle pratique le plus parfait dans son fameux manoir du Pradel (près de Villeneuve de Berg, dans le Vivarais), et la théorie de leur art dans son *Théâtre d'Agriculture et Ménage des Champs*, publié en 1600. Le nom de cet homme illustre mérite d'être associé aux noms de Henri IV et de Sulli, qu'Olivier seconda puissamment et qui prirent tant d'intérêt à ses travaux. Après qu'Olivier de Serres eut présenté au roi son livre, qu'il lui avait dédié, Henri, trois ou quatre mois durant, se faisait apporter chaque jour, après dîner, le *Théâtre d'Agriculture* et lisait attentivement une demi-heure [2]. La nation n'accueillit pas moins bien que le roi cette encyclopédie agronomique, fruit de quarante ans d'expérience et de méditations. Les éditions du *Théâtre d'Agriculture* se succédèrent rapidement de 1600 à 1675 : après cette époque, on cesse de réimprimer l'ouvrage, et le nom de l'auteur tombe peu à peu dans l'oubli. Par une coïncidence remarquable, l'agriculture nationale ne tarde pas à déchoir. Dès qu'elle tend à se relever par l'impulsion des économistes, à l'approche de la Révolution, la renommée du « père de l'agriculture française » recommence à briller d'un nouvel éclat [3].

---

1. Sous François Ier et ses successeurs, l'agriculture française était déjà en assez bonne condition : elle exportait du blé en Angleterre, en Espagne, en Portugal et même en Italie et en Barbarie. — L'exportation du vin en Angleterre, en Écosse, dans les Pays-Bas, la Lorraine, la Suisse, allait alors à un million et demi d'écus par an, suivant le Vénitien Marino Cavalli (*Relat. des ambassad. vénit.*, t. I, p. 253). Le commerce des grains devint bien plus considérable au XVIIe siècle qu'au XVIe.

2. *Scaligerana*, t. II, p. 306. — C'est Olivier de Serres qui a créé le nom de prairies artificielles et qui a excité Henri IV à établir des prairies artificielles dans le domaine royal. Quelques restes d'erreurs et de préjugés ne servent presque qu'à rehausser chez lui la masse prodigieuse des connaissances et des observations. — Son style large, grave, coloré, est bien éloigné de la sécheresse didactique : la vie des champs reprend, sous sa plume, la majesté religieuse qu'elle avait chez les anciens.

3. Une excellente édition en deux volumes in-4°, avec commentaires, fut publiée en l'an XII (1804) par la Société d'Agriculture du département de la Seine. — *V.* en tête l'*Éloge d'Olivier de Serres*, par François de Neufchâteau; les pièces à la suite et l'*Essai*

Il est bien remarquable que le grand agriculteur ait été en même temps un des plus zélés promoteurs de l'industrie manufacturière en France. Olivier de Serres était, sur ce point, de l'avis de Henri IV contre Sulli. Les manufactures étaient une des rares questions sur lesquelles le roi et le ministre n'étaient pas d'accord. Henri, voyant dans les manufactures « un des principaux expé-« dients pour rétablir le royaume [1], » voulait non-seulement relever les établissements qui avaient dépéri pendant les guerres civiles, mais doter la France d'une foule d'industries nouvelles, et surtout donner à l'industrie de la soie un immense développement. Olivier de Serres et avant lui Barthélemi de Laffemas, auteur de vastes projets sur la régénération de l'industrie française [2], avaient représenté au roi qu'il sortait chaque année de France une

sur l'agriculture au xvie *siècle*, par le citoyen Grégoire. C'est le célèbre agronome anglais Arthur Young qui a donné à Olivier de Serres le titre de « Père de l'agriculture française », titre auquel il ne faut pas attribuer un sens trop absolu : les nombreux ouvrages relatifs à l'agriculture, publiés dans le courant du xvie siècle, par Symphorien Champier, Quiqueran, évêque de Senez, le voyageur Belon, Court, La Framboisière, de Beaujeu, etc.; les traductions de Columelle et de Palladius, le traité *de Privilegiis Rusticorum*, de Chopin (1574), les traités de Charles-Étienne et de Liébaut, compilations qui reproduisent les erreurs des anciens avec leurs connaissances et qui eurent plus de trente éditions (1533-1570), attestaient que l'attention publique était depuis longtemps éveillée sur cette importante matière. Le grand Bernard Palissi avait touché à la science agricole avec la supériorité qu'il portait en toutes choses. On avait publié, en 1542, un très-bon et curieux livre écrit en 1379, *le Vrai régime et gouvernement des bergers et bergères*, par *le rustique Jehan de Brie, le bon berger*, dont nous avons parlé ailleurs (t. V, p. 299), et qui avait dû être jusqu'à un certain point, sous e règne réparateur de Charles V, ce qu'était le *Théâtre d'Agriculture* sous Henri IV.
— Nos jardins et nos basses-cours doivent au xvie siècle une foule d'importations aussi agréables qu'utiles; on peut citer le dindon, le canard de Barbarie et la pintade parmi les oiseaux de basse-cour, et l'artichaut parmi les légumes. Le marronnier d'Inde et le robinier, improprement appelé acacia, ont été introduits au commencement du xviie siècle. Le tabac et la betterave s'étaient naturalisés dès le xvie. Olivier de Serres remarque que la betterave « rend, en cuisant, un jus semblable à syrop ou sucre ». Il fallut deux siècles pour qu'on tirât les conséquences de cette observation. Olivier de Serres recommande vivement le maïs et le houblon, encore très-nouveaux chez nous et peu en usage. *V.* les citations données par M. Poirson, t. II, p. 9-11.

1. Préambule de l'édit d'août 1603. — Isambert, t. XV, p. 283.

2. Il y a des choses fort curieuses dans ses projets : il voulait, par exemple, que le gouvernement établît dans toutes les villes une espèce d'agence d'affaires et de bureau de renseignements à l'usage du commerce et de tous les citoyens en général.
— *Histoire du commerce de France*, par Isaac de Laffemas (fils de Barthélemi); Paris; 1606. Barthélemi de Laffemas avait publié, dès 1597, après l'assemblée des notables, son *Règlement pour dresser les manufactures en ce royaume*.

somme énorme [1] pour l'achat de la soie, tant brute que façonnée, et des étoffes d'or et d'argent; la soie comptait pour près de deux tiers dans cette exportation d'argent qui profitait principalement à l'Italie. Dès 1596, Laffemas, lors de l'assemblée de Rouen, avait pressé le roi de prohiber l'importation des étoffes précieuses de l'étranger afin de favoriser les manufactures de Lyon et de Tours: il avait proposé de propager les mûriers pour la nourriture des vers à soie, et de procurer ainsi à la France la matière première : le roi, à son instigation, avait fait planter des mûriers aux Tuileries. Olivier de Serres insista sur cette idée avec l'autorité de son expérience, et affirma que le mûrier, introduit en France sous Charles VIII, et répandu peu à peu dans la Provence, le Languedoc, le Dauphiné et les environs de Tours, pouvait croître partout où croît la vigne, et même dans celles de nos provinces où la vigne n'est pas ou n'est plus cultivée [2].

Sulli combattit avec vivacité les partisans des manufactures de luxe. Il prétendait que la France se bornât aux produits actuels de son sol et aux fabrications absolument nécessaires, telles que les draps et les toiles. « Autant il y a, » disait-il, « de divers climats, « régions et contrées, autant semble-t-il que Dieu les ait voulu « diversement faire abonder en certaines propriétés, commodités, « denrées, matières, arts et métiers spéciaux et particuliers, qui « ne sont point communs ou pour le moins de telle bonté aux « autres lieux, afin que, par le trafic et commerce de ces choses, « dont les uns ont abondance et les autres ont disette, la fréquen- « tation, conversation et société humaine soit entretenue entre « les nations, tant éloignées puissent-elles être les unes des autres. » Il en concluait que le mûrier ni le ver à soie n'étaient faits pour la France. Son sentiment sur la « société humaine » et sur la nécessité providentielle des échanges entre les peuples était aussi juste qu'élevé; mais l'application portait à faux, la nature n'ayant mis aucun obstacle à l'introduction des précieux insectes séricifères dans notre climat. Sulli faisait une autre objection plus grave;

---

1. 12 millions, suivant Olivier de Serres; 18, suivant Laffemas, probablement mieux informé, en sa qualité de commerçant.

2. Olivier de Serres avait découvert un autre parti à tirer du mûrier : il tissait l'écorce du mûrier blanc « pour en faire du linge et autres ouvrages ». *Théâtre d'Agriculture, Cinquième Lieu,* c. XV-XVI.

c'est que la vie sédentaire et renfermée des manufactures « désaccoutumeroit » les Français de cette vie de mouvement, de fatigues, d'activité au grand air, qui fait du peuple des champs une pépinière de bons soldats. Qu'eût-il dit s'il eût pu entrevoir de loin les populations étiolées qui végètent dans l'énervante atmosphère des ateliers modernes!...

Il n'entendait pas, au reste, appliquer aux soieries son système d'échanges internationaux, mais bien les prohiber à la frontière, comme les autres marchandises de luxe, et c'était par des lois somptuaires qu'il voulait arrêter l'écoulement de l'or français vers l'Italie [1].

Henri IV ne se rendit point aux raisons de son ministre : ce prince sentait que les lois contre le luxe étaient de plus en plus repoussées par les mœurs publiques; que, quels que pussent être, dans un avenir éloigné, les inconvénients et les abus de l'industrie [2], il y avait là une source croissante de puissance pour les nations qui sauraient s'en saisir; que la question était de savoir si l'on resterait tributaire de l'étranger pour des richesses qu'on pouvait créer en France [3].

En 1599, le roi demanda donc un mémoire à Olivier de Serres sur les moyens de généraliser la culture du mûrier : l'année suivante, Henri chargea l'illustre agriculteur de faire expédier quinze à vingt mille pieds de ces arbres à Paris; on en remplit le jardin des Tuileries, et des *magnaneries* [4] s'élevèrent aux Tuileries, au château de Madrid et sur l'emplacement des Tournelles, où l'on commençait alors à bâtir la place Royale. Une commission ou chambre de commerce fut formée, en avril 1601, « pour vaquer au rétablissement du commerce et manufactures. » En 1602, cette

1. *OEconomies royales*, t. I, p. 514-516.
2. Pour que le danger prévu par Sulli se réalise relativement au caractère d'un peuple, il faut que la proportion ait été rompue entre l'industrie mère, celle du sol, et les industries secondaires; que l'accessoire soit devenu le principal par une mauvaise économie sociale; enfin, que les manufactures soient concentrées dans les grandes villes, au lieu de se répartir dans les campagnes.
3. Les immenses trésors acquis à la France par l'industrie de la soie ont justifié et dépassé toutes les espérances de Henri IV et d'Olivier de Serres. Aujourd'hui, cette industrie produit annuellement en France une valeur d'environ 300 millions de francs (écrit en 1844).
4. Le nom de *magnanerie* vient de celui de *magniaux*, qu'on donne aux vers à soie dans le Midi.

commission traita avec des entrepreneurs qui s'engagèrent « à établir dans le royaume le plant des mûriers et l'art de faire la soie. » Un édit de décembre 1602 chargea Laffemas, nommé contrôleur général du commerce, de diriger la répartition des mûriers et de la « semence de vers à soie » dans les paroisses. Il devait y avoir une pépinière dans chaque élection : on commença par les généralités de Paris, d'Orléans et de Tours. Des essais eurent lieu avec succès en Normandie [1]. Sulli s'était résigné à seconder les désirs du roi : il fit faire des plantations de mûriers à Mantes, à Rosni et dans son gouvernement de Poitou, et favorisa l'établissement d'une manufacture de crêpes fins de Bologne dans le château de Mantes. Les fondations industrielles se succédaient rapidement. Dès 1597, une manufacture de cristaux et de verrerie avait été établie à Melun par trois gentilshommes [2] qui avaient longtemps exercé cet art à Lyon et à Nevers : le roi leur avait accordé un privilége exclusif pour Paris et trente lieues à la ronde. En août 1603, une manufacture de draps et de toiles d'or, d'argent et de soie fut fondée à Paris par ordonnance royale. Les étoffes similaires, venant de l'étranger, furent prohibées. Le roi accorda aux entrepreneurs la noblesse, le rang d'officiers de sa maison et un privilége exclusif pour douze ans à Paris. Les produits de la manufacture furent exemptés de tous droits à l'intérieur et à la frontière. Les ouvriers étrangers furent admis à tous les droits des régnicoles : les compagnons, après six ans de travail, pourraient lever boutiques, sans « chef-d'œuvre » ni lettres de maîtrise; les apprentis de même, après deux ans de travail de plus. Le roi prêta aux entrepreneurs 180,000 l. pour douze ans, sans intérêt. Une autre manufacture très-importante fut celle des fils d'or, façon de Milan, qui, dit-on, épargna à la France plus de 1,200,000 écus par an, en introduisant chez nous le procédé milanais. Le roi accorda aussi des encouragements pécuniaires et autres aux fabriques de tapisseries façon de Flandre, de toiles fines façon de Hollande, de bas de soie, de cuirs dorés et drapés,

---

1. Ainsi le gouvernement de Henri IV dépassa de beaucoup, dans ses essais, la zone où le mûrier est encore, à tort, confiné de nos jours.
2. On se rappelle que les gentilshommes pouvaient exercer l'industrie verrière sans déroger.

de blanc de céruse, d'acier fin, etc.[1]. De cette époque datent les célèbres manufactures des Gobelins et de la Savonnerie, qui devaient faire oublier les manufactures d'Arras, si florissantes au XVIe siècle.

Une assemblée du commerce, sorte d'États Généraux de l'industrie, qui fut convoquée à Paris, en 1604, par les commissaires du roi, attesta les progrès déjà faits et l'ardeur des esprits à se précipiter dans la voie qui leur était ouverte[2]. On y présenta une foule de projets sur l'établissement de nouvelles fabriques, à l'aide de « secrets » divers enlevés à l'industrie italienne, anglaise, flamande; sur la création de nouveaux haras, destinés à affranchir la France de la nécessité d'acheter des chevaux de guerre à l'Allemagne, à l'Espagne, à la Turquie, à l'Angleterre[3]; sur la réforme générale des corps de métiers[4]; sur la canalisation de la France, la navigabilité des rivières[5], etc. On proposa toutes sortes d'inventions (entre autres, de faire des moulins à eau dormante); on

---

1. Isambert, t. XV, p. 164-212-278-283-322. — *Recueil de ce qui se passa en l'assemblée du commerce à Paris en* 1604; ap. *Archives curieuses*, t. XIV, p. 219-245. — *Histoire du commerce de France*, *ibid.*, p. 409-430. — Par une singulière contradiction, tandis qu'on établissait des manufactures de luxe, les édits somptuaires se succédaient coup sur coup; il y en eut quatre, de 1594 à 1606, contre l'emploi de l'or et de l'argent sur les habits. Il y avait, à ce qu'il semble, une sorte de transaction avec le roi, d'une part, Sulli et le parlement de l'autre : on avait renoncé à entraver l'usage des soieries, mais on défendait le port habituel des étoffes d'or et d'argent, qui avait été poussé à une profusion inouïe sous Henri III. Les nouvelles manufactures ne devaient donc guère avoir d'emploi que dans les ornements d'église et les costumes d'apparat. Ces édits furent assez mal observés.

2. « La France », dit à ce propos Palma-Cayet, « semble se vouloir revendiquer la juste possession des arts et inventions de toutes sortes, comme c'est la France qui les élabore toutes. Et si l'on veut considérer ce qui s'est fait ès-nations étrangères, ce sont toujours les François qui en ont été les premiers auteurs; mais le François a cela de mauvais, qu'il ne continue pas; il n'a que la première pointe. » *Chronologie septenaire*, p. 259; ap. Collection Michaud, 1re série, t. XII, 2e partie.

3. Des documents plus anciens, entre autres les *Relations des ambassadeurs vénitiens*, attestent l'infériorité ou l'insuffisance de la race chevaline en France dès le XVIe siècle. Les causes n'en sont pas faciles à comprendre. La vieille Gaule avait été, par excellence, le pays des chevaux.

4. Un édit d'avril 1597 avait déjà réformé de graves abus introduits durant les guerres civiles; mais nous croyons que M. Poirson a beaucoup trop étendu la portée de cet édit (t. II, p. 94), en y voyant la libre ouverture des corporations à tous moyennant un simple droit de patente.

5. On proposa, entre autres, de rendre navigables l'Oise depuis Guise et l'Armançon : le canal de l'Oise et le canal de Bourgogne sont la réalisation agrandie de ces deux projets.

demanda des mesures qui empêchassent le mélange des vins; on proposa l'introduction de la culture du riz; on exposa les moyens de remédier à la décadence de plusieurs des principales branches de notre ancienne industrie, telles que les draps et lainages, les cuirs et les fers. Les draperies de Provins, qui avaient entretenu autrefois 1,800 métiers, étaient complétement ruinées : on avait jadis, à Paris, teint, en une seule année, jusqu'à six cent mille pièces de drap, ce qui ne se faisait plus « en six ni huit années ». La cause de cette décadence n'était pas seulement dans les calamités de la guerre civile, mais dans la désuétude où étaient tombés les règlements qui assuraient la bonne et loyale fabrication. Il était essentiel de rétablir et de faire observer sévèrement les règlements, et de garantir les industriels contre les erreurs de leur propre cupidité [1].

A la suite de l'assemblée, le roi invita les évêques à obliger tous les bénéficiers à faire planter des mûriers blancs et à acheter des *graines* (des œufs) de vers à soie aux entrepreneurs. Le clergé montra peu de zèle. Le roi, par ordonnance de novembre 1605, enjoignit d'établir une pépinière de cinquante mille mûriers dans chaque diocèse.

Ce n'était pas la fabrication seule qui avait déchu depuis le milieu du XVIe siècle. Le commerce de transit était presque anéanti, non plus ici par la faute des industriels, mais par la faute du pouvoir. Sous François Ier, un droit d'entrée assez modéré frappait les étoffes précieuses et les soies venant de l'étranger : il était de 5 p. cent *ad valorem* sur les marchandises destinées à la France, de 2 seulement sur celles de passage : Lyon était l'en-

---

1. Les réflexions que fait à ce sujet Isaac de Laffemas, dans son *Histoire du commerce de France* (Paris, 1606), seraient encore applicables aujourd'hui (*Archives curieuses*, t. XIV, p. 417-420). Il propose, dans ce même ouvrage, l'établissement des manufactures de coton. L'objection de Sulli sur la diversité des climats aurait été plus spécieuse, appliquée aux cotonnades qu'aux soieries. — Laffemas excepte des reproches faits à la loyauté de la fabrication l'orfévrerie parisienne et la draperie du sceau de Rouen. — Les règlements furent remis en vigueur, et des peines très-rigoureuses furent en outre décrétées contre les banqueroutiers. On alla jusqu'à punir de mort la banqueroute frauduleuse, ce qui était, du reste, en rapport logique avec une législation qui punissait de mort le vol (édit de juin 1609; ap. Isambert, t. XV, p. 349). — *V.* sur l'industrie sous Henri IV, Poirson, t. II, p. 38-107; travail très-développé et plein de faits intéressants.

trepôt général assigné à ces importations. En 1554, le droit fut haussé à 7 et demi et 4 et demi. Un droit d'exportation, œuvre d'une absurde fiscalité, fut mis sur les marchandises françaises. En 1585, une ordonnance de Henri III fit de Lyon l'entrepôt forcé, non plus seulement des étoffes d'or, d'argent et de soie, mais des épiceries et de toutes les marchandises du Levant et du Nord, qu'elles fussent de passage ou de consommation intérieure, matières premières ou matières façonnées; tout fut soumis à un impôt uniforme. La conséquence de cette déplorable mesure et des vexations qui l'aggravaient était que le commerce des Pays-Bas, de la Basse Allemagne et de l'Angleterre cessait de traverser la France pour gagner les pays de la Méditerranée.

La faute de Henri III ne fut cependant pas réparée par Henri IV et Sulli : l'intérêt apparent du fisc et l'intérêt particulier de la puissante ville de Lyon firent même aggraver le mal; en 1603, une ordonnance obligea la Provence, le Languedoc et le Dauphiné à envoyer à l'entrepôt de Lyon, pour y payer les droits, leurs marchandises destinées à l'exportation; on réduisit seulement à 2 1/2 pour 100 le droit d'exportation sur les produits destinés pour l'Espagne. Les provinces lésées réclamèrent en vain. Il est vrai que Lyon, de son côté, avait inutilement sollicité, en 1600, la suppression du péage du Rhône et de la douane de Vienne, malheureuses inventions des guerres civiles, qui leur survécurent et furent longtemps le fléau du commerce. Le Dauphiné défendit sa douane, comme Lyon son entrepôt. Les vrais principes commerciaux étaient également méconnus par le pouvoir, trop préoccupé de la question fiscale, et par les populations imbues de leurs rivalités provinciales et municipales [1].

1. *Recherches sur les finances*, t. I, p. 39-43-69-73. Si Sulli eut le tort de maintenir les douanes intérieures et d'autres péages onéreux, on doit reconnaître qu'il ne cessa d'opposer une résistance inflexible aux pillards de tout rang qui s'efforçaient d'extorquer au roi des faveurs dont le peuple devait payer les frais. Il se fit, avec le comte de Soissons, une querelle qui eut beaucoup d'éclat, à propos d'un droit de 15 sous que ce prince priait le roi de lui accorder sur chaque ballot de toile qui passerait la frontière. Le roi, éclairé par Sulli sur l'importance de ce droit, refusa. Ce fut à cette occasion que Sulli, importuné par madame de Verneuil, maîtresse de Henri IV, qui était de compte à demi avec Soissons, s'écria que le peuple « avoit bien assez d'un seul maître sans avoir tant de parents et de maîtresses du roi à entretenir ». Henri, qui se débarrassait volontiers sur lui de l'ennui des refus, ne lui sut pas mauvais gré de sa rude franchise. — *OEconomies royales*, t. I, p. 512-514.

On peut dire qu'en général le commerce fut la partie faible de l'administration de Sulli. Ce ministre, qui ne seconda l'industrie manufacturière qu'à contre-cœur, n'avait certainement pas la même répugnance pour le négoce maritime ; mais il ne lui donna pas l'assistance qui lui est due. Il avait compris la nécessité pour la France d'être « puissante sur terre comme sur mer » ; mais il ne comprenait pas assez les conditions auxquelles s'acquiert cette puissance : ainsi, ce fut malgré lui que Henri IV rendit une indispensable ordonnance qui soumit les navires étrangers aux mêmes droits que nos navires subissaient dans les ports étrangers, et qui fit ainsi cesser une inégalité désastreuse (1601). Les droits sur la navigation n'étaient qu'un des signes de l'inégalité générale qui existait dans nos rapports commerciaux avec l'Angleterre depuis le traité de 1572 entre Élisabeth et Charles IX, traité qui avait donné aux Anglais toutes sortes de garanties et de facilités pour leur commerce en France et n'avait rien assuré de semblable aux Français en Angleterre. Tout le commerce entre les deux nations se faisait par les marchands et par les navires anglais : l'Angleterre était arrivée à exclure entièrement nos produits manufacturés tout en nous inondant des siens. Les Anglais faisaient pis encore : de 1598 à 1600, ils troublèrent par une vaste piraterie le commerce maritime que la France recommençait à faire, depuis la paix de Vervins, avec l'Espagne et la Belgique. La France y perdit une valeur de trois millions. Henri IV répondit par des lettres de représailles, par des saisies de marchandises anglaises, par la construction de navires et de galères destinés à poursuivre les pirates ; les rapports furent assez tendus entre les deux gouvernements durant plusieurs années ; mais on ne voulait ni ne pouvait rompre de part ni d'autre, et les négociations aboutirent enfin à un nouveau traité conclu sur des bases équitables, qui établit la liberté réciproque du commerce moyennant le paiement des tarifs et droits de douane, et qui mit les deux nations sur le pied d'une entière égalité (26 mai 1606) [1].

Sulli, s'il s'était opposé aux droits sur les navires étrangers, servit du moins notre commerce en préparant ce traité de 1606

---

1. *V.* le détail bien exposé par M. Poirson, t. II, p. 111-127 ; 244-254.

durant son ambassade en Angleterre (1603); mais on retrouve tous ses préjugés dans une autre question importante : hostile aux colonies, aux établissements lointains, qu'il prétendait contraires à notre génie national [1], il vit avec déplaisir le roi renouveler les tentatives de colonisation de la Nouvelle-France, qui avaient échoué sous François Ier. Bien que la colonie établie au Cap-Breton par Roberval et Jacques Cartier en 1540 n'eût pas subsisté, les navires français n'avaient cessé, depuis cette époque, de faire la pêche de Terre-Neuve, de fréquenter le golfe du Saint-Laurent et d'entretenir quelque trafic de pelleteries avec les sauvages du Canada et de l'Acadie. La pensée d'un établissement colonial revint dans beaucoup d'esprits aussitôt après la fin des guerres civiles : c'était le moment où les navigateurs anglais et hollandais cherchaient à s'ouvrir un passage vers les mers de la Chine, ceux-là par le nord de l'Amérique, ceux-ci par le nord de l'Asie [2]; les Anglais avaient déjà fait en outre un premier essai de colonisation dans la région de l'Amérique septentrionale à laquelle ils avaient donné le nom de Virginie en l'honneur de la *vierge* Élisabeth, et ils allaient renouveler cet essai avec un succès définitif en 1608. Le gouvernement de Henri III n'avait pas réclamé, quoique la Virginie fît partie de cette *Nouvelle-France* dont nos marins avaient pris nominalement possession du temps de François Ier; Henri IV ne revendiqua pas non plus la Virginie; mais les navigateurs français, saisis d'émulation voulurent à leur tour s'établir dans les régions découvertes par Verazzano et Cartier, les uns, pour chercher de là, tout à loisir, un passage vers les mers d'Orient, les autres, pour s'attacher au sol et y chercher des richesses plus innocentes et plus véritablement fécondes que celles que les Espagnols arrachaient des entrailles de la terre avec la sueur et le sang des malheureux indigènes. C'était à l'agriculture, à la pêche, à la chasse, à l'exploita-

---

1. Lettre de Sulli au président Jeannin (1608); ap. *Galerie philosophique du* XVIe *siècle*, par de Mayer, t. II, p. 104; Londres, 1783.
2. Les noms des détroits de Forbisher et de Davis, du détroit et de la mer d'Hudson, rappellent les tentatives infructueuses que les Anglais ont réitérées depuis avec tant de persévérance. Quant aux Hollandais, après avoir franchi la Nouvelle-Zemble, ils ne dépassèrent point alors l'embouchure de l'Obi.

tion des forêts qu'ils entendaient demander la prospérité de leurs établissements [1].

Sulli eût dû comprendre et Henri IV comprit tout ce que méritaient d'encouragements des vues aussi saines. Henri résolut d'assurer enfin à la France une part dans cette conquête du Nouveau Monde, déjà si avancée par la race européenne : pour éviter les querelles avec l'Espagne et l'Angleterre, il décida de concentrer les tentatives françaises dans la partie de l'Amérique septentrionale au nord du 40e degré, et, dès 1598, il donna au marquis de La Roche, seigneur breton, une commission de lieutenant-général du roi dans la Nouvelle France [2], avec un navire de l'État, pour essayer une première expédition. Le vaisseau fit naufrage. Le roi, alors, changea de plan et accorda à un particulier, le Normand Chauvin, le privilége du commerce des pelleteries, moyennant qu'il établît au Canada une colonie de cinq cents hommes (1599). Chauvin ne remplit pas ses engagements. Le privilége fut transféré pour dix ans à une compagnie de gentilshommes et de négociants, sous la direction du respectable gouverneur de Dieppe, le vice-amiral de Chastes (1602), puis du sieur de Monts (1603). De Monts, nommé lieutenant-général du roi et vice-amiral, avec pouvoir de répartir les terres à occuper

---

1. « Les demandes ordinaires que l'on nous fait sont : — Y a-t-il des mines d'or et d'argent?... La plus belle mine que je sache, c'est du blé et du vin, avec la nourriture du bétail..... Les mariniers qui vont de toute l'Europe chercher du poisson aux Terres-Neuves et plus outre, y trouvent de belles mines au profond des eaux et au trafic des pelleteries et fourrures d'élans, de castors, de loutres, de martres et autres animaux..... » Marc Lescarbot, *Hist. de la Nouvelle France*, l. I, c. 2, p. 14-15; Paris, 1609. L'historien de la *Nouvelle France*, organe des premiers colons, s'exprime avec le même bon sens et avec les sentiments les plus humains sur les relations avec les sauvages. « Nous ne voudrions exterminer ces peuples ici, comme a fait l'Espagnol aux Indes, etc. » *Ibid.*, p. VII-VIII. Et il conclut à les amener par la douceur au christianisme. Les colons ne cherchèrent pour la France que la suprématie politique et respectèrent la liberté personnelle tout comme la vie des sauvages. Les Français eurent l'honneur de porter les premiers dans les établissements coloniaux cette humanité qui était dans le cœur de leur chef.
2. « Canada, Hochelaga, Terres-Neuves, Labrador, rivière de la Grande-Baie, Norembergue et terres adjacentes. » Henri IV revendiqua tous les pays situés entre les 40e et 52e degrés de latitude nord. L'agrandissement de la foi catholique était donné pour le principal motif de l'entreprise; on n'entendait alors par là que la conversion des sauvages au christianisme; mais d'autres devaient plus tard tirer de cette formule de funestes conséquences, l'exclusion des protestants et la domination ecclésiastique.

tant en fiefs qu'en concessions roturières, partit du Havre en 1604, avec quatre navires, accompagné de Champlain, gentilhomme saintongeois comme lui, et du Malouin du Pont-Gravé : il fonda, sur la côte de Norembergue (aujourd'hui le New-Brunswick et le Maine), un établissement qu'il transféra, l'année suivante, dans une baie de la presqu'île d'Acadie. Il le nomma Port-Royal (aujourd'hui Annapolis). En 1606 et 1607, Champlain, homme de hautes qualités, et Poutrincourt, autre lieutenant du vice-amiral de Monts, explorèrent les côtes vers le sud jusqu'au 40e degré, ce qui comprend « les lieux où, plus tard, ont été élevées les villes, où ont été creusés les ports de Portland, de Boston, de Providence, de New-York [1]. » En 1608, Champlain, conformément aux instructions du gouvernement français, entra dans le fleuve Saint-Laurent, qu'il avait déjà antérieurement reconnu jusqu'à Montréal, et alla créer une seconde colonie dans l'admirable position de Quebec, port de rivière accessible aux plus grands navires à 120 lieues de la mer. La race française ne devait plus quitter le Canada. Champlain ménagea à la France, parmi les tribus des *peaux-rouges*, un parti qui resta fidèle à notre alliance, et, durant la guerre où il s'engagea pour aider ses nouveaux amis les Algonquins à vaincre les Iroquois, il découvrit le lac qui a gardé son nom. Le fondateur du Canada continua son œuvre; mais les établissements du fort Saint-Louis et de Montréal, à 60 lieues au-dessus de Quebec, la découverte des lacs immenses, des mers d'eau douce qui donnent naissance au Saint-Laurent, n'appartiennent plus au règne de Henri IV. Henri n'eut pas la joie de voir l'avenir de nos colonies bien assuré. Assiégé par nos villes maritimes de plaintes et de réclamations contre le monopole de la compagnie qui, elle-même, se débattait contre la contrebande, il hésita beaucoup sur le système à suivre, chose fort excusable en matière si nouvelle; il abrogea, puis rétablit momentanément le privilége, et, lors de la catastrophe qui l'enleva à la France, il arrivait enfin à une combinaison très-heureuse, celle d'une compagnie ouverte à tous, substituant l'association au monopole; il n'eut pas le temps de réaliser son dessein [2].

1. Poirson, *Hist. du règne de Henri IV*, t. II, p. 309.
2. *V.* les *Histoires de la Nouvelle France* de Marc Lescarbot et du P. Charlevoix, et

Cette combinaison, Henri IV avait déjà tenté de l'appliquer au commerce d'autres régions. Tandis que des hommes intelligents et courageux travaillaient à créer une Amérique française, Henri IV pensait à fonder une compagnie pour la navigation des Indes Orientales, à l'exemple des Compagnies des Indes qui s'organisaient en Hollande et en Angleterre, afin de disputer aux Espagnols la domination exclusive des mers intertropicales, domination déjà vigoureusement attaquée par les Hollandais dans les parages de l'extrême Orient : des lettres-patentes du 1er juin 1604 autorisèrent la formation d'une compagnie qui aurait le privilége de la navigation aux Indes Orientales pour quinze ans, mais où chacun pourrait entrer en versant 3,000 livres au minimum. L'esprit d'entreprise de la nation ne fut pas au niveau des conceptions du prince, et la compagnie n'entra point en activité [1].

Le caractère de suite, de régularité, de logique que Henri IV et Sulli avaient imprimé au gouvernement a rendu nécessaire d'esquisser d'une haleine tout ce qui eut trait sous ce règne à l'économie de la France. Il a fallu montrer ce qu'avait été la France en 1598, et ce qu'elle était devenue en 1609, lorsque Henri IV, comme on l'a déjà dit, se retournant pour embrasser du regard l'ensemble de son règne, demanda à son ministre un rapport général sur ce qu'était la France et sur ce qu'elle devait être, sur ce qui était fait et sur ce qui restait à faire, sur les besoins et sur les ressources du pays [2]. Le plan de ce rapport atteste l'universalité des vues de ce grand prince.

les *Relations* de Champlain et de Lescarbot. — *Œconomies royales*, t. I, p. 516. — L'ensemble est bien exposé chez M. Poirson, t. II, p. 270-335.

1. Poirson, t. II, p. 267-270.
2. *Œconomies royales*, t. II, p. 290. Parmi les nombreux projets énoncés par le roi dans cette pièce intéressante, on remarque celui d'un jardin des plantes, qui serait en même temps une école pratique d'agriculture et de botanique médicale. Cette idée ne fut réalisée que relativement au second but, sous le règne suivant. — Le roi parle aussi de réunir au Louvre « toutes sortes de modèles de machines et inventions pour tous arts et métiers ». C'est le principe de notre Conservatoire des Arts et Métiers. Ce fut en grande partie pour loger près de lui une multitude d'artistes et d'artisans habiles, qu'il affranchissait des entraves des corporations, pour les mettre avec la cour dans un contact habituel propre à exciter et à perfectionner leur goût, que Henri IV acheva la galerie du Louvre. La catastrophe du 14 mai 1610 ne permit point à Sulli d'achever la rédaction du grand rapport que lui demandait Henri IV, et les desseins populaires du grand roi furent abandonnés après lui. — Parmi les projets de Henri IV figurait la réunion des pauvres officiers et invalides dans un vaste

Presque toute l'histoire de la législation sous Henri IV se trouve faite quand on a exposé l'histoire des mesures économiques, auxquelles il faut ajouter d'excellentes dispositions concernant l'édilité, l'assainissement des villes et la fondation d'établissements de charité considérables [1]. Les réformes économiques furent le cachet du gouvernement de Henri IV et de Sulli, comme les réformes judiciaires avaient été le cachet du ministère de L'Hospital [2]. Il reste toutefois à citer quelques notables dispositions législatives, entre autres les édits contre le duel.

La fureur des duels n'avait cessé de s'accroître parmi les gentilshommes, depuis le règne frivole et sanguinaire de Henri III, qui, avide, comme les femmes, d'émotions fébriles, ne donnait guère sa faveur qu'à des duellistes. Le combat singulier était devenu comme une espèce de folie épidémique. On se battait pour les plus légers motifs, ou même sans motifs, uniquement pour prouver sa valeur et son adresse. Quand la guerre eut cessé d'occuper toutes ces têtes ardentes, les duels se multiplièrent dans une proportion inouïe. Le cri unanime de l'Église et de la magistrature obligea enfin l'autorité royale d'intervenir : un édit

---

hospice; il y avait eu un édit rendu à ce sujet en 1604 : une maison de la Charité, faubourg Saint-Marceau, rue de l'Ourcine, commença la réalisation de cette pensée, qui ne fut pas exécutée sur une assez grande échelle, faute de fonds. En 1606, un autre édit fut publié pour assurer la subsistance des pauvres gentilshommes et gens de guerre.—Les veuves et orphelins des soldats morts dans les guerres du roi furent exemptés des charges publiques.

1. Un service régulier fut institué pour le nettoiement des rues de Paris; de nombreuses fontaines furent établies; l'Hôtel-Dieu fut agrandi; on créa l'hôpital Saint-Marcel et l'hôpital Saint-Louis, le plus bel établissement de ce genre qui eût encore existé; une commission fut chargée de réformer les hôpitaux du royaume. V. le détail dans Poirson, t. II, p. 388-397.

2. Henri IV avait projeté une réforme d'une extrême importance pour l'agriculture et l'industrie : il avait voulu faire largement réduire le nombre extravagant des fêtes *chômées*, qui a si longtemps encouragé la paresse et entravé le progrès du travail dans les pays catholiques. Les protestants se contentaient du repos d'un jour par semaine : les catholiques se reposaient la moitié de l'année. Le mauvais vouloir de la cour de Rome fit échouer le plan de Henri IV. Le pape ne voulut point consentir à un règlement général, et s'en remit aux évêques pour les dispenses à donner en cas de nécessité. Les canons admettaient les grandes nécessités de l'agriculture et même des autres professions comme excuse; mais ce n'étaient pas des excuses ni des exceptions qu'il fallait. L'abus était poussé si loin que quelques prélats consentirent enfin à y porter la main, mais trop mollement pour un résultat sérieux. En 1666, Péréfixe, archevêque de Paris, supprima dix-sept fêtes dans son diocèse. V. les *Lettres d'Ossat*, t. II, p. 254 et suiv. et les notes.

d'avril 1602 déclara criminel de lèse majesté, et, par conséquent, passible de la peine de mort, quiconque ferait ou accepterait un appel ou servirait de second. C'était passer d'un extrême à l'autre. Henri IV, tout en désirant arrêter une manie qui privait l'État de tant de braves guerriers, ne pouvait ni s'indigner bien franchement contre des mœurs au milieu desquelles il avait été nourri, ni se décider à envoyer à l'échafaud des gens dont il prenait plaisir à entendre raconter les prouesses. L'édit demeura une lettre morte, et, de 1601 à 1609, il y eut deux mille gentilshommes tués en duel[1]. Pour rendre la répression efficace, il fallut la modérer. Un édit de juin 1609 statua que les personnes grièvement offensées s'adresseraient au roi directement, ou par l'intermédiaire du connétable, des maréchaux, des gouverneurs de province ou de leurs lieutenants. Le roi déciderait s'il y avait lieu de permettre le combat, au cas où l'accommodement ne serait pas possible. — L'offenseur reconnu dans son tort sera, dans tous les cas, suspendu de ses charges et fonctions, ou frappé d'une amende équivalant au tiers de son revenu, jusqu'à ce qu'il ait satisfait à l'offensé. Quiconque fera ou acceptera un appel sera déchu de tout droit à réparation et privé de ses charges et emplois. Quiconque aura tué dans un duel non autorisé sera puni de mort et privé de sépulture; ses enfants seront taillables et roturiers pour dix ans, s'il était noble, ou incapables d'acquérir office portant anoblissement, s'il était roturier. Les témoins seront condamnés à mort s'ils ont pris part au combat; sinon ils seront dégradés de la profession des armes et privés de tous emplois[2].

Cet édit, qui restreignait le duel autant que possible, sans le proscrire absolument, semble le plus sage, au moins relativement, qu'ait rendu l'ancienne monarchie sur cette matière qui implique tant de délicates et profondes questions morales, politiques et religieuses touchant le droit individuel.

En juillet 1607, une ordonnance, réclamée depuis longtemps par les parlementaires, réunit au domaine de la couronne tous ceux des biens patrimoniaux de Henri IV qui faisaient partie du royaume de France, comprenant le riche héritage des maisons de

---

1. *Mém.* de Fontenai-Mareuil, ap. collect. Michaud, 2ᵉ sér., t. V, p. 12.
2. Isambert, t. XV, p. 268; 351.

Bourbon-Vendôme, d'Albret et de Foix ; les domaines de la couronne de Navarre (Basse-Navarre et Béarn) demeurèrent quelque temps encore séparés du domaine de France.

D'autres édits offrent un fâcheux contraste avec les mesures protectrices de Henri IV en faveur du peuple des campagnes : les ordonnances sur la chasse ont valu à sa mémoire de sévères reproches. Henri IV renouvela les cruels édits de François Ier [1], et, s'il les améliora sous le rapport de la juridiction, en attribuant la connaissance des délits de chasse, non plus aux forestiers, mais aux lieutenants de robe longue, s'il laissa aux juges la faculté d'appliquer ou non la peine de mort au braconnier incorrigible qui enfreindrait son ban après avoir été chassé du royaume pour double récidive, il aggrava, sous d'autres rapports, les ordonnances qu'il remettait en vigueur : il interdit absolument la chasse aux roturiers, « entendant se réserver ce plaisir pour en jouir avec ses princes et sa noblesse. » Une disposition d'une révoltante immoralité invitait chaque paysan à se faire l'espion de son voisin, en promettant au dénonciateur le tiers des amendes et confiscations encourues par le dénoncé (janvier 1600 ; juin 1601). Un édit d'août 1603 alla jusqu'à prohiber absolument l'emploi des armes à feu à la chasse, sous peine de mort pour les roturiers, d'amende arbitraire pour les gentilshommes ; le gentilhomme pris en récidive serait aussi puni de mort. La noblesse réclama si vivement, que l'édit fut rapporté l'année suivante pour ce qui la concernait [2].

On put présenter cette ordonnance comme le complément de celle qui avait défendu si sévèrement le port des armes à feu. Le braconnage menait souvent au brigandage. Néanmoins, il n'est guère possible de douter que l'intérêt de la conservation du gibier n'ait pesé dans la balance au moins autant que l'intérêt de la sûreté publique. La chasse était une des passions favorites de Henri IV, et il fallait que cette passion fût bien ardente pour lui faire oublier à ce point ses sentiments d'humanité habituels. L'amour de la chasse est resté héréditaire dans la race royale jusqu'à la fin de la monarchie : les rois des époques les plus

1. *V.* notre t. VII, p. 464, note.
2. Isambert, t. XV, p. 228 ; 247 ; 287.

amollies et les plus raffinées retrouvaient, à la poursuite de la bête fauve ou de la bête noire, sous les ombrages de nos vieilles forêts, quelque chose de la fougue sauvage des Mérovingiens.

La chasse était encore le moins dispendieux des goûts royaux qui faisaient obstacle aux plans économiques de Sulli. Henri IV avait toutes les passions qui ruinent un particulier et obèrent même un souverain ; les femmes, le jeu, les bâtiments. Le rigide ministre soupirait de voir le roi dépenser tous les ans, pour ses plaisirs, douze cent mille écus, « somme suffisante pour entretenir quinze mille hommes d'infanterie[1] » Ces dépenses extraordinaires rendent encore plus dignes d'admiration les résultats financiers obtenus par Sulli, et expliquent comment le surintendant ne put réduire davantage les tailles[2].

Les grandes sommes qu'absorbaient « les voluptés » du roi n'étaient pourtant pas entièrement perdues pour le pays ni pour la postérité : les fêtes et les amours passent, mais les bâtiments restent. Une portion considérable des dépenses de Henri IV, au moins six millions, fut employée à continuer les édifices des règnes précédents ou à en élever de nouveaux[3]. Si l'art, de son temps, n'a pas marqué plus glorieusement dans l'histoire, ce n'est pas lui qu'on en peut rendre responsable : il donna aux artistes tous les encouragements qui étaient en son pouvoir.

Pour apprécier la situation de l'art en France dans les premières années du XVIIe siècle, il est nécessaire de se rappeler quelle pente avait suivie cette Italie, chez laquelle nos artistes, depuis le commencement de la Renaissance, s'étaient habitués à chercher leurs maîtres et leurs modèles. Les grandes écoles italiennes de peinture étaient en pleine décadence dès le milieu du XVIe siècle : les élèves de Raphaël, après avoir perdu son esprit idéaliste, n'avaient pas gardé longtemps la pureté de sa forme : les imitateurs de Michel-Ange s'étaient perdus dans de folles exa-

---

1. *OEconomies royales*, t. II, p. 271. *V.* de curieux détails sur les pertes de Henri IV au jeu, sur ses promesses à Sulli de ne plus jouer, etc.

2. Henri IV faisait avec lui-même de singulières capitulations de conscience : comme il ne prenait pas ses dépenses de fantaisie sur les tailles, mais sur les parties casuelles, il tâchait de se persuader que le poids n'en retombait pas sur le peuple.

3. Il dépensa, en outre, suivant les comptes de Sulli, 1,800,000 livres en ameublements et joyaux.

gérations en voulant reproduire les allures formidables et les emportements du géant solitaire; les maîtres vénitiens n'étaient plus; le doux et fier Luini et ses frères de Milan avaient rejoint leur père adoptif Léonard. Dans l'architecture, le mouvement auquel Bramante avait imprimé tant de grandeur et que Michel-Ange avait ensuite soutenu de son bras puissant, s'était ralenti et refroidi en se régularisant sous la main de Vignole et de Palladio. L'école de la coupole n'enfantait pas ce monde d'art promis pour remplacer le monde créé par l'école de l'ogive. Les derniers « maîtres des pierres vives » étaient descendus au tombeau, emportant avec eux le secret d'animer la matière insensible.

Ce fut en ce moment que la restauration catholique, dirigée par les papes et par les jésuites, pénétra dans la sphère de l'art et tenta de la conquérir. L'histoire de cette tentative et de son issue est d'un haut intérêt. Un grand nombre d'esprits éminents s'y engagèrent. Elle réussit d'abord dans la poésie : elle eut pour chantre en Italie un poète illustre, le Tasse [1], et contribua, pour une forte part, au développement du théâtre espagnol, théâtre moitié religieux, moitié romanesque, et le seul de son genre dans l'Europe moderne. Dans la musique, le mouvement néocatholique s'appropria le génie de Palestrina et tenta de créer une nouvelle musique sacrée à la place de l'école de science aride et purement mathématique qui avait succédé en Italie au vieux plain-chant. Dans la peinture, il s'éleva une école, sinon enfantée directement par le mouvement catholique, au moins en rapport, par son caractère sérieux, avec l'austérité de mœurs qui avait reparu momentanément à Rome. L'école des Carraches, plus savante qu'inspirée, plus éclectique et plus compréhensive que créatrice, plus grave qu'élevée, marqua un temps d'arrêt dans la décadence de l'Italie et produisit une multitude

---

1. On pourrait se demander toutefois si ce fut un vrai succès, en voyant à quel prix il fut acheté. La triste vie du Tasse se consuma dans les angoisses d'une lutte incessante entre le doute et la foi aveugle. Sa raison périt dans ces crises de l'âme religieuse bien plus que dans les combats d'un amour terrestre. Le parti qu'il avait servi se montra peu digne d'avoir eu un tel organe, et les honneurs posthumes que Rome rendit au Tasse ne suffisent point à faire oublier l'ingrat abandon où le grand poète fut laissé pendant sa vie. *V.* le beau chapitre de M. Edgar Quinet sur le Tasse, dans ses *Révolutions d'Italie.*

d'œuvres dignes d'estime; mais elle n'atteignit pas ces sommets de l'éternel idéal où règnent les maîtres des grands siècles ; elle manqua de cette force enthousiaste qu'eût inspirée une véritable régénération religieuse. L'épreuve décisive ne pouvait se faire que dans l'architecture, dans l'art collectif, social et religieux par excellence. Ici l'avortement fut complet. Rome et les jésuites réagirent avec un déplorable vandalisme contre l'art païen[1], mais sans vouloir retourner au moyen âge, comme l'avait essayé Savonarola. Le sens de l'art du moyen âge était complétement perdu pour les jésuites : quoi de commun entre le libre et fécond mysticisme des maîtres ès œuvres d'Amiens ou de Strasbourg, et une doctrine de compression morale, qui prétend soumettre à des règlements inflexibles jusqu'aux élans de l'âme vers Dieu! Les jésuites essayèrent donc de se faire une architecture à eux; mais ils ne purent rien créer, qu'une dégénération de cette Renaissance qu'ils reniaient. Ils voulurent, dans leurs constructions, être grands et forts; ils furent lourds et gauches. A Rome, ils atteignirent, par l'énormité des proportions, une certaine grandeur matérielle où la pesanteur s'alliait à la recherche, à la subtilité, au contourné : ce fut là leur période héroïque, admirée de générations qui perdaient de plus en plus le sens du beau dans l'art monumental; ils n'y restèrent pas; ils voulurent passer de la force à la grâce; ils visèrent au joli, afin de se mettre en harmonie avec les petites dévotions coquettes, fardées, parées de fausses fleurs, et se précipitèrent enfin dans ce dernier abîme de déraison et de mauvais goût qu'on a nommé « l'architecture des jésuites ».

Il était impossible que les vicissitudes de l'art italien ne se reproduisissent pas jusqu'à un certain point en France : seulement, le mouvement de l'art français ne se rattacha pas directement et ostensiblement au mouvement religieux, et l'analogie, heureusement pour nous, ne fut pas complète jusqu'au bout.

---

1. Les destructions de monuments anciens, si considérables sous Sixte V, furent renouvelées avec une telle barbarie au XVIIe siècle, que la *populace* de Rome, à son éternel honneur, en vint à la révolte contre le pape et son architecte (le Bernin), pour sauver les derniers restes des antiquités romaines. V. Ranke, *Hist. de la Papauté*, l. VIII, § 8. — C'est une singulière contradiction que cette guerre faite aux arts de l'antiquité, pendant que l'enseignement littéraire des jésuites était si classique.

Chez nous, l'élégante architecture du second âge de la Renaissance[1] ne survécut guère à la génération des Delorme, des Lescot, des Bullant : l'école fondée sous François Ier mourut avec Catherine de Médicis : la gracieuse sculpture qui avait atteint son apogée avec Jean Goujon, et qui tournait à la mignardise et à l'afféterie dans les derniers temps de Germain Pilon, disparut aussi presque complètement dans la tourmente des guerres civiles. Dès qu'on recommença de faire de l'art, un style tout nouveau apparut. Une architecture pesante et massive, dont la force et la solidité, n'étant point associées à la pureté du goût, atteignaient rarement à la majesté véritable, marqua la première période de l'ère de décadence et de transition qui succédait à trois âges de gloire[2]. Les grands combles du xve siècle reparaissent, mais dépouillés de la riche ornementation, des ingénieux encadrements qui en dissimulaient la pesanteur : les lourds bossages, imitation malheureuse des constructions quasi cyclopéennes de la vieille Florence, rompent trop souvent d'une manière bizarre les lignes architecturales et leur ôtent toute dignité en se surchargeant d'ornements d'un goût détestable (*les vermicelles*). Les monuments, les palais de cette époque, bien que certaines parties présentent une physionomie originale, sont, en général, d'un aspect moins heureux que les hôtels et les maisons particulières, où l'on obtient des effets pittoresques par le mélange de la brique, de la pierre et de l'ardoise, effets inférieurs, du reste, à ceux du même genre produits autrefois en Italie par la brique, la tuile, la pierre et la terre cuite. La place Royale, commencée en 1604 sur l'emplacement de l'ancien hôtel des Tournelles, pour y placer les magnaneries et les manufactures de soieries, est le spécimen le plus complet de ce genre polychrome[3]. Parmi les monuments de plus haute prétention, on

1. L'âge purement italien : le premier âge avait été celui de l'alliance entre l'école italienne et l'école du gothique fleuri.
2. L'époque *romane*, l'époque *ogivale*, qu'on peut à bon droit nommer *française*, et l'époque de la Renaissance.
3. Nous apprécions ici l'architecture de ce temps au point de vue de l'art ; nous avons déjà indiqué, au point de vue de l'utilité publique, que d'excellentes mesures furent prises sous Henri IV pour l'assainissement des villes. Tout ce qui s'est fait en grand dans cette direction commence sous l'administration de Sulli, « grand-voyer du royaume »; on commence à élargir et à aligner les rues, à ouvrir des places, à

doit citer principalement les constructions de Fontainebleau, séjour favori de Henri IV, qui y passait chaque année plusieurs mois, et les vastes travaux qui joignirent le Louvre aux Tuileries, commencés dès 1594 et continués jusqu'à la mort du roi[1]. La grande porte de Fontainebleau, construite par François Jamin, est assez imposante; la première partie de la galerie du Louvre, depuis la salle des Antiques jusqu'au pavillon de Lesdiguières, élevée, de 1594 à 1596, on ne sait par quel architecte, bien qu'un peu surchargée d'ornements, garde un dernier et charmant reflet de la grâce du xvie siècle; mais l'autre partie, construite de 1603 à 1608, et surtout les énormes bâtisses des Tuileries, œuvre de plusieurs architectes, parmi lesquels Ducerceau le jeune, ne brillent pas entre les belles constructions de Delorme, de Bullant et de Lescot qu'elles étouffent de leur poids et de leur froideur. Henri IV avait élevé en outre à Saint-Germain-en-Laie, près du château de François Ier, un vaste édifice qui occupait en partie l'emplacement de la terrasse actuelle, et du pied duquel un beau jardin, orné de grottes, de statues, de jets d'eau à la mode d'Italie, des-

---

défendre « de plus faire sur les rues auvents, saillies, encorbellements, étrières » débordant sur l'alignement; on oblige à bâtir dorénavant « depuis le rez-de-chaussée contremont ». Recueil d'Isambert, t. XV, p. 239. C'est là le point de départ de la révolution qui a détrôné le pittoresque du moyen âge au profit de la salubrité, de la commodité, de la sécurité modernes. Henri IV voulait faire dans le vieux Paris un Paris nouveau : la place Royale, la place et la rue Dauphine, la galerie du Louvre, plusieurs quais nouveaux, le Pont-Neuf, n'ont réalisé qu'une partie de ses plans : il projetait, dans le Marais, une vaste place qu'il aurait nommée la place de France et qu'auraient environnée vingt-sept rues portant les noms des provinces du royaume.— V. Sauval, *Histoire et Recherches des antiquités de la ville de Paris*, t. I, p. 632. Le sentiment national, ainsi que l'observe justement M. Poirson, était toujours présent à Henri IV : « aux galeries du Louvre et des Tuileries, il ordonna d'employer exclusivement des marbres français et de les tirer des Pyrénées. — L'exploitation des carrières de marbre des Pyrénées fut ordonnée par Henri IV, pratiquée sous son règne, abandonnée après lui, et n'a été reprise que de nos jours ». Poirson, t. II, p. 783. En parlant de l'architecture du xvie siècle, nous avons omis un fait notable que nous croyons devoir rappeler ici : c'est qu'un Français, Louis de Foix, fut l'architecte de l'Escurial. C'est ce même Louis de Foix qui éleva la tour de Cordouan dans un îlot de l'embouchure de la Gironde.

1. Les trois quarts au moins de la galerie du Louvre, le pavillon de Flore et le corps de bâtiment adjacent ont été élevés sous Henri IV. Le projet de faire une place immense entre le Louvre de Henri II et les Tuileries appartient à Henri IV. — Le Pont-Neuf, commencé par Ducerceau le jeune, sous Henri III, fut achevé par Marchand, sous Henri IV. Ce fut aussi Henri IV qui fit commencer l'aqueduc de Rungis.

cendait en amphithéâtre jusqu'au bord de la Seine. Le jardin et le château de Henri IV ont disparu. Les terrasses seules subsistent. L'Italie avait fait de l'ordonnance des jardins un art que la France perfectionna, comme l'atteste le nom de « jardins à la française ».

Quant à l'architecture religieuse, elle vit finir, sous Henri IV, cette période de transition qui conservait encore un dernier souffle de l'art du moyen âge et qui avait produit la poétique église de Saint-Eustache. L'art religieux vient mourir dans Saint-Étienne-du-Mont. La Renaissance n'a pas chez nous, dans l'architecture sacrée, la période de gloire qu'elle a eue dans l'architecture civile. L'imitation plus ou moins habile de l'Italie déjà déchue signale, sous Henri IV, les nombreux édifices d'un art sans inspiration qui semble vieilli en naissant.

La sculpture du temps de Henri IV n'est pas sans participer à l'alourdissement et à la roideur de l'architecture : elle se relève cependant assez vite; si elle n'a plus que par exception la grâce et l'élégance des maîtres du xvi° siècle, élégance dont les frères L'Heureux conservent peut-être seuls le secret[1], elle présente, chez Franqueville de Cambrai (élève de Jean de Bologne), chez Jacquet, et sans doute chez ce Biart, alors si renommé et dont l'œuvre entière a péri, des caractères remarquables de force et de vérité. L'alourdissement, qui gagne les ornements, les meubles, la menuiserie, l'orfèvrerie, etc., leur laisse de la richesse, de l'originalité, une sorte de grand air. Pour ce qui regarde la peinture, beaucoup moins développée chez nous que la sculpture pendant toute la période précédente, le contre-coup du mouvement des Carraches nous vaut un bon nombre d'artistes médiocres, qui imitent les maîtres de Bologne sans les égaler : un seul peintre de cette époque a laissé un nom qui marque dans l'histoire; c'est Martin Fréminet; mais il n'appartenait point à la nouvelle école italienne; il se rattachait directement à Michel-Ange, dont son talent rude, vigoureux, un peu forcé, avait bien compris la tradition. Fontainebleau conserve ses plus remarquables

---

1. Auteurs de la charmante « frise marine » de la galerie du Louvre, ainsi appelée à cause des animaux marins qui y figurent.

pages¹. La sculpture et surtout la peinture française étaient réservées à de meilleures destinées que l'architecture.

Un art français dont l'histoire est trop peu connue en France, et dont les destinées avaient été plus brillantes qu'on ne le croit généralement, notre vieille musique jeta encore quelques vives lueurs sous Henri IV. Jusqu'au milieu du xvi⁰ siècle, elle avait eu la prépondérance en Europe : elle avait servi de modèle à l'Italie², et le huguenot Goudimel avait encore été le maître de Palestrina. Ducauroi, maître de la chapelle de Henri IV, à qui l'on attribue les airs de *Vive Henri IV* et de *Charmante Gabrielle* et de nombreux *noëls*, continua dignement la tradition de cette musique qui nous a laissé des mélodies pleines de vivacité, de grâce naïve et de sensibilité, et dont le génie ne périt jamais en France et se combina plus tard avec la haute expression dramatique.

Tout le monde connaît, par des monuments qui sont chaque jour sous nos yeux, une partie au moins de ce que fit Henri IV pour les beaux-arts. On sait moins ce qu'il fit pour les lettres et les sciences, et, pourtant, son règne y laissa des traces plus profondes. Il était inévitable qu'après les bouleversements des guerres de religion, les études, complètement déchues, fussent réorganisées; mais on ne saurait trop louer l'esprit qui présida à la réorganisation de l'université de Paris. On ne se contenta pas de remplacer les maximes ultramontaines et ligueuses par des maximes gallicanes et monarchiques; on fit autre chose que de la politique de circonstance; d'une part, on poussa hardiment le gallicanisme à ses conséquences logiques et, pour la première fois depuis le moyen âge, on se passa du pape dans une réforme des études; la réforme fut effectuée purement et simplement par l'autorité du roi et du parlement, grande innovation qui sécularisait l'enseignement et en faisait une affaire toute nationale. D'une autre part, la commission de réformation, présidée par l'archevêque de Bourges, Renaud de Beaune, et où figuraient le

---

1. *V.* sur l'art en Italie et en France à cette époque, un excellent morceau de M. Vitet, ap. *Revue des Deux Mondes*, du 1ᵉʳ juillet 1841. — *V.* le détail chez M. Poirson, t. II, p. 747-835, mais avec quelque réserve quant aux admirations de l'auteur.
2. Valeri, *Curiosités et anecdotes italiennes*, p. 209-210.

premier président de Harlai et le président de Thou (l'historien), demanda franchement ses inspirations à l'esprit de la Renaissance et substitua, dans les lettres, les originaux grecs et latins, l'élite des écrivains de l'antiquité aux glossateurs et aux grammairiens du moyen âge, dans la médecine, Hippocrate et Galien « et les autres princes de la science » aux traducteurs et aux imitateurs des commentaires arabes et juifs, enfin, dans la théologie, l'Écriture et les Pères aux scolastiques. Tout cela fut tellement sain et durable qu'au fond nous en vivons encore [1]. (1595-1600).

Le collége royal (collége de France) fut relevé avec l'université : là, il n'était pas besoin d'une révolution, comme dans l'université, mais seulement d'une restauration : la barbarie et le fanatisme qui avaient envahi le collége de François Ier furent chassés par l'esprit de la Renaissance qui l'avait fondé : en dépit des lettres-patentes de Charles IX, qui avaient exclu le protestant Ramus, Henri IV appela parmi les professeurs le protestant Casaubon, l'érudition incarnée; Henri créa, en 1598, pour l'anatomie, la botanique et la pharmacie, une nouvelle chaire, qu'illustra bientôt Riolan. Il voulait faire plus, et construire, pour ses professeurs, sur l'emplacement même où s'élève aujourd'hui le collége de France, un grand édifice qui eût été « une académie complète de toutes les sciences ». Il fonda une académie de chirurgie à Paris et un jardin botanique à Montpellier, en attendant l'établissement plus vaste qu'il projetait à Paris et qui ne fut réalisé qu'à moitié après sa mort. Il transféra à Paris, en 1595, et ouvrit au public la Bibliothèque royale, qui était à Fontainebleau depuis François Ier et qu'il augmenta de la bibliothèque de Catherine de Médicis. La Bibliothèque, dans son plan, devait être réunie au collége de France.

Henri IV, nourri de Plutarque dès l'enfance, élevé à l'école de l'histoire plus que de la poésie, aimait cependant les vers, en fit quelquefois d'heureux, et encouragea les œuvres d'imagination

---

1. L'histoire générale n'avait pas jusqu'ici rendu justice à cette importante opération du règne de Henri IV : M. Poirson a eu le mérite de le faire le premier dans un très-bon chapitre (t. II, p. 409-431); ici, l'écrivain universitaire était sur son terrain et il n'a pas exagéré la valeur de l'œuvre qu'il célèbre avec un si vif enthousiasme.

comme la littérature savante ; les écrivains éminents de son temps
eurent à se louer de sa protection éclairée.

La littérature, comme la société française, sortait alors d'un
siècle de tempêtes sublimes, d'un chaos fécond en grandes individualités et en œuvres puissamment originales et fièrement isolées, pour entrer dans une ère d'ordre, de méthode, de discipline,
où le génie devait être à la fois aidé et limité par ces conditions
nouvelles, et où la grande poésie française, dont le xvi⁶ siècle
n'avait entendu que les premiers bégaiements, devait croître et
enfanter ses créations impérissables dans un milieu presque aussi
différent du premier âge de la Renaissance que du moyen âge
même. Ce milieu fut préparé sous Henri IV.

La poésie allait prendre, parmi les manifestations de la pensée
humaine, ce premier rang[1] qu'avait eu l'architecture au moyen
âge. La poésie et, en général, la littérature moderne est née de
ce vaste développement de l'individualité qu'a suscité la Renaissance : toutefois la rupture littéraire avec le moyen âge ne fut
point partout aussi complète qu'en France, et deux nations, qui
transformèrent leur tradition au lieu de la briser, devancèrent de
beaucoup la France en essor poétique, précisément peut-être parce
qu'elles ne s'étaient pas imposé l'effort d'aller demander aux anciens le principe d'un complet renouvellement de la littérature.
L'Angleterre et l'Espagne, à l'ouverture du xvii⁶ siècle, étaient déjà
parvenues à l'apogée de leur gloire littéraire. En France, le premier tiers du siècle fut pour la littérature une époque de transition, de préparation, plus que de création. Il faut chercher bien
moins ce qu'on récolta que ce qu'on sema.

Telle n'était pas l'opinion des contemporains : ils crurent posséder au moins un chef-d'œuvre, l'*Astrée* d'Honoré d'Urfé. Le
roman de chevalerie avait disparu définitivement, après avoir dû,
sous François I⁶ʳ, une dernière recrudescence à ces Amadis espagnols, dont le plus grand honneur, aux yeux de la postérité, est
d'avoir été l'occasion de l'immortel don Quichotte. Le roman de
chevalerie, détrôné par le changement du goût et des mœurs, se
transformait en roman pastoral. Étonnant contraste, et pourtant
bien explicable par les éternelles réactions de l'esprit humain, que

---

1. Ou tout au moins partager le premier rang avec la philosophie.

cet idéal paisible et langoureux qui se forme au milieu des habitudes violentes et des luttes exterminatrices du xvi° siècle! Ce retour vers la nature, vers la vie des champs et des bois, trop peu sérieux, trop peu profond, produisit le genre littéraire le moins naturel du monde. Ce fut comme une fusion de l'églogue classique, déjà un peu artificielle, avec la galanterie la plus raffinée de la chevalerie et les plaids des *Cours d'Amour*, de subtile mémoire. Le Portugal semble avoir été le berceau de ce genre, dont on trouve le germe dans les *pastourelles* emblématiques de Froissart et de quelques-uns de nos vieux trouvères. Des poëtes distingués y dépensèrent un grand talent : le Tasse lui-même déguisa la froideur de ces fictions sous la douceur et la richesse de sa poésie, et le genre pastoral produisit, dans le cours du xvi° siècle, quatre ouvrages restés célèbres entre beaucoup d'autres : l'*Arcadia* de Sannazar, la *Diana* de Montemayor, l'*Aminta* du Tasse et le *Pastor Fido* de Guarini; les deux derniers, sous la forme dramatique. La France fut envahie à son tour après l'Espagne et l'Italie. Elle n'avait rien perdu pour attendre : elle eut le plus long, sinon le plus bel ouvrage de l'école pastorale.

Un ancien ligueur du Forez, retiré en Savoie après la chute de la Ligue, Honoré d'Urfé, dédia, vers 1608, à Henri IV, la première partie d'un vaste roman dont les héros sont des bergers, mais des bergers de noble origine, des bergers lettrés et savants : l'intervention des chevaliers et des druides relève encore l'action, placée dans le cadre historique le plus singulier du monde; c'est durant la terrible époque du partage de l'empire romain, parmi les Francs, les Bourguignons et les Goths, que l'auteur de l'*Astrée* fonde, aux bords du Lignon, sa république de galants bergers, où le grand druide remplit à peu près les fonctions d'un président de cour d'amour. Le sens historique était alors trop peu développé pour qu'on fût choqué d'un pareil travestissement[1], et l'on accueillit avec enthousiasme ces récits coupés d'épisodes et surtout de dissertations sans nombre, cette espèce d'encyclopédie

---

1. Il faut dire que d'Urfé, qui respecte si peu l'esprit de l'histoire, en connaît remarquablement bien le fait : pour ce qui regarde les druides, en particulier, il sait à peu près tout ce qu'il était possible alors de savoir sur leur compte. Notre grand et malheureux Ramus avait fortement attiré l'attention sur les origines gauloises.

amoureuse où la passion, presque toujours ingénieuse, rarement touchante, est si souvent étouffée par une métaphysique subtile et diffuse. Personne n'aurait lu un pareil livre au milieu de la vie active et ardente des guerres civiles; tout le monde l'étudia, le commenta, le médita dans les loisirs de la paix, dans l'oisiveté des châteaux, dans le calme du cabinet. Il n'y eut pas jusqu'aux magistrats, jusqu'aux hommes d'église qui n'en fissent une affaire sérieuse. Et le succès de d'Urfé fut plus durable que celui de Ronsard : les grands maîtres du siècle de Louis XIV, le régulateur du Parnasse lui-même, l'impitoyable Despréaux, rendirent hommage à l'*Astrée*, qui gardait encore d'illustres partisans au xviiie siècle. Un grand art de composition, une habile gymnastique de la pensée, renouvelée des scolastiques, un incontestable mérite de style, un perfectionnement considérable de la prose française, expliquent cette vogue prolongée, mais enfin disparue sans espoir de retour. Les œuvres littéraires, et le roman entre toutes, ne s'immortalisent que par la création de ces types originaux qui restent imprimés à jamais dans la mémoire des hommes. Rien de cela dans l'*Astrée*. Quelle différence entre les pâles ombres de d'Urfé et les créations qu'en ce moment même un autre romancier, le premier romancier du monde, animait d'une vie impérissable! Aujourd'hui, en France même, les érudits presque seuls connaissent l'*Astrée*, tandis que, dans l'Europe entière, les enfants du peuple savent par cœur les moindres exploits de don Quichotte et de Sancho. Peu comprennent l'œuvre de Cervantès : tous la sentent et l'aiment d'instinct, tant elle est à la fois profonde dans la conception, vivante dans l'exécution. Don Quichotte et Sancho, l'idéal dans ses rêves les plus irréalisables, le réel dans sa plus infime grossièreté, accouplés, enchaînés l'un à l'autre, comme le corps et l'âme, par une chaîne qu'ils ne peuvent briser, c'est bien là l'éternelle comédie de la vie, la comédie dans laquelle le poëte raille ses propres rêves, ses élans refoulés du ciel contre terre, et laisse entrevoir sous son masque joyeux la mélancolie des déceptions humaines. Pour trouver un poëte français qui ait compris l'humanité comme Cervantès, il faut aller jusqu'à Molière [1].

---

1. La vie de Cervantès est bien caractéristique : ce grand railleur des romans

Nous étions loin encore de ces jours de gloire. Tandis que l'inépuisable Lope de Véga faisait pleuvoir ses drames sur la scène espagnole comme les feuilles dorées de l'automne, tandis que les colossales figures évoquées par Shakspeare du sein d'un monde nouveau se succédaient majestueusement sur le théâtre de Londres, nous passions des pastiches grecs de Garnier[1], successeur de Jodelle, à la tragi-comédie de Hardi, faible imitateur des dramaturges espagnols, auxquels il n'avait emprunté que leur fécondité. Ce n'est pas le moment de parler de notre théâtre : il faut attendre que le rayon du génie éclaire ces limbes obscurs; la France aura sa revanche[2].

La poésie proprement dite mérite bien autrement d'attention : les vicissitudes qu'elle subit du temps de Henri IV eurent sur nos destinées littéraires une influence décisive. Ronsard était mort en 1585, plein d'honneurs et de jours : il avait été précédé dans la tombe par les principaux membres de la *pléiade*, et son école, parvenue à la seconde génération, avait maintenant pour chef le doucereux abbé de Tiron, Philippe Desportes. Cette école, si jeune encore, portait déjà les signes d'une prochaine décrépitude : l'énergique bizarrerie faisait place à la fadeur et à la platitude; l'imitation des Grecs et des Latins, à l'imitation des Italiens. La puérilité des *concetti*, l'affectation du *pétrarquisme* dégénéré, gâtent les compositions les plus élégantes de Desportes et rendent illisibles Bertaut et les autres versificateurs subalternes. Au milieu des *ronsardistes* se distinguent pourtant quelques poëtes, qui, sans se séparer ostensiblement de leurs confrères et sans préoccupation de manière ni de système, se montrent plus Français qu'eux par le naturel, le tour d'esprit et le langage : tels sont Passerat et Nicolas Rapin, collaborateurs de la *Ménippée*, et Gilles Durant,

---

de chevalerie avait mené la vie la plus romanesque et la plus chevaleresque du monde.

1. Le meilleur titre dramatique de Garnier est d'avoir introduit dans la tragédie le retour régulier des rimes masculines et féminines. Il y a pourtant des sentiments élevés et parfois de belles tirades dans ses pièces.

2. On remarque, dans le Recueil des anciennes lois (Isambert, t. XV, p. 339; an 1609), une ordonnance du Châtelet qui défend aux comédiens de jouer aucunes comédies ou farces avant de les avoir communiquées au procureur du roi : leur rôle ou registre doit être signé du prévôt de Paris ou du lieutenant civil.

dont l'*Ane ligueur* avait été comme le prologue de cette fameuse satire. Entre ceux-ci éclôt enfin un talent de premier ordre, un talent dont l'originalité, la force et l'ampleur peuvent s'appeler du génie, et dont l'apparition est un grand événement littéraire. Ce poëte que l'école de Ronsard avait tâché en vain de former avec tant d'efforts et de science, la nature nous le donne dans la personne d'un jeune bourgeois de Chartres, neveu, mais non point élève de Desportes, et aussi franc, aussi nerveux que son oncle est languissant et affecté, Mathurin Regnier. Médiocrement érudit, libre disciple et non plus copiste servile des Latins et des Italiens, mais Français avant tout et légitime héritier des vieux conteurs, de l'auteur de Patelin, de Villon et de Marot, supérieur à Marot lui-même par la vigueur plus soutenue de son souffle et par son instrument poétique mieux trempé, Mathurin Regnier s'empare en conquérant de la satire, de l'épître, de toute cette large poésie familière des Latins à laquelle les membres de la pléiade n'avaient touché qu'accidentellement; il la transforme, la fait toute française, la met à l'aise dans l'ample vêtement de l'alexandrin, le seul mètre moderne qui puisse lutter avec l'hexamètre antique, et l'acclimate si vite et si bien parmi nous, qu'elle semble n'avoir jamais connu d'autre patrie que le Pont-Neuf et la cour du Palais. La nouvelle venue fut bien accueillie; elle n'avait pas l'humeur assez violente pour effrayer personne : « le bon Regnier » n'était rien moins qu'un Juvénal. Ce fut moins par prudence que par tempérament qu'il ne contraria pas les intentions d'un gouvernement de conciliation et d'oubli, et qu'il ne s'attaqua point à ce qui eût pu être l'objet de la haute satire. Il laissa en paix le fanatisme, les trahisons, les palinodies scandaleuses de son temps, lança tout au plus, en passant, un coup de griffe aux harpies que pourchassait Sulli et ne s'en prit guère qu'à des travers de moins haute volée. S'il n'a pas l'amère misanthropie de Juvénal, on ne peut dire non plus qu'il ait la philosophie d'Horace; il sent comme Horace plutôt qu'il ne pense comme lui : épicurien d'instinct plus que de principes, il s'est peint lui-même dans sa fameuse épitaphe [1]. Une bonhommie licencieuse,

---

1.   J'ai vécu sans nul pensement,
   Me laissant aller doucement

une raillerie sans fiel, sont le double cachet de son humeur; le cachet de son génie est un bonheur inouï d'expression, une surabondance de vie, une admirable variété de tours et d'images. Il fut, pour tout résumer, aussi grand poëte qu'on peut l'être sans s'élever dans les régions supérieures de la pensée. Sa renommée, comme celle de Marot, a traversé sans éclipse les révolutions de la langue et du goût : le siècle de Louis XIV n'a fait de réserves contre lui qu'au nom de la morale, et Boileau a rendu pleine justice à ce devancier qu'il a surpassé par la perfection du langage et la dignité de la pensée, mais non point assurément par la verve et le coloris.

Regnier, cependant, ne fit pas, ne pouvait pas faire école. Il s'était créé d'inspiration une langue à lui, sans précédents et sans imitateurs; ses heureuses hardiesses, ses ellipses originales, ses constructions singulières et en dehors de toute règle, ne fussent devenues chez d'autres que désordre et que ténèbres. Regnier, par l'esprit comme par la forme, est encore de ce XVI° siècle qui avait produit de grands écrivains, mais non point une grande langue nationale. Chacun se faisait son instrument; il n'y avait point pour tous un clavier commun. Que la puissante inspiration du XVI° siècle vienne à s'affaiblir, il ne restera à la France qu'une langue sans principes et sans forme arrêtée. On avait tout fait, a dit un critique distingué[1], « pour l'abondance et l'énergie du discours, très-peu pour la clarté, la pureté, le choix des mots. » Le grec, le latin, l'italien, les patois provinciaux, débordant tour à tour, avaient jeté dans le vocabulaire, dans la grammaire et dans l'orthographe, une confusion inextricable. Catherine de Médicis avait italianisé la langue, Henri IV la gasconisait; son génie propre était menacé de périr étouffé sous ces richesses d'emprunt. L'urgence d'une réforme radicale était sentie des meilleurs esprits. « Depuis nos troubles », dit Etienne Pasquier, « on s'est

---

A la bonne loi naturelle;
Et si m'étonne fort pourquoi
La mort osa songer à moi
Qui ne songeai jamais à elle.

Il se fit cette épitaphe durant une maladie qu'il croyait mortelle.
1. M. Saint-Marc Girardin; *De la Littérature française au* XVI° *siècle*, p. 242; Paris, 1829.

donné beaucoup de licence, et chacun, écrivant à sa guise, a fait des mots nouveaux comme il lui plaisoit. » Du Vair, d'Olive, Coëffeteau, Vigenère, réclamaient la régularisation du langage, « qu'on laisse aller à vau-de-route. » Le cardinal du Perron déclarait que notre langue était déjà sur son déclin, et tâchait de l'arrêter sur cette pente en écrivant une *Rhétorique françoise*[1]. Mais ni la *Rhétorique* de du Perron, ni le *Traité de l'éloquence françoise* de du Vair, écrivain bien supérieur à du Perron, ni l'*Art poétique* du judicieux Vauquelin de La Fresnaie, ne firent reculer le torrent. Ces écrivains n'avaient pas l'autorité nécessaire et n'étaient point eux-mêmes assez exempts des erreurs qu'ils signalaient chez les autres.

Et cependant le péril croissait. L'avenir de la littérature n'était pas seul en jeu : la question était plus vaste encore. La destinée des nations se rattache par des liens mystérieux à la destinée de leur langue. D'autres peuples ont pu considérer comme un précieux privilége la liberté sans limite de leurs écrivains, la faculté laissée aux poëtes de se tailler, pour ainsi dire, dans l'idiome national des principautés indépendantes : le peuple destiné à servir d'intermédiaire entre les peuples, le propagateur des idées, l'agent central de la civilisation, ne pouvait suivre cette voie sans abdiquer son génie et sa mission, sans renoncer à être dans l'ère moderne ce qu'il avait été au moyen âge. Une langue claire, précise, logique, une et régulière était la première condition de son rôle. Il fallait que la république des lettres fût chez nous, en ce qui concerne la langue, centralisée comme une monarchie.

L'homme qui devait être l'instrument de cette révolution parut.

Enfin Malherbe vint...

---

1. « Je crois que la langue françoise est parvenue à sa perfection, parce qu'elle commence à décliner..... Il en a 'été de notre langue ainsi que des fruits qui se corrompent par les vers avant de venir à maturité. » Du Perron, cité par Sainte-Beuve, *Tableau de la poésie française au XVIe siècle*, t. I, p. 126. Ce prélat diplomate et rhéteur, poëte anacréontique et théologien, eut le mérite d'être le premier entre les catholiques qui écrivit la controverse en français. La langue française prit possession de la théologie catholique par du Perron, de la jurisprudence par Loisel, l'élève favori de Cujas, qui donna, dans ses *Institutes Coustumières*, un bon résumé du droit coutumier. Les ouvrages de l'aimable et populaire François de Sales, évêque titulaire de Genève, consacrèrent la conquête de la théologie catholique par la langue vulgaire.

Vers la première année du nouveau siècle, alors que naissait la renommée de Regnier, on commença de parler, à Paris et à la cour, les uns avec intérêt et curiosité, les autres avec scandale, d'un autre poëte de province, compatriote de Clément Marot[1], qui s'attaquait audacieusement à toutes les gloires, dédaignait Desportes, blasphémait Ronsard, portait la hache d'une critique impitoyable dans la versification, dans les locutions, dans le vocabulaire, et prétendait donner le précepte et l'exemple d'une poétique nouvelle. L'attention publique s'émut de plus en plus : le succès fut vivement disputé; Regnier lui-même, le seul poëte ménagé par le novateur, prit parti pour les renommées établies. De quel droit, s'écriait-on, ce « tyran des mots et des syllabes » nous vient-il imposer ses lois? Ce n'est pas du droit du génie! Pauvre d'invention, sans enthousiasme, sans élan, commun d'idées, prosaïque de tours, moins varié, moins harmonieux dans ses rhythmes que les poëtes fameux qu'il dénigre, il n'a pas même le sentiment de la haute poésie, cet homme qui méprise Pétrarque et Pindare aussi bien que Ronsard et Desportes[2], ce froid et sec grammairien qui ne sait

Que proser de la rime et rimer de la prose[3].

Il y avait du vrai dans les récriminations des adversaires de Malherbe : ce réformateur a montré rarement une véritable inspiration lyrique, et, bien que quelques-unes de ses odes soient complétement belles, on peut, sans trop d'injustice, lui contester le titre de grand poëte. On peut facilement énumérer tout ce qui lui manque, mais il eut tout ce qui était nécessaire pour accomplir son œuvre. Homme spécial, absorbé par une seule idée, l'énergie de ses qualités se renforça, pour ainsi dire, aux dépens des qualités qu'il n'avait pas. Tout ce que peuvent produire le bon sens élevé à sa plus haute puissance

---

1. Malherbe était né à Caen et habita longtemps la Provence. Il ne vint à la cour qu'en 1605.

2. On aurait pu ajouter : Cet homme qui préfère les Latins aux Grecs, et, entre les Latins, Stace et Sénèque le tragique à Virgile. Les attaques de Malherbe contre les poëtes de son temps portent très-souvent à faux quand il se prend au sentiment; quand il s'attaque à l'expression, il est presque toujours invincible.

3. Regnier, satire IX.

et la plus rare sagacité soutenue par une persévérance inébranlable, il l'accomplit. Pendant quarante ans, il battit, il lima, il tordit la langue française afin de dégager le pur métal de toutes les scories, de tous les corps étrangers qui s'y étaient mêlés. La base d'opérations qu'il choisit atteste sa haute intelligence des principes qui président à la formation des langues : il récusa également la cour et le collége, les érudits et les grands, et prit pour guide l'instinct du peuple de Paris [1]. Il en appela au peuple pour chasser l'invasion étrangère. En même temps il ressaisit et appliqua, dans toute sa rigueur, ce germe logique déposé par la philosophie scolastique dans l'esprit français et auquel notre langue du XIIIe siècle avait dû sa popularité en Europe. De là l'intime satisfaction que ressent la raison à la lecture de ses pièces même les plus médiocres au point de vue de l'art. Avant lui, la poésie flottait de l'emphase au trivial, sans pouvoir saisir le ton soutenu, l'harmonie, l'unité de style; il nous donna tout cela. Avec une admirable justesse d'esprit, il retint la forme poétique à une hauteur moyenne sans la laisser s'emporter à cet essor impétueux qui, dans d'autres langues, la jette à une énorme distance de la prose. La prose et la poésie, grâce à lui, restèrent suffisamment séparées, mais sans se perdre de vue et sans mettre des abîmes entre elles deux : la poésie ne fut point affranchie de la grammaire ni de la logique; la prose put atteindre à la noblesse et à l'harmonie. La révolution qu'il avait consommée dans la poésie, il la commença dans la prose : son élève Balzac l'acheva [2].

---

1. « Quand on demandait à Malherbe son avis sur quelques mots françois, il renvoyoit ordinairement aux crocheteurs du Port-au-Foin, et disoit que c'étoient ses maîtres pour le langage. » *Vie de Malherbe* (par Racan), p. 26. Regnier ne comprit pas la profondeur de ce mot. *V.* sa satire IX. — Il convient toutefois de faire des réserves en louant, dans son ensemble, l'œuvre de Malherbe. Comme dans toutes les révolutions, il y eut des exagérations, des excès, des destructions regrettables. Bien des mots vraiment français, des locutions fortes et naïves, furent enveloppés par Malherbe et ses successeurs dans leurs sentences de proscription. L'arbre du langage fut émondé avec une violence qui appauvrit par trop ses rameaux. Dans la versification, Malherbe ne distingua pas non plus assez la liberté de la licence : il posa des règles trop rigoureuses à quelques égards et ne laissa point une aisance suffisante aux allures de l'alexandrin, qui a surtout à redouter la monotonie d'une forme trop roide et trop compassée. La proscription de l'hiatus a été poussée fort au delà de ce que réclamait l'oreille.

2. L'auteur de l'*Astrée*, d'Urfé, y coopéra par son style recherché, parfois empha-

La France avait désormais l'instrument intellectuel avec lequel elle devait dominer l'Europe plus sûrement et plus longtemps que par les armes.

Tels furent les titres de cet homme à la reconnaissance de la postérité. S'il ne fut pas lui-même un des héros de la poésie, il fut pareil à ces forgerons d'Homère qui martelaient de leurs bras robustes l'armure des héros : la cuirasse est forgée ; l'épée est trempée : viennent maintenant les fils des dieux ! Malherbe a préparé Corneille [1] et Racine, comme Henri IV prépare Richelieu et Louis XIV, avec cette différence toutefois que Henri IV ne sera point effacé par ses successeurs, plus puissants, mais non plus grands que lui.

Tandis que la poésie se réformait, la littérature savante continuait la carrière qu'elle avait fournie avec tant d'éclat durant tout le xvie siècle. L'époque de la Ligue et de Henri IV vit fleurir deux hommes qui résumèrent en eux toute la science des générations précédentes ; l'un, Joseph Scaliger, fils du célèbre Jules-César Scaliger, Italien d'origine, né et nourri en France ; l'autre, Isaac Casaubon, né à Genève d'un réfugié français, et gendre de Henri Estienne. Ce furent les deux plus grands des philologues et des commentateurs. Ils ont éclairé presque toute l'antiquité classique. Quelques autres érudits méritent une mention très-honorable : tel fut Nicolas Vignier, auteur de la *Bibliothèque Historiale*, le premier grand ouvrage de chronologie et d'histoire comparée que nous possédions (publié en 1588). On peut encore citer le *Trésor de la langue françoise*, de Nicot, trop fameux, à un autre titre, pour avoir introduit le tabac en France. Jacques-Auguste de Thou, Étienne Pasquier, le président Fauchet, Scévole de Sainte-Marthe, François Pithou, qui survécut longtemps à son frère aîné Pierre, mort en 1596, poursuivaient leurs travaux et leurs publications. C'est à François Pithou qu'on doit la première édition de la Loi Salique. Son frère avait publié les lois des

---

tique, mais nombreux, périodique et soutenu : du Vair eut aussi sa part dans ce progrès.

1. Il faut même observer que la langue de Corneille, plus riche et plus grande que celle de Malherbe, est moins pure dans les moments où Corneille faiblit, et semble alors antérieure à Malherbe.

Wisigoths. François Pithou, aussi hostile que son frère à l'ultramontanisme, prétendait que le texte de tous les Pères imprimés à Rome était corrompu, ainsi que tous les textes imprimés par les jésuites. A la vérité, il ajoutait, pour rétablir l'équilibre, que les huguenots commençaient à en faire autant. Il affirmait qu'il y avait, dans le Martyrologe de Rome, quantité de saints ariens, grâce à l'inadvertance d'Usuard et d'autres faiseurs de martyrologes, qui, « n'étant beaucoup savants et trouvant les martyrologes des ariens, les fourroient dans les leurs [1] ». Ces citations donnent une idée de l'intérêt des questions qu'agitait alors l'érudition historique. André Duchesne, Pierre Dupui, Théodore Godefroi et l'universel Peiresc commençaient à poindre sur l'horizon de la science. Nous ajournerons à la période suivante l'exposé du mouvement des sciences exactes. François Viète, le véritable fondateur de l'algèbre, restée jusqu'à lui dans l'enfance, mourut en 1603, année qui est aussi celle de la mort du philosophe Pierre Charron, l'auteur du livre de *la Sagesse*. Après deux ouvrages de théologie très-orthodoxe (1594; 1600), Charron, chanoine théologal de Condom, avait publié à Bordeaux, en 1601, ce livre où, tout en répétant, comme son maître Montaigne, que, « pour les particularités tant de la créance que de l'observance, » il faut s'en remettre à l'Église, il réduisait en système ce scepticisme que Montaigne opposait à tous les systèmes, qualifiait toutes les religions « d'étranges et horribles au sens commun... tenues par mains et moyens humains, » signalait dans leurs analogies, non point la révélation d'un fonds de vérité commun à toutes, mais un motif de ne croire à aucune, affirmait Dieu et paraissait douter de l'âme immortelle, égalait les bêtes à l'homme, niait la métaphysique et toute science spéculative et approuvait fort les gouvernements « de donner à l'esprit humain des barrières étroites. » Son but semble avoir été d'inculquer l'incrédulité aux classes éclairées en laissant la religion aux masses : la réaction contre le fanatisme semble avoir été son mobile [2].

---

1. *Pithœana*, p. 4, à la suite des *Éloges des Savants*, extraits de l'*Histoire universelle* de J.-A. de Thou par Tessier.
2. M. Poirson (t. II, p. 469-479) nous paraît avoir expliqué avec vraisemblance les contradictions de Charron ; nous le croyons moins heureux dans l'opposition qu'il veut

Cette réaction donna bien des disciples à la philosophie de Charron, qui répondait d'ailleurs à l'élément purement critique de l'esprit français, et l'école de l'auteur de *la Sagesse* ne fut jamais étouffée; néanmoins, ce n'était pas de ce côté qu'allait le grand courant du xviie siècle, et une génération s'était à peine écoulée, que, pour la gloire de la France, une philosophie plus haute naquit.

établir entre la prétendue orthodoxie de Montaigne et l'incrédulité de Charron, et il accorde beaucoup trop à ce dernier en lui attribuant la théorie de l'influence des climats et d'autres idées de philosophie historique et politique que Charron avait empruntées à un livre qui était dans les mains de tout le monde, la *République* de Bodin. L'histoire de Charron est singulière. Jusqu'à l'âge de quarante-huit ans, il avait été d'une dévotion ardente : d'abord avocat, puis prêtre et prédicateur renommé, il avait voulu se faire chartreux à Paris en 1588; refusé comme trop âgé, il avait passé ensuite près d'un an à Angers, soutenant le parti ligueur de ses prédications passionnées (*V.* E. Mourin, *la Réforme et la Ligue en Anjou*, p. 218, d'après un journal angevin contemporain). En 1589, il quitta Angers pour Bordeaux; il s'y lia avec Montaigne, tomba entièrement sous l'influence du grand douteur et dépassa son maître dans la voie sceptique. Montaigne, en mourant, par un symbole assez transparent, lui légua ses armoiries. — Nous avons parlé de l'explication des contradictions de Charron : il en est une pourtant qui serait inexplicable, si la date d'un *Discours chrestien* publié à la suite du traité de *la Sagesse* n'est pas fausse. C'est une pièce censée écrite en avril 1589 ; Charron y attaque la Ligue avec une extrême véhémence : or, d'octobre 1588 au moins jusqu'en août 1589, il était à Angers, tellement engagé avec les ligueurs, que ses déclamations contre « le roi hérétique » lui firent interdire la chaire, « sous peine de punition corporelle », par le gouverneur royal. *V. Journal* de Louvet, ap. E. Mourin, p. 242.

LIVRE LXIII

HENRI IV ET SULLI

Politique extérieure de Henri IV et de Sulli. Le Grand Projet. Partie utopique. Partie positive. — Gabrielle d'Estrées. Henriette d'Entragues. Divorce du roi. Henri IV épouse Marie de Médicis. — Guerre de Savoie. Conquête de la Bresse. — Conspiration et supplice de Biron. — Négociations dans toute l'Europe. Grandes luttes à l'extérieur entre la Réforme et le Catholicisme. — Mort d'Élisabeth. Avénement des Stuarts en Angleterre. — Rappel des jésuites. — Concessions aux huguenots. — Traité de commerce avec la Turquie. — Complots de Bouillon et des d'Entragues. Henri IV les réprime. — Affaires d'Allemagne et d'Italie. Médiation du roi entre le pape et Venise. — Intrigues espagnoles à la cour de France. Henri IV et don Pedro de Tolède. — Médiation du roi entre l'Espagne et la Hollande. Trêve de douze ans entre Philippe III et les Provinces-Unies. — Confédération protestante d'Allemagne. Affaire de la succession de Clèves. — Henri IV et la princesse de Condé. — Vastes préparatifs de Henri IV. Coalition contre la maison d'Autriche. Le *Grand Projet* touche à sa réalisation. — Les Morisques expulsés d'Espagne. — Henri IV s'apprête à attaquer la maison d'Autriche en Allemagne, en Belgique, en Italie, en Espagne. — Dispositions de l'armée et du peuple. — Sacre de la reine. — Henri IV est assassiné.

1598 — 1610.

Après avoir vu Henri IV et Sulli à l'œuvre dans l'administration intérieure de la France, il faut les voir maintenant dans les relations de la France avec l'Europe[1], spectacle qui n'offre ni moins d'intérêt ni moins d'enseignements. La politique de Henri IV eut autant de suite et de logique au dehors qu'au dedans du royaume, malgré d'apparentes contradictions résultant de la position complexe où se trouvait le gouvernement français entre les deux factions religieuses qui se partageaient la chrétienté.

1. Le ministre des affaires étrangères était Villeroi, et non pas Sulli; mais Villeroi, ancien ligueur resté catholique exclusif, n'avait pas la pensée intime du maître.

Sur toute la diplomatie de ce règne plane une grande et glorieuse idée, la fondation de l'équilibre européen, qui n'est pas, pour Henri IV, le simple équilibre entre les forces matérielles des états, mais l'association fraternelle des nationalités indépendantes. Il n'est pas concevable qu'on ait pu méconnaître cette pensée et regarder comme non avenu le témoignage du ministre, de l'ami, qui avait été pendant quinze ans le confident de toutes les pensées de Henri IV. Cette idée n'aurait point laissé de traces, qu'on n'en pourrait pas moins affirmer *à priori* qu'un homme d'une si haute intelligence, qui avait passé sa vie à combattre le système de Charles-Quint et de Philippe II, n'avait pas lutté au jour le jour sans réfléchir sur le principe de la lutte qu'il soutenait et sans se faire un plan de politique générale opposé à celui qu'il avait empêché ses ennemis de réaliser. Ce qui est le propre du génie, c'est de savoir tout à la fois vivre dans la région des idées avec les penseurs, et primer dans la pratique les hommes d'expédients et de fait aveugle; c'est d'avoir toujours, au milieu de ces embarras quotidiens qui absorbent les politiques vulgaires, une part de sa pensée dans l'avenir. La conception d'un ordre européen contraire à la monarchie théocratique universelle qu'avait rêvée Philippe II, s'était formée tout naturellement dans l'esprit de Henri IV. Ce qui lui apparut comme le but auquel l'Europe devait tendre et comme l'issue la plus désirable des longues crises qui agitaient l'Occident, ce fut la formation d'une République chrétienne, fondée, en politique, sur la libre confédération des nations indépendantes, quelle que fût la forme de leur gouvernement, en religion, sur la tolérance mutuelle du catholicisme et des deux grandes fractions de la Réforme (luthéranisme et calvinisme); chaque état devant rester maître de choisir son culte ou d'admettre les divers cultes, mais tous devant s'interdire les persécutions sanglantes [1]. Des congrès européens préviendraient les guerres et les révolutions en décidant amiablement les contestations internationales et en s'interposant

---

1. Le minimum, pour ainsi dire, que Henri et Sulli eussent voulu voir adopter, c'était que, dans les états qui n'admettraient pas la liberté de conscience, les dissidents eussent un délai pour vendre leurs biens et s'en aller. — *Œconomies royales*, t. II, p. 349.

comme médiateurs entre les princes et les peuples, en cas de dissensions religieuses. Le commerce serait libre dans toute l'étendue de la République chrétienne. La République chrétienne agirait comme une seule nation dans ses rapports avec le reste du monde; elle refoulerait les Turcs en Asie; quant au grand peuple, encore barbare, mais chrétien, qui occupait les confins de l'Europe et de l'Asie, quant aux Moscovites, sujets du « puissant knès scythien », la République chrétienne pourrait un jour les admettre dans son sein.

La première condition pour marcher à ce but, était l'abaissement de la maison d'Autriche, la grande ennemie de la tolérance religieuse et de l'indépendance nationale dans toute l'Europe. Il fallait donc travailler à lui arracher la prépondérance que lui conservaient encore ses immenses domaines et la possession du titre impérial : il fallait que l'Empire, devenu à peu près héréditaire de fait, redevînt électif de fait comme de droit; il fallait, suivant Henri et Sulli même, rendre cette révolution acceptable aux princes catholiques et au pape en assurant la possession exclusive du titre impérial aux catholiques; il fallait coaliser tout le monde contre le commun oppresseur, renverser la domination autrichienne en Italie, en Belgique, en Hongrie, en Bohême, la réduire, s'il était possible, à la péninsule ibérique et à ce qu'elle tenait dans les deux Indes, et partager ses dépouilles entre les petits états. La France, satisfaite de la gloire d'être le principal auteur d'une si grande révolution, abandonnerait les anciennes prétentions de ses rois sur l'Italie et, sans renoncer à compléter ses frontières dans le remaniement général de l'Europe, elle assurerait sa prépondérance moins par un agrandissement matériel que par la modération de ses prétentions et par son dévouement au bien public de la chrétienté. Il y avait là un profond sentiment du rôle de la France et de l'espèce de suprématie morale à laquelle la Providence l'a destinée : les malheurs de la France ont commencé lorsque Louis XIV eut abandonné la politique de Henri IV pour reprendre les errements de Charles-Quint.

Nier cette *utopie*, c'est nier Henri IV tout entier; car elle est évidemment la conclusion de toute sa vie. Maintenant, voir dans cette conception du grand roi autre chose qu'un idéal, qu'une tendance générale à imprimer à la politique française, admettre qu'un homme aussi expérimenté, aussi habitué à compter avec les obstacles, ait espéré réaliser de toutes pièces ce gigantesque dessein durant les années qui lui restaient à vivre, ce serait assurément dépasser les bornes du vrai et du raisonnable. Il y a pourtant davantage dans les *OEconomies royales* de Sulli; il y a des mémoires très-développés sur les moyens d'exécution, des plans si détaillés, si complets, qu'il n'y manque que la signature des parties contractantes; on y voit comment la maison d'Autriche, après la mort de l'empereur régnant, sera sommée de réduire ses possessions européennes à la Péninsule Ibérique, aux Baléares et à la Sardaigne; comment on lui offrira, par compensation, tout ce qui pourra être conquis par la République chrétienne dans les Deux Indes et l'Afrique, moyennant liberté de commerce pour tous. La Hongrie, accrue des provinces autrichiennes et de la Transylvanie, redeviendra, ainsi que la Bohême, un royaume électif; les rois de Pologne, de Hongrie et de Bohême, gardiens des frontières de la chrétienté contre les barbares, seront élus par le congrès européen, de concert avec les délégués de ces royaumes. Les Pays-Bas et les provinces du Rhin, les Suisses avec l'Alsace, le Tyrol et la Franche-Comté, feront deux grandes républiques. Les parts sont assignées au pape, au duc de Savoie, à Venise. Tout est fixé, tout est réglé, les limites des « quinze dominations » dont se composera la fédération européenne, l'organisation du grand conseil européen, les villes où il s'assemblera, les contingents que chaque état fournira contre le Turc. Il est évident, ici, que ce qui avait été, pour Henri IV, spéculation lointaine, matière de causerie avec son confident, s'est transformé, dans les souvenirs de celui-ci, le plus passionné des deux, en un plan d'opérations immédiates. Les historiens, qui, justement frappés de ce que le *Grand Projet* offre de téméraire ou même de chimérique dans la forme présentée par Sulli, sont partis de là pour tout nier, n'ont pas fait les distinctions qu'il convient de faire. Sulli, ce génie si pratique, avait, dans un coin de son cerveau, une disposition singulière aux utopies. Au reste, même ce qu'il y a de purement hypothétique dans tout ceci est encore digne d'un intérêt sérieux: on aime à savoir où allait la pensée de ces deux grands hommes, quand elle se donnait libre carrière loin des entraves du présent [1]. Les idées volent, les faits se traînent : l'homme s'égale quasi à Dieu, quand il crée par la pensée ; mais les peines et le temps que lui coûtent à réaliser la moindre partie de ces conceptions si rapides, le rendent bientôt au sentiment de sa faiblesse !

La paix signée à Vervins, en 1598, entre la France et l'Espagne, paix précaire qui n'était point une réconciliation, n'avait pas mis fin aux luttes qui déchiraient l'Europe. La guerre entre l'Église et la Réforme continuait dans les régions du Nord. Philippe II était mort, mais l'esprit de la maison d'Autriche lui survivait, et la compagnie de Jésus, qui ne meurt pas, poursuivait ses audacieux efforts pour conquérir l'Europe au saint-siége. Après avoir rendu la prépondérance en Pologne au catholicisme, un moment ébranlé et presque abattu, les jésuites avaient entrepris l'invasion de la Suède. La réunion des deux sceptres de Pologne et de Suède entre les mains d'un petit-fils de Gustave Wasa, de Sigismond, qui avait embrassé la foi romaine, sembla leur promettre la victoire; mais la ruse et la force échouèrent également [2] : la Suède résista et chassa son roi, qui avait voulu restaurer le catholicisme dans la Scandinavie par les lances des Polonais (1598). Les hostilités se prolongèrent entre Sigismond et Charles de Suède, son oncle et son rival, dans les provinces que la Suède et la Pologne se dispu-

1. Il y a des passages fort curieux dans les divers mémoires dressés par Sulli sur les « magnifiques projets » dont il semble souvent revendiquer l'idée première, bien qu'ailleurs il représente Henri IV les rêvant dès sa jeunesse. Il s'exprime quasi comme Hotman sur l'élection primitive des rois de France et traite fort mal les rois dont le « libertinage » a envahi les libertés publiques et visé à la royauté absolue. Il veut que, dans l'organisation de la République chrétienne, on favorise les états électifs et populaires, afin de les rendre aussi puissants que les monarchies. Sur quelques autres points, il exprime des opinions bizarres : ce ministre si français se montre opposé à la Loi Salique. — V. Œconomies royales, t. I, p. 243-353-437 ; — t. II, p. 150-212-220-323-346. Il est évident, d'après Sulli lui-même, que Henri n'acceptait pas sans réserve le grand projet tel que le rêvait Sulli, particulièrement pour ce qui concernait la Belgique et la Franche-Comté. Le roi ne poussait pas aussi loin que le ministre l'abnégation en fait d'agrandissement territorial.

2. Les Suédois refusant de reconnaître Sigismond, à moins qu'il ne jurât que la confession d'Augsbourg resterait seule autorisée en Suède, les jésuites l'autorisèrent à jurer; mais, en même temps, Sigismond, pour mettre sa conscience en repos, prêta un serment contraire entre les mains du nonce. Il se crut libre d'agir à sa fantaisie, les deux serments s'annulant réciproquement. V. Ranke, Histoire de la Papauté, l. VII, c. 1, § 2.

taient sur la rive orientale de la Baltique (Livonie, Courlande).
Le parti catholique se dédommagea de cet échec en Allemagne,
où les princes ecclésiastiques, à Cologne, à Mayence, à Trèves, à
Würtzbourg, à Bamberg, à Paderborn, expulsèrent violemment
le protestantisme de leurs seigneuries : la maison d'Autriche,
contre toute prévision, se montrait tout aussi menaçante et tout
aussi agissante après la mort de Philippe II que du vivant de ce
monarque : elle regagnait, par l'étroite union renouvelée entre ses
deux branches, ce qu'avait pu lui faire perdre la substitution du
faible Philippe III à l'infatigable Philippe II. Les ministres de Philippe III reprenaient la politique à outrance de son père, et la
branche allemande, au contraire, avait abandonné la politique
modérée et tolérante de Ferdinand Ier et de Maximilien II : Ferdinand, archiduc de Styrie, qui devait être le Philippe II de l'Allemagne et le sinistre auteur de la guerre de Trente Ans, avait commencé, en 1598, une persécution implacable contre les protestants
des provinces austro-illyriennes; l'indolent empereur Rodolphe,
d'abord plus occupé de beaux-arts, d'astronomie et d'alchimie que
des intérêts de l'État ou de l'Église, avait cédé à la pression de son
cousin Ferdinand et de la cour d'Espagne et s'était montré assez
hostile aux réformés, dans les affaires générales de l'Empire, pour
les obliger à renouveler, comme arme défensive, l'ancienne union
protestante (1594-1600); il avait entrepris d'interdire le culte
réformé, non plus seulement en Autriche, mais en Bohême et
dans la partie de la Hongrie qui n'était point au pouvoir des
Turcs. A l'autre bout de l'Europe, les révoltes des catholiques
irlandais contre l'Angleterre, à peu près permanentes depuis
longues années, prenaient un développement formidable sous
la direction de Hugh O'Neil (ou O'Neale), qui défit plusieurs des
généraux d'Élisabeth en 1598 et 1599 : les Espagnols préparaient
une descente en Irlande et profitaient de la paix de Vervins pour
réunir des forces considérables contre les Hollandais. Ils violaient
le territoire de l'Empire et occupaient les positions militaires si
importantes des deux rives du Bas Rhin, afin de prendre la Hollande à revers.

 Henri IV était bien décidé à ne pas laisser périr les Hollandais.
Il tint la parole qu'il leur avait donnée, lorsqu'il leur avait annoncé

la nécessité où il se trouvait de signer le traité de Vervins. Il leur remboursa, dans les moments les plus opportuns, jusqu'à 1,500,000 et 1,800,000 livres par an, et ferma les yeux sur les enrôlements qui se faisaient en France pour leur compte; des régiments entiers passèrent au service des Provinces-Unies, en dépit d'une défense royale accordée, en 1599, aux instances de l'ambassadeur d'Espagne. Les intrigues que les Espagnols ne cessaient de nouer avec les mécontents de France et leurs procédés hostiles envers notre commerce étaient de nature à ôter tout scrupule au roi. Tandis que la reine d'Angleterre renouvelait son alliance avec les Hollandais, Henri IV dépêcha en Allemagne un agent chargé d'exciter les princes protestants à venger la violation du territoire germanique par les Espagnols. Les princes allemands armèrent en effet : leur armement réussit assez mal, à cause de l'indiscipline de leurs troupes; néanmoins ce fut pour les Hollandais une diversion fort utile (1599). Les troupes espagnoles se mutinèrent de leur côté, pour défaut de solde, et les menaces des nouveaux souverains des Pays-Bas, Albert et Claire-Eugénie, contre la Hollande s'en allèrent en fumée. En 1600, les Hollandais prirent hardiment l'offensive; Maurice de Nassau débarqua de Zélande en Flandre et gagna, devant Nieuport, une sanglante bataille sur l'archiduc Albert (1er juillet 1600). Néanmoins, Maurice ne prit pas Nieuport et les grandes villes de Flandre ne se soulevèrent point à son approche : l'armée protestante eut la preuve que l'esprit de la Réforme était éteint à Gand et à Bruges. Les Hollandais furent obligés de regagner leur territoire. La guerre continua avec des succès divers.

Tout en favorisant les Hollandais, Henri IV tâchait de s'acquérir les gouvernements catholiques aussi bien que les princes protestants, afin d'isoler la maison d'Autriche; il était lié d'une étroite amitié avec Venise; il s'était réconcilié avec le grand-duc de Toscane; il s'attacha la maison de Lorraine par une alliance de famille, en mariant sa sœur Catherine au fils aîné du duc de Lorraine, à ce marquis de Pont qui avait autrefois prétendu au trône de France et qui portait maintenant le titre de duc de Bar (31 janvier 1599). Catherine de Navarre, qui avait alors au moins quarante ans, s'était enfin résignée à étouffer sa malheureuse passion pour le comte de Soissons; mais elle ne renonça pas de même à sa foi protestante et resta jusqu'au bout la digne fille de Jeanne d'Albret. Il fallut la ferme volonté de Henri IV pour triompher des obstacles que le clergé opposait à ce mariage mixte.

On ne pouvait arracher au parti autrichien la domination morale du monde catholique, sans avoir l'amitié de Rome, et le seul moyen de détourner Rome de la politique catholique qui la liait à l'Espagne et à l'Autriche, c'était de la ramener à la politique italienne, de prendre le pape par ses intérêts de prince temporel. Henri IV fit de grands sacrifices dans ce but si difficile, sinon impossible à atteindre d'une manière durable. Avant la paix de Vervins, il avait déjà largement compensé le grief qu'il donnait à Rome en ne publiant pas le concile de Trente, bien que la réception de ce concile eût été une des conditions de son absolution[1] : il avait offert un énergique appui au pape, lorsque Clément VIII entreprit de réunir Ferrare au domaine pontifical[2]. C'était froisser Venise et la Toscane et sacrifier un petit état guerrier qui vivait sous la protection de la France, et avait servi plus d'une fois de place d'armes à ses expéditions (1597). Le Saint-Père en fut très-satisfait, et, malgré la publication de l'édit de Nantes, les rapports continuèrent d'être bienveillants entre Rome et Paris. C'était une lutte d'adresse diplomatique entre les deux cours : Clément VIII voulait, lui, non pas s'unir à la France contre la maison d'Autriche, mais les réconcilier et les réunir contre le Turc, qui continuait à dominer et à saccager la Hongrie. Clément tâchait aussi d'obtenir le rappel des jésuites en France, et ceux-ci avaient le mot d'ordre

---

1. Les plénipotentiaires du roi, du Perron et d'Ossat, avaient promis que le concile serait publié, « si ce n'est en ce qui ne se pourroit exécuter sans troubler le royaume » (V. ci-dessus, p. 381). Le parti parlementaire et gallican se servit de cette restriction comme d'un bouclier et fit retarder indéfiniment la réception officielle du concile réclamée par le légat et par l'assemblée du clergé. Cette réception n'a jamais eu lieu. La considération des huguenots fut pour beaucoup auprès de Henri IV. Les huguenots eussent regardé comme une menace permanente la promulgation royale de décrets qui les avaient condamnés irrémissiblement.

2. La branche régnante de la maison d'Este ayant pris fin dans la personne du duc Alphonse, Clément VIII, suzerain de Ferrare, refusa l'investiture à César d'Este, cousin et héritier d'Alphonse, et s'empara du duché. César, qui n'avait que faiblement résisté, conserva le duché de Modène, qui était un fief impérial.

de leur habile général Aquaviva pour se montrer doux et modérés vis-à-vis du roi de France. Henri ne rejeta pas trop loin l'idée de rappeler les jésuites et parut disposé à secourir l'empereur contre les infidèles, quand l'état de la France le permettrait, ce qui ne l'empêcha pas d'entretenir des relations plus actives que jamais avec la Porte othomane. La France, représentée à Constantinople par un diplomate du plus rare mérite, Savari de Brèves, obtenait dans le Levant au moins autant d'influence qu'au temps de François Ier, et les chrétiens d'Orient ne connaissaient d'autre protection que la sienne.

Clément VIII, homme d'expérience, comprit les motifs qui ne permettaient pas à la France de rompre actuellement avec le Turc et mit de la discrétion dans ses instances à cet égard. Il n'en témoigna pas moins de bonne volonté à Henri IV dans une grande affaire qui occupa longtemps la cour de France.

Henri IV sentait bien que, pour agir fortement au dehors, il fallait avant tout assurer son point d'appui en France; que, dans une monarchie, rien n'est affermi tant que la succession du monarque est dans le doute. Il n'était encore qu'un dictateur provisoire et non un chef de dynastie. Séparé, depuis longues années, d'une femme qu'il détestait et qui cachait ses débordements au fond d'un vieux château d'Auvergne, il n'avait pas d'enfant légitime, et la naissance de son plus proche parent, du jeune Henri de Condé, fils posthume d'un père mort victime d'un crime domestique, était enveloppée de soupçons terribles que n'avait pas dissipés l'arrêt du parlement qui avait acquitté la mère de ce jeune prince.

L'intérêt de l'État prescrivait à Henri de sortir au plus tôt de cette situation : la seule issue possible était le divorce. La doctrine de l'église romaine sur l'indissolubilité du mariage ne permettant pas de demander le divorce pour cause de stérilité et d'inconduite de la femme, il fallut, comme cela se pratiquait en pareil cas, chercher des motifs de nullité dans le mariage du roi avec Marguerite de Valois. Grâce aux empêchements et aux formalités dont fourmille le droit canon, il était rare que cette ressource faillît au besoin. On trouva plusieurs défauts de forme dans la dispense de parenté octroyée par Grégoire XIII aux deux époux:

de plus, Henri et Marguerite étaient joints par une affinité spirituelle qui eût nécessité une dispense particulière, Henri étant le filleul du feu roi Henri II, père de Marguerite. Enfin Marguerite avait été, assurait-on, contrainte au mariage par sa mère et son frère Charles IX. D'après les opinions gallicanes, les évêques français avaient droit de prononcer la nullité du mariage sans recourir au saint-siége[1]; mais Henri voulait que la légitimité de son divorce ne pût être contestée par personne : il porta l'affaire à Rome, ne doutant pas que sa demande n'y fût favorablement accueillie.

Mais l'annulation du mariage de Henri IV n'était que la moitié de la question : quel usage allait faire le roi de la liberté qui lui serait rendue? Libre en droit, il était lié en fait par des liens plus forts que tous les serments, par l'amour et par l'habitude. Une maîtresse puissante, aimée à la cour, secondée et excitée par de nombreuses créatures, avait travaillé de loin à s'aplanir le chemin du trône. Le roi avait pressenti, sur le projet d'épouser Gabrielle, les personnages les plus considérables du royaume et le légat du pape : le duc de Mayenne et bien d'autres s'étaient, dit-on, engagés avec elle; Gabrielle avait gagné le chancelier de Cheverni et Brulart de Silleri, l'ambassadeur que Henri envoyait à Rome pour réclamer le divorce; Sanci avait été disgracié pour s'être exprimé avec une franchise peu courtoise sur les prétentions de la future reine.

Des personnes de grand mérite et de haute vertu, surtout parmi les protestants, la sœur du roi, la princesse douairière d'Orange, fille de Coligni et veuve de Guillaume le Taciturne, favorisaient Gabrielle, dans la prévision des périlleuses conséquences qu'aurait le mariage du roi avec une fille de maison souveraine catholique. Mais il y avait péril aussi de l'autre côté, péril dont s'effrayaient nombre de bons citoyens. Il ne s'agissait pas là seulement d'une mésalliance : si le mariage du roi avec Marguerite était déclaré nul, comme l'avait été celui de Gabrielle avec le sieur de Liancourt, gentilhomme picard, on ne pouvait, d'après les principes de l'église romaine, traiter d'enfants adultérins les enfants de Henri et de Gabrielle, leurs parents étant censés n'avoir pas été

---

1. V. les lettres du cardinal d'Ossat, t. III, p. 413.

mariés antérieurement; mais ils étaient des bâtards légitimés. Les princes des branches de Condé et de Montpensier ne contesteraient-ils pas les effets de cette légitimation? Et surtout, s'il naissait d'autres fils après le mariage, les cadets reconnaîtraient-ils les droits de leurs aînés? n'était-ce pas risquer de léguer le chaos à la France[1]?

Rosni trompa l'attente de Gabrielle, qui l'avait aidé à enlever la direction des finances à Sanci et qui comptait sur sa reconnaissance; il rompit avec la favorite et fit contre elle au roi les représentations les plus énergiques et les plus persévérantes. Henri flottait : Gabrielle essaya d'abattre le ministre qu'elle avait contribué à élever : elle s'emporta jusqu'à le traiter de valet et n'y gagna que le mot si connu : « Je me passerois mieux de dix maîtresses comme vous que d'un serviteur comme lui[2]. » Elle plia, mais ne rompit pas. Malgré cette boutade, le cœur était encore à elle. Bien que le roi eût autorisé ses ministres à suivre des pourparlers avec le grand-duc de Toscane relativement à Marie de Médicis, nièce de ce prince, Gabrielle était pleine d'espoir : le roi l'avait créée provisoirement duchesse de Beaufort; son fils aîné était duc de Vendôme, titre qu'avait porté longtemps le chef de la branche dont sortait le roi; elle avait fait baptiser son second fils à Saint-Germain avec tout l'appareil réservé aux enfants de France[3]. En attendant, la demande en nullité de mariage avait été présentée officiellement à Rome, et Marguerite de Valois, après avoir beaucoup crié en apprenant quelle rivale prétendait porter la couronne à sa place, venait de consentir à tout ce qu'on exigeait d'elle, afin d'avoir une meilleure pension du roi et de se livrer plus librement à ses goûts au milieu de favoris de bas étage : elle avait écrit au pape, le 3 février 1599, pour demander l'annulation d'un mariage qui lui avait été imposé « par force et contrainte. »

Tout était en balance, quand une soudaine catastrophe trancha la difficulté. Le jeudi saint, 8 avril 1599, la duchesse de Beaufort, qui était à la fin d'une grossesse, fut prise tout à coup d'une sorte

---

1. Dans le droit actuel, l'égalité entre les enfants légitimés par le mariage et les enfants nés après le mariage ne souffre aucun doute; mais la question n'était pas si claire alors.
2. *OEconomies royales*, t. I, p. 298-299.
3. Elle avait nommé orgueilleusement ses deux fils César et Alexandre.

d'attaque que les historiens qualifient d'apoplexie : elle accoucha le lendemain d'un enfant mort et expira au bout de trente-six heures d'affreuses convulsions, qui l'avaient tellement défigurée qu'on ne pouvait plus regarder sans horreur ce visage naguère si charmant. Cette mort étrange excita bien des soupçons : les mémoires du temps ne disent pas clairement qui en fut l'objet; mais, ainsi que l'observe un historien moderne, « déjà l'on négo- « ciait le mariage de Henri IV avec Marie de Médicis; la vie de « Gabrielle était le grand obstacle à sa réussite; elle périt dans « une maison italienne (chez le financier lucquois Zamet, qui lui « avait donné à dîner ce jour-là) et Ferdinand (le grand-duc de « Toscane) n'en était pas à son premier empoisonnement [1]. »

Quoi qu'il en fût, le roi, qui n'était point à Paris et qui n'assista pas aux derniers moments de Gabrielle, ne parut pas douter que sa fin n'eût été naturelle.

Rosni et les autres membres du conseil avaient vu dans ce triste événement la fin de leurs embarras et croyaient n'avoir plus qu'à poursuivre le divorce à Rome et la négociation matrimoniale à Florence. Henri, dans l'intérêt de ses projets sur l'Italie, avait surmonté la répugnance que lui inspirait le nom de Médicis et le souvenir de sa belle-mère Catherine. Tout allait bien du côté de Rome, quoique avec la lenteur ordinaire à cette cour : au mois de septembre 1599, le pape délégua trois commissaires, le cardinal de Joyeuse, le nonce et l'archevêque d'Arles, pour connaître de la cause en France; le 17 décembre, les commissaires admirent la validité des moyens présentés par Henri IV et par Marguerite de Valois, et déclarèrent leur mariage nul [2].

---

1. Sismondi, *Histoire des Français*, t. XXII, p. 32. — Marie était la nièce du grand-duc régnant et la fille de son prédécesseur Francesco et d'une fille de l'empereur Ferdinand Ier. *V.* Sulli, *OEconomies royales*, t. I, p. 311-315. — Le supplément à L'Estoile, ap. Collect. Michaud, 2e sér., t. I, 2e part., p. 302. — Mathieu, t. II, p. 316-317. — D'Aubigné, part. II, collect. 635. Ce dernier écrivain, si peu accoutumé à flatter les passions des rois, traite Gabrielle avec une bienveillance remarquable. « Elle usoit », dit-il, « très-modestement du pouvoir qu'elle avoit sur le roi..... C'est une merveille comment cette femme, de laquelle l'extrême beauté ne sentoit rien de lascif, a pu vivre plutôt en reine qu'en concubine tant d'années et avec si peu d'ennemis. *Les nécessités de l'État furent ses ennemies; ce de quoi je laisse, comme en chose douteuse, à chacun son explication* ».

2. *V.* les pièces relatives à cette affaire dans l'*Histoire du cardinal de Joyeuse*, in-4°.

Avant que les commissaires du pape eussent rendu leur sentence, l'incurable passion de Henri IV pour les femmes avait déjà rejeté ses conseillers dans de nouvelles anxiétés. Le roi avait montré la plus vive douleur de la perte de Gabrielle : il avait déclaré que les regrets et les pleurs le suivraient jusqu'au tombeau ; « que la racine de son amour étoit morte ; » qu'il ne vivrait plus désormais que pour son royaume [1]. Il parlait sincèrement ; et pourtant, les complaisants de cour, qui vivaient de ses faiblesses, surent bien vite trouver moyen de raviver ce cœur aussi inflammable à quarante-six ans qu'à vingt : ces brillantes et mobiles natures n'en sont pas à vivre d'un sentiment ou d'un souvenir unique ! Gabrielle était morte au printemps : avant la fin de l'été, Henri fut aussi épris de mademoiselle d'Entragues qu'il l'avait été de madame de Beaufort. Il ne pouvait tomber plus mal qu'entre les mains de cette attrayante et dangereuse créature, dressée à l'intrigue dès l'enfance par son père, ce Balzac d'Entragues qui avait épousé l'ancienne maîtresse de Charles IX, Marie Touchet, et qu'on avait vu, durant la Ligue, trahir tour à tour le roi et la Sainte-Union [2]. Henriette d'Entragues se fit bien valoir : elle exigea d'abord 100,000 écus pour prix de sa vertu ; puis elle ne tint pas le marché ; « elle fit intervenir à la traverse son père et sa mère, » et irrita de telle sorte la passion du roi, qu'elle amena Henri à conclure avec son père le plus étrange des pactes. François de Balzac d'Entragues consentit à donner sa fille pour « compagne » au roi, à condition que, si elle devenait grosse dans les six mois et qu'elle accouchât d'un fils, Henri « la prendroit à femme et légitime épouse. » Henri en signa la promesse de sa main : avant de remettre cet écrit à d'Entragues, il le montra à Rosni, qui eut le courage de le déchirer à l'instant. Le roi ne s'emporta point ; mais il refit sa « cédule », la remit à qui de droit, et bientôt Henriette d'Entragues, devenue marquise de Verneuil, tint auprès du roi la place de Gabrielle d'Estrées (octobre 1599).

---

p. 306 et suiv., et les *Lettres du cardinal d'Ossat*, t. III. — Comparer avec l'affaire du divorce de Louis XII, dans notre t. VII, p. 301 et suiv.

1. Lettre de Henri IV à sa sœur, dans le supplément à L'Estoile, p. 308.
2. Il avait été un des complices du meurtre des Guises.

L'adroite Henriette, pour entraîner le roi à cette folie, lui avait mille fois répété qu'elle n'userait pas de ses droits éventuels, qu'elle ne voulait que satisfaire son père : quand elle se sentit grosse, elle commença de changer de langage. Cependant la négociation avec les Médicis allait son train : le roi, honteux de son imprudence, n'avait pas osé révoquer les pouvoirs de ses agents; les conventions furent arrêtées, la dot fixée à 600,000 écus, et le contrat signé, le 25 avril 1600, à Florence. Henri IV était fort inquiet : il sentait quelle arme auraient contre lui les artisans de troubles, si sa nouvelle maîtresse mettait au monde un fils. Le hasard vint à son aide. Le tonnerre étant tombé dans la chambre de la marquise, la frayeur fit accoucher Henriette, avant terme, d'un enfant mort. Le roi fut ainsi délié de son bizarre engagement, mais non pas d'un amour qui continua d'avoir de fâcheuses conséquences [1].

Le mariage de Henri IV avec Marie de Médicis ne s'accomplit que plusieurs mois après la signature du contrat, et des événements politiques et militaires assez considérables précédèrent l'arrivée de la princesse florentine en France.

Le traité de Vervins avait laissé en litige une question grave, celle de la possession du marquisat de Saluces, cette clef de l'Italie que le duc de Savoie avait audacieusement dérobée à la France en 1588. Le point de droit n'était pas douteux; mais le duc Charles-Emmanuel, décidé à braver tous les dangers plutôt que de renoncer à la seule conquête qui lui restât, suscita tant de difficultés que le pape, arbitre désigné par le traité, se désista de l'arbitrage. Charles-Emmanuel, alors, affectant une confiance entière dans la générosité du roi, déclara qu'il ne voulait plus traiter qu'avec Henri IV en personne, demanda un sauf-conduit et vint trouver le roi à Fontainebleau dans le courant de décembre 1599. Le prince savoyard, étouffant dans l'étroite enceinte de ses états, n'aspirait qu'à rallumer la guerre universelle, afin d'y trouver quelque dédommagement à ses échecs de Provence et de Dauphiné. Mari d'une des filles de Philippe II, il avait vu, avec une amère jalousie, sa belle-sœur Clara-Eugenia hériter des Pays-

---

1. V. Sulli, *OEconomies royales*, t. I, p. 319-330. — La *promesse* du roi est dans les notes au supplément de L'Estoile, p. 308.

Bas et de la Franche-Comté, tandis que sa femme, contrairement aux promesses de son beau-père, était réduite à une faible dot en argent. Il passa la frontière avec un double projet : abandonner l'alliance espagnole et s'associer activement à la France, si Henri IV consentait à lui laisser le marquisat; dans le cas contraire, susciter en France des complots et des troubles qui empêchassent le roi de reconquérir Saluces. Il s'épuisa en dons immenses aux courtisans, aux généraux, aux ministres, à la maîtresse du roi; d'Aubigné prétend qu'il distribua pour 400,000 écus de cadeaux dans la cour de France. Il tâcha de persuader à Rosni lui-même que son alliance serait plus utile au roi que le marquisat de Saluces, et offrit son concours à Henri IV pour l'aider à « recouvrer » le Milanais et le royaume de Naples et à obtenir la couronne impériale. Rosni répondit aux agents du duc que l'honneur du roi exigeait la restitution immédiate de Saluces, mais que Henri, plus tard, aiderait volontiers le duc à obtenir pour lui-même tout ce qu'il offrait au roi. Rosni parlait sérieusement, au moins à l'égard du Milanais. Ce n'était là, pour le duc, que des espérances lointaines; Henri IV, comme le vit bien Charles-Emmanuel, entendait laisser à la France quelques années de repos avant de rentrer en guerre contre l'Espagne. Le duc ne se résigna donc point à lâcher Saluces; mais toutes ses intrigues furent inutiles : Henri ne lui accorda que l'alternative de rendre le marquisat ou de céder le comté de Bresse, la vallée de Barcelonnette, et, au delà des monts, le val de Stura, la Pérouse et Pignerol. Le duc signa, le 27 février 1600, l'engagement de choisir sous trois mois l'un ou l'autre parti et repartit de Paris le 7 mars. Il n'avait pas été plus heureux relativement à Genève qu'à Saluces; le roi avait absolument refusé d'abandonner la protection de Genève. Les courtisans se moquèrent de sa déconvenue et prétendirent qu'il « n'emportoit de France que des crottes. » Le duc, informé de cette mauvaise plaisanterie, répondit que la boue qu'il avait emportée était déjà séchée et n'avait point laissé de marques sur ses habits, mais que, lui, laissait en France des traces qu'on n'effacerait qu'avec l'épée[1].

---

1. De Thou, t. V, l. CXXIII. — Sulli, *OEconomies royales*, t. I, p. 323-339. — Palma-Cayet, *Chronologie septenaire*, p. 75-78.

Le duc ne disait que trop vrai : il avait fomenté les mécontentements, aigri les vanités blessées, fait appel aux intérêts froissés par les réformes royales et par le rétablissement de l'ordre, tâché de réveiller chez les gouverneurs de provinces ce désir d'indépendance féodale qui avait fait plus d'une fois explosion durant la guerre civile. Chose remarquable ! les anciens ligueurs, las de factions et satisfaits des procédés du roi, restèrent sourds aux insinuations du tentateur, et ce furent les anciens chefs royalistes qui prêtèrent l'oreille, par ressentiment de ce qu'on ne leur donnait pas la France à dévorer pour prix de leurs services. Charles-Emmanuel crut avoir tout gagné quand il eut séduit le plus illustre des généraux de Henri IV, le maréchal de Biron. Cet homme, chez qui l'orgueil s'exaltait jusqu'à la folie, prétendait que Henri ne devait qu'à lui sa couronne et ne parlait que de l'ingratitude du roi, qui, pourtant, l'avait créé maréchal, duc et pair, et gouverneur de Bourgogne. Il se plaignait si haut, que l'Espagne lui avait fait faire des avances secrètes qu'il n'avait pas repoussées ; un intrigant nommé La Fin acheva de le pousser dans l'abîme. La Fin servit d'intermédiaire entre Biron et Charles-Emmanuel : le duc de Savoie offrit au maréchal une de ses filles en mariage avec une dot magnifique et lui fit espérer que l'Espagne lui garantirait la souveraineté de la Bourgogne. Il ne s'agissait de rien moins que de transformer la France en monarchie élective à la façon de l'Empire, chaque grand seigneur devenant prince héréditaire dans son gouvernement. Le comte d'Auvergne, fils naturel de Charles IX et frère utérin de la maîtresse du roi, entra dans le complot, moins par dépit de ce que sa sœur n'était pas déclarée reine que par désir de troubles qui donnassent libre carrière à ses vices. Le duc de Bouillon, toujours inquiet et remuant, s'engagea plus ou moins avec les conspirateurs. Charles-Emmanuel et Biron croyaient pouvoir entraîner le connétable, le duc d'Épernon et jusqu'à des princes du sang, Soissons et Montpensier. Ils s'imaginèrent que Paris et beaucoup d'autres villes, mécontentes du poids des impôts et de quelques atteintes portées à leurs libertés municipales, se soulèveraient à la première occasion. Plusieurs complots contre la vie du roi indiquaient que le vieux fanatisme n'avait point pardonné, malgré la réconciliation de Henri avec l'Église [1]. S'il en faut croire le cardinal d'Ossat, le duc de Savoie essaya de renouveler ces odieuses entreprises et de réaliser ainsi une prédiction que lui avait faite un astrologue, à savoir qu'au mois d'août 1600 il n'y aurait plus de roi en France [2] !

Charles-Emmanuel, en signant l'engagement imposé par Henri IV, n'avait voulu que gagner du temps. Les promesses de la cour d'Espagne, qui redoutait sur toutes choses de revoir les Français à Saluces, achevèrent d'encourager le duc à manquer de parole au roi. Le terme échu, il sollicita tantôt un délai, tantôt un adoucissement aux conditions rigoureuses du traité de Paris, espérant que la conspiration tramée en France éclaterait avant que le roi fût en mesure d'agir.

Henri IV ne fut pas sa dupe et le somma de déclarer immédiatement sa résolution. Le duc, après maintes tergiversations, annonça qu'il rendrait Saluces. Henri dépêcha ses officiers pour prendre possession des places; le duc, poussé dans ses derniers retranchements, refusa de se dessaisir du marquisat. Le 11 août, le roi fit publier à Lyon sa déclaration de guerre [3]. Dès le 13, Biron emporta d'assaut, en quelques heures, la ville de Bourg en Bresse et commença le blocus du château. La nuit suivante, Lesdiguières surprit la ville de Montmélian et mit le siége devant la citadelle. Le roi était arrivé en Savoie sur les pas de Lesdiguières. Le 21, la capitale de la province, Chambéri, ouvrit ses portes à Henri IV; le château de Chambéri suivit, quelques jours après, l'exemple de la ville. Les vallées de Maurienne et de Tarantaise furent, aussitôt après, envahies par Lesdiguières; il n'y eut, dans toute la Savoie, que la citadelle de Montmélian qui se défendit un peu sérieusement. Le duc s'était figuré que le roi ne serait pas prêt à la guerre avant la fin de l'automne : il n'y avait point, en

1. Il y avait eu cinq projets d'assassinat contre Henri IV depuis son absolution par le pape; en 1596, Guesdon, avocat angevin, et un Italien, « pensionnaire du cardinal d'Autriche »; en 1597, un tapissier de Paris; en 1599, Ridicoux, dominicain belge, excité par Malvezzi, nonce du pape à Bruxelles, à l'insu de la cour de Rome; en 1600, une femme appelée Nicole Mignon. Un autre complot fut encore dénoncé par un capucin de Milan. — *V.* L'Estoile, *Journal de Henri IV,* et le Supplément, p. 270-277-280-816. — De Thou, t. V, p. 308.

2. *Lettres de d'Ossat,* t. III, p. 32. — De Thou, t. VI, l. cxxv, p. 41.

3. Il y défendait aux soldats, sous peine de mort, le sacrilége, le viol et l'incendie. — Palma-Cayet, *Chronologie septenaire,* p. 108.

effet, une artillerie de siége suffisante dans les places de la frontière; mais la diligence de Rosni pourvut à tout et, en seize jours, vingt pièces de batterie, avec leurs approvisionnements, arrivèrent de Paris à Lyon. Le château de Montmélian, battu par quarante canons, capitula le 16 octobre et promit de se rendre sous un mois, s'il n'était secouru. On avait vu, dans cette campagne de deux mois, l'effet de la nouvelle organisation donnée par le roi et par Sulli aux corps de l'artillerie et du génie et à l'armée en général. L'armée, réduite à 8,000 ou 9,000 soldats sur le pied de paix, avait été reportée, avec une célérité admirable, à 25,000 ou 30,000 hommes.

La cour de Rome, tremblant de voir l'Italie redevenir le théâtre d'une prochaine lutte entre la France et l'Espagne, s'était hâtée d'intervenir : dans les premiers jours de novembre, le cardinal Aldobrandino, neveu du pape, se rendit au camp de Henri IV et intercéda en faveur du duc de Savoie. Henri répondit au légat qu'il ne voulait que ce qui lui appartenait, mais qu'il ne pouvait remettre l'épée au fourreau sans avoir recouvré son bien.

Le duc, cependant, s'était enfin mis en mesure de résister à l'invasion qu'il avait témérairement provoquée. Un peu avant la mi-novembre, il passa le petit Saint-Bernard et descendit du val d'Aoste en Savoie à la tête d'une quinzaine de mille hommes, parmi lesquels figuraient quatre mille Suisses envoyés par le comte de Fuentès, gouverneur du Milanais; il n'arriva que pour assister à la reddition du château de Montmélian. Le roi apprit avec joie l'approche d'Emmanuel, qui lui donnait l'espoir de finir la guerre d'un seul coup; mais la neige rendit les opérations militaires impossibles dans les Hautes Alpes. Henri, obligé de renoncer à combattre, laissa Lesdiguières en observation vis-à-vis du duc, expédia un fort détachement du côté du marquisat de Saluces et alla joindre Biron devant le fort Sainte-Catherine, citadelle que le duc de Savoie avait élevée à deux lieues de Genève, pour tenir en bride cette ville. Biron, quoique ses mauvaises dispositions fussent encore redoublées par le refus que lui avait fait le roi du gouvernement de Bourg, n'avait osé éclater; il avait conquis la Bresse malgré lui, tout en correspondant secrètement avec le duc de Savoie. On dit que, lorsque le roi le rejoignit, il promit au gouverneur du fort Sainte-Catherine d'amener Henri sous l'arquebuse d'un meurtrier aposté, mais qu'il recula au moment d'exécuter ce lâche assassinat [1]. Le fort Sainte-Catherine se rendit. Le roi en accorda la démolition aux prières du vieux Théodore de Bèze, qui le vint trouver à la tête d'une députation genevoise et qui fut très-bien accueilli, au grand déplaisir du légat [2].

Il ne restait à Charles-Emmanuel, dans toute la Bresse et la Savoie, que la citadelle de Bourg. Le duc, affamé dans son camp par un ennemi maître de toutes les places fortes, rentra en Piémont vers le milieu de décembre, abandonnant tout ce qui lui appartenait en deçà des Hautes Alpes.

Le roi, pendant ce temps, était retourné des environs de Genève à Lyon, où l'attendait sa nouvelle épouse, Marie de Médicis, que le grand-duc de Toscane avait épousée en son nom, le 5 octobre, à Florence, et qui était débarquée à Marseille, le 3 novembre, escortée par une brillante escadre de galères toscanes, romaines et maltaises. Marie était accompagnée de la grande-duchesse, sa tante, de la duchesse de Mantoue et d'une suite nombreuse et magnifique. Le mariage fut consommé le 9 décembre, à Lyon.

Les fêtes somptueuses des noces furent suivies d'actives négociations : le légat, l'ambassadeur d'Espagne, les ambassadeurs de Savoie s'étaient réunis auprès du roi à Lyon. Charles-Emmanuel avait beaucoup rabattu de ses espérances : les mécontents de France ne bougeaient pas ; Biron promettait toujours, mais n'avait rien pu tenter jusqu'alors ; l'Espagne hésitait ; le ministre tout-puissant de Philippe III, le duc de Lerme, craignait la guerre autant que la désirait Fuentès, le brave et ambitieux gouverneur du Milanais. L'apparition d'une flotte turque, amenée dans le bassin occidental de la Méditerranée par l'influence secrète de l'ambassadeur de France à Constantinople, augmentait les inquiétudes du cabinet espagnol. Les agents de l'Espagne eurent ordre de se joindre au légat pour imposer des concessions à Charles-

---

1. De Thou, t. VI, l. cxxv, p. 37.
2. Henri continuait de témoigner aux Genevois la même amitié qu'avant son abjuration : il leur accorda des lettres de naturalité et l'exemption du droit d'aubaine (1596 ; 1608).

Emmanuel et pour obtenir à tout prix que Henri IV renonçât à Saluces. Le roi demandait « son marquisat » et 800,000 écus pour les frais de la guerre. On lui offrit de grands avantages territoriaux, afin qu'il renonçât à mettre le pied au delà des monts. Henri se rendit enfin et accepta, en sus de la Bresse, le Bugei, le Valromei et le bailliage de Gex, au lieu de la Pérouse, de Pignerol et du val de Stura, qu'il avait demandés par le traité de Paris. Le traité fut signé le 17 janvier 1601. Tout le pays compris entre la Saône, le Rhône et l'extrémité méridionale du Jura, formant aujourd'hui le département de l'Ain, fut cédé par le duc de Savoie à la France[1]. Le duc se réserva seulement, au prix de 100,000 écus, un droit de passage pour la communication de la Savoie avec la Franche-Comté, droit qui l'intéressait beaucoup moins que les Espagnols. Le duc rendit à la France Château-Dauphin, forteresse dauphinoise qui était située sur le revers italien des Hautes Alpes, mais qui était loin d'avoir l'importance stratégique de Saluces ou de Pignerol. Quoique le territoire cédé valût cinq ou six fois le petit marquisat de Saluces et arrondît très-avantageusement la frontière française, Henri n'eût probablement pas renoncé ainsi à reprendre position au delà des Alpes, s'il n'eût craint que les dispositions factieuses qu'il avait reconnues chez une partie des grands ne finissent par éclater. Il sentait que le sol n'était point encore assez affermi en France, que le temps d'agir sérieusement au dehors n'était pas encore arrivé. Il se contenta, pour cette fois, d'avoir puni l'affront fait à la France, en 1588, par le duc de Savoie[2].

L'impression de la paix de 1601, venant après l'abandon de Ferrare au pape, fut fâcheuse en Italie, où les amis de la France en éprouvèrent du découragement; si quelque chose peut excuser cette paix[3], c'est l'effet qu'elle produisit en France sur les

---

1. Il faut en excepter la petite principauté de Dombes, dont le chef-lieu était Trévoux, et qui n'appartenait pas au duc de Savoie, mais au duc de Montpensier.

2. On se rappelle que Charles-Emmanuel, en mémoire de sa conquête de Saluces, avait fait frapper une médaille représentant un centaure foulant aux pieds une couronne royale, avec cette légende : *Opportunè* (à propos). A la fin de la campagne de 1600, Rosni fit frapper une autre médaille dans laquelle était figuré Hercule terrassant un centaure et relevant une couronne, avec ce mot pour âme de la devise : *Opportuniùs* (plus à propos). — *V.* Sulli, *OEconomies royales*, t. I, p. 360.

3. Le judicieux Fontenai-Mareuil la blâme fort; *Mém.*, p. 30.

conspirateurs. Biron fut si effrayé de se voir abandonné par les étrangers, qu'il vint trouver le roi, lui avoua qu'il avait recherché en mariage, sans son consentement, une des filles du duc de Savoie et « conçu de mauvaises intentions contre son service, » par rancune du refus de la citadelle de Bourg. « Il en dit le moins qu'il put et implora son pardon, avec marques de grande repentance[1]. » Henri pardonna franchement à un repentir qu'il crut sincère et tâcha de calmer cet esprit inquiet et d'occuper cette activité fébrile par d'honorables emplois; il envoya Biron comme ambassadeur extraordinaire en Angleterre, puis en Suisse. Tout parut calmé en France pendant quelque temps.

Henri IV n'était pas destiné à goûter jamais de repos. La guerre qui avait cessé au dehors, il la retrouva dans sa maison, dans son lit. La nouvelle reine, femme de vingt-sept ans, d'une beauté matérielle et vulgaire, sans grâce, sans agrément dans la physionomie ni dans les manières, n'avait rien de l'esprit ni de l'élégance des Médicis, ses ancêtres paternels, ne tenait que du sang autrichien de sa mère, et ne rachetait pas du côté du caractère ce qui lui manquait du côté de l'intelligence; elle était jalouse, opiniâtre, emportée et bigote. Henri ne lui donnait que trop de sujets de jalousie : à peine de retour à Paris, il lui avait fait présenter la marquise de Verneuil, puis il avait installé la marquise dans un des appartements du Louvre et tenait ainsi publiquement double ménage. Les deux femmes se trouvèrent grosses à la fois. Madame de Verneuil disait à qui voulait l'entendre, que c'était elle qui devait être la reine, et non cette « grosse banquière. » Ces propos revenaient à Marie, qui s'en vengeait en faisant au roi des querelles furieuses. Le Louvre était un enfer[2]. Henri souffrait, se plaignait à Rosni, mais n'avait pas la force de changer d'habitudes : madame de Verneuil n'était pas la seule rivale qu'il donnât à la reine; cette passion durable n'empêchait pas des caprices sans nombre; Henri n'avait jamais su mettre de frein à ses désirs,

---

1. *La vie et la mort du maréchal de Biron*; Paris, 1603.
2. Sur ces tracasseries, *V.* Sulli, *OEconomies royales*, t. I, p. 538-560. — Madame de Verneuil accoucha d'un fils qui fut légitimé comme l'avaient été les enfants de Gabrielle. Cette légitimation donnait droit « de posséder des biens, de recueillir des successions et de parvenir aux charges et dignités du royaume ». — De Thou, t. VI, l. CXXIX, p. 164.

et ses faiblesses semblaient croître à mesure que ses cheveux grisonnants les rendaient moins excusables.

D'une autre part, la vertu de la reine est restée beaucoup trop équivoque pour qu'on puisse prendre à elle l'intérêt qu'eût mérité une épouse trahie. L'affection de Marie pour son cousin Virginio Orsini ne passait pas pour fraternelle : on soupçonna aussi de galanterie ses relations avec le duc de Bellegarde, qui l'avait été chercher à Florence, comme ambassadeur du roi[1], et il n'y a surtout guère de doute en ce qui regarde le trop fameux Concini, jeune et brillant gentilhomme florentin que Marie avait amené à sa suite et qu'elle fit épouser à sa sœur de lait, Léonora Dori, dite *la Galigaï*, créature difforme, adroite et rusée, qui la dominait entièrement. Léonora et son mari n'usèrent de leur empire sur la reine que pour l'aigrir contre Henri IV et pour envenimer des discordes que Rosni s'efforçait sans cesse d'apaiser. Les scènes entre le roi et la reine arrivèrent à une telle violence que Marie, un jour, sauta au visage du roi et l'égratigna. Une autre fois, elle eût donné un soufflet à Henri IV, si Rosni ne lui eût rabattu le bras avec tant de vivacité qu'elle prétendit qu'il l'avait frappée[2]. Henri se fût peut-être décidé à la renvoyer dans son pays, si elle n'eût mis au monde, le 27 septembre 1601, un dauphin, qui fut le roi Louis XIII. Cette naissance, qui fut considérée comme un grand événement, détermina Henri à prendre patience. Les deux époux s'accoutumèrent jusqu'à un certain point l'un à l'autre, sans jamais vivre en bonne intelligence.

Au moment où naquit cet héritier si désiré, Henri IV se croyait sur le point de reprendre son épée à peine remise au fourreau : il avait donné ordre d'interrompre tout commerce avec l'Espagne, à la suite d'une offense reçue par l'ambassadeur de France à Madrid; il avait sommé Philippe III de lui faire satisfaction et s'était provisoirement transporté à Calais, afin de surveiller la

---

1. Bellegarde, ancien mignon de Henri III, passait pour avoir été l'amant de Gabrielle d'Estrées avant et pendant la liaison de Gabrielle avec Henri IV.—Malherbe, son protégé, a chanté, sous des noms supposés, sa passion pour Marie de Médicis.

2. *Mémoires* du cardinal de Richelieu, t. I, p. 9; ap. collect. Michaud, 2ᵉ sér., t. VII. — Cette première partie des *Mémoires* de Richelieu, publiés en Hollande sous le titre d'*Histoire de la Mère et du Fils* (c'est-à-dire de Marie de Médicis et de Louis XIII), a été longtemps attribuée à Mézerai.

frontière du Nord et d'encourager par son voisinage les Hollandais, qui défendaient Ostende contre le célèbre capitaine génois Ambrosio Spinola, général de Philippe III et des archiducs. A la nouvelle de l'arrivée de Henri IV à Calais, Élisabeth vint à Douvres : elle eût bien souhaité la visite du roi de France; elle lui manda qu'elle avait quelque chose de conséquence à lui communiquer. Henri, obligé de peser toutes ses démarches, craignit de donner trop d'ombrage aux catholiques s'il passait en personne le détroit : Rosni le passa pour lui, sous prétexte de promenade, et alla conférer avec Élisabeth. La vieille reine, dont les généraux venaient de repousser victorieusement une descente des Espagnols en Irlande et de remporter enfin des avantages décisifs sur le chef insurgé O'Neil[1], était plus animée que jamais contre l'Espagne. Elle s'ouvrit à Rosni sur un plan de confédération contre la maison d'Autriche, analogue à celui que méditait Henri IV; mais, n'oubliant jamais la politique anglaise, elle prenait pour base là renonciation de la France à tout agrandissement du côté des Pays-Bas; Rosni, qui poussait un peu loin le désintéressement à cet égard, ne trouva pas d'objection à faire[2] et convint qu'il fallait tendre à ériger les Pays-Bas protestants et catholiques en un seul corps de république; il débattit avec la reine les moyens de gagner les rois du Nord et les princes allemands, de rendre l'Empire électif de fait, d'amener les trois religions à se tolérer mutuellement[3]. Il y avait là des vues lointaines, de simples possibilités et des projets immédiats. Le but présent d'Élisabeth était de décider Henri IV à rompre le traité de Vervins et à porter ses armes dans les Pays-Bas, sans en profiter pour étendre les frontières françaises[4].

1. Un grand nombre d'Irlandais se réfugièrent en France. On voyait ces pauvres gens errer par toute la France avec leurs femmes et leurs enfants. — D'Aubigné, 2ᵉ part., col. 689.
2. Tout le monde ne pensait pas de la sorte. *V.* dans le Supplément de L'Estoile, p. 369 et suiv., un mémoire très-bien fait, qui paraît être l'ouvrage d'un Wallon, sur les motifs qui devaient porter la Belgique à s'unir à la France. Henri n'était pas aussi résigné que Sulli à ne pas s'agrandir vers le Nord.
3. Ceci n'est pas aussi contradictoire qu'on pourrait le penser avec le système de persécution adopté par Élisabeth. Les persécutions contre les catholiques, en Angleterre, étaient plus politiques que religieuses : elles étaient surtout considérées comme un moyen de défense contre Rome et l'Espagne.
4. Sulli, *OEconomies royales*, t. I, p. 364-367.

Ce but ne fut point atteint : le pape s'était hâté d'intervenir dans la querelle renaissante entre l'Espagne et la France; le sujet du ressentiment de Henri IV était l'arrestation de quelques jeunes gentilshommes, à la suite d'une rixe sanglante, dans l'hôtel de l'ambassadeur français à Madrid; la police espagnole avait violé le droit des gens en forçant l'hôtel de l'ambassadeur. Le pape se fit remettre les gentilshommes arrêtés et les renvoya au roi de France, qui se contenta de cette réparation. Henri, néanmoins, accueillit chaleureusement les ouvertures d'Élisabeth, lui fit comprendre qu'ils pouvaient unir leur diplomatie en attendant le jour d'unir leurs armes, fit passer de l'argent aux Hollandais et continua de fermer les yeux sur les secours armés que les huguenots français portaient à Ostende.

Les Espagnols, de leur côté, n'avaient pas cessé un instant de miner le sol sous les pas de Henri IV. Aussitôt après le traité de Lyon, le gouverneur du Milanais, Fuentès, et le duc de Savoie avaient renoué leurs intrigues avec Biron, qui, insensible aux procédés généreux du roi, recommençait de cabaler avec tout ce qu'il y avait de mécontents en France. Biron, fort peu dévot jusqu'alors et plus familier avec les astrologues qu'avec les jésuites, ne quittait plus le chapelet, criait, auprès des zélés catholiques, contre la tolérance du roi et faisait en même temps solliciter les huguenots par le duc de Bouillon. Celui-ci, esprit factieux et naturellement hostile à l'ordre nouveau qui s'établissait dans le royaume, eût tout bouleversé pour saisir le rôle de chef de parti au milieu du trouble universel. Il signa un pacte de défense mutuelle avec le comte d'Auvergne et Biron, convoqua une dizaine des principaux du parti huguenot et les assura que « les plus puissantes têtes du royaume étoient unies pour un grand changement, » qu'on s'était adressé à lui au nom de plusieurs princes du sang et autres princes, gouverneurs, cours de parlements, villes principales, etc., lesquels, informés que le roi avait juré au pape et à la maison d'Autriche d'exterminer les protestants, avaient horreur de cette ingratitude et, animés par divers motifs contre le roi, offraient « à ceux de la religion » leur alliance, avec toute la partie de la France à l'ouest et au sud de la Loire, plus le Dauphiné. Le roi d'Espagne et le duc de Savoie étaient, ajouta-t-il, avertis et consentants. Un des assistants, vraisemblablement d'Aubigné, à qui l'on doit la connaissance du fait, n'eut pas de peine à démontrer l'inanité de ce leurre grossier; les chefs huguenots conclurent avec lui qu'il ne fallait pas se jeter « des mains du roi dans les ongles des tyranneaux » qui aspiraient à se partager ses dépouilles [1].

Quoique les chefs du parti eussent refusé leur concours, beaucoup de huguenots furent circonvenus par les conspirateurs, qui séduisirent également bon nombre de catholiques. Une vive agitation se manifestait dans celles des provinces de l'Ouest où se trouvaient les domaines et où s'exerçait l'influence des ducs de Bouillon, de Biron, d'Épernon, de Thouars (La Trémoille) et du comte d'Auvergne : Limoges et plusieurs villes de Guyenne se soulevaient contre l'impôt de la pancarte; on faisait croire au peuple que la gabelle allait être établie dans les pays de « francsalé », c'est-à-dire dans la Guyenne, la Saintonge et le Poitou; on n'épargnait rien pour préparer une insurrection.

Le roi ne se laissa pas prendre au dépourvu : informé qu'il y avait du refroidissement entre Biron et son confident Beauvais de La Fin, Henri manda La Fin à Fontainebleau, lui promit son pardon et en obtint, sans difficulté, l'aveu et les preuves écrites des menées du maréchal. Il s'agissait maintenant de tirer Biron de son gouvernement de Bourgogne. La Fin eut ordre de lui écrire qu'il n'avait rien dit : Henri lui-même fit dire à Biron que son entretien avec La Fin avait dissipé tous ses soupçons et invita le maréchal à se rendre à la cour. Biron ajourna sa venue sous quelques prétextes. Henri ne l'attendit pas et partit pour les provinces de l'Ouest (avril-mai 1602). La présence du roi dissipa l'orage préparé dans ces contrées : Henri démentit les bruits répandus sur la gabelle et rassura les protestants; il ne voulut pas que son autorité eût le dessous dans l'affaire de la pancarte; il rétablit la perception dans les villes où l'émeute l'avait interrompue; mais, peu de temps après, il supprima ce droit impopulaire. Il revint à Fontainebleau dans les derniers jours de mai,

1. D'Aubigné, *Histoire universelle*, 2ᵉ part., col. 670-675. — Il ne nomme pas le duc de Bouillon, mais il le désigne suffisamment. — Sulli, *OEconomies royales*, t. I, p. 367-381-397.

suivi du duc d'Épernon, qui s'était assez plausiblement justifié :
le duc de Bouillon, au contraire, s'était obstiné à rester dans ses
domaines du Midi et sa conduite redoublait le mécontentement
du roi.

Henri appela de nouveau Biron auprès de lui par une lettre
rédigée dans les termes les plus bienveillants[1]. Le maréchal ne
pouvait plus différer d'obéir sans se mettre en révolte ouverte.
Il arriva le 12 juin à Fontainebleau. A son entrée au château,
La Fin, par ordre de Henri IV, lui dit à l'oreille que le roi ne
savait rien. Henri voulait le soumettre à une épreuve décisive.
La perte ou le salut de Biron ne dépendait encore que de lui-
même; le roi était résolu à lui pardonner derechef, s'il avouait
spontanément ses complots. Il n'avoua pas. Croyant qu'on n'avait
point de preuves de son crime, il récrimina contre ses accusateurs et demanda justice et non clémence. Ni le roi, ni Rosni, ni
le comte de Soissons, ne purent rien gagner sur lui. Le lendemain soir, au sortir du jeu de la reine, le roi le prit à part une
dernière fois : « Monsieur de Biron, » lui dit-il, « vous savez que je
« vous ai aimé : avouez-moi la vérité, et je vous pardonnerai. »
Biron répondit qu'il n'avait rien à dire. « Je vois que je n'ap-
« prendrai rien de vous », reprit le roi; « j'en apprendrai peut-
« être davantage du comte d'Auvergne. Adieu, *baron de Biron!* »
Ces derniers mots étaient pour le maréchal duc de Biron une
première sentence de dégradation.

Biron fut arrêté dans l'antichambre du roi : le comte d'Auvergne fut pris à la porte du château, comme il essayait de s'enfuir. Le roi les envoya tous deux à la Bastille et saisit le parlement de la cause de Biron. L'instruction fut entamée sur-le-champ
par une commission à la tête de laquelle était le premier président de Harlai. Biron protesta d'abord de son innocence, mais il
resta frappé de stupeur quand on lui représenta les lettres qu'il
avait écrites à La Fin pendant la guerre de Savoie, et qu'il croyait
brûlées suivant sa recommandation. Il ne pouvait plus nier : il
s'humilia; il adressa ou fit adresser par quelqu'un des siens au
roi une requête pathétique dans laquelle il demandait franche-

---

1. *Lettres de Henri IV*, t. V, p. 602.

ment la vie. Sa vieille mère, la veuve du grand maréchal de Biron, écrivit à Henri IV une lettre noble et touchante; ses frères et ses beaux-frères accoururent se jeter aux pieds du roi. Il était trop tard : Henri accueillit avec bonté ces parents affligés, mais leur déclara que, « pour le bien de ses enfants et de son peuple, il ne pouvoit empêcher le cours de la justice ».

Le procès continua. Les pairs de France, convoqués à deux reprises, aux 11 et 23 juillet, ne vinrent pas prendre leurs places sur les bancs du parlement : c'était la cause des grands qu'on jugeait dans la personne de Biron; ils n'osaient absoudre et ne voulaient pas frapper l'accusé. Tous s'excusèrent, ceux-ci comme amis, ceux-là comme ennemis personnels de Biron, d'autres pour maladie. Le parlement donna défaut contre eux et passa outre.

Une scène bizarre et terrible avait eu lieu devant les commissaires du parlement, lorsque Biron fut confronté à son complice devenu son dénonciateur. Le maréchal s'écria que ce traître, ce « sorcier » de La Fin, était l'unique auteur de sa perte; que c'était lui qui, par ses rapports, ses insinuations, ses perfides conseils et ses sortilèges, l'avait exaspéré contre le roi et jeté dans les bras du duc de Savoie. Il prétendit que La Fin, pour l'entraîner dans ses complots, lui avait montré une figure de cire qui parlait et qui lui avait annoncé la mort du roi.

Une fois remis de cette violente émotion, le maréchal se défendit avec assez d'habileté : il avait reconnu l'authenticité de la correspondance livrée par La Fin; mais il fit observer que les plus compromettantes de ces lettres étaient antérieures au pardon verbal que le roi lui avait accordé à Lyon en janvier 1601, et il prétendit n'avoir pas mérité depuis de perdre le bénéfice de ce pardon. Comme il avait cessé d'employer La Fin pour intermédiaire avec l'Espagne et la Savoie, et que son nouveau confident, le baron de Luz, n'était point arrêté, on n'avait pas de preuves écrites relativement à la continuation de ses intrigues; il fit beaucoup valoir une lettre dans laquelle il disait à La Fin que, « puisque « Dieu avoit accordé un fils au roi et au royaume, il falloit oublier « les visions anciennes. » Mais cette lettre pouvait n'être qu'un moyen de dérouter un complice auquel on ne se confie plus. Les magistrats jugèrent que le pardon du roi ne couvrait pas le maréchal pour le passé, parce que les aveux qui avaient motivé ce pardon n'avaient été ni francs ni complets. Le 29 juillet, le parlement, toutes les chambres réunies au nombre de cent vingt-sept juges, condamna Biron à la mort. La seule faveur qu'obtint sa famille fut que l'exécution n'aurait pas lieu en place de Grève, mais dans la cour de la Bastille. Biron subit son arrêt le 31 juillet. Cet homme, si froidement intrépide sur les champs de bataille, ne montra, en face de l'échafaud, qu'emportement et que faiblesse : il attendait encore sa grâce à l'instant où le glaive du bourreau lui fit voler la tête [1].

Cette catastrophe eut un retentissement solennel dans toute l'Europe : elle révéla aux amis et aux ennemis de la France la force du gouvernement qui avait pu donner un tel exemple; elle apprit aux grands qu'ils ne sacrifieraient plus impunément le repos des peuples à leur féroce égoïsme et qu'ils n'en seraient plus quittes pour traiter de puissance à puissance avec la royauté, lorsque leurs complots avec l'étranger viendraient à échouer.

Les alliés de Henri IV le félicitèrent chaudement; les cours d'Espagne et de Savoie s'excusèrent du mieux qu'elles purent : il semblerait, d'après ce que l'on connaît de la correspondance de Philippe III, que le comte de Fuentès fût allé au delà des intentions de son maître et du premier ministre; quoi qu'il en fût, si l'on désavoua Fuentès, on ne le destitua point.

Henri IV, après avoir déployé une rigueur jugée nécessaire par tous les hommes d'État qui l'entouraient, montra beaucoup de prudence et de modération dans les suites de cette grande affaire : il avait supprimé une partie des papiers livrés par La Fin, pour n'être pas obligé d'étendre trop loin les poursuites; ceux des grands qu'il épargna ainsi lui restèrent désormais fidèles. Il fit seulement exécuter deux ou trois conspirateurs subalternes, dont les crimes ne méritaient aucune pitié, et pardonna au baron de Luz, le confident de Biron, moyennant un aveu complet. Le comte d'Auvergne se mit à la merci du roi et obtint grâce entière par l'intermédiaire de sa sœur, la marquise de Verneuil, et du con-

---

1. Sulli, *Œconomies royales*, t. I, p. 393-400. — De Thou, t. VI, l. CXXVIII, p. 130-147. — Mathieu, t. II, p. 493-533. — *La vie et la mort du maréchal de Biron;* Paris; 1603. — *Mémoires* de La Force, t. I, p. 143.

nétable Henri de Montmorenci, son beau-père; il offrit au roi « de
lui découvrir tous les desseins des Espagnols, d'autant qu'il feroit
semblant de continuer ses premières intelligences avec eux, aver-
tiroit le roi de tout, et feroit prendre tous ceux qui s'en mêle-
roient[1] ». C'était un honnête emploi pour un fils de roi ! Le
comte ne fit pas même en conscience son métier d'espion et « continua en sa déloyauté ».

Restait le duc de Bouillon. Le roi l'invita, puis le somma de se
rendre auprès de lui, avec promesse écrite de pardon s'il obéissait
et avouait franchement ses fautes. Le duc promit de venir; puis,
au lieu de tenir sa parole, il écrivit au roi une lettre de récriminations contre ses accusateurs et alla se présenter devant la chambre de justice établie à Castres pour juger les procès où les réformés du Languedoc étaient intéressés. Il prétendit que la chambre
de Castres était seule compétente à son égard, sa principale seigneurie, la vicomté de Turenne, ressortissant au parlement de
Languedoc. La chambre de Castres refusa de connaître d'une
affaire qui ne lui avait point été déférée légalement. Le roi, qui
n'avait point eu d'abord l'intention de mettre Bouillon en jugement, fut très-irrité de cette espèce de bravade et chargea un président au grand conseil d'aller chercher le duc et de le lui amener
sous bonne garde. Bouillon n'était déjà plus à Castres : après avoir
protesté de son innocence devant une grande assemblée protestante réunie à Montpellier et après avoir invoqué l'intervention
des églises auprès du roi, il avait passé le Rhône et gagné Genève,
d'où il se retira en Allemagne, auprès de son beau-frère l'électeur
palatin (octobre 1602-janvier 1603). Il remua ciel et terre pour
faire de sa cause celle de tous les protestants : il se posa comme
une victime du parti catholique et tâcha de se donner pour inter-
cesseurs, d'une part, le corps des églises réformées de France et,
de l'autre, la reine Élisabeth et les princes protestants d'Allemagne. Élisabeth, à qui Henri IV avait cru devoir communiquer ses
griefs contre Bouillon, se récria sur l'invraisemblance des accusations qui poursuivaient ce seigneur et pressa Henri, au lieu
d'accabler un homme probablement innocent, d'aller à la source

1. *OEconomies royales*, t. I, p. 400-589.

du mal et de s'unir à ses alliés afin d'attaquer ouvertement l'Espagne, foyer de toutes les intrigues qui troublaient le repos de la France.

La guerre immédiate ne convenait point à Henri IV, mais il était disposé à agir très-énergiquement par la diplomatie, et rien ne pouvait lui être plus désagréable que cet incident jeté en travers de sa politique. On conçoit quel ressentiment dut l'animer contre un homme qui le représentait comme le persécuteur des protestants, au moment même où il voulait lier plus étroitement les princes protestants à ses desseins. La pensée d'enlever l'Empire à la maison d'Autriche n'était plus pour lui une simple utopie : il croyait le temps venu d'en préparer la réalisation. Il savait quelle irritation excitait chez les réformés d'Allemagne l'attitude agressive du catholicisme, et non-seulement il était assuré de rencontrer chez eux de vives sympathies, mais ses ouvertures avaient été prévenues : le prince le plus éclairé et le plus recommandable de l'Allemagne, Maurice le Savant, landgrave de Hesse, était venu incognito à la cour de France, dans l'automne de 1602, afin de s'entendre avec Henri sur le projet d'une ligue des princes protestants allemands, sous le protectorat du roi de France. Henri et Maurice discutèrent les moyens de faire élire, comme successeur de l'empereur régnant, un roi des Romains étranger à la maison d'Autriche, et le landgrave insinua au roi qu'il était tout disposé à le servir, s'il aspirait à la couronne impériale. L'idée de faire de Henri le chef suprême de la chrétienté était dans bien des têtes : son nom exerçait un prestige extraordinaire en Allemagne et jusqu'au fond du Nord [1]. Henri évita de s'engager prématurément sur une question aussi délicate [2] et demanda au landgrave s'il ne serait pas possible de gagner le duc de Bavière,

1. En 1603, les principaux seigneurs polonais réclamèrent la médiation de Henri IV entre leur roi et le duc Charles de Sudermanie, son oncle et son rival; mais, le duc Charles ayant pris le titre de roi de Suède, toute transaction devint impossible.

2. Suivant une pièce des manuscrits de Béthune, vol. 8935, f° 70, le roi aurait consulté « les trois plus notables de son conseil » pour savoir ce qu'on ferait relativement à l'Empire. Sulli pressa Henri de travailler à se faire élire roi des Romains ; Villeroi et le vieux Bellièvre (chancelier depuis la mort de Cheverni) l'en détournèrent. Il n'y a rien dans les OEconomies royales qui confirme cette pièce. Il est aussi question de cet incident dans une pièce du vol. 8974.

zélé catholique, mais jaloux de la maison d'Autriche. Le seul appât suffisant pour amener le Bavarois, ardent disciple des jésuites, à abandonner la cause de l'intolérance, c'était la couronne impériale; Henri le sentait bien. La maison de Bavière eût entraîné avec elle une grande partie des catholiques allemands.

Le roi et le landgrave se quittèrent en parfaite intelligence. Henri ne se contenta pas d'exprimer à Maurice les sentiments les plus bienveillants pour les réformés, il l'assura qu'il était encore, au fond de l'âme, dévoué à « la religion », et qu'il avait dessein d'en faire de nouveau confession publique avant de mourir[1]. Cette assertion contrastait étrangement avec les protestations de zèle catholique que Henri prodiguait en toute occasion au clergé, aux parlements, à la cour de Rome, et avec la lettre qu'il avait écrite au duc d'Épernon après la fameuse conférence de du Perron et de du Plessis-Mornai[2] : « Le diocèse d'Évreux a gagné « celui de Saumur... C'est un des grands coups pour l'Église de « Dieu qui se soient faits il y a longtemps! » Il y avait sans doute chez Henri des alternatives de retour intérieur à ce qu'il avait quitté, d'effort pour justifier à ses propres yeux son changement, et enfin d'indifférence pour l'une et l'autre croyance : il y avait aussi, il faut bien l'avouer, l'habitude de changer de langage comme d'interlocuteur, habitude qu'il avouait sans trop de peine : « La nécessité, qui est la loi du temps, me fait ores dire « une chose, ores l'autre[3]! » Les moyens de sa politique n'étaient pas toujours aussi nobles que le but.

---

1. *Correspondance de Henri IV avec Maurice le Savant*, publiée par M. de Rommel; Paris, Renouard, 1840, p. 67; 79-80. C'est le landgrave qui rapporte ce propos du roi dans la relation de son voyage en France.

2. La lettre est dans Sulli, *OEconomies royales*, t. I, p. 566. — Du Perron était évêque d'Évreux et Mornai gouverneur de Saumur. Ils avaient eu, en 1600, à Fontainebleau, en présence du roi, une solennelle discussion à propos du traité de Mornai sur l'*Eucharistie*, que du Perron accusait d'inexactitude dans les citations. Du Perron eut l'avantage, grâce à sa mémoire « monstrueuse », et prouva que quelques passages des Pères avaient été inexactement cités ou mal interprétés. Le roi avait montré une partialité affectée en faveur de du Perron. — On doit observer, pour être équitable, que le but réel de la lettre du roi à d'Épernon, qui lui donna une grande publicité, était de faire valoir les avantages de la discussion pacifique sur les conversions forcées.

3. Ranke, *Hist. de France*, l. VII, c. 6. Il faudrait bien se garder d'ajouter une foi

Le roi et son conseil déployaient une extrême activité diplomatique. L'alliance de la France avec la Suisse entière avait été renouvelée, pour la vie du roi et celle de son successeur, sauf une réserve faite par les cantons catholiques en ce qui regardait Milan et les états de Savoie, qu'ils s'étaient engagés à défendre (31 janvier 1602). Une ambassade extraordinaire des Vénitiens et une ambassade turque étaient venues à Paris en 1601. Venise faisait assurer Henri IV qu'elle n'avait d'amis et d'ennemis que les siens. Quant au sultan Mahomet III, le schah de Perse, Abbas le Grand, ayant député vers l'empereur, le pape et le roi d'Espagne afin de s'allier avec eux contre le Turc, le sultan avait dépêché, de son côté, à Henri IV, son médecin, Marseillais de naissance, chargé de riches présents : l'envoyé de la Porte déclara au roi que le sultan se souciait peu de l'alliance du Persan avec tous les autres princes chrétiens ensemble, pourvu qu'il pût compter sur l'amitié des seuls Français [1]. La diplomatie française sut profiter des bonnes dispositions des Turcs. Les relations de la France avec les musulmans ne se bornaient point à la Porte Othomane : le roi de Maroc, ce vieil ennemi de l'Espagne et du Portugal, écrivit à Henri IV pour l'assurer de son affection [2]. Partout Henri se préparait des moyens d'action contre la maison

entière à un passage souvent cité des *Mémoires* de Richelieu (t. I, p. 10-11). « Il (Henri) confessa à la reine qu'au commencement qu'il fit profession d'être catholique, il n'embrassa qu'en apparence la vérité de la religion pour s'assurer en effet sa couronne, mais que, depuis la conférence qu'eut à Fontainebleau le cardinal du Perron avec du Plessis-Mornai, il détestoit autant par raison de conscience la créance des huguenots, comme leur parti par raison d'État. — En cette occasion et plusieurs autres, il lui dit (à la reine) que les huguenots étoient ennemis de l'État; que leur parti feroit un jour du mal à son fils s'il ne leur en faisoit ». Le témoignage de Marie de Médicis est de fort peu de valeur, et Dieu sait comment cet esprit haineux et grossier a pu travestir quelques boutades de mécontentement échappées à Henri contre les huguenots. Quant à du Perron, il n'est pas facile d'admettre qu'un esprit aussi pénétrant que Henri IV ait pris au sérieux un tel apôtre.

1. Sulli, *OEconomies royales*, t. I, p. 362-363. — Palma-Cayet, *Chronologie septenaire*, p. 150. — « Les Turcs », dit Palma-Cayet, « estimoient les François les seuls peuples de l'Europe dignes de leur amitié, usant de ces paroles en langue turquesque : *Franki Turki gardasch* (les Français et les Turcs sont frères). » — Le sultan, par l'intermédiaire de Savari de Brèves, offrit son appui aux Provinces-Unies et aux princes protestants d'Allemagne contre la maison d'Autriche. — Mss. de Brienne, v. LXXVIII, p. 155.

2. Portefeuilles de Fontanieu, nos 452-453. — L'Estoile, p. 420. M. R. Thomassy a publié un travail intéressant sur les anciennes relations de la France avec le Maroc.

d'Autriche. Des trames mystérieuses étaient nouées, au cœur même de l'Espagne, avec les Morisques de Valence et d'Aragon. Ces malheureux descendants des anciens maîtres de l'Espagne, courbés sous des lois de fer, contraints, sous peine de mort, de professer le culte de leurs vainqueurs, séparés des « vieux chrétiens » par des distinctions humiliantes, avaient commencé de renaître à l'espérance en voyant grandir la puissance du plus fier ennemi de leurs tyrans; ils envoyèrent un agent secret supplier le grand roi de France de les délivrer du joug de l'inquisition. Suivant un mémoire qu'ils adressèrent à Henri IV, ils comptaient encore en Espagne plus de deux cent cinquante mille familles d'origine arabe ou africaine, dont environ soixante-seize mille massées dans le royaume de Valence, quarante mille en Aragon, quelques milliers en Castille et en Catalogne, et cent trente mille de race grenadine, éparpillées dans tout le midi de la Péninsule par Philippe II après la révolte des Alpuxarras. Ils pouvaient, assuraient-ils, lever quatre-vingt mille hommes : ils offraient de l'argent pour nourrir les troupes françaises et ne demandaient au roi de France que des armes et quelques hommes qui entendissent la guerre. Les négociations, dirigées par le marquis de La Force, gouverneur de Béarn, furent entretenues durant plusieurs années, et divers agents français allèrent secrètement visiter et encourager les Morisques [1].

En Allemagne, les choses n'allèrent pas si vite que l'eût souhaité Henri IV : il n'était pas facile de mettre en mouvement ces lourdes masses germaniques; cependant la réorganisation de la confédération protestante dans des conditions plus actives fut décidée à Heidelberg en février 1603. L'affaire du duc de Bouillon avait fait une diversion fâcheuse. Le landgrave, qui s'était chargé de pressentir les électeurs protestants sur l'élection d'un roi des Romains, jugea la question prématurée.

Le roi était en ce moment sur les frontières de l'Empire : il passa quelque temps à Metz, retira le commandement de cette ville au lieutenant du duc d'Épernon, qui avait excité des troubles en persécutant les principaux citoyens, sous prétexte de

---

1. *Mémoires* de La Force, t. I; *Correspondances*, p. 339 et suiv. Il y a des pièces très-intéressantes sur cette affaire.

complots imaginaires, y mit un commandant d'une fidélité éprouvée[1], puis alla voir le duc de Lorraine à Nanci et interposa sa médiation entre les maisons de Lorraine et de Brandebourg, qui se disputaient l'évêché de Strasbourg : le cardinal de Lorraine, fils du duc régnant, et un des princes de Brandebourg avaient été élus évêques, celui-là par les chanoines catholiques, celui-ci par les chanoines protestants. Une trêve fut signée, et les revenus épiscopaux furent partagés entre les prétendants. Le roi, d'accord avec les Suisses, força ensuite le duc de Savoie à faire la paix avec Genève, que Charles-Emmanuel avait failli prendre par surprise au mois de décembre précédent.

Henri IV reçut à Nanci une bien grave nouvelle. Il avait appris avec inquiétude qu'Élisabeth déclinait rapidement, affaiblie qu'elle était par l'âge et par les infirmités et tourmentée, dit-on, par un amer regret de sa rigueur envers son favori Essex, qu'elle avait fait décapiter au commencement de 1601. La grande reine d'Angleterre termina, le 4 avril 1603, un règne de quarante-cinq ans et alla rejoindre Philippe II dans la tombe. Ces deux fameux rivaux léguaient à leurs peuples un avenir bien différent! Élisabeth, véritable incarnation du génie anglais dans ses fortes qualités comme dans ses vices, avait jeté les bases de la puissance britannique; Philippe II avait préparé la ruine de la puissance espagnole. Les ennemis mêmes d'Élisabeth, éblouis de sa longue prospérité, la proclamèrent « la plus glorieuse et la plus heureuse de toutes les femmes qui eussent jamais porté la couronne[2]. » Henri IV oublia les nuages qui avaient souvent troublé

---

1. En plaçant ainsi dans les villes fortes des commandants indépendants des gouverneurs de provinces, et en faisant contrôler ceux-ci par des lieutenants-généraux qu'il leur imposait, Henri IV réduisait autant que possible la dangereuse autorité de ces gouverneurs, qui avaient voulu s'ériger en grands vassaux.

2. Paroles de la duchesse de Nemours, mère des Guises, à M. de Thou. — De Thou, t. VI, l. CXXIX. — L'Angleterre avait fait de notables progrès sous Élisabeth, grâce à une longue paix intérieure, assurée par la vigueur du gouvernement de la reine et par son habile et heureuse résistance contre Philippe II. Les impôts, à part les dons gratuits ou de « bénévolence », accordés par la nation dans les moments de péril, étaient fort légers : suivant P. Mathieu (t. II, p. 571), ils ne dépassaient pas 3 millions à 4 millions 1/2, monnaie de France. Un énergique esprit d'entreprises maritimes et commerciales s'était développé dans la nation. Une compagnie s'était formée, dès 1583, pour trafiquer dans l'empire othoman; la compagnie des Indes Orientales s'organisa en 1600; le commerce avec la

une amitié peu désintéressée, et ne se ressouvint que des services. « J'ai perdu un second moi-même, » écrivait-il à Sulli; « ... car elle étoit ennemie irréconciliable de nos irréconciliables ennemis [1]. »

Toute la politique anglaise était remise en question par l'extinction de la dynastie des Tudors. Le pape et l'Espagne avaient fondé de grandes espérances sur l'instant de la mort d'Élisabeth : ils s'imaginaient que les catholiques se soulèveraient en faveur de Lady Arabella Stuart, princesse descendue de la maison royale d'Angleterre; leur attente fut trompée : le roi d'Écosse, arrière-petit-fils d'une sœur de Henri VII, succéda, sans aucune opposition, à Élisabeth, qui l'avait désigné pour son héritier en mourant. Jacques ou James Ier, ce fils protestant de la grande victime catho-

---

Russie, par Arkhangel, prenait de l'importance; les Anglais avaient eu quelque temps le monopole de ce commerce : ils conservèrent des priviléges spéciaux en Russie. A la mort d'Élisabeth, la marine royale anglaise comptait quarante-deux navires portant sept cent soixante-quatorze canons; les plus forts vaisseaux étaient de quarante canons. Ces chiffres, qui nous paraissent bien humbles, étaient alors imposants. Voilà le beau côté du règne d'Élisabeth. Voici maintenant le revers de la médaille : pour ne pas demander de subsides au parlement, la reine vendait le domaine royal, levait des emprunts forcés sur les particuliers, exerçait le droit de « pourvoirie » (le droit de prise et de chevauchée), tombé en France devant le progrès de la civilisation, avec une telle rigueur, qu'elle approvisionna ainsi des flottes entières aux dépens des habitants des côtes; les amendes et confiscations sur les catholiques étaient encore une source abondante de revenus. La reine, enfin, au lieu d'accorder à ses officiers et à ses courtisans des récompenses pécuniaires, leur octroyait le privilége de certains articles de commerce. Ils vendaient ces monopoles à des négociants, qui étouffaient ainsi toute concurrence et taxaient les denrées à leur fantaisie. Tout le trafic maritime tendait à se concentrer dans Londres; les autres ports languissaient, et le nombre total des matelots diminuait au lieu de s'accroître. Le système des monopoles prit une telle extension, qu'il eût anéanti le commerce anglais, si la reine n'eût enfin reculé devant la clameur publique. La liberté individuelle et la propriété étaient sans garantie, par suite du régime de terreur sous lequel on comprimait les catholiques et les puritains. Les nobles, ne pouvant ni se marier ni voyager sans l'agrément de la reine, étaient presque dans la condition où sont aujourd'hui les seigneurs russes. L'obéissance passive était enseignée dans toutes les chaires et professée dans le parlement. On emprisonnait sans façon les membres du parlement qui se permettaient la moindre atteinte à la « prérogative » et les jurés qui osaient absoudre un citoyen accusé de crime politique. La juridiction du jury était d'ailleurs à peu près réduite à néant par trois tribunaux exceptionnels : la chambre étoilée, la haute commission, inquisition anglicane chargée de poursuivre le crime d'hérésie, et la cour martiale. Les royalistes français les plus zélés eussent reculé devant les maximes serviles qui passaient pour des axiomes de droit public dans le parlement anglais. — *V.* Hume, c. XLVI; — Lingard, t. VIII, c. VII.

1. *OEconomies royales*, t. I, p. 426.

lique, de Marie Stuart, prit le titre de roi de la Grande-Bretagne. C'était un événement considérable pour la politique européenne, que l'association de l'Écosse à l'Angleterre sous un même sceptre : la France, qui avait toujours trouvé dans l'Écosse une utile auxiliaire contre les Anglais, ne put voir cette réunion avec plaisir, et Henri IV n'eût pas mieux demandé que d'y mettre obstacle[1] ; mais il en avait reconnu l'impossibilité. Il se borna donc à tâcher de renouer avec le roi Jacques l'alliance qu'il avait eue avec Élisabeth et il dépêcha Rosni en Angleterre dans cette intention.

Un incident notable signala le voyage de l'ambassadeur extraordinaire. L'amiral d'Angleterre ayant envoyé deux *roberges* (gros bâtiments) à Calais offrir leurs services à Rosni, celui-ci accepta, par civilité, de passer le détroit sur un navire anglais et se fit seulement escorter par le vice-amiral de Vic, gouverneur de Calais. Quand on fut arrivé en rade de Douvres, M. de Vic arbora son pavillon, le baissa pour faire le salut d'adieu à l'ambassadeur, puis le releva. Un coup de canon à boulet fut aussitôt tiré, du navire même où se trouvait Rosni, sur le vaisseau français : le capitaine anglais fit pointer toutes ses pièces sur de Vic, et jura, « en reniant Dieu, qu'il ne souffriroit autre pavillon en la mer Océane que celui d'Angleterre. » Rosni ne trouva d'autre expédient, pour prévenir un combat inégal et de graves conséquences politiques, que d'engager de Vic à baisser son pavillon, sous prétexte de rendre honneur à la personne de l'ambassadeur. Le vice-amiral français partit la rage dans l'âme, bien résolu « de rendre la pareille aux Anglais, s'il les trouvoit en pleine mer à son avantage » (15 juin 1603)[2].

Le roi Jacques Stuart désavoua la brutalité de l'officier anglais, mais ne la punit point. Ce fait avait d'autant plus de portée, qu'il était plus spontané de la part de la marine anglaise ; c'était moins le prince que la nation qui nourrissait dès lors cette arrogante prétention à la souveraineté de la mer[3]. On peut juger s'il était

---

1. Il avait tâché de gagner le ministre anglais Cecil. — Hume, c. XLVI.
2. Sulli, *OEconomies royales*, t. I, p. 443-446. — Mathieu, t. II, p. 577. — Palma-Cayet, *Chronologie septenaire*, p. 259-260. — De Thou, t. VI, l. c. XXIX.
3. Quelques années après, deux bâtiments hollandais, qui étaient allés chasser le *walrus* (le morse ou éléphant marin) sur les côtes du Groënland, furent dépouillés

facile de faire accepter sincèrement à ce peuple un système de politique européenne basé sur l'équité et l'égalité internationale !

Ce n'était pas le seul obstacle à l'alliance anti-autrichienne. Les dispositions du nouveau « roi de la Grande-Bretagne » étaient bien différentes de celles d'Élisabeth. Jacques Ier, monarque pédant et pacifique, grand controversiste et médiocre politique, était plus imbu encore qu'Élisabeth des maximes de l'autorité absolue, quoiqu'il fût beaucoup moins capable de les faire valoir dans la pratique. Il avait puisé dans la Bible la doctrine de l'inamissibilité du pouvoir royal, ainsi que d'autres y puisaient les doctrines du républicanisme[1], et il considérait les Hollandais comme des rebelles et des traîtres. Il n'avait nullement hérité de la haine d'Élisabeth contre l'Espagne. Le pape et l'Espagne, n'ayant pu l'écarter du trône d'Angleterre, s'étaient hâtés de lui faire de grandes avances. Le pape avait défendu aux jésuites et aux prêtres de se mêler dorénavant d'intrigues politiques. On espérait amener Jacques à tolérer le catholicisme, et, plus tard, à le rétablir. Jacques débuta, tout au contraire, en faisant réimprimer la confession de foi de l'église anglicane dans les termes les plus virulents contre « l'antechrist » romain ; mais il accueillit mieux les Espagnols que le pape, et un de ses premiers actes fut d'interdire la course aux marins anglais contre les sujets de Philippe III et des archiducs.

Cela n'était pas de bon augure pour la mission de Rosni. Henri IV s'attendait à de grandes difficultés et avait autorisé son ministre à modifier ses propositions suivant les dispositions qu'il reconnaîtrait chez le roi Jacques. Henri, à peu près certain que Jacques ne voudrait pas continuer la guerre ouverte contre l'Espagne, ni surtout la continuer sans que la France se déclarât sur-le-champ, se contentait qu'on amenât ce prince à imiter l'attitude de la France vis-à-vis des Pays-Bas. L'ambassadeur n'y réussit pas sans peine : Jacques ne voulait accorder aux Provinces-Unies que sa médiation, afin de ménager leur paix avec l'Espagne

---

violemment de leurs prises par des vaisseaux anglais, qui prétendirent que « cette mer étoit au roi leur maître ». *Mercure françois*, t. II, année 1613, p. 180 ; Paris, 1616.

1. Il publia à Londres, l'année de son avénement, un Traité de politique monarchique, sous le titre grec de *Basilicon Dóron* (le Don royal).

et les archiducs des Pays-Bas. Sully, à force de lui remontrer les difficultés de cette transaction, parvint à lui faire surmonter sa répugnance pour les Hollandais et à lui faire signer la promesse de continuer ses secours à ces « rebelles », de concert avec la France, jusqu'à ce que leur paix pût se conclure. Les soldats seraient fournis par la Grande-Bretagne et leur solde par la France, moitié pour le compte de Henri IV, moitié en déduction des sommes dues par Henri à l'Angleterre (25 juin 1603)[1]. Six mille Écossais, conformément à ces conventions, passèrent en Flandre pour secourir Ostende, assiégée depuis deux ans par les Espagnols et les Belges avec des efforts inouïs.

Rosni pressentit le roi Jacques sur un double mariage entre ses enfants et ceux de Henri IV[2], lui fit des ouvertures sur le « grand projet, » et lui déroula toutes les idées de Henri IV et les siennes sur le remaniement de l'Europe. Jacques, esprit spéculatif et grand discuteur, parut prendre beaucoup d'intérêt à ces vastes conceptions : il s'y associa volontiers par la pensée ; mais on devait avoir plus de peine à le faire passer de la pensée à l'action. Rosni pressentit aussi les ambassadeurs de Danemark, de Suède et de l'électeur palatin, qui se trouvaient réunis à la cour d'Angleterre, et en tira « de bonnes paroles[3]. »

Rosni, à son retour en France, trouva le roi très-préoccupé d'une grande question, du rappel des jésuites. La cour de Rome, soutenue par le parti des catholiques zélés, pressait Henri IV d'obsessions incessantes à ce sujet. Le parti gallican, au contraire, eût voulu appliquer, en toute rigueur, l'arrêt du parlement de Paris contre la Société et prétendait cet arrêt obligatoire pour tous les parlements provinciaux. Les parlements de Bordeaux et de Toulouse résistaient. Les jésuites se maintenaient dans quelques maisons de Languedoc et de Guyenne et à Verdun. Un arrêt du conseil était venu en aide au parlement de Paris et avait ordonné aux jésuites de sortir de tout le royaume (22 novembre 1597). La Société et ses protec-

---

1. *Œconomies royales*, t. I, p. 501.
2. Marie de Médicis était accouchée, en 1602, d'une fille qu'on avait nommée Élisabeth.
3. Sur le voyage de Rosni en Angleterre, V. *Œconomies royales*, t. I, p. 430-505. — Plus d'une pièce paraît avoir été remaniée à loisir par les rédacteurs des *Œconomies*. — Mathieu, t. II, p. 578-581.

teurs firent si bien, que l'exécution de l'arrêt du conseil fut indéfiniment suspendue. Cette situation équivoque ne pouvait se prolonger : il fallait ou proscrire ou amnistier tout à fait la Société. Clément VIII, en 1599, demanda des passe-ports au roi pour quatre jésuites italiens, qui vinrent solliciter le rappel de leur ordre. Le roi leur donna des espérances, mais ne décida rien. La conduite de la Société dans les pays étrangers fournissait également des arguments à ses amis et à ses ennemis. En Angleterre, les prêtres séculiers catholiques ayant tâché d'adoucir Élisabeth en professant des maximes analogues à celles du gallicanisme sur l'indépendance du pouvoir temporel vis-à-vis de Rome, les jésuites s'étaient déchaînés contre cet essai de conciliation et avaient traité les prêtres anglais d'hérétiques. En Allemagne, ils poussaient les gouvernements catholiques aux mesures les plus violentes. A Dôle, ils continuaient leurs prédications contre Henri IV, « fauteur d'hérésie ». En Espagne, l'écrivain le plus éminent peut-être que l'ordre eût encore produit, Mariana, avait publié récemment un traité *de la Royauté*, où il exprimait une sympathie ouverte pour Jacques Clément, écartait, comme n'étant susceptible d'aucun doute, la question de la légitimité du meurtre d'un usurpateur et posait en principe qu'un roi légitime, qui met en péril, par des vices intolérables, l'État ou la religion et qui repousse les représentations des États de son royaume, peut être déclaré ennemi public par les États; auquel cas tout particulier a le droit de le mettre à mort, par la force ouverte, par la ruse, même par le poison! Chacun a pareillement ce droit, si l'on ne peut assembler les États, mais que la voix du peuple soit notoire et que plusieurs hommes doctes et graves l'approuvent[1]!

Ce livre n'eut pas tout de suite une grande publicité en France,

---

1. *De Rege et Regis Institutione,* l. I, c. 6-7; Tolède, 1599; Mayence, 1605.— Ce livre fut dédié à Philippe III et approuvé, dans les termes les plus élogieux, non-seulement par le délégué du général de l'ordre, mais par le censeur royal, qui était le provincial des religieux de la Trinité. C'est un des faits les plus singuliers de l'histoire que cette apologie du régicide publiée avec privilége royal donné par le fils de Philippe II. On doit observer que, pour Mariana, le principe de la souveraineté du peuple ne semble pas être une arme de guerre employée sans bonne foi; il paraît amalgamer sincèrement, sinon logiquement, la république avec la théocratie. Mariana n'est point un jésuite comme un autre.

et il n'est pas sûr que Henri IV en ait eu connaissance avant de se décider sur le rappel des jésuites; mais les partisans de la Société eussent pu faire valoir en compensation la situation où se trouvaient le général et la majorité de la Compagnie vis-à-vis du gouvernement espagnol. Ainsi que l'observe un judicieux historien (M. Ranke), pendant que l'on poursuivait les jésuites en France comme *espagnols,* ils étaient assez maltraités en Espagne. Les maximes d'obéissance passive sur lesquelles était fondée la Compagnie n'avaient pu prévenir de graves dissidences dans son sein; la Société de Jésus avait été fort troublée précisément sous le généralat de l'homme qui mit, pour ainsi dire, la dernière main au jésuitisme, d'Aquaviva. Jusqu'à lui, l'élément espagnol avait dominé en fait : la papauté voulut rendre l'ordre, conformément à son but, tout à fait cosmopolite et obligea les jésuites à choisir un général étranger à l'Espagne. Le Napolitain Aquaviva, élu en 1581, seconda énergiquement Rome et n'épargna rien pour étouffer ce qui subsistait d'individualité dans l'ordre et pour renforcer le mécanisme de sa discipline. Les jésuites espagnols, mécontents d'avoir perdu la direction de l'ordre, résistèrent sourdement, cabalèrent et finirent par éclater : plusieurs en appelèrent à Philippe II et à l'inquisition espagnole contre le système d'obéissance aveugle et de délations secrètes qui pesait sur eux. Philippe et l'inquisition virent là, pour eux-mêmes, une concurrence dangereuse : les dominicains saisirent l'occasion de satisfaire leur jalousie contre les jésuites; le provincial d'Espagne et d'autres supérieurs nommés par Aquaviva furent arrêtés par l'inquisition. Après bien des tiraillements, le général fut obligé de faire des concessions. Clément VIII lui-même jugeait l'autorité du général trop absolue et exigea le renouvellement triennal des supérieurs et des recteurs et la réunion des congrégations générales tous les six ans (1592). Aquaviva, malgré cet échec, continua d'aller à son but avec une persévérance et une adresse extraordinaires, appuyé sur son *Règlement des études* (*Ratio studiorum*), et finit par renverser toutes les barrières élevées contre son pouvoir. Il tenait à affranchir son ordre de la tradition de saint Thomas et des dominicains, et à établir, sur la question fondamentale de la grâce et du libre arbitre, des principes qui contrastassent bien davantage avec les doctrines protestantes et qui appartinssent spécialement aux jésuites.

Le livre célèbre de Molina[1] remplit ses intentions, mais souleva un terrible orage chez les dominicains, fut réprouvé par une partie des jésuites espagnols et effraya le pape lui-même, qui voyait que, pour mieux s'éloigner de Luther et de Calvin, on allait reculer jusqu'au semi-pélagianisme, étrange manœuvre qui érigeait en défenseurs de la liberté morale les ennemis acharnés de la liberté civile et religieuse. Aquaviva tint en échec toute cette formidable opposition : le pape n'osa jamais condamner Molina; après avoir tenu soixante-cinq congrégations du sacré collége pour ce seul objet, Clément VIII laissa la question indécise. Les cardinaux français, surtout du Perron, avaient pris parti pour les jésuites contre les dominicains, que soutenait l'Espagne.

Aquaviva et les siens tirèrent habilement parti de ces débats pour prouver à Henri IV que la Société n'était pas l'instrument de la politique espagnole. Les jésuites publièrent apologie sur apologie. Ils protestaient contre l'accusation d'enseigner le régicide; ils éludaient la question de la dépendance du pouvoir temporel, à l'aide des termes employés par Bellarmin, qui n'attribue pas « directement » ni « ordinairement » la suprématie temporelle au pape, mais seulement un droit d'intervention « extraordinaire », quand le salut des âmes est compromis par le prince[2]. Lors du voyage de Henri IV en Lorraine, au commencement de 1603, les jésuites de Verdun furent introduits auprès du roi par Fouquet de La Varenne, contrôleur-général des postes, homme d'intrigue, que toute la cour connaissait comme l'entremetteur habituel des amours de Henri IV. Si le patronage était peu honorable, il pouvait être utile et ne fut pas refusé. Le roi reçut bien les révérends pères et permit au provincial de France et au père Cotton, un des principaux jésuites français, de le suivre à Paris.

---

1. *Liberi Arbitrii cum Gratiæ donis Concordia;* Lisbonne; Evora, 1588. Nous reviendrons sur le *Molinisme,* qui fut, plus tard, l'objet de si grands débats en France.
2. Cette espèce de droit de salut public, réservé au pape, va jusqu'à la déposition et au changement du prince, ce que les jésuites ne disent pas dans leurs apologies.— *Bellarmin. De Summo Pontifice,* l. V-VI.

L'introduction de Cotton à la cour était un coup de maître. Ce moine souple, insinuant et fin se glissa dans la faveur du roi et avança fort les affaires de son ordre. La question du rappel fut définitivement posée dans le conseil du roi après que Rosni fut revenu d'Angleterre. Le chancelier de Bellièvre, Villeroi, Jeannin, Silleri, tenaient pour les jésuites. Rosni, Harlai, de Thou, étaient contre. Le nœud fut tranché dans un tête-à-tête entre le roi et Rosni. Le ministre représenta vivement au roi que, rappeler les jésuites, c'était introduire l'ennemi dans la place; qu'il était chimérique de prétendre se servir d'eux contre l'Espagne; qu'on pourrait peut-être amener le pape, par ses intérêts de prince temporel, à seconder la politique française, mais les jésuites, jamais; que jamais la Société n'accepterait un système fondé sur la tolérance religieuse et sur le concours des états protestants. Henri répondit que les jésuites lui avaient fait mille serments de le servir, fût-ce contre l'Espagne, et, s'ouvrant sans réserve : « Je n'ai », dit-il, « que deux partis à prendre; ou les « recevoir purement et simplement, et mettre leurs protestations « à l'épreuve, ou les rejeter absolument, les réduire au désespoir, et les jeter ainsi, sans aucun doute, dans les desseins « d'attenter à ma vie, ce qui me la rendroit si misérable, demeurant toujours dans la défiance d'être empoisonné ou assassiné, « qu'il me vaudroit mieux être déjà mort[1] ».

L'argument était sans réplique : Rosni se tut; l'ordonnance de rappel fut rendue en septembre 1603. Le parlement fit en vain d'énergiques remontrances par l'organe du premier président de Harlai : il dut enregistrer la volonté royale[2]. Le rappel de la So-

---

1. Sulli, Œconomies royales, t. I, p. 527-529. — « Le roi », dit d'Aubigné, « répondoit en particulier à ses amis et aux gens du parlement, qui lui parloient contre les jésuites : « assurez-moi de ma vie. » Ce monarque si intrépide « avoit perdu la crainte de toutes choses, hormis du couteau jésuitique ». — Histoire universelle, part. II, col. 735. — De Thou, t. VI, l. CXXXII, p. 248.

2. Les jésuites firent courir, à cette occasion, une prétendue réponse du roi aux envoyés du parlement, dans laquelle Henri IV aurait fait un magnifique éloge de leur ordre et fort maltraité tous leurs ennemis : Mathieu a reproduit cette version; mais de Thou, qui avait entendu de ses oreilles la réponse du roi, la rapporte tout autrement et affirme que la harangue mise en circulation par les jésuites est tout à fait supposée. De Thou, t. V, l. XXXII, p. 249-254. — L'édit est dans Mathieu, t. II, p. 617.

ciété n'eut pourtant lieu ni d'une manière absolue ni sans conditions. L'édit du roi autorisa seulement les jésuites à rester dans les villes du Midi où ils s'étaient maintenus jusqu'alors et leur permit de rouvrir leurs colléges à Lyon et à Dijon et d'en établir un nouveau à La Flèche en Anjou. Tous les jésuites résidant en France devaient être Français de naissance; tous devaient prêter serment de ne rien entreprendre contre le service du roi et la paix du royaume, « sans aucune exception ni réservation » (c'est-à-dire sans restriction mentale). Les jésuites ne pourraient acquérir d'immeubles sans la permission du roi, ni recueillir de succession, non plus que les autres religieux, ni recevoir de biens meubles de leurs récipiendaires. Les jésuites ne pourraient rien entreprendre au préjudice des évêques, chapitres, curés, universités, ni prêcher ou administrer les sacrements sans la permission des évêques; ils seraient enfin soumis aux lois du royaume et justiciables des officiers royaux, aux mêmes cas que les autres ecclésiastiques. Ce dernier article était une arme défensive contre la doctrine des immunités ecclésiastiques, que les théoriciens de la Société avaient poussée à la plus extrême exagération.

« Les jésuites », dit de Thou, « ne furent pas longtemps gênés par ces conditions : ils en firent supprimer une partie par des déclarations extorquées et s'affranchirent des autres, de leur propre autorité ». Le père Cotton était devenu confesseur du roi, emploi qui eût été fort embarrassant pour un casuiste un peu rigide ; mais le père Cotton fut accommodant, et son indulgence profita largement à la Société. Non-seulement le roi dota magnifiquement le collége de La Flèche, qui devint une espèce d'école préparatoire pour la jeune noblesse militaire, et fit abattre la pyramide érigée en mémoire de l'attentat de Chastel et de l'expulsion des jésuites, mais il autorisa bientôt de nouveaux colléges à Bourges, à Poitiers, à Amiens et dans plusieurs autres villes; puis, au grand chagrin du parlement, il permit aux révérends pères de se réinstaller à Paris, sans y pouvoir, toutefois, faire des leçons publiques. Les jésuites reconnurent ces bienfaits par une décision importante. En 1606, le livre de Mariana, récemment réimprimé à Mayence, commençait à faire grand bruit à Paris et allait susciter à l'ordre une nouvelle et dangereuse lutte avec le parlement; la congrégation provinciale de France se décida à condamner Mariana : le général Aquaviva approuva la condamnation, ordonna que le livre fût « corrigé », et interdit par décret à tout jésuite « de publier, d'enseigner ou de conseiller en particulier à qui que ce fût rien qui tendît à la perte des princes [1] ». La condamnation du livre de Mariana coûta d'autant moins à Aquaviva, que l'auteur avait été le chef de l'opposition contre ce général en Espagne[2]. Les jésuites, d'après les ordres de leur chef, évitèrent de se mettre en opposition ouverte avec les prescriptions de la nouvelle réforme opérée dans l'université[3]. Les articles de cette réforme enjoignaient d'enseigner aux écoliers l'obéissance au roi et aux magistrats, et de se conformer « aux maximes du royaume ».

Henri IV crut devoir faire quelque chose de notable pour les huguenots, au moment où il faisait tant pour les jésuites : il autorisa les réformés à établir le prêche à Saint-Maurice, près Charenton, à deux lieues de Paris, par dérogation à l'engagement pris avec les Parisiens en 1594 et à l'édit de Nantes même. Le temple de Charenton devint un des principaux centres du protestantisme. Les réformés avaient tenu à Gap, en octobre 1603, un synode général qui avait donné bien de l'embarras au roi : ils y avaient appelé des ministres étrangers, contrairement à l'édit de Nantes, et avaient débattu les moyens de fondre ensemble le calvinisme et le luthéranisme, fusion toujours tentée en vain; ils eurent moins de peine à s'entendre contre Rome qu'à s'entendre entre eux, et la majorité des ministres, malgré l'opposition des personnages les plus modérés du parti, érigea en article de foi la maxime que « le pape est l'Antechrist. » Rien ne pouvait con-

1. Le P. Cotton, *Lettre déclaratoire de la doctrine des jésuites*, p. 8-9. — Eudæmon Joannes; *Confutatio anti-Cottoni*, c. I, p. 39 et suiv.

2. Mariana persista dans ses sentiments d'opposition politique et religieuse; il écrivit un livre très-hardi sur les vices du gouvernement de son ordre (*del Govierno de la Compania de Jesu*) et un autre livre contre les altérations de monnaies que se permettait le gouvernement espagnol. Cette fois, la censure royale ne l'approuva plus, et le duc de Lerme le fit mettre en prison et censurer à Rome, en 1609. Son livre sur le *Gouvernement de la Compagnie*, demeuré manuscrit, circula de main en main, fut imprimé en France après sa mort, jeta l'effroi dans l'ordre tout entier et finit par être condamné à Rome en 1631. Les jésuites accusèrent les éditeurs d'avoir supposé ou falsifié cet écrit.

3. *V.* ci-dessus, p. 477.

traricr davantage Henri IV, qui fit suspendre indéfiniment l'impression de la confession de foi où se trouvait cet article[1].

L'année qui suivit le rappel des jésuites fut fertile en incidents diplomatiques. La mort de la duchesse de Bar, Catherine de Navarre, au printemps de 1604, rompit le lien de famille que Henri IV avait noué avec la maison de Lorraine. Pendant ce temps, les rapports de la France et de l'Espagne devenaient de plus en plus acerbes. Le roi d'Espagne et les archiducs des Pays-Bas ayant mis, en 1603, un droit de 30 pour 100 sur toutes les marchandises qui entraient dans leurs états ou qui en sortaient, Henri avait d'abord usé de représailles contre eux; puis, afin de les contraindre à supprimer ce droit, il avait interdit tout trafic entre la France, l'Espagne et la Belgique (février 1604). Cette mesure fut plus préjudiciable aux négociants et aux armateurs français qu'aux sujets espagnols et ne profita qu'à la marine anglaise, qui servit d'intermédiaire.

Le gouvernement espagnol et le gouvernement belge, son docile satellite, faisaient de grands efforts pour se réconcilier avec l'Angleterre et la tourner contre la France. Jacques I*er* rejeta toute proposition d'alliance offensive ou défensive avec l'Espagne, mais se montra fort disposé à un traité de commerce et de neutralité. Les hostilités directes avaient cessé aussitôt après son avénement. La paix fut signée au mois d'août 1604. Le droit de 30 pour 100 fut révoqué à l'égard des Anglais. Le gouvernement espagnol promit de ne point inquiéter pour la religion les Anglais qui trafiqueraient en Espagne; mais il ne consentit point à ouvrir au commerce britannique les possessions espagnoles des Deux Indes : le traité de commerce fut limité implicitement à l'Europe. Jacques I*er* refusa de livrer aux archiducs Flessingue, Briel et Ramekens, places que les Provinces-Unies avaient remises en dépôt à Élisabeth, pour garantie de leurs dettes envers l'Angleterre; il s'engagea seulement à s'interposer pour faire accepter aux Provinces-Unies des conditions de paix justes et raisonnables et à ne plus les secourir ni les laisser secourir par

---

1. De Thou, t. VI, l. CXXIX, p. 177. — *Mém.* de Mornai, t. III, p. 59 et suiv.; édit. de 1652.

ses sujets[1], promesse qui ne fut pas fort exactement tenue.

Ce traité, qui dérogeait aux engagements pris, l'année précécédente, par le roi Jacques avec la France, ne découragea pas les Hollandais. Ils continuèrent à se bien défendre. Ostende, qui, sans cesse ravitaillé par la victorieuse marine hollandaise, résistait depuis trois ans à toutes les forces hispano-belges dirigées par un grand capitaine, le Génois Spinola, succomba enfin quelques jours après le traité de Jacques avec l'Espagne (septembre 1604). Ce siége, signalé par tant d'exploits et de misères, par l'opiniâtre constance des deux partis, par les trésors qui y furent engloutis, par la prodigieuse multitude d'hommes qui y périrent, avait tellement frappé l'imagination des contemporains, qu'ils le comparèrent au siége de Troie. Les Espagnols ne conquirent qu'un monceau de ruines et de sables pleins de débris humains, et cette conquête n'eut aucune influence sur le sort de la guerre. Maurice de Nassau, ne pouvant délivrer Ostende, avait attaqué et pris L'Écluse, qui fut pour les Hollandais une compensation suffisante (août 1604).

La cour d'Espagne, n'ayant pu obtenir l'alliance de l'Angleterre contre la France, essaya de modifier la politique française. Le connnétable de Castille, Velasco, passant par Paris à son retour d'Angleterre, où il était allé jurer la paix au nom de son maître, fit entendre à Henri IV que la France et l'Espagne devraient, au lieu de se contrecarrer, s'entendre pour se partager la domination de la chrétienté. Il tenta d'insinuer au roi la pensée d'un double mariage entre ses enfants et ceux de Philippe III. Un parti nombreux, à la cour et dans le conseil, souhaitait vivement que Henri abandonnât le système des alliances protestantes : les ministres Bellièvre, Villeroi, Silleri, Jeannin, les jésuites, les favoris de la reine, poussaient à l'alliance espagnole; tout ce parti cabalait plus ou moins ouvertement contre Rosni, qui, de son côté, ne cessait d'animer le roi contre l'Espagne et ne demandait plus que deux ans pour préparer les ressources d'une grande guerre[2].

Henri IV garda beaucoup de réserve vis-à-vis du connétable de

---

1. Dumont, *Corps diplomatique*, t. V, part. II, p. 32-36.
2. Sulli, t. I, p. 537; 605; 609.

Castille : le commerce, toutefois, fut rétabli par la médiation du roi d'Angleterre, les Espagnols ayant enfin consenti à exempter les Français, comme les Anglais, du droit de 30 pour 100 (12 octobre 1604). Henri IV, de l'avis de Rosni, avait mis l'Espagne dans l'alternative de la guerre ou de la révocation du droit.

Un autre traité de commerce, conclu au mois de mai précédent, avait été une victoire pour la diplomatie française. Les Anglais, après avoir longtemps navigué dans les échelles du Levant sous la protection de la bannière de France, s'étaient affranchis de notre patronage, avaient, en 1599, accrédité un ambassadeur à Constantinople, obtenu de la Porte, contrairement à nos anciennes capitulations, de lever pavillon dans les mers othomanes et prétendaient à leur tour couvrir les Hollandais du pavillon d'Angleterre, bien que les Hollandais eussent été placés sous la bannière de France par une capitulation de 1598. Les Anglais ne se contentaient pas d'une rivalité commerciale : leurs corsaires, du moins tant qu'avait vécu Élisabeth, sous prétexte de donner la chasse aux Espagnols, avaient piraté dans la Méditerranée contre les Français, d'accord avec les Barbaresques. La France obtint une éclatante satisfaction par les soins de l'ambassadeur Savari de Brèves : le pacha d'Alger fut étranglé, celui de Tunis destitué, pour avoir toléré la piraterie contre les Français ; le sultan ordonna de remettre en liberté les esclaves français dans les régences barbaresques qui dépendaient de lui, invita l'émir de Fez à suivre son exemple et rendit à la France la plupart de ses priviléges par le traité de mai 1604. Les Anglais, par ce traité, conservèrent, avec les Vénitiens, le droit de pavillon ; mais toutes les autres nations qui n'entretenaient pas d'ambassadeur en permanence auprès de la Porte furent replacées sous la bannière de France. Le privilège d'exporter les cuirs, cires et cotons fut accordé aux marchands français, avec toutes sortes d'exemptions et de garanties. Les gouverneurs des régences barbaresques furent rendus responsables, dans leurs personnes et dans leurs biens, des déprédations que les gens de leurs pays commettraient contre les Français. Le droit de pêcher le corail sur les côtes de Barbarie fut confirmé aux Français, qui avaient des comptoirs fortifiés au Bastion de France et à La Calle. Les consuls français ne devaient être constitués prisonniers pour quelque cause que ce fût. L'ambassadeur de France conservait le pas sur tous les autres ambassadeurs chrétiens. Point de droit de bris et naufrage ni d'aubaine à l'égard des Français. Protection est accordée aux religieux du Saint-Sépulcre et aux pèlerins, à la considération de la France [1].

En 1605, le rival du sultan, le schah de Perse, envoya aux souverains chrétiens une nouvelle ambassade, qui poussa jusqu'à Paris; ce fut la première fois qu'on vit chez nous les représentants de cette monarchie orientale; mais la France avait trop d'intérêt à l'amitié des Turcs pour rien accorder à leurs ennemis.

Le parti de l'alliance espagnole ne gagnait pas de terrain auprès de Henri IV. On découvrait sans cesse quelque nouvelle intrigue qui redoublait l'antipathie du roi contre ses éternels adversaires. L'Escurial achetait des traîtres jusque dans le cabinet des ministres de Henri IV : le premier commis du ministre des affaires étrangères, de Villeroi, livrait à l'Espagne tous les secrets de la diplomatie française. Il fut découvert et se noya dans la Marne en voulant s'échapper. Villeroi se justifia de tout soupçon de complicité et conserva sa place (avril 1604).

Bientôt après, le roi eut la certitude que le comte d'Auvergne le trahissait derechef : ce bâtard de Charles IX, qui avait les dehors d'un prince et l'âme d'un escroc, complotait contre le roi sous le couvert du roi lui-même; espion infidèle, au lieu de rendre compte à Henri IV des projets de l'Espagne, il négociait à Madrid, de concert avec le mari de sa mère, le vieux Balzac d'Entragues, au nom de sa sœur, la marquise de Verneuil. La marquise, affectant d'être effrayée de la haine que lui portait la reine, avait demandé au roi la permission de s'assurer au dehors, pour elle et ses enfants, une retraite pour le cas où il viendrait à mourir. Au lieu de se préparer un asile en Angleterre, comme Henri le croyait, la marquise se mit en relations avec la cour d'Espagne : son père et son frère firent beaucoup valoir la promesse éventuelle de ma-

---

1. Dumont, *Corps diplomatique*, t. V, part, II, p. 39 et suiv. — Palma-Cayet, *Chronologie septenaire*, p. 34; 150; 272. — Mathieu, t. II, p. 428. Les Hollandais, en 1612, se mirent à leur tour en relations directes avec la Porte, obtinrent de lever pavillon et furent admis à tous les avantages dont jouissaient les commerçants français. Dumont, *ibid.*, p. 205.

riage que le roi lui avait donnée, et l'Espagne saisit avidement l'espoir de susciter plus tard une guerre de succession en France. La mine fut éventée. Henri IV força d'Entragues de lui rendre la promesse, qui, du reste, n'avait plus aucune valeur, puisque l'enfant qu'elle concernait n'avait pas vécu. Madame de Verneuil, irritée, rompit tout commerce avec le roi, qui prit une autre maîtresse avec des circonstances assez scandaleuses [1]. Henri, cependant, ne réussit point à oublier la marquise et tâcha bientôt de se rapprocher d'elle. Henriette résista; son père et son frère continuèrent leurs menées. Le roi perdit patience : il fit arrêter le comte d'Auvergne, puis le vieux d'Entragues et la marquise elle-même. On saisit chez d'Entragues plusieurs lettres du roi d'Espagne; Philippe III y promettait que, si l'on remettait entre ses mains le fils de Henri IV et de madame de Verneuil, il le ferait reconnaître dauphin de France et donnerait des places de retraite et de fortes pensions à cet enfant, à d'Auvergne et à d'Entragues. Le parlement, saisi de l'affaire, condamna à mort, pour crime de haute trahison, le comte d'Auvergne et le sieur d'Entragues, et ordonna que la marquise fût retenue prisonnière jusqu'à plus ample informé (1er février 1605) [2].

Le conseil voulait que justice fût faite : Henri IV ne se décida point à laisser tomber sur un échafaud la tête du dernier des Valois; il commua la peine des deux condamnés en un emprisonnement perpétuel et finit par gracier complétement d'Entragues. Quant à la marquise, il ne put la réduire à demander pardon; mais il l'amena à renouer, pour prix de sa liberté, une liaison dont il ne pouvait supporter la rupture. Le public prétendit que ce grand procès n'avait pas eu d'autre but. Henri, tout en reprenant la marquise de Verneuil, n'en garda pas moins la comtesse de Moret et prit même une troisième maîtresse, qu'il fit appeler

---

1. Jacqueline de Beuil. Henri la fit comtesse de Moret et la maria avec un gentilhomme qui ne fut mari que de nom. V. le Supplément de L'Estoile, p. 379. Il eût pu se dispenser de profaner ainsi le mariage et d'assaisonner la « paillardise » de « sacrilége », comme le dit énergiquement le cardinal de Richelieu dans ses *Mémoires*; Coll. Michaud, 2e sér., t. VII, p. 35.

2. V. l'analyse du procès dans de Thou, t. VI, l. CXXXIV, p. 312-318. — Le Laboureur, *Additions aux Mémoires de Castelnau*, t. II, p. 652. — On prétend que la marquise, son père et son frère, avaient comploté l'assassinat du roi (V. *Archives curieuses*, t. XIV, p. 163 et suiv.); mais il paraît que ce chef d'accusation fut écarté.

la comtesse de Romorantin. Rosni eût bien voulu que le roi fît passer la mer à madame de Verneuil et les monts aux Concini; mais Henri n'eut le courage de contraindre ni sa femme ni lui-même.

Le procès du comte d'Auvergne avait ravivé les ressentiments du roi contre le duc de Bouillon, qui avait continué d'entretenir des correspondances plus que suspectes avec les complices de l'Espagne, en même temps qu'il remuait les protestants. D'Auvergne avait livré au roi le pacte signé en 1602 entre lui, Biron et Bouillon. Henri s'affermit dans la résolution de ne point pardonner au duc, qu'il n'eût avoué ses fautes et ne fût venu purger sa contumace. Bouillon, de son côté, avait toujours devant les yeux l'échafaud de Biron et ne pouvait se résoudre à quitter sa ville de Sedan pour se mettre à la merci du roi. Une double députation des princes protestants d'Allemagne et des cantons protestants de la Suisse vint, sans résultat, intercéder en faveur du duc. Henri craignait que les églises réformées de France ne suivissent cet exemple et ne prissent parti officiellement pour l'exilé. Les huguenots étaient sur le point d'avoir une assemblée générale. Outre les synodes religieux, autorisés par l'édit de Nantes, les réformés avaient obtenu l'autorisation de tenir, tous les trois ans, une assemblée générale composée de soixante et dix personnes, trente gentilshommes, vingt ministres et vingt anciens du Tiers État, nommés par des assemblées provinciales. L'assemblée générale avait mission de rédiger un cahier de doléances et de choisir des députés, qui résidaient en cour comme les fondés de pouvoirs de tout le corps des églises réformées auprès du roi. Les huguenots possédaient ainsi un véritable gouvernement représentatif, et le roi se trouvait incessamment pressé entre leurs assemblées et celles du clergé, qui étaient aussi redevenues périodiques et qui réclamaient toujours aussi des concessions nouvelles [1].

---

1. Le roi n'accorda pas la publication du concile de Trente, réclamée à plusieurs reprises par le clergé, mais il promit de faire respecter les juridictions ecclésiastiques, restreignit les appels comme d'abus et autorisa le clergé à racheter ses biens aliénés depuis quarante-cinq ans, en remboursant les acquéreurs, ou leurs ayants cause, du prix principal et des frais et loyaux coûts (décembre 1606). Le parlement résista longtemps à cette concession exorbitante (*Anc. Lois françaises*, t. XV, p. 313). — Les assemblées du clergé dont il est ici question n'avaient pas le caractère de con-

Henri soupçonnait les chefs des huguenots, et spécialement Lesdiguières, non-seulement de soutenir Bouillon, mais de viser à établir un pacte de défense mutuelle entre les notables du parti, à réorganiser les anciens conseils provinciaux, à renouer les « intelligences étrangères », à former enfin dans le royaume « une république séparée en effet de l'autorité souveraine ». Il chargea Rosni de déjouer ces projets et l'envoya auprès de l'assemblée qui se réunissait à Châtelleraut (juillet-août 1605). Le terme assigné par l'édit de Nantes à l'occupation des places de sûreté allait expirer dans un an : Rosni en promit la prorogation pour quatre années en sus; il calma les appréhensions excitées chez les huguenots par la faveur que Henri IV témoignait aux jésuites, laissa entrevoir aux principaux de l'assemblée quelque chose de la politique générale du roi et réussit à empêcher toute manifestation contraire aux vues de Henri IV[1].

Le résultat de l'assemblée de Châtelleraut rassura le roi sur les dispositions de la grande majorité des huguenots; mais une agitation fomentée par l'or de l'Espagne subsistait dans les contrées où Bouillon et les parents du malheureux Biron exerçaient une influence féodale. On parlait aussi de complots pour livrer aux Espagnols quelques villes du Midi. Le roi jugea utile de se montrer en personne dans ces cantons : il marcha en Limousin à la tête d'un petit corps d'armée (octobre 1605). A cette nouvelle, Bouillon expédia à ses officiers l'ordre d'ouvrir à Henri IV, sans résistance, les portes de Turenne et de ses autres forteresses. Malgré cette prompte soumission, une chambre du parlement de Paris vint tenir les Grands Jours en Limousin : cinq têtes « volèrent », outre six exécutions en effigie. Quelques gentilshommes du Languedoc et un Provençal de grande famille, Meyrargues, furent aussi condamnés à mort pour avoir comploté de livrer à l'Espagne Béziers, Narbonne et Marseille (décembre 1605).

Le voyage de Limousin n'avait été que le prélude de l'expédition que le roi méditait contre Sedan. Bouillon faisait de cette petite principauté, qu'il devait à la bienveillance du roi, un nid

---

ciles; elles avaient pour but de régler les affaires et les intérêts du clergé, ses rapports avec le gouvernement, les comptes de ses receveurs généraux, etc.

1. Sulli, *OEconomies royales*, t. II, p. 40-70.

de mécontents, un foyer d'intrigues qui inquiétait toute la frontière du Nord. Henri voulait « s'arracher du pied cette épine ». Il était résolu à soumettre Bouillon ou à l'écraser. Dès le commencement de 1606, il avertit Rosni, qu'il venait de faire duc de Sulli et pair de France[1], de préparer tout ce qui était nécessaire pour le siége de Sedan. Les protestants prirent l'alarme : Sedan était pour eux comme une autre Genève. Henri les assura qu'il n'y changerait rien sous le rapport de la religion. Les députés que le corps des églises entretenait en cour essayèrent cependant de ménager un accommodement. Bouillon consentit à confesser ses fautes en termes généraux et à demander des lettres d'abolition. Le roi ne s'en contenta pas et exigea la remise de Sedan. Bouillon refusa. Henri s'avança jusqu'aux portes de Sedan avec quelques milliers de soldats et cinquante pièces de canon. Bouillon, voyant que personne de ceux qui avaient intercédé pour lui ne prenait les armes en sa faveur, capitula enfin, reconnut le protectorat du roi sur Sedan et lui remit cette place pour quatre ans. A ce prix il obtint grâce entière, rentra en possession de ses charges et dignités et vint tranquillement se réinstaller à la cour, tandis que les têtes des insensés qui s'étaient perdus pour lui étaient encore exposées sur les portes des villes du Limousin (avril 1606). Le roi confia Sedan à un officier protestant. Si le roi en eût cru Sulli, Bouillon n'eût pas eu de si bonnes conditions et Sedan eût été réuni à la couronne.

Toute résistance fut ainsi domptée dans l'intérieur du royaume : jamais Henri IV n'avait été si libre de ses mouvements vis-à-vis de l'Europe.

Des événements considérables se succédaient au dehors : la lutte religieuse s'étendait dans des régions jusqu'alors étrangères à la politique européenne. Les jésuites, vaincus en Suède, atta-

---

1. Il l'eût élevé à de plus grands honneurs, si Rosni eût consenti à embrasser le catholicisme. Il lui offrit la survivance du connétable, le gouvernement de Normandie, après la mort du duc de Montpensier, qui en était le titulaire, la charge de grand-maître de la maison du roi et la main de la fille qu'il avait eue de Gabrielle pour son fils. Sulli résista aux offres magnifiques du roi comme aux avances et aux caresses des papes, résistance d'autant plus honorable que son protestantisme, comme nous l'avons vu, n'était rien moins que rigoureux. — *Œconomies royales*, t. II, p. 224.

quaient hardiment la Russie. Un boyard moscovite, Boris Godunow, ayant usurpé la couronne des tzars après avoir fait périr secrètement l'héritier légitime Dmitri ou Démétrius Ivanowitz, un homme était apparu en Pologne au bout de bien des années, se donnant pour Dmitri échappé aux satellites du tyran. Les jésuites s'étaient emparés de lui, l'avaient fait reconnaître à la Pologne comme l'héritier des tzars et bientôt, grâce à leur concours, le prétendu Dmitri avait pu lancer sur la Russie une armée d'aventuriers polonais et cosaques. Le vieux Boris mourut tandis que la fortune était encore indécise, et les jésuites entrèrent victorieux à Moscou avec le faux Dmitri. Ce vaste empire, que Henri IV, même dans ses rêves, n'osait encore associer à la république chrétienne, les jésuites crurent un moment l'avoir conquis au catholicisme. L'illusion fut courte; la farouche nationalité moscovite réagit violemment contre l'espèce de surprise qu'elle avait subie : Dmitri fut massacré; les Polonais furent chassés de Moscou, et les Slaves schismatiques refoulèrent l'église latine bien loin de leur métropole (1605-1606).

Les jésuites essuyèrent, vers le même temps, à l'autre extrémité de l'Europe, un échec d'un autre genre. Les catholiques anglais avaient espéré du fils de Marie-Stuart quelque adoucissement aux lois rigoureuses qui pesaient sur eux : cet espoir trompé se tourna en fureur chez les esprits les plus exaltés. Quelques catholiques de distinction s'engagèrent sur l'eucharistie à venger leur foi, non-seulement sur le roi Jacques, mais sur tout le parlement, et projetèrent de faire sauter avec de la poudre la grande salle du parlement le jour de l'ouverture des chambres. Cet effroyable projet fut découvert, et le provincial des jésuites anglais, Henri Garnet, fut enveloppé dans la condamnation des conspirateurs, plus à la vérité pour non-révélation que pour complicité active (fin 1605). L'impression que produisit la « Conspiration des Poudres » fut d'autant plus vive, qu'elle coïncidait avec la réimpression et la grande publicité du livre de Mariana.

Le roi Jacques, irrité du danger qu'il avait couru, fit retomber son ressentiment sur l'Espagne, revint sur les ouvertures que lui avait faites naguère Rosni et rappela au roi de France qu'il lui avait fait proposer par Rosni de s'entendre pour enlever la couronne impériale à la maison d'Autriche[1]. Un traité de commerce signala le rapprochement de la France et de l'Angleterre (février 1606) : les relations commerciales acquéraient dans la diplomatie une importance toujours croissante[2].

Le moment semblait opportun pour s'immiscer dans les affaires de l'empire germanique, et Henri IV commença de se préoccuper sérieusement des « grands desseins » qu'il n'avait jusqu'alors considérés que comme de vagues éventualités. L'Allemagne était profondément agitée; on parlait de réclamer l'élection d'un roi des Romains : les uns voulaient un des cousins de l'empereur Rodolphe, Albert, « le seigneur des Pays-Bas », ou Ferdinand, archiduc de Styrie; les autres demandaient l'archiduc Mathias ou l'archiduc Maximilien, frères de l'empereur; plusieurs ne voulaient plus de princes autrichiens. Henri IV écrivit au landgrave Maurice qu'il n'avait d'autre prétention que la « propagation du bien public » et qu'il était prêt à appuyer tout ce qui s'entreprendrait dans ce but. Les Espagnols, de leur côté, faisaient presser l'empereur par l'électeur de Cologne, Ernest de Bavière, de consentir à ce qu'on élût un roi des Romains et de favoriser l'archiduc Albert; mais l'idée de se désigner un successeur causait à Rodolphe une répugnance invincible. Tandis que l'électeur de Cologne soutenait le candidat des Espagnols, son neveu, le duc Maximilien de Bavière, était assez disposé à travailler pour lui-même : l'ambition combattait chez lui le zèle catholique, et il avait bien accueilli les insinuations des agents français. L'empereur prit l'alarme et fit décapiter un de ses principaux capitaines, le feld-maréchal Rusworm, sous prétexte d'un meurtre commis dans une querelle, mais en réalité parce qu'il le soupçonnait d'encourager le Bavarois à briguer la couronne impériale[3] (décembre 1603).

Henri IV, représenté en Allemagne par un habile diplomate, Bongars, et secondé avec zèle par le landgrave de Hesse, par l'électeur palatin, par les princes d'Anhalt, faisait des efforts per-

---

1. Sulli, *OEconomies royales*, t. II, p. 79.
2. *V.* ci-dessus, p. 462. Sulli, *OEconomies royales*, t. I, p. 433. — En novembre 1604, la hanse teutonique avait obtenu de Henri IV la confirmation de ses anciens priviléges en France.
3. *Correspondance de Henri IV avec Maurice le Savant*, p. 251-274. — Sulli, *OEconomies royales*, t. II, p. 119-133.

sévérants pour mettre en mouvement le corps germanique : la plus grande difficulté venait de la mésintelligence entre les luthériens et les calvinistes. Le luthéranisme, aigri par les pertes qu'il avait essuyées, en était venu à des persécutions sanglantes contre les disciples de Calvin. L'électeur de Saxe, plus hostile aux calvinistes qu'aux catholiques, avait fait périr sur l'échafaud le chancelier de son père, grand ami de la France et partisan de la fusion des deux sectes réformées (1601). Il n'était pas aisé d'atteler les deux sectes au même char.

Pour peser de tout son poids sur les affaires d'Allemagne, la politique française avait besoin d'être assurée de l'Italie. De ce côté aussi, les difficultés étaient grandes. De 1604 à 1605, les choses avaient marché aux souhaits de Henri IV. Le cardinal Aldobrandino, à qui Clément VIII, vieilli, abandonnait toute la direction des affaires, s'était attaché sans réserve au parti français et travaillait à confédérer les princes italiens contre l'Espagne sous la protection de la France. Mais Clément VIII mourut, le 3 mars 1605, avant qu'Aldobrandino eût obtenu aucun résultat : l'influence française était redevenue puissante dans le sacré collège; le cardinal Alexandre de Médicis, parent de la reine Marie et ancien légat en France, fut élu sous le nom de Léon XI. Cette élection avait, dit-on, coûté 300,000 écus à Henri IV. Henri n'en recueillit pas le fruit. Léon XI mourut au bout de vingt-six jours. On lui donna pour successeur le cardinal Borghèse (Paul V) (16 mai 1605). Avec ce nouveau pape, l'esprit violent de Sixte V reprit possession du saint-siége; Paul V débuta par essayer de briser toutes les barrières que les gouvernements italiens avaient imposées à l'autorité pontificale dans les rapports de l'Église et de l'État. Presque tous, y compris le vice-roi espagnol de Naples, lui firent des concessions. Les Vénitiens résistèrent. Tandis que, dans le reste de l'Italie, la liberté intellectuelle était étouffée par la terreur de l'inquisition romaine[1], il s'était formé à Venise un parti de libres penseurs qui professaient, sur les droits souverains

---

1. En 1600, avait été brûlé à Rome le plus illustre martyr qu'ait eu la philosophie dans les temps modernes, le poëte métaphysicien et physicien Giordano Bruno, dominicain comme Campanella et né comme lui dans le royaume de Naples, cette Grande Grèce si féconde en génies.

de l'État, des doctrines analogues à celles du gallicanisme et qui dépassaient le gallicanisme dans leurs secrètes tendances religieuses. La lutte s'engagea tout à la fois dans la théorie et dans les faits. Le grand théologien des jésuites, le cardinal Bellarmin [1], affirma de nouveau les maximes les plus outrées de son ordre sur les immunités ecclésiastiques : tout prêtre, suivant lui, était absolument indépendant du pouvoir temporel; l'État n'avait droit de lever aucun impôt sur les biens de l'Église et de ses ministres. Bellarmin rencontra un redoutable adversaire dans le moine servite Frà Paolo Sarpi, savant au génie inventif, métaphysicien profond, éloquent historien, polémiste énergique et habile et protestant déguisé. Frà Paolo répliqua en niant absolument au pape toute autorité directe ou indirecte sur les gouvernements temporels, auxquels, disait-il, les ecclésiastiques doivent être soumis aussi bien que les laïques. Les immunités du clergé ne reposent que sur les concessions de l'État. La nomination aux dignités ecclésiastiques et aux bénéfices appartient à l'État [2]. On répondit à coups de poignard à Frà Paolo, mais le champion de Venise échappa au fer des assassins envoyés, dit-on, par le cardinal Borghèse, neveu du pape, et reprit les hostilités contre Rome avec une violence nouvelle.

Le sénat interdit toute donation de biens au clergé et toute fondation de congrégation nouvelle. Des poursuites criminelles, entamées à Venise par l'autorité laïque contre deux hommes d'Église, amenèrent l'explosion. Le pape lança un interdit contre la république (17 avril 1606). La république ordonna au clergé vénitien de continuer ses fonctions, malgré l'interdit. Le clergé obéit, à l'exception des jésuites, des capucins et des théatins. Ces trois ordres furent chassés du territoire vénitien. La colère du pape était au comble : il ne parlait que d'employer le glaive matériel après le glaive spirituel. Venise, de son côté, menaçait d'ap-

---

1. Il avait failli être élu pape au dernier conclave; mais sa qualité de jésuite l'écarta du trône pontifical. On sait le mot d'un des cardinaux : *dignus, sed jesuita*. Le sacré collège craignit que la Société de Jésus, une fois maîtresse du saint siége, ne s'en emparât pour toujours. V. Bayle, art. BELLARMIN.

2. Bellarminus, *De Clericis*, lib. I, c. 30. — *Riposta del C. Bellarmini ad una lettera senza nome dell' autore*, 1606. — *Riposta d'un dottore in theologia, etc.* — *Difesa di Giovanni Marsilio, etc.* (par Frà Paolo); *Venezia*, 1606.

peler les puissances protestantes à son aide. Le gouvernement français, qu'une lutte armée entre Rome et Venise eût mis dans un grand embarras, se hâta d'interposer sa médiation. Si l'Espagne eût poussé franchement le pape à la guerre, la médiation française eût probablement échoué ; c'était une bonne occasion pour l'Espagne de renouer son alliance avec Rome. Le duc de Lerme recula devant les conséquences de cette politique hardie et se contenta d'intervenir dans les négociations où la France garda le premier rôle. Le pape avait fini par comprendre l'immense danger d'introduire la Réforme en Italie : Venise, sous la pression de la France, céda en fait sur des points importants par le retrait des décrets contre les donations pieuses et les fondations et par la remise des deux prêtres accusés au cardinal de Joyeuse, ambassadeur de France, qui les consigna au nonce du pape ; mais elle réserva tous ses droits en principe et refusa de rouvrir son territoire aux jésuites. La France elle-même intervint inutilement en leur faveur. L'Espagne, chose curieuse ! soutint Venise dans son refus et le pape se résigna (avril 1607). Les jésuites payèrent les frais de la guerre [1].

Henri IV ressentit une vive satisfaction de l'issue pacifique qu'avait eue ce débat entre deux puissances qu'il espérait également associer à ses desseins. Il était assuré du concours de Venise, qui, depuis quelque temps, semblait avoir rajeuni et retrempé sa politique. Ce fut sans doute après la transaction avec Venise que Henri commença de pressentir le pape sur l'affranchissement de l'Italie et sur la translation de la couronne impériale hors de la maison d'Autriche. Quant au duc de Savoie, les premières ouvertures étaient venues de son côté, et Henri IV était bien sûr de le gagner en lui promettant le Milanais.

A peine la querelle du pape et de Venise était-elle apaisée, que la France eut à intervenir dans une autre négociation très-importante. Depuis la ruineuse conquête d'Ostende, les Espagnols n'avaient plus tenté que de faibles efforts dans les Pays-Bas : les Provinces-Unies continuaient au contraire leurs heureuses et brillantes expéditions maritimes, que couronna, en avril 1607, la

---

1. Mathieu, t. II, p. 723-734. — Les jésuites ne furent rappelés à Venise que sous le pape Alexandre VIII.

victoire de Gibraltar, un des faits d'armes les plus héroïques des guerres navales. Pour ce peuple d'armateurs et de corsaires, qui trafiquait d'une main et combattait de l'autre, la guerre nourrissait la guerre. La Belgique, qui n'avait ni le même élan ni les mêmes ressources, appelait la paix à grands cris : l'Espagne ellemême, trompée dans les espérances qu'elle avait fondées sur le traité de Vervins, et voyant sa navigation interrompue, son commerce ruiné, était profondément découragée. La monarchie de Philippe II demandait quartier aux *Gueux de mer!* La république neerlandaise se divisa sur la question de la paix : le stathouder Maurice de Nassau, les soldats, les marins, la compagnie des Indes, le menu peuple des grandes villes, voulaient la continuation des hostilités, soit par intérêt, soit par passion ; le reste de la population était favorable à la paix ; les citoyens les plus éclairés, à la tête desquels était le célèbre Olden-Barneveldt, craignaient que la prolongation de la guerre ne finît par transformer la république en une monarchie militaire au profit des Nassau. Le parti pacifique avait la majorité dans les États Généraux. Henri IV jugea l'instant critique. Il fallait que la France se résolût ou à empêcher la paix en rompant le traité de Vervins et en revendiquant à main armée le protectorat des Provinces-Unies ou à se faire la médiatrice d'une transaction. Un fort parti en Hollande eût accepté volontiers le protectorat français, et, même en Allemagne, bien des mains eussent applaudi[1]. Henri hésita au moment d'engager la grande lutte et de l'engager d'une façon qui eût excité au plus haut degré la jalousie de l'Angleterre et eût compliqué de nouvelles difficultés la future coalition anti-autrichienne : il aima mieux s'entendre avec l'Angleterre pour ménager la paix ou une longue trêve, à condition que la transaction se conclût, non point entre souverains et sujets, mais entre états indépendants, ce qui devait être déjà une grande victoire pour son système, au point de vue du droit européen. Il expédia en Hollande le président Jeannin avec des instructions rédigées dans ce sens (août 1607). Une trêve provisoire de huit mois avait été signée dès le printemps entre les archiducs de Belgique et les

---

1. *V.* la correspondance du landgrave de Hesse avec le roi, p. 352.

États Généraux : les archiducs avaient consenti de traiter avec les États, comme avec « pays libres sur lesquels Leurs Altesses ne prétendoient rien ». Le roi d'Espagne ratifia dans les mêmes termes, sauf réserve de ses droits si les négociations n'avaient point de résultat (18 septembre 1607). Une telle concession dut être bien amère à l'orgueil castillan.

Le parti de la guerre, dans les Provinces-Unies, se montrait néanmoins également mécontent de la France et des États Généraux. Henri IV tâcha de l'apaiser en signant un traité par lequel la France garantissait la paix ou la trêve qui serait conclue et promettait un puissant secours à la Hollande, en cas d'infraction de la part des Espagnols (23 janvier 1608). L'Angleterre prit un pareil engagement au mois de juin suivant. Les négociations avec l'Espagne furent longues et orageuses ; on fut obligé de proroger à plusieurs reprises la trêve provisoire. Les Espagnols ne voulaient point de paix définitive : Maurice de Nassau et son parti s'opposaient à ce que l'on fît une longue trêve, à moins que l'Espagne ne renonçât expressément à toutes ses prétentions. La navigation des Indes, le commerce de l'Escaut, la liberté réclamée pour le culte catholique dans les Provinces-Unies, ne suscitèrent pas de moindres contestations. L'Espagne fit une nouvelle tentative pour détacher Henri IV des Hollandais. Deux jésuites belges avaient fait à Henri IV, avant son nouveau traité avec la Hollande, des ouvertures secrètes qu'il avait paru écouter pour gagner du temps, et le jésuite Cotton, confesseur de Henri IV, d'accord avec Marie de Médicis, les favoris de la reine et le parti catholique de la cour de France, s'était porté fort de son pénitent auprès de ses confrères de Rome et de l'Espagne. Malgré le nouveau traité de janvier 1608, un ambassadeur extraordinaire, don Pedro de Tolède, parent de Marie de Médicis, vint à Paris, en juillet, poursuivre officiellement les pourparlers engagés avec Henri IV : il parla au roi comme si Henri avait fait les avances et proposé lui-même un double mariage entre ses enfants et ceux de Philippe III, et l'abandon de la Hollande, moyennant que le second fils du Roi Catholique fût investi de la succession des Pays-Bas et marié à une fille du roi Très-Chrétien.

Les jésuites avaient fait parler le roi un peu trop vite. Henri IV répondit qu'il n'avait point proposé d'alliance de famille et qu'il se laisserait plutôt couper la tête que d'abandonner ses alliés. Il n'eût accepté l'alliance de famille qu'à condition que l'Espagne renonçât formellement à la Belgique aussi bien qu'à la Hollande, et encore ne se fût-il point lié du côté de l'Allemagne. Il était impossible qu'on s'entendît. Il y eut des scènes assez vives entre le roi et l'ambassadeur. Un jour, don Pedro s'échappa jusqu'à dire que son maître pouvait bien soutenir les mécontents de France comme le roi soutenait les rebelles des Pays-Bas. « Que votre maître y prenne garde », répondit Henri : « je serai plus vite en selle qu'il n'aura le pied à l'étrier [1] ».

Vers la fin de 1608, tout parut prêt à se rompre : Maurice reprenait le dessus dans les États Généraux; la Zélande, où dominait la faction guerrière, menaçait de se donner aux Anglais, si les Français ne levaient pas l'étendard contre l'Espagne. La question du protectorat fut de nouveau posée dans le conseil du roi. Mais, pendant ce temps, l'ambassadeur Jeannin, à force d'habileté, renouait les négociations. Henri IV le laissa faire. Jeannin, secondé par les ambassadeurs de Jacques Ier, arracha aux Espagnols des concessions décisives, et une trêve de douze ans fut enfin signée le 9 avril 1609. Le traité ne contint aucune réserve contre l'indépendance des « Provinces-Unies des Pays-Bas ». Les Espagnols renoncèrent à empêcher le commerce des Hollandais avec les régions des Deux Indes qui n'étaient point occupées par le Roi Catholique et à troubler les Hollandais dans leurs possessions d'Orient (les Moluques). Pour la première fois, la monarchie espagnole sanctionna les atteintes portées au droit exclusif que le saint-siége avait attribué à l'Espagne et au Portugal sur l'Occident et l'Orient. Les Espagnols cédèrent aussi sur la question de l'Escaut. Les Zélandais, maîtres des embouchures de ce fleuve, pré-

---

1. Lettre de l'ambassadeur de Savoie, du 16 février 1609, ap. Vittorio Siri, *Memorie recondite*, II, 17. — Suivant le biographe de Henri IV, Péréfixe, le roi ajouta que, si on le forçait à monter à cheval, on le verrait bientôt à Madrid. « Le roi François Ier y fut bien », répondit l'Espagnol. « C'est pour cela », reprit Henri, « que « j'y veux aller venger son injure, celles de la France et les miennes. » Péréfixe, p. 301; édit. de 1821. —*V.* les détails sur la négociation avec l'Espagne dans Ranke, *Hist. de France*, l. VII, c. 7, d'après les correspondances du nonce Ubaldini et de l'envoyé de Belgique Pecquius.

tendaient contraindre tous les navires de commerce qui entraient dans l'Escaut à décharger et à transborder leurs cargaisons dans les ports de Zélande. La solution du débat fut ajournée à une conférence particulière après la trêve. La conférence échoua; les Zélandais tinrent l'Escaut fermé, et la décadence d'Anvers fut consommée au profit des villes maritimes de Zélande et de Hollande [1].

Ainsi finit, après quarante années, cette guerre de l'indépendance hollandaise, qui avait manifesté si glorieusement la puissance de l'esprit de liberté. L'immense monarchie espagnole s'avouait vaincue par une poignée de matelots. L'histoire moderne n'offre peut-être aucun spectacle qui rappelle davantage les luttes de l'ancienne Grèce contre le despotisme oriental.

Henri IV, en poussant à une transaction qui assignait à la Hollande un rang désormais incontesté entre les nations, n'avait, au fond, rien sacrifié de ses projets. Il était assuré de la coopération des Hollandais dans tout ce qu'il pourrait entreprendre en Allemagne contre la maison d'Autriche, et Maurice de Nassau se faisait fort de rompre la trêve avec l'Espagne dès que le roi le voudrait.

Les événements avaient marché au delà du Rhin pendant ces longues négociations d'Italie et de Hollande. Les états autrichiens et tout l'Empire étaient en proie à une crise qui semblait préparer l'accomplissement des vœux de Henri IV. Le système de persécution religieuse avait porté ses fruits. Dès 1605, les protestants de Hongrie et de Transylvanie s'étaient insurgés et avaient appelé les Turcs à leur aide. Une grande partie des catholiques s'étaient joints aux réformés en haine de la tyrannie autrichienne, et la révolte avait gagné l'archiduché d'Autriche. La Bohême s'agitait à son tour. L'empereur Rodolphe, cependant, absorbé par les terreurs chimériques des sciences occultes, qui lui prédisaient des périls lointains, n'opposait aux dangers réels et immédiats qu'une inexplicable inertie. Ses frères et ses cousins résolurent de sauver leur maison sans lui ou malgré lui. Quatre archiducs, Mathias,

---

1. *V.* les *Négociations du président Jeannin*, ap. Collection Michaud, 2ᵉ sér., t. IV, *passim*.—Sulli, *OEconomies royales*, t. II, p. 251-252. — Dumont, *Corps diplomatique*, t. V, 2ᵉ part., p. 83-99. — Mathieu, t. II, p. 785.

Maximilien, Ferdinand et Maximilien-Ernest, se lièrent par un pacte secret : Mathias fut élu, par les trois autres, chef de la famille et candidat à la dignité de roi des Romains (avril 1606). L'archiduc Albert ratifia, renonçant aux prétentions que l'Espagne lui avait suggérées. Mathias se fit donner des pleins pouvoirs par Rodolphe, rendit la liberté religieuse aux Hongrois et aux Transylvains, les pacifia et conclut avec le sultan Ahmed une trêve de vingt ans, à des conditions honorables (novembre 1606)[1]. Cette politique était habile et sage ; mais le parti espagnol et jésuitique, qui n'était pas divisé en Allemagne comme en Italie, ne laissa pas longtemps la carrière libre à Mathias. La jalousie de Rodolphe fut adroitement éveillée contre un frère qui prétendait régner sous son nom ; l'on fit désavouer à l'empereur les concessions accordées aux Hongrois, et on le poussa à briser le pacte de famille. L'archiduc Ferdinand, zélé catholique et non moins ambitieux que zélé, fut amené sans peine à rompre ses engagements et à se poser comme le rival de Mathias : Albert et Maximilien se rallièrent à Ferdinand, et le gouvernement impérial reprit une attitude agressive contre les protestants, non pas seulement dans les états autrichiens, mais dans les villes libres, et commit de nouvelles violations de la paix de Passau.

C'était servir à souhait les ennemis de la maison d'Autriche. La plupart des princes protestants d'Allemagne secouèrent leur torpeur et arrêtèrent à Heidelberg, chez l'électeur palatin, au printemps de 1607, le plan de la confédération ébauchée quatre ans auparavant. Dans la diète ouverte à Ratisbonne, en janvier 1608, les protestants refusèrent de délibérer jusqu'à ce qu'on eût satisfait à leurs griefs. On se sépara sans rien conclure. Pendant ce temps, Mathias, poussé à bout par les ultrà-catholiques, prenait les armes, soulevait la Hongrie, l'Autriche et la Moravie, puis envahissait la Bohême et marchait sur Prague, résidence habituelle de Rodolphe. L'empereur, effrayé, accorda au prince rebelle toutes ses demandes, lui céda toutes les provinces qu'il avait insurgées

---

1. Pour la première fois, le sultan reconnut à l'empereur le titre suprême de padischah, qu'il avait donné jusque-là au roi de France seul parmi les princes chrétiens, et les Autrichiens eurent trêve sans payer de tribut annuel. *V.* Coxe, *Hist. de la maison d'Autriche*, c. XLIII.

et lui garantit la succession de Bohême et de Silésie (juin 1608). Cette révolution, que n'avaient pu empêcher Ferdinand ni ses adhérents, ramena, malgré Mathias lui-même, la liberté du culte réformé en Autriche, en Bohême, en Silésie comme en Hongrie (novembre 1608-juillet 1609).

La confédération protestante avait été cependant signée à Aschhausen, le 4 mai 1608, par l'électeur palatin, le duc de Würtemberg, les princes d'Anhalt, les margraves de Brandebourg et d'Anspach, à qui s'adjoignirent le margrave de Bade, les villes de Strasbourg, d'Ulm, de Nuremberg, etc. : le landgrave de Hesse n'avait différé de signer que dans l'espoir d'associer à sa signature celles des électeurs de Saxe et de Brandebourg. Au mois de mai 1609, les confédérés d'Aschhausen signifièrent à Rodolphe que les princes et villes protestants se feraient justice à eux-mêmes, s'il continuait à les rendre justiciables d'un conseil aulique tout composé de catholiques. Sur ces entrefaites, le parti catholique allemand s'organisa, de son côté, en contre-ligue sous la direction du duc de Bavière, sans même consulter l'empereur. Tous les princes ecclésiastiques s'associèrent au Bavarois, qui se fit de la sorte une excellente position, soit pour combattre, soit pour traiter.

Un événement dès longtemps prévu, et que Henri IV avait fait entrer d'avance dans les combinaisons de sa politique, fit passer la question allemande des paroles à l'action. Jean-Guillaume, duc de Clèves, de Juliers et de Berg, comte de la Mark et de Ravensberg, seigneur de Ravenstein, mourut sans postérité le 25 mars 1609. La position du petit état de Clèves, entre la Hollande, la Belgique et la Basse Allemagne, lui donnait une haute importance politique, et toute l'Europe se préoccupa de l'ouverture d'une cession réclamée par de nombreux prétendants. L'électeur de Brandebourg, le comte palatin de Neubourg, le duc de Deux-Ponts, le margrave de Burgau, représentaient les droits des quatre sœurs du feu duc; les deux branches de la maison de Saxe aspiraient aussi à l'héritage, en vertu soit d'un ancien acte de réversion sanctionné par les empereurs, soit d'un ancien contrat avec la maison de Clèves. L'empereur, de son côté, prétendait que Clèves et ses dépendances étaient fiefs masculins et dévolus à l'Empire, faute d'hoir mâle. L'électeur de Brandebourg et le palatin de Neubourg, héritiers des deux sœurs aînées, comptant sur l'appui de la France et des Provinces-Unies, n'attendirent pas le jugement du conseil aulique : Neubourg accourut en personne sur le territoire contesté ; Brandebourg y envoya son frère ; l'électeur de Saxe réclama auprès de l'empereur. Rodolphe vit dans cette affaire une excellente occasion de rattacher le Saxon à la maison d'Autriche : il lui promit tout, et l'électeur de Saxe paya la faveur de l'empereur par un refus définitif de s'adjoindre à la ligue protestante, que signa, au contraire, son rival de Brandebourg. Rodolphe cita devant lui les prétendants et leur interdit d'envahir l'héritage par provision. Brandebourg et Neubourg ne tinrent compte de la défense impériale : au lieu de se battre, ils s'entendirent, par l'intermédiaire du landgrave et des agents français, et convinrent de se mettre en possession de l'héritage et de l'administrer en commun, sauf réserve des droits des tiers. Un troisième prétendant, le duc de Deux-Ponts, donna son consentement (mai-juin). Des lettres de Henri IV décidèrent les États Provinciaux de Berg, de Clèves, de la Mark et de Ravenstein à recevoir les deux princes dans leurs villes et leurs forteresses, sous la condition que le culte catholique serait maintenu dans le pays. Juliers, dominé par la margrave de Burgau, la quatrième sœur du feu duc, se déclara pour le parti contraire et reçut dans ses murs l'archiduc Léopold, évêque de Strasbourg et de Passau, chargé par Rodolphe d'occuper le territoire contesté en qualité de commissaire impérial. Un mandement de l'empereur menaça du ban de l'Empire les fauteurs de Brandebourg et de Neubourg (août-septembre 1609). Les hostilités commencèrent, dans le courant de l'automne, entre les prétendants protestants et Léopold, soutenu par les archiducs de Belgique.

La guerre générale était imminente. L'Allemagne, partagée en deux camps, n'attendait que le signal des combats. L'Europe entière avait les yeux fixés sur le roi de France. Le temps était enfin venu de réaliser ces projets si longtemps débattus sous les vieux chênes de Fontainebleau ou dans les salles retentissantes de l'Arsenal, toutes pleines des foudres guerrières préparées par Sulli. A mesure que l'heure solennelle approchait, la résolution de

Henri IV s'affermissait; une ardeur juvénile se réveillait dans son âme. Ses faiblesses mêmes, qui devaient jusqu'à la fin se mêler à ses grandes qualités et à ses grandes actions, ses faiblesses étaient pour lui un aiguillon de plus. L'amour l'appelait sur les champs de bataille au lieu de le retenir parmi les voluptés de la cour : une nouvelle et romanesque passion avait chassé de son cœur madame de Verneuil, et il voulait reconquérir l'objet de cette passion arraché à ses vœux. Henri était devenu, depuis quelques mois, éperdument épris de la plus jeune fille du connétable, presque enfant encore. Il chercha d'abord à donner le change aux autres et à lui-même sur les sentiments que lui inspirait la belle Charlotte de Montmorenci. Il la fit épouser à son cousin le prince de Condé, qu'il appelait son neveu, pour la rapprocher de lui et en faire « la consolation de sa vieillesse », ne prétendant « autre grâce d'elle que son affection. » Mais le naturel prit bientôt le dessus. La passion du roi déborda sans mesure ni décence. Malgré ses cinquante-cinq ans, le roi, toujours jeune de cœur et d'imagination, était encore plus capable de plaire que le prince de Condé, jeune homme sans jeunesse, faux, sournois et soupçonné de vices honteux. La princesse montra de la coquetterie. Le prince, d'abord très-indifférent, affecta tout à coup une vive jalousie et maltraita sa femme. Des scènes scandaleuses eurent lieu entre le roi et Condé. On parla de dissoudre le mariage du prince. La reine intervint avec sa violence ordinaire sur l'idée absurde que Henri IV projetait un double divorce afin de mettre la couronne sur le front de la belle Charlotte. Les Concini avaient inspiré à Marie de Médicis des soupçons plus odieux : ils l'empêchaient de goûter des plats que lui envoyait le roi; ils lui faisaient entendre que Henri pourrait bien chercher à se défaire d'elle. Henri, que la conscience de ses torts rendait d'autant plus faible vis-à-vis de sa femme, n'avait pas eu le courage de chasser d'auprès d'elle ces dangereux intrigants, comme le lui conseillait Sulli. Il eut cruellement à se repentir de sa condescendance.

Condé avait emmené sa femme, malgré elle, en Picardie. Le roi fit, pour revoir sa belle, des folies bien malséantes à un amant en cheveux gris. Il courait les champs déguisé; il tâchait de s'introduire auprès de la princesse sous des travestissements bizarres.

Il eut beau faire chanter ses amours par Malherbe, il n'en put dissimuler le ridicule, affligeant pour les amis de sa gloire. Cette triste intrigue se termina par un enlèvement que commit, non point l'amant, mais le mari. Condé, par une nuit de novembre, força sa femme de monter en carrosse avec lui et l'emmena en Belgique.

Cette évasion jeta le roi hors de lui-même. Henri, outré de colère et de chagrin, somma Condé de revenir en France, à peine d'être déclaré criminel de lèse majesté, et somma les archiducs de Flandre de ne pas recevoir « son neveu », s'ils ne voulaient se déclarer ses ennemis. Albert et Claire-Eugénie louvoyèrent, afin d'attendre, suivant leur coutume, les instructions de l'Escurial. Condé envoya sa femme à Bruxelles et se tint quelque temps caché à Cologne. La cour d'Espagne, se faisant illusion sur le parti qu'on pouvait tirer de cet incident contre Henri IV, prescrivit aux archiducs de donner asile au couple fugitif, tout en affectant de ne s'interposer entre le roi de France et son parent « que pour le bien des deux parties ». La princesse de Condé, qu'on soupçonnait de vouloir s'évader, fut gardée à vue dans Bruxelles. Henri IV réitéra ses menaces, et fit même agir le père de la princesse, le vieux connétable, qui réclamait sa fille, calomniée et maltraitée, disait-il, par son gendre. Condé laissa sa femme aux archiducs et quitta la Belgique, dans l'intention de passer en Italie, et de là en Espagne : il prétendait s'entendre en personne avec Philippe III pour se venger du roi « son oncle »; il s'imaginait jouer un grand rôle politique; il contestait la légitimité du dauphin et se disait le véritable héritier du trône; il publia en Lombardie un manifeste extravagant, où il ne parlait pas de ses vrais griefs, mais de ceux du peuple, qu'il assurait avoir étudiés jusque dans les chaumières; il accusait Sulli de viser à usurper la couronne [1].

Après l'éloignement du prince, les archiducs continuèrent à s'excuser de renvoyer la princesse en France; ils commençaient toutefois à s'effrayer au formidable bruit d'armes qui s'élevait

---

1. Sulli, *Œconomies royales*, t. II, p. 283; 300; 307; 312. — *Revue Rétrospective*, t. I, p. 303. — *Mémoires* de Bassompierre, ap. Collection Michaud, 2ᵉ sér., t. VI, p. 55; 58; 56; 68. — *Mémoires* de Fontenai-Mareuil, *ibid.*, t. V, p. 6-13. — Pièces citées par Capefigue, *Histoire de la Réforme et de la Ligue*, t. VIII, p. 336.

des frontières de France. Tout l'été de 1609 et l'hiver suivant avaient été employés en vastes préparatifs, en négociations qui embrassaient l'Europe entière. L'empereur avait envoyé ambassade sur ambassade au roi pour le détourner d'intervenir dans l'affaire de Clèves; Henri avait répondu qu'il était obligé de soutenir les droits de ses amis. Au commencement de 1610, le roi de France et la ligue protestante d'Allemagne s'étaient engagés, en effet, par un traité signé à Hall, en Souabe, à défendre les droits des « princes héritiers de Clèves » et à chasser de Juliers l'archiduc Léopold. Henri IV promit un contingent de dix mille hommes; les princes confédérés en promirent autant et renouvelèrent l'engagement de respecter le culte catholique dans le pays contesté (janvier-février 1610). Les Hollandais entrèrent avec empressement dans la confédération et promirent dix-sept à dix-huit mille combattants. Les négociations avec l'Angleterre avaient eu un succès inespéré. Jacques Ier, entraîné par un parti belliqueux qui se groupait autour de son fils aîné, du prince Henri de Galles, avait consenti de prendre parti dans la querelle de Clèves et accordé un contingent de quatre mille hommes. Le prince de Galles, jeune homme de seize ans, plein d'une ardeur et d'une énergie précoces, voulait faire ses premières armes sous les ordres du vainqueur d'Arques et d'Ivri, et son mariage était arrêté avec Christine de France, seconde fille de Henri IV. La question de l'Empire s'engageait aussi tout à fait favorablement. Les rois d'Angleterre et de Danemark et les électeurs palatin et de Brandebourg avaient compris que, pour enlever l'Empire à la maison d'Autriche, il fallait accepter un roi des Romains catholique, et ils se résignaient au duc de Bavière, moyennant garanties. On ne doutait pas de gagner l'électeur de Cologne, Ernest de Bavière, oncle du candidat : il fallait un quatrième électeur pour former la majorité; si le duc Christian de Saxe s'opiniâtrait dans l'alliance autrichienne et continuait à trahir la cause commune, on proclamerait la nullité de l'acte par lequel Charles-Quint avait jadis dépouillé de l'électorat Jean-Frédéric de Saxe au profit de son cousin Maurice, aïeul de Christian, et l'on reconnaîtrait, comme électeur de Saxe, l'héritier de Jean-Frédéric. Le glaive déciderait entre les deux branches saxonnes. La situation des états autrichiens, où les réformés et les mécontents coalisés avaient pris le dessus presque partout, faisait espérer qu'on paralyserait entièrement la résistance de la maison d'Autriche en Allemagne et qu'on exciterait peut-être même une révolution anti-dynastique dans la Hongrie et la Bohême, où Henri IV eût souhaité faire élire des princes nationaux. Des intelligences avaient été nouées par les agents français et allemands jusque dans la Transylvanie et la Valachie. Du fond du Nord, le roi de Suède et son fils avaient aussi fait assurer Henri IV de leurs bonnes dispositions.

La révolution européenne ne semblait pas moins bien préparée en Italie qu'en Allemagne. Le roi espérait l'adhésion du pape; il avait fait valoir auprès de Paul V ses réserves en faveur du catholicisme en Allemagne; il lui avait présenté comme appât la réunion du royaume de Naples au domaine de l'Église, et Paul V, ébloui, n'avait pas dit non. Henri comptait que la première victoire lui vaudrait l'alliance de Rome[1]. Quant au duc de Savoie, on n'avait pas eu la peine de le gagner; c'était lui qui, depuis plusieurs années, pressait le roi d'attaquer l'Espagne à frais communs. Il avait donné à Henri IV un gage terrible de ses intentions. Le roi ayant fait entendre qu'il ne pouvait se fier à lui, parce que son principal ministre, d'Albigni, ancien ligueur français, était tout dévoué à l'Espagne, d'Albigni fut arrêté et, quelques jours après, on le trouva mort dans sa prison. On convint que le fils aîné du duc épouserait la fille aînée du roi, Élisabeth de France; que le duc revendiquerait le Milanais, au nom de sa femme, comme compensation de la Belgique et de la Franche-Comté données à sa belle-sœur Clara-Eugenia; que le duc, une fois maître de Milan, prendrait le titre de roi de Lombardie. Venise promit son secours à condition qu'on lui céderait quelques portions du Milanais à sa convenance; elle devait avoir, en outre, la Sicile, si les confédérés parvenaient à enlever cette grande île aux Espagnols. La couronne de France renonçait à ses anciennes prétentions sur l'Italie, ne voulant que l'honneur d'affranchir la péninsule de toute domination étrangère; seulement, le troisième fils du roi, Gaston, duc d'Anjou, enfant de deux ans, serait fiancé à l'héritière de Mantoue

---

1. Suivant Fontenai-Mareuil (Collect. Michaud, 2ᵉ sér., t. V, p. 10), le pape promit de se déclarer aussitôt après Venise et la Toscane.

et du Montferrat. La fécondité de Marie de Médicis, non interrompue par les tempêtes du ménage royal, fournissait d'abondantes ressources à la politique de Henri IV.

Henri ne demandait rien hors des limites naturelles de la France; mais il cherchait à compléter ces limites, autant que le permettraient les circonstances. Il y avait, à cet égard, entre le roi et Sulli, une nuance bien marquée, et Henri n'acceptait pas le désintéressement exagéré que son ministre voulait imposer à la France : la Savoie et peut-être Nice devaient être le prix de l'assistance prêtée à Charles-Emmanuel pour la conquête de Milan. Une autre acquisition très-importante était préparée : le duc de Bar, veuf de la sœur du roi, avait succédé à son père dans le duché de Lorraine; il s'était remarié et n'avait qu'une fille. Henri lui avait fait secrètement demander cette fille pour le dauphin, et le duc n'avait osé refuser une alliance destinée à réunir le duché de Lorraine au royaume. Rien n'était encore bien décidé quant à la Belgique et à la Franche-Comté. Henri eût souhaité réunir à la mère-patrie tout ce qui parlait la langue française [1], mais il était résolu à ne rien faire qui pût rompre la coalition [2]. En tout cas, le moins qu'il pût prétendre était d'assurer ses communications avec ses alliés de la Basse Allemagne par la possession de quelques places fortes de la Belgique orientale.

Henri avait projeté de donner à l'Espagne assez d'occupation chez elle pour l'empêcher de secourir efficacement ses possessions étrangères. Les relations secrètes de la France avec les Morisques

---

1. Lors de la cession de la Bresse, Henri avait dit aux députés bressans que, puisqu'ils parlaient « naturellement » français, ils devaient être « sujets à un roi de France ». « Je veux bien que la langue espagnole demeure à l'Espagnol, l'allemande à l'Allemand; mais toute la françoise doit être à moi. » Mathieu, t. II, p. 444.

2. Sur toutes ces négociations, V. Sulli, OEconomies royales, t. II, p. 285; 304; 316; 354; 372. — Mémoires de Bassompierre, Collection Michaud, 2e sér., t. VI, p. 38; 69. — (Ce fut Bassompierre qui négocia avec le duc de Lorraine.) — Mémoires de Fontenai-Mareuil, ibid., t. V, p. 8-18. Mémoires de Richelieu, ibid., t. VII, p. 11-12. — Correspondance de Henri IV et du landgrave, p. 378 et suiv. — Mémoires de La Force, t. II, p. 258. — Mathieu, t. II, p. 795 et suiv. — Dumont, Corps diplomatique, t. V, 2e part., p. 121-138. — Instructions du roi au sieur de Boissise, son ambassadeur auprès des princes protestants d'Allemagne, ap. Mémoires de Villeroi, p. 164 et suiv. Ces instructions sont importantes pour la question de l'élection d'un roi des Romains et pour le plan de campagne de Henri IV.

avaient continué. Henri n'avait pas cru pouvoir en faire le motif principal d'une guerre contre l'Espagne. La marine française n'était point en état d'agir seule avec une force suffisante sur les côtes espagnoles, et Henri ne pouvait, sans soulever contre lui des passions formidables, appeler les Turcs à intervenir dans une telle cause; mais, la guerre générale une fois engagée, Henri comptait trouver là tout au moins une diversion très-utile. L'Espagne prévint le danger, mais en se faisant de ses propres mains une horrible blessure. Après un siècle entier de conversion forcée, le christianisme défiguré, que prêchaient aux Morisques des moines escortés de bourreaux, n'avait fait aucun progrès réel parmi ces populations : presque tous les descendants des Maures conservaient au fond de leur cœur « la foi du prophète ». L'église espagnole jugeait l'épreuve suffisante : dès 1602, l'archevêque de Valence avait engagé Philippe III à chasser d'Espagne les Morisques ou à les envoyer aux mines et aux galères, en gardant leurs enfants pour les élever dans la religion catholique. L'archevêque de Tolède, grand inquisiteur et frère du duc de Lerme, allait plus loin et demandait qu'on égorgeât toute la race infidèle, sans distinction d'âge ni de sexe! Sur ces entrefaites, on arrêta, dans le royaume de Valence, un agent français, nommé Saint-Estève, découvert par la trahison d'un Anglais auquel il avait eu l'imprudence de se confier : Saint-Estève fut pendu (1605). La révélation des rapports établis entre les Morisques et la France contribua à décider le conseil de Castille : l'expulsion générale des Morisques fut résolue. L'Espagne décida de rejeter de son sein un million d'hommes paisibles et industrieux, l'élite de sa population agricole et manufacturière, que l'excès de l'oppression avait seul poussés à conspirer contre leurs maîtres. C'était la conséquence nécessaire du fatal système en vigueur depuis Ferdinand et Isabelle, ou plutôt depuis Ximenez. Il faut remonter aux antiques révolutions de l'Orient, à ces nations vaincues qu'on traînait tout entières hors de leurs foyers, à la *captivité de Babylone*, pour trouver des spectacles semblables à celui que vit l'Europe du xviie siècle! La responsabilité de ce grand attentat contre l'humanité porte exclusivement sur le catholicisme espagnol; la papauté refusa de s'y associer. Si implacable envers les ennemis domestiques, envers les hérétiques, elle n'avait pas le même acharnement contre l'ennemi du dehors, contre l'islamisme. La cour d'Espagne ne put obtenir que Paul V visât la sentence de proscription de tout un peuple.

L'exécution, retardée quelque temps par l'opposition énergique de la noblesse valencienne, qu'on allait ruiner en exilant ses vassaux, commença dans l'automne de 1609. Tous les navires de guerre et de commerce avaient été réunis de tous les ports espagnols; une insurrection tentée dans les montagnes fut étouffée; plus de cent trente mille Morisques valenciens furent embarqués de force[1]; on les jeta sur les plages désertes du royaume de Tlemcen, où la plupart périrent de faim, de soif et de fatigue; trente à quarante mille seulement atteignirent les villes de nos provinces actuelles d'Oran et d'Alger. L'ombre de Philippe II dut applaudir; on continuait dignement son œuvre!

L'Escurial poursuivit : un édit du 9 décembre 1609 prescrivit l'embarquement des Morisques de Grenade, de Murcie, d'Andalousie; un édit du 10 janvier 1610 ordonna l'expulsion des Morisques d'Aragon, de Castille et de Catalogne. On les chassa vers les Pyrénées[2]. Henri IV, le 22 février 1610, ordonna qu'on reçût ces malheureux en France et qu'on fournît des vaisseaux de transport à ceux d'entre eux qui ne voudraient pas rester dans le royaume en faisant profession de catholicisme. Une première bande de quarante mille passa la frontière. L'autorisation de recevoir les Morisques ne tarda pas à être révoquée. La formation d'un corps d'armée offensif en Béarn fut résolue; celle d'un autre corps en Languedoc fut projetée; Henri IV pensa que la guerre commencerait à temps pour qu'on pût encore se servir des Morisques en Espagne, et on lui faisait espérer en outre un mouvement dans la Navarre espagnole[3].

Les préparatifs militaires de Henri IV répondaient, par leur

---

1. Leurs biens étaient confisqués, sauf ce qu'ils pouvaient emporter de leurs meubles.
2. On les traita encore plus mal que les Valenciens : on leur défendit, sous peine de mort, d'emporter de l'or, de l'argent ou des lettres de change.
3. Fonseca; *Justa expulsion de los Moriscos de España*; 1612.—*Mémoires* de La Force, t. I, p. 365; 397; 400; t. II, p. 263. — *Mercure françois*, t. II, p. 1-11. — Sulli, *Œconomies royales*, t. II, p. 248; 263. — Péréfixe, *Vie de Henri IV*, p. 307.

étendue, à des projets qui ne devaient avoir d'autres limites que celles de la victoire. Au lieu des dix mille soldats promis aux princes allemands, le roi voulait en conduire lui-même trente ou trente-cinq mille à Juliers; il en donnait quatorze mille à Lesdiguières pour joindre le duc de Savoie au delà des Alpes, et il préparait une attaque formidable contre l'Espagne même; il avait d'abord résolu de donner dix mille hommes à La Force pour opérer sur les Pyrénées et soulever les Morisques; maintenant, il pensait à former deux armées de vingt-cinq mille hommes chacune, qui attaqueraient, l'une par Saint-Sébastien, l'autre par Perpignan[1]. Quant à l'armée qu'il conduisait en personne, son plan immédiat était de traverser de gré ou de force le territoire belge et d'opérer sa jonction, vers Duren ou Stavelo, avec les princes allemands et Maurice de Nassau; une seule division de cette grande armée suffisait pour prendre Juliers. Au moindre prétexte d'hostilité donné par les archiducs de Belgique, on attaquerait Charlemont, Namur et Maëstricht; on se saisirait de tous les passages de la Meuse, pendant qu'une flotte hollandaise bloquerait les côtes de Flandre et qu'un corps de réserve français compléterait le blocus de la Belgique du côté du midi. Malgré les bravades de Spinola, qui assemblait un corps d'armée sous Namur, cet habile général des archiducs était tout à fait hors d'état de résister à soixante mille combattants et à soixante canons dirigés par des chefs tels que Henri IV et Maurice de Nassau. Il n'était pas probable non plus que le vieux comte de Fuentès, gouverneur du Milanais, alors aux portes du tombeau, pût soutenir le choc de Charles-Emmanuel[2] et de Lesdiguières, qui, avec le contingent des Vénitiens, devaient disposer de près de quarante mille hommes et comptaient en outre sur une diversion des Grisons; ceux-ci avaient promis de descendre en masse dans le Milanais. Le nom seul de Lesdiguières, toujours vainqueur dans les innombrables combats qui avaient rempli sa vie, semblait au soldat un gage certain de triomphe. L'intention du roi,

---

1. *Mémoires* de La Force, t. I, p. 220. — D'Aubigné, *Histoire Universelle*; Appendix, t. III, p. 543.

2. Le traité définitif de Henri IV et de Charles-Emmanuel fut signé à Brusol le 25 avril.

en cas de prompt succès dans le Nord, était d'attaquer aussitôt après la Franche-Comté. Les Espagnols, incapables de défendre cette province, étaient résignés à l'autoriser de se réunir aux cantons suisses, plutôt que de la voir devenir française. Le roi devait ensuite marcher vers l'Italie ou vers la Bohême, suivant les circonstances, et appeler l'Allemagne à vider la grande question de l'Empire[1].

La joie allait jusqu'à l'enivrement parmi les gens de guerre et la jeune noblesse : non-seulement en France, mais dans tous les pays protestants et dans la moitié des pays catholiques, tout ce qui portait une épée saluait avec enthousiasme l'ère de gloire prête à s'ouvrir. Le cri général du soldat, depuis les grèves de la Baltique jusqu'aux rochers des Grisons, était qu'il fallait faire Henri le Grand empereur des chrétiens. Le vague même où Henri laissait encore son vrai but enflammait les imaginations guerrières et ouvrait un champ sans bornes aux rêves les plus hardis[2].

Ce vague, malheureusement, produisait des impressions différentes sur d'autres classes de la société française. La masse bourgeoise et populaire attendait avec étonnement et curiosité, partagée qu'elle était entre sa confiance dans la fortune du roi et l'inquiétude des sacrifices que lui coûterait cette vaste guerre. Il y avait bien aussi dans l'esprit du grand nombre quelque répugnance pour toutes ces alliances protestantes, quelque appréhension pour la sûreté de l'Église. Ces ombrages, qu'eussent promptement dissipés dans la masse du peuple les actes de Henri IV, se tournaient en hostilité déclarée parmi ces natures atrabilaires, cette lie du vieux parti fanatique, que rien n'avait pu réconcilier au nouveau régime. Les jésuites, perdant les illusions qu'ils s'étaient faites sur la faveur de Henri IV et reconnaissant, avec autant de courroux que d'effroi, qu'ils n'avaient rien gagné sur sa politique, s'agitaient, complotaient, répandaient des rumeurs sinistres. On tâchait d'accréditer le bruit que le roi allait détruire la religion catholique en Allemagne; on montrait les

---

1. Sulli, t. II, p. 373-378. — *Mémoires* de Fontenai-Mareuil; ap. Collect. Michaud, 2e sér., t. V, p. 12-13. Ces *Mémoires* d'un diplomate distingué du temps de Louis XIII sont très-bien faits et très-instructifs.

2. D'Aubigné, *Histoire universelle*, appendix, col. 738-740.

principaux emplois militaires livrés aux huguenots ; on commentait les propos des soldats, qui, dans leur exaltation, criaient qu'ils suivraient leur Henri partout et contre tous, fût-ce contre le pape. Les prédications frénétiques avaient recommencé dans Paris : à la Noël dernière, le jésuite Gontier, prêchant devant le roi, s'était déchaîné avec rage contre les hérétiques et avait crié que « les catholiques ne les devoient souffrir parmi eux ». Ce Gontier et le capucin Basile, dans leurs sermons à Saint-Gervais et à Saint-Jacques de la Boucherie, invectivaient journellement l'édit de Nantes, l'État et la personne du roi même [1]. » Henri dédaignait trop des menées qu'il comptait étouffer bientôt sous ses victoires.

Tandis qu'on tâchait d'exciter les passions populaires contre les desseins du roi, la moitié de son conseil s'efforçait, jusqu'au dernier moment, de ramener Henri à des idées pacifiques. La reine et son entourage allaient plus loin : le roi avait découvert, l'année précédente, que Marie de Médicis et les Concini entretenaient des intelligences à Madrid par l'intermédiaire de l'ambassadeur du nouveau grand-duc de Toscane, cousin-germain de Marie, qui était tout espagnol, et que la coterie florentine de la reine n'avait pas perdu l'espoir d'unir la France à l'Espagne par un double mariage. Cet espoir, au jugement du roi lui-même, ne pouvait guère se fonder que sur l'opinion où étaient ces superstitieux Italiens, d'après les prédictions de quelques astrologues, que Henri ne dépasserait pas la cinquante-huitième année de son âge [2]. Il semblait aussi que l'Espagne attendît l'effet de ces prédictions, tant ses préparatifs de défense étaient peu en rapport avec la grandeur des périls qui la menaçaient. L'Escurial comptait peut-être aider les prédictions à se réaliser !

Le printemps commençait : toutes les routes étaient couvertes de troupes qui se dirigeaient vers Châlons et Grenoble, rendez-vous des armées du Nord et du Midi ; dès les premiers jours de mars, cinquante pièces de canon, tirées de l'arsenal de Paris, avaient été embarquées sur la Marne, avec des approvisionnements immenses. L'armée du Nord devait être réunie tout entière à

---

1. L'Estoile, *Journal de Henri IV*, p. 549.
2. Sulli, t. II, p. 284.

Châlons pour la fin d'avril. Six mille Suisses étaient entrés en France afin de la rejoindre : Henri IV avait profité des droits que lui donnaient les capitulations pour enrôler les meilleurs soldats des cantons catholiques et enlever ainsi à ces cantons les moyens de défendre Milan, comme ils s'y étaient engagés; quant aux Suisses protestants et aux Grisons, ils étaient dévoués à la France sans réserve.

Le roi, cependant, prenait ses dispositions pour le gouvernement du royaume en son absence. Par un règlement en date du 20 mars, il donna le titre de régente à la reine, mais en lui imposant un conseil de quinze personnes, qui devait avoir toute l'autorité effective, la reine n'ayant que sa voix au conseil comme chacun des quinze conseillers. Les principaux étaient les cardinaux de Joyeuse et du Perron, le connétable, le duc de Mayenne, les maréchaux de Brissac et de Fervaques, et le premier président de Harlai. La composition du conseil était une garantie pour les catholiques et compensait la prépondérance accordée aux huguenots dans les armées, où Sulli, Lesdiguières, La Force, Bouillon, Créqui, gendre de Lesdiguières, Rosni et Rohan, fils et gendre de Sulli, avaient les principaux commandements. Le roi devait emmener avec lui ses ministres, Silleri, Villeroi et Jeannin.

L'amour-propre de la reine fut fort blessé des restrictions mises à son pouvoir : Henri ne céda pas sur ce point; il se défiait trop de la capacité et des intentions de sa femme; mais il n'eut pas le courage de lui refuser un dédommagement honorifique qu'elle réclamait avec instance. Marie, depuis bientôt dix ans qu'elle était unie à Henri IV, n'avait point été sacrée ni couronnée : à la suggestion de ses favoris, elle demanda au roi de la faire sacrer avant de partir, soit afin d'assurer son autorité si Henri mourait en voyage, soit pour rendre impossible le divorce chimérique que les Concini lui avaient fait appréhender. Henri consentit, malgré la répugnance que lui causait l'inutile dépense de cette fastueuse cérémonie. Il retarda son départ de quinze jours ou de trois semaines.

On ne pouvait plus douter que Henri ne se mît à la tête de ses armées; pourtant quelques personnes doutaient encore de la guerre universelle. Le pape, effrayé de l'immense commotion qui se préparait et fort éloigné au fond des sentiments que Henri lui souhaitait, envoyait deux nonces au roi de France et à l'empereur afin de tenter une transaction : le grand-duc de Toscane essayait aussi d'obtenir que Juliers fût séquestré dans les mains d'un dépositaire agréable à Henri IV. L'empereur et l'Espagne étaient disposés à beaucoup céder pour éviter le choc. Les archiducs de Belgique, qui avaient d'abord refusé le passage à l'armée française, se résignaient enfin à l'accorder et se disposaient même à renvoyer la princesse de Condé en France. Henri, de son côté, éprouvait de l'émotion, sinon de l'hésitation, au moment de rentrer, à cinquante-sept ans, dans une carrière de gigantesques travaux, et plusieurs de ses généraux et de ses ministres pensaient que, si l'Espagne et les archiducs pliaient ainsi devant lui, peut-être se contenterait-il de faire prévaloir sa volonté dans l'affaire de Juliers et de se faire remettre l'héritière de Lorraine pour la fiancer au dauphin. Cette opinion n'était nullement vraisemblable; les batteries du roi étaient trop bien dressées en Italie et en Allemagne, et la maison d'Autriche ne l'eût certainement pas désarmé, à moins de laisser élire un roi des Romains étranger à la race de Charles-Quint et de consentir à la séparation réelle et définitive de la Belgique d'avec la monarchie espagnole [1]. La lutte était donc inévitable.

A mesure qu'approchait l'époque fixée pour le sacre, qui devait avoir lieu non point à Reims, mais à Saint-Denis, Henri paraissait agité, tantôt d'une impatience fébrile, tantôt de noirs pressentiments. Il sentait que jamais le parti fanatique n'avait eu tant d'intérêt à sa perte. En butte à tant d'homicides tentatives dans des circonstances bien moins critiques, il ne pouvait douter que des trames sinistres ne l'enveloppassent dans l'ombre et que bien des gens ne crussent légitime le meurtre d'un prince qui souffrait les hérétiques chez lui et les assistait au dehors. « Ah! mon ami, » disait-il à Sulli, « que ce sacre me déplaît! Ah! maudit sacre, tu « seras cause de ma mort! je mourrai dans cette ville, et n'en

---

1. Sulli, t. II, p. 338. — *Mémoires* de La Force, t. II, p. 266. — *Mémoires* de Fontenai-Mareuil, ap. Collect. Michaud, 2ᵉ sér., t. V, p. 14. — *Mémoires* de Bassompierre, *ibid.*, t. VI, p. 69-70.

« sortirai jamais ! Ils me tueront ; car je vois bien qu'ils n'ont
« autre remède en leur danger que ma mort ! »

Il était frappé de l'idée qu'il mourrait dans un carrosse, « à la première grande magnificence » qu'il ferait. Sulli lui conseilla d'ajourner indéfiniment le sacre et de partir pour l'armée ; mais la reine montra tant d'aigreur et s'opiniâtra tellement à être sacrée, que le bon roi céda encore.

Cependant les rumeurs menaçantes redoublaient ; des avis arrivaient de divers côtés sur les menées des fanatiques et des factieux. Il y avait déjà quelque temps qu'une certaine demoiselle d'Escoman avait dénoncé à des personnes qui approchaient le roi et la reine un complot tramé, disait-elle, contre la vie du roi par madame de Verneuil et par le duc d'Épernon. C'était une intrigante d'assez mauvaise vie : Sulli lui-même, averti, ne fit pas grande attention à ses paroles et elle n'arriva pas jusqu'au roi. Sur ces entrefaites, le bruit courut à Anvers, à Cologne et dans quelques autres villes des Pays-Bas et des bords du Rhin, que le roi avait été tué. On ne pouvait se figurer que l'Espagne ne recourût pas aux armes accoutumées de Philippe II[1].

Le 13 mai, la reine fut sacrée à Saint-Denis, avec grande pompe, par le cardinal de Joyeuse : l'entrée solennelle de la reine dans Paris fut fixée au 16 mai ; le départ du roi, au 19. Le roi avait montré au sacre une gaieté bruyante ; mais, le lendemain matin, 14 mai, causant avec le duc de Guise et quelques autres seigneurs : « Vous ne me connoissez pas maintenant, vous autres », leur dit-il ; « mais je mourrai, un de ces jours, et, quand vous m'aurez perdu, « vous connoîtrez lors ce que je valois, et la différence qu'il y a « de moi aux autres hommes[2]. »

Henri parut inquiet et rêveur toute la matinée. Après le dîner, il se jeta sur son lit et ne put dormir ; il avait fait prévenir Sulli, qui était un peu malade, qu'il l'irait voir le matin suivant à l'Arsenal, résidence habituelle de ce ministre, afin de « résoudre toutes les affaires avec lui » avant le départ ; il résolut d'avancer

1. Sulli, Œconomies royales, t. II, p. 379-380. — Mémoires du cardinal de Richelieu, ap. Collect. Michaud, 2e sér., t. VII, p. 22. — La d'Escoman n'est pas nommée dans les Œconomies royales, mais c'est d'elle qu'il est question comme d'une « certaine femme » ayant été au service de madame de Verneuil.

2. Mémoires de Bassompierre, p. 71.

sa visite, monta en carrosse avec le duc d'Épernon, le marquis de La Force et cinq autres seigneurs, et se dirigea vers l'Arsenal, sans autre escorte que quelques gentilshommes à cheval et quelques valets de pied.

Il y avait à Paris un homme qui observait toutes les démarches du roi et cherchait toutes les occasions d'approcher de sa personne. C'était une espèce de visionnaire d'une humeur sombre et bizarre, d'une physionomie sinistre ; il avait été praticien, novice dans le couvent des feuillants de Paris, puis maître d'école à Angoulême, sa ville natale. Son nom était François Ravaillac. Il avait toujours recherché la société des moines et des prêtres les plus bigots et les plus violents. On a prétendu qu'il avait été employé, comme solliciteur de procès, dans la maison du duc d'Épernon, gouverneur d'Angoulême. En 1607, un moine augustin, prieur de Montargis, avait eu avis, par une lettre anonyme, « qu'un grand homme rousseau natif d'Angoulême » projetait de poignarder le roi, et « qu'avec ses fauteurs et complices, ils avoient une image de cire blanche qu'ils piquoient tous les jours » pour faire mourir « Sa Majesté ». Le prieur de Montargis avait prévenu le chancelier. L'avis n'avait pas eu de suite[1]. Plus tard on se rappela que Ravaillac était « un grand rousseau natif d'Angoulême ».

Quelles impulsions, quelles instigations put recevoir cet homme, aussi propre à être lancé indirectement dans une voie de démence et de crime qu'incapable d'être un instrument docile et d'obéir à une direction suivie ? Nous ne croyons pas l'histoire en mesure de transformer les soupçons qui pesèrent sur le duc d'Épernon en un acte d'accusation formel. Ravaillac flotta longtemps avant de se fixer dans l'horrible pensée qui l'obsédait. Il était venu d'Angoulême à Paris au mois de janvier dernier, afin de parler au roi. Il avait eu, disait-il, des révélations du ciel touchant les intérêts de la religion ; il voulait persuader au roi de révoquer l'édit de Nantes : sa mauvaise mine le fit partout repousser, et il repartit sans avoir pu aborder le roi. Il revint à Paris à la fin d'avril. Il se tenait, depuis le matin, près de la porte du Louvre, quand il vit sortir le carrosse du roi. Il le suivit. En entrant de la rue Saint-

---

1. L'Estoile, p. 626 ; il tenait le fait du prieur même.

Honoré dans la rue de la Ferronerie, qui était alors très-étroite, le carrosse rencontra deux charrettes qui l'obligèrent à raser les boutiques adossées au mur du cimetière des Innocents [1]. La petite suite du roi fut séparée de lui par cet incident. Pendant qu'on faisait reculer les charrettes, François Ravaillac se glissa entre les boutiques et le carrosse, qui était tout ouvert, et, voyant le roi à la portière, tout près de lui, il mit un pied sur une borne, l'autre sur une des roues, et lança un coup de couteau à Henri entre les côtes. Le roi leva le bras en s'écriant : « Je suis blessé ! » Au même instant un second coup lui perça le cœur. Henri ne proféra plus une parole et ne donna plus signe de vie.

Ravaillac était resté immobile, sans chercher à s'enfuir, sans jeter son couteau. Les seigneurs qui accompagnaient le roi empêchèrent qu'on ne massacrât l'assassin sur la place, le firent arrêter et mettre en lieu de sûreté ; puis, fermant les portières du carrosse, ils crièrent au peuple que le roi n'était que blessé, et reprirent le chemin du Louvre [2].

Ils n'y ramenaient qu'un cadavre !

Henri IV était mort et ses projets avec lui ! La main d'un misérable insensé avait fait rétrograder pour des siècles les destins de la France et de l'Europe !

Tout le règne de Henri IV, depuis la paix de Vervins, n'avait été qu'une préface : le livre entr'ouvert se referme pour jamais ! Toute la gloire passée du Béarnais eût été effacée par les magnifiques résultats qu'avait préparés sa politique et qu'allaient réaliser ses armes. Malgré les fatigues et les excès de sa vie, sa robuste constitution lui promettait encore plusieurs années d'activité guerrière, assez sans doute pour assurer, sinon le triomphe com-

---

1. Aujourd'hui le marché des Innocents. — Une ordonnance de Henri II, en 1554, avait prescrit la destruction de ces boutiques afin d'élargir la rue : l'ordonnance n'avait point été exécutée. — *Mémoires* de Richelieu, Collection Michaud, 2ᵉ série, t. VII, p. 22.

2. Le couteau de Ravaillac est conservé au Musée d'artillerie de Paris. — Sur les circonstances du meurtre, V. Mathieu, *Histoire de la mort de Henri IV;* ap. *Archives curieuses*, t. XV, p. 63-69. — Recueil manuscrit de Thoisi, t. IV, p. 415 (Bibliothèque nationale). — L'Estoile, *Journal de Henri IV*, p. 577 ; 580 ; 585 ; 586. — (A partir de juillet 1606, L'Estoile reprend son journal après une lacune de huit ans, qui a été comblée à l'aide de documents anonymes contemporains. Il finit en 1611. — Sulli. t. II, p. 381-382. — *Mercure françois,* t. I, p. 423-424 443.

plet, au moins la prépondérance de son système européen[1] : ses héritiers eussent fait le reste! La politique de la France, alliée des protestants sans être absorbée par le protestantisme, triomphant avec le concours de toute la Réforme étrangère et française, eût été engagée sans retour dans des voies d'équité internationale, de liberté intellectuelle, de tolérance religieuse. Henri IV eût splendidement réparé les fautes de François Ier et les siennes propres : il n'eût point abjuré de nouveau le catholicisme, mais il eût effacé de sa victorieuse épée le serment du sacre et les humiliations de l'absolution romaine; l'Allemagne n'eût point vu la guerre de Trente Ans ni la France la révocation de l'édit de Nantes. Le XVIIe siècle aurait eu toutes ses gloires sans ses erreurs fatales; la race de Philippe II n'eût point été mariée à celle de Henri IV dans cet hymen adultère qui enfanta le despotisme persécuteur de Louis XIV; le monde nouveau n'eût pas été condamné à éclore dans une mer de sang.

Dieu ne le permit pas! Henri IV emporta dans la tombe, non-seulement le système européen qu'il voulait inaugurer, mais tous les éléments d'ordre et de puissance qu'il avait rendus à son pays. La France retomba de la hauteur où il l'avait relevée, jusqu'au jour où un puissant génie vint de nouveau débrouiller le chaos et ressusciter en partie la politique du Béarnais, mais dans des

---

1. Richelieu (Collect. Michaud, 2e sér., t. VII, p. 17) s'exprime d'une façon peu favorable sur l'entreprise de Henri IV, « qui s'embarquoit en une telle guerre sur la fin de ses jours »; mais il faut lire avec réserve la première partie des *Mémoires* de Richelieu, de 1610 à 1624, quoique ce soit précisément celle qui paraît écrite tout entière de sa main. Richelieu, alors, était encore le protégé de Marie de Médicis, tiraillé entre les souvenirs et les préventions de sa protectrice, les opinions obligées d'un évêque qui veut être ou qui vient d'être nommé cardinal, et les tendances propres de son esprit si juste et si français. Nous n'admettons pas qu'il ait été « Espagnol jusqu'à quarante ans », comme le dit un illustre historien (M. Michelet); mais il est incontestable que sa pensée se modifia sur bien des points : dans la première partie des *Mémoires*, elle paraît souvent incertaine ou contradictoire : il y a, par exemple, bien des choses sur Rome et sur les jésuites, qui ne sont pas ou son vrai sentiment ou son sentiment définitif; c'est dans son *Testament politique* qu'il exprime toute sa pensée sur la Compagnie de Jésus, dans une de ces pages de maître qui décideraient la question tant controversée de l'authenticité du *Testament*, à défaut de toute autre preuve (*Testament politique*, c. II, sect. 10). — Richelieu, de plus, semble jaloux de Sulli. — Le commencement des *Mémoires* de Richelieu (de 1610 à 1619) a été publié en Hollande en 1730, sous le titre d'*Histoire de la Mère et du Fils* (Marie de Médicis et Louis XIII), et quelque temps attribué à Mézerai, quoique le cardinal y parle à la première personne.

conditions bien moins favorables. Ce génie fut celui d'un particulier, et non plus d'un roi, et Henri IV est resté le plus grand, mais surtout le plus français des rois de France : on ne revit plus sur le trône une âme aussi nationale, une intelligence aussi libre. Personne n'a jamais senti mieux que lui le vrai rôle de notre patrie. Ce n'est pas sans raison que la popularité du Béarnais s'est accrue parmi nous à mesure que l'esprit moderne a grandi; ce n'est pas sans raison que le xviiie siècle a voulu faire de lui le héros épique de notre histoire. Les classes laborieuses n'ont jamais oublié le roi qui leur fut le plus sympathique par les manières et par le cœur, le roi qui s'occupa le plus sérieusement des intérêts du sol et du travail; les penseurs ne cesseront jamais d'honorer en lui le précurseur d'une Europe nouvelle, l'esprit juste et profond dont les plans diplomatiques sont encore aujourd'hui à tant d'égards la politique des hommes les plus éclairés, le champion enfin et le martyr de la plus sainte des libertés, de la liberté de conscience!

FIN DU TOME DIXIÈME.

ÉCLAIRCISSEMENTS

I

Antonio Perez.

L'insurrection des Aragonais se rattache à un des épisodes les plus caractéristiques de la vie de Philippe II. Nulle part, le *Démon du Midi* n'a si bien montré qu'il y a quelque chose de pire que l'hypocrite pur, que l'athée qui joue le dévot; c'est le dévot dont le sens moral est dépravé et qui s'est fait un Dieu à l'image des tyrans de la terre. A l'époque où don Juan d'Autriche gouvernait les Pays-Bas, un des secrétaires du conseil d'État de Philippe II, Antonio Perez, s'était fait le correspondant secret de don Juan et de son secrétaire Escovedo, entrant dans leurs vues, caressant leurs ambitions, allant jusqu'à leur dire du mal du roi pour capter plus complétement leur confiance. Ce rôle d'espion et d'agent provocateur lui était imposé par son maitre. " Je sais très-bien ", écrivait Antonio à Philippe, " que, pour mon devoir et ma conscience, je ne fais en tout ceci que ce que je dois, et je n'ai pas besoin d'une autre théologie que la mienne pour le comprendre. — Ma théologie, répondait le roi, entend la chose tout comme la vôtre, et trouve que non-seulement vous faites ce que vous devez, mais que vous auriez manqué à Dieu et aux hommes si vous ne l'aviez fait ainsi. " (Mignet, *Antonio Perez et Philippe II*, etc., p. 45, 3ᵉ édit.).

Perez, cependant, n'avait pas cherché à pousser les choses à l'extrême et retenait le roi plus qu'il ne le poussait, lorsque Escovedo revint en Espagne et découvrit les secrètes amours de Perez avec la princesse d'Eboli, veuve du ministre Ruy Gomez et, depuis longtemps, maîtresse en titre du roi. Perez et la princesse prévinrent la dénonciation d'Escovedo en hâtant sa perte. Le roi chargea Perez de le défaire du confident de son frère. Perez tâcha de faire empoisonner Escovedo, n'y réussit pas et le fit poignarder (avril 1578). La famille du mort devina et entreprit de poursuivre l'auteur du crime. Les ennemis de Perez avertirent le roi de l'infidélité de sa maîtresse. Perez et la princesse furent emprisonnés (juillet 1579), et la vengeance lentement implacable du roi s'attacha à eux sans emportement, sans éclat, mais sans trêve et sans fin. La princesse mourut après de longues années d'une dure captivité (1592). Philippe ne jugea point que la captivité fût pour Perez un châtiment suffisant. Il arrêta d'abord les poursuites entamées à la requête de la famille Escovedo, mais fit condamner Perez, après une longue enquête, comme concussionnaire (janvier 1585). Il s'occupa ensuite d'arracher à Perez les papiers qui prouvaient la royale complicité de l'assassinat. La femme de Perez, doña Juana Coëllo, une créature admirable de vertu et de dévouement, fut menacée des tortures de la faim pour l'obliger à livrer les papiers de son mari. Perez céda ou parut céder. Le roi, croyant n'avoir plus rien à craindre, permit aux Escovedo de reprendre les poursuites et fit engager Perez à tout avouer. Perez eût, dans ce cas, allégué les ordres du roi et, ne pouvant prouver son dire, eût été condamné comme ayant abusé du nom du roi pour une vengeance privée. Perez comprit et refusa d'avouer. On lui arracha l'aveu par la torture; mais, avant que la procédure fût achevée, sa femme réussit à le faire évader (avril 1590).

Il se réfugia en Aragon, sa patrie, et se mit sous la protection des *fueros*. L'Aragon avait gardé intactes jusque-là les aristocratiques libertés de sa vieille constitution, son administration exclusivement aragonaise, son droit légal de résister par les armes à toute violation des *fueros* ou coutumes nationales, ses cortès bis-annuelles, divisées en quatre *bras* (*brazos*), clergé, haute noblesse, petite noblesse et bourgeoisie, exerçant un pouvoir véritablement souverain, n'accordant qu'à l'unanimité les demandes de la couronne et déléguant leur pouvoir, dans l'intervalle des sessions, à une députation permanente; édifice politique qui avait pour clef de voûte l'originale institution du *justicia major* ou grand justicier, la justice incarnée, la charte vivante des droits nationaux. Le *justicia major*, choisi, non dans la haute aristocratie, mais dans le second ordre de la noblesse, avait droit de recevoir l'appel de tout Aragonais contre tout tribunal quelconque et de réviser toute sentence, avec le concours de ses cinq assesseurs; sa procédure était publique et n'admettait pas l'emploi de la torture. Le roi, qui le nommait, ne pouvait le révoquer, et les cortès seules pouvaient le suspendre; il avait droit d'appeler le peuple aux armes contre le roi même, si les *fueros* étaient violés; il siégeait aux cortès cinq degrés au-dessus du roi, et c'était devant lui que le roi, lors de son avènement, prêtait serment, tête nue et à genoux, d'observer les *fueros*.

De son asile de Saragosse, Perez fit savoir au roi qu'il n'avait pas livré tous ses papiers. Philippe pouvait encore arrêter les poursuites et prévenir l'éclat qui devait le couvrir d'infamie devant la postérité. Il s'obstina avec cette rage froide qui le caractérisait : Perez publia sa défense. L'acquittement devant le tribunal du *justicia major* était certain : Philippe se désista du procès royal, mais fit intenter un nouveau procès à Perez par l'inquisition. A deux reprises, le *justicia major* et les autres autorités nationales plièrent devant le roi et l'inquisition réunis; à deux reprises, Saragosse se souleva aux cris de : *Viva la libertad* (24 mai et 24 septembre 1591), et délivra Perez des mains des inquisiteurs. Dans la première journée, un commissaire du roi fut frappé à mort : dans la seconde, le vice-roi d'Aragon fut mis en fuite avec ses soldats.

Les autorités aragonaises essayèrent de négocier avec le roi. Philippe II reçut bien leurs envoyés; mais, en même temps, il arrêta sur la frontière d'Aragon le corps d'armée castillan qu'il avait destiné à attaquer la Guyenne. La députation d'Aragon protesta et appela à la défense des *fueros* tout le royaume et les deux autres membres de la couronne d'Aragon, Catalogne et Valence. La plupart des villes aragonaises hésitèrent et restèrent immobiles : rien ne vint de Valence ni de Catalogne. Triste présage! L'armée castillane, forte d'une douzaine de mille hommes, passa la frontière. Le *justicia major*, qui avait pris les armes à contre-cœur, s'enfuit, emportant l'étendard national de Saint-Georges : les Castillans entrèrent sans combat dans Saragosse, le 12 novembre 1591. Perez s'était évadé la veille : il gagna le Béarn, où il fut accueilli par la sœur de Henri IV. Philippe dissimula quelques semaines : quand il fut bien sûr que le mouvement était comprimé, il éclata : le *justicia major*, don Juan de la Nuza, fut arrêté le 19 décembre 1591 et décapité le lendemain sans forme de procès. C'était le despotisme décapitant la loi elle-même. Les échafauds du roi et les bûchers de l'inquisition rivalisèrent d'atrocité; puis les cortès furent convoquées sous la terreur pour sanctionner l'abolition des *fueros*. Le *justicia major* devint révocable à la volonté du roi : son tribunal fut subordonné à la justice royale. Le vice-roi put être choisi désormais hors de l'Aragon. Les troupes du royaume furent mises à la disposition des officiers du roi et non plus de la nation. Les cortès ne purent plus se réunir sans convocation royale. L'unanimité des votes cessa d'être nécessaire, sauf en matière de nouveaux impôts. Plus de livres imprimés sans permission du roi. Le cri de *liberté* fut poursuivi au criminel. Une citadelle tint Saragosse sous ses canons. Ainsi finit l'antique constitution aragonaise, que l'Aragon dégénéré n'avait pas su défendre. La monarchie espagnole n'en fut pas plus forte : en France, la monarchie s'établit par la concentration plus ou moins heureuse des forces du pays; en Espagne, elle s'établit par leur destruction.

On peut lire dans M. Mignet la fin des aventures de Perez, qui, après avoir échappé à de nombreuses tentatives d'assassinat soudoyées par Philippe II, mit au service de Henri IV et d'Élisabeth sa profonde connaissance des affaires d'Espagne et mourut obscurément à Paris en 1611.

II

Le Royaume d'Yvetot.

Nous avons ci-dessus, p. 283, expliqué cette singularité historique comme un ancien alleu conservé d'antiquité, avec la plénitude de ses droits, à travers le régime féodal. L'explication paraît n'être pas exacte. Divers documents du xie au xive siècle montrent les sires d'Yvetot figurant parmi les feudataires normands, sans qu'il soit spécifié que ce soit pour d'autres terres qu'Yvetot. En 1370, le seigneur d'Yvetot est encore confondu dans les rangs de la noblesse sans aucun titre particulier : c'est dans un arrêt de l'échiquier de Normandie, de 1392, qu'on rencontre pour la première fois le titre de *roi d'Yvetot*, avec ses prérogatives si extraordinaires : justice sans appel; exemption de tout hommage et service féodal, militaire ou autre; indépendance entière vis-à-vis de la couronne royale de France et ducale de Normandie. L'origine et les causes de l'érection de la terre d'Yvetot en souveraineté restent absolument inconnues. Le *royaume d'Yvetot* a subsisté dans son indépendance jusqu'en 1555, époque à laquelle Henri II lui ôta le droit de haute justice en dernier ressort, lui laissant tout le reste de ses exemptions. Les seigneurs d'Yvetot renoncèrent alors au titre de rois, pour garder celui de princes jusqu'en 1789.

Nous empruntons ces détails à un curieux travail sur Yvetot, publié par M. A. Labutte, auteur de diverses études sur l'histoire de Normandie.

III

Églises réformées.

Nous avons réduit à cinq cents, d'après les *Mémoires* de du Plessis-Mornai, le nombre des églises protestantes à l'époque de l'Édit de Nantes : il y a ici une erreur matérielle très-considérable : les deux éditions des *Mémoires* de Mornai sont peu correctes et mal sûres; le nombre des communautés réformées était alors de sept cent soixante-treize, suivant un relevé présenté au synode national de Montpellier : le Languedoc seul, le Vivarais compris, en comptait deux cent quarante-sept. En 1607, les sept cent soixante-treize églises étaient réduites à sept cent quarante et une. V. le *Bulletin de la Société de l'histoire du protestantisme français*, t. I, p. 123-124. Un autre relevé, donné par Gregorio Leti (*Vie d'Élisabeth*), évalue les protestants français, en 1598, à deux cent soixante-quatorze mille familles et douze cent cinquante mille âmes.

TABLE DES MATIÈRES

CONTENUES DANS LE TOME DIXIÈME.

CINQUIÈME PARTIE.

LIVRE LVII. — GUERRES DE RELIGION. (Suite.)

DERNIÈRES ANNÉES DES VALOIS. HENRI III ET LA LIGUE, suite. — Chute de la Belgique. — Henri de Navarre et Sixte-Quint. — Réaction du parlement de Paris contre le fanatisme. — Du Plessis-Mornai. — Guerre dans l'Ouest et le Midi. Henri de Navarre et Henri de Condé. LES GUISES ET LES MIGNONS. Henri III entrave la Ligue. — Préparatifs de Philippe II contre l'Angleterre. Supplice de MARIE STUART. Déchaînement catholique. Complots ligueurs contre Henri III. Conseil des SEIZE. La démocratie de la Ligue. — Bataille de Coutras. — Invasion allemande et suisse. Succès de Henri de Guise contre elle. Elle échoue. — Épernon, Catherine et la Ligue. — Guise à Paris. JOURNÉE DES BARRICADES. Henri III s'enfuit de Paris. (1585-1588).. 1

LIVRE LVIII. — GUERRES DE RELIGION. (Suite.)

DERNIÈRES ANNÉES DES VALOIS. HENRI III ET LA LIGUE, suite; GUISE maître de Paris. Démocratie municipale de la Ligue à Paris et dans les provinces. Négociations entre Guise et le roi. Henri III capitule, sanctionne de nouveau la Sainte Union et convoque les États Généraux. — Disgrâce d'Épernon. — L'ARMADA. Désastre de la grande flotte espagnole : échec irréparable de Philippe II contre l'Angleterre et la Hollande. — ÉTATS DE BLOIS. La Ligue y domine. Esprit anti-monarchique des États. — Assemblée des réformés à La Rochelle. — Le duc de Savoie enlève à la France le marquisat de Saluces. — Les États continuent d'humilier le roi. — Henri III fait assassiner le duc et le cardinal de Guise. — Mort de Catherine de Médicis. — Fin des États de Blois. — Terribles mouvements de Paris. La Sorbonne délie le peuple du serment de fidélité au roi. Coup d'état des SEIZE contre le parlement. — Vaste soulèvement dans les provinces. CONSEIL GÉNÉRAL DE LA LIGUE. MAYENNE lieutenant général du royaume. — Fureurs de la Ligue à Rouen et à Toulouse. Événements d'Orléans, d'Angers, de Bretagne. — Henri III traite avec les huguenots. Réunion de Henri III et du roi de Navarre. —

Combats de Tours, de Falaise, de Senlis. — Réaction nobiliaire en faveur de la royauté. — Henri III cité à Rome. — Les Suisses secourent Henri III. — Prise de Pontoise. Les deux rois devant Paris. — Jacques Clément. Assassinat de Henri III. — FIN DE LA RACE DES VALOIS (1588-1589).... 74

LIVRE LIX. — GUERRES DE RELIGION. (Suite.)

AVÉNEMENT DES BOURBONS. HENRI IV ET LA LIGUE. — État des partis à la mort du dernier Valois. Pourquoi la cause de Henri IV est nationale. — Les *catholiques royaux* reconnaissent conditionnellement Henri IV. — La Ligue proclame CHARLES X (le cardinal de Bourbon). — Défections dans l'armée. Henri IV se retire en Normandie. Mayenne marche contre lui. Combats devant Arques et Dieppe. Henri IV revient sur Paris et s'empare des faubourgs. Il retourne dans l'Ouest. Ses succès dans le Maine et la Normandie. — Intrigues de Philippe II avec les Seize. Mayenne les déjoue en supprimant le Conseil général de l'Union. — Sixte V et le légat Gaëtano. — Mayenne rentre en campagne. Bataille d'Ivri. Henri IV ne profite pas sur-le-champ de la victoire. — SIÉGE DE PARIS. Énergique résistance. *Procession de la Ligue.* — Mort de Charles X. — Famine dans Paris. Affreuses extrémités. Prise des faubourgs. Négociations inutiles. Le duc de Parme marche au secours de Paris. Levée du siége. Affaire de Lagni. Henri IV sépare son armée. Le duc de Parme retourne aux Pays-Bas. — Obscurité de l'avenir. Déplorable état de la France (1589-1590)............ 163

LIVRE LX. — GUERRES DE RELIGION. (Suite.)

HENRI IV ET LA LIGUE, suite. — La Ligue en province; Mercœur en Bretagne; le duc de Savoie en Provence; Nemours à Lyon. — Succès de Lesdiguières en Dauphiné. — Guerre autour de Paris. Paris reçoit garnison espagnole. — Henri IV prend Chartres. — Intrigues du Tiers Parti. — Voyage de Jeannin à Madrid. — Bulle de Grégoire XIV contre Henri IV. Réponse de Henri, des parlements et des évêques royalistes. — Rétablissement des édits de 1577 et 1580 en faveur des protestants. — Complots des Seize. Lettres des Seize et de la Sorbonne à Philippe II et au pape. Conseil secret des Dix. Meurtre du premier président Brisson. Réaction contre les Seize. Mayenne fait pendre quatre des Seize. La faction des Seize comprimée. — Grands secours envoyés d'Allemagne et d'Angleterre à Henri IV. Siége de Rouen. — Grand plan de campagne de Philippe II contre Henri IV. La révolte de l'Aragon le fait échouer en partie. Le duc de Parme marche au secours de Rouen. Mauvaise conduite de Biron. Levée du siége. Le duc de Parme blessé devant Caudebec. Opérations autour d'Yvetot et de Caudebec. Le duc de Parme échappe à Henri IV et regagne les Pays-Bas. L'armée royale licenciée après sa campagne manquée. — Succès divers dans les provinces. Gloire de Lesdiguières. — Menaces du Tiers Parti. Henri IV pressé de tenir la promesse de se *faire instruire*. Sa périlleuse situation, ses combats intérieurs. Il résout de se faire catholique. Négociations inutiles avec Mayenne et avec le pape Clément VIII. — Progrès des *politiques* dans Paris. — Mort du duc de Parme. — ÉTATS GÉNÉRAUX DE LA LIGUE. — Conférence entre les délégués de la Ligue et des catholiques royaux. Les royaux annoncent que le roi va se faire instruire. La conférence n'aboutit pas. — Débats intérieurs des États. Efforts de l'Espagne pour imposer la royauté de la fille de Philippe II. Résistance des États. — Déclaration du parlement contre toute atteinte à la Loi Salique. Les États ajournent l'élection d'un roi et votent la trêve avec Henri IV. — Conférence de Henri IV et des évêques à Saint-Denis. ABJURATION DE HENRI IV. (1590-1593).. 235

LIVRE LXI. — GUERRES DE RELIGION. (fin.)

HENRI IV ET LA LIGUE, fin. — Trêve entre le roi et la Ligue. — Fin des États de la Ligue. — Tentatives contre la vie du roi. — SATYRE MÉNIPPÉE. — Le pape repousse les avances du roi. — Meaux, Orléans, Bourges, Aix et le parlement de Provence, Lyon, traitent et reconnaissent le roi. — Sacre du roi à Chartres : Henri IV prête le serment du sacre. — Paris traite avec le roi. ENTRÉE DE HENRI IV DANS PARIS. Rouen et la Normandie, Abbeville, Troies, Sens, Auxerre, Mâcon, Riom, Agen, Périgueux, Poitiers, Saint-Mâlo, etc., reconnaissent le roi. Prise de Laon et de Noyon. Amiens, Péronne, Beauvais, etc., se donnent au roi. Balagni, *prince de Cambrai*, se fait vassal du roi. Le duc de Guise traite avec le roi : toute la Champagne soumise. Paix avec le duc de Lorraine. — Les *croquants*. — Jean Chastel. Les jésuites chassés par le parlement de Paris. — Henri IV déclare la guerre à Philippe II. Irruption en Franche-Comté. Henri IV à Fontaine-Française. La Bourgogne soumise. — Réconciliation entre le roi et le saint-siége. ABSOLUTION DE HENRI IV. — Prise de Ham. — Les Espagnols reprennent l'offensive dans le Nord. Perte de Doullens et de Cambrai. — Mayenne et les principaux chefs des ligueurs traitent avec le roi. Onéreuses transactions. Marseille chasse les Espagnols et reconnait Henri IV. — Perte de Calais. — Prise de La Fère. — Nouveau traité avec l'Angleterre et la Hollande. — État déplorable des finances. ROSNI. Gabrielle d'Estrées. NOTABLES DE ROUEN. — Amiens surpris par les Espagnols. Grand ébranlement. Le roi et Rosni raffermissent tout. Reprise d'Amiens. — Négociations avec l'Espagne par la médiation du pape. — Mercœur et la Bretagne traitent avec le roi. FIN DE LA LIGUE. — ÉDIT DE NANTES. — Paix avec l'Espagne, qui rend Calais, et avec la Savoie. Mort de Philippe II. (1593-1598). 331

SIXIÈME PARTIE.

LUTTE DES MAISONS DE BOURBON ET D'AUTRICHE.

LIVRE LXII. — HENRI IV ET SULLI.

LA FRANCE A L'ENTRÉE DU XVIIe SIÈCLE. Grandes vues de Henri IV. Ministère de Sulli. Restauration des finances, de la force militaire, de l'agriculture, de l'industrie, du commerce, de l'enseignement. — Viabilité; projet d'un système général de canalisation; exploitation des mines; dessèchement des marais. — Olivier de Serres. Laffemas. — Industrie de la soie. — Assemblée du commerce en 1604. — Colonies de l'Acadie et du Canada. — Édits sur les duels. — Établissements d'édilité et de bienfaisance. — Bâtiments. Le Louvre, les Tuileries, la Place-Royale, etc. Les artistes et les artisans au Louvre. Peinture, sculpture, etc. — Réforme de l'université de Paris. — Belles-Lettres. L'*Astrée* de d'Urfé. Régnier. Malherbe. Charron. — Sciences. Viète. (1598-1610). 432

LIVRE LXIII. — HENRI IV ET SULLI. (*Suite.*)

POLITIQUE EXTÉRIEURE DE HENRI IV ET DE SULLI. LE GRAND PROJET. Partie utopique. Partie positive. — Mort de Gabrielle d'Estrées. Henriette d'Entragues. Divorce du roi. Henri IV épouse Marie de Médicis. — Guerre de Savoie. Conquête de la Bresse. — Conspiration et supplice de Biron. — Négociations dans toute l'Europe. Grandes luttes à l'extérieur entre la Réforme et le Catholicisme. — Mort d'Élisabeth. Avénement des Stuarts en Angleterre. — Rappel des jésuites. — Concessions aux huguenots. — Traité de commerce avec la Turquie. — Complots de Bouillon et des d'Entragues. Henri IV les réprime. — Affaires d'Allemagne et d'Italie. Médiation du roi entre le pape et Venise. — Intrigues espagnoles à la cour de France. Henri IV et don Pedro de Tolède. — Médiation du roi entre l'Espagne et la Hollande. Trêve de douze ans entre Philippe III et les Provinces-Unies. — Confédération protestante d'Allemagne. Affaire de la succession de Clèves. — Henri IV et la princesse de Condé. — Vastes préparatifs de Henri IV. Coalition contre la maison d'Autriche. Le *Grand Projet* touche à sa réalisation. — Les Morisques expulsés d'Espagne. — Henri IV s'apprête à attaquer la maison d'Autriche en Allemagne, en Belgique, en Italie, en Espagne. — Dispositions de l'armée et du peuple. — Sacre de la reine. — Henri IV est assassiné. (1598-1610). 491

ÉCLAIRCISSEMENTS. 573

FIN DE LA TABLE DES MATIÈRES DU TOME DIXIÈME.

PARIS. — IMPRIMERIE DE J. CLAYE, RUE SAINT-BENOIT, 7.

www.ingramcontent.com/pod-product-compliance
Lightning Source LLC
Chambersburg PA
CBHW070331240426
43665CB00045B/1329